◎ 心理学的诡计 ◎

知己知彼，百战不殆。

——《孙子兵法》

内容全面 案例典型 讲解透彻 方法实用

心理学的诡计

大全集

赵广娜 袭村野 编著

中國華僑出版社

图书在版编目 (CIP) 数据

心理学的诡计大全集 / 赵广娜，袭村野编著 .—北京：中国华侨出版社，2010.9

ISBN 978-7-5113-0636-4

I.①心… Ⅱ . ①赵…②袭… Ⅲ . ①心理学－通俗读物 Ⅳ . ① B84-49

中国版本图书馆 CIP 数据核字（2010）第 164990 号

心理学的诡计大全集

编　著：赵广娜 袭村野
责任编辑：文 琦
封面设计：李艾红
文字编辑：龚雪莲
美术编辑：潘 松
经　销：新华书店
开　本：1020mm × 1200mm　1/10　印张：44　字数：792 千字
印　刷：北京嘉业印刷厂
版　次：2010 年 11 月第 1 版　2012 年 3 月第 2 次印刷
书　号：ISBN 978-7-5113-0636-4
定　价：29.80 元

中国华侨出版社　北京市安定路 20 号院 3 号楼 305 室　邮编：100029
法律顾问：陈鹰律师事务所
编 辑 部：（010）64443056 64443979
发 行 部：（010）58815874 传真：（010）58815857
网　址：www.oveaschin.com
E-mail：oveaschin@sina.com

前言

PREFACE

心理学诡计是指利用心理学的相关原理、效应和方法等迷惑、诱导对方，以在与人博弈的过程中获得胜利的方法和手段。心理学是一门揭示人的心理活动规律的科学，是一门让人变得更聪明的学问。人生中的各种问题，都与心理学有着千丝万缕的联系，一旦掌握了相关的心理学知识，许多工作和生活中的难题就能迎刃而解。心理学的目的在于运用巧妙的策略，而不是分析。若想在人生的较量中成为赢家，实现或保护自身的最大利益，就不能不懂一些心理学诡计的方法与技巧。否则，将被人玩弄于股掌之间。

从日常生活到人际交往，从营销策略到军事政治，凡是人类所及之处都能找到心理学诡计的影子。一个人可能不知道心理学诡计为何物，但他一定在不知不觉中使用过它或被它所影响过。因为每个人每天都在与他人打交道，或竞争或合作，我们日常生活的方方面面都深受心理学诡计的影响。

营销活动就是一种商用心理学诡计。一个产品还没有上生产线，大师们便聚在一起商量它的定位、卖点，考虑它的通路、终端，苦心酝酿着它的传播表现，怎样才能富有刺激，打动消费者。甚至在产生一次消费之后，使用怎样的手段使消费者能够重复消费，解决产品的认知度，提高产品的美誉度，将产品深植于消费者心中，逐步形成所谓的品牌影响力。商业诡计的设计者，就像悬念电影大师希区柯克一般，一步步在给人们设置陷阱，坑越挖越深，让你想跳都跳不出去，这就是高级诡计的魅力所在。我们明知垃圾食品的害处，却依然被其吸引；明知大部分的保健品是所谓的“精神食粮”，却依然一次一次地买回家献给父母和孩子。不得不承认，国际上的知名品牌是诡计的设计高手，它让你心甘情愿地掏空钱包，又让你获得极大的心理满足。

军事上也有很多利用心理学的诡计获得成功的案例，空城计是其中比较著名的一个。三国时期，魏国派司马懿挂帅进攻蜀国街亭，诸葛亮派马谡驻守失败。司马懿率兵乘胜直逼西城，诸葛亮无兵迎敌，但沉着镇定，大开城门，自己在城楼上弹琴唱曲。司马懿怀疑设有埋伏，引兵退去。等他得知西城是空城回去再战时，赵云赶回解围，最终大胜司马懿。诸葛亮将心理学的诡计玩到极致，足可见其威力。

善于搞政治的人大都善于使用心理学的诡计，诡计之一就是利用谣言的力量。历史上无数小人就是利用这一诡计，害了许多忠臣良将，误国误民。谣言破坏性最大的当数明朝袁崇焕冤死。1625 年，袁崇焕镇守宁远，令努尔哈赤 13 万大军久攻不克，大怀忿恨而回，努尔哈赤不久病死。皇太极即位后再攻宁锦，大战 3 次，小战 25 次，终因伤亡惨重无功而回。袁崇焕令清军闻风丧胆，无法逾越。汉奸范文程使用反间计，散布谣言说：袁崇焕将联合清军献出京城。崇祯皇帝深信不疑，将袁崇焕下狱，后凌迟处死；愚蠢的明朝百姓也深信谣言，竟然争食袁崇焕之肉。结果关门无人把守，明朝很快就灭亡了。

总之，心理学的诡计无处不在，它是一种神奇的智慧，自古至今，从战场到商场，从工作到生活，心理学的各种诡计充斥于我们生活的每一个角落。在日常生活中，如果你能够掌握心理学诡计的智慧，你会发现每一件让你头痛的事情都能够借用心理学的力量将其解决，并达到自己的目的。而一旦在生活的各个方面能将心理学的诡计运用得游刃有余，成功也就离你不远了。古今中外，会使用心理学诡计的都是能者、赢家，不会使用的必然会被淘汰出局。

为了能够让更多的朋友了解和使用心理学的诡计，了解在社会生活的常规法则之外，还可以利用心理学的力量，以一些出人意料的方法获取胜利，进而在人生之路上取得成功和幸福，我们编写了这本《心理学的诡计大全集》。本书是一本讲授心理学智慧的大型图书，融趣味性、哲理性、实用性为一体，为你揭开心理学诡计的神秘面纱，指出成功的方向。你面对的不仅仅是一本书，它是一块引玉之砖，是一位充满智慧的心理大师，叩开你智慧的心扉。

全书共分十篇，分别为“洞悉人性，掌握主动权”“以智取胜，让他人为我所用”“巧用心思，赢得认同和支持”“与人周旋，掌控制胜之道”“用点智慧，做一枚人际磁石”“智慧深藏，等待时机以厚积薄发”“小心防范，识破他人的诡计”“悟透玄机，纵横职场”“竞争有道，驰骋商界”和“用心经营，收获爱情”，分别从人际、商场、职场、爱情、婚姻家庭等几个与人们生活息息相关的方面讲述了相关的心理学知识和技巧，内容最全面，技巧最丰富，方法最实用，教你掌控人际交往的主动权，看穿别人的诡计，避开心理陷阱，走出心理误区，发挥心理优势，使自己避免遭受挫折和损失，有效地发挥自身的影响力，顺利地实现自己的目标，在事业上获得成功，在生活上赢得幸福。

目录

CONTENTS

第一篇 洞悉人性，掌握主动权

第三篇 巧用心思，赢得认同和支持

第八篇 悟透玄机，纵横职场

第一篇

洞悉人性，掌握主动权

- 洞悉人性，拿捏分寸
- 掌控人性，把握尺度
- 洞察人性，顺势而为

第一章
洞悉人性，拿捏分寸

善用首因效应和近因效应，给别人留下好印象

一个新闻系的毕业生正急于找工作。一天，他到某报社对总编说："你们需要编辑吗？"

"不需要！"

"那么记者呢？"

"不需要！"

"那么排字工人、校对呢？"

"不，我们现在什么空缺职位也没有了。"

"那么，你们一定需要这个东西。"说着他从公文包中拿出一块精致的小牌子，上面写着"额满，暂不雇用"。总编看了看牌子，微笑着点了点头，说："如果你愿意，可以到我们广告部工作。"

这个大学生通过自己制作的牌子，表现了自己的机智和乐观，给总编留下了良好的"第一印象"，引起对方极大的兴趣，从而为自己赢得了一份满意的工作。

当我们即将进入一个新环境去参加面试，或与某人第一次打交道的时候，常常会听到这样的忠告："要注意你给别人的第一印象噢！"

第一印象，又称为初次印象，指两个素不相识的陌生人第一次见面时所获得的印象。在与他人交往时，人们对他人的看法往往会过多地依赖第一印象，这就是首因效应。

心理学家卢钦斯是第一个对首因效应进行实验研究的学者。卢钦斯编撰了两段文字作为实验材料，内容主要是写一个名叫吉姆的男孩的生活片断，这两段文字描写的情境是相反的。一段内容是把吉姆描写成一个热情而外向的人；另一段内容则把吉姆描写成一个冷淡而内向的人。

卢钦斯把两段材料以不同的组合方式展示给被试：

1. 描写吉姆热情而外向的一段材料先出示，冷淡而内向的材料后出示。
2. 相反，先出示冷淡而内向的材料，再出示热情而外向的材料。
3. 只出示热情而外向的材料。
4. 只出示冷淡而内向的材料。

卢钦斯把被试分为四个组，分别阅读一组材料，然后要求各组被试回答一个问题，即"吉姆是怎样的一个人？"结果如下表：

首因效应实验表

组别	实验条件	友好评价（%）
1	先出示热情、外向材料，后出示冷淡、内向材料。	78
2	先出示冷淡、内向材料，后出示热情、外向材料。	18
3	只出示热情、外向材料。	95
4	只出示冷淡、内向材料。	3

上述实验表明，在人际交往中，首因效应对人的评价起着重要作用。因此，为了给他人留下良好的第一印象，必须注意自己的外表、言谈举止，还必须增长才能，加强个人修养等等。但是，双方初次见面所获得的印象只是一些表面特征，不是内在的本质特征，单单凭第一印象作为继续交往的基础是不牢固的。

人们对他人的第一印象不是无法改变的，随着时间的推移、交往的增多，对方各方面的情况将愈益清晰，从而可以改变第一次见面时留下的印象。

虽然随着交往的深入，第一印象会逐渐改变，但是这需要一个漫长的过程。因此，在人际交往中，若要吸引他人，赢得友谊，就应该给人留下良好的第一印象。

一生中，我们会遇到很多重要的第一次，也就会有很多需要重视的第一印象。比如，求职，第一次去见面试官；求人办事，第一次登门造访；参加工作，第一次见单位的同事；找对象，第一次与对方约会……所有这些第一次都很重要：从小的方面来看，关系到求职能否成功，事情能否办成；从大的方面来看，关系到事业能否如愿以偿、婚姻能否美满。所以，在现实的人际交往中，一定要在第一印象上下工夫。

那么如何才能给对方留下良好的第一印象呢？

心理学家认为，第一印象主要是一个人的性别、年龄、衣着、姿势、面部表情等外部特征。一般情况下，一个人的体态、姿势、谈吐、衣着、打扮等都在一定程度上反映出一个人的内在素养和其他个性特征。所以，在与人初次见面的时候，一定要注意自己的言行举止。

小菲和小玲是大学同学，也是多年的好朋友。小菲比小玲大，平时就像姐姐一样关心小玲。小玲从心底里感激小菲，把小菲当做知心朋友。小菲如有什么事，她也总是极力维护小菲。大家都知道她们关系非常密切。可是最近，小菲和小玲却闹翻了。

“我把她当姐姐一样尊重，她却这样对待我。”小玲生气地对别人说。

“唉，我对她一直都很关照，却因为最近得罪了她一次，她居然就不理我了。”小菲很伤心。

小玲因为小菲最近一次“得罪”了她，便中断了与小菲的友情。

在上面的案例中，小菲和小玲两人平常接触颇多，但是彼此却都将对方的最后一次印象作为互相认识与评价的依据，因为最近发生的事或了解的东西而掩盖了对对方的一贯了解。由此我们不难看出，在人际交往中，最近、最后的印象，往往是最强烈的，可以冲淡在此之前的印象。

在我们的生活中也常发生这样的事。某人最近犯了一个错误，人们便改变了对这个人的一贯看法；或者两个好朋友为一点意见产生误会而翻脸、绝交；常年来往，亲密得像一家人的两个家庭，却为一件小事闹矛盾，甚至大动干戈，从此“鸡犬之声相闻，老死不相往来”……产生这类现象的原因都是受“近因效应”的影响。

近因即最近或最后的印象，近因效应是指最近或最后的印象对人的认知具有强烈的作用和影响。在某些时候，决定人们对认知客体特性做出解释的是最后形成的印象。

近因效应也是由卢钦斯于 1957 年最先提出的，并在一系列实验中得到了证实。其中有一个很著名的实验和我们前面讲述的类似。他用两段材料，分别描述吉姆的内向性格和外向性格，并把被试分成甲、乙、丙、丁四组，用四种顺序、四种方式向每组被试读这两段材料。向甲组先读吉姆的内向性格，接着读外向性格，然后令被试说出对吉姆的印象；向乙组先读其外向性格，后读内向性格，令被试形成对吉姆的印象；丙组是在读完内向性格之后，即令被试陈述对吉姆的印象，然后读他的外向性格；丁组则与丙组的顺序相反，先读外向性格，在被试者形成印象之后，再读内向性格。

这个实验的结果很有趣，在四组实验中，出现了两种心理效应。甲乙两组，出现了首因效应，文章前半部分对吉姆的性格描述，对多数人的印象形成起了决定作用；但是，丙组和丁组却没有出现首因效应，多数人不是依据前半部分形成总体印象，而是后半部分的内容成了总体印象形成的决定因素。这个实验结果表明，在有两种或两种以上意义不同的刺激物依次出现的场合，印象形成的决定因素是后来新出现的刺激物。

在人际交往中近因效应是存在的，首因效应也是存在的，那么如何解释这看似矛盾的两种心理现象呢？对此，心理学家给予了不同的回答。

卢钦斯认为，在关于某人的两种信息连续被人感知时，人们总倾向于相信前一种信息，并对其印象较深，即此时起作用的是首因效应；而在关于某人的两种信息断续被人感知时，起作用的则是近因效应。

怀纳斯则认为，首因效应和近因效应究竟何者起作用，取决于认知主体的价值选择和价值评判。他在一项实验中发现，被试对人物性格特点的评价取决于他们自己的价值观，根据自己的价值判断标准来表达对一个人的好恶。也有人指出，在与陌生人交往时，首因效应起较大的作用；在与熟人交往时，近因效应则起较大的作用。

我们在看待和对待他人时，要避免“首因效应”和“近因效应”的偏激之处，不要犯“一叶障目，不见泰山”的错误。在与人交往时，应该全面了解他人的情况，避免以片面的印象取舍、下结论，所谓“路遥知马力，日久见人心”，判断一个人应该注意从长期来考察。而我们自己在别人面前的表现则要注意始终如一，不能凭着过去或者近期的表现就有所懈怠。

绽放迷人的笑容，更能赢得别人的好感

飞机起飞前，一位乘客请求空姐给他倒一杯水吃药。空姐很有礼貌地说：“先生，为了您的安全，请稍等片刻，等飞机进入平稳飞行状态后，我会立刻把水给您送过来，好吗？”

15 分钟后，飞机早已进入平稳飞行状态。突然，乘客服务铃急促地响了起来，空姐猛然意识到：糟了，由于太忙，忘记给那位乘客倒水了！空姐来到客舱，看见按响服务铃的果然是刚才那位乘客。她小心翼翼地把水送到那位乘客跟前，面带微笑地说：“先生，实在对不起，由于我的疏忽，延误了您吃药的时间，我感到非常抱歉。”这位乘客抬起左手，指着手表说道：“怎么回事，有你这样服务的吗？”空姐手里端着水，心里感到很委屈，但是，无论她怎么解释，这位挑剔的乘客都不肯原谅她的疏忽。

在接下来的飞行途中，为了补偿自己的过失，每次去客舱为乘客服务时，空姐都会特意走到那位乘客面前，面带微笑地询问他是否需要帮助。然而，那位乘客余怒未消，摆出一副不合作的样子。

临到目的地前，那位乘客要求空姐把留言本给他送过去。飞机安全降落。所有的乘客陆续离开后，空姐紧张极了，以为这下完了。没想到，她打开留言本，却惊奇地发现，那位乘客在留言本上写下的并不是投诉信，相反却是一封热情洋溢的表扬信：“在整个过程中，你表现出的真诚的歉意，特别是你的十二次微笑，深深打动了我，使我最终决定将投诉信写成表扬信。你的服务质量很高，下次如果有机会，我还将乘坐你们这趟航班。”空姐看完信，激动得热泪盈眶。

在人际交往中，我们要赢得他人的好感，必须要学会微笑，像故事中的那位空姐一样，用自己迷人的微笑来赢得他人的好感。绽放迷人的笑容，是赢得他人好感的永恒法宝。一家大百货公司的经理曾经说，他宁愿雇用没读过书但和蔼可亲的女孩当店员，也不愿请表情冷漠的女博士当店员。

不论你到何处，都要以愉快的心情、甜美的微笑去与每个你认识的人打招呼，诚恳地与人握手，不要怕表错情，也不要记恨人，时时想着快乐的事。久而久之，你会发现自己的生活充满乐趣，自己的目标随时可以达到，世界也变得那么可爱。

如果一个人的面部表情亲切、温和、充满喜气，远比她穿着一套高档、华丽的衣服更吸引人，也更容易受人欢迎。微笑是一种宽容、一种接纳的表示，它缩短了人与人之间的距离，使人与人之间心心相通。喜欢微笑着面对他人的人，往往更容易走入对方的天地，正如那句话所说的："微笑是成功者的先锋。"

如果说行动比语言更有力量，那么微笑就是无声的行动，它所表示的是："我对你很满意，你使我快乐，很高兴见到你。"笑容是结束说话的最佳"句号"，"你希望别人高兴来见你，你就必须高兴会见别人"。

带着微笑面孔的人，会有成功的希望。因为他的笑容就是他传递好意的信使，他的笑容可以照亮所有看到它的人。没有人愿意帮助那些整天皱着眉头、愁容满面的人，更不会信任他们；而对于那些受到来自上司、同事、客户或家庭的压力的人，一个笑容就能帮助他们了解：一切都是有希望的，世界是有欢乐的。人只要活着、忙着、工作着，就不能不微笑。

只要细心观察，你就会发现，很多人能在社会上站住脚，都是从微笑开始的；还有很多人在社会上获得了极好的人缘，也是从微笑开始的；很多人在事业上畅行无阻，也是通过微笑获得成功的。微笑是十分微妙的东西，它能在生活中荡开一层层涟漪，把生活的湖泊变成一种源自于生命深处的美感。任何一个人都希望自己能给别人留下好感，这种好感可以创造出一种轻松愉快的气氛，可以使彼此建立友好的关系。一个人在社会上就是要靠这些关系才能立足，而微笑正是打开愉快之门的金钥匙。如果微笑能够真正地伴随着你生命的整个过程，就会使你超越很多自身的局限，获得很多人生真正的含义，使你的生命由始至终都生机勃发、辉煌粲然。用你的微笑去欢迎每一个人，那么你就会成为最受欢迎的人。

微笑，它不花费什么，却能创造许多奇迹；它丰富了那些接受它的人，而又不使给予的人变得贫瘠；它产生于一刹那间，却给人留下永久的记忆；它创造家庭快乐，建立人与人之间的好感；它是疲倦者的休息室，沮丧者的兴奋剂，悲哀者的阳光。所以，假如你要获得别人的欢迎，请给人以真诚的微笑。

有人说，微笑是爱情的"催化剂"，是家庭的"向心力"，是人际交往的"润滑剂"；微笑能给人以美的享受；微笑又是向他人发出的宽容、理解和友爱的信号。面对这样的表示，又有谁会拒绝呢？

一个偷窃寝室同学饭票的女学生被叫到了老师面前。老师面对这位红着脸、低着头的学生，微笑注视良久后，只轻轻说了一句话："还是由你自己说吧！"学生立即哭了，并承认了错误。

试想，假若这位老师大动肝火，结果又会怎样？在这里，微笑既是对对方的宽容和理解，也是对对方的启发和诱导，更是对对方含蓄的指责和批评。

中国有句俗话说"上山擒虎易，开口求人难"。当别人有求于你时，往往都有惴惴不安的心理。此时，你想拒绝却又无法说明原因，也不便向对方多说什么道理，但又不能让对方"下不了台"，说"行"不好，说"不行"又会使对方不安的心理加剧而产生强烈的反应，怎么办？微笑！它既能缓和紧张的情绪而免于使对方难堪，又能免去言语不周而导致的麻烦，有"此时无声胜有声"之效。而且，微笑还能为你赢得思考的时间，借以找到巧妙的处理方法。

有一位性格抑郁沉闷、心情沮丧的女孩，毕业后被分到幼儿园。当她面对天真可爱的孩子们时，不得不强颜欢笑给他们上课。一天天过去了，令人惊奇的是她竟变成了活泼、愉快并能发自内心微笑的姑娘，舒心的微笑使她振作起来了。美国心理学家保罗·爱克曼研究指出，悲哀能使人心率变慢、体温下降，而微笑却能使人心率加快、体温上升……郁郁寡欢、空虚紧张、委靡不振的情绪，通过微笑都能得到克服。

当客人来访或是你走入一个陌生的环境时，由于感到陌生或羞涩，双方往往会端坐不语或拘谨不安。此时，你若微笑，就能使对方紧张的神经松弛，消除彼此间的戒备心理和陌生感，相互产生良好的信任感和亲近感。记住：要使他人微笑，你自己得先微笑。法国作家阿诺·葛拉索说："笑是没有副作用的镇静剂。"

在社会交往中，可能会遇到爱发脾气者、刻薄挑剔者、出言不逊者、咄咄逼人者，也有与你存有隔阂芥蒂者，对付这些人，含蓄的微笑往往比针锋相对更可贵。面对别人的胡搅蛮缠、粗暴无礼，只要微笑冷静，你就能稳控局面，用微笑缓解对方的怒意，以微笑化解对方的攻势，从而以静制动，以柔克刚，摆脱窘境。如果在电梯间或公共汽车上不慎踩了别人的脚，带着真诚的微笑说声“对不起”，一场小小的麻烦就能轻松化解。所以，在难以用语言表达心境的情况下，微笑，是最好的交流工具。

古语有云：“笑开福来。”微笑因幸福而发，幸福伴喜悦而生，即“情动于中而形于外”。所以，在社会交往中，只要你时时超越自我情绪的困惑，你就能保持轻松愉快的心境，你的面孔也会因此而涌起幸福的微笑，并感染他人，而且他人的微笑又反过来强化你的愉悦和微笑，形成你与他人之间人际关系的良性循环。这无疑会极大地促进你完美个性和创造力的发展，为你把事情办好铺下一块块基石。

善于倾听让你赢得好感，处处受欢迎

倾听是我们对别人的一种最好的恭维。很少有人能拒绝接受专心倾听所包含的赞许。

因此，如果你希望成为一个善于谈话的人，那就先做一个注意倾听的人。要使人对你感兴趣，那就先对别人感兴趣。

最成功的商业会谈的秘诀是什么？注重实际的著名学者依里亚说：“关于成功的商业交往，并没有什么秘密——专心地倾听那个对你讲话的人最为重要，没有别的东西会使他如此开心。照此下去，合作成功是自然的了，也再没有比这更有效的了。”

纽约电话公司曾遇到一位恶意咒骂接线员的顾客。这位顾客态度刁蛮、满腹牢骚，十分不容易对付。他甚至威胁要拆毁电话，拒绝支付他认为不合理的费用。他写信发给报社，还向消协屡屡投诉，致使电话公司引起数起诉讼案件。

最后公司中的一位经验丰富的“调解员”被派去访问这位不近情理的顾客。这位“调解员”静静地听着，并对其表示同情，让这位好争论的仁兄尽情发泄他的满腹怨言。

“我在他那儿静听了几乎有三个小时，”这位“调解员”讲述道，“以后我再到他那里，仍然耐心地听他发牢骚，我一共访问了他四次。在第四次访问结束以前，我已成为他正在创办的一个团体的会员，他称之为‘电话用户权利保障协会’。我现在仍是该组织的会员。有意思的是，据我所知，除这位先生以外，我是这个地球上它的唯一的会员。

“在这几次访问中，我耐心倾听，并且同情他所说的每一点。我从未像电话公司其他人那样同他谈话，他的态度慢慢变得和善了。我要见他的真实目的，在第一次访问时没有提到，在随后的两次也没有提到，但在第四次我圆满地解决了这一案件，使他把所有的欠账都付清了，他也撤销了向消协的投诉。”

毫无疑问，这位仁兄自认为在为正义而战，在为保障公众的权利而战，但实际上他需要的是自重感。他试图通过挑剔、刁难来得到这种自重感，但在他从公司代表那里得到自重感后，他所谓的满腹牢骚就化为乌有了。

有一句名言说得好：“善言，能赢得听众；善听，才会赢得朋友。”

倾听就是最好的鼓励，这表示你对他的观点感兴趣，欣赏他说话的方式，甚至是欣赏他整个人。反之，你对一个人的谈话不感兴趣，很容易让他误以为你不喜欢他本人，尽管事实上并非如此，但他的感觉就是这样的，从而对你产生反感。

如果你希望别人喜欢你、尊重你、在背后称道你，这里有一个方法：耐心倾听对方的话，不管他说什么都兴味盎然，哪怕知道他将说什么也绝不打岔。你将发现，即使一个最不讲道理、最顽固的人，也会在一个有耐心、具有同情心的听者面前软化下来，变得像小猫一样乖顺。

反之，如果你希望别人躲闪你、轻视你、在背后嘲笑你，也有一个方法：绝不要听人家讲三句话以上，而是不断地谈论你自己。如果你知道别人所说的是什么，就不要等他说完。既然他不如你聪明，为什么要浪费你的时间倾听他的闲聊？如果你这样做，你将发现，即使一个脾气最温和的人，也会在你面前变得轻率不恭、不近人情。

请记住，跟你谈话的人，对他自己、他的需求和他的问题，比对任何人、任何事更感兴趣百倍。他对自己的牙痛，比对非洲的 40 次地震更感兴趣。

因此，交际学上的一条最重要的规则是：“做一个好的听者。鼓励他人谈论他们自己。”

如何提高倾听的能力？以下提几点建议：

1. 全心全意地聆听。

在与人交谈时，尽量地使对方谈他所感兴趣的事，并用鼓励性的话语或手势让对方说下去，并不时地在不紧要处说一两句表示赞同的话，对方会认为你尊重他。

2. 学会洗耳恭听。

轻敲手指或频频用脚打拍子，这些动作是会伤害对方的自尊心的。眼睛要看着对方的脸，但不要长时间地盯住对方的眼睛，因为这样会使对方产生厌恶的情绪。只要你全神贯注，轻轻松松地坐着，不用对方将音量放大也可以一字不差地听进耳朵里。

3. 协助对方把话说下去。

这一点很重要，因为别人说了很多话以后，如果得不到你的反应，尽管你在认真地听，对方也会认为你心不在焉。

在对方话语的不紧要处，不妨用一些很短的评语来表示你在认真地倾听，诸如“真的吗？”“太好了！”“告诉我是怎么回事？”“后来呢？”这些话语会使对方兴趣倍增。

假如你和一个老朋友在一起吃饭，他说他前几天跟上司吵了一架，这几天气闷得很。如果你对他说：“到底是怎么回事，说说吧。”他会对你说很多，他有了一诉气闷的机会，心情便会好受许多，自然你们的友情也会更加深一层。

4. 把说话的机会奉还给人。

有些人有一种错觉，以为在求人时，越能说话，越能诉苦，越能不断地吹捧别人，就越容易成功，事实上并非如此。

所以，在你滔滔不绝讲话的时候，注意也要把说话的机会奉还给别人。

5. 不要插嘴。

在别人讲话的时候，如果你自作聪明，用不相干的话把别人的话打断，这会引起对方的愤怒的。

6. 要学会听出言外之意。

通常除说话以外，一个眼色，一个表情，一个动作都能在特定的语境中表达明确的意思，就是同一句话也可以听出其弦外之音、言外之意。

7. 用心听，要听全面。

欣赏对方的为人，这一点很重要。仔细聆听，能帮助你做到这一点。认真听，并且要听全面的而不是支离破碎的话语，否则你可能会妄加评说，影响沟通。

倾听是表示关怀的行为，是一种无私的举动。它可以让我们离开孤独，进入亲密的人际交往，并与人建立友谊。

见面时间长，不如见面次数多更能建立亲密关系

有心理学家曾经做过这样一个实验：

在一所中学选取了一个班的学生作为实验对象。他在黑板上不起眼的角落里写下了一些奇怪的英文单词。这个班的学生每天到校时，都会瞥见那些写在黑板角落里的奇怪的英文单词。这些单词显然不是即将要学的课文中的一部分，但它们已作为班级背景的不显眼的一部分被接受了。

班上学生没发现这些单词以一种有条理的方式改变着——一些单词只出现过一次，而一些却出现了 25 次之多。期末时，这个班上的学生接到一份问卷，要求对一个单词表的满意度进行评估，列在表中的是曾出现在黑板角落里的所有单词。

统计结果表明：一个单词在黑板上出现得越频繁，它的满意率就越高。

心理学家有关单词的这个研究证明了曝光效应的存在，即某个刺激的重复呈现会增加这

个刺激的评估正向性。与“熟悉产生厌恶”的传统观念相反，实验表明某个事物呈现次数越多，人们越可能喜欢它。

曝光效应不仅使人们对经常见到的单词的喜爱程度增加，在人际交往中，曝光效应也同样适用。这就是说，随着交往次数的增加，人们之间越容易形成重要的关系。一般来说，交往的频率越高，刺激对方的机会越多，“重复呈现”的次数越多，越容易形成密切的关系。两个人从不相识到相识再到关系密切，交往的频率往往是一个重要的条件。没有一定的交往，如果像俗话所说的“鸡犬之声相闻，老死不相往来”那样，则情感、友谊就无法建立。当所有其他因素相等时，一个人在另一个人面前出现的次数越多，对那个人的吸引力就越大。这种现象常发生在看到某人照片，听到某人名字之时。

在人际交往中，要得到别人的喜欢，就得让别人熟悉你，而熟识程度是与交往次数直接相关的。交往次数越多，心理上的距离越近，越容易产生共同的经验，彼此了解和建立友谊，由此形成良好的人际关系。例如教师和学生、领导和秘书等，由于客观的需要，交往的次数多，所以较容易建立亲近的人际关系。

美国心理学家扎琼克在 1968 年曾经进行了交往次数与人际吸引的实验研究。他将被试不认识的 12 张照片，按概率分为 6 组，每组 2 张，按以下方式展示给被试：第一组 2 张只看 1 次，第二组 2 张看 2 次，第三组 2 张看 5 次，第四组 2 张看 10 次，第五组 2 张看 25 次，第六组 2 张被试从未看过。在被试看完全部照片后，另加从未看过的第六组照片，要求所有被试按自己喜欢的程度将照片排序。结果发现一种极明显的现象：照片被看的次数越多，被选择排在最前面的机会也越多。

由此可见，简单的呈现确实会增加吸引力，彼此接近、常常见面的确是建立良好人际关系的必要条件。另外求人办事也可以用到这个，千万别一次把礼送完，想想看，把 10 万元分成 10 次，每次 1 万元送出去，是不是比一次送 10 万元效果更好呢？把礼物分成多份，这样可以加深对方的印象，混个脸熟。

还有，你必须经常向领导汇报工作，完成工作的时候，立即汇报；工作进行到一定程度的时候，按时汇报；预计工作会拖延的时候，及时汇报。这样，与领导越熟悉，领导越可能喜欢你、提拔你。

当然，任何事物都是辩证的，不是绝对的。我们应该承认交往的次数和频率对吸引的作用，但是不能过分夸大其对交往的作用。俗话说：距离产生美。任何事情都存在一个度的问题。有些心理学家孤立地把研究重点放在交往的次数上，过分注重交往的形式，而忽略了人们之间交往的内容、交往的性质，这是不恰当的。实际上，交往次数和频率并不能给我们带来预想的结果，有时，反而会适得其反。

让对方做主角，他一定喜欢与你交流

卡耐基认为，人与人交往时，只有尊敬对方，交际活动才能顺利进行。如果总是压制对方、强迫对方服从自己，对方不久就会对你产生敌对情绪，从而失去对你的信赖。因此，交际中应努力让对方感到交际的主角是他。

试着留意对方的反应，尽力使对方心情舒畅。在人际交往中，要让对方扮演主角就得准备多个“剧本”。因为不知交往会在何处受挫，所以就必须把能预测到的对方谈话内容写进“剧本”，然后自己根据“剧本”演好配角。要做到使对方成为主角，调查收集与此相关的信息就显得非常重要。如：对方有什么爱好？对方最喜欢什么？憎恶什么？对方讲话有什么特点？对方有什么个人习惯？对方的弱点有哪些？要基于这样的信息，拟写一份能使对方成为主角并能打动对方的“剧本”。

如果能够做到这一步，对方就会感到与你交往心情舒畅，因而对你产生好感。

在交际过程中，如果遇到某个人，你原先准备采用“中等水平”的交际方式，但当你发觉这种方式实在无法进行下去，就需要修改“剧本”重新预演一下。不过，在事先应该假设出交际过程中有可能会出现的各种各样的问题，并针对这些问题设想一下自己应做出怎样的调整。

另外，卡耐基还建议我们必须考虑到：对方也有针对于自己的“剧本”，如果对方提出自己预料之外的问题，那么失败的可能是自己，所以必须反复斟酌，不断改善，这样才能使对方成为主角。

注重自己的外在形象，以增加人际吸引力

《三国演义》中讲了这样一件事：

庞统相貌丑陋，但很有才能。他去拜见孙权，想要效力于东吴。孙权本来是个爱才的领袖，但是一看到庞统相貌丑陋，就不太喜欢他，又看他性格傲慢不羁，对其更加没有好感。最后，他竟把与诸葛亮齐名的旷世奇才庞统拒之门外，鲁肃苦劝也无济于事。

由此可见，外貌对于人际吸引有极大的影响，尤其是和陌生人初次打交道更是如此。虽然有些人认为外貌几乎是无法经过个人努力而改变的特征，以它作为人际吸引的因素不公道；尽管人们常说“人不可貌相，海水不可斗量，以貌取人，贻误大事”。但是，爱美之心，人皆有之，爱美是人的天性，无论在哪种文化背景中，漂亮的人总是容易被人喜欢，总是更容易促进其人际关系的发展。

亚里士多德曾经说过：“美丽比一封介绍信更具有推荐力。”有研究表明，长相好看的人比相貌平平的人挣的钱更多，拥有的工作更让人羡慕；而相貌平平的人比相貌丑陋的人又会好一些。对加拿大人做的一项调查发现，好看的人比丑陋的人挣的钱要多75%。同样的背景下，对管理职位的申请，漂亮的申请者比相貌平平的申请者赢得的职位级别要高。还有一项研究发现，在西点军校，相貌英俊的学员毕业时被授予的军衔更高。

有心理学家曾做过一个实验：

让一组被试阅读附有作者照片的文章，文章有的水平高、有的水平低，作者有的漂亮、有的不漂亮；让另一组的人只看第一组看过的文章，但没有附作者的照片。看完后让两组的被试评价文章水平的高低。结果发现，第一组被试对漂亮作者的文章评价分数要高于对不漂亮作者的文章评价，但是第二组被试则是根据文章的真实水平做出了比较客观的评价。

西方学者的研究指出，法官在“执法如山”的法庭上给犯人判刑时，也难以逃脱外貌晕轮效应的影响，有时判决的结果令人震惊不安：对于罪行相同的盗窃犯，外貌漂亮的平均被判刑28年，不漂亮的平均被判刑52年。不过，对于诈骗犯判刑的情况却不是如此。似乎法官们认为，越漂亮的诈骗犯越危险，越应该重判。

上面的例子都说明，外貌对于一个人在人际交往中能否给别人好感，能否吸引别人，起到举足轻重的作用。因此，在人际交往中，我们要保持良好的仪表，以增加人际吸引力。

测试：你是个有魅力的人吗？

个人魅力是一种神奇的资源。它能让一个才能平平的男子得到令人垂涎的职位，能让一个外表平凡的女子焕发动人的光彩。那么，你是个有魅力的人吗？

1．你睡觉时通常采用哪种姿势？

A．仰卧平躺

B．侧卧，有时会蜷成一团

C．趴着睡

2．你的钥匙喜欢放在哪里？

A．钥匙包里

B．串成串放在包里或口袋里

C．没有固定的地方

3．你一般采取什么方式对通讯录中的联系人进行归类？

A．按拼音顺序

B．按人物类别分组

C．来一个写一个

4．你的袜子通常会破在哪个部位？

A．不会等到穿破就会换新的

B．脚趾，特别是大脚趾

C．都有可能，不一定

5．如果不是夏天的话，你洗澡的频率和时间通常是：

A．每天晚上睡觉前或早上起床后

B．每两到三天洗一次，通常是在晚上睡觉前

C．感到身体不舒服了才洗，中午休息时也可能跑去冲个澡

测试结果：

选 A 多：你是一个行为“刻板”的人。从某一方面来讲，你的生活规律而节制，非常精确，做事谨慎认真，不喜欢变化的环境；从另一方面来讲，你的适应能力不是特别好，不太容易敞开心扉，自然不是很懂如何宣泄情感。要摆脱给人的刻板印象，可以在生活中增添浪漫的细节，微笑和鲜花是你的幸运物品。

选 B 多：你是一个很有魅力的人。做事张弛有度，懂得在不同的环境中改变自我。你对细节很关注，但不拘泥于此，知道如何掌握自己的生活。不过有的时候让人觉得过分完美，缺乏可控性，特别是上司会感觉受到威胁。可以制造一些小缺点，比如偶尔也装装傻，也让别人展示一下。

选 C 多：你是一个非常随和、有爱心、经常会出些小丑的可爱人物。大家都对你又爱又恨，爱你的友善、不拘小节，恨你的不按常理出牌，让人措手不及。生活需要意外的惊喜来装点，但时间久了，心脏也会受不了的！想更有魅力的秘诀便是懂得为人处世的尺度！试着改变一点点，你会更受欢迎的。

任意两项一样多：你身上有着非常明显的双重性格，但两种性格融合得不错，是一个矛盾的统一体。但你有时还会钻牛角尖，这是你极端的特性又显现了。可以尝试给自己做一个情绪晴雨表，每天对照着表格衡量自己的情绪值，这样慢慢地调节下来，也许一切就可以尽在掌握！

展现自信的风采，赢得他人的尊重与赏识

不知道你是否注意到：无论是去应聘，还是平时与他人交往，自信的人总是比唯唯诺诺的人更受欢迎。这是为什么呢？

很简单，自信是人生重要的心理状态和精神支柱，是一个人行为的内在动力，是自我成功的必然法宝；自信能够使弱者变强，强者更健。我们只有相信自己，才能激发进取的勇气，才能最大限度地挖掘自身的潜力，才能在成功的路上健步如飞。所以，在他人面前展现出你自信的风采，无疑是给对方一颗定心丸，让对方觉得你是有能力、有实力的。

一个下着小雨的中午，车厢里的乘客稀稀拉拉的。在一个站台，上来了一对残疾的父子。中年男子是个盲人，而他不到十岁的儿子也只有一只眼睛能感光。父亲在小男孩的牵引下，一步一步地摸索着走到车厢中央。当车子继续缓缓往前开时，小男孩开口说：“各位先生、女士，你们好！我的名字叫麦蒂，下面我唱几首歌给大家听。”

接着，小男孩用电子琴自弹自唱起来，电子琴音质很一般，但孩子的歌声却有天然童音的甜美。

正如人们所预料的那样，唱完了几首歌曲之后，男孩走到车厢头，开始“行乞”。但他手里既没有托着盘子，也没有直接把手伸到乘客前面，只是走到乘客身边，叫一声“先生”

或“小姐”，然后默默地站在那儿。乘客们都知道他的意思，但每一个人都装出不明白的样子，或者装睡着，有的干脆扭头看车窗外面……

当小男孩小手空空走到车厢尾时，一位中年妇女尖声大喊起来：“真不知怎么搞的，纽约的乞丐这么多，连车上都有！”

这一下，几乎所有的目光都集中到这对残疾的父子俩身上。没想到，小男孩竟表现出与年龄不相称的冷静，他一字一顿地说：“女士，你说错了，我不是乞丐，我是在卖唱。”

车厢里所有淡漠的目光刹那间都生动起来，有人带头鼓起了掌。然后，是掌声一片。

一个没有生存能力的孩子，却在顽强不屈地承受着生命给予他的考验。在有人悲叹自己命运不济的时候，小男孩却用自己的成熟和坚强支撑着自己和全家，用自己的劳动自己的歌声为自己赢得收入。面对别人的嘲笑，他毫无自卑之感，自信坦然地面对。面对这个小男孩，所有的自卑都变成了逃避人生的理由。只要坚持相信自己，掌声一定属于自己。

小泽征尔成名之前，在一次世界优秀指挥家大赛上，他发现了不和谐的声音，觉得乐谱有错。这时，评委们却坚持说乐谱没有问题。面对这些权威人士，小泽征尔斩钉截铁地说：“不！一定是乐谱错了！”话音刚落，评委们便报以热烈的掌声。原来，这正是比赛的一部分，小泽征尔的勇敢、自信征服了所有评委。

正是因为相信自己，小泽征尔才果断地跳过了“圈套”。这次的夺魁，也正如一盏明灯，照亮了他的前程！

成功不一定站在智慧的一方，但一定会站在自信的一方。相信自己，就会拥有成就与幸福。如果你真的相信自己，并且深信自己一定能实现梦想，你就一定会成功。因为你相信“我能做到”时，自然就会想出“如何去做”的方法。

自信是需要长期坚持的一种生活习惯。调查发现，全球的总裁大约有 99.9% 的人都会表现出比实际上更强的自信气质。如果你善于观察和学习，你也可以像他们一样，时时表现自信。平时你不妨多注意那些善于运用自信技巧的人，观察他们的肢体语言，看他们是怎么说的，又是怎么做的。

一般来说，我们既可以通过语言来表达自信，也可以通过身体姿态等来表现自信。对于前者，你可以在陈述问题时多表现得诚恳些，简单明了，有重点；与人交流时，可以多使用“我认为”、“我宣布”等词汇；有异议时，多提出建设性的批评而不是责骂或假设“应该如何”；想提出改进意见时不用劝告的语气，以清晰、稳重、坚定的语调表达自己的思想；可以通过主动询问的方式去发现别人的思想或情感，等等。对于后者，在与他人当面交流的时候，多以赞赏的眼光与对方接触；坐、立姿态均坚定挺拔；以开朗的表情辅助别人的评论；平静地讲解，强调重点词汇、不犹豫，等等。

英国剧作家、诗人莎士比亚说：“自信是走向成功的第一步，缺乏自信即是其失败的原因。”自信是一生的事情，是一个人热爱自己并不断完善的过程。相信自己：即便不是最好的，至少也是独一无二的，毕竟“每个人都是自然界最伟大的奇迹”。

那么，请相信你自己。如果你不能做到心灵统一，就不可能发挥出生命的潜在力量。不发挥出潜在力量，就是自己埋没自己。也许你并没有意识到：在大部分时间、大多数事物中，不是别人限制你，而是你埋没了你自己！

学会谦逊做人，别人才会喜欢你

西方哲学家卡莱尔说：“人生最大的缺点，就是茫然不知自己还有缺点。”因为人们只知道自我陶醉，一副自以为是、唯我独尊的态度。殊不知，这种态度会遭到多数人的排斥，使自己处于不利地位。

老子曾用“水”来叙述处世的哲学：“上善若水，水善利万物而不争。”意思是说，善良的人，就好比水一样。水善于滋润万物而不与万物相争。水总是往下流，处在众人最厌恶的地方，注入最卑微之处，站在卑下的地方去支持一切。它与天道一样恩泽万物，所以水没有形状，在圆形的器皿中，它是圆形；放入方形的容器，则是方形。它可以是液体，也可以是气体、固体。这正是我们必须学习的“谦逊”。

《荀子》中记载了一段故事：

有一天，孔子参观鲁国的宗庙，留意到一种叫“欹器”的装水容器。便叫弟子倒水进去。水一倒满，欹器立刻翻覆。孔子看了，便感慨地说：“啊！是装满就会翻覆的东西。”

《菜根谭》中有句话说：“欹器以满覆。”简单地说，就是告诫人不可太自满，所谓“谦受益，满招损”就是这个道理。《易经》亦云：“人道恶盈而好谦。”你足以豪气万千，但绝不能傲气半分；纵然有超人的才识，也要虚怀若谷。

只有保持谦逊，别人才会喜欢你，才可能有相互学习的机会。因为谦逊使我们相互之间敞开心扉，并使我们能够从他人的角度看待事物；只有保持谦逊，我们才可能坦诚地与他人交换意见；只有保持谦逊，我们才可能避免犯下傲慢与偏狭的罪恶，并避免宗教争端。

另外，谦逊永远是一个人建功立业的前提和基础。不论你从事何种职业，担任什么职务，只有谦虚谨慎，才能保持不断进取的精神，才能增长更多的知识和才干。因为谦虚谨慎的品格能够帮助你看到自己的差距。永不自满，不断前进可以使人能冷静地倾听他人的意见和批评，谨慎从事。否则，骄傲自大，满足现状，停步不前，主观武断，轻者使工作受到损失，重者会使事业半途而废。

肖恩是一个刚刚毕业的大学生，不但面貌英俊，而且热情开朗。他决定找一份与人交往的工作，以发挥自己的长处。很快，他就得到一个好机会——一家五星级宾馆正在招聘前台工作人员。

肖恩决定去试试，于是第二天就去了那家宾馆。主持面试的经理接待了他。看得出来，经理对肖恩俊朗的外表和富有感染力的热情相当满意。他拿定主意，只要肖恩符合这项工作的几个关键指标的要求，他就留下这个小伙子。

他让肖恩坐在自己对面，并且开门见山地说：“我们宾馆经常接待外宾，所有前台人员必须会说四国语言，这一标准你能达到吗？”

“我大学学的是外语，精通法语、德语、日语和阿拉伯语。我的外语成绩是相当优秀的，有时我提出的问题，教授们都支支吾吾答不上来。”肖恩回答说。事实上，肖恩的外语成绩并不突出，他是为了获取经理的信赖，自己标榜自己。但显然，他低估了经理的智商。事实上，在肖恩提交自己的求职简历时，公司已经收集了有关的详细信息，其中包括肖恩的大学成绩单。

听了肖恩的回答，经理笑了一下，但显然不是赏识的笑容。接着他又问道：“做一名合格的前台人员，需要多方面的知识和能力，你……”经理的话还没说完，肖恩就抢先说：“我想我是不成问题的。我的接受能力和反应能力在我所认识的人中是最快的，做前台绝对会很出色的。”

听完他的回答，经理站了起来，并且严肃地对他说：“对于你今天的表现，我感到很遗憾，因为你没能实事求是地说明自己的能力。你的外语成绩并不优秀，平均成绩只有70分，而且法语还连续两个学期不及格；你的反应能力也很平庸，几次班上的活动你都险些出丑。年轻人，在你想要夸夸其谈时，最好给自己一个警告。因为每夸夸其谈一次，诚实和谦逊都要被减去10分。”

在我们的生活中，像肖恩这样的人并不少见。很多人只知吹嘘自己曾经取得的辉煌，夸耀自己的能力学识，以为这样可以博得别人的好感和赞扬，赢得别人的信任。但事实上，他们越吹嘘自己，越会被人讨厌；越夸耀自己的能力，越受人怀疑。

谦逊基于力量，高傲基于无能。夸耀自己和自我表扬并不会为我们赢得好的机会，只会断送我们的前程。因为一个喜欢标榜自己的人，往往会失去朋友——没有人喜欢和一个自我表扬的人在一起。失去别人的信任——别人不但对你的能力产生怀疑，更严重的是你的品德和灵魂也会遭人批评。无疑，一个没有好人缘、不可信的人是永远也不会与成功邂逅的。

俄国作家契诃夫曾说：“人应该谦虚，不要让自己的名字像水塘上的气泡那样一闪就过去了。”如果你认为自己拥有广博的知识，高超的技能，卓越的智慧，但没有谦虚镶边的话，你就不可能取得灿烂夺目的成就。你要永远记住：“伟人多谦逊，小人多骄傲。太阳穿一件朴素的光衣，白云却披了灿烂的裙裾。”

懂得欣赏自己，才能得到他人的欣赏

当你好不容易买到一件心仪已久的衣服时，你一定很开心吧。但是，可能你很快又不高兴了。为什么呢？因为你发现大街上跟你穿一模一样的衣服的人实在是太多了。当初就是因为你觉得款式新颖、风格独特，才买的这件衣服，可现在……

其实这种现象在生活中很常见。一位学者讲了自己的一段生活体验：

4 年前他刚回台湾时，第一个想到要买的就是一部车。经过一段时间的评估后，他决定买一部墨绿色的中型轿车。当时他的印象是一般人的车都是白色或黑色，所以他认为自己的选择很独特，而且又很有品位。

正在为自己能买到一部与众不同的车而沾沾自喜时，他突然发现不论是在高速公路上、小巷子里，还是在他住的大楼停车场中，都看到许多与他同型而且是墨绿色的轿车。他开始觉得很奇怪，为什么大家突然间都开始买墨绿色的车，所以他就把他的观察与同事们分享。

有一位女同事当时正好怀孕，听他讲完后就说：“我倒是没有看到很多墨绿色的车。可是最近我发现，无论在哪里都会看到孕妇。我记得上个星期天在逛百货公司时，短短两小时就看到 6 个孕妇，台湾的人口出生率最近是不是有提高呢？”他与其他同事异口同声地都说没发现孕妇有增加的现象，她看到那么多大概是很凑巧。

其实这位学者讲的这种现象在心理学上叫做“视网膜效应”。简单地说，这种效应的意思就是当我们自己拥有一件东西或一项特征时，我们就会比平常人更加注意别人是否跟我们一样具备这种特征。

“视网膜效应”对人们有什么影响呢？卡耐基先生很久以前就提出一个论点，那就是每个人的特质中大约有 80% 是长处或优点，而 20% 左右是我们的缺点。当一个人只知道自己的缺点，而不知发掘优点时，“视网膜效应”就会促使这个人发现他身边也有许多人拥有类似的缺点，进而使得他的人际关系无法改善，生活也不快乐。你有没有发现那些常常骂别人很凶的人，其实自己脾气也不太好？这就是“视网膜效应”的影响力。

一个人要人缘好，要受人欢迎，一定要养成欣赏自己与肯定自己的习惯。因为在“视网膜效应”的影响下，一个看到自己优点的人，才会看到他人的可取之处。能用积极的态度看待他人，往往是良好人际关系的必备条件。所以，从现在起，学习欣赏自己的优点和长处吧！

“不知道”是讨人喜欢的三字经

心理学家邦雅曼·埃维特曾指出，平时动不动就说“我知道”的人，头脑迟钝，易受约束，不善同他人交往。迅速和现成的回答，表现的是一种一成不变的老一套思想；而敢于说“不知道”所显示的则是一种富有想象力和创造性的精神。埃维特还说：“如果我们承认对这个或那个问题也需要思索或老实地承认自己的无知，那么我们自己的生活方式就会大大地改善。”这就是他竭力倡导的态度和人们可以从中得到的益处。

古希腊著名哲学家苏格拉底讲过，“就我来说，我所知道的一切，就是我什么也不知道”，以最简洁的形式表达了进一步开阔视野的理想姿态。可以说，至今仍有很多人信奉苏格拉底的这句名言。无论你多么伟大，无论你多么有才能，你也有你不知道的地方，说不知道并不是就意味着你无能，反而在勇敢承认的同时使你获得了更多的称赞。

有一位学问高深、年近八旬的老妇人。她原是大学教授，会讲五种语言，读书很多，语汇丰富，记忆过人，而且还经常旅行，可以称得上是见多识广。然而，人们从未听到过她卖弄自己的学识或对自己不了解的事情假称通晓。遇到疑难时，她从不回避说：“我不知道。”也不用自己的知识去搪塞，而是建议去查阅有关专著、资料，以做参考。看到老人的这一切，每个跟她接触的人才真正懂得了怎样才能被别人敬重，怎样才能获得做人的尊严。

其实，在任何国际学术会议的场合中，如果你注意的话，就会了解虽然开会的屋子里坐满了国际知名的科学家，但大家使用最频繁的一句话便是“我不知道”，或者是比较文绉绉的“在本项研究主题中，我们没有足够证据可得出任何可靠的结论”。

从事任何一种职业的聪明人，都有勇气承认“没有人知道一切事情”的这个事实。他们常常说自己不知道，随后就去寻找他们所欠缺的知识。承认自己不知道无损于他们的自尊。对于他们来说，“不知道”是一种动力，并不是说出来就大失面子的话语。因为自己的“不知道”，反而会促使他们去进一步了解情况，求得更多的知识。

做人就要敢于坦诚地承认自己的不足和不知道，不要为了面子，强把自己说成是“万事通”，让自己真正大失脸面。要知道知识是从“不知道”里面去争取的，而不是从你说“知道”里面欺骗得来的。

妙用“地形”心理学，让对方喜欢你

在军事上，领地和地形有着十分重要的意义。与人相处时，掌握“地形”心理学去影响他人，同样十分重要。

美国心理学家穆勒尔和他的助手做过一次有趣的实验，证明许多人在自己的会客厅里谈话，比在别人的客厅里更能说服对方。这就表明，人们在自己熟悉的地方与人交往容易无拘无束，可以灵活主动地展现或推销自己，有利于社交的成功。

倘若在别人熟悉而自己不熟悉的地方交往，则容易引起莫名其妙的不安和恐惧，难以洒脱自如，自然处于劣势。这就是为什么在比较开放的今天，经人介绍的对象初次见面时，绝大多数人仍愿意在自己的“领地”内进行，而不愿在对方“地盘”内进行的原因所在。

不过，值得说明的是，在自己的领地内，固然容易充分发挥自己的交往潜能，但也时常因少了约束，而使自己的缺点外露。在别人的地盘内进行，虽然受到的约束较多，却可用心专一，利于深层次、多方位地观察和了解对方。

因此，善于社交者，绝不局限于自己的领地，他们既可以“请进来”，也可以“走出去”，是不会作茧自缚的。

最佳地利是有条件的、辩证的、可以变化的，在自己熟悉的地方交往，在一般情况下是有利的。但若对方是老人、长者、女士等，让他们也屈身就己，恐怕于情于理都说不过去。

反之，倘若听凭他们选择，自己前往他们的地盘，则更能体现对他们的照顾、体谅和尊重，这样做本身就极有利于社交的成功。

地点是与交往的目的密切联系的，二者相符方能收到最佳效果。高级宾馆、豪华客厅是招待高级宾客的好去处，而花前月下、幽静隐蔽之地是谈情说爱的理想场所，办公事在单位为宜，办私事则到家里办。因事而定，随事而变，才是明智的选择。

在与人相处时，双方的位置很重要，它直接或间接地决定着你的影响力如何。具体说来，“地形”心理学有以下要点：

第一，对初次见面的双方，采取处于旁边的位置，较能迅速建立亲近感。

初次见面，和人面对面地谈话，是一件不好受的事。因为两人之间的视线极易相遇，导致两人之间的紧张感增加。而坐在旁边的位置，则不必一直注意对方的视线，反而容易轻松下来。

另外，在室内放一盆花，使对方有转移视线的对象，效果会更好。

第二，相距 50 厘米能给对方留下好印象。

要使对方对你产生好感，与谈话者就应保持理想的距离。谈话的距离较近，能制造一种融洽的气氛，消除紧张情绪。最合适的距离就是一方伸出手可以够到另一方的手，即 50 厘米左右。

如果你想在社交中尽快打开局面，适应环境，那么，每次与人打招呼或谈话的时候，要注意尽可能地把距离拉近一些。

当然，拉近距离并不是亲密无间，特别是在与上级或女性打交道时，不能冒昧莽撞，不然会引起对方反感，以为你没有规矩或用心不正，反而弄巧成拙。

第三，黑暗有助于人们交往。

在光线暗的地方，人们比较容易亲近。心理学的实验也表明，黑暗是人们亲密起来的保护伞。

人们聚在黑暗中，因减少了戒备而增加了亲近感，便于双方沟通。同时，在黑暗中，对方难以看清自己的表情，也容易产生一种安全感。这样，彼此间的对立情绪就会大大少于光线明亮的场所。

当你想与他人建立一种亲密关系的时候，就应尽量请他们到酒吧、俱乐部、咖啡室等地方去。

第四，坐椅子时，浅坐的姿势会令人产生好感。

交谈时，如果对方深深地坐在沙发或椅子上，甚至上半身靠在椅子上，那么说明他根本没有专心听讲，缺乏诚意。相反，如果浅坐在椅子前端的三分之一处，就会使人产生好感。因为这种姿势可使上半身自然地向前倾，成为最佳的听话姿势。此外，像这种随时可由椅子上起立的姿势，还会给对方积极活泼的印象。

注意自己的身体语言，给别人留下好印象

人力资源部的秘书小白在给经理送文件时，不小心碰翻了经理的茶杯，淋湿了经理的文件和裤子。小白吓呆了，不知所措地愣在那里等待着经理的训斥。但是经理什么都没有说，就是瞥了她一眼，挥手示意让她出去。小白惴惴不安地走出了经理的办公室。

就在前不久，小白因为把经理的文件当成无效的合同而丢进了垃圾桶，当时经理对她进行了严厉的批评，小白一声不响，低着头等待经理发过火，走出办公室后觉得自己很轻松。但是今天经理却什么都没有说，只是看了她一眼，她心里便充满了不安。一会儿担心经理会解雇自己，一会儿担心经理要扣自己的工资。

为什么大发雷霆的经理让小白觉得全身轻松，而只是瞥她一眼的经理却让小白忐忑不安呢？从心理学角度来说，因为经理的严厉批评采用的是有声语言，把自己对小白的不满已经表达出来了，小白知道经理发过火以后对自己的不满已经没有了，但是经理只是瞥了她一眼，她就会因为不知道经理到底是什么态度，也没有表明怎么处罚，而心中充满担忧和恐惧。

口头语言可以表达出一个人的思想，但是身体语言有的时候比口头语言更有效，比口头语言更诚实得多，强烈得多。就像上文中的经理，只是瞥了小白一眼，这一眼就足以让小白记住这个教训，这比用语言教训小白要深刻得多。

口头语言和身体语言不同。口头语言往往要经过大脑思考和处理之后才表达出来，经过斟酌之后，某些意思就可能被掩饰和遮蔽。但是身体语言是下意识的，是不经意间表达出来的，它是一个人思想的真实反映。有的时候，通过观察一个人的身体语言，就可以看出他的真实想法，了解他的为人。眼睛是最容易暴露一个人的真实想法的，如果一个人听到了自己喜欢听的话，瞳孔会扩大；如果听到了自己不喜欢的话，瞳孔就会缩小；如果自己对别人的话不是很信任，眼睛就会眯起来。所以，眼睛是最容易出卖一个人的。

以身体语言来表达自己的思想是人类与生俱来的能力，通过观察身体语言来了解他人是人的一种本能，是可以通过后天学习和培养得到的一种“直觉”。而通过一个人的身体语言，我们不仅可以更加深刻地了解一些现象背后的秘密，也可以通过身体语言对别人产生有效的影响。

例如，在课堂上，学生都耷拉着脑袋，昏昏欲睡，讲台上的老师就会知道自己的课讲得不够精彩，学生根本就没有听进去。这时教师可能就会改变自己的讲课方式。如果有的学生不认真听讲，老师以警示的目光视之，也会使其有所意会而端正自己的态度。

生活中，如果你想给别人留下好的印象，就要注意自己的身体语言给自己带来的负面影响。在与人交谈或者交往过程中，要注意保持自己的站姿、手姿。如在交谈中扯衣角、抓头发等，别人就会觉得你很不耐烦，从而不愿意与你继续交谈下去。要是你双臂交叉抱在胸前，别人就会觉得你可能对他抱有敌意，就会在心理上与你产生距离。所以在交往中，一定要注意自己的身体语言，避免语言和行为上出现矛盾，让别人产生厌烦感或者不信任感。

身体语言既有好的影响，也能产生坏的影响，这就要看自己怎么把握了。无论是言谈还是举止，都要时刻注意，做到言行一致，尽量让身体语言发挥它积极的作用。这样才会让人有信服感，也就会增强自己的自信，使自己走向成功。

身体语言最容易出卖我们的真实想法，有的时候它表达的思想要比口头语言强烈得多。如果你想给别人留下好印象，就要注意自己的身体语言，保持言行一致，这样别人才会信任你，对你才会有好感。

另外身体语言还能提高你的沟通能力，所以必须学会巧用身体语言。注意下列事项，对自己的肢体加以控制，做到用合适的视觉信号强化自己的语言信息：

——每一个字、每一句话都有它的意义，懂得在什么时候，配上恰当的面部表情。

——无论面部表情是多么平静，只要叉着双臂或抖动着双膝，都会直白地的显露内心的不安。

——延续时间少于0.4秒的细微面部表情也能显露一个人的情感，立即被他人所识破。

——沟通时要看着别人的眼睛，这样做能防止他走神，更重要的是你树立了自己的可信度。

——面部微笑使人们觉得你和蔼可亲，真心的微笑能从本质上改变大脑的运作，使自己身心舒畅起来。

适当重复对方的话，加深别人对自己的印象

适当重复对方的话，既可以增强自己的理解程度，体现自己对对方的尊重，还可以对问题和结果进行强化，激发对方谈话的兴趣。要想加深自己与朋友之间的交往，必须给人以信任感，这是不言而喻的。

那么，怎样才能让朋友对你产生信任感呢？其实很简单——沟通的过程是最容易获得朋友信任的时候，而沟通过程中能否适当地重复对方的话尤为重要。

很多人都有这样的错误认识，认为总是重复对方的话好像显得自己比较啰唆，容易引发他人的不满，其实实际情况并非如此。的确，过多的重复容易给人造成一种误解，然而要是重复得恰到好处，适当地重复对方说话的重点，那么对方便认为你很重视这次谈话，能够抓住谈话的重点。那样的话，效果就不一样了。

可以说，大部分的人对自己的语言都有一种特殊的感情，尤其是在某些情况下经过深思熟虑之后的发言，这类发言对于他们的自我满足感来说相当重要。这个时候一旦我们对他人的话不以为意或者不加重视，那么很难让他人对我们有什么深刻的好印象，相反还会把我们纳入一种不能“志同道合”的陌生人的范畴，那样我们就无法和这样的人接触、获得他人的好感了。

其实，在这个过程中，我们只要以同样的心情了解对方的烦恼与要求，满足一下他们内心的满足感或者说虚荣心，就很容易收到相反的好效果。

比如，在与朋友交谈时，当听取了朋友的某种意见时，一面要点头表示自己同意，一面要适当重复对方的话，这样就能让对方觉得受到了重视，从而不由自主地将心里话说给你，将你当做好朋友来对待。

记住：在恰当的时候重复对方说话的重点，这是一种加深他人对自己印象的一种最简单有效的方法。

直呼其名，缩短与对方的心理距离

在和陌生人接触时，一个比较关键的细节就是该如何称呼对方。称呼得好，就可以迅速拉近彼此之间的心理距离，使双方很快建立友好关系；称呼得不到位，双方还是会形同陌路，关系难以发展。

此外，对于一些比较大众化的称呼来说，一般也不要使用，这会使对方感觉你和别人完全一样，没什么特别的，你们之间的关系只是一般而已。所以你应该使用一些比较特别的、让别人感觉亲近的称呼，来迅速改变你们的关系。

在爱情片中，我们常常看到男女主人公这样的对白：不要叫我XX，叫我阿X吧。看到这儿，你就知道，两人的关系发生了变化，至少其中一方希望另一方认为两人的关系发生了变化。

在日常生活中，你可能听到这样的话，也可能对别人说这样的话：不用称我老师，叫我名字就行了。听了这话或说了这话，你或他（她）便感觉彼此的关系进了一步。为什么会这样呢？因为彼此的称呼与彼此的心理距离有关。也就是说，两个人称呼的改变，通常意味着两个人心理距离的变化。

众所周知，对初次见面的人，一般会以对方的姓加上头衔，如X经理、X大夫、X老师等，而不直接以名字相称。时间长了，相处久了，熟悉了，才会直呼其名。也就是说，以名字相称是建立在两个人相对亲密的关系上的。

从心理学角度来讲，当两个人心理上的距离愈来愈靠近时，他们的称呼法也会从姓加头衔，然后到名，再到昵称。

不过，在生活中，我们也常常看到，某个人与另一个人虽然见面不久，关系不算是亲密，但他也以名字或昵称来称呼对方。这意味着什么？意味着他希望尽快拉近与对方的关系。这也是政治家们将对手“化敌为友”的惯用手法。面对一个从未谋面的人，他们也能够用一种非常自然非常亲切的口吻喊出对方的名字。

比如：美国的总统里根和日本的前首相中曾根康弘在初次会面时，对中曾根康弘，里根总统直呼其名，叫他“康弘”；对里根总统，中曾根康弘也同样直呼其名。其实，日本人并没有直呼其名的习惯，中曾根康弘之所以违背自己的民族习惯，无非是想强调两国的友好，希望会谈能在亲密友好的气氛中进行。

这种通过改变称呼来拉近彼此间心理距离的方法，在销售行业也广为利用。比如：

有一个业务推销员，一次要去拜访一位房地产公司的老总。房地产公司有位前台小姐叫钟晓慧。钟晓慧作为一位接待小姐，每天都要接触到不少的访客，她可以清楚地区分哪些人亲切或哪些人不亲切。推销员要想见到老总，必须先过了她这一关。

第一次拜访时，推销员以锐利的眼神专注地看着她胸前的名牌标志，然后神采奕奕地和她打招呼：“钟小姐，我是李总的朋友，我有很重要的事情要和他谈。”“对不起，今天李总吩咐不见客。”钟晓慧一点都不给他面子。

第二天，推销员又来了。他这次改变了风格，在彼此熟悉之后，他说道：“呀，改变发型了，很配合你的风格嘛，以后就叫你‘晓慧’好了。晓慧，我今天有重要的事情得跟李总谈，请转告一声。”他说完后热切地看着钟晓慧。钟晓慧这次变得非常爽快，立刻带他去见李总了。

一般而言，“X小姐”是比较正式的称呼，如果总是运用这样的称呼，给对方的感觉是你始终和她保持着一段距离，她自然就要和你也保持距离了。但是，直接称呼对方的名字，是关系很好的朋友之间才用的，推销员很自然地改变称呼，便会迅速拉近彼此之间的距离，加深双方的感情。可见，如果总是局限于陌生人的礼仪，你是根本无法再进一步加强两个人的感情的。要想与陌生人迅速建立关系，或者改变你与朋友、顾客、客户之间的关系，就要改变你对他们的称呼，用一些亲切的称呼来拉近彼此的距离。

当然，就一般的生意场合而言，如何改变称呼还是要看具体情况，并不是越早改变称呼就越好，也不是一上来就直接称呼对方名字就好，你应该根据双方关系的进展情况来随机应变。有时你必须让出一段时间让对方慢慢习惯，不要太过急躁，否则会显得轻浮。在改变称呼时要不留痕迹，尽显自然。

胡雪岩在初次拜见稽鹤龄时，先是称对方为“稽大哥”，然后称“老兄”，最后又改为“鹤龄兄”，在不露声色中就将彼此的关系加深了，并且不露一丝痕迹，这种高超的交际手腕和生意手段着实令人感叹。

在生活中，这种交际方法也常为我们所用。比如：遇到一个难以接近的朋友，你试图接近他（她），不妨直呼其名或者请他（她）直接叫你的名字。

面对你的同事，你希望与他（她）走得更近，不妨偶尔称呼他（她）的昵称或让他（她）称呼你的昵称。

当然，你要表现得尽可能的自然，不要让对方感觉你是在装腔作势。如果真能那样，你们的距离就能因此而拉近，事情便很容易解决了。

请求他人帮忙，会赢得对方的好感

本杰明·富兰克林是众所周知的成功人士，然而，他也曾碰到过人际关系方面的麻烦，他碰到了一个喜欢和他做对的人。

当时，年轻的富兰克林还只是费城一家小印刷厂的老板，在州议会的复选中，他幸运地被推举为宾夕法尼亚议会下院的书记员。就在正式选举前的紧要关头，一位新当选的议员却公开发表了一篇反对富兰克林做下院书记员的演说。演说篇幅很长，措辞尖锐，简直可以说是把富兰克林贬得一文不值。

面对这种意外情况，富兰克林既生气又有点儿手足无措。要知道，对方是一位很有名望、有修养、有才识的绅士，在当地十分有影响力，而富兰克林又不愿意卑躬屈膝地去讨好他。几经思考，富兰克林找到了一种比卑躬屈膝更恰当、更有效的方法。

富兰克林听说他收藏了几部十分名贵而罕见的书，于是，他就写信恳求对方把这些珍贵的书籍借给自己拜读。那位议员接到信后，马上就把书送了过来。一个星期后，富兰克林准时送还了那些书籍，并且附了一封感谢信，由衷地表达了自己的谢意。

后来，当富兰克林再碰见他的时候，他竟然主动跟富兰克林打招呼，而且告诉富兰克林，他会尽自己所能地帮助富兰克林。就这样，富兰克林将对手变成了终生的好友。

无独有偶，安德鲁·卡内基也采用了类似的方法来化解人际危机。

卡内基当时正在圣路易斯的某个地方办理一座刚刚建好的桥的税款问题。事情进行到一半的时候，他的一位至关重要的合作伙伴竟然说想家了，想离开圣路易斯，回匹兹堡去。

卡内基知道，如果他离开，那么税款的事情也就失败了，无论如何是不能让他离开的。在这关键时刻，卡内基想到对方非常爱马，而且很擅长选马。脑中灵光一闪，他没有乞求对方留下来。相反，他请求对方帮他一个小忙。他说，他想给自己的妹妹买一匹马，但是自己不会挑马，希望对方能够帮他挑选一匹好马，先不要着急回家。

面对卡内基的请求，对方果然答应留了下来。

富兰克林和卡内基都利用“请对方帮个小忙”的方法，化解了人际危机，从而获得了事业的成功。

生活中，很多人因为怕引起他人的反感而从不找他人帮忙。其实，这种想法是完全错误的。

不知道你注意到没有？当他人拜托你帮个小忙时，你不但不会觉得麻烦，反而会觉得十分高兴。如果对方的请求恰恰是你最拿手的，你不但会心情愉悦，而且还会因此而喜欢对方。

不用为此感到怀疑，“请他人帮个小忙”能够获得对方的好感是有其心理学理论依据的。

首先，请求他人帮个小忙，能够满足对方天性中的一种潜在的需要。当你请求他人帮个小忙的时候，实际上是主动将自己放在了一个相对较低的位置，从而抬高了对方，这样就能够满足对方获得他人尊重的本质需求，成就了对方的荣誉感。而你请他帮忙，代表你需要他，这让他感觉到自己被需要、自己的存在很有价值，从而激发起自尊心。

总的来说，你请求他人帮个小忙，能够给对方带来愉悦的心理感受。因此，对于那种自己力所能及或者擅长的事情，对方是不会拒绝你的。

那么，为什么对方帮了你的忙，反而会对你产生好感呢?

心理学上有个著名的认知失调理论，也就是说，当个体的行为与自我概念不一致时，就会产生不愉悦的心理体验。

当你无心或有意地伤害了某个人时，就会产生这样的问题："我为什么要这么对他呢？"如果答案是"我很粗心、很糟糕"，那么，你正面的自我感受就与伤害他人的负面行为对立起来，进而产生认知失调；为了避免认知失调的不良感受，你就会为自己的负面行为找一个合理的解释，使之与你的自我概念一致。比如，你会想："他让人讨厌！他活该！"

同样，如果你帮助了某个人，而这个人是你所讨厌的，那么，自我概念和自我行为就产生了冲突，而避免认知失调的合理解释就只能是："我喜欢他，他很可爱！"

由此可见，请求对方帮个小忙，能够让你赢得对方的好感。因此，你大可不必拘谨地拒绝他人的帮助，更没有必要因为害怕引起对方的反感而不敢开口请求对方。

学会适时缺席，让他人更加尊敬你

无论在书本里，还是在影视剧中，甚至在日常生活世界，我们总能听到这样煽情的慨叹："为什么失去了才懂得珍惜？""原来失去的才是最好的！"

没错，正如经济学中所认为的：一件事物流通和发行得太多，价格就会降低。人的心理感觉与认知也是如此，你被看见和听到的次数越多，你看起来就会显得越普通。

如此说来，若你的形象在一个团体中已经被树立起来了，那么，从这个团体中暂时退隐将会让人们更多地谈论你、夸赞你，意识到你的重要性，从而更加尊敬你。所以，学会适时缺席来创造自己的价值，是一种相当不错的智谋之选。

史蒂夫·纳什是一位杰出的NBA篮球明星，他效力于菲尼克斯太阳队，在2004～2005赛季荣膺常规赛MVP（最有价值球员）。

有很多人认为，太阳队之所以有这么强的光芒，不只是因为纳什的出色，更是因为太阳队能人众多，高手如云，他们有超级马里昂，他们有全联盟效用第一的中锋迪奥，是他们和纳什组成的铁三角让太阳队获得如此成绩。

的确如此，当纳什在太阳队的时候，他身边每一个人的数据都是那么漂亮，他们全队六人得分过十是一件十分普遍的事情，而相对于MVP纳什，他所取得的数据只是和往常一样出色而已，队友马里昂的数据之光甚至已遮住了MVP纳什的过人之处。

但是，当纳什受伤后，当他们在主场迎战西部第一的马刺队时，没有纳什的太阳队在第四节一开始就落后客队22分之多，让比赛早早地进入了垃圾时间。往日豪取30多分篮板的马里昂不见了，刚被评上第一效用中锋的迪奥居然成了助攻王，而太阳队一向置敌死地的法宝——流畅有效的快攻也不见了……纳什不在场上，他带走的绝不仅仅是他个人的数据。他的缺席让整支太阳队都找不到进攻的节奏，他的缺席让强队太阳在马刺队面前显得如此的不堪一击，他的缺席充分体现了他MVP的价值，无人能够取代的价值。

我们总会有这样的感觉，拥有一件事物或一个人的时候，因为可以轻易得到，所以并不看重，更不会去珍惜。但当某一天突然失去那些我们即使本来不在乎的东西，我们也会发觉，原来它对自己是如此重要。就像纳什，只有在他缺席离开的时候，他身边的队友以及所有球迷才会真正发现他的价值，他那灵巧而及时的助攻，他创造机会让别人发光发热，无不令人怀念。也许他并不是一个最善于表现自我的球员，但他绝对是整个球队的灵魂之所在。

纳什的例子带给我们深深的思索。利用缺席可以增加别人对你的尊敬和荣誉，可以让别人发现你真正的价值所在。

不过，有一个前提我们是不可否认的，那就是自身必须具备超越他人的实力，具备别人不具备的才能。在这样的前提下，才能通过适时缺席实现让周围人意识到你的能力、凸显你的重要、赢得更多尊敬的目的。

缩短空间距离，拉近彼此间的心理距离

请你想一想：在你成长的过程中，谁是你最亲近的朋友。多数情况下，他们可能是和你邻近的人。

相同的现象也常发生在大学生宿舍里。有研究者统计发现，许多大学生总是和邻近宿舍里的人最友好，和那些被安排住得最远的人最不友好。更使人吃惊的是，类似的情况发生在更为亲密的关系中，比如婚姻。例如，一个对20世纪30年代期间一个城市的结婚申请的研究显示，有1／3的夫妻由双方住所相隔不超过5个街区的人组成，而且随着地理上距离的增大，证书的数量下降。而且这些结果还不包括有12%的人在婚前就有相同的地址。

也许你会感到疑惑，邻近性和吸引相关的事实是否是因为相互喜欢所以选择彼此住近一些。然而，研究发现，邻近性对喜欢有同样的影响。例如，对被根据姓氏字母顺序安排教室座位和房间的受训警察的研究发现：两个受训者的姓氏在字母表上的顺序越接近，他们就越有可能成为朋友。

显然，邻近性为友谊发展提供了机会，尽管它并不确保一定会发展友谊。

为什么邻近性能产生喜欢？首先，邻近的人，低头不见抬头见，为了拥有一份美好的心情，人们不得不与邻近的人搞好关系。其次，由于邻近，由于熟悉，即使是简单的人际互动也会提高我们对他人的好感。再次，根据交换理论，人们在互动过程中，总是希望以较小的代价换取最大的报酬，而邻近性则满足了这一要求。

西方心理学家最简单的解释认为“离得近的人比离得远的人更有用”。因为离得近，接触的机会多，刺激频率高，选择朋友就比较容易。一个人和我们住得越近，我们就越能了解他，与他也就越能成为朋友。所以要想拉近两个人心理之间的距离就要缩短两个人的空间距离。

在商务谈判中，如果在宽敞的会议室或接待室洽谈，始终没有进展的话，停止说服对方，把对方拉到饭店或者小小的酒吧，这样最后，交涉往往能成功。想想看，在饭店里面甚至一个小小的吧台，彼此肩并肩，促膝而谈，身体靠近了，心也近了，不知不觉中双方的话就更具说服力了，自然更容易获得成功。

销售员在推销自己的产品的时候，更换位置也是出于同样的道理。

当销售员与消费者面对面而坐，消费者面对产品举棋不定。这个时候，如果销售员以更好地展示产品为借口，移到消费者身边与他人并肩而坐，以非常靠近的方式说服他，消费者就很可能答应买下产品。

看来，要想消除对方的警戒心，缩小彼此间的心理距离并不难。只要你善于利用缩短空间距离的办法就能靠近对方的心理，这样事情就会有所转机。

但是上面我们所说的邻近性是否就一定具有人际吸引力呢？事情并不那么简单。我们知道，自己所喜欢的人往往是邻近的人，而自己所厌恶的人也往往是邻近的人。所以邻近是吸引的必要条件，但不是唯一的条件。只有当邻近的人具备了相互满足需要的这一条件，或者说，人们对邻近者怀有好感时，邻近性才会产生吸引力。比如，同在一个单位工作的人，有的关系非常融洽，彼此默契配合，工作效率倍增；而有的关系则相当紧张，甚至到了有你无我的程度。这些都是在邻近关系中时常发生的现象。但是，事情也是相对的，离开了具体的情境，离开了满足需要这一人际关系的基础，忽视了其他因素的作用，就会把邻近性孤立起来而犯绝对化的错误。

第二章

掌控人性，把握尺度

“让一步”比“争一步”收获的好处更多

人与人之间需要相互帮助和忍让，缺少这两样便什么事也干不了。不要斤斤计较、小题大做，要知道在给对方设一道门的时候，其实也把自己堵在了门外。

两个人在一架独木桥中间相遇了，桥很窄，只能容一个人通过。两人都想着要对方给自己让路。

一个人说：“我有急事，你让我先过。”

另一个人说：“我们谁也不愿让，那就同时侧身过桥。”

两人一想也对，就侧过身子脸贴脸地过桥。

这时一个人暗暗推了另一个人一把，另一个在挣扎中抓住了他，两人同时掉进了水里。

墨子说：“恋人者，人必从恋之；害人者，人必从害之。”构建平和的心境，争一步不如让一步，这也是自己得到方便的根源。

做人是一生的学问，凡是在争来争去中度过时光的人，都算不上真正懂得做人底线的智者。与之相反，“求让”则是保证能够安心做事的重要的做人底线。

“争”与“让”的区别在于：“争”在于不失分寸，“让”在于敢舍一切。如果用“争”的方法，你绝不会得到满意的结果；但用“让”的方法，收获会比预期的高出许多。语言的杀伤力也是巨大的，如果你非要在嘴劲上争一下，倒不如让步为好。

承认自己有错让你有些难堪，心中总有些勉强，但这样做可以把事情办得更加顺利，成功的希望更大，带来的结果可以冲淡你认错的沮丧情绪。况且大多数情况下，只有你先承认自己也许错了，别人才可能和你一样宽容大度，认为他也有错。这就像拳头出击一样，伸着的拳头要想再打人，必须要先收回来方有可能。

遇到争论时，首先做出让步，这是有礼貌的表示，而不是伤面子的行为。如果执意争吵，只会对双方都造成伤害。因此，快速地、真诚地让步，承认自己的错误，你与对方的距离拉近了，在他觉得你真诚的情形下，他也会真诚地待你了。

当你对的时候，你就要试着温和地、技巧地使对方同意你的看法；而当你错了，就要迅速而真诚地认错。这种技巧不但能产生惊人的效果，而且会把办不成的事办成。人们最容易被“让”所打动，最容易被“争”所激怒。“让”与“争”关系的选择，可以说常被低调做人的智者所把握，成为他们行之有效的做人方式。

被逼入墙角的兔子也会咬人，得理时要让他三分

著名的哲学家、教育家苏格拉底曾经说过：“一颗完全理智的心，就像是一把锋利的刀，会割伤使用它的人。”在这个世界上，没有完全绝对的事情，就像一枚硬币具有它的两面性一样。这就告诫我们做人做事都不要太绝对，要给自己和他人留有余地。

一个春天的早晨，房太太发现有三个人在后院里东张西望，她便毫不犹豫地拨通了报警电话。就在小偷被押上警车的一瞬间，房太太发现他们都还是孩子，最小的仅有 14 岁！他们本应该被判半年监禁，房太太认为不该将他们关进监狱，便向法官求情:“法官大人，我请求您，让他们为我做半年的劳动作为对他们的惩罚吧。”

经过房太太的再三请求，法官最后终于答应了她。房太太把他们领到了自己家里，像对待自己的孩子一样热情地对待他们，和他们一起劳动，一起生活，还给他们讲做人的道理。半年后，三个孩子不仅学会了各种技能，而且个个身强体壮，他们已不愿离开房太太了。房太太说：“你们应该有更大的作为，而不是待在这儿。记住，孩子们，任何时候都要靠自己的智慧和双手吃饭。”

许多年后，三个孩子一个成了一家工厂的主人，一个成了一家大公司的主管，而另一个则成了大学教授。每年的春天，他们都会从不同的地方赶来，与房太太相聚在一起。

房太太就是“得理让三分”的典范。

“人活一口气，佛争一炷香。”这是一个人在被人排挤，或者被人欺侮时，经常说的一句急欲“争气”的话。

其实也未必如此。试想一下，一个人究竟能有多大的气量？大不了三万六千天，这还是极少数。就像古代名人张英说的那样：“万里长城今犹在，不见当年秦始皇。”“千里捎书为堵墙”，却不如“得饶人处且饶人，让他三尺又何妨”。这方面，不管是古人还是今人，都有好多值得我们学习的地方。

“得理不让人，无理搅三分。”这是普通人常犯的毛病。其实，世界上的理怎么可能都让某一个人占尽了？所谓“有理”“得理”在很多情况下也只是相对而言的。凡事皆有一个度，过了这个度就会走向反面，“得理不让人”就有可能变主动为被动。反过来说，如果能得理且让人，就更能体现出一个人的气量与水平。给对手或敌人一个台阶下，往往能赢得对方的真心尊重。

得理让人，多发生于竞争情境，由于让人行为出现而使矛盾化解，争斗平息，对手变手足，仇人变兄弟。因此，让人是避免斗争的极好方法，对个体也具有一定价值。它具体表现在：

1. 得理不让人，让对方走投无路，有可能激起对方“求生”的意志。而既然是“求生”，就有可能是“不择手段”。好比把老鼠关在房间内，不让其逃出。老鼠为了求生，会咬坏你家中的器物，这将对你造成伤害。放它一条生路，它“逃命”要紧，便不会对你的利益造成破坏。

2. 对方“无理”，自知理亏，你在“理”字已明之下，放他一条生路，他会心存感激，来日自当图报。就算不会如此，也不太可能再度与你为敌。这就是人性。

3. 得理不让人，伤了对方，有时也连带伤了他的家人，甚至毁了对方，这有失厚道。得理让人，也是一种积蓄。

4. 人海茫茫，却常“后会有期”。你今天得理不让人，哪知他日你二人不会狭路相逢？若那时他势旺你势弱，你就有可能吃亏！“得理让人”，这也是为自己以后做人留条后路。

人情翻覆似波澜。今天的朋友，也许将成为明天的对手；而今天的对手，也可能成为明天的朋友。世事如崎岖道路，困难重重，因此走不过的地方不妨退一步，让对方先过，就是

宽阔的道路也要给别人三分便利。这样做，既是为他人着想，又能为自己留条后路，多一个朋友多一条路。

关键时刻当仁不让，才能得到你想要的

“谦让”并不是一味讲退让、忍让。在道德信条中，“谦让”是指在名利、权位上的让，谓之“君子不争”。而在原则问题上，在展露自己才华的场所，高明的人又很推崇“当仁不让”。

古代推崇的竞争是雍容大度、自信自强、公平的竞争，在该争的时候，是不必谦让的。孔子还对他的学生说过，“当仁，不让于师”。意思是说虽说礼尚辞让，但在为仁这样的事上，则要勇往当之，无所辞让，即使在老师面前也一样。

下面这个故事，讲的就是当仁不让的道理。

晋人王述被调任尚书令，朝廷的任命一到，王述就即刻赴任。王述的儿子得知后，对父亲说：“您应该谦让一下，把职位让给杜许吧。”王述反问儿子：“你说我能胜任这个职务吗？”儿子回答：“您非常合适，但是能谦让一下总还是好些吧，至少在礼俗上也应该谦让一下呀！”王述摇着头，不无感慨地说：“你既然认为我能够胜任尚书令一职，为什么又要我谦让呢？别人都说你将来会胜过我，我看你到底还是不如我啊！”

王述本是个“安贫守约，不求闻达，性沉静”的人，但在国家需要自己承担重任时，却勇当不让，他并不是追逐名利，而是一种责任感和自信的表现，因而在历史上一直被人们所称道。

职场中，每个人都在为自己的利益考虑，都在追求晋升以获得更多的利益，所以在关键时候还要有“心计”地主动请缨、当仁不让。

张文在厂里一干就是4年，自认工作态度还行，也没有犯过任何错误，可是老板却对此视若无睹。她觉得自身价值得不到提升，不甘心却不敢当面跟老板提。虽然，她曾多次在工作总结会上暗示过老板，但老板对此却无动于衷。最后，她还是鼓足勇气，向老板提出了加薪要求。没想到的是，老板在观察她几周工作后终于给她加薪了。

属于自己的权益，还得靠自己主动争取。不光自己的权益，有些晋升机会也是可以靠自己争取来的。当你能正确地估价自己的分量时，不妨主动请缨，采取“当仁不让”的积极争取策略。

比如说，当你了解到某一职位或更高职位出现空缺而自己完全有能力胜任这一职位时，保持沉默绝非良策，而是要学会争取，主动出击，把自己的想法或请求告诉上级，这样你往往能如愿以偿。战国时期赵国的毛遂、秦王嬴政时的甘罗已为我们提供了最好的证明。而过分的谦让只会堵死你的晋升之路。

吃亏要吃在明处，让他知道吃亏是为了帮助他

为人处世吃亏要吃在明处，否则就是白吃。有的人为了息事宁人，往往去吃暗亏，结果是“哑巴吃黄连，有苦说不出”。

陈嚣与纪伯为邻。一天夜里，纪伯偷偷地将隔开两家的竹篱笆，向陈家移了一点，以便让自己的院子宽一点，恰好被陈嚣看到了。纪伯走了，陈嚣将篱笆又往自己这边移了一丈，使纪伯的院子更宽敞了。纪伯发现后，很是愧疚，不但还了侵占陈家的地方，而且还将篱笆往自己这边移了一丈。

陈嚣的主动吃亏，让纪伯感到相当内疚，使其产生了“以小人之心，度君子之腹”的感觉，这就欠下了陈嚣一个人情。即使他还了这个人情，但是每当他想起时，还是会内疚，还是会想法报答陈嚣。

所以，有时主动吃亏是要为朋友文过饰非。既让他觉得欠你的人情，又让他知道自己做错了。

战国时，梁国与楚国相邻，两国在边境上各设界亭，亭卒们也都在各自的地里种了西瓜。

梁国的亭卒勤劳，锄草浇水，瓜秧长势极好；而楚国的亭卒懒惰，瓜秧自然长得不好，与对面西瓜田的长势没法比。楚国的亭卒觉得失了面子，有一天夜里偷跑过去，把梁国亭卒的瓜秧全给扯断了。梁国的亭卒第二天发现后气愤难平，报告给边县的县令宋就，并说："我们也过去把他们的瓜秧扯断好了！"

宋就说："这样做当然是很卑鄙的，我们明明不愿他们扯断我们的瓜秧，那么我们为什么再反过去扯断人家的瓜秧呢？别人不对，我们再跟着学，那就太狭隘了。你们听我的话，从今天起，每天晚上去给他们的瓜秧浇水，让他们的瓜秧长得好起来，而且，你们这样做，他们一定会知道的。"

梁国的亭卒听了宋就的话后觉得有道理，于是就照办了。楚国的亭卒发现自己田里的瓜秧的长势一天好似一天，仔细观察，发现是梁国的亭卒在黑夜里悄悄为他们浇的。楚国的边县县令听到亭卒们的报告，感到十分惭愧，于是把这件事报告了楚王。楚王听说后，特备重礼送梁王，既以示自责，亦表达酬谢，结果两国成了友好的邻邦。

为别人文过饰非，实在是个搞好关系的好机会。当朋友在众人或是你面前犯了错，你一定要抱着吃亏的心理，干脆给他个面子，帮他一把，千万别"暴而扬之"。

古人说："吃亏是福。"是很有道理的。因为吃亏，你就成了施者，朋友则成了受者，看上去是你吃了亏，他得了益，然而，朋友却欠了你一个情。在友谊和情谊的天平上，你已为自己加了一个筹码，这是比金钱和财富更值得珍视的东西。

与朋友交往，情愿自己吃点亏是一个很好的交际方法。当然交友吃亏也必须讲究方式和技巧。

不管是吃大亏，还是吃小亏，只要能对搞好朋友关系有帮助，你就要尽力吃下去，不能皱眉。尤其是大亏，有时更是一本万利的事。

吃亏，会让你在朋友眼里变得豁达、宽厚，让你获得更深的友谊。这当然会使朋友更心甘情愿地帮助你、为你办事。

凡事抱着最坏的打算，才能确保胜算

善用计谋的人，即使对于一件很简单的事，也会预想出几种可能的结果，做好最坏的打算，此为老谋深算。社会上有许多事都具有不确定性，这就由不得你不去花费心机。俗话说："人生不如意事，十常居八九。"事实上，人生如意之事，到后来七折八扣的，也是常有的事，如果能够得到其中七成八成的满意度，就算是幸运的了。

君不见，有多少尽管自己信心十足，或别人事前拍胸脯打保票，到头来却落得一场空的事情？所以说，凡事事前想得太美、想得太顺、想得太理所当然乃是大忌。人生的种种胜败、兴衰和得失往往只在一瞬间，稍有大意，事后恐怕就只有干瞪眼的份了。

封建帝制时期的王位继承，虽然讲的是嫡长子继承制，但是现实中的变数却相当多。例如，皇帝没有亲生儿子，或者是嫡长子不够贤能、强悍，如果再牵涉王室及各方权势的势力消长，当然就很难平静无波，甚至可能形成惨烈的王位争夺战。

宋朝的第二任皇帝宋太宗赵光义，或许因为长子元佐不成材，曾经玩火烧皇宫，所以册立三子真宗为太子。

尽管如此，太宗所宠信的宦官王继恩却勾结大臣李昌龄等人，说服皇后李氏，仍然暗中企图拥立长子元佐。在太宗病重命危的时候，王位争夺的诡异气氛更呈现出山雨欲来之势。

也正是这个时候，支持真宗的宰相吕端，眼看太宗快撑不下去了，便进宫探望。这位被太宗视为小事糊涂、大事不糊涂的宰相，果然机灵。当他发现真宗居然没在太宗身边陪侍，生怕在这个关键时刻王位继承的事有变，于是便写下“病危”两字，火速派人交给真宗，要真宗立刻进宫陪侍太宗。

不久之后，太宗驾崩了，李后便派王继恩前来召吕端进宫。吕端心想准没好事，于是就骗王继恩进御书房整理太宗的遗墨诏书，然后将王继恩锁在御书房内。

李后见吕端来了，便开门见山地说：“皇帝已经驾崩了，应该由长子继承皇位才合乎礼制。”吕端不慌不忙地回答说：“先帝早就预先册立太子，目的就是要太子能够顺利继承皇位。先帝刚刚崩逝，就要违抗他的遗命，恐怕会引起朝中大臣的非议。”

李后少了王继恩在旁兴风作浪，不得已只好宣布真宗继承帝位。

当然事情没那么简单，在真宗还没真正登基之前，吕端还是小心翼翼，生怕中途发生变故。

就在真宗即位大典的那一天，正当他准备垂帘接受群臣叩拜的时候，吕端还是要求真宗卷起帘幕，并且亲自登上殿阶，确认是真宗本人没错之后，才放心地带领文武百官高呼：“皇上万岁！万万岁！”

在强敌环伺或者竞争激烈的地方，没有人是胜利的“真命天子”。即使拥有若干官样文章的保证，握有若干形势上的优势，但在肥肉还没吃进肚子里之前，可先别说胜利是属于自己的。

吕端深深了解，尽管真宗拥有太子身份，是太宗确定的接班人，但在王位争夺的诡谲形势中势如蝉翼。如果不步步为营，掌握每一个转折的机锋，恐怕就会有不可逆转的变化。所以，即使到了真宗登基的时候，他都还要确认是否为真宗本人，才放心地叩头称万岁。

这种谨慎严谨的态度，或许正是“凡事抱着最坏打算，才能确保胜算”的最佳写照。

“晓之以理，诱之以利”，方能战胜人性，办成大事

从某种意义上说，人是追逐利益的动物，但又受理性的约束。如果能晓之以理、诱之以利，双管齐下则是战胜人性，办成大事的高招。

看下面的一个故事。

战国时，秦国的文信侯吕不韦打算进攻赵国，希望借此以扩大河间一带的土地，于是让蔡泽出使燕国。过了 3 年，燕国把太子丹送到秦国来做人质，吕不韦就请张唐去帮助燕国，打算跟燕国一起攻打赵国，以开辟河间的土地。张唐推辞说：“到燕国去，一定要经过赵国，赵国人如果抓住我，可以得到百里的封地呢！”吕不韦将他打发走后，心里感到很不愉快。少庶子甘罗对吕不韦说：“君侯为什么这么不高兴呢？”吕不韦说：“我派蔡泽到燕国去了 3 年，燕太子丹就来我国做人质了，今天我亲自请张唐去燕国完成共同伐赵的使命，他却不肯去。”甘罗说：“我能让他去。”吕不韦呵斥他走开，说道：“我亲自请他去，他尚且不肯，你怎么能请得动他呢？”甘罗说：“项橐才 7 岁就做了孔子的老师，我现在已经 12 岁了，您应当让我试试看，何必呵斥我呢？”

于是，甘罗就去见张唐，问道：“您的功劳跟武安君白起相比，谁的功劳更大呢？”张唐说：“武安君打了数不清的胜仗，攻陷了数不清的城池，我的功劳当然比不上武安君。”甘罗又问：“您真的觉得自己的功劳比不上武安君吗？”张唐说：“真的。”甘罗问：“应侯范雎在秦国受重用时，他的权力跟文信侯相比，哪个更大呢？”张唐说：“应侯比不上文信侯。”甘罗问：“您真知道应侯的权力比不上文信侯吗？”张唐说：“我真的知道。”甘罗说：“当年应侯要去攻打赵国，武安君有意为难，就被绞死在离咸阳城 7 里的地方。如今文信侯亲自请您去出使燕国，而您竟不愿意，我真不知道您会死在哪里。”张唐说：“那就听你的吧，我去！”于是，张唐准备好了车马和礼物，并且定下了出发的日期。甘罗对文信侯说：“借给我 5 辆车子，让我替张唐去通报赵国，见一下赵王。”

甘罗去见赵王，赵王亲自到郊外迎接他。甘罗问赵王：“听到太子丹去秦国做人质的事了吗？”

赵王说："听到了。"甘罗说："燕太子丹到秦国做人质，说明燕国不欺骗秦国。张唐出使燕国，说明秦国不欺骗燕国。秦、燕两国互不欺骗，如果合力攻赵，赵国就危险啦！燕、秦两国之所以表示互不欺骗，没有别的原因，就是为了攻打赵国，以此来扩大秦国的领地。今天大王如果给我5座城池以扩大河间之地，秦国则送回燕太子，再跟强大的赵国一起去攻打弱小的燕国。"

赵王听了这一番话，立刻割让5座城池给秦国。秦国则放回了燕太子。赵国攻打燕国，占领了上谷的36县，把其中1/10的土地转送给了秦国。

正所谓：有志不在年高。甘罗12岁出使赵国并获得巨大成功的事在中国历史上是十分著名的。但他无论是说服张唐还是说服赵王，所用的谋略无非是讲清利害关系。可见，只要运用得当，"晓之以理，诱之以利"永远是处理人际关系，甚至国与国之间关系的一招妙棋。

超出预期的无私行为，可以获得超额的信赖

在和那些尚未建立良好人际关系的朋友、客户或者顾客打交道时，他们都会从各方面去考察和判断你的动机和行为是不是完全利己、自私的，是不是会为他们着想。当他们发现你从来不会为他人着想，只是在为自己的利益做事时，他们就知道你这个人不值得深交、不值得信赖，也就不会再和你进行更深入的生意合作；相反，当你为他们做出了超过他们预期的无私的事情之后，你就会赢得他们的尊重和信赖，你的想法也会变得可信，他们也会乐于和你建立永久性的关系。因为你用行动证明了你对他们的关心。

所以，当你在和他人进行合作时，或者在和他人进行第一笔生意时，你首先应该想到的是，你可以为他们做出什么样的超出他们预期的无私的事情。你为他们所做的事情越多，你也就越有可能和他们建立并发展良好的、持久的人际关系以及生意合作。

有一对老夫妇买了一幢园林式新房，想雇请一位园艺师，邻居们一致向他们推荐了一个人。于是夫妇俩决定就聘请大家推荐的这个园艺师。

然而令夫妇俩奇怪的是，这个园艺师见到他们之后，除了询问园艺方面的情况外，还问了他们很多其他方面的问题，并一一记在了自己的本子上。比如："每天下班后几点到家？""周末你们喜欢钓鱼吗？""你们最欣赏附近谁家的院子？"诸如此类的问题，这个园艺师都询问得一清二楚。

不过很快，老夫妇就明白园艺师的良苦用心了。他除了按时修剪植物外，还总是不断给他们带来惊喜：他会把他们新买的圣诞树挪到一个更阴凉的地方，他会给他们寄一些关于绿色肥料的文章，他还会在周末来临时，提前为他们准备好第二天钓鱼用的鱼饵。老夫妇明白为什么邻居都向他们推荐这个园艺师了。人家无私地向自己提供了这么多服务，自己能不满意吗？

你和对方的关系状况很大程度上取决于你所做的事是否能满足对方的预期。你所做的事达不到对方的预期，对方就很难与你合作；你所做的事刚刚符合对方的预期，对方和你的关系也就一般而已；只有你所做的事完全超出对方的预期时，对方才会高兴与你合作，你和他之间才会有长久的关系。

要想抑制人性的弱点，不如唤醒人性的优点

一个超市开张后，经常丢东西。于是超市的领导层研究决定，出台一个惩罚性的警告措施："凡偷盗商品者罚款200元。"

不料，警告的威慑力微乎其微，商品依然丢失严重。

见此情景，领导层再次研究对策。这时有人建议，换个思路——"奖"。

第二天，在入口处换了一条警告标语："凡检举偷盗商品者赏金200元。"此举果见奇效。

从此之后，超市再也没有发生过丢失商品的现象。

同样为管理手段，一种是罚，一种是奖，在效果上为什么会有这么大的差别呢？

因为，与“罚”这种管理手段不同，“奖”唤醒了人性的优点，抑制了人性的弱点，使顾客从“客人”的地位提升到“主人”的高度，将原来的“管住人人”，变成“人人来管”，由被动被管变成主动去管，由少数人管变成群治群防。

以唤醒人性的优点代替惩罚人性的弱点，这一管理方法不仅适用于超市，也适用于一般的组织管理、家庭管理乃至人际交往。

在一个组织内，管理者要想提高工作效率，杜绝职员工作拖拖拉拉的情况，仅仅制定工作量，规定完不成工作量就遭受惩罚是不可能有好的效果的。相反，奖励则可带来意想不到的效果。

一家制衣厂，熨烫车间人手紧张，工作总是难以如期完成。公司根据调查总结，得出每个工人平均每天可以熨烫40件服装。于是，公司以此为标准，规定每个工人的工作量为每天40件。工人平均每天熨烫服装的件数超过40件，就能拿到全额奖金。否则，就会遭受罚款，罚款额与所缺工作量成正比。

这一制度推行之后，工人的紧张感增强了，工作氛围有了好转，大家都争取达到规定的工作量。当然，也有人是不在乎的，因为每月的奖金数也不多，而且是固定的，与超出标准的多少不挂钩。到月底，90%的人都完成了工作量。不过，整体工作效率并没有多大的提高。

经过商讨，公司决定实行新的奖金制度。在保留惩罚规定的基础之上，取消固定奖金，实行机动奖金。即多熨烫一件，就多一份奖金，奖金的多少与熨烫服装超过工作量的数额成正比。也就是说，只有超过工作量，才有奖金。超得越多，奖金也就越多。

制度一出台，第一个月的业绩就令管理者们大吃一惊。有的员工，竟然创造了一天熨烫120件服装的业绩。一个月下来，一统计，管理者们更是吃惊不小：不少员工的每日平均工作量达到80件。员工的士气高涨，公司的整体效率也有了很大的提高。

为什么结果会这样？

因为，惩罚是别做什么，别成为什么，给人们的警示是消极的。只要能守住底线，就不会遭受损失。而奖励给人们的信息是积极的，是做什么，成为什么。只要超过一定的标准，就会有更多的回报。

就拿制衣厂的熨烫车间的工人来说，只有惩罚而无奖赏，并不能给他们以奋发向上的动力，不能让他们主动去提升自己的能力，挖掘自身的潜力。同时，惩罚助长了这样一种心理：达到规定的工作量就行了，多的我也不必干。

相反，奖励却激发他们的荣耀感、好胜心，促使他们好上加好，为获得更多的报酬，而创造更佳的业绩，甚至创造奇迹。简单归为一句话，惩罚制度的出发点是以抑制工人们的弱点——懒惰、拖沓、涣散来提高生产效率，但它不能激发人们的工作热情，因此效果并不理想；新的奖励制度的出发点是唤醒人性的优点——荣誉感、自尊心、好胜心，这恰恰是人们创造辉煌业绩的原动力。

这一道理也适用于家庭的管理中，不论是夫妻之间，还是父母与儿女之间。如果你已为人父母，你希望家里保持足够的整洁，你希望子女更自觉地做家务，你通常会怎么做？是惩罚、责备乱扔垃圾和不干家务的懒惰分子，还是表扬、奖励为保持清洁卫生做出努力的勤快分子？不用说，后者有效得多。多多表扬、奖励那些主动做家务的子女吧，你一定会看到可喜的变化的。

凡事不要太较真，否则会让自己失去更多

处理事情的时候，一味地强调细枝末节，以偏概全，就抓不住要害问题，做工作时就没有重点，头绪杂乱，不知道从哪里做起。因此无论是用人还是做事，都应注重主流，不要因为一点小事而妨碍了事业的发展。须知金无足赤，人无完人，我们要用的是一个人的才能，

不是他的过失，为什么还总把眼光盯在那些过失上面呢？忍小节，就是不去纠缠小节、小问题，要宽恕待人，用人之长。

《劝忍百箴》中认为：顾全大局的人，不拘泥于区区小节；要做大事的人，不追究一些细碎的小事；观赏大玉圭的人，不细考察它的小疵；得巨材的人，不为其上的蠹蛀而怏怏不乐。因为一点瑕疵就扔掉玉圭，就永远也得不到完美的美玉；因为一点蠹蚀就扔掉木材，天下就没有完美的良材。

有一则关于伯乐相马的故事。

秦穆公对伯乐说："您的年纪大了，您的家里，有能去寻找千里马的人吗？"伯乐回答说："好马可以从外貌、筋骨上看出来，但千里马很难捉摸，其特点若隐若现，若有若无，我的儿子们都是才能低下的人。我可以告诉他们什么是好马，但没有办法告诉他们什么是天下的千里马。我有一个朋友，名字叫九方皋。他相马的本领，不比我差，请您召见他吧！"

秦穆公于是召见了九方皋，派遣他去寻找千里马。三个月之后，九方皋回来了，向秦穆公报告说："千里马已经找到了，现在在沙丘那个地方。"穆公问他："是一匹什么样的马呢？"

九方皋回答说："是一匹黄色的母马。"秦穆公派人去看，结果是一匹公马，而且是黑色的。秦穆公非常不高兴，于是将伯乐召来，对他说："真是糟糕，您让我派去的那个寻找千里马的人，连马的颜色和雌雄都分辨不出来，又怎么能知道是不是千里马呢？"伯乐长叹一声说道："他相马的本领竟然高到了这种程度！这正是他超过我的原因啊！他抓住了千里马的主要特征，而忽略了它的表面现象；注意到了它的本领，而忘记了它的外表。他看到他应该看到的，而没有看到不必要看到的；他观察到了他所要观察的，而放弃了他所不必观察的。像九方皋这样相马的人，才真正达到了最高的境界！"那匹马牵来了，果然是天下难得的千里马。

很多男人常常会埋怨陪伴妇女买东西，既费时间，又很劳累。她们不是对花纹不满意，就是对式样百般挑剔，或者觉得虽然式样勉强过得去，可惜质料实在不行。因为各种因素而犹豫不决，结果常常空手而归。其实，这些毛病并非只有妇女才有，一般人在工作或读书的时候，也会由于某种原因而产生迷惑。

一个人对于某事犹豫不决时，就会发生如上的迷惑或彷徨。这时候，如能针对自己的目的，抓住核心问题来研究，就可以发现一条排除迷惑的大道。例如，你要选购西装，不妨先明确地限定是何种花纹、式样、布料。如果决定以花纹为主，那么，式样和质料就可以作为次要考虑的条件。如果抓住重点来研究，自然能果断地选购，而且，以后也不会遭到别人的埋怨，自己也不会后悔。

俗语说的"眼花缭乱"正是上述的状况，但只要能有意识地视若无睹，就不会被眼前的情况所迷惑。总之，最重要的是要先抓住问题的核心，其他问题则可列为次要。

我们应该做到下面的几点：

1. 把着眼点放在较大目标上。一个没有做成生意的售货员向经理报告说："买卖没做成，但我和那位客人吵嘴赢了。"在销售中，重要的是做成生意，而不是分辨谁对谁错。

在与员工一起工作时，重要的是发挥他的潜力，而不是就他们犯的小错误大做文章。

在与邻居相处时，重要的是互相尊重与友好相处，而不是总盯着他们是否在说别人的闲话。

如果用部队里的术语来说，就是：我们宁愿失去一场战斗，而赢得一场战争；也不愿因赢得一场战斗而失去战争。

自问："这真的很重要？"在每次激动之前，问问自己："这事值得我那样大动干戈吗？"没有比这一提问更好的治疗为麻烦事而烦恼、激动的药方了。如果我们碰到麻烦事时，问自己一声："这事真的重要？"则最少90%的争吵与不和将不会发生。

2. 不要掉进琐事的圈套中。在解决问题时，多想一些重要的事。不要为一些表象、肤浅的事情所淹没，要集中精力于大事上。另外，爱较真的人，经常没法转变思想，不会圆润说话，即使坦诚的话语也可能招致的是不满。

比如甲认为同事乙小姐的衣服难看，便马上对她说："腿短而粗的人不适合穿这种裙子。"

结果乙小姐脸一沉，扭头便走，留下甲发愣。或者同事小李当着处长的面指点小王说："你的稿子里错别字很多，以后要仔细些。"实话固然是实话，但不久后公司却隐约有人传言：小李惯于在上司面前打击别人，抬高自己……倘若如此，小李恐怕会意识到自己的真诚并不那么受人欢迎，既然这样，又何苦呢？

真诚并不等于不假思索地将自己的感觉说出来，因为你的感觉是否正确尚是一个需要判断的问题。人们对事物的看法都属仁者见仁智者见智，本没有绝对的对错。所以，有些事其实不用那么去较真，因为这样的人经常会把自己的生活弄得混乱不堪。圆润为人要学会不较真。

巧妙地运用心理暗示，来达到自己的目的

大家应该记得，在2004年春节联欢晚会上，赵本山、范伟等人表演的小品《卖拐》令人捧腹大笑。其寓意主要是讽刺那些坑人的奸商，而最让人啼笑皆非的是范伟饰演的那位买拐者，他在卖拐者逐步的心理暗示下，产生错觉，认为自己的腿有毛病，最后买下了那副拐。

其实，这一看起来不可思议的现象，都是心理暗示在起作用。与《卖拐》的例子相似，心理暗示现象在我们的日常生活中非常普遍，而且每天都在不同程度地影响着我们的生活。下面，我们来看看哈佛大学一堂非常有趣的心理课：

哈佛大学心理系的一堂课上，教授向同学们介绍了一位来宾——"比尔博士"。教授告诉大家："比尔博士是世界闻名的化学家，今天来这里是要做一个实验。"然后，比尔博士从皮包中拿出一个装着液体的玻璃瓶，告诉大家："这是我正在研究的一种物质，它的挥发性很强。当我拔出瓶塞，它马上就会挥发出来。但它完全无害，气味很小。当你们闻到气味时，请立刻举手示意。"

说完，比尔博士拿出一个秒表，并拔出瓶塞。一会儿工夫，只见学生们从第一排到最后一排都依次举起了手。

"好，同学们，实验到这里就结束了。"教授告诉学生，"但是，我不得不告诉你们的是，'比尔博士'只是我们学校的一位老师化装的，而那个瓶子里装的物质只不过是蒸馏水。"

听了教授的话，哈佛大学的学子们一个个面面相觑。刚才实验的时候，自己明明是闻到了一种气味啊，这是怎么回事呢？

看到学生们一个个满脸疑惑的样子，教授告诉他们："这是因为你们刚才受到了'比尔博士'的暗示。他暗示瓶子里装的是一种他正在研究的物质，气味很小，所以你们就相信了，并且似乎闻到了那种特殊物质的气味。"

事实上，那些学生并没有闻到什么气味，只是受了心理暗示作用的影响，而误认为自己闻到了那种特殊物质的气味。

关于暗示的强大力量，曾有这样一个实验：

在中世纪的一个监狱里，一个即将被处决的犯人被蒙上眼睛。医生在他旁边说，你将被割开动脉，你的血将慢慢流尽而死。说着，医生用钝器刺了一下犯人的手腕处，又悄悄打开身边的一个水龙头，让水慢慢地滴落。

出乎意料的是，过了一段时间，那犯人竟然死了。

通过上面的例子，我们不得不为暗示的强大力量而震撼。但是，我们也要明白，暗示是一把双刃剑，它的作用可以是积极的，也可以是消极的。

积极的心理暗示能给我们带来有益的帮助。比如，一名运动员的成绩已经非常接近世界纪录了，这时候，他的教练在旁边轻轻地对他说："你能行，你一定能得第一！"正是这一暗示，激发了他全部的潜能，使他在比赛中真的得了第一。还有，三国时期魏国曹操的部队在行军路上，由于天气炎热，士兵都口干舌燥，曹操见此情景，大声对士兵说："前面有梅林。"士兵一听精神大振，并且立刻口生唾液。这是曹操巧妙地运用了"望梅止渴"的暗示，来鼓

舞士气。

与此相反，消极的心理暗示则会给人带来极大的危害。例如，有些人生病时喜欢先进行网络搜索，自己对症自我诊断。殊不知，有些所谓的“症状”，不过是某些不良广告商，通过对网民进行消极心理暗示以取得利益的手段。还有前面讲述的那个被活活吓死的囚犯，这些都是消极心理暗示而导致的不良后果。

所以，在与他人交际、相处的过程中，我们如果能巧妙地运用好心理暗示这一法宝，对实现自己的目的将大有裨益。而且，洞穿了这一神秘的“心理力量”，在与他人接触的过程中，我们也可以更理智地控制自己。

克服自己的心理缺陷，不给别人留机会

这个世界有太多的人追求完美，但也存在太多的不完美。每个人都在不停地追求成功，但是很多时候即使是一个才华横溢的人也难脱失败的命运。导致这些失败的“杀手”不是别人，而是我们自己设下的心理陷阱。

在我们大步不停地迈向成功之前，需要检讨一下自己，填平自己的心理缺陷，这样才能更好地为自己的成功铺好道路。如果你不能克服这些缺陷，就会让别人有可乘之机。

小乌鸦得到了一块肥美的肉，飞到一棵树上，正准备美美地饱餐一顿，结果却被树下的小狐狸看见了。于是，小狐狸在树下对小乌鸦说：“乌鸦小姐，你的羽毛多么美丽啊，你的歌喉是那么迷人啊，如果你能为我们唱一支歌，那一定是很动听的。”小乌鸦听了小狐狸的赞扬，心里乐滋滋的，但是，转念一想，自己的父母早就上过他们的当了。今天他们又故技重施，休想。小狐狸看小乌鸦不动声色，于是就把脸一翻，愤愤地说：“谁不知道你们乌鸦是扫帚星，你们飞到哪里，哪里就有灾难降临，大家都讨厌你们，还是不要张开你那张乌鸦嘴了……”没等小狐狸说完，小乌鸦早已沉不住气啦，它要立刻给予回击，但刚一张口，那块肉就掉在了地上，狐狸便立刻叼着那块肉跑了……

小狐狸固然是狡猾的，但归根结底是小乌鸦的心理缺陷，让小狐狸有了可乘之机。在小狐狸的诱导下，小乌鸦放松了警觉性，结果一块辛辛苦苦找到的肥肉被小狐狸轻而易举地就骗走了。

也许，小乌鸦会自责“怎么会这样”“我怎么这么笨”“我怎么老是自己破坏自己的好事”……其实，这不只是小乌鸦的心声，还包含了很多我们真实的内心想法。要知道，我们每个人在内心深处都可能存在一些陷阱。

例如，过于自卑，有时会让我们做出荒诞之举以证明自己的价值，结果反而自取其败；报复心强者，便容易意气用事，一旦急火攻心，常只顾着发泄情绪而不听劝，无法泰然面对挫折，陷入无尽的麻烦中；喜欢出风头，总希望自己成为别人注目的焦点，但往往会适得其反，给人留下笑料，等等。

一个人失败的原因有很多，但是不要因为自己的失误和没有必要的心理缺陷而丧失成功的机会。与其时刻警惕别人对自己下套，不如先克服自己身上的缺陷，让别人没有机会下手，这样才能更好地走向成功。

不要过分地赞美对方，否则会加剧对方的反感

一个气球再漂亮、再鲜艳，吹得太小，不会好看，吹得太大很容易爆炸。赞美就如吹气球，应点到为止，适度为佳。

因此，在赞美他人时一定要坚持适度的原则。夸奖或赞美一个人时，有时候稍微夸张一点更能充分地表达自己的赞美之情，别人也会乐意接受。但如果过分夸张，你的赞美就脱离

了实际情况，让人感觉缺乏真诚的东西，而且会加剧别人对你的防备。因为真诚的赞美往往是比较朴实的、发自内心的。只有恭维、讨好才是过分夸张和矫揉造作的。

据说有一个年轻人曾经给恩格斯写了一封热情洋溢的信，信中称赞恩格斯是一位无与伦比的革命导师、一位伟大的思想家，甚至称其为马克思的再现等。恩格斯并没有因为这封信而有丝毫的感动，反而生气地回信说："我不是什么导师、思想家，我的名字叫恩格斯。"恩格斯作为一位杰出的思想家，他不喜欢别人在赞美他时用有些夸张的词汇，又因为他和马克思近几十年的友谊，他是非常尊敬马克思的，当然会忌讳别人称他为"马克思的再现"。

历史上有一位臭名昭著的马屁精冯希乐，他是一个热衷于夸张拍马的人。有一次，他去拜访长林县令，赞叹道："仁风所感，猛兽出境。昨日入县界，见虎狼相尾而去。"刚夸过不久，就有村民来报告："昨夜大虫连食三人！"长林县令很不高兴地责问冯希乐究竟是怎么回事？冯希乐面红耳赤地回答说："是必便道掠食。"冯希乐夸张得脱离了实际情况，无视野兽吃人的本性，信口雌黄，说野兽已被县太爷的仁义教化所感动，所以离县而去，结果是抡起巴掌，自己打自己的脸，这就是所说的轻言取辱。

要做到点到为止、褒扬有度是有技巧的：

1．比较性的赞美。

两个人或两件事相比较，在夸奖对方的同时，让他意识到自己的优点和存在的差距，使对方对你的赞美深信不疑。

有一次，汉高祖刘邦与韩信谈论诸将才能高下。刘邦问道："你看我能指挥多少兵马？"韩信回答："陛下至多能指挥十万兵马。"刘邦又问："那你能指挥多少兵马呢？"韩信自豪地回答："臣多多益善。"刘邦笑道："既然你带兵的本领比我大，却为什么被我控制呢？"

韩信很诚实地说："陛下不善于指挥兵，但善于驾驭将，这就是我被陛下控制的原因。"刘邦自己也曾说过，统一指挥百万军队，战无不胜，攻无不克，他不如韩信。这是他做了皇帝以后对自己的评价。韩信的赞美，首先肯定了刘邦控制大臣为自己效命的能力，但又指明了他在带兵作战方面与自己相比有不足之处，正与刘邦的自我评价相吻合。话说得很实在、很坦诚，刘邦不但不怒，反而很满意。

2．根据对方的优缺点提出自己的希望。

金无足赤，人无完人。有所保留的赞美应既要看到对方的优点和长处，同时还要看到他的弱点和不足，讲究辩证法。常言道："瑕不掩瑜。"指出对方的缺点和不足，并提出一定的希望，不仅不会损害你赞美的力度，相反，却使你的赞美显得真诚、实在，易于为人接受。尤其是领导称赞下属时，要有一是一，有二是二，把握分寸，要有所保留。可以多用"比较级"，千万慎用"最高级"。领导可以在表扬时，把批评和希望提出来。

有效的赞美不应该总是绝对化，像"最好""第一""天下无双"这类的帽子别乱戴。有个企业的广告词说："没有最好，只有更好。"就显示了企业的真诚承诺，而不是哗众取宠、华而不实，在消费者中影响很好。实际上，一般人都对自己有个客观的认识和评价，如果你的赞美毫无遮拦，就会让人感觉你曲意奉承，难以接受。赞美时必须记住：一个人的成绩和优点毕竟是有限的。许多伟人看自己时，也都是有所保留的。毛泽东曾说过，他能够做到三七开就可以了，更何况一般人呢？因此，赞美别人，应当一分为二，有成绩肯定成绩，有不足也要说明不足，控制好赞美的度。

过分的夸张对于被赞美者来说也是有百害而无一利的。高尔基曾经说过："过分地夸奖一个人，结果就会把人给毁了。"因为过分的夸奖，往往会使被赞美者不思进取，误以为自己已经是完美无缺了，从而停止前进的脚步。众所周知的方仲永，小的时候因为天资聪慧，于是别人就称其为天才，其父则四处带他去走访宾客。结果等到他长大以后，才能"泯然众人矣"，跟别的人没有什么两样了。

赞扬最好辅之以鼓励，这样才能充分发挥赞美的积极作用。

第三章 洞察人性，顺势而为

变脸就要如翻书，否则不易和人相处

变脸如翻书，也是一种圆融的处世姿态，否则不易与人相处。

但凡有“心计”的人，都能及时调整自己的情绪和角色，以适应不同的场合、不同情境的人际交往。有一些做大生意的成功者，常常都具有“变脸”的功夫。

比如有人在他办公室的会客室等他，隐约听到他在电话里怒声和别人争吵，也许心想，来得真不是时候！

过了一会儿，他出来了，竟然满脸笑容，看不出任何刚刚和人争吵过的痕迹。

坐不到一盏茶工夫，有员工进来问他事情，他立刻摆上一张严肃的面孔，连声调都充满了威严。

离开他的办公室，想想看，他用笑脸接待客人。当客人离开后，他会换上哪一张脸？而他用来接待客人的笑脸是真的笑脸吗？还是根本是皮笑肉不笑？

不管如何，变脸功夫有其必要性。试想，如果他用刚刚和人吵架的怒脸来接待客人，话说得下去吗？没准，客人也要和他吵架哩！而他若老是和颜悦色，恐怕员工也会失去对他的敬畏吧！

世俗地看，这样子“变脸如翻书”有点让人觉得不可捉摸，缺乏一种真诚；但务实地看，这样子随环境的变化而变脸，不也是一种圆融的处世姿态吗？在复杂的商业社会里，若无变脸的功夫，怎能跟许多不同的人相处呢？

总结起来，拥有变脸的功夫，在人性丛林里有如下好处：

——避免别人误读你的情绪，造成人际的反效果。例如，若把刚刚跟人吵架的怒容拿来面对客户，客户如果不了解，会误认为你对他的来访不耐烦。你若无恰当的解释，恐怕对方两三下就告辞了！同样，在不该严肃的场合严肃，在不该轻松的地方轻松，都不是正确的做法，因为这会让别人误解你。

——隐藏自己的私密。你的情绪如果老是写在脸上，喜怒毫无掩饰，别人一看就知道你刚刚发生了什么事。有心人只要用话一套，你就可能把事情原委说了出来，这在人性丛林里是比较犯忌的。这种人说好听一点是率真如赤子，说难听一点是对情绪秘密缺乏把关力，将给别人“办事不牢靠”的印象。

具有变脸功夫固然重要，但要学到这门功夫并不容易。因为喜怒哀乐这些情绪都是难以掩饰的，有些人可以做到该哭就哭、该怒则怒，这种变脸可说已出神入化，如果你做不到，我想能做到以下的程度也就可以了：随时把哭脸、怒脸转变成笑脸，以笑脸来面对外面的世界。

你要了解，无论你有多哀伤多愤怒，除非你的至亲好友，否则不会有人对你的哭脸、怒脸有兴趣，并进一步表示关怀，更不可能倾听你的哀伤或是愤怒。你若不知此点，不但会造成现场极大的压力，也会留给对方极坏的印象，因而下意识地看轻你。

不可以被激怒，不让别人抓住把柄

与人应对，千万不可被激怒。你一怒，大家便看着你，而不会去注意你的对手的伎俩。

有句话说："要消灭他，先激怒他！"

激怒他，那不是挑起他的斗志，反而替自己带来麻烦吗？

此问有理，然而挑起他的斗志正是激怒他的目的之一。本来他是不打算同你斗的，但你挑起了他的斗志，你便有了对手；有了对手，不管斗上多久，总会有个"结果"，而"麻烦"当然是"副产品"，但如果能"消灭"他，这"麻烦"便不算什么了！

那么，"激怒"他，就真的能"消灭"他吗？

如果是有计划的，谋定而后动的激怒，那么消灭对方的可能性就很高。因为对方的反应都已在你的掌握之中，而对方在被你激怒之后，常会因失去情绪和理智的平衡而做出错误的判断和决定。你甚至可以不动声色，便使他处于不利的境地。

说这些，并不是要你去激怒别人，好达到你的目的。事实上，要激怒别人，还得有非常的手段才行，费心筹谋，多辛苦啊！但是，你不去激怒别人，别人却有可能为种种目的来激怒你！你若不察、不慎，便会掉入别人为你设计的情绪圈套当中。

一般来说，别人激怒你有两种方式：

第一种是在言语上激怒你。譬如讽刺你、嘲笑你、挖苦你，或指桑骂槐、无中生有、含沙射影……

第二种是在工作上激怒你。譬如故意为难你，左一句"难以配合"，右一句"可行性不高"……

如果对方有心激怒你，他的这些动作都会使得不愠不火，甚至姿态摆得很低，你明知他是故意的，却拿他一点办法也没有。唯一的办法只有忍下来，不动声色：他的言语，不要去理会，若要反驳，也要笑着反驳，轻柔地说明；他在工作上的为难，可央请同事朋友帮忙。他姿态低，你的姿态要更低！

你千万不可被他激怒，你一怒，大家都会看着你而不看着他。大家只看到你丧失理性的怒火，而没看到他的卑劣伎俩。于是，本来你是无辜的，怒火一烧，你就变成理亏的了！如果你不易控制自己的情绪，怒火可能让你说了很多不该说的话，做了很多不该做的事，也给了别人很多把柄。他分毫未损，而你已遍体鳞伤，甚至一蹶不振！

所以，不管在什么样的情况下，千万别被激怒；有老僧入定的心情，那些激怒你的动作自然会消失于无形，而且，以后再也不会有人来激怒你。

四种制怒方法：

1. 深呼吸。

从生理上看，愤怒需要消耗大量的能量，你的头脑此时处于一种极度兴奋的状态，心跳加快，血液流动加速，这一切都要求有大量的氧气补充。深呼吸后，氧气的补充会使你的躯体处于一种平衡的状态，情绪会得到一定程度的抑制。虽然你仍然处在兴奋状态，但你已有了一定的自控能力，数次深呼吸可使你逐渐平静下来。

2. 理智分析。

你将要发怒时，在心里快速想一下：对方的目的何在？他也许是无意中说错了话，也许是存心想激怒你。无论哪种情况，你都不能发怒。如果是前者，发怒会使你失去一位好朋友；如果是后者，发怒正是对方所希望的，他就是要故意毁坏你的形象，你偏不能让他得逞！这样稍加分析，你就会很快控制住自己。

3. 寻找共同点。

虽然对方在这个问题上与你意见不同，但在别的方面你们是有共同点的。你们可搁置争议，先就共同点进行合作。

4. 回想美好时光。

想一想你们过去亲密合作时的愉快时光，也可回忆自己的得意之事，使自己心情放松下来。如果你仅仅是因为一个信仰上的差异而想动怒，你不妨把思绪带到一个令人快意的天地里：美丽的海滩、柔和的阳光、广阔的大海……你会觉得，人生是如此美好，大自然是如此包罗万象，人也应该有它那样的博大胸怀，不能执著于蝇头小利……想到这些，你就容易克制自己的怒气了。

我们也许看到过交通拥挤的十字路口红绿灯失控时的“惨状”，整个路面成了车的海洋，不耐烦的司机在车里面鸣笛叫喊，喇叭声不绝于耳，整个交通处于瘫痪状态。如果没有交警的管理疏导，不知道会拖延到什么时候，会造成什么后果。同样，如果一个人的情绪失控，这世界又会怎么样呢？

常言道：“忍一时，风平浪静；退一步，海阔天空。”不必为一些小事而斤斤计较。我们不提倡无原则的让步，但有些事也没必要“火上浇油”，那只会使事情更糟，只会破坏你跟别人的感情。

假如你发起脾气来，对人家大骂一阵，你固然非常痛快地发泄了你的不满，但你想过这样做的后果吗？你刺耳的声音、仇视的态度，能使别人同情你吗？除了让别人疏远你，你又能得到什么呢？

喜怒哀乐放在口袋里，不给人以可乘之机

有的时候，如果你的喜怒哀乐表达失当的话，也会引来灾祸。

一听到别人奉承就面有喜色的人，有心者便会以奉承来向他接近，向他要求，甚至向他进行“软性”的勒索。一听到某类言语，或碰到某种类型的人就发怒的人，有心者便会故意制造这样的言语，指使这种类型的人来激怒你，让你在盛怒之下丧失理性，失去风度。一听到某类悲惨的事，或自己遭到什么委屈，就哀感满胸，甚至伤心落泪的人，有心者了解你内心的脆弱面，便会以种种手段来博取你的同情心，或是故意打击你情感的脆弱处，以达到他的目的。一个易因某事就“乐不可支”的人，有心者便可能提供可“乐”之事，好迷惑他，以遂行其意图……

喜怒哀乐是人的基本情绪，这世界上应该没有那种“心境一如止水”、缺少喜怒哀乐的人吧！

没有喜怒哀乐的人，其实是蛮可怕的。因为你不知道他对某件事的反应、对某个人的观感，让你面对他时，有不知如何应对的慌乱。

其实，没有喜怒哀乐的人并不存在，他们只是不把喜怒哀乐表现在脸上罢了！所以，要把喜怒哀乐藏在口袋里，别轻易拿出来给别人看。在人性丛林里，这一点是很重要的。

为什么这么说呢？

在人类社会中，人为了生存，会采取各种方法来结纳力量、分享利益、打击对手。而任何人，只要在社会上做过一段时间的事，便多多少少练就察言观色的本事，他们会根据你的喜怒哀乐来调整和你相处的方式，并进而借着你的喜怒哀乐来为自己谋取利益，这原无可厚非！可是“谋取利益”的另一面，有时却是对你的伤害，就算不是伤害，你的意志也在不知不觉中受到了别人的掌控。

若因喜怒哀乐表达失当而招来无妄之祸，但何妨把喜怒哀乐放在口袋里？

这样做的目的有：

——把喜怒哀乐由情绪中抽离，你便可以理性、冷静地看待它，思索它对你的意义，并进而训练自己对喜怒哀乐的控制，做到该喜则喜，不该喜则绝不喜的地步。

——把喜怒哀乐放在口袋里就是不随便表现这些情绪，以免被人窥破弱点，予人以可乘之机。

要这样子做很难，但如果想到人性丛林里的险恶，就不觉得难了！

心理素质好一点，交际顺一点

自尊心太强恐怕是影响人开拓交际圈的主要障碍。如果从交际的需要出发，让自尊心保持一定的弹性，把握好度，就能在交际场上游刃有余。

小王是一位初学写作的文学青年，花了半年时间写了一篇小说。他信心十足地来到编辑部，没想到一个编辑看后，直摇头，当着很多人的面，说："你这写的是什么？连句子都不通，哪儿像小说！……"说得他满脸通红，就想回敬一句："你仔细看了吗？"可是，他忍住了，反而以请教的口气说："我是第一次写小说，还希望老师给予指正。"从编辑部回来他没有泄气，反而更加奋发，写完后又去找这个编辑。真是不找不成交，这一次编辑的态度也变了，提了一些修改意见。后来小说发表了，他和编辑还成了朋友。

改变一下看问题的立足点，不要光想着自己的面子，还要看到比这更重要的东西，比如事业、工作、友谊，等等。在《三国演义》中，曾有一出"孔明骂死王朗"的好戏，这其实就是一场心理战，考察的是一个人的心理素质。

公元227年，孔明兵出祁山，曹真率兵迎战，二军对垒于祁山之前。在决战前，双方先来了个"骂阵"。先是王朗策马阵前，向孔明劝降，他说："你通达天命，亦识时务，为何要毫无理由地挑起战争？要知道，天命有变，帝位更新，归于有德之士，这是大自然颠扑不破的道理……"接着便大赞曹操一番，指出，顺天者昌，逆天者亡，还是快快归顺大魏吧。王朗也是能言善辩之士，他以理劝诱，使蜀军兵将不觉动容。

参谋马谡认为，王朗不过是效法从前季布大骂汉高祖，试图以气势破敌。王朗讲罢，孔明却哈哈大笑，朗声斥道："你原是汉朝元老，我还以为有什么高见值得洗耳聆听，没想到，说出来的却全是混账话……此次，我奉君命出兵，旨在讨伐逆贼，大义分明，日月可鉴。你胆敢站在阵前，厚颜无耻地大说天命如何，简直是荒谬透顶。你这个皓首匹夫，白须叛贼，想必即将奔赴冥府。到时候，你有何面目，见汉朝二十四帝？！你且快快滚到一边，派出别人来一决胜负吧。丑恶的你，哪有在此撒野的资格？！"孔明刚说完，王朗就口吐鲜血，落于马下，当场毙命。

王朗是被气死的，也可以说是由于心理素质太差而死。王朗之所以如此，是因为他不自信，缺乏忍耐力。虽然他也讲人应顺应历史的规律而行事，但他在骨子里更害怕"叛臣逆子"这个罪名，一旦被别人揭了伤疤，说到痛处，便羞恨交加，失去自我平衡的能力，导致猝死。

心理学认为，自尊之心，人皆有之，人的尊严不容冒犯。

自尊是一种精神需要，是人格的内核。从一定意义上说，维护自尊是人的本能和天性。在现实生活中，自尊心的强弱程度因人而异。有的人自尊心特别强，把面子看得高于一切，其实是虚荣心在作祟。

脸皮不妨厚一点，并不是不要个人的尊严，而是说要把握适当的角度。当然，在一些特定的问题，特定的场合，为了维护尊严，必须进行针锋相对的斗争，至于有人极力维护的自尊，实际上是在维护自己的虚荣心，是一种不健康的心理。所以，要对自尊心进行分析，要维护真正的积极的自尊，不要维护虚伪的消极的自尊。这样，当我们出现在社交场上，才能恰当地把握自尊的弹性，成为交际的强者。

一家乡镇工厂濒临倒闭，为了找到出路，他们派出很多人到大厂去找机遇。其中一青年女工到一家工厂见厂长，可是这个厂长见过的这样的人太多了，有些烦，便板着脸说："厂长不在，开会去了。"她说："我等着。""等也没用，你快走吧。"说完把她赶出门，她被搞得很狼狈，自尊心无疑受到了挑战。她红着脸，但并没有赌气离开，而是在门外面等待。当厂长下午上班时，见到她还没有走，有点感动了，说："对不起，我就是厂长。真没有见过你这么有耐性的，你的事我给你办。"试想，如果她自尊心太强，一气之下拂袖而去，又怎么会有这个理想的结局呢！

每个人都有自己的面子观念，这关系到自己的尊严和地位。只不过，每一个人在实现自己的目标过程中，都需要过硬的心理素质才能把怀疑抛在一边，不对自己的能力、动机心存疑惑，不怀疑自己的价值，自己在自己的眼里是尽善尽美的人。

不要固执己见，否则上帝也救不了你

偏执是前进的枷锁，固守己见，只能深陷泥潭。面对问题，要懂得变通，挣脱思维的锁链，可能带来一生的改变。不要因为规定而放弃真理。

半夜，一场大暴雨淹没了河边的一座教堂。一个神父正在教堂里祈祷，他被困在里面了。这时，一个救生员驾着小艇向神父喊道："神父！快！快上来！不然洪水会把你淹死的！"

神父说："不！我要恪守我的职责！我深信上帝会来救我的！"

过了不久，洪水已经淹过神父的腰了，神父只好勉强站在桌子上。

这时又有一个救生员开着小艇跟神父说："神父！快！快上来！不然洪水会把你淹死的！"神父说："不！我要守着我的殿堂！我深信上帝会来救我的！"

最后，洪水已经把教堂淹没了，神父只好抓着教堂顶端的十字架。一架直升机缓缓飞过来，丢下绳梯之后，飞行员大叫："神父！快！快上来！不然洪水会把你淹死的！"神父还是很固执地说："不！我深信上帝会来救我的！"

最后，神父被淹死了。神父上了天堂后，来到上帝面前委屈地说："上帝，你为什么要抛弃你虔诚的信徒啊？"

上帝一脸的郁闷："我已经派了两艘小艇和一架直升机去救你了，是你偏执地坚持我会亲自去救你而拒绝了他们呀。"

职责是人生恪守的准则，但是，职责的作用是明确奋斗的方向，而不是困住你的头脑和前进的脚步。如果不懂得变通，注定走向偏执，给自己戴上思想的镣铐。门上的锁再结实，也有打开的时候，但如果心门上了锁，却很难找到开锁的钥匙。心有多大，世界就有多大。如果不能打破心中的禁锢，即使给你一片天空，你也不会找到自由飞翔的快乐。坚持自我是重要的，但是不要走向偏执。谁也没有困住你，当你感到窒息的时候，囚禁你的人往往是你自己。

寓言中，神父把上帝当做毕生的信仰，他把自己的一切都交给了上帝。洪水来临的时候，他坚信上帝会来拯救自己。但是，上帝派使者来救他，他却偏执地认定上帝会亲自来救自己，拒绝接受别人伸来的援助之手，丧失了得救的机会，这又能怨恨谁呢？在机会来临时，我们总是固执地坚持自己的想法，却听不进别人的意见，在自己的前进途中设置了种种障碍，这又能够怨恨谁呢？

面对问题，我们不能把自己封闭在自我的小世界里，偏执地相信自己的想法，要敢于打破陈规，走出思维僵局。当你找不到解决问题的思路时，就要学会改变方法。走出人性中偏执的阴影，才能领略豁达的人生景致。当然，我们也不能一味地依赖别人，把别人当做救世主，只想着等待别人的施舍，把自己放在被拯救的位置上，最后只能落得个可怜可悲的下场，连上帝也会抛弃你。

少乱发脾气，才能广交朋友成大事

很多时候，我们会因一时冲动而伤害别人，等我们悔悟的时候想去弥补，却总是发现它已经像栅栏上的钉眼一样无法消除。因此，我们要做情绪的主人，让它紧跟理智的步伐，这样方能广交朋友成大事。

从前，有个爱乱发火、脾气很坏的小男孩，他的父亲为了使儿子改掉这个坏毛病，决定教育教育他。一天，他给小男孩儿一大包钉子，让他每发一次脾气，就用锤子在他家后院的栅栏上钉上一颗钉子。第一天，小男孩发了 38 次脾气，在栅栏上就钉了 38 颗钉子。

过了几个星期，由于学会了控制自己的愤怒，小男孩每天在栅栏上钉钉子的数目逐渐减少。长期的经验使他发现控制自己的坏脾气比往栅栏上钉钉子要容易得多……最后，小男孩终于改变了很多，变得不爱发脾气了。他把自己的变化和感受告诉了父亲。父亲建议他说："如果你能坚持一整天不发脾气，就从栅栏上拔下一颗钉子。"几个月过去了，小男孩终于把栅栏上所有的钉子都拔掉了。

这一天，父亲拉着他的手来到栅栏边，对小男孩说："儿子，你按我说的话做得很好。但是，你看一看那些钉子在栅栏上留下的那些小眼，栅栏再也不会恢复原来的样子了。当你向别人发脾气的时候，你的言语就像钉子一样，在他人的心中留下了很难愈合的疤痕。以后不管你怎么挽救，伤害永远客观地存在。你要记住，要想不给别人带来伤害，唯一的办法就是控制自己的脾气，不要轻易向别人发火。学会帮助别人，你才会有越来越多的朋友。"

有位哲人说过，愤怒是腐蚀生活的毒药，冲动是扼杀生活安详的魔鬼。谁都有不顺心的时候，这是人之常情，但是，我们必须学会控制情绪。生活和事业上的成功，往往在很大程度上依赖于控制情绪和严格的自我约束。弱者任思绪控制行为，强者让行为控制思绪。如果不善于控制自己的情绪，遇到问题便失去理智，大动肝火，往往会影响人际交往。生活中，我们常因一时的冲动而失去朋友，与其事后懊悔莫及，不如事先控制自己的情绪。发泄情绪不仅不利于解决问题，而且会深深地伤害别人。

其实，我们何尝不是故事中的小男孩，对别人发牢骚、使性子，全然不顾别人的感受。恶语伤人与向别人投匕首没什么两样。如果任由不良情绪支配，就会成为情绪的奴隶，吞下因恶劣情绪所造成的恶果。"动心忍性"，能够"增益其所不能"，成大事者必能宠辱不惊，心态平和，赢得别人的尊重和信任。所以，无论你是伟人还是普通人，能够时刻控制好自己的情绪，就能够收获人生历程中最大的快乐。

该反抗时就反抗，不要让别人把自己当成傻瓜

做老实人、说老实话、做老实事，作为一种理想追求和道德规范，这无疑是正确的。这也应成为我们的努力方向。在市场经济条件下，做老实人是应该的，但也有一个怎样做老实人的问题，不要老实得让别人把你当成是一个大傻瓜。

对温顺随和的人，大家都乐于与之相处。因为与这种人说话，不必顾虑太多。相处时，可以放言直谈，即使某些地方伤及他的自尊心，他也总是一笑了之，不会怀恨在心，不容易动怒，彼此之间容易保持和睦。

个性温和、富有自制力、有耐心、善于协调、不喜欢与人相争……这样的人可说大受欢迎，在商场中更会得到很高的评价。但是，如果光是不喜欢与人相争，因而无法"争所该争""言所该言"，别人对他的评价就大不相同了。因为受任何侮辱也不发怒的人，一定是没有自尊心的人，是想发怒而不敢发怒的胆小鬼。

古人说过："弱者也有志气，不可轻侮。"

毫无自尊心的人，只会被轻侮，无法被尊敬。与人相争的豁达作风，如演变为毫无斗志；或者同样是温顺，如演变为毫无悍气、魄力，就会给贴上无志气、胆小无勇的标签。

被如此评价的人，谁会依赖他？

温顺过度时，恐怕别人连“好好先生”这个称呼都不愿意挂在他头上了。

要在当前这种生存竞争较为激烈的世界生活下去，我们不能不互助。所谓情面、情义就成为社会上不可或缺的东西。对于情面，有两种态度：一些人过度拘于情面、情义；另一些人不受情面、情义的影响，坚持自己的原则。

通常，一个人坚持原则，不为情面所困，如坚持的程度相当彻底，就会引起别人的批评，说他是一个“没有血、没有泪的冷酷人”。

也许因为这一点，有些人就喜欢在别人面前，扮演自己是个很顾及情义的人。这些人中的大多数，很可能是想获得别人这样的称赞：“他是个好人。”

拘于情面的人，最大的弱点就是被别人哀求时说不出“不”来。

善于利用他人这个弱点的人，当然心里有数。因此，在好多人面前，使出这种“诉之于情面”的攻势。

如果是自诩为“富于情义”的人，碰到这个场面，可真是无法拒绝。结果是，即使明知受骗、被利用，也只好任自己受骗、被利用。那些骗过你、利用过你的人，由于事例再三，食髓知味，不但不感谢你，反而沾沾自喜地想：“哈！他是个拘于情面的人，只要诉之于情面，就有求必应了！”

社会上的大部分人都重视情义，充满人情味的故事也备受大众的喜爱。但是，有一些歹徒，把它当做图利的最佳武器，横行于社会。这个事实，倒不能忽视。

给人太多的情面，反而被轻视，实在不划算。

总之，老实、温良、情义、礼让等等，都不能是无原则的一味退让，并不是对所有的事都保持沉默。不要以为这样你才有深度、有涵养，是一个襟怀博大、有容人之量的人。事实恰恰相反，如果你这么做，别人只会把你看做是懦弱无能，愚笨无知的代名词，绝对不会重视你的存在。不要以为你守着“宰相肚里能撑船”的信条不放，你就能胸襟开阔，从而心宽体胖。在某些时候，你不得不去争斗，去实现自己存在的价值，反击自己认为是忍无可忍的事情，别人也绝对不会说你肤浅狭隘。

与人相争，诈死装败求胜算

诈死和装败，都是为了保持你那仅有的存在。

有一种瓢虫，当你用手碰它时，它就停止不动，连脚都缩了起来，任凭你怎么拨弄它，它都一副死样子。可是过一段时间后，它又开始走了！

这就是“诈死”！

有一种鸟，在它孵卵的时期，若有外敌入侵，它会先佯与外敌搏斗，翅膀扑了几回后，便假装受伤，跌跌撞撞地“败走”。外敌受到这个动作的吸引，会过去追逐这只“败鸟”，等外敌远离鸟巢，“败鸟”立刻快速逃走，于是巢中卵获得保全。

这就是“装败”！

人类对“诈死”与“装败”的运用最令人叹为观止。尤其是两军对峙时，较弱的一方有时就不得不“诈死”或“装败”，以寻求生机；而实力较强的一方，有时也会为了尽速打败对方而采用“诈死”或“装败”的策略。

“诈死”和“装败”若诈得像、装得真，通常可以产生下列效应：

——混淆对方的判断，制造对方做判断时的负担，并使其做出错误的判断而落入陷阱。

——迟滞对方下决心的时间。因为对方对你的动作势必有分析研判的过程，而这个过程正是你喘息的时间。

——助长对方的傲气，使其松弛警戒，而你则可趁此寻找求生的契机。

——诱使对方解除对你的压力，因为对方也巴不得赶快卸下心头的重担，你的诈死、装败正好制造了他们心理上的借口。

如果实力较强的一方“诈死”或“装败”，则可降低对方的戒心，甚至让对方误以为有机可乘而做出飞蛾扑火的动作。不过一般来说，实力较强的一方往往会为了面子，“不屑”采用这种策略。

有时候你是强者，但在某些状况之下，你却又是个“弱者”。当你是“弱者”时，苦斗无益，徒费心神而已。因此与其苦斗，不如智斗，以保持你那微小的仅有的“存在”，并以“诈死”“装败”来寻求生机。

要诈死装败不难，难在使对方相信。如果不能做到让对方百分之百相信，至少也要做到让对方怀疑，他一怀疑，便不敢立即对你有所动作。因此要装得像、诈得真，必须要有一些“败相”，好作为对方相信你的根据。例如装败的军队，总要在撤退的路上留下大批武器；诈死的指挥官，总要来个有模有样的发丧动作。因此与人相争，你力有不敌，要采用诈死、装败的策略时，一下子就偃旗息鼓是不大恰当的，这样并不能松懈对方的戒心，因为对方会认为你还在“备战”，有时候反而攻得更猛呢！

也许你会说，诈死、装败，非勇者所为也。但问题是，如果真的死了、败了，自认为勇者或被人称赞为勇者，又有什么意义呢？

柔性坚持——无坚不摧的天下之至刚

柔性坚持是一种令人不易觉察的天下之至柔——但也是无坚不摧的天下之至刚。

在人类社会里，人与人之间，无时无刻不在进行智慧与意志的较量。固然智慧的高下会影响较量的成败，但意志力却也扮演着相当重要的角色。也就是说，意志力强的人，胜利的机会较大；意志力较弱的人，便会被对方逼退，成为接受对方意志的一方。有时候，智慧的人甚至还可以意志力迫使智慧高的一方弃守战线，这都是人性丛林中的事实，而不是夸大其词。

人与人之间，意志力的表现就在于“坚持”二字。坚持又有“刚性坚持”与“柔性坚持”两种。“刚性坚持”像推土机，有铲除异议的力量，让意志力薄弱的人不战而降，但却容易在他们心中种下口服心不服的种子，更容易与意志力相当、见解相当的人形成紧张的对立。如果为了贯彻意志而采取语言暴力或行为暴力，更会对对方造成伤害。换句话说，他们并没有接受你的意志，他们只是“屈服”罢了。如果碰上意志力更强的人，那么你就有可能在一场短兵相接后缴械投降。缴械投降看来是一件立场改变的小事，其实不然：事先屈服于你意志之下的人会把你的缴械投降看成笑话，你原先的坚持变得一文不值；同时为了出一口气，也会有人对你落井下石……因此基于人性的考量，“刚性坚持”不如“柔性坚持”，也唯有“柔性坚持”才是无可抵挡的。

“柔性坚持”可比喻为水，水是天下之至柔，但当它渗透到土里，却会引起山坡土块的崩落，甚至使建筑物的地基松动。而且“渗透”是不知不觉的，让人感受不到压力，却是持续进行的动作，因此它又是“天下之至刚”！

“柔性坚持”表现在行为上，便是用客客气气、谦卑有礼的低姿态包裹对方的意志。由于低姿态是以对方为尊，轻易便可瓦解对方的自卫系统；又因为低姿态是和平的动作，对方若有不同意见，也找不到打击你的情理。纵不接受你的意志，也不好与你唱反调，因为你已在态度上十分尊重他了！甚至你的低姿态还会引起对方“不好意思”的心理，于是只好勉强自己接受你的意志。至于意志薄弱的人，早就向你“臣服”了啦！

当然，你也有可能会碰上智慧比你更高，意志力比你更坚强，并且比你还懂得“柔性坚持”的人。如果你感受到压力，而且无法支撑，那么弃守阵地也不会太难看，因为你姿态本来就很低，此中已有转圜的空间。而且一般来说，对方若也是柔性坚持的高手，应该会给你台阶下，不会让你受窘。

不过，要进行你的柔性坚持，也得先看看主观条件。也就是你所坚持的，能否有合理、周到、具有说服力的说明。如果说都说不清楚，你的坚持就变成胡闹了，反而自取其辱！

做人要精明，但不能精明露骨

《红楼梦》里的王熙凤做人可谓精明，依仗贾母的宠爱和自家背景，上欺下压、左右逢源。“机关算尽太聪明”，最后令众人生厌，郁郁而死。可见，做人不能不精明，但也不要精明过头。

人的一生不应对什么事都斤斤计较，该糊涂时糊涂，该聪明时聪明。“吕端大事不糊涂”，说的正是小事糊涂，而在关键时刻，才表现出大智大谋。中国古代这样的大智若愚者不胜枚举。

宋代宰相韩琦以品性端庄著称，遵循着得饶人处且饶人的生活准则，从来不曾因为有胆量而被人称许过。可是有两件事做得坚决果断，实在是没有第二个人可比。这才是“真人不露相”的最好诠释。

宋英宗驾崩后，朝臣急忙召太子进宫。太子还没到，英宗的手又动了一下。宰相曾公亮吓了一跳，急忙告诉韩琦，想停下来不再去召太子进宫。韩琦拒绝说：“先帝要是再活过来，就是一位太上皇。”韩琦越发催促人去召太子，从而避免了权力之争。

担任大内都知职务的任守忠很奸邪，反复无常，秘密探听东西宫的情况，在皇帝和太后间进行离间。韩琦有一天出了一道空头敕书，参政欧阳修已经签了字，参政赵概感到很为难，不知怎么办才好。欧阳修说：“只要写出来，韩琦一定有自己的办法。”韩琦坐在政事堂，用未经中书省而直接下达的文书把任守忠传来，让他站在庭中，指责他说：“你的罪过应当判死刑，现在贬官为蕲州团练副使，由蕲州安置。”韩琦拿出了空头敕书填写上，派使臣当天就把任守忠押走了。

要是换上另外的爱耍弄权术的人，任守忠会轻易就范吗？显然不会，因为他也相信一贯诚实的韩琦的说法，不会怀疑其中有诈。这样，韩琦轻易除了蠹虫，而仍然不失忠厚。所以大智若愚实在是人生的一种最高修养，也是一种做人的谋略。大智若愚的人总有更多的成功的机会。

另一个晋代人谢万，字万石，是谢安的弟弟。曾经和蔡系争一个座位，蔡系把谢万从位子上推了下去，把帽子和头巾都弄得快要掉了。谢万慢慢站起来，拍拍衣服，边坐回座位上，边说：“你差点儿弄伤我的脸。”蔡系说：“本来就没有考虑到你的脸。”后来两人都没有把这件事挂在心上，当时人们都称赞他们。

韩琦、谢万都是通达事理，举止有度之人。在处理事情的过程中，受侮受损的一方都没有为自己的难堪的损失而大发其怒，记恨于心。相反，都表现出宽宏大量、毫不计较的美德和风度。结果得到了大家的敬重，也使伤人者感到无地自容。

大智若愚，从一个角度来说，也可理解为小事愚，大事明。对于个人来说是一种很高的修养。所谓愚，是指有意糊涂。该糊涂的时候，就不要顾及自己的面子、自己的学识、自己的地位、自己的权势，一定要糊涂。而该聪明、清醒的时候，则一定要聪明。由聪明而转糊涂，由糊涂而转聪明，则必左右逢源，不为烦恼所扰，不为人事所累，这样你也必会有一个幸福、快乐、成功的人生。

客观的经验告诉我们，做人不要过于“精明”，太精明露骨会遭人讨厌。因为人与人情感的沟通和交流是心的交流，如果做人过于精明露骨，就不能在交际方面获得人心。对人，不必精明；对朋友，傻点更好。交际中的“精明”容易把应该纯朴真挚的关系，人为地弄复杂了，使人感到刁钻奸猾，敬而远之。这样精明的结果，只能以自己成为孤家寡人而告终。

做人精明露骨，实则是一种小聪明。

有一种情况是：聪明反被聪明误，自逞聪明，引火烧身。三国时代的杨修，可谓绝顶聪明吧。他几次“聪明”过了头，才智大显露，结果引起了曹操的忌恨，将其杀掉。

人和人的正常交往是平等的。如果你举止不讲究，言辞不考究，说话做事，居高临下，只能孤立自己，招致他人的“不屑一顾”。

做人需要精明，但不要过于精明，甚至精明到露骨。

第二篇

以智取胜，让他人为我所用

- 出奇制胜，左右他人
- 把握心理，驾驭他人
- 施计弄巧，以心治心
- 制人攻心，为我所用

第一章 出奇制胜，左右他人

善用“增减法”，影响他人的心理

有一位老人，退休后想图个清静，就在湖区买了一所房子。住下的前几周倒还太平。可是不久，有几个男孩开始在附近追逐打闹、踢垃圾桶且大喊大叫。老人受不了这些噪声，却又不能制止。因为他知道，如果制止的话，反而会引起那些男孩的逆反心理，情况可能更糟。

他想出了一个办法，就出去对男孩们说：“你们玩得真开心。我可喜欢热闹了，看着你们玩，我也觉得变年轻了呢！如果你们每天都来这里玩耍，我给你们每人一元钱。”男孩们当然高兴，既玩了还能赚钱，何乐而不为呢？于是他们更加卖力地闹起来。

过了两天，老人愁眉苦脸地说：“我到现在还没收到养老金，所以，从明天起，每天只能给你们五角钱了。”男孩虽然显得不太开心，但还是接受了老人的钱。每天下午继续来这里打闹，只是远没以前那么起劲儿了。

又过了几天，老人“非常愧疚”地对他们说：“真对不起，通货膨胀使我不得不重新计划我的开支，所以我每天只能给你们一毛钱了。”“一毛钱？”男孩们脸色发青，愤愤不平地说道：“我们才不会为区区一毛钱在这里浪费时间呢，不干了。”

从此，老人又重新过起了安静悠然的日子。

在这个故事中，智慧的老人正是运用“增减效应”为自己赢得了一份难得的清净。所谓“增减效应”，是指人们最喜欢那些对自己的喜欢、奖励、赞扬不断增加的人，最不喜欢那些对自己的喜欢程度不断减少的人。

“增减效应”在我们的生活中也是处处可见的。例如，到市场上买一斤白糖，售货员如果先在秤盘上放超出一斤的分量，再一点一点地从秤盘上减掉，顾客的心里就会感到不舒服。而要是先在秤盘上放上少于一斤的分量，然后再一点一点地添上去，顾客就会感觉得到了便宜，觉得老板很大方，很可能以后还到这家来买东西。其实，用两种方法称得的白糖分量完全一样，只是增减的顺序不同，却给了我们完全不同的感觉。这是为什么呢？

原来，人们的挫折感是“增减效应”之所以存在的心理根源。人们的心里总有这么一种倾向：习惯得到，而不习惯失去，这是千百年来人们为适应生存而沉淀的一种文化。从倍加褒奖到小的赞赏乃至不再赞扬，这种递减会导致一定的挫折心理。一般来说，人们会比较平静地接受一次小的挫折。然而，如果所获得的赞赏越来越少，甚至不被褒奖反被贬低，挫折感逐渐增加、增大，人们就难以接受了。而递增的挫折感很容易引起人的不悦及心理反感。

所以，我们想要批评人的时候，并不应该像传统的做法那样，先说一些对方的优点，然后再指出他的缺点，即所谓的“欲抑先扬”，那样很容易给对方造成心理落差，挫折感会引起他们的反感。而应该恰当地运用“增减效应”。例如，可以先说对方一些无伤尊严的小毛病，然后再恰如其分地给予赞扬，也就是“欲扬先抑”。当对方感觉到你对他的评价是越来越好的，他就会感觉你对他的喜欢程度是不断增加的，便会很高兴，也乐于接受批评。

“增减效应”给我们的启示有两点：

1．在日常工作与生活中，应尽量避免自己的表现不当，导致他人对自己的印象不好。

2．在观察、评价别人的时候，要避免受“增减效应”的影响，从而对别人形成错误的认识，而是应考虑具体的对象、内容、时机和环境。

另外，把握好增减效应，有意识地制造一种动态的、螺旋式上升的心理曲线，会在很大程度上增加你的受欢迎的程度，具体来说你可以从以下几个方面来努力：

1. 把基点拉低。不要一开始就给予对方过多的肯定，应该将肯定态度的基点放低一些，给后面的递增留有空间和余地。

2. 先抑后扬。你可以采用先抑后扬的方式，但是要从无伤尊严的小毛病说起，然后再给对方恰如其分的表扬。

3. 适当地保留。人与人的交往是一个循序渐进的过程，适当地有所保留，留下一点悬念和空间，更有利于加深彼此的交往。

如果把“增减效应”研究透，就可以有效解决奖惩、激励、批评等问题，使别人对自己感到满意。

在人际交往中，要学会先否定，然后肯定，有意识地以逐渐递增的方式向对方传递你对他的好感。只有这样，你才能更有效、更长久地赢得他人的好感。

从思路开始，让别人追随你的思想

很多时候，无论是演讲、宣传，还是竞选、谈判，我们总希望别人能跟着自己的思路走。可是，每个人都有独立的思维，想要改变他人的想法，让对方按照你的思路来思考问题，是何等得不容易？

不过，要解决这个难题，靠强制性命令来实现是不太可能的，而是需要一些有效的心理技巧来一步步地影响他们。下面有几种方法值得参考：

1.“6+1”法则。

在沟通心理学上有一个重要的“6+1”法则，用来说明这样一种现象：一个人在被连续问到 6 个做肯定回答的问题之后，那么第 7 个问题他也会习惯性地做肯定回答；而如果前面 6 个问题都做否定回答，第 7 个问题也会习惯性地做否定回答。这是人脑的思维习惯。利用这个法则，你如果需要引导对方的思路，希望对方顺从你的想法，你可以预先设计好 6 个非常简单、容易让对方点头说“是”的问题。先以 6 个问题作为铺垫，最后再问一个最重要和最关键的问题，这样对方往往会自然地点头说“是”。

2. 问封闭式问题。

封闭式问题是与开放式问题相对的一类问题，这类问题的答案往往是“是”或“不是”，“有”或“没有”，等等，答案只是有限的几个选择。封闭式问题与开放式问题有不一样的作用。封闭式问题可以用来得到你预先设想的答案，例如，你问对方“你有没有结婚？”对方的回答可能是“有”或是“没有”，这两个答案都是你事先可以预见的。你可以事先就想好如果他回答“有”，你如何继续提问；如果他回答的是“没有”，你又该怎么继续提问。预先设计好的一系列的封闭式问题，可以非常有效地引导对方的思路。

3. 提示引导。

提示引导是一种语言模式，用来影响对方的潜意识，使对方不知不觉地转移思路。这种语言模式的基本思路是：先用语言描述对方的身心状态，然后用语言引导对方的思考或是生理状态。例如，你可以说“当你开始听我介绍这个房子的时候，你就会觉得住在这个房间里会很舒服”“当你考虑买这辆车的时候，你就会想到带着你的太太和孩子开这辆车兜风是多么开心的事情”，等等，这些都是提示引导的语言模式。其中“当……你就会……”是标准的句式，“当”后面是描述对方的身心状态，“你就会”后面是你引导对方进入的状态或思路。

4. 目的架构。

目的架构式谈话就是在一开始就与对方明确这次谈话双方共同的目的，这会很快地将对方的思路引向真正有价值、有利于解决问题的地方。例如，两辆车发生追尾事故，车子都有了破损，两辆车的司机都很气愤，往往一下车就吵架。如果其中一位能使用目的架构，问对方：“这位先生，你觉得我们现在最重要的是解决问题呢，还是要吵架呢？”这个问题指出了两名司机重要的不是要吵架，而是要解决问题，然后继续各自的行程。那么双方的争吵可能会立即终止，因为目的架构将对方的思路完全从争吵的状态引到了解决问题上面来。

知道了这些技巧，我们就没必要再纸上谈兵了。你不妨在今后的实际生活中应用一下这些巧妙的方法，让对方顺从你的思路，从而达到你的目的。

发挥“独立性”魅力，让别人永远依赖你

美国石油大亨老洛克菲勒是这样教育孩子的：有一天，他把孩子抱上一张桌子，鼓励他跳下来。孩子以为有爸爸的保护，就放心地往下跳。谁知往下跳的时候，爸爸却走开了，小洛克菲勒摔得很重，在地上大哭起来。这时，老洛克菲勒语重心长地对儿子说：“孩子，不要哭了，以后要记住，凡事要靠自己，不要指望别人，有时连爸爸也是靠不住的！从现在就开始学会独立地生活吧！”

洛克菲勒家族中的孩子，从小就不准乱花钱，每一个孩子可支配的少量零花钱也要记账。在学校读书时，一律在学校住宿，大学毕业后，都是自己去找工作。直到他们在社会中锻炼到能经得起风浪以后，上一辈人才把家产逐步交给他们。

正是因为洛克菲勒家族注重培养孩子的独立生活能力，使孩子养成独立、自强的习惯，洛克菲勒家族才能历经几个世纪而依然繁盛如初。

要知道，依赖别人会产生不少危害。诸如，想办一件事不敢独立去做，总是想跟他人一块去做。遇事没有主见，总是等待别人做出决定；不相信自己，不敢讲出自己的见解，怕得不到人们的认可；对领导唯命是从，让干啥就干啥，只求生活平稳、少烦恼，等等。

可反过来想，如果减少对别人的依赖，而让别人依赖你，这是一种制胜的心理智慧。当人们习惯于依赖你的时候，他们依靠你去获得他们想要的幸福和财富，便会对你毕恭毕敬，彬彬有礼。他们对你的依赖性越大，你的自由空间也就会越大。

至于如何培养自己的独立性，并表现得既不夸张，也不张扬，同样是一种技术。

平时，你要树立独立的人格，培养自主的行为习惯。要用坚强的意志来约束自己，无论做什么事都有意识地不依赖父母或其他人，同时自己要客观看待自己，不断开动脑筋，把要做的事的得失、利弊考虑清楚，心里就有了处理事情的主心骨，也就能妥善、独立地处理事情了。

要注意树立人生的使命感和责任感。一些没有使命感和责任感的人，生活懒散，消极被动，常常跌入依赖的泥坑。而具有使命感和责任感的人，都有一种实现抱负的雄心壮志。他们严格要求自己，做事认真，不敷衍了事、马虎草率，具有一种主人翁的精神。这种精神是与依赖心理相悖的。所以，你要学会选择这种精神，从而树立自我的主体意识。

当然，你也可单独地或与不熟悉的人办一些事或做短期外出旅游。这样做的目的，是为了锻炼独立处事的能力。自己单独地办一件事，完全不依赖别人，无论办成或办不成，对你都是一种人格的锻炼。与不熟悉的人外出旅游，是由于不熟悉，出于自尊心和虚荣心，你不会依赖他人，事事都得自己筹划，这无形之中就抑制了你的依赖心理，促使你选择自力更生，有利于你独立的人生品格培养。

培养了自己的独立性，无论在生活中、学习中，还是在工作中、创业中，你都可以用你的独立表现出你的能力，从而让他人需要你、依赖你。

但请注意，不要仅仅因此便感到自负，感到满足。饮尽井水的人最终往往离井而去，橘子被榨干汁水后往往由金黄变为渣泥。一旦我们可以提供的利益被人们榨尽，而他们也已经发现了新的替代品，他们将不再对我们有丝毫的依赖心理，我们的处境将变得非常尴尬甚至危险。经验告诉我们的一条最重要的教训是：维持别人对我们的依赖心理，但永远不要完全满足其需求。让自己更加成功、更加充实、更加无法替代，同时，永远不要让别人得到我们的全部。

激发对方的高尚动机，因势制宜影响他

卡耐基曾指出，每个人的行事都有两个好理由：一是看起来很好；二是的确很好。这个观点既有道理，也非常实际。

曾有一位妇女，抱着小孩上火车。由于人多，他们上车后位子上已经坐满了人。但是，这位妇女旁边，有一位年轻的小伙子正躺着睡觉，一个人占了两个人的位子。孩子哭闹着要座位，并用手指着那个男青年，想让其把座位让给自己。谁料，男青年却假装没听见，依旧躺在那里睡觉。这时，小孩的妈妈用故作安慰的口吻对孩子说：“这位叔叔太累了，等他睡一会儿，就会让给你的！”听了妈妈的话，小孩也不好再说什么了。

几分钟后，那个男青年似乎刚刚睡醒的样子，然后站起来，客气地把座位让给了母子俩。

小孩子单纯地索要，男青年并没有让座，而妈妈一句安慰，却赢得了男青年主动而客气地让座。这是为什么呢？要知道，这位妇女之所以能成功，妙就妙在她顺势制宜，对那位青年人采取了尊重礼让的方法，给他设计了一个“高尚”的角色：他是一个善良的人，只是由于过度劳累而无法施善行。趋善心理使小伙子无法拒绝扮演这个善良的角色。

正如《三字经》里有句话：“人之初，性本善。”从广义的角度而言，是说当一个人在进入一个新的领域时，他的为人处世都是抱着一种善良、美好的行为去工作、学习、交友，等等。后天的生活习惯和环境变化，才造成了人的各种行为的差异，导致背离“善”的现象。

作为有智慧的生物，我们每个人都在内心里将自己理想化，都喜欢为自己行为的动机赋予一种良好的解释。这就是为何大家都希望听到夸奖之言，而不是贬低之词。也正因如此，我们可以通过诉诸一种高尚的动机给对方，顺势制宜，实现改变他人、影响他人的目的。

某房屋公司有一位不满意的房客，在租约尚有四个月没到的情况下，恫吓要搬离他的公寓。按当时规定，那间公寓每个月的租金是五十五元，可是房客声称立即就要搬，不管租约那回事。要知道，当时是淡季，如果房客立即搬走，房子是不容易租出去的。对于公司来说，二百二十元就不翼而飞了。

很多人都认为，此时应该找那个房客，要他把租约重念一遍，并向他指出，如果现在搬走，那四个月的租金，仍须全部付清。

可是，聪明的工作人员却采取了另外一种办法。他对房客说：“先生，我听说你准备搬家，可是我不相信那是真的。从多方面的经验来推断，我看出你是一位说话有信用的人，而且我可以跟自己打赌，你就是这样的一个人。”房客静静地听着，没有作特殊的表示。他接着又说：“现在，我的建议是这样的，将你所决定的事，先暂时搁在一边，你不妨再考虑一下。从今天起，到下个月一日应缴房租前，如果你还是决定要搬的话，我会答应你，接受你的要求。”

他把话顿了顿，继续说道：“那时，我将承认自己的推断完全错误。不过，我还是相信，你是个讲话有信用的人，会遵守自己所立的合约。因为，到底我们是人还是猴子，那就在我们自己的选择了。”

很多人想不到的是，到了下个月，那位房客主动来缴房租了。还告诉工作人员，他跟太太商量过，决定继续住下去。他们认为，最光荣的事，莫过于履行租约。

不难看出，想达到改变他人的目的，你不妨找一顶实现这件事能表现出高尚的帽子，然后恭敬地戴到对方头上，很少有人会拒绝的。

吸引他人最直接的方法：关键时刻拉他一把

有成功，就有失败；有得意者，就有落魄者。或许你昨天还是成功的典范，是一个意气风发、春风得意的人，到了今天，你就可能由于某种原因而一贫如洗，变成一个普普通通的人，甚至是还不如普通人的落魄者……

在当今社会，这种现象并不罕见。落魄者的情况各不相同，有的是政治原因，有的是思想品德所致，还有的是工作失误的结果。不管是主观原因还是客观原因，对于落魄者来说，从天上掉到地下，其痛苦心情可以想象。在这种际遇、地位剧烈变化的情况下，不少人自惭形秽，觉得没脸见人，也有的则更加自尊、敏感，对他人的态度往往异常关注。

从人生的角度来看，人不可能一帆风顺，挫折、背时是难免的。当他落难的时候，虽然自己倒霉，但也是对周围的人，特别是对朋友的考验。远离而去的可能从此成为路人，但同情、帮助其渡过难关者，将以“雪中送炭”般的恩惠将其直接吸引，同时，他也将感激你一辈子。正所谓莫逆之交、患难朋友，往往就是在困难的时候形成的。这时形成的交情也往往最有价值，最让人珍视。

在“文革”中，有一位领导被关了牛棚，没有人敢接近他。他的心情很苦闷，一度丧失了生活信心，动了自杀的念头。这时他的一个部下，不怕受连累，主动来见他，给他送东西，并开导他，甚至狠狠地批评他的轻生思想，鼓励他，指出他的前途是光明的。他终于坚持了下来。后来这位领导十分感谢他的这个部下，把他当成知己。这个部下得了重病，他把自己的全部积蓄拿出来给他看病，后来又把他接到自己家里疗养，可见莫逆之交感情之深。

“我不知道他那时候那么痛苦，即使知道了，我也帮不上忙啊！”许多人遗憾地说。这种人与其说他不知道朋友的痛苦，不如说他根本无意知道。

人总是可以敏感地觉察到自己的苦处，却对别人的痛处缺乏了解。他们不了解别人的需要，更不会花工夫去了解；有的甚至知道了也佯装不知，大概是没有切身之苦、切肤之痛吧。

虽然很少有人能做到“人饥己饥，人溺己溺”的境界，但我们至少可以随时体察一下别人的需要，时刻关心朋友，帮助他们脱离困境。当朋友身患重病时，你应该多去探望，多谈谈朋友关心的或感兴趣的话题；当朋友遭到挫折而沮丧时，你应该给予鼓励：“这次失败了没关系，下次再来。”当朋友愁眉苦脸、郁郁寡欢时，你应该亲切地询问他们。这些适时的安慰会像阳光一样温暖受伤者的心田，带给他们希望。

从现在开始，别再漠视那些落魄的朋友了，伸出你的手，关键时刻拉他一把，你将会像磁铁一样一辈子吸住他！

巧妙利用好奇心来影响他人

众所周知，《哈里·波特》的孕育者 J.K. 罗琳女士因为这套书一跃成为全英国最富有的女人。根据此书拍摄的电影同样火爆，从《哈里·波特与魔法石》到《哈里·波特与混血王子》，观众云集，魅力持续而不减，蝉联北美票房冠军。

当我们随波逐流地追捧《哈里·波特》的时候，是否考虑过，无论是书籍还是电影，它们为什么有如此大的影响力，竟然如此吸引着人们？难道是哈里·波特这一人物有着鲜为人知的魔力？

不知道你是否发现，J.K. 罗琳在创作《哈里·波特》第 1 部时，就已经为后面的持续创作埋下了伏笔。各集环环相扣，矛盾迭起，险象环生，吸引着读者去猜测、幻想、推理故事的下一节。严格的保密工作更是营造了一种神秘氛围，使所有读者看完了一集就开始沉入下一集的期待之中。而驱使这一切顺理成章发生的，无非是我们的好奇心。

我们再来看看《哈里·波特》在营销前所制造的神秘。只要稍微关注下《哈里·波特》的相关报道，你就会发现，悬念成为推销"哈里·波特"最好的"魔法"。"哈里·波特的好朋友中究竟是谁死去了？他与谁谈恋爱了？校长那么厉害怎么还会死？"这一系列"吊胃口"的做法让出版商与发行商屡试不爽。在《哈里·波特》第 5 部的书展上，作者 J.K. 罗琳对一群年轻书迷幽默地说："他（哈里·波特）将在第 7 部里活着，但我不能说他在最后的结局中是否会长得大一点。"她拒绝向读者透露第 7 部的书名，给读者更多的想象与渴望。中国图书进出口公司上海分公司的徐先生曾指出："罗琳在写完前 4 部之后，整整停了两年才推出凤凰令，其实这是一个非常好的时机。""连续地强烈刺激读者之后，突然停顿两年，让这些读者在未产生厌恶之前，又获得充分积蓄阅读欲的时间，而今年，这种对续集的渴望已经达到了峰值，他们完全把握住了读者的心理。"看来，人们的好奇心给《哈里·波特》带来了无限的商机。

我们再来看看《哈里·波特》的一系列电影。很多看过书的人仍旧要到电影院再次体味一下故事情节，为什么呢？据说，罗琳女士曾表示会把她在小说构思中未采用的一些情节补充到电影里，这个悬念无疑会吊起众多"哈里·波特迷"的胃口。同时，每一集电影也像书一样，在非常激烈、动人心弦的时刻结束一集，给下一集埋下伏笔，让好奇心驱使观众热切地期待下一集的出现。

《哈里·波特》走红的典例，深刻地告诉了我们，一旦抓住他人的好奇心，你对他人的影响将是巨大的。你一旦引起了对方的好奇心，就等于抓住了对方的注意力。对方对你产生了兴趣，你自然就好办事了。

例如，你想把自己的商品卖给顾客，虽然同类商品很多，但你宣传的时候特别强调它的独特之处，哪怕是很小的一方面，一定会比平平凡凡地说 大堆更吸引顾客，而 旦激起顾客的好奇心，货品的售出往往就更容易了。还有，如果想让某人关注你，你不妨找一些能引起对方好奇心的事物，自然就可以把对方的注意力吸引到自己身上了。

想要影响对方的言行，谆谆教导不如以身作则

一位父亲去学校开家长会。

"你在家里喜欢跷二郎腿吧？"老师问。

"怎么了？"他面露惊讶，也显得有些难堪。

"任课老师反映，你家孩子总喜欢把脚放在桌子上！"

俗话说："言传不如身教。"相比絮絮叨叨的言传，不言不语的身教更能影响人、打动人。

作为父母，想让孩子养成好习惯，与其再三地提醒，不如自己做好榜样。比如，你想让孩子喜欢读书，不必反复申明读书的好处，只需在孩子面前多读书；想让孩子拥有孝心，不必大讲特讲中国的传统美德，只需在孩子面前孝敬你自己的父母……

作为领导，想要下属做出你所期望的举动，也是如此。想让下属遵守规章制度，与其在大会小会上三令五申，不如自己严格按照规章办事；想让下属吃苦耐劳，与其大力宣扬吃苦耐劳是一种美德，不如你首先表现出不怕苦不怕累的精神。

为什么身教胜于言传？

因为人们容易在不知不觉中模仿他人的行为。

研究人员发现，生活中，人们习惯通过效仿来模仿别人的行为，或观察别人的反应后再做出相同的反应。下属或者年幼的子女尤其如此，他们总是在观察领导或父母的行为，并且不分好坏地加以模仿。

心理学家班杜拉把这种模仿或参考别人的行动而形成新的行动方式的现象称为“效仿”(Modeling)。

效仿对人的行为可能产生三种效果：

一个是观察和学习的效果，即通过观察被模仿者的行为学习新的行为。有时这比直接学习更有效。有一个公益广告是这样的：一个小男孩看到妈妈给姥姥洗脚，于是，小小年纪的他也去为妈妈端了一盆水，说要给妈妈洗脚。广告中的小男孩就是在不知不觉地效仿妈妈。

二是抑制自己的行动或促进正在抑制的行动的效果。班杜拉做了这样的实验，他把孩子们分成三组，让他们分别观看一个女大学生百般虐待洋娃娃的电影。对第一组说女大学生的这种行为很酷，对第二组说这种行为是不可取的，对第三组没做任何表态。结果第二组孩子的攻击性最低。

三是促进反应的效果。我们常常看到这样的情景：正在抽烟的人看到别人掏出烟叼在嘴里，就不自觉地也想掏出烟来吸，却发现自己正在吸着烟。这是一种社会性的促进。就像小孩子为了得到异性父母的宠爱，就会模仿同性父母的行为一样。

通常，被效仿者的社会地位越高，越平易近人，其影响力也就越大。能力出众、富有人情味的领导最容易成为下属关注的效仿对象。一般具有很强的领导力与号召力的领导人，大多都是以身作则型。

南方李锦记的领导便是如此。

南方李锦记公司的很多地方设有透明的捐款箱。这些捐款全部用于资助南方李锦记在全国设立的十几所希望学校。公司规定：迟到、早退或者开会期间接打电话的人，无论是员工还是领导都必须捐款。公司的会场总会见到自觉站起来捐款的人。

对于捐款数额，公司还明确规定：普通员工10元，总监以上100元，总经理和董事长200元。这充分体现了领导以身作则的作风。

领导公务忙，常因一些客观原因迟到，但也会照捐不误。有次在北京开会，老总路上遇上世纪大塞车，虽然塞车是非人为原因，但老总一到会场就先找捐款箱，拿出200元放进去。

由于公司管理层以身作则，公司的捐款制度得到了严格的贯彻执行，形成了一种独特的会议文化。

作为管理者，要意识到下属随时随地都在注意着自己、效仿自己。如果你希望有更多行为规范、能力超强、业绩突出的下属，不妨以身作则，先规范自己的行为、提高自己的能力、创造不凡的业绩。

比如，严于律己，严格遵守公司的各项制度，营造一种在制度面前人人平等的氛围。体现在细节上，开会不迟到，不开小差。违反时，与员工一样，主动接受处罚。

面对困难与问题，勇往直前，敢于承担责任，必要时主动深入一线，与下属一道解决问题。比如，一名销售经理，下属初入行，工作有困难，经理没责备半句，亲自带下属去拜访客户，让下属在这个过程中观察、模仿、学习，逐步掌握与客户打交道的技巧。

不用语言指示，便可带动下属，让下属按照自己的意思办事。这就是以身作则，是一种有效的管理方式。

以己之长巧迎他人之短

2009年，动画片《麦兜响当当》自7月公映以来，迅速红遍大江南北，首日全国票房突破千万元。业内人士预计，如果票房持续火爆，它将成为首部票房过亿的国产动画电影。为何看上去傻傻的“小猪麦兜”票房如此“响当当”？

也许你会说，“7月正好是暑期，小朋友们比较多嘛。”可是，当我们放眼电影院，发现成年观众更是大有人在。

客观而言，麦兜的故事非常简单。母亲麦太在香港混得不好，来内地寻求发展，床上还放着《怎么做CEO》一书；麦兜在武当山经历了没有电视、没有网络的吃苦环境；麦兜无心习武，最大的乐趣是跟小同学偷入炼丹房煮方便面；麦兜和母亲互相让鸡肉吃，结果鸡肉掉地；尽管没有实现自己的梦想，但麦兜和妈妈依然心满意足地回到了香港，继续他们“不是低能，而是善良”的人生，因为并不是每个人都能成为李嘉诚……

从《麦兜故事》、《麦兜菠萝油王子》、《春田花花同学会》到现在的《麦兜响当当》，麦兜在银幕上生活了10年，依旧还是“小朋友”。不过，“长不大”和“猪身份”一样，只是麦兜的面具。揭下面具，麦兜的喃喃自语，透着成年人追逐梦想的疲惫以及疲惫中不灭的希望和温暖的小幸福。他傻傻的，单纯、快乐和坚持，不管如何受挫，他的心中永远有梦想，用希望点缀平凡的生活。正是这只笨笨的小猪，令无数成熟、精明，甚至世故的大人们也痴痴追捧，秘密究竟何在呢？

在心理学里，有一种互补相吸引的理论。指人在需要、性格、兴趣、气质、能力、特长和思想观念等方面，若存在差异，而双方的需要和满足途径又正好成为互补关系，就可以相互吸引。

“麦兜”亦是如此。单纯、善良、非常容易满足、对任何人都真心相待。在我们幼稚的童年，这几乎是每个人的写照，可是，当我们渐渐长大，我们为了生存、发展和成功，就要变得世故、精明，甚至有必要学些诡计。于是，我们已经褪去的童年的那份清纯，如今在麦兜身上尽情绽放，当然就会吸引着我们去欣赏、去体味了。

我们每个人都与生俱来地具有一些缺点，为了弥补自己的不足，我们在实际生活中就会注意寻找那些能弥补这些缺点的人，从而实现所谓的“强强联合”。比如，依赖性特别强的人愿意和独立的人在一起生活；一个看重学历的人，自己又没有拿高学历的机会，往往希望对方能拿到高学历，等等。

明白了这一点，如果你想像麦兜一样“响当当”地影响别人，不妨先了解一下对方的弱点，然后用谦逊的方式在他面前表现出你具有这方面的优势与能力。让他知道，有你在，他在这方面的缺点就会得到弥补。如此一来，他便很容易被你吸引了。例如，你想请人与自己合作，追求男朋友或女朋友，等等。

制造短缺假象，可以极大影响对方的行为

心理学家曾经做过这样一个实验：他选了10个人，分别与他们面对面进行谈话，而在谈话期间，心理学家会尽力地讲一些比较有趣的话题来吸引实验者，同时，他还安排人在他们进行谈话的时候，给实验者打电话，看看实验者会有什么样的反应。结果发现，10个实验者虽然并不知道是什么人从什么地方打来的电话，但是都会中断与心理学家的谈话而选择去接电话。即使打来的电话并不重要，且交谈的内容也没有与心理学家交谈的内容精彩和有趣，但是再有电话打来，他们还是会接。即使不接，也不会像之前那样专注地与心理学家进行交谈了，明显变得坐立不安，因为他们心里总是惦记着那个电话是谁打来的。

相比而言，打来的电话似乎比与心理学家的谈话更具吸引力，这是为什么呢？因为每个实验者都会想，如果自己不接电话的话，就有可能不知道打来电话的人是谁，并因此错过了打电话者所带来的信息，而且一旦错过了，就可能永远也没有补救的机会了。因此，电话一响，实验者就会中断谈话而去接电话。

这个实验告诉我们，可能失去某种东西的想法会对人们采取什么样的行为产生很大的影响。而且还有一点，那就是害怕失去某种东西的想法比希望得到同等价值东西的想法对

人们产生的刺激作用更大。如你想让对方接受你的某种建议或者要求，告诉他如果不接受就会造成什么样的损失，要比告诉他们接受以后能够得到什么样的好处更容易说服对方。例如，某医院为了鼓励人们定期去医院做身体健康检查，在免费发放的宣传册上是这样写的：如果你每个月都没有花时间到医院做身体检查，那么你可能就会失去一重健康保障。而这样写，明显比写“如果你每个月都花些时间到医院做身体检查，那么你就可能会得到一重健康的保障”更能够说服人们，其效果是有明显不同的。这就是短缺心理给人们造成的巨大影响。

我们常常会说这样一句话：“拥有的时候不懂得珍惜，失去后才发现它的珍贵。”不管是对自己喜欢的东西，还是对自己来说重要的人物，这样的感觉恐怕很多人都会有。而且还有一种状况，可能一件原本对自己没有什么吸引力的东西，当有一天你将要失去它，或者你已经意识到自己很可能得不到它时，这件东西就会在突然间变得很有诱惑力。是什么魔力让人们做出如此巨大的转变呢？因为短缺。当我们能够获得某种东西的机会越来越少时，其价值就会越发的凸显出来，变得贵重。这种“机会越少，价值越高”的短缺原理，往往会对我们的行为产生很大的影响，而且这种影响是全面的、深刻的。

我们知道，在现实生活中，很多人喜欢收藏一些古董，而那些古董之所以价值连城，主要原因就是因为它们稀少、罕见，不容易获得。如果类似的古董到处都是，那么它们也就不值钱了。因此，通常来说，当一样东西开始变得越来越稀少时，它就会变得更有价值。这就是我们平常所说的“物以稀为贵”的现象。甚至一些原本不完美的、一文不值的东西，也会因为稀少，甚至唯一，而变成重金难求的珍品。例如，印刷模糊的邮票、两次冲压的硬币、有残缺的瓷器等，因为稀少反而比没有瑕疵的物品更有价值，更受到人们的青睐。这说明，短缺因素对物品的价值会起到很大的影响作用。而利用这一原理，我们则能够达到给人施加压力，使之顺从的目的。

将短缺效应运用得非常好的就是我们可以在商场看到“截止日期”，也就是对顾客获得某种商品的机会加以时间上的限制。人们经常会发现自己做了原本没有什么兴趣的事情，其原因只是做这件事情的机会越来越少。那些精明的商人就是利用人们的这种心理倾向来赚钱的。他们通过设定一个截止日期并公之于众，来激发出顾客前所未有的兴趣。曾经有一家电影公司做过一个言简意赅的广告，这个短短的广告竟然有三次用到了短缺原理：“独家放映、预定数量有限、放映即将结束”。

不仅在营销领域，在其他很多领域都用上了这个短缺原理，其中比较有代表性的就是谈判。不过在谈判领域，短缺效用又被赋予了新的内容。

当人们的自由选择受到限制或威胁的时候，维护这种自由的愿望就会使我们更想有这种自由。因此，当越来越严重的短缺或其他因素使我们不能像以前一样自由获得自己想要的东西的时候，我们就会通过更卓绝的努力对这种妨碍做出反抗，这是短缺原理在谈判领域的新发展。

因为短缺而使获得的机会减少，这样的状况往往能够十分有效地激起人们强烈的占有欲望。而对获得数量和时间的限制越彻底，其产生的效果越明显。利用这样的心理刺激，我们往往可以影响人们的某些言行。

第二章

把握心理，驾驭他人

通过“我错了”，让他人心悦诚服地接受你的批评

法国著名作家拉罗什富科曾说过：“没有什么人比那些不能容忍别人错误的人更经常犯错误了。”确实，我们在生活中，总会发现周围的人犯这样或那样的错误。于是，如何做到批评但又不伤害他人，成了与人交往中很重要的一门学问。

也许你会说：“批评还不容易，直接告诉他‘你错了’或‘你某些地方做得不对’，很简单嘛。”然而，我们都知道，人是有自尊的动物，很少有人不会主动地去维护自己的意见和看法。因此，几乎没有谁在听见“你错了”三个字时，内心仍能非常平静。大家往往会为来自他人的批评指责闷闷不乐，冲动的人甚至可能当即暴跳如雷、反唇相讥。

千万不要小看“你错了”直截了当的三个字，在人际交往中，破坏力最强的莫过于这三个字了。它通常不会造成任何好的效果，只会带来一场不快、一场争吵，甚至会使朋友变成对手，使情人变成怨偶。在我们肆无忌惮地用它指责别人的错误的同时，几乎意识不到，这样做是会给别人的心中留下疤痕的。

从人性角度来说，做错事的人只会责怪别人，而不会责怪自己——我们都是如此。这不是肚量的问题，而是人性的问题。只有极少数人能够克服人性的弱点而使肚量大到能接受批评的程度。

那么，想批评别人的时候，我们采用什么方式好呢？被誉为20世纪最伟大的成功学大师戴尔·卡耐基曾指出，想对他人表达“你错了”的批评意图，不妨先承认“我错了”，这对疏通关系和解决问题更有好处。

有一位著名的作家用主动认错的方式赢得了读者的尊重。在长达二十年社会纪实体裁小说写作之后，他尝试着变换风格，推出了一部侦破类新作，这让许多读者无法接受。一名愤怒的读者甚至写信给他，言辞非常激烈，指责他根本不该转型。其中很多语句有失偏颇，看得出这位读者对小说艺术的理解并不深入。但这位作家并没有恼羞成怒，而是非常认真地写了一封回信。在信中，他只字不提这位读者的不礼貌和认识上的浅薄，只是很诚恳地承认自己并不适合悬疑推理题材的写作。他很感谢读者的意见，希望以后能够经常互相交流看法。

这个故事让我们深刻体味到：“你错了”会为你树立新的敌人，“我错了”却可能帮你赢得新的朋友。可以想象，那名激动的读者看到回信后，一定会为自己的粗鲁无礼，为作家的谦逊大度心生惭愧。在一个胸襟宽广、能够认识自己的错误、敢于向别人承认错误的人面前，

任何问题都将迎刃而解，任何矛盾都将烟消云散。

现实往往就是如此，当我们说对方错了时，他的反应常让我们头疼，而当我们承认自己也许错了时，就绝不会有这样的麻烦。这样做，不但会避免所有的争执，而且可以使对方跟你一样的宽宏大度，承认他也可能弄错了。

指出对方错误时，他也许并不明白你的用意，是为了贬低他、抬高你自己，还是为了他好？因此，你应该尽量让他明白批评他是你的好意。讲话时态度一定要谦和诚恳，用语不能激烈，否则对方就会以为你在教训他；也不必过于委婉，否则他会认为你惺惺作态。

此外，指正别人还要选择适当的场合和时机。原则上讲，要在对方情绪比较稳定时，指出他的不足之处。人在情绪不正常时，可能什么也听不进去。最好避开第三者，以一对一的方式进行，以免让他产生当众出丑的感觉。在大庭广众下指出别人的错误，除了会为自己多树立一个敌人外，别无益处。

引入权威效应，引导对方的态度和行为

权威效应，又称为权威暗示效应，是指一个人要是地位高，有威信，受人敬重，那他所说的话及所做的事就容易引起别人重视，并让他们相信其正确性，即“人微言轻，人贵言重”。

每个人对身边的人或对社会都有一定的影响力，但影响力的大小各有不同。一般来说，权威人物容易对他人产生更大的影响。假如你的眼睛不适，到医院就诊。如果其他条件相同，有一位眼科专家和一位刚从医学院毕业的年轻大夫供你选择，你会选择哪个呢？相信你一定会选择专家。这些都说明，权威人物对我们的影响力要超出常人。

为什么有这种权威效应的存在呢？首先是由于人们有“安全心理”，即人们总认为权威人物往往是正确的楷模，服从他们会使自己具备安全感，增加不会出错的“保险系数”；其次是由于人们有“赞许心理”，即人们总认为权威人物的要求往往和社会规范相一致，按照权威人物的要求去做，会得到各方面的赞许和奖励。

被权威效应所引导，一个非常明显的例子就是美国的汽车。在美国，汽车是一种尤其能引起人们兴趣的地位标志。根据旧金山湾区进行的一项调查发现，拥有名车的人更能受到人们的尊重。而实验也证明，绿灯亮起来的时候，人们往往会根据停在前面的车是名车还是普通车型来确定是否以按喇叭的方式进行催促。如果是名车，排在后面的人往往愿意等得久一些，而如果是普通车，他们就会很快不耐烦了。坐在名车里面的人就一定是有地位的人吗？当然是未必，但是他的车是名车，所以在别人的眼里，他这个人的地位自然就被提升了。

另外一个例子就是牙膏广告。当追问看过广告的受众，广告中有哪些人物的时候，普遍都提到了医生。不错，医生的身份就是用来影响受众的，广告利用的就是人们对医生的专业性和权威性的认同。但是问题在于，广告中并没有明确告诉你穿白大褂的就是医生，这是营销中对权威效应的绝妙应用，是基于对人们心理的深刻把握。

在企业中，领导也可利用“权威效应”去引导和改变下属的工作态度以及行为，这往往比命令的效果更好。因此，一个优秀的领导肯定是企业的权威，或者为企业培养了一个权威，然后利用权威暗示效应进行领导。当然，要树立权威就必须要先对权威有一个全面深层的理解，这样才能正确地树立权威，才能让权威保持得更加长久。

在生活中我们可以引入权威效应，引导对方的态度和行为。如果有人跟你的看法有冲突，你可以找到一个权威人物曾经说过的话或做过的事作为论据。相信，这个人就会认同你的。

制造别无他选的困境，来诱导他人

古罗马政治家布鲁斯特在杀害凯撒之后有一场演说：“你们是希望让凯撒死，而你们大

家过自由的日子。还是希望让凯撒活着，而你们都沦为奴隶终至死亡？这两种你们所要选择的是什么？”

布鲁斯特的演讲，给出了当时长老院的长老们这样两个选择，再没有其他可以选择的方法，迫使他们从“自由”或“死亡”之中进行选择。而很显然，自由比死亡看上去是更有好处、更有意义的。所以，最后的结局可想而知，长老院最终选择了自由，而布鲁斯特也因此获得了胜利。

其实，这就是一种制造别无他选的困境的攻心战术，它的要点就是给人提供有且只有的两个选择，而且其中的一个选择必然好于另一个选择，再没有其他什么选择的余地，于是就可以达到普遍认同，而最终选择其中的好的一个。

在现实生活中，我们时常会面临着一些选择，很难下定决心，但是如果犹豫不决，就可能失去机会，在左右摇摆中浪费时光。此时就要善于把自己引导到别无他选的境地，这样做选择就会容易一些。比如，当有人面对着是否该换工作，而无法下定决心时，就可以对他说：“你是要换个工作，开拓新的人生呢，还是要继续在这里虚度余生？”对方在这两个选项中，自然会容易做出选择。

设置的两个选择没有优劣之分，还是会让人无法做出决定，虽说“鱼和熊掌不可兼得”，但是“二者皆吾所欲也”，没有太大的差别，很难让人取舍。因此，我们还要强调两个选择中哪个更优，哪个更劣。有着这样的一个对比，就更容易让人做出选择了。

当美国还是英国的殖民地时，为了摆脱英国的统治，帕特里克·亨利说过这样一句话：“不自由，毋宁死。”这句话被称为是独立战争的宣言。其实选择一个什么样的独立宣言，对当时的美国人来说是非常重要的，因为万一失败，就会遭致不可估量的惨重后果。而且当时的代议员对于局势也很迷惑，于是要人民自己做个决定，巴特利克就采用了两者选一的方法，而且使两个选项形成强烈的对比，使得人们都能做出最明智的选择。当时，他说的很多话都成了流传后世的名言，如“要锁链还是要隶属”“要英国还是要战争”以及“不自由，毋宁死”，等等。

强调两个选项中其中一项的缺点或者优点，使两个选项形成对比，让人们二者选其一。在一般的情况下，人们一定会选择你所希望的那一个。因为已经别无他择了，选其中看起来更好一点的是最明智的选择。

虽然运用这种方法也常会发生许多障碍，但对于处于迷惑不决中的人，则可以迫使其朝着自己所期望的方向去选择。例如，当你要说服正在选择就业单位的毕业生时，可以说：“与其勉强地进入一家好的单位，却因为能力不够而被漠视，进而遭受打击，产生挫败感，还不如进入一家自己能胜任的单位，找回信心，发挥出自己的优势，并且得到有效的提高。”像这种说服方式，则可以帮助对方消除疑虑和犹豫，尽快地做出选择。

在生活中，我们往往会遇到谈判、竞选等场合。在这种场合下，当然是需要做出选择。谁都想让对方选择和自己合作，谁都想要群众选举自己担当职务，但是如果不懂得采取一定的心理战术，则可能会遭受失败。

例如，在某选举大会上，被选举者与其对那些正在犹豫该投票给谁的选民说“选择我，还是选择对方”，不如对选民说“你们是要选择我，让这个公司更加繁荣呢，还是要选择另一名候选人，而使经济变得更为萧条呢”，这样的说辞显然更能够取得明显的效果，更能有效地诱导人们选其中一个有明显希望的人。

制造强大的敌人，引起同仇敌忾

春秋时，吴国和越国是敌国，经常交战。一天，十几个吴人和越人碰巧乘了同一艘渡船，但都互不答理。

不料，船到江心时，天色骤变、狂风顿起、暴雨如注，巨浪汹涌而来，渡船剧烈地颠簸着，吴国的两个孩子吓得哇哇大哭，越国有一个老太太跌倒在船舱里。老艄公一面竭力掌好船舵，一面让大家速进船舱。另两名年轻的船工，迅速奔向桅杆解绳索，想把篷帆解下来。可一时又解不开。而如果不赶快解开绳索，把帆降下来，船就可能翻掉。

在这千钧一发之际，乘客们都争先恐后地冲向桅杆去解绳索，此时也不分谁是吴人谁是越人了。他们那么默契，配合得就像左右手。

过了一会儿，渡船上的篷帆终于被降下来了，船颠簸得也不那么厉害了。老艄公望着风雨同舟、共渡危难的人们，叹道："吴越两国如果能永远和睦相处，该有多好啊！"

这个故事讲的就是《孙子兵法》中"吴越同舟"这个成语的来历。本来素有恩怨的吴越两国人，在面临更大的敌人，即暴风雨的袭击时，结果为了共同的利益而同心协力、合作默契。由此可见，即使是敌对的双方，当面临更大的敌人时，也会消除夙怨，同仇敌忾。

这种心理真的很微妙，为此，心理学家曾做过一个实验来加以证明：

3个人为一组做简单的"撞球游戏"，谁最后被淘汰，谁就是获胜者。显然，这3个人分别构成了敌对关系。结果显示，如果在比赛中，有一个人遥遥领先，那么其他两个人就会联合起来，共同阻挠领先者得分。

了解了人们普遍存在的这种心理，善加利用，就有可能解除对立者之间的警戒状态，让对方与自己达成一致，获得共赢。例如，具有同等竞争力的中小企业，彼此间难免存在矛盾，进而产生纠纷，甚至会演变到水火不容的地步。这时，如果让对方意识到，如果继续敌对下去，会让某公司，尤其是大公司坐享渔翁之利。这样，对方就会产生一种危机感，不敢再"自相残杀"，让共同的敌人获益了。而原先的那种敌对情绪也就大大减弱了，彼此间的关系也就更加和谐，从而"化敌为友"，积极解决问题，尽可能实现共赢。

其实，"共同的敌人"也未必真的存在，有些时候，可以故意制造一个"假想敌"，甚至可以演"双簧"，一个扮"白脸"，一个扮"红脸"。当然，这必须配合得天衣无缝，否则会弄巧成拙，使对方产生反感。

此外，还有一种情况，就是："共同的敌人"是存在的，但是又不知道具体是哪一个。在这种情况下，仍需要双方的通力合作。例如，在全球的软饮料市场上，可口可乐和百事可乐是前两强，没有哪个品牌能够挤进去。这就在于可口可乐和百事可乐这两个"夙敌"的默契配合，他们看不到具体的"共同的敌人"，但是他们在激烈的市场竞争中存在着无数的敌人。所以，无论两个"夙敌"如何激烈地竞争，都不靠打"价格战"来挤兑对方。只要防住第三方，他们的市场份额就可以继续维持了，利润也就得到了保证。

在生活中，应坦诚待人，不可勾心斗角。但是，有的时候，还是需要讲究一些策略的。比如，要争取某人的支持，就可以把双方的共同点扩大，找到共同的利益，树立共同的敌人，使对方与自己"同仇敌忾"。这种方法在要维护自己的合法、合理权益，而自己又势单力薄时，是有效也有必要的。

如果双方为一点矛盾争得不可开交，就可以制造一个强大的共同敌人，引起同仇敌忾，从而转移对方的注意力，有助于双方"化敌为友"，达成共识。这样才能通力合作，促进共同发展。

要改变他人的行为，首先应该悦纳他人

在日常的人际交往中，不知你是否遇到过这样的情况：一名新来的同事没招你也没惹你，但你就是看他不顺眼，他一有什么过错，你就会毫不留情地指责他；你的朋友最近因为儿子的事情烦恼不堪，找你帮忙让他儿子进某所重点中学，鉴于多年的友谊，你很快就答应了，并在很短的时间就帮他办成了……类似的事例有很多，为什么你对同事和朋友有截然相反的态度呢?

社会是由各种各样的人组成的，这些人会有不同的思想性格、兴趣爱好与生活习惯。有的人热情开朗，有的人沉静稳重，有的人性子急躁，有的人心胸狭窄……面对这么多不同性

格的人，你应该怎样使他们乐于按照你的意愿行事呢?

要想改变他人的行为，首先应该悦纳他人。悦纳他人，就要满怀热忱地和他们相处，容忍并且诚心地尊重别人与自己不同的性格、兴趣和生活方式，还要主动了解别人的性格特征，熟悉别人的生活习惯，在这个基础上创造和谐融洽的人际环境。

悦纳他人还应该做到“乐道人之善”。“金无足赤，人无完人”，对待同事、朋友，要多看他们的长处，多学他们的优点，不能看自己是“一朵花”，看别人就是“满身疤”。我们经常会见到这样一种人：他们对自己所做的工作一点一滴都记在心头、挂在嘴上，挑别人的毛病也绝无遗漏，说起来如数家珍，而对自己的毛病、别人的长处，则一概缄口不语。这种人往往为人们所不齿，被称为“不团结因子”。乐道人之善，一方面要注意不能因为自己比别人做的工作多一点或能力强一点，就沾沾自喜，瞧不起别人；另一方面还要善于发现别人的优点、长处，对他人的工作成绩多加褒扬。这样，不仅显示出了自己虚怀若谷的风度，有益于团结，而且对自己的成长与进步也会大有好处。当然，对别人应该实事求是、恰如其分。如果不顾事实或夸大事实，就可能适得其反。

迎合他人的自尊心，让他乐于改变

心理学家认为，尊重是每一个人的心理需要。不管先天条件如何，财富的多少，地位的高低，任何人都需要得到别人的尊重。因而，要想使他人乐于改变，最重要的就是迎合他人的自尊心。

美国心理学家曾做过一个实验，证明了尊重对人产生的巨大影响。

为了调查研究各种工作条件对生产效率的影响，美国西方电器公司霍桑工厂一个大车间的六名女工被选为实验的被试。实验持续了一年多。这些女工的工作是装配电话机中的继电器。

第一个时期，让她们在一个一般的车间里工作两星期，测出她们的正常生产效率。

第二个时期，把她们安排到一个特殊的测量室工作五星期。这里除了可以测量每个女工的生产情况外，其他条件都与一般车间相同，即工作条件没有变化。

接着进入第三个时期，改变了女工们工资的计算方法。以前女工的薪水依赖于整个车间工人的生产量，现在只依赖于她们六个人的生产量。

第四个时期，在工作中安排女工上午、下午各一次 5 分钟的工间休息。

第五个时期，把工间休息延长为 10 分钟。

第六个时期，建立了六个 5 分钟休息时间制度。

第七个时期，公司为女工提供一顿简单的午餐。

在随后的三个时期每天让女工提前半小时下班。

第十一个时期，建立了每周工作五天的制度。

最后一个时期，原来的一切工作条件又全恢复了，重新回到第一个时期。

老板是想通过这一实验来寻找一种提高工人们生产效率的生产方式。的确，工作效率会受到工作条件的影响。然而，出乎意料的是，不管条件怎么改变，如增加或减少工间休息，延长或缩短工作日，每一个实验时期的生产效率都比前一个时期要高。女工们的工作越来越努力，效率越来越高，根本就没关注过生产条件的变化。

这是为什么呢?

之所以会这样，一个重要的原因就是女工们感到自己是特殊人物，受到了尊重，引起了人们极大的关注，因而感到愉快，便遵照老板想要她们做的那样去做。正是因为受到了重视和尊重，所以，她们工作越来越努力，每一次的改变都刺激着她们去提高生产效率。

被尊重的需要是人的一种高级需要。人与人在财富、地位、学识、能力、肤色、性别等许多方面各有不同，但在人格上是平等的。维护自己的人格尊严是人类心中最强烈的愿望。

因此，满足被尊重的需要对人来说十分重要。很多时候，人们为了获得尊重，会通过追求流行、讲究时髦、用高档商品、买名牌服装等手段来体现自己的价值。

马斯洛说：“尊重需要的满足，能够使人对自己充满信心，对社会满腔热情，体会到自己生活在世界上的用处和价值。”但尊重的需要一旦受到挫折，就会使人产生自卑感、软弱感、无能感，会使人对生活失去基本的信心。

有一个人经常被朋友邀请举办演讲，虽然其中一些人因特殊关系很难拒绝，但他都以巧妙的方式回绝了，朋友们最后也并没有因此而感到不满。他是如何做到的呢？他并没有摆出自己如何忙碌的事实，也没有寻找其他托词，而是表达了对邀请方的感激和为自己无法满足他们的请求的遗憾，随后他又推荐了另外一个演说家。换句话说，他没有给他人一点儿机会来对他的拒绝感到不满，并且很快让人们对其他有可能接受邀请的演说家给予了关注。

余伟是一家食品店的老板，他的一名店员经常粗心大意地把商品的价格标签贴错，并由此引起了混淆和顾客的抱怨，但是暗示、警告和当面批评都对她不起作用。最后，余伟把她叫进了办公室，任命她为价格标签的主管，负责将整个食品店货物架子上的标签都贴在合适的位置上。新头衔和职责让她的工作态度发生了彻底的改变，从此以后她做的工作都很令人满意。

拿破仑当年的做法也如出一辙。他创建了法国荣誉军团勋章，为优秀士兵发放十字勋章，给 18 位将军授予“法国元帅”的称号，并将自己的军队称为“宏伟之师”。人们批评他在给身经百战的军人颁发“玩具”，拿破仑答道：“人类就是被这种玩具统治着的。”

拿破仑使用了授予他人头衔和权威的技巧，即尊重他人，迎合他人的自尊心，这种方法在你身上也能发挥作用。

利用最后时限，让他听从你的指示

柯英是美国著名的谈判专家，在其担任美国某企业的谈判代理期间，曾和日本某企业进行谈判。这次谈判后，柯英对日本的谈判术赞不绝口。那么，日本人使用了怎样的技巧，竟然引得这位鼎鼎有名的谈判专家赞不绝口呢？

当时，柯英与同行的人一到日本羽田机场，就干劲十足地第一个下了飞机。这时，日本企业的谈判代表早已经等在出口处迎接了。日本代表接过柯英的行李，非常有礼貌地领着柯英乘上高级轿车，向着他们早已安排好的高级宾馆驶去。日本企业如此细致入微的款待让柯英非常高兴，也非常感动。在车上闲聊时，日本代表对柯英说：“这些都是我们应该做的。您要回去时，我们同样也会替您准备好到机场的车子，但不知您预定的回程班机是哪一天的？”听到对方这样周到的考虑，柯英心中又是一阵感动，非常自然地就从口袋里取出回程机票，将日期给日本代表看。就这样，日本代表探知到柯英要在两周后回国，也就是说，谈判事宜必须在两周内完成。

日本方面，对于顺利探知柯英的最后时限非常高兴。为了让事态能够按自己预期的发展，即让对方按照自己的心意行事，他们总是竭力探知对方的最后时限，而将自己的最后时限视为机密。遗憾的是，柯英完全没有意识到事态的严重性，根本不知道，此时自己已经成了谈判中注定失利的一方。面对对方的如此礼遇优待，他甚至还有些沾沾自喜。

接下来，谈判日程按照日本代表的安排进行着。

在开始的 10 天里，日本代表对于重要的谈判内容只字不提，每天只是招待柯英到日本的名胜古迹去参观游览，让柯英玩得十分尽兴。等到日本代表提到谈判的时候，已经是柯英到日本的第 12 天，也就是说，柯英还有两天就要回国了，而谈判必须在这两天之内完成。可是柯英仍然没有意识到事态的严重性，这天的谈判因为柯英想去打高尔夫球而不得不取消。

第 13 天的谈判又因为日本企业方面以为柯英举行欢送会为借口而在中途就结束了。直到最后一天，谈判总算是正式开始了。然而，正当谈判进行到关键阶段的时候，又到了该去机场的时间了，高级轿车也已在门口等候了。于是，谈判的地点只得从会议室改到了车内。然而，这时，由于时间有限，对于许多重要的问题，柯英根本来不及“斤斤计较”，只要对方的要求不是很离谱，柯英都答应了对方。

毋庸置疑，在没有更多选择的情况下，日本方面当然是大获全胜。

一般来说，利用“最后时限”给对方设一个困境，能够点中对方三处心理“死穴”，使他不得不听从你的指示采取行动：

1. 如果没有必要的话，人在行动时往往会能拖就拖，而且还会以各种各样的理由来说服自己，让拖延变成理所当然的事情。比如：“等条件成熟些，效果会更好。”“等资料更翔实些再行动，成功的可能性会更大。”这就是人类的本性。因此，给对方一个清楚明确的最后期限，能够让他清楚地知道立刻行动的必要性和紧迫性，进而迫使他不得不行动起来，因为再晚他可能就没有成功的机会了。

2. 生活中，绝大多数人对于自己即将失去、或者被宣告不能得到的东西，往往会更加积极、更加努力地想得到它。给对方设定最后期限，实际上是让对方知道，他再拖延就面临着失去，从而激发出他更大的行动积极性。

3. 给对方一个最后期限，把对方可以选择的机会减少，让他不得不选择听从你的指示。

比如，管理者想要让下属们接受自己的指示，一致赞成预案通过，那么可以在讨论时这样说：“今天，大家提出的意见非常好，但始终没有达成共识。为了消除差异，我们最好通宵来讨论！”这样就通过延长最后时限，将对方陷入一个困境之中——要想早回家，就要达成共识，使得对方不得不赞成预案通过。

通过延长、缩短、安排一个最后时限，来给对方制造一个困境，使得“听从你的指示”成为困境中最好的选择，这是一个非常有效的策略。

收放自如，把对手控制在你的手中

一张一弛，文武之道。在做人做事方面，只有懂得收放自如的人，才能将主动权稳固地把握在自己的手中。当然，要善于把握人心，懂得收放分寸。

刘秀当上东汉开国皇帝后，有一段时间很是忧郁。群臣见皇帝不开心，一时议论纷纷，不明所以。

一日，刘秀的宠妃见他有忧，怯生生地进言说：“陛下愁眉不展，妾深为焦虑，妾能为陛下分忧吗？”

刘秀苦笑一声，怅怅道：“朕忧心国事，你何能分忧？俗话说，治天下当用治天下匠。朕是忧心朝中功臣武将虽多，但治天下匠的文士太少了。这种状况不改变，怎么行呢？”

宠妃于是建议说：“天下不乏文人大儒，陛下只要下诏查问、寻访，终会有所获的。”

刘秀深以为然，于是派人多方访求，重礼征聘。不久，卓茂、伏湛等名儒相继入朝，刘秀这才高兴起来。

刘秀任命卓茂做太傅，封他为褒德侯，食二千户的租税，并赏赐他几乘车马、一套衣服、丝绵五百斤。后来，又让卓茂的长子卓戎做了太中大夫，次子卓崇做了中郎，给事黄门。

伏湛是著名的儒生和西汉的旧臣，刘秀任命他为尚书，让他掌管制定朝廷的制度。

卓茂和伏湛深感刘秀的大恩，他们曾对刘秀推辞说：“我们不过是一介书生，为汉室的建立未立寸功，陛下这般重用我们，只怕功臣勋将不服，于陛下不利。为了朝廷的大计，陛下还是降低我们的官位为好，我们无论身居何职，都会为陛下誓死效命的。”

刘秀让他们放心任事，心里却也思虑如何说服朝中功臣，他决心既定，便有意对朝中的功臣们说：“你们为国家的建立立下大功，朕无论何时都会记挂在心。不过，治理国家和打天下不同了，朕任用一些儒士参与治国，这也是形势使然啊，望你们不要误会。”

尽管如此，一些功臣还是对刘秀任用儒士不满，他们有的上书给刘秀，开宗明义便表达了自己的反对之意。奏章中说："臣等舍生忘死追随陛下征战，虽不为求名求利，却也不忍见陛下被腐儒愚弄。儒士贪生怕死，只会动唇舌，陛下若是听信了他们的花言巧语，又有何助呢？儒士向来缺少忠心，万一他们弄权生事，就是大患。臣等一片忠心，虽读书不多，但忠心可靠，陛下不可轻易放弃啊。"

刘秀见功臣言辞激烈，于是更加重视起来，他把功臣召集到一处，耐心地对他们说："事关国家大事，朕自有明断，非他人可以改变。在此，朕是不会人言亦言的。你们劳苦功高，但也要明白'功成身退'的道理。如一味地恃功自傲，不知满足，不仅于国不利，对你们也全无好处。何况人生在世，若能富贵无忧，当是大乐了，为什么总要贪恋权势呢？望你们三思。"

刘秀当皇帝的第二年，就开始逐渐对功臣封侯。封侯地位尊崇，但刘秀很少授予他们实权。有实权的，刘秀也渐渐压制他们的权力，进而夺去他们的权力。大将军邓禹被封为梁侯，他又担任了掌握朝政的大司徒一职。刘秀有一次对邓禹说："自古功臣多无善终的，朕不想这样。你智勇双全，当最知朕的苦心啊。"邓禹深受触动，却一时未做任何表示。他私下对家人说："皇上对功臣是不放心啊，难得皇上能敞开心扉，皇上还是真心爱护我们的。"

邓禹的家人让邓禹交出权力，邓禹却摇头说："皇上对我直言，当还有深意，皇上或是让我说服别人，免得让皇上为难。"

邓禹于是对不满的功臣一一劝解，让他们理解刘秀的苦衷。当功臣们情绪平复下来之后，邓禹再次觐见刘秀说："臣为众将之首，官位最显，臣自请陛下免去臣的大司徒之职，这样，他人就不会坐等观望了。"

刘秀立刻让伏湛代替邓禹做了大司徒。其他功臣于是再无怨言，纷纷辞去官位。他们告退后，刘秀让他们养尊处优，极尽优待，避免了功臣干预朝政的事发生。功臣在历史上所起的作用是巨大的，可功臣若走向反面，他们的影响力和破坏力也是惊人的。对待他们，社会地位不能降低，以示恩宠，但不给实权，就可防患于未然了。

放纵是有条件的，在某些方面，该放的就要放；而在另一方面，该收的也一定要收。在要害处只收不放，这是放纵的首要前提。收放结合，才能把人牢牢控制住。如果只收不放，那么容易束缚住别人的手脚，让人发挥不出才华；而如果只放不收，则容易让别人放纵恣肆，无法无天，不受控制。在《三国演义》里，吕布曾经埋怨曹操给他的封赏太小，曹操回答说："你就像一只鹰，只有在饿的时候才能为人所用。如果饱了，就会飞走了。"所以说，对待部下，需要收放有度，这样才能很好地利用其价值。

不妨提一个更大的要求，更容易取得成功

事例一：

曾经有一家广告公司，故意在一幅油画上画了一个多余的红圈。这幅画是给一个有怪癖脾气的管理人来鉴定的。他一见此画便咆哮起来："干吗画上个红圈！赶紧将它取消！"

于是，这位广告商一声不吭地用颜料把那红圈涂掉了，这位鉴定者也无话可说了，情愿出一个较高的价钱将画买下。这个小小的"红圈"便使广告商赢了这位十分难打交道的管理人。

事例二：

美国著名的顾问尼一韦是许多大名鼎鼎的人物常常咨询的对象，他曾经很妥善地帮助他们解决了一个个非常难处理的事件。

当时，尼一韦在英国想请著名的阿丝狄夫人给刚在纽约动工的阿斯托尼亚大饭店举行奠基典礼。

"不行，"阿丝狄夫人说，"此事恕我不能遵命，你们之所以需要我，只是让我为你们旅馆做做广告而已。"

而尼一韦的话的确使她大吃一惊。"夫人，的确如此。"尼一韦接着说，"然而，你也不会一无所获的，你也可以借此接近广大群众。因为，这个典礼将由广播电视向全国转播。"

后来他又向她保证，他们并不希望她发表什么演说，只是要她到场露一下面就行了，并且反复强调了此举的意义。最后阿丝狄夫人应允下来，答应出席他们的奠基典礼。

从这我们可以看出，尼一韦能使阿丝狄夫人答应的真正原因，在于一开始他就使夫人感到了自己出其不意的让步。阿丝狄夫人说：“你们需要我做广告，这是我不愿意的。”然而，他却坦白地承认了这一点。在这一点上他表示出了让步。接下来尼一韦迎合了阿丝狄夫人的心理去劝说，结果他终于取胜了。

在生活中，我们经常可以见到这样一种现象：一个人提出了一个大要求后再提出一个同类性质的小要求，这个小要求就有可能被人轻易地接受。这一现象与“进门槛”恰好相反，因而人们称其为“反进门槛效应”，也叫留面子技术。上面两个例子就是很好地运用了留面子技术。

这一效应在美国心理学家西阿弟尼等人 1975 年做的实验中得到了印证。他们要求第一组被试做一件没有工资的工作，即当少年犯的顾问，每星期两个小时，至少做两年。毫无疑问，没有一个人答应这样的要求。当所有人都拒绝时，实验者马上问他们，是否同意做别的事情，只需要很少的时间，即带着少年犯到动物园游玩两个小时；对第二组被试只提出了较小的要求，要求他们带那些少年犯到动物园游玩；对第三组被试提出可以在两种要求中间选择一个。结果他们同意的百分率分别为 50%、16.7%、25%。

由此可见，运用这种留面子技术的效果是十分明显的。事实上，这种技巧在小商品市场中司空见惯。那些小摊贩先漫天要价，然后再讨价还价，这时人们便以为他为此让步了，价格比较合理了，因此便接受了他们的要求。在日常生活中，这类例子也比比皆是。例如，你想说服别人借给你 500 元，你可以先向他提出借 2000 元的要求。遭到拒绝后，待他向你解释原因时，你就可以说：“既然 2000 元很难拿出手，那借 500 元总可以吧。”这样，他就有可能答应你这一较小的要求。

在人际交往中，我们也可以利用这种留面子技术，达到劝说别人接受意见的目的。劝说别人，并不意味着只是一味进逼，适当地退让和承认对方意见的合理性，倒显得通情达理，使人易于接受劝告。如果妻子只是劝说丈夫每天少抽几支烟，丈夫可能无动于衷，妻子进而要求戒烟，不许屋里有烟味，丈夫很可能赶紧让步，答应每天只抽五支烟，妻子也就达到要求丈夫少抽烟的预期目的了。

“反进门槛效应”的产生与心理反差的错觉作用密不可分。大要求与小要求会引起心理反差。一般来说，要求之间的差距越大，其心理反差也越大，给人的错觉也越大。这正如鲁迅所说，你要求在墙上开个窗户，大家都反对；如果你提出要扒开屋顶，大家就同意开窗户了。因为开窗子这个小要求与扒屋顶这个大要求相比差得很远，大家以为自己得了便宜，免除了扒屋顶的后遗症，便答应了开窗户的要求。

实践证明，在社交中运用留面子技术是很有效的。在人际交往的过程中，我们要适当地运用留面子技术，以便达到我们使他人顺从、改变他人的目的。但是在运用留面子技术时，要注意以下几个方面：

首先，我们要学会不露痕迹地使用留面子技术。在使用时，一定要让对方处在无意识的状态下。

其次，我们要学会合理的让步法。一般来说，让步越大，其效应越大。但是，一旦被人认为这种让步是虚假时，其信任程度就发生了变化，他对你的让步就不信任了。因而你不管提什么要求，他都会认为是高的。

给别人以同情，让他人甘愿被你所控

有时候你会碰到一些让你觉得厌烦、心地狭窄、不可理喻的人，不要去厌恶他、远离他，而应去同情他、理解他。你自己不妨默诵约翰·戈福看见一个喝醉的乞丐蹒跚地走在街上时所说的那句话："若非上帝恩典，我自己也会这个样子。"

因为在你将遇见的人中，有四分之三都渴望得到同情。给他们同情吧，他们会更爱你。

胡洛克可能是美国最有成就的音乐经纪人。二十多年来，他一直跟艺术家有来往——像查理亚宾、伊莎都拉·邓肯以及拔夫洛华这些世界闻名的艺术家。胡洛克先生说，与这些脾气暴躁的明星们接触所学到的第一件事就是必须同情，尤其对他们那种荒谬的怪癖更是要同情。

他曾担任查理亚宾的经纪人达 3 年之久——查理亚宾是最伟大的男低音之一，曾风靡大都会歌剧院。然而，他却一直是个"问题人物"。他像一个被宠坏的小孩，以胡洛克先生的特别用语来说："他是个各方面都叫人头痛的家伙。"

例如，查理亚宾会在他演唱的那天中午，打电话给胡洛克先生说："胡洛克先生，我觉得很不舒服。我的喉咙像一块生的碎牛肉饼，今晚我不能上台演唱了。"胡洛克先生是否立刻就和他吵了起来？哦，没有。他知道一个经纪人不能以这种方式对待艺术家。于是，他马上赶到查理亚宾的旅馆，表现得十分同情。"多可怜呀，"他极其忧伤地说，"多可怜！我可怜的朋友。当然，你不能演唱，我立刻就把这场演唱会取消。这只不过使你损失一两千元而已，但跟你的名誉比较起来，根本算不了什么。"

这时，查理亚宾会叹一口气说："也许，你最好下午再过来一次。五点钟的时候来吧！看看我怎么样。"

到了下午五点钟，胡洛克先生又赶到他的旅馆去，仍然是一副十分同情的姿态。他会再度坚持取消演唱，查理亚宾又会再度叹口气说："哦！也许你最好待会儿再来看看我。我那时可能好一点了。"

到了 7 ∶ 30，这位伟大的男低音答应登台演唱了。他要求胡洛克先生先上大都会的舞台宣布说，查理亚宾患了重伤风，嗓子不太好。胡洛克先生就撒谎说他会照办。因为他知道，这是使这位伟大而怪脾气的男低音走上舞台的唯一办法。

亚瑟·盖兹博士在他那本精彩的《教育心理学》中说："所有的人类都渴望得到同情……从某种观点来看，为真实或想象的不幸而'自怜'，实际上是一种世界性的现象。"

给别人以同情吧，这将是你掌控他人的有效方法之一。

让他人做出承诺，就容易达到你的目的

心理学家托马斯·莫里亚蒂曾经在纽约市的海滩上做过这么一个关于阻止偷窃行为的实验。这个实验的目的，是要观察旁观者会不会不顾个人安危去阻止身边的偷窃者，以遏制犯罪行为的发生。

在实验中，实验人员会在海滩上随便找个人作为实验对象。开始的时候，实验人员会躺在距离实验对象大约 5 英尺的浴巾上，并且很惬意地听着收音机里传出来的音乐，享受着凉爽的海风。但几分钟之后，他会从浴巾上爬起来，向前面的大海走去。这时，第二位实验人员会假扮成一个小偷，他悄悄地来到第一个实验人员刚才待过的地方，拿起收音机迅速地离开现场。

可以想象：一般情况下，旁观者是不会冒险去阻止小偷的犯罪行为的。实验最终证明了这一观点。托马斯发现，在 20 次的实验中，20 个人里仅有 4 人挺身而出，阻止小偷的犯罪行为，其他人都视而不见。

而后，实验人员又进行了 20 次实验，与上一次不同的是，这次实验略有改变，改变发生在实验人员离开时。这次当实验人员离开的时候，他会对身边的实验对象说："您好，我想去游会儿泳，麻烦您帮忙照看一下我的这些物品好吗？"当然，每一个实验对象都答应了。

这次实验的结果是 20 人中有 19 人挺身而出，成为阻止犯罪的孤胆英雄。他们中的很多人都追赶着小偷，迫使其停下来并做出合理的解释。而有的人则干脆问也不问，紧追上去，一把抢过他手里的收音机，并扬言要叫警察来处理。

两个相似的实验，为什么会产生如此之大的差别呢？这可能会让很多人感到疑惑。其实，实验的结果就体现了承诺的力量。当实验者没有对物主做出承诺时，面对偷窃行为就不会有太大的责任感。即使不管，也不会受到道义上的谴责；而当实验者对物主做出承诺，答应物主的请求时，就会肩负起一种责任，要求自己说到做到，不能被对方觉得自己言而无信。于是就会为了保持言行一致，而做出一些努力。

一般情况下，人们会主动使行为与承诺保持一致，因为这通常被认为是一种良好的品行。一个人如果言行不一，那么就会失信于人，在以后的为人处世中恐怕会很难立足。而且在人们看来，言行一致是与超凡的智力和坚强的个性联系在一起的，代表着坚定和诚实。因此，不论从哪个方面来讲，人们都非常看重保持言行一致。这无形中就产生了一种有效的心理影响力，即用人们的承诺影响其行为。一般情况下，人们一旦对别人做出承诺，就一定会尽力做到。在这种力量的作用下，不会轻易反悔自己做出的决定。即使有什么别的想法，也会极力克制，努力使承诺与行为保持一致。

这种心理效应，可以作为一种影响力武器应用到生活的各个方面。先巧妙地让人对你做出一定承诺，只要对方做出承诺，就会受到一种无形力量的牵制，不会轻易改变。因此，我们可以利用承诺的力量来促使人们做出某种行为。例如，某公司为了刺激销售员取得更大的成绩，在每一个阶段开始之前，都会要求销售员定下自己的销售目标，并要求他们把销售目标写在一张纸上。这个目标一旦写下来，就等于销售员对公司做出了一个承诺。于是，为了保持自己的言行一致，销售员必然会加倍努力，在规定时间之内兑现自己的承诺。最终，有效地调动了员工的积极性，提高了销售业绩。

俗话说："言必信，行必果。"这是我们为人处世的一种行为准则，它有很大的约束力。如果我们能够巧妙地使他人对自己做出承诺，那么就会比较容易达到自己最初的目的。

利用"期望效应"，使他人按自己的意图行事

拜托别人、希望别人来拜托自己、对他人有所期望、期望他人对自己有所期望……这是每个人都有的心理状态。拜托别人、对他人有所期望是出于现实的需要，毕竟每个人的能力是有限的；而希望别人来拜托自己，希望别人对自己有所期望，则是实现自我价值的本能需要。当别人来拜托你的时候，你心中会油然而生一股满足感、成就感，做起事来也干劲十足。

因此，如果你想要他人听从你的指示，不妨将自己对对方的期望明确地表达给对方。因为心理学上有一个非常著名的"期望效应"，它是说，人往往会按照他人所期望的那样去做。

1960年，罗森塔尔在加州一所学校中做了一个著名的实验来论证"期望效应"。

那是一年新学期刚开始的时候，罗森塔尔请求校长对两位教师说："根据以往的教学考察，我认为你们是本校最优秀的教师。为此今年学校特地挑选了一些极为聪明的孩子给你们当学生。但是，为了不伤害到其他的教师和学生，请你们尽量像平常一样教这些聪明的孩子，一定不要让其他人知道你们是挑选出来的最优秀的老师，你们的学生也是被特意挑选出来的高智商的孩子。"

之后的一年里，这两位教师更加努力地教学。在学年考试中，这两个班级的学生成绩成为全校中最优秀的，将其他班级远远地抛在了后面。

接着，校长公开了一个令人惊讶的事实：这两位老师和他们的学生都不是被特意挑选出来的优秀者，而是随机选出的。

在这个实验中，校长撒了谎，所谓的"天才学生"和"最优秀的老师"其实都是平凡人。但是由于校长的权威性，以致所有人都相信了这个谎言。首先，两位教师相信了它，接着教师又在不知不觉中通过自己的语言和行为将期望传递给学生——"我期望你们是最优秀的"。这样，无论是教师还是学生，他们的自尊、自爱、自信、自强都被前所未有地激发起来，并且推动着他们去取得成就。

由此可见，利用“期望效应”来使他人按照自己的意图行事，是一个非常明智的方法。尤其是当你处于对方上级的地位的时候，对下属满怀期望，这种“降级拜托”的行为往往能在更大程度上激发起对方的干劲儿，使“期望效应”产生更大的影响。

绝大多数人都有过这样的经历：当自己的上级对自己说：“我对你的将来抱有很大的期望”或者“我对你很有信心，你一定能将这份工作干好”的时候，心中就会产生一种无法形容的兴奋感，并下定决心，好好干，以免辜负了领导的期望。

值得注意的是，适度地对他人寄予期望是一件好事，但如果超过他人的能力范围期望过度的话，就会给对方造成沉重的心理负担，令人惶恐不安，进而产生反抗心理。为了避免你的期望产生副作用，需要注意几点：

1. 你的期望需要综合当事人的能力加以考虑。如果是对方根本做不到的事情，就会产生副作用；不过，期望对方解决其力所能及范围之内的适当困难，能够增加对方的满足感；

2. 当对方达到了你的期望，别忘记赞赏他。

3. 如果对方没有达到你的期望，也不要指责他，应给他激励与安慰，顾全他的自尊和自信，这样更有利于你赢得人心。

给予对方适当的期望，能够满足对方实现自我价值的需求，同时，还能够激发对方的责任感、自尊心、自豪感等一系列积极的心理因素，催促他听从你的指示，并且竭尽全力将事情做好。

给予对方一个头衔，让他鼎力相助

虽然头衔是虚的，不能增加人的经济收益，但却可以在极大程度上满足人的自我成就感。很多人都通过给予对方一个光辉闪耀的头衔来获得对方的鼎力协作。

斯坦梅茨是一位拥有异常敏锐的观察力和无法估计的才能的人。然而，在他就任通用电气公司的行政主管时，他所管理的事务却乱作一团。因此，他被撤销了行政主管一职，而担任顾问兼工程师。那么，怎样才能使这样一个事业上受挫的人不遗余力地投入到工作中，为公司效力呢？

这时，高层管理人员运用了一些奇妙的驭人策略。他们给予了斯坦梅茨一个耀眼的头衔——“科学的最高法院”。一时之间，几乎公司上下所有的人都知道：有一个叫斯坦梅茨的工程师非常了不起，他被称为“科学的最高法院”。而斯坦梅茨也极力维护这个头衔所带给他的荣誉，他不遗余力地工作着，创造了很多奇迹，为通用电气的发展做出了极大的贡献。

头衔是一种公开化的赞誉。面对它，几乎没有人能够真正抗拒。头衔能够让许多人激动不已，能够激发他们的工作热情。当然，还能够赢得他们的忠诚。一个小小的头衔真的拥有这么巨大的魔力吗？

其实，这当中是有其心理学依据的。

首先，从个体心理学的角度看，当一个人被赋予某种头衔的时候，他对自己的自我认知就发生了改变。潜意识中，他将自己和这种头衔统一起来。如果他不按头衔的要求去做的话，他就会产生认知失调，也就是自我认知和言行冲突，从而产生心理不适。因此，为了避免认知失调产生，他一定会以积极的言行来极力维系头衔带给他的荣誉。

再则，从社会心理学的角度看，当一个人被赋予某种头衔的时候，实际上是被赋予了某种社会角色。

著名心理学家津巴多曾经做了一个这样的实验：

参加实验的志愿者都是男性。津巴多将他们分成两组，一组扮演监狱里的“看守”，另一组扮演“犯人”。

一天后，几乎所有的参与者都进入了角色。“看守”变得十分暴躁而粗鲁，甚至主动想出许多方法来体罚“犯人”。而“犯人”则“垮”了下来，有的消极地逆来顺受，有的开始积极反抗，有的甚至像个看守一样去欺辱其他犯人。

人有一种将自身的言行与自己所扮演的角色统一起来的本能，人很难抛开自己所拥有的头衔而做出格的事情。

作为美国劳工协会缔造者的赛谬尔·冈伯斯就是凭借这个策略走向了成功。在刚开始的时候，他所面临的困境除了缺少资金之外，还缺少同盟者。为此，他创立了“民间委任状”，专门对那些愿意组织工会的人授予荣誉称号。采用这种方式，一年之中他就获得了80个人的鼎力支持。从此以后，美国劳工协会的会员数目开始直线攀升。

要想获得他人的鼎力支持，给予他人合适的头衔是非常有效的方式，这被无数事实反复证明着。

恰当的反馈，能使对方更积极地为你办事

心理学家赫洛克曾做过一个有关反馈的著名的实验：

他把106名四五年级的小学生分成四个组，让他们每天练习相同的数学题目。当然，不同的组练习后，所受到的“待遇”是完全不同的。

第一组为受批评组，每次练习后，都挑出学生们的错误，并严加批评。

第二组为受表扬组，当学生们练习完以后，针对他们不同的良好表现予以表扬和鼓励。

第三组为被忽视组，对这组的成员，既不批评也不表扬，只让其静听其他两组挨批评和受表扬。

第四组为控制组，这组和前三组是隔离的，并且也不会得到来自于外界的任何评价。

一段时间后，赫洛克对四个组的练习效果进行了考察。结果表明：控制组的练习效果是最差的。而在前三组中，被忽视组的练习效果明显低于其余两组。而在练习效果相对较好的受表扬组和受批评组中，受表扬组的练习效果最好，并且呈现不断上升的趋势。

由此可见，不同的评价对学生们的活动效果有着不同的影响，而没有评价是最坏的情况。其实，评价就是对他人活动的一种反馈，而所谓反馈指的是行为者对自己行为结果的了解，这种了解能够强化先前行为的作用，从而使行为者更加积极地做出类似的行为，提高行为的效率。这一现象，被心理学家称为“反馈效应”。也就是说，给予对方合适的反馈信息，能够使他更加积极地努力。

著名心理学家多湖辉曾经讲述了这样一个故事：

有一个管理者想要解雇一个职员。不过，这位管理者并没有像大多数人一样，直接通知职员“你被解雇了”，而是采用了一点儿心理技巧，让这个职员主动申请离职。这位管理者的做法是：无论这位职员将工作做得怎样，管理者都不置一词，完全把他当成了一个“透明人”。就这样，没多久，这位职员就主动辞职了。

由此可见，一个人的活动没有办法得到他人的反馈，会极大地打击他的活动积极性。因此，如果你想要他人积极地为你效力，那么你就一定要给予及时、恰当的反馈，这样才能使对方保持积极性。

生活中，反馈效应是普遍存在的。我们应该记住：有反馈比没有反馈好，正面反馈比负面反馈好，即时反馈比远时反馈好。而作为管理者，想让团队成员积极地为你效力，以下几点是值得注意的：

1. 在活动的过程中，及时地进行自我反馈，即自省。避免盲目性，找到最佳的方法。

2. 重视别人所做的评价，结合实际情况客观地进行自我总结，提高自身素质来推动事物的进程。

3. 正确对待自己的进步，胜不骄败不馁，始终朝着前方更加远大的目标不懈地努力。

4. 在团队中建立起合理的反馈制度，及时、客观地对成员的活动进行评价，以保证他们的活动效率。

第三章

施计弄巧，以心治心

说服没有主见的人：“大家的意见都是这样”

有心理学家曾做过这样一个实验：让五个人围坐着一张桌子，实验者请他们判断线段的长度。每次呈现一组卡片，每组包括两张，一张卡片上有一条垂直线段，称为标准线段；另一张卡片上有三条垂直线段，其中一条与标准线段一样长，另外两条要么长了许多，要么短了许多，要求他们把那条与标准线段等长的线段挑出来。按理论，每个人都可以轻易地做出正确无误的选择。

当第一组两张卡片呈现后，每个人依次大声地说出了自己的判断，所有人意见一致，都做出了正确的选择。然后再呈现第二组，大家又都做了正确的一致回答。就在大家觉得实验单调而无意义时，第三组卡片呈现了。第一位被试在认真地观察这些线段后，却做出了显然是错误的选择，接着第二、三、四位被试也做了同样错误的回答。轮到第五位被试时，他感到很为难，左右看看，因为他的感官清楚地告诉他别人都是错的。最后，他终于小声地说出了与别人相同的错误选择。

其实，这个实验是事先安排好的，前四名被试都是实验者的助手，他们按照事先安排好的程序进行正确或错误的选择，而只有第五位被试不知道这一情况，是真正的被试。参加实验的真被试是具有良好视力及敏锐思维能力的大学生，并且从表面上看，他们可以任意地做出想做的反应，而实质上，也明确要求他们做出他们自己认为是正确的反应。但是，当绝大多数人都做出同样的反应时，个人就有强烈的动机去赞同群体其他成员的意见，因此有 35% 的被试拒绝了自己感官得来的证据，而做出了同大多数人一样错误的选择，这就是心理学上所说的从众行为。

生活中你是否遇到过这样的情形？ 4 个人一起去吃午饭，你看着菜单，小声嘟囔着：“今天吃什么呢？来一份炸酱面吧！”这时同伴中的一个人说：“我要一份牛肉面。”接下来其他两个人也都附和说：“那就吃牛肉面吧！”在这种情况下，你可能也会说：“那我也和你们一样吧。”

这种现象，恐怕在每个人身上都发生过吧。

人们都知道“我行我素”这句成语，而在现实中，却很难做到这么“潇洒”。在现实中，人们往往不是自己喜欢怎样便怎样。在很多时候，甚至可以说在大多数时候，人们要看多数人是怎样做的，自己才怎样做。

实验和生活中的现象都说明，当个人的感觉与群体中的大多数人不一致时，个体为了使自己不被人认为“标新立异”，常常会放弃自己的看法而接受大多数人的判断。所以当我们在说服别人遇到困难的时候不妨说一句“大家的意见都是这样的”，那么这个人可能就会改变自己的看法而接受你的建议。

我们来分析一下，为什么个人会抛弃自己的观点而接受别人的说服呢？一般认为从众行为的原因来源于两种压力：一种压力为群体规范的压力，任何与群体规范相违背的行为都会受到群体的排斥。个体由于惧怕受到惩罚，或者为了表明自己归属于群体的愿望，就会做出从众行为。

另一种压力是群体信息的压力。我们知道，他人常常是信息的重要来源，我们通过别人获得许多有关外部世界的信息，甚至许多有关我们自己的信息也是通过别人获得的。在一般情况下，那些我们认为能带给我们最正确信息的人，往往是我们仿效和相信的人。这种信息压力引起的从众行为无论在实验中还是在生活中都是存在的，人们倾向于相信多数，认为多数人是信息的正确来源而怀疑自己的判断，因为人们觉得多数人正确的情况比较多。在模棱两可的情况下，从众的行为更容易发生。因为在这种情况下，人们很容易失去判断自己行为的自信心。

现实确实如此，社会总是会有大规模的从众行为，似乎每个人都要参考周围的人的行为来决定自己应该做些什么，似乎没有人自己可以确定自己的主见，就像现在的儿童学的钢琴热、外语热、瑜伽热等，似乎大家在接受什么，自己也要接受什么。恰好，我们可以利用周围人的行为来影响或制约别人，这也不失为一种说服其他人的技巧和方法。

巧妙提问，让对方只能答“是”

在说服他人赞同自己的过程中，巧妙提问也是实现目的的一种重要手段。卡耐基曾经举了一个有趣的例子：

假设有两人在一间屋子里。你站在或坐在房间的里端，而他在房间的外端。你希望他从房间的外端走到房间的里端。

不妨来做这个游戏。在游戏中，你问他问题。每次你问他一个问题，如果他答“是”，他就向房间的里端迈进一步。如果每次你问问题，而他回答“不是”，他就向外端退一步。

如果你想让他从房间的外端走到房间的里端，你最好的策略是不断地问他一系列他只能回答“是”的问题。你必须避免提出可能导致他回答“不是”的问题。

通过使用“只能回答是”的问题，你就可以轻而易举地做到这一点。一些封闭性问题，人们对它们的回答 99.9%是肯定的。你让某人越多地对你说“是”，这个人就越可能习惯性地顺从你的要求。

比如，回想一位你经常同意其意见的朋友，你往往已经习惯于做肯定的表示。因此当这个人想劝说你做某事时，即使他还没有完全讲完他的请求，你往往已经决定这么去做。

你肯定也有你通常不同意其意见的人。此人的特点是经常听到你说“不”。当这个人开始要求你做某事时，你就会同多数人一样，在他还没有讲完他的请求之前，就已经在琢磨用什么理由来说“不”，以便拒绝他的请求。

这些相近的倾向说明，使你想说服的人形成对你说“是”的习惯是多么的重要。反过来也是如此。如果一个人已经习惯性地对你说“不”，不同意你的看法，你想成功地说服他的可能性几乎为零。

提出“只能回答是”的问题有个好办法，就是问你知道那个人会作肯定回答的事情。如果你愿意的话，你可以在问话里加上以下词语，如：

“是这样吧？”

“对吧？”

“你会同意吧？”

一位推销员问一位可能的买主：“你想买这件设备的关键是其费用，是吧？”价格无疑是关键的。因此，这样的问题肯定会带来“是”的回答。或许就这样开始了让可能的买主对推销员养成作肯定回答的习惯。

换句话说，这位推销员可以问一位可能的顾客：“设备的价格对你来说很重要吧？”这也是一个封闭型“只能回答是”的问题。对这样一个问题，几乎人人都会回答“是”。

当一位雇员想提醒同伴开始进行一个项目时，这位雇员可能提出这样“只能回答是”的问题，“我们需要尽快完成这个项目，是吧？”这里，一个明确的声明“我们需要尽快完成这个项目”跟着一个“只能回答是”的问题“是吧？”它要求得到一个“是”的回答。

这种“只能回答是”的问题已被反复证明是非常有用的。

“长他人志气，灭自己威风”更能有效说服

在说服他人的过程中，有些说服者虽然思路敏捷，但一说话就令人感到狂妄，因此对方很难接受他的观点或建议。这种人多数都是因为喜欢表现自己，总想让别人知道自己很有能力，处处想显示自己的优越感，从而获得别人的敬佩和认可，结果往往适得其反，失掉了在说服对象面前的威信。

在人际交往中，那些谦让而豁达的人总能赢得更多人的赞同，相反，那些妄自尊大、高看自己、小看别人的人总会引起别人的反感，最终难以说服他人做任何事情。

法国哲学家罗西法古曾说过：“如果你要得到仇人，就表现得比你的朋友优越吧；如果你要得到朋友，就要让你的朋友表现得比你优越。”老子也说过：“良贾深藏财若虚，君子盛德貌若愚。”意思是说商人总是隐藏其宝物，君子品德高尚，而外貌却显得愚笨。这句话告诉我们，必要时要藏其锋芒，收其锐气，不可不分青红皂白将自己的才能让人一览无余。你的长处被说服对象看透了，就容易被他们利用。

另外，谦虚谨慎更能得到对方的信任。因为谦虚，你会赢得对方的尊重，这样你就更有可能说服他。

高先生是某地区人事局调配科的一位相当出色的骨干，按说做人事调配工作是容易得罪人的，可他是个例外。

他刚到人事局的那段日子里，在同事中几乎连一个朋友都没有。因为他正春风得意，对自己的机遇和才能非常满意，因此每天都使劲吹嘘自己在工作中的成绩：每天有多少人找他帮忙，哪个几乎记不清名字的人昨天又硬是给他送了礼等“得意往事”。但同事们听了之后，不仅没有分享他的“成就”，还都极不高兴，这让他很是纳闷。最后，还是父亲一语点破，才使他意识到自己人缘不好的症结在哪里。

从此以后，他很少谈自己，而是尽可能多地听同事说话，因为他们也有很多事情要吹嘘。让他们把自己的成就说出来，远比听别人吹嘘更令他们高兴。后来，每当同事闲聊的时候，他总是先让对方滔滔不绝地把他们的成就炫耀出来，与其分享。只有对方问他的时候，才谦虚地说一下自己的成就。

从那以后，他的人缘变好了，大家都乐于和他相处。

每个人都希望能得到别人的肯定评价，都在不自觉中强烈维护着自己的形象和尊严。如果谈话对手过分地显示出高人一等的优越感，那么他就会认为是对他自尊和自信的一种挑战与轻视，排斥心理也就随即产生了。所以，在说服他人的过程中，我们一定要忽略自己，以此让对方从心理上感到一种满足，使他愿意听取你的建议。当你表现出大智若愚，使对方陶醉在自我感觉良好的气氛中时，你就已经受益匪浅了，差不多已经完成了说服工作中最重要的环节。

一开始就先声夺人，让对方屈服

人总是欺软怕硬的，遇到弱小的一方总是喜欢以强欺弱，非得把对方逼到无路可退的境地。这是人的一种劣根性。如果你居于弱势地位，当对方不肯轻易顺从你的意见，甚至显示出一种居高临下的姿态时，你可以开始一上来就以“恐吓”压制住对方，从而让对方屈从和改变主意，反客为主，占据你的主动地位。

《三国演义》中讲到，曹操率领大军南征，刘备败退，无力反击，大有坐以待毙之势。以刘备单独的力量，绝对无法与曹操的势力相抗衡，解决的办法只有一个，就是与江东的孙权联手。此时，诸葛亮自愿出使到江东做说客。他并不是像一般人那样低声下气地求孙权，而是采用“反客为主”的方法，表现出一副强硬的态度，硬是激发了孙权的自尊心。

当时，东吴孙权自恃拥有江东全土和十万精兵，又有长江天堑作为天然屏障，大有坐观江北各路诸侯恶斗的态势。他断定诸葛亮此来是做说客，就采取了一种居高临下的姿态等待着诸葛亮的哀求。

不想诸葛亮见到孙权，开门见山地说道：“现在正值天下大乱之际，将军你举兵江东，我主刘备募兵汉南，同时和曹操争夺天下。但是，曹操几乎将天下完全平定了，现在正进军荆州，名震天下，各路英雄尽被其网罗，因而造成我主刘备今日之败退。将军你是否也要权衡自己的力量，以处置目前的情势？如果贵国的军势足以与曹军相抗衡，则应尽快与曹军断交才好。”

诸葛亮只字不提联吴抗曹的请求，他知道孙权绝不会轻易投降，屈居曹操之下。

孙权听完诸葛亮一席话，虽然不高兴，但不露声色，反问道：“照你的说法，刘备为何不向曹操投降呢？”

诸葛亮针对孙权的质问，答道：“你知道齐王田横的故事吗？他忠义可嘉，为了不服侍二主，在汉高祖招降时不愿称臣而自我了断，更何况我主刘皇叔乃堂堂汉室之后。钦慕刘皇叔之英迈资质，而投到他旗下的优秀人才不计其数，不论事成或不成，都只能说是天意，怎可向曹贼投降？”

虽然孙权决定和刘备联手，但面对着曹操八十万大军的势力，心里还存在不少疑惑——诸葛亮看出这一点，进一步采用分析事实的方法说服孙权。

“曹操大军长途远征，这是兵家大忌。他为追赶我军，轻骑兵一整夜急行三百余里，已是‘强弩之末’。且曹军多系北方人，不习水性，不惯水战。再则荆州新失，城中百姓为曹操所胁，绝不会心悦诚服。现在假如将军的精兵能和我们并肩作战，定能打败曹军。曹军北退，自然形成三分天下的局面，这是难得的机会。”

于是，孙权遂同意诸葛亮提出的孙刘联手抗曹的主张，这才有后来举世闻名的赤壁之战。诸葛亮真不愧为求人高手。

活着就是一种对抗，如果你不想被对方压倒，那你就得先声夺人，反客为主。时刻占据上风才能赢。

以众敌寡，逐渐将其同化

美国人詹姆斯·瑟伯曾写过这么一段文字：

突然，一个人跑了起来。也许是他猛然想起了与情人的约会，现在已经过时很久了。不管他想些什么吧，反正他在大街上跑了起来，向东跑去。另一个人也跑了起来，这可能是个兴致勃勃的报童。第三个人，一个有急事的胖胖的绅士，也小跑起来……十分钟之内，这条大街上所有的人都跑了起来。嘈杂的声音逐渐清晰了，可以听清“大堤”这个词。“决堤了！”

这充满恐怖的声音，可能是电车上一位老妇人喊的，或许是一个交警说的，也可能是一个男孩子说的。没有人知道是谁说的，也没有人知道真正发生了什么事。但是两千多人都突然奔逃起来。“向东！”人群喊叫了起来。东边远离大河，东边安全。“向东去！向东去！”人们都喊着……

上文所描述的其实是人们的“从众心理”。在日常生活中，人们的很多行为也都受从众心理的影响。例如，大街上有两个人吵架，本没有什么大事，但围观的人越来越多，甚至导致交通堵塞。在超市的特价商品区，一大群家庭主妇争先恐后地抢购一些她们未必需要而价格也未必实惠的商品……

这些就是“从众行为”，通俗地说就是“人云亦云”“随大溜”。大家都这么认为，我也就这么认为；大家都这么做，我也就跟着这么做。

为什么会产生从众行为呢？这是因为，群体成员如果发现自己的行为和意见与群体不一致，或与群体中大多数人有分歧时，就会感到有压力，这种压力促使他趋向于与群体保持一致。也只有与众人保持一致，才会有“没有错”的安全感。即使错了，也会因为“大家都这样”而感到安慰。

在生活中，如果我们可以恰到好处地应用从众心理，其实它可以成为一种十分有利的武器，帮助我们起到同化对方的作用，让对方在寡不敌众的劣势下，不得不妥协，而加入到群体之中来。

从众心理对人们的行为的影响已被商家意识到，并灵活应用到了各种销售战略上。例如，一家卖烤鸭的连锁店，在分店开张时，就会雇用一大群人，围在店门口，制造人气，吸引顾客。再如，向年轻人推销 MP4 时，就先雇一些学生，让他们随时随地携带着，并装出一副自得其乐、陶醉万分的样子。这种故意烘托出的氛围对其他学生，也就是潜在消费者来说，是一个相当大的诱惑：这么多人都有，而且这么享受，自己也要去买个 MP4。

利用从众心理可以帮助我们集聚众人、增加人气，也可在绝大多数人的意见一致时，对个别人起协调作用，使之与集体保持一致，可概括为：以众敌寡、逐渐同化。例如，与其用说教的方法强迫孩子读书，不如让他和喜欢读书的孩子在一起。虽然刚开始时，他会觉得别扭，不大合群，但久而久之就会被同化，变得喜欢读书。再如，如果想让那些不喜欢发言的职工在会议中开口说话，就可以让一些“引导人”先发言，从众心理会使那些不爱发言的人也不由得采取了“同调行动”，踊跃发言。

总之，在现实生活中，少数服从多数的原则会对人们形成很大影响，给少数派的人造成很大的压力，使其心理立场发生动摇，最终放弃自己的主张而被别人同化。有时，我们为了获得这样的效果，则需要制造一种以众敌寡的压倒式局面和氛围，使对方就范。

要劝服一个人遵从自己的意见，可以采取以众敌寡、逐渐同化的方法。一个人唇焦舌干地苦苦相劝，可能并不能达到说服的效果，而让多个人轮流去劝说，就会给对方造成压力，使其被同化。

顺言逆意归谬法，让强势的他也点头

实践已使许多人懂得，当我们面对强势、恶势的人，或者固执己见的人时，直接反驳其错误会有诸多的不便，而最有效、最巧妙的方法当属归谬说服了。

所谓归谬说服，与直接反驳对方的错误观点大相径庭，而是先假设对方的观点言之有理，然后据此引申出一个连对方也不得不承认其荒谬的结论，从而心甘情愿地放弃原有的错误观点和主张，无条件地接受说服者输出的思想信息。

优孟是楚国的艺人，身高八尺，喜欢辩论，常常用诙谐的语言婉转地进行劝谏。

楚庄王有一匹心爱的马，他给马穿上锦绣做的衣服，让它住在华丽的房子里，用挂着帷帐的床给它做卧席，用蜜渍的枣干喂养它。结果马得肥胖病死了。于是，庄王让臣子们给马治丧，要求用棺椁殡殓，按照安葬大夫的礼仪安葬它。群臣纷纷劝阻，认为不能这样做。庄王急了，下令说：“有谁敢因葬马的事谏诤的，立即处死。”

优孟听到这件事，走进宫门，仰天大哭。庄王吃了一惊，问他为何而哭。优孟说：“这马是大王心爱的。堂堂的楚国，只按照大夫的礼仪安葬它，太寒碜了，请用安葬国君的礼仪安葬它吧。”庄王问：“怎么葬法？”优孟回答说：“我建议用雕花的美玉做棺材，用漂亮的梓木做外椁，用枫、樟各色上等木材做护棺，发动士兵给它挖掘墓穴，让年老体弱的人背土筑坟，请齐国、赵国的代表在前面陪祭，请韩国、魏国的代表在后头守卫，要盖一所庙宇用牛羊猪祭供它，还要拨个万户的大县长年管祭祀之事。我想各国听到这件事，就都知道大王轻视人而重视马了。”庄王说：“我的过错竟然到了这个地步吗？现在该怎么办呢？”优孟说：“让我替大王用对待六畜的办法来安葬它。堆个土灶做外椁，用口铜锅当棺材，调配好姜枣，再加点木兰，用稻米做祭品，用火光做衣服，把它安葬在人们的肚肠里吧！”庄王当即就派人把死马交给太官，以免天下人张扬这件事。

在说服他人的过程中，抓住对方观点中隐蔽的荒谬点，加以推衍，或由此及彼，或由小到大，或由隐到显，最后得出一个荒谬可笑的结论，从而攻破对方错误的论点。这种说服方法用在对待某些恶人时，会达到一种辛辣讽刺的效果，使其知难而退，从而达到软性说服的目的。

“文革”期间，某地农场召开批判大会，批判一位小学教师打了自己的妻子。台下的群众都知道那位教师的妻子和造反派头头有不正当的男女关系，但都敢怒而不敢言。教师的妻子第一个上台控诉丈夫，她说：“他不把我当人看待，把我当成他的私有财产！”在那个时代，“私有”被认为是资产阶级世界观的核心。这篇控诉稿可能经过造反派头头的加工润色，不能说不具有一定的“理论水平”，因为封、资、修最易于激起“革命群众”的公愤。当时台下有一位下乡学生，跃身上台进行批判：“你也是个读书人，是人民教师，怎么能把你的老婆当成私有财产？你的错误是严重的，必须彻底认罪……”造反派头头频频点头，教师的妻子露出得意的笑容。下乡的学生提高嗓门，继续批判：“……我警告你，今后一定要把你的老婆当成公有财产，否则，只有死路一条！”

台下一阵哄笑。“公有财产”，多么辛辣的讽刺，批判的矛头转而指向那教师的不正派的妻子。造反派头头一看形势不对，急急忙忙收场了事。

说服可以说是无处不在的。面对朋友、家人、同事，甚至陌生人时，说服都有可能发生。而当我们面对强势或恶势的时候，说服尤为困难。在这两者面前，说服最适宜采用引申归谬的方法。

将他“捧上天”，让他不得不服

说服一个人可以利用“捧杀”的办法，让他不得不服。因为每个人都有自尊心和虚荣心，让他的自尊心和虚荣心得到满足就能将其说服。

战国时期，韩国修筑新城的城墙，规定限15天完工。大臣段乔负责主管此事。有一个县拖延了两天，段乔就逮捕了这个县的主管官员，将其囚禁起来。这个官员的儿子设法解救父亲，就找到管理疆界的官员子高，让子高去替父亲求情。子高答应了这件事。

一天，见了段乔后，子高并不直接提及释人的事，而是和段乔共同登上城墙，故意左右张望，然后说：“这墙修得太漂亮了，真算得上是一件了不起的功劳。功劳这样大，并且整个工程结束后又未曾处罚过一个人，这确实让人敬佩不已。不过，我听说大人将一个县里主管工程的官员叫来审查，我看大可不必，整个工程修建得这样好，出现一点小小的纰漏是不足为奇的，又何必为一点小事影响您的功劳呢？”

段乔见子高如此评价他的工作，心中甚是高兴，然后又听子高的见解也在情理之中，于是便把那个官员放了。

那个官员之所以能够获免，原因就在于子高的求情。子高把一顶高帽子给段乔带上，然后就事论题，深得要领，不能不令人拍案叫绝。其实，一般人都存在顺承心理和斥异心理，对那些合自己心意的就容易接受。因此，顺应事物的发展规律，巧言游说，便容易成功。

有一位杂志社编辑，他对说服作家很有一套。不论那些作家如何繁忙，他都有办法使他们答应为他写稿。本来他的口才并不属一流，但奇怪的是，那些作家在他面前，都无法拒绝他的要求。

“当然我知道你很忙，就是因为你很忙，我才无论如何请你帮个忙。那些过于空闲的作家写出来的作品，总不见得会比你的好。”

据他说，这种说法从未失误过。一般来说，当对方已有很充分的拒绝理由时，想让他接受你的请求是十分困难的。如果你事先也知道他们会用这些理由来拒绝你，就因此而裹足不前的话，就会增加他对抗的意念，于是当时的气氛就更加紧张，也谈不上什么说服了。但若能运用前述那位编辑先生说的那套办法，先给对方来个“高帽子”，使他无法拒绝，就是巧妙地使对方的“不”成为“是”的一种说服技巧。

所以，要说服别人，不妨找准他的痒处，把他吹捧上天，让他在舒服的同时又无法拒绝你的要求，从而达到你的目的。

制造一点悬念，让对方改变自己的观点

对于自以为是的人，要说服他，最忌正面交锋、针锋相对，这样不但不能达到预期的目的，反而会激怒被说服者，使其更加坚守自己的观点。要说服这种人，应该先巧妙地制造悬念，通过卖关子来吊对方的胃口，使对方的坚持情绪松弛下来，把他的好奇心诱发出来，在解释悬念的过程中，可用简单的事理或推论证明对方的错误性，从而让其改变观点。

某建筑公司的李工程师，有一次说服了一个刚愎自用的人。有一个工头，他常常坚持反对一切改进的计划。李工想换装一个新式的指数表，但他想到那个工头必定要反对的。李工去找他，腋下挟着一个新式的指数表，手里拿着一些要征求他的意见的文件。当大家讨论着关于这些文件的事情的时候，李工把那指数表从左腋下移动了好几次，工头终于先开口了：“你拿着什么东西？”李工漠然地说：“哦！这个吗？这不过是一个指数表。”工头说：“让我看一看。”李工说：“哦！你不用看的！”并假装要走的样子，说：“这是给别的部门用的，你们部门用不到这东西。”但是，工头又说：“我很想看一看。”当他审视的时候，李工就随便但又非常详尽地把这东西的效用讲给他听。他终于喊起来说：“我们部门用不到这东西吗？糟糕，它正是我想要的东西呢！”李工故意这样做，果然很巧妙地把工头说动了。

要制造悬念时，你还可以让自己的言行，有多种可能的含义。然后，诱导对方的注意力在一种含义上固定下来，即为对方设下陷阱，使对方产生错觉。最后突然向另一种含义上转去，情境的对转，使对方突然产生期待的失落，从而产生了强烈的戏剧性效果。

从前，有个人去拜访朋友。两人一直谈话，到了该吃饭的时候，主人也没有留客用餐的意思。

客人想，要是留我，我未必在这儿吃饭，既然不打算留我，我却偏要吃你一顿，而且要吃好的。他看见院子里主人家的鸡，就指着鸡说：“鸡这种家禽有七德，你听说过吗？”

主人说：“我只听过鸡有五德，一为文，其貌堂堂；二为武，脚爪坚利；三为勇，敢斗强敌；四为仁，保护同类；五为信，按时报晓。从没听说过七德呀，那两德是什么？”

客人说：“你若舍得，我就吃得。加上这两德（得）不就是七德了吗？”

这个客人的全部聪明就集中在把自己想吃鸡的意愿，通过谐音制造圈套，让主人愉快地发现自己上当了。

那么，怎样才能很好地运用制造悬念这一方法呢？有两点需要注意：

一是悬念要具有新奇性。

二是悬念和劝说的主题要具有关联性。

紧紧把握住这两点，你便能巧妙地说服对方。

点到他的利害之处，让说服更有效

说服别人就像“打蛇打七寸”一样，抓住对方切身利益的得失，会使他的心弦受到颤动，促使他深入思考，从而放弃自己消极的、错误的行动。

春风剧场门前有一位年近六旬的老太太摆着一个小摊，卖瓜子、花生之类的小食品。某日，市里要检查卫生，剧场管理员小王要老太太回避一下，说：“老太太，快把摊子挪走，今天这里不许卖东西。”“往天许卖，今天不许卖，世道又变了吗？”“世道没有变，检查团要来了。”“检查团来了就不许卖东西？检查团来了还许不许吃饭？”“检查团来了，地皮不干净要罚款的。”小王加重了语气。“地皮不干净关我屁事，他肥肉吃多了拉稀屎，能去罚卖肉的款么？”小王无言以对，悻悻而退。管理自行车的老刘师傅随后走了过来，说道：“老嫂子，你这么一把年纪，没早没晚的，又能挣几个钱呢？检查团来了，真要罚你一笔，你还能打场官司不成？再说，检查团不会天天来，饭可是要天天吃，生意可是要天天做的。”“嗯！姜还是老的辣。好，我走，我走。”老太婆边说边笑着把摊子挪走了。

管理员小王之所以劝阻不成反讨没趣，是因为他只是一味地讲抽象的大道理，却没有站在老太太的角度上耐心地帮助她分析利弊。而老刘师傅就懂得这一点，他从老太太的切身利益出发，向她指出了只考虑眼前的小利而不顾长远利益的不良后果，使她真正认识到了自己固执行为的不明智，于是心服口服地接受了规劝。

巴西球王贝利，在很小的时候就显示出了踢球的天赋，并且取得了不俗的成绩。

有一次，小贝利参加了一场激烈的足球比赛。赛后，伙伴们都精疲力竭，有几位小球员点上了香烟，说是能解除疲劳。小贝利见状，也要了一支。他得意地抽着烟，看着淡淡的烟雾从嘴里喷出来，觉得自己很潇洒、很前卫。不巧的是，这一幕被前来看望他的父亲撞见了。晚上，贝利的父亲坐在椅子上问他：“你今天抽烟了？”

“抽了。”小贝利红着脸，低下了头，准备接受父亲的训斥。

但是，父亲并没有这样做。他从椅子上站起来，在屋子里来回地走了好半天，这才开口说话：“孩子，你踢球有几分天赋。如果你勤学苦练，将来或许会有点儿出息。但是，你应该明白足球运动的前提是你具有良好的身体素质，可今天你抽烟了。也许你会说，我只是第一次，我只抽了一根，以后不再抽了。但你应该明白，有了第一次便会有第二次、第三次……每次你都会想：仅仅一根，不会有什么关系的。但天长日久，你会渐渐上瘾，你的身体就会不如从前，而你最喜欢的足球可能因此渐渐地离你远去。”

父亲顿了顿，接着说：“作为父亲，我有责任教育你向好的方向努力，也有责任制止你的不良行为。但是，是向好的方向努力，还是向坏的方向滑去，主要还是取决于你自己。”

说到这里，父亲问贝利：“你是愿意在烟雾中损坏身体，还是愿意做个有出息的足球运动员呢？你已经懂事了，自己做出选择吧！”

说着，父亲从口袋里掏出一沓钞票，递给贝利，并说道：“如果不愿做个有出息的运动员，执意要抽烟的话，这些钱就作为你抽烟的费用吧！”说完，父亲走了出去。

小贝利望着父亲远去的背影，仔细回味着父亲那深沉而又恳切的话语，不由得掩面而泣。过了一会儿，他止住了哭泣，拿起钞票，来到父亲的面前：“爸爸，我再也不抽烟了，我一定要做个有出息的运动员！”

从此，贝利训练更加刻苦。后来，他终于成为一代球王。至今，贝利仍旧不抽烟。

一个人最关心的往往是与自己有关的利益。因为人们毕竟生活在一个很现实的社会里，虽不能说“人为财死，鸟为食亡”，但人要生存，就离不开各种与己有关的利益。所以，当你想要劝说某人时，应当告诉他这样做对他有什么好处，不这样做则会带来什么样的不利后果。相信他不会不为所动。

巧妙运用逆反心理，对其进行善意的说服

老师说，上课不许做小动作，要认真听讲。但是学生却不能安分反而要找些东西来玩。

老板说，上班时间禁止聊QQ，违者罚款。员工却心想，凭什么啊？工作做完，你管我做什么呢！你不让我聊，我偏聊！

妻子说，别抽烟了，看你把家里弄得乌烟瘴气的。丈夫不服气，抽烟怎么了，不抽烟还是男人吗？不愿意闻，就捂住你的鼻子。

爸爸说，写完作业以后再看电视，听见没有？儿子却嚷嚷着，不嘛，不嘛！看完电视再写作业。

这样的现象在日常生活中是十分常见的。你越是让我做什么，我偏不做；你越是不让我做什么，我偏要做。即使两个陌生人碰面，甲要乙给自己让路。乙要是高兴的话，会很痛快地让开。如果不高兴的话，则会说"凭什么给你让路啊？这条路是你们家修的？我想站哪站哪，你管得着吗？"这样的话分明是在抬杠，但是很多人却偏偏喜欢这么做。为什么人们总是喜欢对着干呢？

其实，这是人们逆反心理的一种体现。逆反心理是人们彼此之间为了维护自尊，而对对方的要求采取相反的态度和言行的一种心理状态。这种现象在青少年人群中是最常见的，其他年龄阶段的人群也会有这种心理。于是，在日常生活中，常会有"不受教""不听话"，与别人"顶牛""对着干"的事情出现。人们常常通过这种与常理背道而驰的行为，来显示自己的"高明"和"非凡"，来抗拒和摆脱某种约束，或者来满足自己的好奇心、占有欲。

逆反心理是一种常见的心理现象。每个人都有好奇心，因为好奇而想要了解某些事物。当这些事物被禁止时，最容易引起人们强烈的好奇心和求知欲。特别是只做出禁止而又不解释禁止原因的时候，反而更加激发了人们的逆反心理，使人们更加迫切地想要了解该事物。因此，你越是禁止，对方越是想知道，形成一种相对的局面。

逆反心理对个人来说，有一定的好处：它能够张扬个性，突破成规，有利于改变和创新，在一定程度上能够说明当事人有勇气和信心，敢于挑战权威的精神和态度。如果能够得到合理的激发，则有助于一个人潜力的发挥。但是如果逆反心理运用不当，则会使人形成一种狭隘的心理定势和偏激的行为习惯，处处与人对着干，使自己变得固执、偏激，无法客观地、准确地认识事物的本来面目，无论何时何地总是下意识地与常理背道而驰，做出错误的选择和决定。

因为逆反心理可以造成这样的一种心理结果，即你越是制止人们的某种行为，他们越是想要这样去做；如果你坚持采取某种行动，结果却会使对方采取相反的行动。利用这种心理效果，我们可以设下一个小陷阱，刺激对方的逆反心理，使其主动地钻进来，以达到改变人们某种行为的目的。

苏联心理学家普拉图诺夫在《趣味心理学》一书的前言中，特意提醒读者请勿先阅读第八章第五节的故事。大多数读者却因为被禁止，而激发了逆反心理。不仅没有遵守作者的告诫，而且采取了完全相反的态度，首先便迫不及待地翻看第八章的内容。其实这也是作者的本意，他正是利用人们的逆反心理达到了让人们关注第八章的内容的目的。如果他只是在前言中说，第八章的内容很精彩，希望大家仔细阅读，这样反而起不了太大的作用。

可见，巧妙地利用别人的逆反心理是可以有效地改变其行为的。我们要善于利用这一点，学会对人们进行善意的规劝和说服，同时也要警惕别人利用逆反心理来激你，使你做出不理智的选择。

人们做任何事情都会有自己最初的欲望和想法，不希望受到别人的指使或者限制。如果想要改变他们的行为，巧妙地利用逆反心理是可以实现的。同时，我们也要警惕别人对自己的逆反心理的恶意利用。

让他觉得你的意见是属于他而不是你

你相信自己的主意，胜于相信别人用“银托盘”奉献的主意。如果是这样的话，是否还应该把自己的观点强加于人呢？你首先提出建议，再让他人做出必要的结论是否更好些呢？

每个人对强迫他买什么东西或做什么事情都会感到不快。

西奥多·罗斯福在纽约州当州长的时候，犹如一个出色的外交家。他和那些政治活动家们保持良好关系的同时，又成功地进行了不合他们心意的改革。他是这样获得成功的：每当任命一个人担任什么重要职务的时候，他总是邀一些政治活动家共同商讨。“首先，”罗斯福说，“他们会推荐明显不适宜的候选人。我对他们讲，任命这个人政治上是不适宜的，因为社会舆论通不过。随后，他们又向我提出另一个人选，但对这个人既说不出他的长处，也找不到他的短处。通常我就说，舆论界不希望这种人占据这个位置。我请他们另举贤能。第三个候选人比较合适些，但仍不完全合适。最后我对他们表示感谢并请他们再考虑一下，于是他们就提出了我自己选中的那个人。对他们的帮助表示感谢的同时，我宣布了对这个人的任命。我对政治活动家们说，为使他们满意我是尽力而为了。现在该轮到他们助我一臂之力了。他们也没有忘记我对他们的帮助。在需要的时候，他们支持了我提的候选人。”请记住，罗斯福是倾心听取他人建议的。每当罗斯福任命谁担当重要职务时，他总是让政治活动家们感到这是他们自己推选出的候选人，体现了他们的意图。

威尔逊当总统时，爱德华·豪斯上校对美国的内外政策产生过很大影响。威尔逊向上校征询意见多于自己的内阁成员。

这位上校运用何种手段使得他对总统有如此大的影响力呢？幸好我们对此有些了解，因为有些情况豪斯亲自对阿瑟·史密斯说过，而史密斯在一篇文章中又援引过他的话。

“和总统关系密切后”，豪斯说，“若想要他相信某个想法是正确的，最好不过的办法就是向他顺便说出这种想法，这样能使他对此感兴趣，使他觉得这个主意是他想出来的。第一次这样做时我就发现这种办法意外地有成效。我曾到白宫极力劝说总统承认他所赞成的政策是不正确的。几天后竟听到总统把我的观点当做他自己的观点说了出来，真使我感到惊讶。”

“这不是您的想法，而是我的想法。”豪斯是否会这样打断总统的讲话呢？当然不会。他很机智、灵活，他不需要夸奖，他要的是效果。他能使威尔逊总统把他的意见当做总统个人的意见。有时他竟能大声夸耀威尔逊的这个意见是正确的。

我们要牢记，每天同我们打交道的人都同样存在着威尔逊的这种弱点。因此我们要像豪斯那样为人处世。

所以，若想要人们根据你的观点办事，请记住“让别人觉得你给他出的主意不属于你，而属于他自己。”

运用对方的心理定势，来巧妙说服对方

世界著名的心理催眠专家埃米尔松在对人进行催眠的时候，常准备很多对方肯定会回答为“是”的问题，然后依次问对方这些问题。通过让对方不断地回答“是”，人为地让对方形成一种对任何问题都回答“是”的心理定势，进而达到心理催眠的效果。

在心理学上有个非常著名的原理叫做“刻板印象原理”，指的是：一个人在一定的时间内所形成的一种具有一定倾向性的心理趋势会影响他随后的思维方式和言行举止。即一个人在其已有经验的影响下，心理上通常会对某一特定活动处于一种准备的状态，从而使其认识问题、解决问题带有一定的倾向性与专注性。

刻板印象原理无时无刻不在影响着人的思想和行为。苏联心理学家曾做过这样一个关于

“刻板印象”的实验：

他把同一张照片出示给参加实验的两组大学生看。不过，心理学家事先告诉第一组的学生：照片上的人是一个怙恶不悛的罪犯；告诉第二组的学生：照片上的人是一位伟大的科学家。最后，心理学家让这两组学生分别用文字来对照片上这个人的相貌进行描述。结果，第一组学生描述道：此人深陷的双眼表明其内心充满了仇恨，突出的下巴昭示着他沿着犯罪的道路越走越远的内心……第二组学生描述道：此人深陷的双眸表明其思想的深度，突出的下巴表明他在求知的道路上不畏艰难险阻的意志……

同一个人，之所以会得到如此截然不同的评价，就是因为评价者之前得到的关于此人身份的提示有区别。一开始产生了反感，后来就很难认同；一开始认同，往往就会一直认同。

在人际交往中，如果能够巧妙地利用人的心理定势，就可以非常简单地让他人点头称“是”，对你心悦诚服。

“今天的天气真不错啊！”

“是啊！”

“夫人和孩子也都好吧？”

“是的，很好。”

“今年是你的本命年吧？”

“是的，我属虎。”

让对方不断地同意你的意见，制造对方“同意”的心理定势。最后，引入正题，对方往往也会同意。

或许有人会怀疑，这个简单得类似于哄小孩子的策略真的能够奏效吗？是的，这个策略虽然简单，但的确非常有效。

几乎每个人都有过这样的心理经历：用“不”来拒绝对方，并不能让自己心情愉悦，甚至有时会产生不愉快的感觉。相反，表示同意的肯定性回答往往会给自己带来愉快轻松的感觉。也就是说，对人来说，同意是自然的态度，而反对要比同意困难。再加上心理定势对“同意态度的强化”，人在连续地同意了一连串事情之后，要突然扭转态度是非常困难的。

再则，人天生有一种使自己的言行或者态度前后保持一致的需求。如果产生了不一致，就会造成心理不适。

因此，通过制造对方“同意”的心理定势来使对方心悦诚服，是切实可行的说服策略。在与人交往的过程中，先就一些对方肯定会表示同意的事情取得对方的同意态度，使对方形成心理定势，最后再道出正题，往往就会避免双方的许多意见分歧，使彼此在最短时间内达成共识。

正话反说、指桑骂槐，帮你达到说服的目的

所谓指桑骂槐，还有一个漂亮的别名叫“春秋笔法”，即明明对某人某事不满，但并不直接进行攻击，而是采用迂回的方式表露自己的意愿。

有个人在朋友家做客，天天喝酒，住了很久还没有启程之意。主人实在感到讨厌，但又不好当面驱逐。

一次两人面对面坐着喝酒，主人讲了这么一个故事：“在偏僻的路上，常有老虎出来伤人。有个商人贩卖瓷器，忽然遇见一只猛虎，张着血盆大口，扑了过来。说时迟，那时快，商人慌忙拿起一个瓷瓶投了过去，老虎不离开。又拿起一瓶投了过去，老虎依然不动。一担瓷瓶快投完了，只留下最后一只，于是他手指老虎高声骂道：‘畜生畜生！你走也只有这一瓶，你不走也只有这一瓶！’”

客人一听，拔腿就走了。

主人明说老虎暗指客，这种暗示性的警告达到了逐客的效果，避免了主客的正面交锋。

对于某些人的愚蠢行为，通常应该直言不讳，立刻制止。然而，在某种特殊情况下对某些特殊人物，直接进行口舌交锋，往往达不到你要的效果。此时，指桑骂槐的说服手法就派上用场了。

有一次，齐景公的一匹爱马突然病死，他迁怒于养马人，下令将养马人推出去斩首。

在场的晏子听说后，略一思索，便跪到齐景公面前数落起养马人的“罪状”来：“大王，您想处死养马人，应该先让他知道自己犯了什么罪才行呀！现在让我来列举他的三条罪状，请您听一听。”

齐景公点头同意，晏子便对着养马人高声说道：“你为君王养马，却把马养死了，这是第一条罪状；死掉的这匹马，又是君王最喜爱的，所以又增加了一条罪状；因为马的死，君王要处死你。这消息如果让老百姓知道了，他们就会怨恨君王。让邻国知道了，他们就会看不起齐国，让君王背上一个重马不重人的恶名。这不是你的第三条罪状吗？你犯下如此三条大罪，应该处以死罪。”

齐景公听完这些话，觉得晏子是处处冲着自己来的，遂有所醒悟地说：“把养马人放了吧！别损害了我仁爱的名声。”

晏子的话表面上处处顺着景公的心意，口口声声数落马夫的罪状，而实际上字字句句都在讽刺齐景公，从反面申述齐景公的错误，点出杀掉马夫的危害是“积怨于百姓，示愚于诸邻”，劝其尽早打消这一念头。

这种蕴含大义的弦外之音，齐景公毕竟还能听得出，只好释放了马夫。

当一个上司要责备属下时，也可以使用这种技巧。譬如，虽然你明明是要责备乙的不是，但你并不正面指责，而以指桑骂槐的方式来责备甲。因为此时你若是责备乙，乙的心里必感到难受，对日后的改进不见得就会有效，何况你们二人之间尚有一段距离。

但是为何又要责备甲呢？因平时你与甲之间已不存在隔阂。即使甲也犯了同样的过错而受到上司的指责，也不会感到十分在意。但是，因为当时乙也在场，他听后心里会想“原来这样的过错我也犯过”，于是乎你的目的便已达到了。

而此时的乙也绝不会认为“反正这是别人的错，不关己事”，反而会因为“原来上司是在说我，但他并不责骂我，反而责骂他人来顾全我的脸面”而感激不尽。

可见，指桑骂槐的好处，在于不直接针对具体对象，而是通过故事的情境性，转换出受众对强调之物的感受性——所谓说的是那里的闲话，指的其实是这里的事情。当你对他人的做法感到厌恶，但又不好当面说明时；或对某些特殊的大人物，不能直接指出他的错误时，尤为适用。

不过，我们要特别注意，指桑骂槐术不是一种常用的方法，只适用于某些特殊的、偶然的场合。如果滥用此术去攻击同事和朋友，只能导致众叛亲离的恶劣后果。

第四章
制人攻心，为我所用

提升自我形象，增加成功的筹码

一般人求人办事时，态度低三下四，让对方可怜，这种人对方可能见得比较多。但是，如果你一反常规，巧用手段提升自我形象，从气势上不输给对手，给对方造成一种错觉，使得对方产生这样一种怀疑："这人可能有些来路。"如此，就能很容易地替你办事了。

有一年国际木材市场需求增加，价格上扬。某大型林场看准这一时机，将林场的木材打入国际市场，市场反映良好。然而好景不长，几个月后，由于市场竞争激烈，木材的价格又大幅下跌。继续坚持出口，林场将每年亏损上千万元。面对危机，场长认为，参与国际交易他们是后起者。在强手如林的情况下，挤进去非常不容易，应想办法站住脚才行。如果一遇风险和危机就退出来，那么，想再占领市场就会更困难。于是他决心带领大家从夹缝中冲出去。为此，他亲自到欧美一些国家做市场调查，搜集信息，寻找合伙对象，开辟新市场。

在国外，场长找到一家著名的家具生产集团。他开门见山地说明来意，希望那家公司能够把他们的林场作为原料采购基地。对方公司总经理说："现在我们的原料供应系统很稳定，你有什么优势让我们把别的公司辞掉，而选用你们的木材？"场长对此不卑不亢地列举了该林场的三大优势："第一，我们林场的木材质量有保证，有很高的信誉；第二，我们可以长期合作，保证长期供货，长期供应价格上给予一定的优惠；第三，我们林场有自备码头，保证货运及时，并有良好的售后服务，更重要的一点是保证信守合同。"场长在大谈林场的三大优势后，还不紧不慢地对对方总经理说，林场刚刚与国际上另一家知名公司签订了供货合同。那位经理听说连那样的大公司都与中方的这家林场签订了合同，看来林场实力不弱啊！他立即同意就供货问题正式洽谈。签订合同之前对木材进行现场检测。经检测，木材质地良好，是家具原材料的上上之选。经过一番讨论，双方终于正式签订了合同，该林场在国际市场上也站稳了脚。

在商业竞争中，如果你势力弱而又想把自己的事业做大，那么你就应该多提升自我形象，至少给对方一个你实力强大的印象，只有这样你才能成功地借助对方的力量。正如那位场长没有刻意地恭维对方，而是底气十足地向对方提出要求，紧接着在不经意中道出自己与另一家公司签订了合同，无形中抬高了林场木材的身价，致使对方对他刮目相看，如此一来事情自然好办多了。

提升自我形象，增加自身分量是一种博弈手段。求人办事时，我们不妨改变以往谦恭谨慎的求人法，用一些博弈手段，为自己更好地办事创造条件。

巧用别人的同情心，眼泪是一种“致命武器”

大多数人都具有同情心，即使铁石心肠的人也不例外。同情能够加强别人对你的理解，因此求人办事时不妨利用一下别人的同情心。

在很多时候，用感情打动别人，激起别人的同情心，比一味地讲大道理更有效果。一位遭人欺凌的受害者在向某领导告状时十分冲动，口出狂言秽语，使得这位领导很是反感。因而，问题迟迟不予解决。后来，此人绝望了，痛苦不堪，几欲轻生，反倒引起了这位领导的同情与重视。

当然，这并不是说，凡告状者都要摆出一副可怜的样子。而是说，告状者在请求解决问题时，应该激起听者的同情心，使听者首先从感情上与你接近，产生共鸣，这就为问题的解决打下了基础。人心都是肉长的，只要你将受害的情况和内心的痛苦如实地说出来，处理者都是会同情的。

同情心可以促进处理者对受害人的理解，但这并不等于说马上就会下定处理的决心。因为处理者要考虑多方面的情况，有时会处于犹豫之中，甚至会抱着多一事不如少一事的态度，不想过问。这时候，当事人就得努力激发处理者的责任感，要使处理者知道，这是在他职责范围以内的事，他有责任处理此事，而且能够处理好此事。

当你向别人讲述自己的遭遇时，不妨用你凄怆的眼泪来博得对方的同情，让对方的感情之水随着你的感情一起波动，这样就会促使对方伸出援助之手，帮助你把事情办成。

人都是感情型动物。只要你能博得其同情，你的所求目的就可达到。

日本的一次国会议员选举中，有一位田中派的候选人，由于田中形象的阴影使他处于不利的形势，但他仍当选了。他采取了“我被沉重的田中事件的十字架压得透不过气来”的低姿态，以流泪来博取民众的同情，而他的夫人也立于街头，向来往的行人哭诉，因此获得了多数民众的同情票。

因此，在办事的时候，如果必要，完全可以以眼泪开道，相信成功的几率会大大增加。

扮可怜、博同情的例子在中国古代历史上也有，我们来看下面的案例：

汉元帝时，宦官石显被封为中书令，朝政大小事务都由他裁决。石显为人邪僻，也时刻担心有一天皇帝听到周围的人说他坏话而对他不利，于是想方设法向皇帝表示他的忠心，加深皇帝对自己的信任。

一次，石显被派往各宫办点事。他觉得这是一个检验他周围的人对他态度如何的大好时机，于是向皇帝奏请说，他担心事情办完之后时间太晚，未央宫宫门被关闭而进不来，请求皇上下诏给门卫，让他们给他留门。皇帝当即给各宫门卫下达了口谕。石显则故意拖延时间，在各宫都尽量逗留，直到半夜才回来，让门卫给他开门而进了后宫。

后来，果然有人上书告发石显矫托旁诏擅自开启宫门。皇帝看后，笑着把那封揭发信给石显看。石显流着泪，做出特别无辜的样子说：“陛下明鉴。您非常信任我，经常让我去各宫里办些事情。于是有许多人不免嫉妒我，总要抓住一切机会陷害我。这样的揭发信不会只有一封，以后可能还会有。对于这种捕风捉影的话，只有靠圣明的皇上您洞察了。微臣出身寒鄙，确实不能以区区一身让大家都满意，不能禁受住天下之怨。我愿意辞去现在的官职，接受后宫洒扫除垢的差遣，以表明我对陛下的忠诚之心，死而无所恨，只希望陛下能相信我。”元帝认为他语出实情，被他感动了、蒙蔽了，于是相信了他。不仅不让他辞官，反而多次慰劳勉励，让他好好干，并给他比以往更多的赏赐。石显更加荣耀起来。

石显扮可怜，博得元帝的同情，得到更多的赏赐，可谓“卖乖得便宜”。生活中，这种扮可怜的例子还不少。小孩显得痛苦、无助，让大人答应要求；乞丐总是衣衫褴褛讨得施舍；

连老板开除员工也爱摆摆困难，倒倒苦水，减轻对方的不满。

求人办事就用百试百灵的“糖衣炮弹”

让对方知恩图报，心甘情愿地帮你办事是求人的一个很好的方法。为此，你不妨先让对方尝到甜头，再提出要求。

法国国王路易十四当政期间，王室挥金如土，穷奢极侈，出现了严重的财政危机。路易十四为满足其挥霍享用的需要，打算向著名银行家也就是自己的老朋友贝尔纳尔借钱，可遭到了拒绝。

因为贝尔纳尔早已听闻此事，而且傲气十足。虽要借钱，国王也不能卑躬屈膝吧？路易十四左思右想，设下一计：

一天下午，国王从马尔利宫走出来，和经常陪同他的宫廷人员一起逛花园。他走到一幢房子前停了下来，那座房子的门敞开着，德马雷正在里面举行盛宴款待贝尔纳尔先生。当然，这桌宴席是事先奉国王之命准备的。

德马雷看见国王，急忙上前行礼。路易十四满面笑容，故作惊讶地看着他们说：“啊！财政总监先生，我很高兴看到你和贝尔纳尔先生。”国王又转向后者说：“贝尔纳尔先生，我的老朋友，好久不见……对了，你从来没有见过马尔利宫吧，我带你去看看，然后我把你再交给德马雷先生。”

这是贝尔纳尔没有料想到的事，他觉得能得到国王的邀请非常幸福和荣幸，于是跟在国王身后到养鱼池、饮水槽，在塔朗特小森林和葡萄架搭成的绿廊等处游玩了一遍。

国王一边请贝尔纳尔观赏，一边滔滔不绝地说了些漂亮话。路易十四的随从们知道他一向少言寡语，看到他如此讨好贝尔纳尔都感到很惊奇。

游玩之后，路易十四还送给了贝尔纳尔一箱非常珍贵的葡萄酒，说希望他们的友谊地久天长。贝尔纳尔极度兴奋，答谢后回到德马雷那里。他赞叹国王对他如此厚爱，说他甘愿冒破产的危险也不愿让这位优雅的国王陷入困境。

听了这番话，德马雷趁着贝尔纳尔心醉神迷的时候，提出了向他借600万元巨款的要求，贝尔纳尔欣然应允。

这600万元可不是一笔小数目，路易十四如愿以偿，当然不只是因为他们的朋友关系和国王的面子，还与他的“糖衣战法”求人策略有很大关系。

中国人常说“吃人家的嘴软”。一旦接受了人家的好处，再拒绝人家的请求，就不那么好意思开口了。中国人重人情、讲面子，“滴水之恩，必涌泉相报”，聪明人喜欢运用这一战术。

因此在求朋友办事时，尤其是一些交情不太深厚的朋友，我们不妨先给他们点甜头，让对方高兴或欠下人情，这样他们就会全力帮助我们了。

有勇气、有耐心——软磨硬泡，“泡”出希望

“人心都是肉长的。”不管彼此间的距离有多大，只要你善于用行动证明自己的诚意，就会促使对方去思索，进而理解你的苦心，从固执的框子里跳出来，那时你就“泡”出希望了。

日本“推销之神”——原一平，小时候是村里的“混世魔王”，人见人怕。由于自己声名狼藉，23岁那年他只身一人来到东京创业。到了35岁的时候，他已经成为日本保险界赫赫有名的人物，阔别家乡十几年的他，终于高高兴兴地回去探亲了。

原一平这次回家有两个目的，一是想让家乡人都知道当年的“混世魔王”已经改好了；二是想在自己的家乡开展保险工作。所以回到家乡不久，他便大力宣传保险知识。遗憾的是村民们根本不相信当年的“混世魔王”，怕吃亏，谁也不愿参加。原一平明白要想在村里开

展保险工作，最重要的是求助于村长的帮忙，这样才能顺利进行。

现在的村长是当年和原一平一起玩的朋友，而且当时的原一平经常欺负他。如今要想得到村长的帮助，肯定不容易。不过，原一平没有放弃，找了时间提上礼物来到村长家。村长一看是当年的“混世魔王”回来了，不禁想起了他以前在村里做的坏事，下意识地怀疑。

当原一平提及让村长帮忙动员村民一起学习、参加保险的时候，村长一口回绝了。

第二天，原一平提着礼物又来了，村长好像有点不好意思，但是依然拒绝了。

第三天，原一平又来了。不过这次村长的家人告诉他说，村长到几十里外的邻县亲戚家帮助盖房去了。原一平得知这个消息后，明白村长是故意不肯见他，于是骑车按照村长家人说的地点追了去，车子一放，袖子一挽就干活，干完活还和村长“磨”。

为了找一个长谈的时机，原一平干脆天不亮就起床，冒雨赶到村里，在村长家门外一站就是两个小时。村长起床开门愣住了，见原一平淋得如落汤鸡一般，只好答应了他的请求。

村长这个堡垒一攻破，这个村参加保险工作的局面就打开了。

但是，这种缠着对方不放的求人术并不是人人都能利用好的。只有控制好自己，才能充分发挥其作用。为此你必须掌握以下两点：

1. 要有足够的耐心。

当求人过程中出现僵局时，人的直接反应是烦躁、失意、恼火，甚至发怒。然而，这无助于事情的解决。你应理智地控制自己，采取忍耐态度。这时，忍耐所表现的是对对方处境的理解，是对转机到来的期待。有了这种心境，你就能在精神上使自己处于强有力的地位，能够方寸不乱，调动自己全部的聪明才智，想方设法突破僵局。

2. 要能抓住时机办事。

“磨”不是消极地耗时间，也不是和人家耍无赖，而是善于采取积极的行动影响对方、感化对方，促进事态向好的方向转化。磨功，也是一种韧劲，一种谋略。在求人办事中，谁磨的功夫高，谁就是胜者。

很多时候，人们认为缠着对方不放是一件很为难的事情。但事情不办是不行的，对方有意推托、拒绝，我们只能靠磨对方来达到目的。所以有勇气、有耐心也是求人的基本功夫。

寻求别人帮助时，要先引起对方的兴趣

星期天，雅丽与朋友一起去逛街。在公交站等车的时候，雅丽发现车站有一个很老的乞丐，手里拿着一个很破的饭盒，在等车的人群中乞讨，但是很少有人给钱。每当那个乞丐走近的时候，人们的反应几乎是一致的。要不就是跟同伴聊天，假装没看见；要不就是转过身去……那个乞丐转了一圈之后，发现没有人给钱，便无趣地走开了。

相信你一定也遇到过类似的情形吧。通常情况下，人们会自动地忽视陌生人的请求。那么，对于陌生人的请求，怎样才能引起我们的注意并接受这些请求呢？研究发现，只要能引起对方的兴趣，就很有可能会获得帮助。

心理学家曾经做过一个实验：

在实验中，有一些女助手扮演乞丐的角色到大街上乞讨，在不打算引起路人注意的情况下，女助手提出的请求是：“您能给我一些零钱吗？”或者是：“您能给我一个 25 美分的硬币吗？”为了引起路人的注意，并且不至于让路人一下子就拒绝，另一组助手提出了不同寻常的请求：“您能给我 17 美分吗？”或者“您能给我 37 美分吗？”

结果表明，第二组助手的请求引起了许多路人的兴趣，大约有 75% 的路人将助手所需要数目的钱给了他们；而在前一种情况下，只有一半的路人给了他们一些钱。

这一研究表明，人们可以通过引起他人注意的方法来改变他人的行为。在美国的一些校园里，每年都有一些慈善活动，有人就想出了一些别出心裁或引人注意的请求来增加他们集资的数目。其中，就有一些教员被“拘留”。这些教员只有得到了一定的来自他自己的或其

他人的担保金额后，才可以被释放出来。这种做法非常成功，主要是由于他们使用了可以激发路人兴趣的做法（如有学生扮演州长，教员被关押在笼子里）。

此外，要想改变他人的行为，使他人顺从，你还可以运用一种方法：在提出请求之前，让他们有一个好的心情。只要我们运用恰当，就会取得圆满成功。

有时候，即使在地上捡了一枚硬币，甚至也会让人心情好起来。心理学家通过实验发现就是一点小事也会影响人的心情，从而影响是否采取援助行动。

实验是在美国旧金山的最大的购物中心进行的。实验分两种进行，一种是实验人员在使用电话之前放入 10 美分硬币，另一种是电话亭里没有放钱的情况。在电话亭打电话的人并不知道有什么实验，只是当他们打完电话后，从电话亭里出来的时候，实验人员抱着一堆书籍之类的东西从他们跟前走过，而且故意让书落到地上。

那么，到底有多少人会帮忙捡起落在地上的书本呢？实验结果证明，没有捡到钱的人当中，只有 5%的人帮忙捡起了落下的书本。而捡到钱的人当中却有 90%以上的人伸手做了帮助。

这个实验证明，心情好的确使人更容易帮助别人。

让我们看一个由 Rind 和 Bordia 做的有趣的研究：

研究者要求男女侍者给消费者两类账单，一类画有一个笑脸，另外一类没有画上笑脸。基于以前的研究，研究者预测：画笑脸的女性侍者会使消费者有一个好心情，这样他就会留下更多的小费。然而，这种做法对男侍者可能不起作用。因为画笑脸对于男性来说显得并不是很合适。结果证实了这一预测：当女性侍者画上笑脸时，其小费会增加 19%，而对于男性侍者来说却没有起到同样的效果。这些结果和其他实验室研究以及现场研究的结果表明，几乎所有能够使人们心情变好的做法都能够增加他们对各种请求做出肯定答复的倾向。

其实我们每个人大概都有过类似的体会。当你遇见一个好人，顿时觉得生活特别美好，觉得自己非常幸运。在这种情况下，为什么不去帮助那些不如你那么幸运的人呢？为什么不能让世界有更多的美好呢？似乎好心情有一种惯性。有很多人懂得利用这个心理规律，总是在别人遇到喜事临门、有意外收获的时候，让别人请客，或请求帮忙做一些事，当然这个人比平时更可能同意。

比如，一位男士中了几十万的大奖，兴高采烈。此时，朋友们让他请客，他会很豪爽地请大家到高档酒楼吃一顿海鲜。而要是在平时，朋友让他在小吃摊上请客，他也要算计算计。

一位厅长换届时连任，他肯定很高兴。你拿着过去很长时间里他都没来得及批的申请报告找他，请他在上面签字，他多半会爽快答应。这也是好心情使然。

请将不如激将，激将不如逼将

求人办事，如果遇到正面恳求难以达成目的的情况，就不妨从反方向上努力，采取一些灵活的方法，将对方引到关乎切身利益的底线附近。在这种情况下，即便自己什么都不做，对方出于自保的本性，也会答应伸出援助之手的。

正所谓：“请将不如激将。”为了让对方动摇或改变原来的立场和态度，利用一些略带贬损意义的、不太公正的话给对方罩上一顶“帽子”。而对方一旦被罩上这顶帽子，就会激起一种极力维护自我良好形象的欲望，从而用语言或行动表明自己不是这样，自动地去改变原来的立场和态度。

但对于那些比较难搞定的人而言，无论是请将还是激将都无法使其出手时，不妨断其后路，逼其出手，即所谓的“激将不如逼将”。

隋朝末年，隋炀帝荒淫残暴，弄得民不聊生，于是各地不断爆发农民起义。许多有实权的朝廷官员纷纷拥兵自重，自立为王，但大权在握的李渊并无反叛之意。

到了隋炀帝大业十三年，各地反叛有数十起，隋朝江山岌岌可危。此时李渊任太原太守。他的副手裴寂是一个有长远眼光的人，他悄悄结交李渊的儿子李世民，密谋反叛，但必须动员李渊一起行动，这样才能借助他的兵权。劝说工作异常艰辛，于是裴寂和李世民商议切断李渊的退路，逼李渊按照他俩的意愿行事。

有一天，裴寂在晋阳宫设下宴席，请李渊饮酒。二人相交已久，李渊身为宫监，到此赴宴也合情理。于是他也不起疑，就高高兴兴地去了。

裴寂与李渊坐定，美酒佳肴依次献上，二人边喝边谈，十分快活。李渊开怀畅饮，不一会儿就有了几分醉意。这时门帘一动，环佩声响，走进两个美人，都生得如花似玉。裴寂指引两美人左右分坐，重新劝酒。

就这样，李渊醉卧晋阳宫，两个美人侍寝。他只知沉沉入睡，哪里还晓得什么犯法。酣睡多时，李渊酒已醒了大半，见有两个美人陪着，不由感到奇怪。他打起精神，问起二人姓氏，一美人自称姓尹，一美人自称姓张。李渊又问她们二人是哪里人，二人并称是宫眷。他不由得大吃一惊，因为和宫眷同寝只能是死路一条。

两位美人连忙劝慰道："主上失德，南幸不回，各处已乱离得很，妾等非公保护，免不得遭人污辱，所以裴副监特嘱妾等早日托身，借保性命。"

李渊频频摇头说："这……这事怎可行得？"一面说，一面走出寝门。走了几步，正巧遇着裴寂。李渊一把拉住裴寂，叫着裴寂的字说："玄真，玄真，你难道要害死我吗？"

裴寂笑着说："太守，你为什么这般胆小？收纳一两个宫人只是小事，就是那隋室江山，亦唾手可得。"

李渊惊慌道："你我都是臣子，怎么出此叛言，自惹灭门大祸？"

裴寂说道："识时务者为俊杰。今隋主无道，百姓穷困，四方群雄逐鹿。您手握重兵，令郎储士养马，何不趁机起义，吊民伐罪，经营帝业呢？"

李渊道："我李家世受皇恩，不敢变志。"

李渊口说"不敢变志"，奈何退路已断，不反即死。他知道与宫眷同寝的罪名是何等严重，况且隋炀帝早对李家人心怀疑虑，若他知道这件事，一定会借口杀死自己，甚至诛灭九族。于是，李渊只有反叛一条出路，再加上裴寂、李世民分析天下形势，讲清利害，李渊终于坚定了反叛的决心，最终建立了大唐江山。

可见，裴寂和李世民如果只是按照一般的方式请求李渊的帮助，不仅不能得到帮助，还很可能遭到李渊的斥责。所以，他们一方面设计让李渊无路可退，一方面又用事实证明跟随隋朝已经不是大势所趋，让李渊坚定信心，最终才成了大事。

求人办事，总是需要一些技巧的。能用最简单的方式"请"得动，自然再好不过，但当事情没有想象中的那样顺利时，也不妨换个思路与方法，用激将、逼将之法使其就范。

美国发明家爱迪生说得好："任何问题都有解决的办法，无法可想的事是没有的。"一道数学题会有很多种不同的解法，一件棘手的事情也能有很多种解决的策略。"请将"不行，就用"激将"，再不行就用"逼将"，总会有一种完美的"解法"适用。

巧用"进门槛"效应：先提小要求再提大要求

曾有社会心理学家做过一个经典而又有趣的实验，他们派了两个大学生去访问加州郊区的家庭主妇。

实验过程是这样的：首先，其中一个大学生先登门拜访了一组家庭主妇，请求她们帮一个小忙：在一个呼吁安全驾驶的请愿书上签名。这是一个社会公益事件，每年死在车轮底下的人不知道有多少！不就是签个字吗，太容易了。于是绝大部分家庭主妇都很合作地在请愿书上签了名，只有少数人以"我很忙"为借口拒绝了这个要求。接着，在两周之后，另一个大学生再次挨家挨户地去访问那些家庭主妇。不过，这次他除了拜访第一个大学生拜访过的家庭主妇之外，还拜访了另外一组家庭主妇。与上一次的任务不同，这个大学生访问时还背着一个呼吁安全驾驶的大招牌，请求家庭主妇们在两周内把它竖立在她们各自的院子的草坪上。可是，这是个又大又笨的招牌，与周围的环境很不协调。按照一般的经验，这个有点过分的要求很可能被这些家庭主妇拒绝。毕竟，这个大学生与她们素昧平生，要求她们帮这么大的忙，真的有些难为她们。

实验结果是：第二组家庭主妇中，只有 17% 的人接受了该项要求。但是，第一组家庭主妇中，则有 55%的人接受了这项要求，远远超过第二组。

对此，心理学家的解释是，人们都希望给别人留下前后一致的好印象。为了保证这种印象的一致性，人们有时会做一些理智上难以解释的事情。在上面的实验中，答应了第一个请求的家庭主妇表现出了乐于合作的特点。当她们面对第二个更大的请求时，为了保持自己在他人眼中乐于助人的形象，她们只能同意在自家院子里竖一块粗笨难看的招牌。

这个实验告诉我们，一个人一旦接受了他人的一个小要求之后，如果他人在此基础上再提出一个更高一点的要求，那么，这个人就倾向于接受更高的要求。这样逐步提高要求，就可以有效地达到预期的目的。心理学家把这种对别人提出一个大要求之前，先提出一个别人很容易接受的小要求，从而使别人对进一步的较大的要求更容易接受的现象称为“进门槛效应”。

为什么会发生“进门槛效应”呢？

当你对别人提出一个貌似“微不足道”的要求时，对方往往很难拒绝，否则，似乎显得“不近人情”。而一旦接受了这个要求，就仿佛跨进了一道心理上的门槛，很难有抽身后退的可能。因此当再次向他们提出一个更高的要求时，这个要求就和前一个要求有了顺承关系，让这些人容易顺理成章地接受。在这种情况下，比乍一上来就提出比较高的要求，更容易被人接受。

日常生活中有许多利用“进门槛效应”的例子。比如一个推销员，当他可以敲开门，跟顾客进行交谈时，其实，他已经取得了一个小小的成功。在这种情况下，如果他能够说服顾客买一件小东西的话，那么，他再提出进一步的要求，就很可能被满足。为什么呢？因为那位顾客之前答应了一个要求，为了前后保持一致，他的确会有较大可能性接受进一步的要求。男士在追求自己心仪的女孩时，也并不是“一步到位”提出要与对方共度一生的，而是逐渐通过看电影、吃饭、游玩等小要求来逐步达到目的的。

这个心理效应给我们的启示是，在人际交往中，当我们要提出一个比较大的要求时，可以不直接提出，因为这个时候很容易被拒绝。你可以先提出一个较小的要求，一旦对方答应，再提出那个较大的要求，就会有更大的被接受的可能。

假如你要组织一次募捐活动，怎样才能征集到更多的捐款呢？根据“进门槛效应”，调动你的思维，把你的想法写下来。

英国心理学家查尔迪尼曾做过一个募捐实验：对一部分人募捐时提出请求，并附加一句“哪怕一分钱也行”，结果其捐款人数比没有这句附加语的人数多两倍，并且募捐到的款额也不少。查尔迪尼的这个实验是否会给你一些启示呢？

在人际交往中，当我们要请求别人帮忙或是做事的时候，你不妨运用“进门槛效应”，这样做会给你带来意想不到的收获。

暗中智取，让他人无从防范

有位著名的表演艺术家因患心脏病，在家休养。一天，一位年轻人突然找上门来。

一番聊天之后，那位年轻人说：“是这样，我们生产了一种治疗心脏病的新药。听说您正患此病，想让您试用一下，如果能治好，也算是对祖国的演艺事业做点贡献了。”

艺术家：“那就先谢谢你们的关心了。前几个月我吃的都是朋友捎来的‘洋药’……吃一段时间看看，如果不见效，我再去找你，好吗？”

年轻人：“那些进口药您吃多久了？”

艺术家：“三个月。”

年轻人："效果怎样？"

艺术家："不太明显。"

年轻人掏出三盒药来："那么，您不妨先吃这个试试，一个月就能见效。老先生，我承认外国的药是好，可并不是什么药都好呀！单说治疗心脏病吧，据专家鉴定，经过800例临床实验，这种药的疗效就远远超过了外国的。中国的药同样能治好中国人的病，您说呢？"

那位艺术家被小伙子的真诚感动了，答应试用药品。没想到，试用了一段时间后，他那心脏病竟奇迹般地好了，这位老艺术家感激之余就登门道谢。这时候，那个年轻人才说明其用意：想邀请这位艺术家做药厂的顾问与宣传员。受人恩惠的艺术家，自然满口答应了。

年轻人以"试用"为切入点，以"关心"为说服的中心，恰到好处地绕了一个大圈子，从而为后面的"攻心"打下了良好的基础，成功地达到了办事的目的。

有事情需要求人时，我们不妨也学这位年轻人，采用暗中智取的博弈方法，让对方不知不觉地为你办事。

钟隐是五代十国时南唐的一位著名画家，他虽家道殷富，却倦于俗事，便学习前辈陶渊明先生做起隐士来。

隐居山林，除了修身养性，练练气功外，钟隐最爱做的一桩事就是画画。

不过，画了一段时间，钟隐就犯了"眼高手低"的毛病。经过冷静反思，他认识到，毛病就在于自己画技贫乏。于是决定下山拜师学艺。

下山后一打听才知道，当时画花鸟的高手叫郭干晖，此公笔墨天成，曲尽物性之妙，尤其擅长画鸷鹞。钟隐非常高兴，立即前往郭府拜师。

不料，郭干晖虽然身怀绝技，却不肯轻易授人，老先生作画总吩咐下人把门关上，唯恐马路上过往行人或是私闯进来的宾客，窥见一招一式。因此，钟隐兴冲冲地来到郭府，连大门也没跨进，就被轰了出来。

钟隐想了想，拜师学艺应该有规矩才是，于是叫家人准备一车银子，风风光光地再次登门求见。谁知门房仍挡住不让进，还冷嘲热讽道："你认为我们家老爷缺银子花吗？告诉你吧，我们家老爷用毛笔画个圈，就能够你小子吃个一年半载的。还想到这儿摆谱儿，也不看看是谁家！"

没办法，钟隐只好拉着一车银子灰溜溜打道回府。

投师不成，钟隐茶饭不香，夜不能寐。终于，他想出一条妙计，既然明着求他不行，何不来暗的呢？于是，他乔装打扮成一个小厮，毛遂自荐地跑到郭府要当奴仆，且一再强调只混口饭吃，不要工钱。他毕竟是个画家，化装后连门房都没认出他来。由于他要求不高，郭府又正缺人手，于是就被收下了。

钟隐进入郭府后，得到了郭府上下的一致信任，就连郭老先生也撤除了对他的所有防线，作画时竟然点名要他站在一旁磨墨，根本没料到他是来学画的。

此时，钟隐就可以尽情地观看郭老先生作画时的笔法用彩了。没过多久，就把老先生那套密不示人的技艺烂熟于心了。

谁知，画技学得越多，越是技痒难熬。有一天，钟隐实在忍耐不住，乘兴在墙上偷偷画了一只鸽子，神形俱佳。有人将此事向郭老先生报告。老先生闻讯前去观看，一看就吓了一大跳，知道这绝非外行所能画出来的。于是，召来钟隐盘问。

钟隐见纸包不住火，只好和盘托出。郭老先生听罢并没生气，反而大受感动："相公为了学画，竟然不惜为奴，这叫老夫如何敢当？如此求学，真乃天下少见，老夫就破例把你收在门下吧。"

从此，郭干晖老先生与钟隐以师徒相称，一个纵论画道，密授绝技；一个潜心苦学，仔细揣摩。果然，钟隐深得其旨，技艺猛进。画有《鹰鸽杂禽图》、《周处斩蛟图》等名作传于后世。

正是钟隐暗中智取，才让郭干晖答应了收他为徒。假如当初钟隐没采取这个办法，恐怕事情就没有那么好办了。

博弈兵法中有这样一条：堡垒最容易从内部攻破。明里强攻不成，就该暗中智取。所以，求人办事一定要做好暗中智取的准备，尤其对于一些比较固执或有某方面偏好的人来说，更应考虑用这种方法求人办事。

以礼相待，多用敬语好求人

求人办事的过程中，无论双方的地位高低，年纪大小，或长辈晚辈，在人格上都是平等的。所以，切不可盛气凌人、自以为是、唯我独尊。谈话时，要把对方作为平等的交流对象，在心理上、用词上、语调上，体现出对对方的尊重。尽量使用礼貌语，谈到自己时要谦虚，谈到对方时要尊重。恰当地运用敬语和谦语，不仅可以显示你的个人修养、风度和礼貌，而且有助于你把事情办成。

例如，在外出办事时，如果双方约定见面又有其他人在场，主人为你介绍时，你应当如何表示才算合乎礼节呢？一般说来，介绍时彼此微微点头，互道一声：某某先生（或小姐）您好！或称呼之后再加一句“久仰”便可以了。介绍时你还应该注意，如果你是坐着的，那你就应该站起来，互相握手。但如果相隔太远不方便握手，互相点头示意即可。随身带有名片的此时也可交换，交换时应双手奉上，并顺便说一声“请多多指教”之类的客套话。接名片时也应用双手，并礼貌地说一声“不敢当”等，自己若带着也应随后立刻递给对方。如果你是介绍人，介绍时务必要做到清楚明确，不要含糊其词。比如，介绍李先生时最好能补上一句“木子李”或介绍张先生时补一句“弓长张”，等等，这样使对方听起来更明确，不容易发生误会。如果被介绍的一方或双方有一定的职务时，最好能连同单位、职务一起简单介绍。像“这位是某某公司的业务经理某某”，这样可使对方加深印象，也可以使被介绍者感到满意。

还有，如果你外出、旅游或者初到一个陌生的地方，可能地址不清或对当地的风俗习惯不了解，这就需要询问别人。要想使询问得到满意的答复，就要做到这样两点：

一是要找对知情人，主要是指找当地熟悉情况的人。比如，问路可以找民警、司机、邮递员、老年人等。

二是要注意询问的礼节，要针对不同的被询问者和所问问题区别对待。注意询问时不要用命令性的语气，当对方不愿回答时就不要追根问底，以免引起对方不快。

此外，请求别人的帮助时，应当语气恳切。向别人提出请求，虽无须低声下气，但也绝不能居高临下，态度傲慢。无论请求别人干什么，都应当“请”字当头。即使是在自己家里，当你需要家人为你做什么事时，也应当多用“请”字。向别人提出较重大的请求时，还应当把握恰当的时机。比如，对方正在聚精会神地思考问题或操作实验，对方正遇到麻烦或心情比较沉重时，最好不要去打扰他。如果，你的请求遭到别人的拒绝，也应当表示理解，而不能强人所难，更不能给人脸色看，不能让人觉得自己无礼。

让自己看起来像个大人物，他会觉得为你办事踏实

办事时，如果你想让别人重视自己，就要有一些让人信任的表现。在人们的心目中，大人物总是比平民百姓容易让人信任。不管大人物出现在哪里，人们总是对他们特别信任。所以，为了使自己办起事来更为顺利，不妨做个修饰，使你自己像个大人物。你可以参考下面的做法：

1. 你要显得充满信心。

为了使你显得出类拔萃，你可以常用肯定的表情，常微笑而不常皱眉，常开怀大笑而不常阴险冷笑。说话时不要吞吞吐吐，因为这让人觉得你不够坦率，欠缺潇洒。要常提对方的姓名，给人亲切感。让别人多谈自己，这是人们最喜欢的话题，对方也会因此而喜欢你。要学会尊重别人，要同情别人的困境，使别人不会难堪。要学会不嫉妒别人，显示你有宽阔的胸怀。会调侃自己是对自己有信心的表现。平常要多运动，使你精神饱满，头脑灵活。你还要相信自己一定会成功，不会甘心一辈子只当个小角色。要注意服饰，例如配上鲜艳的领带，

配点小装饰，这些都让人觉得你很醒目。要让自己身上散发出似有似无的某种清香，例如刮完胡子后，擦点某种润肤水。人的嗅觉是很灵敏的，而且对人的感觉影响比较大，所以你身上若散发出某种清香，可给人留下深刻的印象。走路时要抬头挺胸，显得很自信。讲问题时可以卖卖关子，别一下捅破，让别人来问你。有条件的话学一门专长，如精通某一段历史、会演奏某种乐器等都是出众的本钱。最起码你要说话清楚，别让人觉得你老是喃喃自语，也别常带口头语。

2. 要诚恳地对待别人。

你要知道，实话也会伤人，所以说实话也要讲究技巧。要信守诺言，尽量不言而无信。前提是许诺要慎重，不轻易放弃原则。要有自己的见解，若人云亦云，别人不会认为你很真诚。要平等待人，无论是谁都要给予尊重。如果你对上司摇头摆尾，对下属却摆出一副冷面孔，人家会怎么看你？不要装模作样，这很容易被人看穿。要以本色示人，不要怕承认缺点，敢于面对自己的弱点，最易赢得别人的信赖。

3. 不要让人觉得你正处在紧张的状态中。

要克服紧张，首先要弄清自己在什么场合容易紧张。例如，走进正在开会的房间，在上司面前等。你可以故意多到这种场合去，习以为常则见怪不怪了。或者练一套放松体操，坚持每天上床前练习，必有成效。也可以在手腕上套一根橡皮圈，感到自己又要紧张了，悄悄拉几下。

如果要克服紧张时的习惯动作，先要知道自己的习惯动作是什么。习惯动作都是无意识的，不知不觉中做出来的，所以必须留意才能察觉。还要弄清在什么情况下容易出现这种动作。然后再有意识地克服这种习惯性动作。同时克服自己的习惯性动作要有毅力，别指望长期养成的习惯一朝一夕就可以改掉。

4. 注意细节修饰。

为了使自己看起来更向大人物迈进一步，你还必须注意服装配饰等细节问题。如果一套笔挺的西装，里边却有一个肮脏的衣领，对方一定不会感到舒服。袜子也是一样，你坐着与人谈话时，脚会不自觉地伸出去或翘上来，袜子也就会暴露在人前。如果不干净、不整洁，就会让人反感。

头发、牙齿、胡子也是应该经常修饰的部分。头发一定不要过长，否则就容易乱、容易脏。要按时理发，使自己的头发保持一个精神的式样。胡子要经常刮，牙齿要经常刷，口中不要有异味，尤其在出去谈判时一定不要吃有异味的食物。这么认真苛刻地对待自己的外表，也是你对对方的一种尊重。

如果你与对方谈判或请对方为你办某件事情的时候，衣衫不整、头发蓬乱，对方会感到不舒服，瞧不起你。对于自己的细节要时时注意，因为这些细节蕴涵着丰富的内容。比如，公文包、钢笔、笔记本、名片夹、手表、打火机等最好都要讲究些。

总之，尽可能地采取一些措施，让自己看起来像一位很有作为的老板。然后你再同别人办事时，就有了很大的把握和胜算。

巧转关系，借能人为自己办好棘手之事

事情有难易之分，面对易如反掌的事情，我们总是能轻松解决，但当面前的问题很棘手时，就不妨将问题抛出去，让能人去解决。

有位知名度颇高、要求极为严格的建筑师。他规划了许多建筑物，然后分别包给多位承包商。

由于这位建筑师对质量和进度要求甚高，所以在他的手下做事压力巨大。在他的建筑师事务所里，经常可以听到会议室里传出来的阵阵怒吼声。因此，他手下的助理更换非常频繁。

这次，建筑师请来的是一位刚毕业的年轻助理，负责监督和催促工程进度的工作。这个工作一向是最吃力不讨好的，所以受到建筑师的责难也最多。可奇怪的是这位年轻助理连续

工作了半年，居然很少受到建筑师的责骂，工程的进度在他的监督下也都能跟上，同事们对此都感到非常不解。

直到有一天，同事们在同这位年轻助理谈论工作经验时，才向其问道："我们实在都很好奇，你工作时间不长，却能把工程进度控制得如此之好，你到底是怎样做到的呢？"

年轻助理耸了耸肩，无比轻松地说："其实，这很简单。当一位承包商把难题丢给我，企图想要拖延工程进度时，我就很坚定地告诉他：'我的进度不能变更，你是要和我解决呢？还是让我们的建筑师和你解决？'这样他们通常都没什么话说了。"

这位小伙子真的很聪明，他将自己的困境轻松地转化为建筑师和商人的矛盾，自己却轻松了起来。与之类似，中国历史上也有一个非常有名的事例：

唐肃宗时，李辅国是宫中的一名大宦官。至德元载（公元756年），肃宗在灵武称帝后，李辅国官拜行军司马。凡是肃宗的起居出行、诏令发布等内外大事，都委任李辅国处理。唐肃宗打败安禄山，收回京城后，李辅国在银台门主持恢复京城的事，并负责掌管禁兵，一时权倾朝野，人人都不敢小看他。上元二年（公元761年）八月，唐肃宗又加封李辅国兵部尚书一职。

可是李辅国仍然不满足，恃功向唐肃宗要官，请求做宰相。唐肃宗对李辅国这种咄咄逼人、明目张胆要官的做法非常反感，同时，对他的权力过重也有所警惕。因此，唐肃宗并不想把宰相的权力交给他。不过，李辅国对唐朝宗室有功，唐肃宗不想当面得罪他。于是，就对李辅国说："按照你为国家所建立的功勋，什么不能做？可是，你在朝廷中的威望还不够，这怎么办呢？"

李辅国听了唐肃宗的话以后，就让仆射裴冕等人上表推荐自己。唐肃宗知道李辅国在请人上表，心里十分担心。就悄悄把宰相萧华找来说："李辅国想做宰相，我并不打算让他干。听说你们想上表推荐他，真的吗？"

萧华没有做声，但心里已经明白了。他出宫以后找到裴冕，征求他的意见。裴冕说："当初我并没有打算上表推荐李辅国为宰相，是他自己来找我的。现在我知道了皇上的真实意图，请皇上放心，我宁死也不会上表推荐李辅国为宰相的。"

萧华又进宫向唐肃宗奏明他们的意见，肃宗非常高兴。后来，李辅国始终没能当上宰相。

有句谚语说"把烫手山芋丢出去"，其中烫手山芋指的就是忽然遇到的问题与困难。就如同前面故事中的年轻助理和唐肃宗一样，他们都非常巧妙地将问题挡了出去，让别人为自己的问题苦恼，使其处于两难的境地，自己则享受没有烦恼的乐趣。年轻助理是将问题引向了更困难的建筑师，自己巧妙地回避了矛盾；唐肃宗则是将问题推给了下属，借他们的力量来限制李辅国。有的问题在当时就应很快反应，否则稍有停顿便会烫到自己的手。事后步步埋怨自己没有抓住稍纵即逝的机会做适当的反应，也没有用了。

所以，尽管烫手的山芋人人都不想接，但如果它不幸落到我们自己手里的话，最好的办法就是将它丢出去，扔给那些有能力的人去解决。不过，烫手山芋丢出去还要有技巧，要丢得不愠不火，小心别烫到了对方，伤了感情。这里面就有个"度"的问题。既要让对方能在脸面上过得去，又要让自己摆脱困境。高明的人不仅能使丢出去的烫手山芋不会砸到别人，还能让别人心甘情愿地替自己解决问题。

还需要注意的是，这些技巧是要经常练习的。常常操练，就能够掌握这个火候了。但是，有些时候也不应一味地回绝，应该抓住时机。有些时候，如果问题不是非常难处理，则应尽量去把它做好。

第三篇

巧用心思，赢得认同和支持

- 将心比心，换位思考
- 以心交心，互惠互利
- 嘴上留情，脚下有路

第一章
将心比心，换位思考

将心比心、换位思考，在人际交往中出奇效

A 市交通警察支队不久前搞过一次"交警扮的哥"的活动。那一天，数十名交警穿上便装，"秘密行动"开起了出租车。一天中，他们受过乘客的气，也有的违了章，实实在在地体验了一把"的哥"们谋生的艰难与不易。另外，通过换位，他们也看到了自己执法过程中的确还存在着许多问题。

再来看看另外一件事：在繁华的大街上，几名城管把一位瓜农的西瓜砸了个稀巴烂，卖瓜的女主人在大街上抱着烂瓜痛哭。这几个城管一定是没种过瓜的。如果他们也能像交警那样换一下位，如果他们能到田间地头感受、体会一下，想一想农民从育苗到瓜成熟这几个月中的艰辛，也许就不忍心这么做了，而一定会对瓜农体贴许多。

换位办事、换位思考，就是我们所说的将心比心。

所谓换位思考，就是要把自己设想成别人，站在别人的角度考虑问题。很多时候甚至需要暂时抛开自己的切身利益，去满足别人的利益。其实，利益在很多时候是互相关联的。你能考虑别人的利益，别人也会考虑你的利益。在人际交往中，我们要学会"将心比心"。

一个人只有具备习惯于换位思考的素质，具有过人的理解力，才能去理解平时所无法理解的东西，而对方也能感觉到自己被尊重了。这样，人家才愿意与你交流、沟通。

在人际交往时，人们不仅习惯于从自己的特定角色出发来看待自己和他人的态度与行为，而且还习惯于自我中心式的思维方式，从而引发出一连串的冲突和矛盾。如果大家都能从对方的角度去思考一下，都能将心比心地换位感受一番，那么，许多冲突、矛盾就可以迎刃而解，这就是换位思考的积极作用。

美国的开国元勋杰弗逊有一句名言："也许我不同意你的观点，但我一定举双手维护你说话的权利。"

换位思考到底是什么呢？其实就是"移情"，去"理解"别人的想法、感受，从别人的立场来看事情，以别人的心境来思考问题。当然，这并不是很容易就能做到的。

有时我们以为别人遇到了痛苦的事，我们就该安慰他（她），这样会抚平别人的创伤，而实际情况却不一定那么简单。

小宁的老公突发心脏病去世。料理完丧事，她疲倦且悲伤地回到家后，就开始面对亲友

们日复一日的关心询问：“他是怎么死的？”“你怎么没有及时呼救？”“之前你们夫妻吵过架吗？”“天哪，怎么会发生这样的事？”

这些人的出发点当然是关心，但对处于情绪低潮期的小宁，却造成莫大的伤害。后来她看到有人来，就害怕起来。“我最需要的，是沉默的体谅，但却没有人给我。”她说。

在生活中，我们有时很想帮助别人，但是只有好心是不够的，我们还需要一定的生活阅历和体谅别人的能力。即使安慰也是需要技巧的。有时我们太急着告诉别人我们的观念、判断和看法，却忘了输送真正的温暖；我们太急于知道自己想知道的，却忘了别人的伤口还没愈合。

换位思考不但需要转换思维模式，还需要一点好奇心来探求他人的内心世界。

真正的换位思考必然是一个“移情”的过程，要从内心深处站到他人的立场上去，要像感受自己一样去感受他人。但不幸的是，许多人的换位思考缺少了“移情”这一根本要素。他们或是站在自己的位置上去“猜想”别人的想法和感受，或是站在“一般人”的立场上去想别人“应该”有什么想法和感受，或是想当然地假设一种别人所谓的感受。这样的换位思考，其实仍局限于自己设定的小圈圈之中，绝对无法体验他人真正的感受和思想。只有真正地“移情”，设身处地地为他人着想，换位思考才能起到积极的作用。

想让别人喜欢你，先要喜欢上对方

看看你身边的人，你想过你喜欢的人通常具有哪些特征吗？你喜欢他们，是因为他们漂亮吗，还是因为他们聪明，或者是因为他们有社会地位？

心理学的研究表明，我们通常喜欢的人是那些也喜欢我们的人。他不一定很漂亮，或很聪明，或者有社会地位，仅仅是因为他很喜欢我们，我们也就很喜欢他们。这就是相互吸引定律。

那么，我们为什么会喜欢那些喜欢我们的人呢？这是因为喜欢我们的人使我们体验到了愉快的情绪，一想起他们，就会想起和他们交往时所拥有的快乐，使我们一看到他们时，自然就有了好心情。

而且，那些喜欢我们的人使我们受尊重的需要得到了满足。因为他人对自己的喜欢，是对自己的肯定、赏识，表明自己对他人或者对社会是有价值的。

有心理学家曾做过这样一个实验：

让被试“无意中”听到一个刚与他说过话的伙伴告诉主试喜欢或不喜欢他。接着，当这些同伴和被试在一起工作时，被试的面部表情会因他们听到的内容而异。当被试听到同伴喜欢他时，他会比听到同伴不喜欢他时在非言语表现上更积极。另外，后来的书面评定显示，被喜欢的被试比不被喜欢的被试更多地被同伴吸引。

其他的研究也证明了相似的结果：人们对那些他们认为喜欢他们的人，持更积极的态度。这就是喜欢的互逆现象。

对于喜欢的互逆现象，戴尔·卡耐基很久以前就在著作《如何赢得朋友和影响他人》中提到，人们获得友谊的最好方式是“热情友善地称赞他人”。但是，在我们为赢得他人的友谊而不遗余力地去赞美他人之前，我们需要考虑一下情境，有时赞美并不一定能导致喜欢。

喜欢的互逆性规律也有例外发生，其中之一就是当我们怀疑他人说好话是为了他自己时，他人的赞美并不会导致我们去喜欢他。

此外，对那些自我评价很低的人来说，喜欢的互逆性也不会发生。因为他可能认为喜欢他的人没有眼光，并且因此而不去喜欢那些人。

在生活中，有很多这样的情况，就是两个人的相互喜欢是由一个人对另一个人的单方面喜欢开始的。比如一个女孩开始时对一个追求她的男孩并没有多少好感，但是这个男孩子表现出了对她特别喜欢的态度，使这个女孩久而久之也对这个男孩动心了，最后接受了他的追求。

当然，这个规律也不是绝对的。有时我们喜欢某个并不喜欢我们的人，相反，我们不喜欢的人有时却很喜欢我们。我们只能说在其他一切方面都相同的情况下，人有一种很强的倾向，喜欢那些喜欢我们的人，即使他们的价值观、人生观都与我们不同。

先理解对方，然后再让对方理解你

我们常常与身边的人发生冲突，产生矛盾。这些人，也许是父母，也许是爱人，也许是朋友。并不是因为彼此之间有了什么深仇大恨，有时候仅仅是因为沟通出了点问题，彼此不能互相理解，从而使得感情出现裂痕，可是双方又没发觉或者发觉到了却不知道怎么去修补裂痕，以至于裂痕越来越大，误会越来越深，最后导致关系破裂。

人是感情动物。因为有感情，所以每个人都有脆弱的一面。当别人伤害到你的感情，或当你感到自己被忽略、被否定的时候便会觉得很受伤，也会因此对那些伤害你的人竖起防心。这个时候，如果有一个人对你说，他理解你的感受，理解你为什么要这么做，他希望能够帮助你，希望带给你快乐，这个时候，你的心便会如有暖流流过，冰冻的地方也会慢慢解冻，不再把自己封锁起来，而会试着去理解他人，当你理解了那些伤害你的人，你便不会再对他们有憎恨，矛盾和冲突也就不存在了。

凯是一个贫穷人家的孩子，由于家庭条件困难，在她高中毕业后考上一所专科学校时，父母的态度很冷漠。她非常想去学校读书，但是又不愿意去求父母，带着遗憾和些许怨恨，她来到了北京。

几年来，她靠着自己的努力，取得了不小的成绩——成了一家网络公司的客户经理。虽然她工作上成绩很出色，但她的遗憾和怨恨依然没有减少。因此，和家里的关系很僵化。她很少回家，也很少打电话给父母。不过，每年凯还是会按时给家里寄钱。她的父母也深知她的委屈，但不知道怎么样才能弥补曾经给女儿的伤害。

2003 年，非典开始肆虐，北京也闹得很凶。凯的父母十分担心女儿，母亲忍不住给凯打了个电话。虽然她们只说了不到两分钟，虽然凯在电话里还是很冷漠，但当挂断电话的时候，凯已经泪流满面了。因为她终于明白父母还是爱自己的，还是担心自己的，当年不愿意她继续读书实在是无奈之举。一个多年尴尬、僵持的关系，竟然被一个温馨的问候给化解了，这就是理解的力量。

是的，当你学着理解别人，理解别人做某件事而你无法接受的背后的苦衷时，你不会再有愤怒，也不会再有抱怨。所以，当你因为某件事而生气、痛苦并且决定采取什么措施时，先控制一下自己的这种情绪，试着去理解别人做这件事的真正目的，是不是有什么不得已的苦衷，以免你遗憾和后悔。

炳有一个妹妹嫁给了一个律师。这位律师是炳的大学同学，妹妹与他是自由恋爱后结婚的，所以炳非常放心地把这个自己最疼爱的妹妹交给了他，而且相信他们一定会过上幸福的生活。

妹妹与妹夫也确实过了一段非常幸福的生活。可是，渐渐地，妹夫对妹妹却古怪起来，疑心重重。妹妹走到哪儿，他就跟到哪儿，而且绝对不让她单独去什么地方，就算去超市买点日用品他也得跟随着。他还让妹妹辞掉了工作，天天把她关在家里。如果要出去，就一定要在他的陪同下才能出去。

当妹妹向炳哭诉的时候，炳非常生气，恨不能马上就把那个欺负妹妹的人揪出来打一顿。他甚至与父母商量，要向法庭起诉妹夫，告他侵犯了妹妹的人身自由权。当炳找到妹夫摊牌时，妹夫只是很无奈地看着他，什么都不说。这下，炳更加确定是妹夫欺负了妹妹，而且是以一种近乎变态的方式。他威胁妹夫，要么跟妹妹离婚，要么就等着法庭上见。

当炳积极搜集证据，准备随时通过法律手段为妹妹赢得自由时，他接到了一个精神病医院的电话，向他询问他妹妹小时候经历过的各种事情。炳这时候才知道，原来自己的妹妹得了盗窃症，无法抑制自己的偷窃冲动。不管到哪儿，只要是她一个人，她就想偷东西。炳这才理解了妹夫之前的种种行为，知道妹夫为了不让别人看到妹妹有这样的怪癖，费尽了心思。他当时就打电话给妹夫，很诚恳地向妹夫道歉，而妹夫依旧只是在电话中笑了笑，表示没关系。

当你理解了一个人的做法，你就不会再耻笑对方，或者因为这种做法损害到你的利益而与对方争执。一个善解人意的人，是不会轻易就跟别人闹矛盾的。面对别人无端的指责，他也不会放在心上，而是会想，我能理解他为什么这么生气，换成是我，我也会这么生气的。也因为如此，善解人意的人，没有敌人，只有朋友。

你对朋友知心，朋友也会对你知心

小敏是同宿舍中最擅长交际的一个，而且人也长得漂亮。但同宿舍甚至同班的其他女孩都找到了自己的男朋友，唯独漂亮、擅长交际的小敏仍是独自一人。

为什么呢？她身边的同学都表示，她太神秘，别人很难了解她。和她有过接触的男同学也说，刚开始和她交往时，感觉她是个活泼开朗的女孩，但时间一长，就发现她很自私。

原来，小敏一直对自己的私生活讳莫如深，也从不和别人谈论自己，每当别人问起时，她就把话题岔开，怪不得同学们都觉得她神秘呢！

生活中有一些人是相当封闭的，当对方向他们说出心事时，他们却总是对自己的事情闭口不谈。但这种人不一定都是内向的人，有的人话虽然不少，但是从不触及自己的私生活，不谈自己内心的感受。有些人社交能力很强，他们可以饶有兴趣地与你谈论国际时事、体育新闻、家长里短，可是从来不会表明自己的态度。而一旦你将话题引入略带私密性的问题时，他就会插科打诨转移话题。可见，一个健谈的人，也可能对自身的敏感问题有相当强的抵触心理。相反，有一些人虽不善言辞，却总希望能向对方袒露心声，反而能很快和别人拉近距离。

人之相识，贵在相知；人之相知，贵在知心。要想与别人成为知心朋友，就必须表露自己的真实感情和真实想法，向别人讲心里话，坦率地表白自己、陈述自己、推销自己，这就是自我暴露。

当自己处于明处，对方处于暗处时，你一定不会感到舒服。自己表露情感，对方却讳莫如深，不和你交心，你一定不会对他产生亲切感和信赖感。当一个人向你表白内心深处的感受时，你可以感到对方信任你，想和你达到情感的沟通，这就会一下子拉近你们的距离。

在生活中，有的人知心朋友比较多，虽然他(她)看起来不是很擅长社交。如果你仔细观察，会发现这样的人一般都有一个特点，就是为人真诚，渴望情感沟通。他们说的话也许不多，但都是真诚的。他们有困难的时候，总会有人来帮助，而且很慷慨。而有的人，虽然很擅长社交，甚至在交际场合中如鱼得水，但是他们却少有知心朋友。因为他们习惯于说场面话，做表面功夫，交朋友又多又快，感情却都不是很深。因为他们虽然说很多话，却很少暴露自己的真实感情。

实际上，人和人在情感上总会有相通之处。如果你愿意向对方适度袒露心扉，总会发现相互的共同之处，从而和对方建立某种感情的联系。向可以信任的人吐露秘密，有时会一下子赢得对方的心，赢得一生的友谊。

小鱼是某大学的研究生，刚入学不久，她就把同班同学给震住了。一天早上，课间，坐在前排的她转过身和一位同学借笔记，还回来时笔记里竟然夹了一张男生的照片。于是小鱼打开了话匣子，跟后面的同学聊了起来，说那是她在火车上认识的新男友，正在热恋中。她从她和男友在哪儿租了房子、昨天买了什么菜、谁做的晚饭，说到她如何如何幸福，甚至说到二人世界里亲密的小细节……

这样的事情有很多，而且她经常不分时间场合随便就跟别人讲自己的一些私事。到后来，同学们一见到她就躲开了，大家都受不了她了。

由上面的这个例子我们可以看出，在人际交往的过程中，自我暴露要有一个度，过度的自我暴露反而会惹人厌。

在人际交往中，自我暴露应注意以下几个问题：

1. 自我暴露应遵循对等原则，即当一个人的自我暴露与对方相当时，才能使对方产生好感。比对方暴露得多，则给对方以很大的威胁和压力，对方会采取避而远之的防卫态度；比对方暴露得少，又显得缺乏交流的诚意，交不到知心朋友。

2. 自我暴露应循序渐进。自我暴露必须缓慢到相当温和的程度，缓慢到足以使双方都不感到惊讶的速度。如果过早地涉及太多的个人亲密关系，反而会引起对方的忧虑和不信任感，认为你不稳重、不敢托付，从而拉大了双方之间的心理距离。

真正的亲密关系是建立得很慢的，它的建立要靠信任和与别人相处的不断体验。因而，你的“自我暴露”必须以逐步深入为基本原则。这样，你才会讨人喜欢，才能交到知心朋友。

站在对方的立场说话，他才容易听你的话

很多人往往习惯将自己的想法或意见强加给别人，总觉得那样才是解决问题的最好方式。虽然出发点都是好的，是为了帮助别人解决某些问题，但是却始终没有站在对方的立场上想过——这样是否适合?

当我们和别人商谈事情时，我们不应该先自我确定标准和结论，应该先站在对方的立场上仔细想想，询问对方对这件事情的看法和他认为应该如何解决这个问题，而不是直接讲一番大道理来逼迫对方接受自己的观点，这样做反而更难让对方听你的话。

很多时候，站在对方的立场上考虑问题，你会发现，你跟他有了共同语言，他的所思所想、所喜所恶，都变得可以理解甚至显得可爱。在各种交往中，你都可以从容应对，要么伸出理解的援手，要么防范对方的恶招。许多人不懂得如何站在对方立场上思考和说话，这是导致很多事情做不成功的一大原因。

你若能站在他人的立场上说话，能给他人一种为他着想的感觉，这种技巧常常使你的话具有极强的说服力。要做到这一点，“知己知彼”是十分重要的。唯先知彼，而后方能从对方立场上考虑问题。成功的人际交往语言，有赖于发现对方的真实需要，并且在实现自我目标的同时给对方指出一条可行的路。

某精密机械工厂在生产某种新产品时，将其部分部件委托另外一家小型工厂制造。当该小型工厂将零件的半成品呈送给总厂时，不料全不符合总厂的要求。由于新产品上市迫在眉睫，总厂产品负责人让小厂尽快重新制造，但小厂负责人认为他是完全按总厂的规格制造的，不想再重新制造，双方僵持了许久。这时总厂厂长在问明原委后，便对小厂负责人说：“我想这件事完全是由于公司方面设计不周所致，而且还令你吃了亏，实在抱歉。今天幸好有你们帮忙，才让我们发现了产品的缺点。只是事到如今，产品总是要上市的，你们不妨将它制造得更完美一点，这样对你我双方都是有好处的。”那位小厂负责人听完，便欣然应允了。

也许你会质疑：“站在对方的立场上说来容易，实际要做的时候也那么容易吗?”没错，站在对方立场上说话确实不容易，但却不是不可能。许多口才不错的人都能做到这一点。因为若不这样做，谈话成功的希望就可能很小。真正会说话的人，善于从他人的角度来设想，并且乐此不疲。然而，他们也并非一开始就能做得很好，而是从一次次的说服过程中吸收经验、汲取教训，不断培养这种习惯，最后才达到这种境界的。因此，只要你愿意，这并不是件太难的事。

美国“汽车大王”福特曾说过：“如果说成功有秘诀的话，那就是站在他人立场上认识和思考问题。”所以在与人交往的过程中，多站在对方的立场上思考和说话，设身处地地为他人着想，更能让他人感动，更容易让他人接受你的思想。

一个人的痛苦之一就是没人理解。如果我们能站在他人的立场上说话，那对于他人来说是一种莫大的幸福。

看到对方的需要，了解对方的观点

换位思考要求我们从说话者的角度来看待问题：“说话者所要表达的观点是什么？他需要的是什么？他想要解决什么问题？”

有一个传教士想知道天堂与地狱的区别，上帝便带他走进一个房间。在这个房间，许多人围着一只正在煮食的大锅坐着，他们又饿又失望。每个人都有一只汤匙，但是汤匙的柄太长了，所以食物没法送到口里。

“来，现在我带你去看看天堂。”上帝带着传教士进入另一个房间，这个房间跟上个房间的情景一样，也有一大群人围着一只正在煮食的锅坐着，他们的汤匙跟先前那群人一样长。所不同的是，这里的人看起来又快乐又满足。

传教士奇怪地问上帝：“为什么同样的情景，这个房间的人快乐，而那个房间的人却愁眉不展呢？”

上帝微笑着说：“难道你没有看到，这个房间的人都学会了互相喂对方吗？”

如果用更准确的话语来总结，那就是：充满快乐的那个房间的人都看到了对方的需要，并且满足了对方，与此同时，自己的需要也得到了满足。这看似浅显的道理理解起来不难，但做起来却并不容易。

要满足别人的需要，我们首先要去了解他的需要。精神分析心理学派鼻祖弗洛伊德说：“别人之所以那么做，一定有他的一个原因。试着找出那个隐藏的原因，你就等于拥有了解释他的行为，了解他个性的钥匙。”观察、倾听、思考是了解他人需要与观点的好办法。

很多时候，了解他人的需要与观点是建立在仔细聆听的基础上的。这不但要求专注，还要求移情，即把自己置身于说话者的位置上，把自己想象成对方。这需要你暂停自己的想法和感觉，努力去理解说话者想要表达的含义，从说话者的角度调整自己的所观所感，这样可以保证你对所听到的信息的理解符合说话者的本意。

希伯来有一个国王叫所罗门，是西方世界智慧的象征。一次，在国王办公时，有一对老夫妇闯了进来，老翁说他想要离婚，所罗门问“为什么”，老翁讲出了若干个理由。所罗门边听边点头，最后说：“是的，你是对的，你们应该离婚。”话音未落，老妇人强烈反对，说绝对不同意离婚，问她理由，她的“理由”比老翁还要充足。所罗门同样边听边点头，最后说：“是的，你是对的，你们不应该离婚。”

这时，国王身边的大臣见国王如此断案，忍不住站出来当众指责所罗门：“大王，你不应该这样断案，你这样断案是不对的。”所罗门同样边听边点头，最后说：“不但他们是对的，你也是对的，确实没有如此断案的，尤其这样的事情发生在国王身上。”

所罗门的上述行为并非愚蠢的表现。用心倾听，并且在听的同时把自己想象成对方，这正是所谓的“换位思考”，正是智慧的处世之道。

在工作中，人们常常会遇到这样的情况：试图了解某人的需求与观点，但却无法与之接触。在这种情况下，倾听与观察是无能为力的，你只能借用你的大脑，在思考的基础上推测他的需求，并试着去满足他的这一需求。

英国皮鞋厂的一位推销员曾多次拜访伦敦的一家皮鞋店，但其拜会老板的请求都被鞋店老板拒绝了。

一天，他看到一份报纸上刊登着一则关于变更鞋业税收管理办法的消息。他想，这则消息一定有利于皮鞋店节省费用。于是，他带上报纸，又来到了这家鞋店。

他来到鞋店前，大声地对鞋店的一位售货员说：“请您转告您的老板，说我有路子让他发财。不但可以让他大大减少订货费用，还可以赚大钱呢。”

这一招果真有效。很快，老板同意接受他的拜会。

帮助对方要适当，接受对方的帮助也要适当

在机关里工作的小孙是天生的交际人才，有事没事，都爱到别的科室转转。工作不到一年，便与各个科室的人，大到最高领导，小到办事人员，混得很熟。

此外，小孙与机关的最高领导——局长的关系也非同一般。只要他遇到什么办不了的事，给局长一说，事情就解决了。

应该说，小孙的群众基础也不错，他待人热情，乐于助人。遇到办公室的同事有困难，他总是自告奋勇，常常还没等别人张口请他帮忙，他就说："小事一桩，我替你摆平！"

同时，他为人也缺少原则，常常让同事帮他做事。对于别人给予的种种好处，他也总是来者不拒。就拿吃早餐这事来说吧，要是他早上没东西吃，他会伸手向办公室的人要，甚至跑到别的办公室找吃的。

在单位呼风唤雨，小孙感觉一直很好。

两年后，办公室的科长提升了，小孙作为候选人参与考核。他想，自己要能力有能力，要关系有关系，这个科长是当定了。

不料，他却落选了。

原来，同事给他打的分，远远低于他的对手。领导认为他还太年轻，群众基础还比较弱，只好放弃了让他升任科长的想法。

民意调查结果说明了什么？是同事以怨报德，还是小孙为人失败？

仔细分析，应该是小孙不够了解人心，以致为人失败。

要知道，一个人，如果从不帮助他人，很难有太大的成就。但是，如果帮助的方式不对，也可能得不偿失。对方非但不感激你，还怨恨你。

什么叫帮助的方式不对？

就是在帮助对方的时候，不够委婉，伤害了对方的自尊心。这就是为什么那些受过小孙太多恩惠的同事，内心反而不喜欢他的原因。

也许，小孙给予同事的帮助太多，满足了自己的"虚荣心"，却在无形中伤害了同事的"自尊心"。

一位交际广泛的著名记者曾经说过，他最大的敌人，都是那些得到过他帮助最多的人。

人们通常认为，经常给别人一些殷勤的关心与帮助，肯定会赢得别人的好感。

这种想法并不完全对。适当的帮助对彼此双方都是有好处的。但是如果你对别人的帮助过了头，使别人觉得自己软弱无能，引发了他的自卑感，就会导致他为自己的"没有出息"而苦恼。如果这种苦恼对他触动太深，他就会把这种烦恼的原因归结到让他陷入这种处境的人，即帮助他的人身上，以"怨"报德，反而对帮助他的人心存芥蒂。

小孙一味地充好汉，做事太主动太张扬，还没等别人提出请求，就说什么"小事一桩，我替你摆平"，自然可能帮了人却遭人怨恨。同事心里也许会想："你有什么了不起，不就多认识几个人吗？""就你有能耐，什么都是小事？！"

在帮助别人的时候，一定不要鲁莽，而要讲究方式，委婉而巧妙；讲究一个度，不轻给、不滥给。这样，既可以维护别人的自尊心，也可以给对方一种强烈的刺激，使他对你心存感激。

小孙还有一个问题，就是在接受别人的恩惠时太随意。

要知道，接受他人的帮助也应适当，应讲究一个"度"。如果对别人的帮助，我们一概地拒绝，不利于拉近彼此的距离。为什么？

因为适时地接受他人的帮助，可以让他人有一种施惠于人的满足感与成就感。也就是说，当请求他人赐予我们一些小恩小惠时，我们得到的不仅是小恩惠，还有他人的好感与亲近。

这也是为什么我们有时需要主动请求他人给予我们一些恩惠的原因。

鼎鼎有名的大外交家英皇爱德华七世，曾用尽他的手段去讨好新任美国大使约瑟夫·乔特。在他们初次见面时，他就谦卑地请求乔特送麦金利总统和罗斯福总统的照片给他。

不过，如果反过来，我们要求太多，太随便，也不好，那样会让对方心烦，让人看不起。对方可能认为你能力太差，什么都需要别人帮忙，或者认为你不把他当回事，随便使唤。

总之，不论是帮助别人，还是接受别人的帮助，都需要把握一个界限，注意自己的态度。只有这样，你提供帮助才会得到别人的感激，你接受帮助才会赢得别人的好感。

关心对方最亲近的人，更会赢得他人的心

现实生活中如果你想打动对方的心，这可是件很不容易的事情，但是你不妨试着去打动对方最关心的人的心，这样或许能收到非常好的效果。

20 世纪 80 年代初的一天，在美国旧金山一家医院里的一间隔离病房外面，一位身体硬朗、步履生风、声若洪钟的老人，正在与护士死磨硬缠地要求探望一名因痢疾住院治疗的女士。

但是，护士却严守规章制度坚决不肯退让。这位护士怎么也不会想到，这位衣着朴素的老者，竟是通用电气公司的总裁，一位曾被公认为世界电气业权威杂志——美国《电信》月刊选为“世界最佳经营家”的世界企业巨子斯通先生。护士也根本无从知晓，斯通探望的女士并非他的家人，而是加利福尼亚州的销售员哈桑的妻子。

后来，哈桑知道了这件事，在震惊之余感激不已。他决定以更加努力的工作、更辉煌的业绩来报答斯通的关心及公司的厚爱。他每天拼命地工作，甚至长达 16 个小时。

在哈桑的带动下，通用电气公司在加利福尼亚州的销售业绩一度在全美各地区评比中名列前茅。

难怪人们都认为，通用电气公司的事业蒸蒸日上，斯通的情感管理功不可没。

人人都有亲人，都会关心自己最亲近的人。一旦发现了别人也在关心着自己所关心的人，大都会产生一种无比亲近的感觉。

人际交往中，完全可以利用人们的这种心理倾向，从关心对方最亲近的人着手，赢得对方的好感，拉近彼此的距离。

再说，关心对方的亲人，哪怕对方原本对你有成见，并不乐意帮你办事，但只要他的亲人动了心，在一旁帮你说说话，这掌握决定权的人耐不住亲人的软硬兼施，也常常不得不让步。比如下面这位后勤主任。

温强是一家外贸公司的职员，工作三年有余，虽没有一官半职，但业绩不错，是公司的重点培养对象。

公司准备分配最后一批公房，温强正打算结婚，于是，一知道消息便交了申请。可是，后勤的负责人告诉他，由于资历尚浅，没有希望分房。

温强一听，急了。“单位里占着两套房的人有的是”，想着自己连一间房也分不到，他越想越生气，一怒之下，他撬开一套公房的门，住了进去。

单位领导得知此事，大为恼火，勒令温强退房。在遭到坚决拒绝之后，公司对他进行了处罚：停发工资、取消年终奖、行政记过一次。

三个月后，温强的生活陷入了困境。因为装修房子、买家具几乎花光了他的所有积蓄。

有老同事开导温强，叫他去找单位的后勤主任认错，至少把工资给发下来。

走投无路之下，温强去见了后勤主任，但主任根本不理他。连着一周，他天天去，依然没用。

温强见主任的夫人是个善良的人，便趁主任不在的时候，向她诉苦，博得她的同情，又帮她干活，赢得她的好感。

通过聊天，温强得知主任上初中的小女儿数学成绩不太好，让主任夫妇很担心，便主动提出给孩子补课。

此后，温强便趁主任不在家的时候去给小女孩补数学，两周三次。也许是他的方法得当，也许是他的鼓励有效，不到一个月，小女孩的数学成绩就有了很大的进步。当然，主任夫人也从同情他到感激他，并喜欢上了他。

此后一个多月的时间里，温强再没去找过后勤主任，但背地里却坚持到主任家，给主任的孩子补习功课。

终于，有一天，单位通知温强交一份检讨书和一份困难补助，说是要给他补助几百元生活费。只要他交上检讨书，单位就撤销停发工资的决定。

这消息一传开，同事们纷纷猜测，说领导一定是看在他过去的业绩上，才改变处分决定的。

只有温强自己清楚，是后勤主任的夫人和孩子替自己说了好话。也就是说，让温强从困境中爬出来的不是他过去的成绩，而是他现在的感情投资，是他对人的心理的了解与利用。

对关心自己的人心存感激，这是人之常情。即使对方是你的敌人，只要他知道你经常关心他最亲近的人，即便他不能把你当做朋友，也不可能再与你为敌。

要知道，亲人之间总是心连心的。只要你心诚，关心到位，另一颗心就不能没有感觉。

不信，试试看？送礼物给对方的亲人、为对方的亲人发挥一己之长、以己之便给对方的亲人提供方便。相信你所期望被打动的那个人不会没有反应。

给人一份情，让他还你一辈子

谁都知道，有了“人情”好办事。但“人情”都是有限的，就像银行存款一样，你存进去的多，能取出来的就多，存得少，能取出来的就少。你若和别人只是泛泛之交，你困难时别人帮你的可能就很小，因为人家没有义务帮你。如果你平时多储蓄“人情”，甚至不惜血本地投资，急用时就不至于犯难。

常言道“士为知己者死，女为悦己者容”。能为知己者死的，必欠下了天大的人情，因此偿还人情便成了他们矢志不渝的目标。

公元前239年，燕国太子丹在秦国当人质。秦国对他很不友好，太子丹对此怀恨在心，偷偷逃回燕国。于是秦国派大军向燕国兴师问罪。太子丹势单力薄，难以与秦兵对阵。为报国仇私恨，他广招天下勇士，去刺杀秦王。

荆轲是当时有名的勇士，太子丹把他请到家里，像招待贵客一样，对荆轲照顾得无微不至。终于，打动了荆轲。后来，又对逃到燕国来的秦国叛将樊於期以礼相待，奉为上宾。二人对太子丹感激涕零，发誓要为太子丹报仇雪恨。

荆轲虽力敌万钧，勇猛异常，但秦廷戒备森严，五步一岗，十步一哨，且有精兵护卫，接近秦王难于上青天。于是，荆轲对樊於期说：“论我的力气和武功，刺杀秦王不难，难在无法接近秦王。听说秦王对你逃到燕国恼羞成怒，现正以千金悬赏你的脑袋。如果我能拿到你的头，冒充杀了你的勇士，找秦王领赏，就能取得秦王的信任，并可乘机杀掉他。”樊於期听罢毫不犹豫，拔剑自刎。

荆轲带着樊於期的人头和督亢地方的地图，去见秦王，这两件东西都是秦王想要得到的东西。但他未能杀掉秦王，反被秦王擒杀，只为后人留下了“风萧萧兮易水寒，壮士一去兮不复还”的悲壮诗句和“图穷匕见”的故事。

樊於期之所以能“献头”，荆轲之所以能舍命刺杀秦王，都完全是为了回报太子丹的礼遇之恩。“投桃报李”、“滴水之恩，涌泉相报”，足以说明“恩惠”对人心感化的巨大作用。

春秋时，楚庄王励精图治，国富民强，手下战将众多，个个都肯为他卖命。楚庄王也极力笼络这批战将，经常宴请他们。一天，楚庄王又大宴众将。君臣喝得极其痛快。天色渐晚，庄王命点上蜡烛继续喝酒，又让自己的宠姬出来向众将劝酒。突然间，一阵狂风吹过，把厅堂里的灯烛全部吹灭了，四周一片漆黑。猛然间，庄王听得劝酒的爱姬尖叫一声，他忙问何事。宠姬在黑暗中摸过来，附在庄王耳边哭诉：“灯一灭，有位将军无礼，偷偷搂抱臣妾。已被我偷偷拔取了他的盔缨。请大王查找无盔缨之人，重重治罪，为妾出气。”

庄王听闻，心中勃然大怒，自己对众将这样宠爱，竟有不逊之人，胆敢戏弄我的爱姬，真乃无礼之极！定要查出此人，杀一儆百！他刚要下令点灯查找，但又一转念：这帮战将都是曾为我流过血、卖过命的人，我若为了这点小事杀一位战将，其他战将定会寒心，以后谁还会真心诚意地为我卖命呢？失去这批战将，我将凭什么称霸中原呢？俗话说，小不忍则乱大谋。还是隐忍一下，放过这等小事。主意已定，他低声劝宠姬道："卿且去后堂休息，我定查出此人为你出气。"

等那宠姬离开厅堂，庄王便下令说："今日玩得甚是痛快，大家都把盔缨拔下来，喝个痛快。"大家在黑暗中都不知就里，不明白大王为何让大家拔下盔缨。但既然大王有令，就只好照办了。那位肇事的将军在酒醉之中闯下大祸，听到庄王宠姬尖叫，才吓醒了酒，心想这次必死无疑。等庄王命令大家拔盔缨时，他伸手一摸，盔缨早已没有了，才明白庄王的用心。等大家都拔去盔缨，庄王才下令点上灯烛，继续畅饮。那位肇事的将军便对庄王感恩在心，下定了以死效忠的决心。

自此以后，每逢战斗，都有一位楚将冲锋陷阵，拼命地出击作战。楚庄王细细查问，才知道他就是那位被宠姬拔掉盔缨的将军。

其实，有时给别人一些小的恩惠和人情对你来说只是举手之劳，并不费多少力气，可是对别人来说却是一种莫大的安慰，必要时他会舍命来报答你。

但是在送人情时，也要注意以下几点：

1．不可过分给予。因为饮足井水者，往往离井而去，所以你应该适度地控制，让他总是有点渴，以便使其对你产生依赖感。一旦对你失去依赖心，或许就不再对你毕恭毕敬了。

2．如果你是位领导，你手下有一些属员，他们都希望能通过你得到一些好处，你应该怎样赐予他们人情呢？一是要经常地赐给他们一点好处，但不可一下子全部满足他们的欲望，否则，对你倾囊施予的恩惠，他们便不以为贵了。

3．不要对别人的恩情过重，这会使人感到自卑乃至厌倦你。因为他一方面感到自己无法偿还这份人情，一方面觉得自己无能。

4．不妨对别人施以小恩小惠，但不要让对方以为你在故意讨好他们。否则你施予的"人情"也就不值钱了。

5．对方不需要时，不要"自作多情"。因为这时你送人情会让对方感到多余，对方可能不领你的情。

6．送人情不能临时抱佛脚。对方知道你有较重要、较麻烦的事要托到他，你临时抱佛脚而施予人情，也是不值钱的，至多能把你所托之事办下来，下次有事再托，还要重新送上情分。倘若对方办不了此事，或者你送的人情太小气，抵不住对方所要付出的代价，对方也不会轻易领你这份情。甚至干脆回绝你，让你讨个没趣或尴尬。

让他知道你了解他、包容他，合作更容易

美国著名小说家西奥多·德莱塞曾说过："如果人想自人生中得到任何快乐，就不能只想到自己，而应为他人着想。因为快乐来自于你为别人，别人为你。"

就拿事业来说吧。你自己的努力与能力往往只是成功的一半，找到适合与你合作的人，你才算找到了成功的另一半。那么，怎样找到那个适合的人呢？就是要了解他、包容他，就像了解你自己，包容你自己一样。只有了解别人，才谈得上合作；也只有了解了别人，才能够在合作的过程中扬长避短，互相配合。

1983 年春天，玛格丽特抵达"东南老人中心"，开始了她的物理治疗的独立生活。当该中心员工米莉·麦格修将玛格丽特介绍给中心人员时，她注意到玛格丽特盯着钢琴看的那一霎间流露出痛苦的表情。

"怎么了？"米莉问。

"没什么，"玛格丽特柔声说，"只是看到了钢琴，勾起我许多回忆。"米莉瞥向玛格

丽特残障的右手，默默聆听眼前这名黑人妇女谈起她音乐生涯的辉煌过去。

“你在这里等一下，我马上回来。”米莉突然插口说。一会儿，她回来了，身后紧跟着一位娇小、白发、戴着厚重眼镜，并且使用助步器的女人。

“这位是玛格丽特。”米莉帮她们互相介绍，“这位是露丝·艾因柏格。”她又笑道，“她也弹钢琴，但她跟你一样，自从中风后，就没办法弹了。艾因柏格太太有健全的右手，而你有健全的左手，我有种感觉，只要你们互相合作，一定可以弹出好作品。”

“你知道肖邦降D调的华尔兹吗？”露丝问，玛格丽特点点头。

于是两人并肩坐在钢琴的长椅上。两只健全的手——一只是黑色，有纤长优雅的手指；另一只是白色，有短胖的手指——很有节奏感地在黑白键上滑动。从那天起，她们就一起坐在键盘前——玛格丽特残障的右手搂住露丝的背部，露丝无用的左手搁在玛格丽特的膝上。露丝健全的右手弹主旋律，玛格丽特灵活的左手弹伴奏旋律。

她们的音乐曾在电视上、教堂里、学校中、康复中心、老人之家给许多听众带来快乐。坐在钢琴的长椅前，她们共享的东西不只是音乐。除肖邦、巴赫和贝多芬的音乐外，她们发现彼此的共通点比想象的要多得多——两人都是很好的祖母，都失去了儿子，都有颗奉献的心，但若失去了对方，她们就什么也办不到。两人同坐在钢琴的长椅前，露丝听见玛格丽特说：“我被剥夺了音乐，但上帝却给了我露丝。”很显然，这些年来她们并肩而坐，玛格丽特的某些信仰已经影响了露丝。露丝说：“是上帝的奇迹将我们结合在一起。”

建立良好的合作关系，还需要了解他人，包容他人。每个人都有自己的优缺点，在与人合作的过程中，你不可能只与他人的优点合作。当与他人的缺点发生冲撞时，你唯一能做的就是包容。

关于这方面，还有一个故事：

有一天，沙漠与海洋谈判。

“我太干，干得连一条小溪都没有，而你却有那么多水，变成汪洋一片。”沙漠建议，“不如我们来个交换吧。”

“好啊，”海洋欣然同意，“我欢迎沙漠来填补海洋，但是我已经有沙滩了，所以只要土，不要沙。”

“我也欢迎海洋来滋润沙漠，”沙漠说，“可是盐太咸了，所以只要水，不要盐。”

正如上面的海洋与沙漠一样，我们想得到一种东西，必须容忍其他一些东西也跟过来。只有这样才是所谓的“双赢”。

有两个戏剧学院的同学，毕业后一起进入演艺圈。他们都很有才气，在学校的时候就显得与众不同。两人虽然彼此惺惺相惜，却也因好强而暗中较量。

虽然两人同时毕业于戏剧学院，但一位是导演系的，一位是表演系的。因此入行后，一位当导演，一位做演员。

经过一段时间的努力，两人在工作岗位上都表现得很出色，也各自拥有了一席之地。有一次，刚好有部电影可以让他俩合作。基于两人是要好的同学，而且对彼此的才能和需求都非常了解，所以他们爽快地答应一起合作。

这个导演对于演员一向要求比较严格，所以在拍戏的过程之中，虽然是自己的同学也毫不客气地加以指责。而已经是名演员的老同学也有自己的见解和个性，所以片场的火药味总是很浓。

有一天，导演因为几个镜头一直拍不好，不禁怒火中烧，对着自己的老同学大发脾气，一句重话马上脱口而出：“我从来没见过这么烂的演员！”

名演员一听，脸色苍白地愣住了。他走到休息室，不肯出来继续拍戏。

“一道篱笆三个桩，一个好汉三个帮。”一个人在社会生活中，不可能永远是孤军打天下，总会有与别人携手合作的时候。事实上，我们几乎每天都会碰到许多必须与别人合作才能完成的事情。学会与别人愉快而有效地合作，无疑将会给你的生活、学习带来高效率和愉悦的心情。因此，我们也可以说，合作关系是人际关系的另一面镜子。

与别人合作关系差的人，其人际关系往往也很差。因此，从合作关系之中，我们可以建立良好的人际关系；从人际关系之中，我们可以巩固彼此的合作关系，这是互动的。

学会与别人合作有很多的技巧，不是说你本着一颗真诚的心就可以万事大吉的。要与人合作，必须了解别人。只有在了解了别人的基础上，才谈得上合作的关系。只有对别人有了充分的了解，才能扬其长避其短，使其有信心与你共事。

客观而言，了解别人也是一种能力，而不仅仅是一种态度。在很多情况下，我们都是感情用事，不够理智，不懂得换位思考，这为我们带来了许多麻烦，所以我们每个人都应该以一颗包容的心，忍受别人不合理的行为和各种不顺心的情况，学习去欣赏并接受不同的生活方式、文化等。

你不去责怪对方，对方也不会责怪你

林肯在美国历史上应该算是一个接近完美的总统，他一直以来也被美国的人们称颂着。他的幽默，他的自信，还有他的豁达宽容，都成为他个人品格的突出点。但是林肯这些品德，有的是与生俱来的，有的也是通过一些经验教训培养出来的。曾经，林肯并不是一个很宽容的人，像所有年轻气盛的年轻人一样，他也曾在年轻的时候责怪过别人，甚至写信、写文章、写诗讽刺别人，并且把这些讽刺性的文字扔在大路上，让别人捡起来阅读。有一次还在报纸上公开批评自己的对手。不过，也就因为这一次的公开批评，让林肯吸取了教训，从此开始学着宽容地对待他人。

1842 年秋天，他讽刺了一位名叫詹姆斯·希尔兹的政治家。这个人自命不凡、凶猛好斗。林肯在《斯普林菲尔德日报》上写匿名信讽刺他，引起了城里人的哄笑。敏感而高傲的希尔兹满腔义愤，他查出信的作者，骑上马找到林肯，要求与他决斗。林肯并不愿应战，他反对决斗，但是他不可能避免决斗而保住荣誉。武器由林肯选择。因为他的手臂很长，所以他选择了骑兵腰刀，并向一位西点军校毕业生学习剑术。在约定好的那天，他与希尔兹来到密西西比河的沙堤上，准备决一死战。然而在最后一刻，他们的助手设法阻止了决斗。

这件事带给林肯的影响很大，后来他想起来仍觉得惊心动魄，也就是这件事在如何待人方面给了他一个极有价值的教训。他从此再也没有写过侮辱人的信，再也没有嘲笑过人。从那时起，他几乎再没有为任何事情责怪过任何人。后来，林肯还慢慢地琢磨出一些使自己变得更加宽容的方法。

林肯当上总统后的一天，国防部长斯坦顿走进了他的办公室，怒气冲冲地对他诉说一位少将用侮辱的话指责他偏袒一些人。林肯听了，建议他写封信针锋相对地反驳他，并说："你也可以狠狠地刺痛他一下嘛。"斯坦顿立即写了一封措词很强硬的信拿给他看。林肯看罢，大声喊道："对了，对了。写得好！严厉地批评他一顿，这是个最好的办法，斯坦顿。"但是当斯坦顿把信叠好快要放进信封时，林肯却又阻止了他，问道："你打算怎样处置它？"

"寄出去呀。"斯坦顿很奇怪林肯为什么会这么问。"不要胡闹，"林肯大声说，"你不应把信寄出去，快把它扔进火炉里去吧。每次当我发火时，我就尽情地写封信发泄发泄，写完后就把它扔了，我每次总是这样的。可知这是一封很起作用的信。当你花了许多时间把它写好时，不消说你的气已经消了，也就心平气和了。如果没有，那么现在再写第二封信吧。"

国防部长赞同地点了点头，十分感激总统的指点，他觉得自己从林肯这里学到了新的东西。林肯使斯坦顿既痛快地宣泄了一番，又没有伤害别人，怒火自生自灭。喜怒哀乐，原本是人的正常心理，太压抑自然会使自己透不过气，太放纵性情，又容易伤害别人。林肯的这种建议不失为两全其美之策。

南北战争期间，林肯依次撤换波托马克兵团的指挥官——麦克莱伦、波普、伯恩赛德、胡克、米德——他们都犯了战略错误，使林肯处于绝望的困境。这些不称职的将军们受到了北方的激烈谴责。但是林肯却保持了镇静，"宽容天下，不恨一人"。当林肯夫人和其他人严厉地谴责南方人时，林肯便说："不要责怪他们，在相同的环境中，我们也会像他们一样。"

在与人交往中，如果睚眦必报，斤斤计较，不懂得宽容，更做不到豁达，就只能是封死自己在交际中的路。没有谁愿意与一个为了一点小事就埋怨，为了别人不经意犯的一个小错误就追根究底的人交往。

真正豁达大度的人将拥有非凡的人格魅力，林肯就是如此。美国还有一位曾经两次参加美国总统竞选都失败的人士，他也是一个拥有豁达胸怀的人。这个人就是史蒂文森。他两次都是败在艾森豪威尔手上。第一次失败后，他的朋友写信安慰他，他则回信道："毕竟，除了我还有谁会与艾森豪威尔较量呢？"第二次失败后，他的朋友担心他受不了打击，可是他却说："除了我，还有谁会与艾森豪威尔作两次较量呢？"史蒂文森并不因为自己两次都是败在同一个对手手上而怨恨对方，反而更加豁达地看待自己的失败，并且以敬佩的眼光看待自己的对手。所以，虽然他竞选失利，但是他的个人魅力却增加了不少。这只有豁达大度者才能拥有，也因此而更加得到别人的喜欢。

莎士比亚曾经这样说过："不要因为你的敌人而燃起一把怒火，炽热得烧伤你自己。"一个睚眦必报的人，因为一些小事情而非要争出个结果，到最后也许自己受的伤更大，遭受的损失也更大。曾经有一个人，因为一块钱与邻居发生了冲突，最后不得不通过法院来解决。而那个所谓"一块钱"的官司打了好几年，弄到最后双方都精神疲惫，承受不起了，才最终不再继续下去。早知如此，何必当初？如果当初双方都能宽容点，都互相退一步，也许一切都会不一样了。

纵观古今中外，大凡有所成就的人无不是宽容豁达的人。宽容地对待他人，豁达地对待生活，终成不凡之人。

努力记住有关对方的小事，他会对你产生好感

马可·汉纳是当时世界闻名的美国政坛的风云人物。1896年，麦金利正是在汉纳的帮助下才顺利当选为总统的，并且美国采用金本位制也正是由于他的坚持。无疑，马可·汉纳在政治上有着非凡的影响力。尽管如此，年轻而骄傲的纽约商人、政治家威廉·比尔却并不怎么喜欢汉纳。在他看来，汉纳不过是个克里夫兰的"红发妖魔"，是个"笨蛋"而已。总之，比尔对汉纳没有好感。

然而，由于汉纳是共和党的领袖，为了自己在政治道路上能够走得更远，比尔不得不登门拜访汉纳。即使如此，他心中对汉纳仍然有说不出的反感。

出乎意料的是，比尔发现在整个交谈过程中，汉纳从头到尾都在讲关于比尔的事情：关于比尔的父亲，关于比尔对政纲的意见等。

汉纳说："你来自俄亥俄州吧？你的父亲是不是比尔法官？他是民主党的……"当时，比尔觉得不可思议，汉纳竟然重视一个反对自己的人，将对方的一切了解得那么清楚。就在比尔目瞪口呆的时候，汉纳又像是在和一位世侄交谈一样说："嗯，你父亲可是个非常厉害的角色，害得我几个朋友在一次石油生意上损失了许多钱呢！"

在整个谈话过程中，汉纳不时地讲到许多关于比尔的小事，例如他那位在阿需兰的伯父。就这样，当谈话结束的时候，比尔对于汉纳的反感已经烟消云散了。几天后，威廉·比尔甚至成了汉纳忠诚的支持者。在此后的几年中，威廉·比尔最愿意做的事情就是为自己曾经最厌恶的汉纳服务。

由此可见，在与人交往的过程中，努力记住对方的小事，并且在适当的时候让对方了解你记住了关于他的事情，就能够帮助你赢得对方的好感。

佩恩莱享钢铁公司的创建人查尔斯·什瓦普也认为对他人怀有浓厚的兴趣是获得良好人际关系的一个窍门。

第一次世界大战期间，查尔斯·什瓦普被任命为紧急装备军舰公司的领导。为了提高军舰的制造数量，他记住了当时火克岛造船所的所长海军司令喜欢泽西牛的癖好，然后他对这

位海军司令说："如果你能把军舰的制造数量从30艘提高到50艘，你将得到一头'全美最棒的泽西牛'。"海军司令听后，视查尔斯为知己，表示愿意尽自己所能为查尔斯效力。

由此可见，努力记住有关对方的事情，然后让对方知道，能够让对方获得一种被人重视、被人关注的心理满足感，进而对你产生好感。并且，你所记住的事情越是微小、不起眼，当对方得知你记住了它们时，对方获得的心理满足感就越大，对你产生的好感也就越大。

通过记住有关对方的小事来获得对方的好感，是一个非常有效的社交心理策略。无论对方是大人物还是普通人，这个方法都同样有效。

以访问大人物而闻名的新闻记者马可森说："当你将大人物们曾经说过的话复述出来的时候，他们的心情就会显得格外的好，对你也会表现得格外友善。"

那些善于交际的人都十分明白这种策略所带来的好处，他们总会在适当的时刻顺便问一两句对方的个人事情，以表示他们将对方正在做的事、对方的喜好记挂在心上，让对方感觉这些小事他们早该忘记但是却没想到他们还挂在心上，从而让对方的心里产生非常愉悦的感受，进而对他们产生好感。

这个方法实施起来很容易，然而或许正是因为它的容易，人们才常常忽略它，总是记得与自己有关的事，而忘记他人的事。因此，从现在开始，努力记住那些和对方有关的事情吧。一旦那些在对方看来微不足道的小事从你口中说出时，你就在无形中靠近了对方。

第二章
以心交心，互惠互利

制造共同体验，使其对你产生好感

温哥华的卡皮诺拉吊桥是世界上最伟大的吊桥：全长 450 英尺，宽 5 英尺，以 2 条粗麻绳及香板木悬挂在高 230 英尺的卡坡拉诺河的河谷上。吊桥来回摆动，令人心生惧意。1974 年，埃伦曾在这座吊桥上做过一个实验。

他让一位年轻、漂亮的女士站在桥中央，等待着 18 ~ 35 岁的没有女伴的男性过桥，并邀请他们回答几个问题，再把自己的电话号码告诉他。

然后，在另一座普通的小桥 (横跨了一条小溪但只有 10 英尺高) 上，进行另一个实验。再让这位年轻、漂亮的女士，向过桥的男士出示同样的调查问卷，并把自己的电话号码告诉他。

结果显示，走过卡皮诺拉吊桥的男性认为这位女士更有魅力，约有一半的人后来给她打了电话。而走过那个普通小桥的 16 位男性受试者中，只有 2 位给她打了电话。

埃伦由此得出结论：在恐怖的环境中，人们更容易动心。因为恐惧激发了生理上的感觉和异样。

后来，埃伦在实验室中再次验证了他的“激活论”。让一组人慢跑 10 分钟，再给他们看一组照片。另一组条件相同的受试者不跑步，而直接看照片。结果显示，运动后的人更易被照片上的帅哥美女所吸引。

也就是说，任何生理上的“激活”都可能令人更易心动。这个结论后来又得到了进一步的补充：当人们的情绪被激发起来，例如欢笑、焦虑或恐惧的时候，更能发现别人的魅力。而当人们有了共同的体验或相同的秘密，彼此间的关系将更稳固，更亲密。

在现实生活中，我们可以看到，有不少男生喜欢带女友到游乐园的鬼屋去玩。其实，这些男生是为了找机会和女友更亲密。这是因为，恐怖感激发了生理上的感觉和异样，会感觉对方更有魅力，也就更容易爱上对方，或是双方的感情会加深。事实的确如此，从鬼屋出来的情侣，比进去之前显得更亲密。

有同样经历的人，容易找到共同的语言。有了共同的语言，就容易放松警惕，产生亲密的感情。在交朋友时，如果我们能掌握这种心理技巧，巧妙地加以利用，就可缩短两人之间的距离。即使从未打过交道的人，也可以迅速成为朋友。

但是，人与人之间，尤其是想引起某人的注意却与之没有共同体验，那该怎么做呢？要想制造共同体验，可以适当地犯某种禁忌，或违反某项规则，从而赢得对方的好感。例如，在办公室里，如果女同事出现了某个小过失，可以帮她弥补，不让上司知道，这样双方就有了共同的小秘密。

制造共同体验，以增进感情的方法，还可以用于其他关系，如公司组织集体出游，就有利于使公司的工作气氛更融洽。而多花些时间和心思陪客户，也有助于双方的合作。

讲述相同或相似的经历，让对方有志同道合的感觉

有一次，俞伯牙乘船沿江游玩。船行到一座高山旁时，突然下起了大雨，船停在山边避雨。

伯牙耳听淅沥的雨声，眼望雨打江面的生动景象，琴兴大发。他正弹到兴头上，突然感到琴弦上有异样的颤抖，这是琴师的心灵感应，说明附近有人在听琴。伯牙走出船外，果然看见岸上树林边坐着一个叫钟子期的打柴人。他把子期请到船上，两人互通了姓名，伯牙说："我为你弹一首曲子听好吗？"子期立即表示洗耳恭听。伯牙即兴弹了一曲《高山》，子期赞叹道："巍峨兮若泰山！"伯牙又弹了一曲《流水》，子期称赞道："洋洋兮若江河！"伯牙又佩服又激动，对子期说："这个世界上只有你才懂得我的心声，你真是我的知音啊！"于是两个人结拜为生死之交。

而同样在古代，华歆和管宁是很好的朋友，他们平时一起吃、一起住，一起读书。有一次，他俩一块儿在地里锄草，管宁碰到了一块黄金，但是他自言自语地说了句："我当是什么硬东西呢，原来是锭金子。"接着，就继续锄草。

华歆听说捡到金子了，忙跑过来，激动地拿在手里看，显出贪婪之色。管宁责备华歆说："钱财应该是靠自己的辛勤劳动去获得，一个有道德的人不该贪图不义之财。"华歆不赞同他，也不好意思说什么。

又有一次，他们坐在一张席子上读书。忽然外面沸腾起来，一片鼓乐之声，夹杂着人们看热闹的声音。他们走到窗前一看，是一位达官显贵从这里经过，他的队伍衣着华丽，威风凛凛。

管宁看完了，就回到原处继续读书。华歆却完全被奢华的排场吸引住了，书也不读了，跑到街上去看个仔细。

管宁看到华歆的行为很失望。等华歆回来后，管宁拿出刀子把他们共同坐过的席子从中间割成两半，痛心地宣布："我们两人的志向和情趣太不一样了。从今以后，我们就像这被割开的草席一样，再也不是朋友了。"

由上面两个例子，我们可以得出：朋友之间的相似性是非常重要的，这也就是所谓的"道不同不相为谋"。

有科学家曾人为地将某大学的学生集体宿舍进行了安排，他们先以测验和问卷的形式了解了部分学生的性情、态度、信念、兴趣、爱好和价值观等，再把这些学生分为志趣相似的和相异的，接着把志趣相似的学生安排在同一房间，再把志趣相异的也安排在同一房间，然后就不再干扰他们的生活和学习。过了一段时间，再对这些学生进行调查，发现志趣相似的同屋人一般都成了朋友，而那些志趣相异的则未能成为朋友。可见，人们都倾向于喜欢那些和自己相似的人。

那么，人为什么会喜欢与自己有相似性情、类似经历的人交往呢？你想过其背后的深层原因吗？心理学研究发现，当人们与和自己持有相似观点的人交往时，能够得到对方的肯定，增加"自我正确"的安心感。他们之间发生冲突的机会较少，容易获得对方的支持，很少会受到伤害，比较容易获得安全感。此外，有相似性情的人容易组成一个群体。人们试图通过建立相似性的群体，以增强对外界反应的能力，保证反应的正确性。人在一个与自己相似的团体中活动，阻力会比较小，活动会更容易进行。

具有相似性的朋友在一起，因为人生观、价值观相同，一起从事的事情也比较多，就更

易于巩固已成的友谊。

所以要想赢得别人的喜欢和巩固友谊，可以说一下跟对方相同或相似的经历。因为对与自己有相同经历或相同想法的人，人们都有另眼相看的心理。人们喜欢那些和自己有相似的地方的人，而且越相似越喜欢。

当然在很多时候，你会发现，从许多方面来看，对方跟你并没有相似的经历、志向或者价值观等，但是，你也不用犯愁，因为你可以适当伪装，或编造一些善意的谎言，让对方认为自己跟他是志同道合的，就像下面的凡·高一样。

凡·高是欧洲最杰出的艺术家之一，他曾经在博里纳日做过一段时间的牧师。博里纳日是个产煤的矿区，在这个地区，几乎所有的男人都下矿井了。他们在不断发生事故的危险中干活，但工资却低得难以糊口。他们住的是破烂的棚屋，他们的妻子儿女几乎一年到头都在里面忍受着寒冷、饥渴和病痛。

凡·高被临时任命为该地区的福音传教士的时候，他找了峡谷的最下头的一所大房子，并和村民一起拿麻袋去装了很多煤渣，在房子里面烧起了炉子，以免房子里面太寒冷。

之后，凡·高登上讲坛，开始布道。渐渐地，博里纳日人脸上的忧郁神情渐渐消退了，他的布道受到了人们的普遍欢迎。这似乎表明，作为上帝的牧师，他已经得到这些满脸煤黑的人们的充分认可。

是什么原因让自己这么快就得到了博里纳日人的认可了呢？凡·高百思不得其解，最后他回到自己的住处，正当他准备用从布鲁塞尔带来的肥皂洗脸的时候，脑海中闪过一个念头。他跑到镜子前面仔细端详了一下自己，看见前额的皱纹里面、眼皮上、两颊两边和圆圆的大下巴上，都沾着黑煤灰。他突然明白，原来他们对自己认可，完全是因为自己已经成为他们的自己人了。

牢记互惠原理，让对方产生必须回报你的感激之情

在第一次世界大战中，有一种德国特种兵的任务是深入敌后去抓俘虏回来审讯。

当时打的是堑壕战，大队人马要想穿过两军对垒前沿的无人区，是十分困难的。但是一个士兵悄悄爬过去，溜进敌人的战壕，相对来说就比较容易了。参战双方都有这方面的特种兵，他们经常被派出去执行任务。

有一个德军特种兵以前曾多次成功地完成了这样的任务，这次他又出发了。他很熟练地穿过两军之间的地 颏 觑跻饬系爻鱿衷诘芯 胶局小 一个落单的士兵正在吃东西，毫无戒备，一下子就被缴了械。他手中还举着刚才正在吃的面包，这时，他本能地把一些面包递给对面突然出现的敌人。这也许是他一生中做得最正确的一件事了。

面前的德国兵忽然被这个举动打动了，并导致了他奇特的行为——他没有抓这个敌军士兵回去，而是自己回去了，虽然他知道回去后上司会大发雷霆。

这个德国兵为什么这么容易就被一块面包打动了呢？人的心理其实是很微妙的。人一般有一种心理，就是得到别人的好处或好意后，就想要回报对方。虽然德国兵从对手那里得到的只是一块面包，或者他根本没有要那个面包，但是他感受到了对方对他的一种善意，即使这善意中包含着一种恳求，这是很自然地表达出来的，在一瞬间打动了他。他在心里觉得，无论如何不能把一个对自己好的人当俘虏抓回去，甚至要了他的命。

其实这个德国兵不知不觉地受到了心理学上“互惠原理”的左右。这种得到对方的恩惠，就一定要报答的心理，就是“互惠原理”，这是人类社会中根深蒂固的一个行为准则。

一位心理学教授做过一个小实验：他在一群素不相识的人中随机抽样，给挑选出来的人寄去了圣诞卡片。虽然他也估计会有一些回音，但却没有想到大部分收到卡片的人，都给他回了一张。而其实他们都不认识他啊！

给他回赠卡片的人，根本就没有想到过打听一下这个陌生的教授到底是谁。他们收到卡

片，自动就回赠了一张。也许他们想，可能自己忘了这个教授是谁了，或者这个教授有什么原因才给自己寄卡片。不管怎样，自己不能欠人家的情，给人家回寄一张，总是没有错的。

这个实验虽小，却证明了互惠原理的作用。互惠是人类社会永恒的法则，它是各种交易和交往得以存在的基础。

互惠原理认为，我们应该尽量以相同的方式回报他人为我们所做的一切。

如果一个人帮了我们一次忙，我们也应该帮他一次；如果一个人送了我们一件生日礼物，我们也应该记住他的生日，届时也给他买一件礼品；如果一对夫妇邀请我们参加了一个聚会，我们也一定要记得邀请他们到我们的聚会上来。

中国古代讲究礼尚往来，也是互惠的表现。这似乎是人类行为不成文的规则。

一个人向朋友请教一件事，两人聚会吃饭，那么账单就理所当然应由请教的这个人付，因为他是有求于人的一方。如果他不懂这个道理，反而让对方付，就很不得体。

在不是很熟悉的朋友之间，你求别人办事，如果没有及时地回报，下一次又求人家，就显得不太自然。因为人家会怀疑你是否有回报的意识，是否感激他对你的付出。及时地回报，可以表明自己是知恩图报的人，有利于相互之间继续交往。而且如果不及时回报，会给你带来一些麻烦。你一直欠着这个人情，如果对方突然有一件事反过来求你，而你又觉得不太好办的话，就很难拒绝了。可以说，为了保持一定的自由，你最好不要欠人情债。

当然，在关系很亲密的朋友之间，就不一定要马上回报，那样可能反而显得生疏。但也不等于不回报，只是时间可能拖得长一些，或有了机会再回报。

朋友间维护友谊遵循着互惠原理，爱情之间也是如此。其实世上没有绝对无私奉献的爱情，不像歌里和诗里表现的那样。爱情也是讲求互惠互利的，双方需要保持一个利益的平衡。如果平衡被严重打破，就可能导致关系破裂。

人与人之间的互动，就像坐跷跷板一样，要高低交替。一个永远不肯吃亏、不肯让步的人，即使真正得到好处，也是暂时的，迟早要被别人讨厌和疏远。

“雪中送炭”更能征服人心

李强与王刚在一起工作了多年。李强在工作中表现平平，虽然工作了七八个年头，但仍是一个小职员；而王刚则能力很强，成绩突出，如今已是销售部经理。由于两个人在工作中没有什么来往，私底下也仅是点头之交。

有一次，王刚因为涉及一个重大变故，而受到董事长的冷落，被从销售经理的位置上降了下来。祸不单行，王刚的母亲又因心脏病突发去世了。双重打击使王刚感到格外悲凉。这时候，李强很同情王刚的境遇。在他母亲下葬的那一天，李强主动过来帮忙，担任受礼的工作。当时正是寒冬腊月，北风大作，其他同事都躲进了屋里，只有李强一直在外面帮助处理各种事情。

这让王刚很意外，也很感动。他发现真是患难见真情，觉得李强这时候的形象突然高大起来。从此，李强与王刚过往甚密，王刚一改以往的态度，也常主动帮助李强。

一年以后，王刚在公司东山再起，因为做了突出的贡献，他重新当上了销售部经理，不久又迅速升任总经理。他忘不了李强在他患难时的帮助，就提拔李强为销售部经理。

人非草木，孰能无情。无论一个人外表多么强硬，在内心深处都一定有情感的需要，希望从别人那里得到关怀、体贴和重视。物质满足替代不了人的情感需要，甚至有时候，情感需要比物质需要更重。

不少人存有一种幸灾乐祸的心理，看到别人过得比自己好，就不舒服。看到人家过得不如意了，他反倒高兴了。相反，如果一个人忧他人所忧，乐他人所乐，对别人富有同情心，并在患难时伸出援助之手，就很容易征服对方的心。

你帮了别人，别人自然对你心存感激，你的举手之劳可能会换来别人的感恩戴德。因而，你若想改善人际关系，不妨找机会帮别人一个忙；你帮助的人越多，得到的也就越多。

古话说，得人心者得天下。许多领袖人物深谙此道，所以他们能够让许多人才为己所用。比如他们懂得通过情感的打动，将人才笼络在自己麾下。

要想友谊长存，就要感激和回报别人的帮助

朋友之间的友情，既需要真心诚意，也需要感激与适当回报。

美国人杰姆曾说，他很喜欢东方的女孩子。他表示，西方女性把男士的“绅士行为”视为“理所当然”。男士帮女士提重物、搬东西，“理所当然”；男士帮女士开门、拉椅子，“理所当然”。同时，在西方教育背景下，男士也视这些绅士行为“理所当然”。

在中国，有一次因为扩大经营的需要，他们部门从十楼搬到八楼，每个人必须把自己的东西以及一桌一椅搬下去。杰姆搬了一张椅子，发现真的很重，他担心女孩子搬不动，于是告诉女同事，椅子交给他们有力气的男同事去搬。结果一路上，女同事陪他们聊天，搬完了，还忙着倒开水、泡咖啡给他们喝，让男同事们很是愉快。“如果在我们国家，搬重物‘理所当然’是男孩子的工作，没有人会陪你聊天，没有人会感激地倒开水、泡咖啡。也许中国人没这个观念，但是中国女孩子体恤别人的作风，真的非常可爱。我们帮她们，不但乐意，而且开心，这种受人尊重的感觉真好。”

很多时候，我们会把别人对自己的好视为理所当然。朋友喜欢我们，当然不介意被我们“麻烦”，一些小事情，也“帮”得十分乐意。可是俗话说：“受人点滴，涌泉相报。”就是要我们常怀感恩的心，来看待朋友的好心。任何人都不喜欢自己的好心被人当做“驴肝肺”，一次两次也许还可以忍受，十次二十次就会渐渐用光朋友的交情，届时我们会发现，朋友似乎不再那么“乐意”助人。

与人相处我们当谨记一件事：“天底下没有谁帮谁是理所当然的。今天人家抽空过来那是人情，即使有钱可赚，也应心怀感激。”也许有人会说，找朋友帮忙，给几个钱或是请他吃顿饭，送个东西，好像把友谊给贱卖了，把朋友的交情看俗了。不！适度地表达我们的感激是必要的。也许我们不懂得比较“高尚”的做法，但吃顿饭、送个小礼物，也能表达我们的感谢。它的作用不在于“礼”的轻重，而是心意的表示，让朋友晓得他这个忙帮得多么具有“价值”，多么受你的重视。也许在他而言是举手之劳，对你来说却可能是攸关生死的大事。

最重要的是，你说出来了，他也听到了，知道你有多在乎这件事。就像杰姆的女同事那样，一路陪他们聊天，事后还倒开水、泡咖啡，没花什么钱，却十足地表现了她们的感激之情，而杰姆他们也感受到了，同时还说“很愉快”。其实朋友在乎的不过是这一点点回馈罢了。

天下没有谁帮谁是理所当然的。不论是朋友间、同事间，或是上司与下属间，都可以和谐相处，也可以为你赢得人缘。因为对方从你身上，处处得到尊重，时时获得感激，这对他而言，有了人格上的自我满足，自然乐于与你共事，与你做朋友。

激起“心理共鸣”，让他感觉帮你像在帮自己

在人际交往的过程中，“心理共鸣”是一种以心交心的有效方式，也是一门非常微妙的相处艺术。它不仅可以拉近交际双方心灵的距离，而且可以在你求人办事的过程中发挥着强大的促进作用。

不过，虽然人与人之间本来就有许多地方是相同的，但是要产生共鸣，还需要相当的说话技巧。当你对另一个人有所求的时候，最好先避开对方的忌讳，从对方感兴趣的话题谈起，不要太早暴露自己的意图，让对方一步步地赞同你的想法。当对方跟着你走完一段路程时，

便会不自觉地认同你的观点。

伽利略年轻时就立下了雄心壮志，要在科学研究方面有所成就。为此，他希望得到父亲的支持和帮助。

一天，他对父亲说：“父亲，我想问您一件事，是什么促成了您同母亲的婚事？”

“我看上她了。”父亲不假思索地答道。

伽利略又问：“那您有没有娶过别的女人？”

“没有，孩子。家里的人要我娶一位富有的女士，可我只钟情于你的母亲，她从前可是一位风姿绰约的姑娘。”

伽利略说：“您说得一点也没错，她现在依然风韵犹存。您不曾娶过别的女人，因为您爱的是她。您知道，我现在也面临着同样的处境。除了科学以外，我不可能选择别的职业，我对它的爱有如对一位美貌女子的倾慕。”

父亲说：“像倾慕女子那样？你怎么会这样说呢？”

伽利略说：“一点也没错，亲爱的父亲，我已经18岁了。别的学生，哪怕是最穷的学生，都已想到自己的婚事，可是我从没想过那方面的事，以后也不会。因为我只愿与科学为伴。”

伽利略继续说：“亲爱的父亲，您有才干，但没有力量，而我却能兼而有之。为什么您不能帮助我实现自己的愿望呢？我一定会成为一位杰出的学者，获得教授身份。我能够以此为生，而且比别人生活得更好。”

说到这，父亲为难地说：“可我没有钱供你上学。”

接着伽利略又说：“父亲，您听我说，很多穷学生都可以领取奖学金，我为什么不能去领一份奖学金呢？您在佛罗伦萨有那么多朋友，您和他们的交情都不错，他们一定会尽力帮忙的。他们只需去问一问公爵的老师奥斯蒂罗·利希就行了，他了解我，知道我的能力……”

父亲被说动了：“嗯，你说得有理，这是个好主意。”

伽利略抓住父亲的手，激动地说：“我求求您，父亲，求您想个法子，尽力而为。我向您表示感激之情的唯一方式，就是……就是保证成为一个伟大的科学家……”

伽利略最终说动了父亲，实现了自己的理想，成为了一位闻名遐迩的科学家。

这里，伽利略请求父亲帮忙，采用的是“心理共鸣”的说服方法。这种方法一般可分为以下四个阶段：

1. 导入阶段。先顾左右而言他，以对方当时的心情来体会现在的心情。例如，伽利略先请父亲回忆和母亲恋爱时的情形，引起了父亲的兴趣。

2. 转接阶段。伽利略巧妙地通过这句话把话题转到自己身上：“我现在也面临着同样的处境。”

3. 正题阶段。提出自己的建议和想法。伽利略提出“我只愿与科学为伴”，这也正是他要说服父亲的主题。

4. 结束阶段。明确提出要求。为了使对方容易接受，还可以指出对方这样做的好处。伽利略正是这样做的，他说：“……为什么您不能帮助我实现自己的愿望呢？我一定会成为一位杰出的学者，获得教授身份。我能够以此为生，而且比别人生活得更好。”

正是巧妙地运用了“心理共鸣”的方法，伽利略终于达到了自己的目的，为最终实现自己的理想奠定了基础。

那么，在日常生活中，我们也不妨试着用这种方法去求助别人，这样往往会带来让你满意的结果。

设立共同的目标，迅速拉近彼此的距离

鹏远的一位很多年没见的大学同学到北京出差，他叫鹏远出来聚一聚，鹏远按照约定地点来到一个饭店，服务员把他带进包厢里，他看到那位老同学正神采奕奕地等着他。

一番寒暄之后，话题自然是落到了这几年的发展上，“你怎么好好地跑去经商了呢，当初你的专业课可是最棒的。”鹏远问他。

他笑眯眯地回答说：“这并不妨碍啊，我只不过将心理学的研究放到了商场里，你知道我是怎么捞到第一桶金的吗？”

鹏远摇摇头。

他开始追溯往昔，刚下海那几年，虽然挣了点钱，但还算不上很成功。那时，他已经成为了公司的经理，手里有了不少客户资源。想来给别人打工不如自己当老板，便开始计划利用现任职位上的客户资源开办一家新公司赚笔大钱。

于是他找了两名以前的手下，共商创业的事。后来他发现他们三个人数太少，很难成功。于是他要他的手下另外再找七个人，组成十个人的创业团队。他的手下顺利地找到了他们所需要的人手。他这时却发现，他与这七个新伙伴根本就不认识，他们是否值得信任实在是一个大问题。

于是他想到了每晚分别与一个新伙伴共进晚餐的好办法。席间他除了交代各人的职责之外，还郑重地向他们表示“我也跟你们一样需要钱”！

结果，由于彼此有了共同的目标，这个计划最后终于成功了。

鹏远的这位朋友不愧是心理学的高才生，他很懂得运用心理来成事。在他发展的过程中，由于彼此有着共同的目标，因而迅速拉近了彼此之间的距离。在人际交往中，若你与对方有共同的目标，则很容易就能增加彼此之间的亲密感。

当然了，除了共同目标能够增强亲密感之外，还有其他一些增强亲密感的技巧。鹏远的朋友自然也是将这些技能运用的很纯熟。他提到过一个细节便是，在他邀请这些人吃饭的时候，总是与人肩并肩的谈话，这样就能很快与对方进入熟识的状态。

“我听过你的故事,终于明白了李开复为什么也喜欢请人吃饭了。”鹏远打趣地对他同学讲。

“你不要以为这顿饭很好吃，真是要注意很多细节，才能快速打开对方的心防，社交其实就是一场心理游戏啊。”鹏远这位同学不无感慨地说道。

在商界摸爬滚打的人，自然是要熟知心理技巧，才能立于不败之地。就好像李开复在访谈中，谈到他总喜欢请别人吃饭的道理一样。李开复必定是社交高手，但同时，他在心理学上的造诣定然也不会在鹏远的这位同学之下。

所以，李开复请人吃饭可不仅仅是一种联谊的社交手段，更多的能体现出在人与人交往之中的心理学妙用之所在。

在这里要提醒你的是，若与对方有共同点，就算再细微的也要强调。对于共同点一定要找出来，这样可以很快地消除彼此间的陌生感，产生亲近的感觉。这样不但可以使对方感到轻松，同时也具有使对方说出真心话的作用。

故意效仿对方的动作，引发对方的好感

现在需要你闭上眼睛细想一下，在言情片中经常会出现的约会场面：一对甜蜜的恋人坐在茶馆或者咖啡厅里面，悠闲自在地品尝着香茶或咖啡。他们的表情动作会有什么特别之处吗？

他们是不是时不时地做着同一种表情或同一个动作，就像是镜外的人和镜里的影一样？一方用手摸摸头发，另一方也用手摸摸头发；一方跷起二郎腿，另一方也跟着跷腿；一方捂着嘴笑起来，另一方也跟着捂着嘴笑；一方举起了杯子，另一方也随之举杯……

想到或者看到这样一幅画面，你有什么感觉或想法？

是不是感觉很温馨、很浪漫，感觉这两个人关系非常亲密、相互爱慕、心心相通？相信很多人都会有这种感觉。这是为什么呢？

其实这是因为他俩的步调是如此的一致。从行为科学的角度来讲，这种感觉是有道理的。

人与人之间这种表情或动作的一致被称之为“同步行为”。“同步行为”不仅存在于恋人之间，普遍存在于我们日常的工作生活中。比如亲人之间、朋友之间、同事之间、上下级之间。

一对感情笃厚的姐妹，同时看到一盆迷人的蝴蝶兰，一个张大嘴巴，说“哇”！在同一时间，另一个的反应也一模一样。

一对心有灵犀的朋友，一起观看篮球比赛，眼看球要进了却又出了篮，两人异口同声地说：“再用点力就好了”。

一对志趣相投的同事，刚参加完讨论会，两人回到办公室，都带着笑容，频频向对方眨眼。

这些都是“同步行为”。是什么诱发了人们的“同步行为”？

从心理学的角度来讲，肢体动作是“内心交流”的一种方式。两人彼此把对方作为所效仿的对象，应该是相互欣赏或有相同的心理状态。即双方的相互欣赏或看法一致诱发了他们的同步行为。

换句话说，“同步行为”意味着双方思维方式和态度的相似或相通。

一般而言，同步行为的一致性与双方关系的和谐度成正比。在双方的会面中，如果两个人关系和谐、相互欣赏，那么他们的同步行为会很多、很细微。反之，同步行为则很少。

不是吗？想想会议中人们的表情，对某种意见持赞成态度的人和持反对态度的人，是不是往往各自作出相反的动作？赞成的那部分人面带微笑，不断地点头示意；反对的那部分人紧锁着额头，紧闭着嘴唇……

再想想生活中常会遇到的情景：去商场购物或去某展览会参观，你看上了一件物品，另一个人也看上了这件物品，你俩一同走近这件物品，一边看一边发出啧啧的赞叹声：“真漂亮！”就几秒钟，你俩便互生好感，颇有英雄所见略同的感觉。

这种感觉从哪儿来的？

就是从你们的“同步行为”来的。

回头想想你们的同步行为有哪些？眼球同时被一件物品吸引，走向这件物品，带着惊喜的眼神打量，嘴里发出一致的赞叹声……如果俩人对这件物品的质地、做工与价格的看法再一致，彼此肯定就有了路逢知己的感觉！

可以说，两人志趣相投、相互欣赏产生了“同步行为”，反过来，“同步行为”又促进了彼此的内心交流，加深了彼此的好感与欣赏程度。

在日常生活中，通过人为地制造“同步行为”，可以赢得对方的好感，让双方的交谈在不经意间变得和谐愉快。

作为下属，很多人都纳闷：为什么自己欣赏的领导也欣赏自己，自己不喜欢的领导也不喜欢自己？其实，这其中，“同步行为”就在发挥作用。你向领导传递了欣赏的态度，领导感觉到了，对你有了好感，也试着以欣赏的眼光看你。

由此推理，如果想得到领导的认可与欣赏，你首先应该认可、欣赏领导。你不妨这样做：与领导在一起时，当领导无意中做出某个动作时，你也跟着做某个动作；领导做出某种表情，你也以同样的表情回应。

作为领导，有时故意与下属同步也很必要。比如，某下属在你面前很紧张，你不妨摆出与其一致的姿势，拉近彼此的心理距离，缓解下属的紧张情绪。

对于有利益往来的双方，“同步行为”的魅力也丝毫不减。

在推销或谈判的过程中，如果你的请求或劝说得不到回应，不妨故意制造一些“同步行为”，快速攻破对方的心理防线。

比如，对方翻阅文件，你也翻阅文件；对方脱下外套，你也脱下外套；对方将视线投向窗外，你也掉头欣赏窗外的景色。如此反复几次，自然会引发对方的好感，缓和矛盾，使对方乐于接受你的意见，满足你的请求。

不过，在效仿对方的举止时，要注意不露痕迹，否则，如果让人误认为你是在故意取笑他或讨好他，反而坏事。

让合作者好过，自己才会好过

高尔基曾说过：“你的钟声只有在齐鸣时才能听见，在单独鸣响时——只会淹没在那些旧钟的一片响声里。”事实上，这句话在生物界也同样适用。

在广袤的欧洲大陆上，生活着一种美丽异常的动物，名叫蓝蝶，由于它们外形的炫目，人们通常把它们称做会飞的“花朵”。然而几十年前，蓝蝶的翩翩身影在暖春的晴空里消失了。

道格拉斯·麦其逊是一个专门研究蝶类的昆虫学家，他对这些会飞的“花朵”的凋谢之谜做了广泛而深入的研究，最后得出的结论让人很是吃惊。麦其逊发现，蓝蝶的绝种竟然与两种蚂蚁的灭绝息息相关。

原来，蓝蝶是在醋酸植物上产卵繁殖的，必须得到两种小蚂蚁的帮助才能顺利进行。蓝蝶的幼虫腹部分泌的挥发性物质，对于蚂蚁来说是极具诱惑性的香甜美食。闻到这一特殊的香味，蚂蚁就会爬到蓝蝶幼虫的腹部边尽情享受。

而蚂蚁并不是白吃。当蚂蚁在草地上发现蓝蝶卵时，马上来照顾这些幼小的生命，生怕被其他昆虫掠去。蓝蝶的幼虫是吃树叶的，每吃完一片树叶，众工蚁就把它抬到另一片新树叶上，让它吃个饱。蚂蚁与蓝蝶的这种互惠互利关系，经历了漫长岁月的考验。由于接受了工蚁的照顾，经受过刺激的蓝蝶幼虫的表皮，生长得比其他蝴蝶幼虫的表皮厚60倍，可有效地防止蚂蚁那铁钳一样的上颚咬穿幼虫的表皮。冬天来临，工蚁就把它们搬进自己温暖舒适的蚁穴里，蚂蚁在吸食蓝蝶幼虫分泌的“蜜露”时，甚至把自己的幼虫作为食物奉献给这位“贵宾”。

刚从茧蛹中钻出的蓝蝶也不必担心受到蚂蚁的攻击。因为新生蓝蝶的体表附着一层细小的鳞屑，就像滑石粉一样保护着蓝蝶。进攻的蚂蚁只能踉踉跄跄地在空中乱抓一气。就在这时候，蓝蝶伸展翅膀，自由自在地飞走了。

可是几十年前，贪婪的人类为了自私的目的，无情地侵占了这两种蚂蚁的生存空间。他们用推土机无情地把他们的栖息地毁了，小蚂蚁从此灭绝了。没有了相依为命的小蚂蚁，蓝蝶也就花陨香消了。

鲨鱼是很凶猛的海洋生物，被人们称为“海上魔王”。可是，这个魔王的身旁却有许多形影不离的小伙伴——一种不大的“垃圾鱼”。我们之所以叫它们“垃圾鱼”，主要是它们的生活习惯比较特别。它们一般不会自己独自猎食，而是靠清理鲨鱼等大鱼口中的垃圾为生。在大海中，不带“垃圾鱼”的鲨鱼是很少见的。这种“垃圾鱼”的体长不过30厘米，身上有着美丽的条纹，它们和鲨鱼之间建立了奇妙的合作关系：鲨鱼的视力不佳，机灵的“垃圾鱼”在鲨鱼身边游来游去，把鲨鱼引向鱼群集结的海面；鲨鱼吃剩的食物残屑，成了“垃圾鱼”的美味佳肴。有时“垃圾鱼”干脆进入鲨鱼的嘴里，吃牙缝中的碎屑，使鲨鱼感到十分舒服。

凶残的鳄鱼也有合作伙伴。公元前450年，古希腊历史学家希罗多德来到埃及。在奥博斯城的鳄鱼神庙，他发现大理石水池中的鳄鱼，在饱食后常张着大嘴，听凭一种灰色的小鸟在那里啄食剔牙。这位历史学家非常惊讶，他在著作中写道：“所有的鸟兽都避开凶残的鳄鱼，只有这种小鸟却能同鳄鱼友好相处。鳄鱼从不伤害这种小鸟，因为它需要小鸟的帮助。鳄鱼离水上岸后，张开大嘴，让这种小鸟飞到它的嘴里去吃水蛭等小动物，这使鳄鱼感到很舒服。”这种灰色的小鸟叫“燕千鸟”，又称“鳄鱼鸟”或“牙签鸟”，它在鳄鱼的“血盆大口”中寻觅水蛭、苍蝇和食物残屑。有时候，燕千鸟干脆在鳄鱼栖居地营巢，好像在为鳄鱼站岗放哨。只要一有风吹草动，它们就会一哄而散，使鳄鱼猛醒过来，做好准备。正因为这样，鳄鱼和小鸟结下了深厚的友谊。

不难看出，在动物界，互相合作和帮助，会使付出努力的双方均受益，大家也因此都能更好地生存和生活。其实，人类作为动物界的一员，同样需要相互合作。

从前，有两个兄弟各自带着一只行李箱出远门谋生。一路上，重重的行李箱将兄弟俩都压得喘不过气来。他们只好左手累了换右手，右手累了又换左手。忽然，大哥发现路边有一根扁担，便停了下来，拾起扁担将两个行李箱一左一右挂在上面。这样，兄弟二人轮流挑起两个箱子上路，反倒觉得轻松了很多。

不难看出，合作是一个相互的过程，让你的合作者生活得更好，你也能更好地生活。

与其让对方感激你，不如让他有求于你

事物都有其存在的特定价值：货币因流通的需要而存在，食物因饥饿的需要而存在，火因寒冷的需要而存在……人虽然与其他的事物不尽相同，但却同样有被需要的情感诉求，就像母亲被子女需要、情侣被对方需要一样。

真正聪明的人宁愿让人们需要，而不让人们感激。因为，如果你能被他人需要，你就会在他人心中变得重要。有礼貌的需求心理比世俗的感谢更有价值。因为有所求，便能铭心不忘，而感谢之词最终将在时间的流逝中淡漠。

1847年，俾斯麦成为普鲁士的国会议员，在国会中没有一个可信赖的朋友。让人意外的是，他与当时已经没有任何权势的国王腓特烈·威廉四世结盟，这与人们的猜测大相径庭。腓特烈·威廉四世虽然身为国王，但个性软弱，经常对国会里的自由派让步。这种缺乏骨气的人，正是俾斯麦在个性及政治上所不屑的。

俾斯麦的选择的确让人费解，当其他议员攻击国王诸多愚昧的举措时，只有俾斯麦支持他。

1851年，俾斯麦的付出终于得到了回报：腓特烈·威廉四世任命他为内阁大臣。他并没有满足，仍然不断努力，请求国王增强军队实力，以强硬的态度面对自由派。他鼓励国王保持自尊来统治国家，同时慢慢恢复王权，使君主专制再度成为普鲁士最强大的力量。国王也完全依照俾斯麦的意愿行事。

1861年腓特烈·威廉四世逝世，他的弟弟威廉继承王位。然而，新的国王很讨厌俾斯麦，并不想让他留在身边。

威廉与腓特烈同样遭受到自由派的攻击，他们想吞噬他的权力。年轻的国王感觉无力承担国家的责任，开始考虑退位。这时候，俾斯麦再次出现了，他坚决支持新国王，鼓动他采取坚定而果断的行动对待反对者，采用高压手段将自由派斩尽杀绝。

尽管威廉讨厌俾斯麦，但是他明白自己更需要俾斯麦。因为只有俾斯麦的帮助，才能解决统治的危机。于是，他任命俾斯麦为宰相。虽然两个人在政策上有分歧，但这并不影响国王对他的重用。每当俾斯麦威胁要辞去宰相之职时，国王从自身利益考虑，便会让步。俾斯麦聪明地攀上了权力的最高峰。他身为国王的左右手，不仅牢牢地掌握了自己的命运，同时也掌控着国家的权力。

作为一名强者，俾斯麦认为依附强势是愚蠢的行为。因为强势已经很强大了，根本不在乎你的存在，也可以说根本不需要你；而与弱势结盟则更为明智，可以让别人因为需要你而依附你，让自己成为他们的主宰力量。他们不敢离开你，否则将会给自己带来危机，他们的地位就会受到威胁，甚至崩溃。俾斯麦就是看准了这一点，才趁机登上了德国的政坛，成就了其辉煌的一生。

就这样，俾斯麦利用别人对他的需要创造了轰轰烈烈的人生。除此之外，也有一些人因利用别人对他的需要保住了差点儿丢掉的小命。

酷爱占星学的法国国王路易十一的宫廷中，养着许多占星师，其中有一个尤为与众不同。这位占星师曾预言一位贵妇会于三日之内死亡，结果预言成真。大家非常震惊，路易十一也被吓坏了。他想：如果不是占星师杀了贵妇以证明自己预言的准确，就是占星师的法力太高深了。路易十一感到了巨大的威胁，于是决定杀掉占星师，以摆脱自己受制于人的命运。

路易十一下令士兵在宫廷中埋伏好，只要他一发出暗号，就冲出来将占星师杀死。占星师接到路易十一的召见，很快便来到了王宫，路易十一一见他便问：“你自诩能看清别人的

命运，那你告诉我，我能活多久？”聪明的占星师稍做思考之后，回答说：“我会在您驾崩前三天去世。”

占星师的话令路易十一很震惊，为了保住自己的性命，他最终没有发出杀占星师的暗号。占星师凭着路易十一对他的依赖与需要，不但保住了性命，还得到了国王的全力保护。路易十一甚至聘请最高明的医生照顾他，享受了一生安康和奢华生活的占星师比路易十一还多活了好几年。

可见，让自己变得重要会使你的人生之路更加平坦，也可以令你有更大的发展。而实现这一点最好的方法，就是让别人依赖你、需要你。一旦离开了你，他的计划就无法进行，他的生活就难以继续。在这样的相互关系中，只需一个小小的举动，就能带来无数的感激。需要能带来感激，感激却未必能产生需要。

正如卡耐基所言：“别指望别人感激你。因为忘记感谢乃是人的天性。如果你一直期望别人感恩，多半是自寻烦恼。”你的价值因别人的需要而存在，被人需要胜过被人感激。与其让对方感激你，不如让他有求于你。

给别人帮助是好事，但不能过分追求回报

生活中经常有这样的人，帮了别人的忙，就觉得有恩于人，尽怀一种优越感，高高在上，不可一世。这种态度是很危险的，不是圆融的为人之道，常常会引发反面的后果，也就是：帮了别人的忙，却没有增加自己人情账户的收入。正是因为这种骄傲的态度，把这笔账抵消了。

人都是爱面子的，你给他面子就是给他一份厚礼。有朝一日你求他办事，他自然要“给回面子”，即使他感到为难或感到不是很愿意。这便是操作人情账户的全部精义所在。人们总是尽其全力来保持颜面，为了面子问题，可以做出常理之外的事。有句歌词非常流行，“若是某些记忆使你痛苦，何不轻易地去遗忘它”。

但是谈何容易！在知道人们是如何地注重面子之后，还必须尽量避免在公众的场合使你的对手难堪，必须时时刻刻提醒自己不要做出任何有损他人颜面的事。只要你有心，只要你处处留意给他人面子，你将会获得天大的面子。

古代有位大侠名叫郭解。有一次，洛阳某人因与他人结怨而心烦，多次央求地方上的有名望的人士出来调停，对方就是不给面子。后来他找到郭解门下，请他来化解这段恩怨。

郭解接受了这个请求，亲自上门拜访委托人的对手，做了大量的说服工作，好不容易使这人同意了和解。照常理，郭解此时不负所托，完成这一化解恩怨的任务，可以走人了。可他还有高人一招的棋，有更巧妙的处理方法。

一切讲清楚后，他对那人说：“这个事，听说过去有许多当地有名望的人调解过，但因不能得到双方的共同认可而没能达成协议。这次我很幸运，你也很给我面子，让我了结了这件事。我在感谢你的同时，也为自己担心。我毕竟是外乡人，在本地人出面不能解决问题的情况下，由我这个外地人来完成和解，未免会使本地那些有名望的人感到丢面子。”他进一步说，“这件事这么办，请你再帮我一次，从表面上要做到让人以为我出面也解决不了问题。等我明天离开此地，本地几位绅士、侠客还会上门，你把面子给他们，算做是他们完成此美举吧，拜托了。”

郭解在帮助别人的同时还能顾及其他人的面子，这样想必又拉拢了一批人心，为他在当地更好的立足，拓宽人脉创造了有利条件，可见其为人的圆融已达到一定境界。

所以，帮忙时应该注意下列事项：

第一，不要使对方觉得接受你的帮助是一种负担。

第二，要做得自然，也就是说在当时对方或许无法强烈地感受到，但是日子越久越体会出你对他的关心，能够做到这一步是最理想的。

第三，帮忙时要高高兴兴，不可以心不甘、情不愿的。如果你在帮忙的时候，觉得很勉强，意识里存在着“这是为对方而做”的观念，假如对方对你的帮助毫无反应，你一定大为生气，认为“我这样辛苦地帮你忙，你还不知感激，太不识好歹了！”如此的态度甚至想法都不要表现。如果对方也是一个能为别人考虑的人，你为他帮忙的种种好处，绝不会像打出去的子弹似的一去不回，他一定会用别的方式来回报你。对于这种知恩图报的人，应该经常给他些帮助。

总之，人际往来，帮忙是互相的，万不可像做生意一样赤裸裸地，一口一个“有事吗”、“你帮了我的忙，下次我一定帮你”。忽视了感情的交流，会让人兴味索然，彼此的交情也维持不了多长时间。要讲究自自然然，不故意“打埋伏”，以免被别人想：“和他做朋友，如果没用处，肯定会被一脚踢开！”

另外，帮助别人原本是“施恩”，莫把“施恩”当“施舍”，否则也会伤人面子。

在一个大雪天，一个贫穷的村民去向村里的首富借钱。恰好那天首富兴致很高，便爽快地答应借给他两块大洋，末了还大方地说：“拿去开销吧，不用还了！”穷人接过钱，小心翼翼地包好，就匆匆地往等着急用的家里赶。首富冲他的背影又喊了一遍：“不用还了！”

第二天大清早，首富打开院门，发现自家院内的积雪已被人扫过，连屋瓦也扫得干干净净。他让人在村里打听后，得知这事是那个村民干的。这使首富明白了：给别人一份施舍，只能将别人变成乞丐。于是他前去让那个村民写了一份借契，村民因而流出了感激的泪水。

村民用扫雪的行动来维护自己的尊严，而首富向他讨债极大地成全了他的尊严。在首富眼里，世上无乞丐；在村民心中，自己何曾是乞丐？把“施恩”变成了“施舍”，一字之差，高低立见，效果大大不同。

第三章 嘴上留情，脚下有路

巧说第一句话，让陌生人与你一见如故

假如在一个严冬的夜晚，与一位现在很陌生，但希望将来能成为朋友的人见面，你想说些什么作为初次见面的开场白呢？

大多数人都认为从谈天气切入最好，如“今晚好冷啊”。可是，单纯地使用它，虽然能引出一些话来，但这些话往往对你们彼此无关紧要。于是，再深一步的交谈也就出现困难了。不过，如果你这样说：“哦，今晚好冷！像我这种在南方长大的人，尽管在这里住了几年，但对这种天气还是难以适应。”相信，对方若也是在南方长大的，就会引起共鸣，接着你的话头说出一些有关的事；对方若是在北方长大的，他也会因为你在寒暄中提到了自己的故乡在南方，而对你的一些情况发生兴趣，有了要进一步了解你的欲望，从而可把你们的交往引向深入。

要知道，人都是独立的个体，都具有思维能力。与陌生人打交道时，你与对方都会存有一定的戒心，这也是初次交往的一种障碍。而初次交往的成败，关键就要看你们如何冲破这道障碍。如果你用第一句话吸引对方，或是讲对方比较了解的事，那么，第一次谈话就不仅仅是形式上的客套了。如果运用得巧妙，双方会因此打成一片，变得容易接近。

实际交往的过程中，有的人采用一种很自然的、叙述型的谈话开头，也能给人一种亲切感，同时还能让人想继续向他询问一些细节。

在一个街区的计划生育办公室里，一名记者正在了解此地青年男女早婚早育的情况。那位主管此事的女干部没有像他想象的那样给他列举一堆的数字，而是很自然地为他讲了个故事。

“今年的元月 26 日那天，这个街区某校的一名 15 岁的高中少女，初次见到了本区的一个个体户青年。这个青年也不过 20 岁出头，刚刚到法定的结婚年龄。元月 29 日，也就是距他们相识不过 3 天的时间。他们就双双到当地派出所要求登记结婚。那少女发誓说她已工作，父母远在边疆，因此无需取得父母的同意。派出所当然不相信，一定要她出示户口本以验证她的实际年龄，但他们却不知从哪里找来了一位治安人员，硬是替他们作了证，领取了结婚证书。就这样新郎为新娘租了一家旅馆，两人在那里住了 3 个月有余，少女的母亲发现已为时过晚，因为少女已经怀孕，而新郎却在此后突然不知去向，并到此为止，一直再没出现过。”

听完故事后，记者非常喜欢这段自然的开头。因为那名女干部说出具体的时间，令人预感将要有一段回忆或暗示一件有趣的事情要发生。令人产生渴望要了解细节的欲望。既为其采访提供了很好的素材，同时也从侧面揭示出早婚早育的后果。

总结来说，说第一句话的原则就是亲热、贴心、消除陌生感。常见的方式主要有三种：

1. 问候式。

“您好”是向对方问候致意的常用语。如能因对象、时间的不同而使用不同的问候语，效果则更好。对德高望重的长者，宜说“您老人家好”，以示敬意；对年龄跟自己相仿者，称“老×(姓)，您好”，显得亲切；对方是医生、教师，说“李医师，您好”“王老师，您好”，有尊重意味。节日期间，说“节日好”“新年好”，给人以祝贺之感；早晨说“您早”“早上好”则比“您好”更得体。

2. 攀认式。

赤壁之战中，鲁肃见诸葛亮的第一句话是：“我，子瑜友也。”子瑜，就是诸葛亮的哥哥诸葛瑾，他是鲁肃的挚友。短短的一句话就定下了鲁肃跟诸葛亮之间的交情。其实，任何两个人，只要彼此留意，就不难发现双方有着这样或那样的“亲”“友”关系。

例如，“你是 ×× 大学毕业生，我曾在 ×× 大学进修过两年。说起来，我们还是校友呢！”“您来自苏州，我出生在无锡，两地近在咫尺，今天能遇同乡，令人欣慰！”

3. 敬慕式。

对初次见面者表示敬重、仰慕，这是热情有礼的表现。用这种方式必须注意：要掌握分寸，恰到好处，不能胡乱吹捧，不说“久闻大名，如雷贯耳”之类的过头话。表示敬慕的内容也应该因时因地而异。

例如，“您的大作《教你能说会道》我读过多遍，受益匪浅。想不到今天竟能在这里一睹作者的风采！”“桂林山水甲天下。我很高兴能在这美丽的地方见到您这位著名的山水画家。”

不过，说好了第一句话，仅仅是良好的开端。要想谈得有味，谈得投机，你还得在谈话的过程中寻找新的共同感兴趣的话题，这样才能吸引对方，使谈话顺利地进行下去。

开玩笑宜笑不宜损，这样才能不伤人

不难发现，生活中那些会开玩笑的人特别受欢迎。他们凭借一个得体的玩笑，不仅给他人带来了欢乐，而且能迅速获得别人的好感。

但是开玩笑也要做到有轻有重，而“重”的玩笑多半是开不得的，它只能在比较特殊的场合才能开。若在一般场合开比较“重”的玩笑，可能就不再可笑了，甚至会变质成悲剧。朋友聚会，为了活跃气氛，应该选择一些比较轻松的玩笑开。如果不是特殊需要，切不可开比较“重”的玩笑。

据某报刊载：

李某和几个朋友一起喝酒，几两酒下肚后，李某脑袋就有些昏昏沉沉了。两位朋友也变得口不择言了，他们边喝边和他开玩笑：“瞧你这丑样，你那儿子倒很漂亮，莫不是你媳妇跟别人生的？”李某是个小心眼的人，平时也爱丢三落四，但此时在醉态中却牢牢记住了这句开玩笑的话。等李某跌跌撞撞回家后，就向妻子找碴儿：“你说！我长的是啥样，为什么这孩子却是那模样？到底是不是和我生的？”他边说边逼近妻子。突然，他冷不防从妻子怀里抓过孩子，拎着小腿，把孩子扔到炕上，又顺手抓起枕头压在了哭叫不已的孩子的脸上，可怜的孩子顿时没有了哭声。见此情景，妻子极力想救孩子，却被丈夫打倒在炉灶前。妻子急恨交加，顺手抓起炉灶旁边的炉钩，死命地甩向李某。只听李某“哎呀”一声，松开了枕头，慢慢地瘫倒在地上。妻子从地上爬起来，不顾一切地向儿子扑了过去。她急忙掀去枕头，儿子的小脸儿憋得青紫，已经奄奄一息了。再看丈夫，他倒伏在地上，一动不动，一股青紫色的液体顺着他的右腮淌下来。原来她甩过去的炉钩的尖端，刚好嵌进了李某的右边太阳穴，她见状吓得昏了过去。

一边是只剩下一口气的宝贝儿子，一边是一口气也没有了的丈夫。顷刻间，好端端的一个家，家破人亡，毁于一旦。

看来，开玩笑之前，务必要考虑这个玩笑带来的后果，不该开的绝不要随便开。有时开玩笑，还要考虑到自己的特殊身份及开玩笑的对象。不然，发生意外时，只会让我们后悔莫及。

另外，也不要拿别人的隐私开玩笑。因为每个人都有隐私，而且也不允许别人触及自己的隐私。一旦有人喜欢拿别人的隐私开玩笑，那他必定是一个不受欢迎的人。

某人的妻子结婚两个月，就生了一个小孩，邻居们赶来祝贺。这人的一个要好的朋友杰克也来了。他拿来了自己的礼物——纸和铅笔，这人谢过了杰克，并且问：

"尊敬的杰克先生，给这么小的孩子赠送纸和笔，不太早了吗？"

"不，"杰克说，"您的小孩儿太性急。本该九个月后才出生，可他偏偏两个月就出世了。再过五个月，他肯定会去上学，所以我才给他准备了纸和笔。"

杰克的话刚说完，全场轰然大笑，令这对夫妇无地自容。

调侃他人的隐私是不对的，上例中杰克明显道出了这位妻子未婚先孕的隐私，这样令大家都处于尴尬的局面。

所以说，调侃时说出了他人的隐私，有时是出于言者无意，但听者却有心。他会认为你是有意跟他过不去，从此对你恨之入骨。他做的事别有用心，极力掩饰不使人知。如果被你知道了，必然对他不利。如果你与对方非常熟悉，绝对不能向他表明你绝不泄密，那将会自找麻烦。最好的办法是假装不知，若无其事。

心理学家研究表明：谁都不愿把自己的错误和隐私在公众面前"曝光"。一旦被人曝光，就会因难堪而愤怒。因此，在与人交往谈话中，如果不是为了某种特殊需要，一般应尽量避免接触这些敏感区，以免使对方当众出丑。必要时可采用委婉的话暗示你已知道他的错处或隐私，让他感到有压力而不得不改正。知趣的、会权衡的人须"点到即止"，一般是会顾全双方的脸面而悄悄收场的。当面揭短，让对方出了丑，说不定会使他人恼羞成怒，或者干脆耍赖，出现很难堪的局面。至于一些纯属隐私，非原则性的错处，还是那种方法：装聋作哑，千万别去追究。

最后，开玩笑一定要注意区分对象。对于敏感的女性或者是上司，千万不能盲目开玩笑。一般来说女性是比较敏感的，不当的玩笑只会让她恼怒。

例如，一天，几个同事在办公室聊天，其中有一位王女士昨天配了一副眼镜，于是拿出来让大家看看她戴眼镜好看不好看。大家不愿扫她的兴，都说很不错。这件事使老李想起了一个笑话，他就立刻说出来：有一个老小姐走进皮鞋店，试穿了好几双鞋子。当鞋店老板蹲下来替她量脚的尺寸时，这位老小姐——我们要知道她是近视眼，一看到店老板光秃秃的头，以为是她自己的膝盖露出来了，连忙用裙子将它盖住。她立刻听到一声闷叫声，"混蛋！"店老板叫道，"保险丝又断了！"

接着是一片哄笑声。孰料事后竟从未见到王女士戴过眼镜，而且碰到老李再也不和他打一声招呼。

其中的原因你不难明白。说者无心，听者有意。在老李来想不过是说起一则近视眼的笑话，然而，王女士则可能这样想："你取笑我戴眼镜不要紧，还影射我是个老小姐。我老吗？我才 26 岁！"

所以，在开玩笑之前要先看看对方属于哪类人，以免产生不良后果。像上述例子中，老李的玩笑严重地伤害了王女士的自尊，这是始料未及的事情。

此外，对上司也不要乱开玩笑，尤其是黑色玩笑更是不能随意开。在生活中，爱开黑色玩笑的人都常被习惯性地认定是"刻薄"的人，容易引起别人的反感。当这种黑色玩笑是针对老板的时候，情况会更糟糕。

莉莉是一家公司的外勤人员，是个聪明伶俐的女孩。她脑子快，言辞犀利，还有丰富的幽默细胞，无论到哪儿都是颗“开心果”。但如此可爱的莉莉小姐，却得不到老板的青睐！

莉莉工作非常努力。有一次她加了一整夜的班，第二天大清早赶到公司。满身疲惫的她还被不分青红皂白地批评了一通，说她工作不够仔细、状态差等，任她怎么解释都不行。莉莉委屈极了，向比较谈得来的老员工请教，对方反问她说：“想想你平时有没有在言辞上对老板不敬啊？”

这么一问，莉莉想起来了，自己平时就爱与同事开玩笑。后来看老板斯斯文文，对下属总是笑眯眯的，胆子一大，就开起了老板的玩笑。有一天，老板穿着一身新西装来上班。别人都是微笑地对老板说：“您今天真精神啊！”只有莉莉夸张地大叫：“老板，你今天穿新衣服了！不过款式好像是去年流行过的啊！”现在回想起来，当时老板的脸色真是特别难看。

还有一次，莉莉带着刚刚谈好的客户和协议来找老板签字。看到老板龙飞凤舞的签名，客户连连夸奖老板：“您的签名可真气派！”莉莉听了又是一阵坏笑：“能不气派吗？我们老板可暗地里练了三个月了！况且这是他写得最多的文字。”此言一出，老板和客户都陷入了尴尬。

想到这些，一向快言快语的莉莉再也高兴不起来了。原来这就是她虽然聪明能干，却无法受到重用的原因。

可见黑色玩笑对一个人的影响有多大，同时黑色玩笑背后还隐藏了一个人性的弱点——任何人都不会笑着面对被揭开的疮疤。

真诚地赞美最能“笼络”人心

西方学者马斯洛在研究人的需要的五个层次时，把人的尊严和成就感放到较高的层次里，而恰恰赞美便是满足别人成就感和自我价值的一种体现。多多赞美别人，一来能满足一下别人天生的虚荣心，二来不花费你一分钱，你又何乐而不为呢？

真诚地赞美别人，最能得到别人的心。赞美是人与人之间一道有益的桥梁，灵活运用，一定会给自己带来意想不到的收获。

赞美是博取好感和维系好感最有效的方法。它还是促进别人继续努力卖命的最强烈的兴奋剂，这是由人性的本能所决定的。想求人成功就必须学会这一招。

美国著名心理学家詹姆斯研究诊断：“人类本性中最深刻的渴望就是受到赞美。”有人说过，一个人活着，就是为了避免惩罚或者受到奖赏，赞美就是对别人付出的一种报偿。

美国一位企业家这样形容卡耐基：“他是一位会握着你的手，鼓励你、赞美你的人。在我的生活经验中还没有碰到过一个能赶得上他的人。有些人虽然拥有职权，但他们没有嘉许别人的雅量，只会讥讽别人，像这样怎么能成就更伟大的功业呢？”

其实这位企业家是最能领会卡耐基精神的人。

有人说，在这位企业家的手里，赞美别人已成为一种异乎寻常的驱动工具。

当这位企业家就任造船厂厂长的时候，工作人员都被他调动起了巨大的热情。他的传记中这样写道：“从经理到工人，我都很大方地给予嘉奖，称赞工作人员的工作技巧，使受嘉奖的人都觉得这比金钱奖赏更为可贵。”

这家造船厂承造的军舰“拖甲虎号”在27天内完工，造船场里所有的纪录都被打破了。老板召集造舰的全体工作人员发表一篇庆功的演讲，并且赠给每人一枚银质奖章和威尔逊总统的一封信。最后他转向负责监造的人，从自己的袋子里掏出个金表，亲手交给他，作为一个小小的纪念。

既然赞扬是人际交往的润滑剂，我们就要在和周围人相处的过程中，毫不吝啬地赞扬别人，使赞许动机获得广大而神奇的效用。

一位学者在一所高等学府就职，这人深沉不露，严肃认真。其妻在实验室工作，经常与机器和数据打交道，也难免谨慎和刻板。然而不久前朋友们却发现其妻年轻了许多，不仅待人热情洋溢，而且穿戴打扮也焕然一新。遇到开心的事情时，笑声爽朗，很是动人。众人很纳闷，她怎么像换了个人似的？询问这位学者，才知道她近来调换了一个工作环境。那里年轻人多，气氛融洽，顶头上司又是一个充满活力、很会说笑话的人，非常赞赏她工作的认真和负责，不失时机地给予她应有的鼓励和赞美。她也感觉到自己好像突然生活在另外的世界里，阳光灿烂，空气清新，精神面貌充满了朝气。

这个人的经历说明，赞扬不仅能改善人际关系，而且能改变一个人的精神面貌和情感世界。赞扬的过程，是一个沟通的过程。通过赞扬，你得到了对方的欣赏和尊重，自己享受了自尊、成功和愉快，你的精神面貌还能不充满盎然的生机吗？

在我们的生活中，一个善于发现别人长处、善于赞扬别人优点的人，绝不是单方面的给予和付出，同时也会得到很大的收获。不知你是否也有这方面的体验，赞扬别人，往往也会激励自己。别人的精神会感染我们，别人的榜样会带动我们。人家可以，而我们又为什么不可以呢？

但是赞美别人是需要技巧的，掌握了恰到好处赞美别人的技巧是一个人交际能力趋于成熟的标志。那么，该怎样恰到好处的赞美别人呢？

1. 赞美对方引以自豪的地方。

人性中有一个共同的特点，那就是喜欢别人赞美自己最得意最看重的方面。

只有赞美别人最看重的东西才能收到最好的效果。俗话说：“萝卜青菜，各有所爱。”人与人不同，看重的东西自然也大相径庭。这就要求我们在赞美别人之前，首先做到“知彼”，摸清对方的兴趣、爱好、性格、职业、经历等背景状况，对症下药，抓住其最重视、最引以为豪的东西，将其放到突出的位置加以赞美，这样才能够最大限度地满足对方的心理需要，从而达到自己的目的。

2. 抓住细节赞美。

真情需要赞美，而细微之中更容易显现真情，所以，有经验的人常常抓住某人在某方面的行为细节，巧施赞美和感谢。这样很容易博得对方的好感，这样做是很有道理的。其实对方之所以在细节上投入那么多的心思与精力，一方面说明对方对此有特别的重视或偏爱，另一方面也说明对方渴望这一部分努力能够得到别人的关注与赏识，能够得到应有的报偿与肯定。因此，我们在交际中应善于发现细微处的用意，不失时机地以赞美和感谢来回报对方的良苦用心。这不但会带给对方巨大的心理满足，而且会加深彼此的情感沟通和心灵默契。

真诚坦白地直接赞美别人固然不错，但假若用词不当就有可能变成了“拍马屁”，引起对方的不快，或给众人留下太露骨、太肉麻的感觉。如果我们对热情洋溢的直接赞美还缺乏足够的自信，那么采用间接赞美的方式，着重表达自己对某一类人或物的赞美，也会收到不同凡响的效果。这样无论是怎样使用赞美之词都不显得露骨和肉麻，而对方又能够同样领会到我们的赞赏之情。

人都有“好为人师”的自大心理，所以在许多时候，以低姿态有针对性地请教他人，以自己的普通甚至低劣凸显对方在该方面的高明或优势，可以起到赞美他人的作用。恰到好处地使用此种方式，既成功地赞美了别人，又能给人留下为人虚心好学、有进取心的好印象。

赞美对于你的家人、朋友同样重要。俗话说：“家和万事兴。”家庭和睦，则万事兴旺。作为父母，适当地赞美自己的孩子，可以使孩子更具有自尊心和自信心，可以沟通家长与孩子之间的感情。另外，朋友之间适当的赞美是必不可少的，朋友对于我们每一个人都是非常重要的。有人说：“没有朋友的生活等于死亡。”而朋友之间相互赞美是朋友产生的前提之一。

另外要注意：赞美要自然、顺势。不必刻意为之，赞美要看对象。用词不要太肉麻。能适当地表达你的意思就可以。多赞美“小人物”。当他们有一点小表现，赞美他们两句，包准收了他们的心，因为他们平常欠缺的就是赞美！

要想别人给你路，你就要先给别人路

只要是针锋相对的争论，无论你说得多么精彩，多么富有哲理，也很难让对方心服口服、甘拜下风。即使你胜了，其实也败了。

口头上的赢不能叫赢。处处与人抬杠，是做人没“心机”的悲哀。

有一种人，反应快，口才好，心思灵敏，在生活或工作中和人有利益或意见的冲突时，往往能充分发挥辩才，把对方辩得哑口无言。

长此以往，这种人就形成了一种习惯：不管自己有理无理，只要用到嘴巴，他绝不会认输，而且也不会输。因为他有本事抓你语言上的漏洞，也会转移战场，四处攻击，让你毫无招架之力。虽然你有理，他无理，但你就是拿他没办法。

在辩论会、谈判桌上，这种人也许是个人才，但在日常生活和工作场合中，这种人反而会吃亏。因为日常生活和工作场合不是辩论场，也不是会议场和谈判桌。你面对的可能是能力强但口才差，或是能力差、口才也差的人，你辩赢了前者，并不表示你的观点就是对的。你辩赢了后者，只凸显你是个好辩之徒且没有“心眼”罢了。

而一般常见的情形是，人们虽然不敢在言语上和你交锋，但对的事情大家心知肚明，反而会同情“辩”输的那个人。你的意见并不一定会得到支持，而且别人因为怕和你在言语上交锋，只好尽量回避你。如果你得理还不饶人，把对方“赶尽杀绝”，让他没有台阶下，那么你已种下一颗仇恨的种子，这对你绝对不是好事。

中央电视台开办了一个叫做《实话实说》的节目，主持人崔永元谈到了办节目遇到的一些事。他说，现在世道变了，“文字狱”时代已成往事，说真话已不会闯下大祸，但“说实话免遭迫害，可不一定能免遭伤害”。崔永元苦恼地说：“所以连我们自己有时都怀疑，节目到底能做多久？”他也体会到了“人生唯有说话是第一难事”。

你应该也有过这样的体会，一个人在提出自己的意见后，一旦遭到全盘否定，他的自尊心理往往使他采取以牙还牙式的对抗。这种心理反应会极大地阻碍谈判的顺利进行。因此，不论在什么情况下，你应当尽可能避免上述心理活动的发生。

相反，一个人在提出自己的意见后，一旦受到某种程度的肯定和重视，人的自尊心理会引导心理活动形成一种兴奋优势，这种兴奋优势会给人带来情感上的亲善体验和理智上的满足体验。这种体验一旦发生，就会有利于纠纷的调解，使争执双方的意见达成一致。

根据上述理论，我们在与对方谈话时应先说“是的”，表示同情和理解，创造一种较为融洽的谈判气氛，缩短双方之间的心理距离后，再讲“但是”。由于你对对手的某些看法大加赞赏，对手自动地停止了自己的讲话，含着笑、点着头关注地欣赏别人对自己观点的肯定和发挥。这时，在他眼里，你是与他站在一起的，对立不存在了。尽管你也在赞扬的意见后表达了不同意见，那也好商量了。

不要轻易做出承诺，要给自己留些余地

一个人的诚实与信誉是获得良好人际关系、走向成功的基础，而能否兑现其承诺便是一个人是否讲信用的主要标志。因此，要想有一个良好的人际关系，就不要轻易对别人承诺，要给自己留些余地。

成功的人很注意承诺这个细节。他不会轻易地去承诺某一件事。即使有把握，也不会轻易承诺。

而生活中有许多人都把握不了承诺的分寸，他们很轻率地做出承诺，不给自己留下丝毫的余地，结果使许下的诺言难以兑现。

一位高校的系主任向其所在系的青年教师许诺说，要让他们中2／3的人评上中级职称。但当他向学校申报时却出了问题：学校不能给他那么多的名额。他据理力争，一遍遍去找校领导，还是不能解决问题。他又不愿意把情况告诉系里的教师，只对他们说："放心，我既然答应了，一定会做到。"

最后，职称评定结果公布了，众人大失所望，把他骂得一文不值。有人甚至当面指着他说："主任，我的中级职称呢？你答应的呀！"而校领导也批评他是"本位主义"。从此，他在系里信誉扫地，校领导也对他失去了好感。

曾在中央电视台春节晚会上演过的小品《有事您说话》中，郭冬临扮演的角色就是一个典型的"轻诺者"。他本没有能力买到大量卧铺火车票，更没有能力找来火车车皮做运输，但为了显得自己有能耐，每次都轻率地拍胸脯保证。许下承诺又不能不做，只好卷起铺盖去火车站睡——为了排队买卧铺票，结果把自己搞得苦不堪言，夫妻关系也急剧恶化。

与别人打交道时，不论双方关系如何，当需要许诺对方时，要三思而行。不管是答应对方所提出的要求，还是自己主动向对方提出建议，事先一定要经过深思熟虑，反复斟酌。在有必要承诺时，一定要有自知之明，务必要从自己的实际能力以及客观可能性出发，切忌好大喜功、草率行事，致使承诺"满天飞"。须知，如果滥用承诺，个人信誉就会贬值。大而无当、言过其实的承诺，更会让自己陷入被动。

子曰："言必信，行必果。"这就要求为人处世要言行一致。为此，我们在生活中要谨言慎行。不要轻易承诺，因为一旦承诺就要竭尽全力付诸实施；否则，做出承诺又不能圆满实现，就会引来不少麻烦，令自己失信于人，处于尴尬的境地。

恰到好处的恭维可博得对方的欢心

虚荣是人的本性。每个人都暗暗为自己的优点得意，并希望别人注意和赞美自己的优点。拣别人爱听的、想听的话说，迎合他的虚荣心，自然可博得对方的欢心。

袁枚是清朝著名的才子。他少年成名，刚过二十岁就被任命为某地知县。赴任前，袁枚去老师那里告辞。老师问他："官不是那么好当的，你年纪轻轻就做上了知县，有什么准备啊？"

袁枚说："并未做什么特别的准备，只是带了一些高帽子，准备见人就送一顶，因为人人都喜欢戴高帽子啊！"

老师一听，不高兴了："为官要正直，亏你还读了那么多书，怎么也搞这一套呢？"袁枚马上回答："老师的话很对，可请老师您想想，当今这个世界上，像老师您这样不喜欢戴高帽子的人，又有几个呢？"

听到袁枚这么一说，老师马上就转怒为喜。于是，师生欢欢喜喜地告别了。

袁枚从老师的家里出来后，感慨道："我准备的100顶高帽子，还没到任，就已经送出去一顶了。"

高帽子一钱不值，却人人喜欢，可是送的方式也是有讲究的。

清朝刊印《二十四史》时，乾隆非常重视，常常亲自校核、每校出一处差错来，就觉得是做了一件了不起的事，心中很是痛快。

和珅和其他大臣，为了迎合乾隆的这种心理，就在抄写给乾隆看的书稿中，故意于明显的地方抄错几个字，以便让乾隆校正。这样做比当面奉承乾隆学问深，更能收到好的效果。

和珅这个马屁拍得不着痕迹，让乾隆浑然不觉却又浑身舒坦，因而大讨乾隆欢心。

看来，恭维的确是一种艺术，关键之处在于根据人的不同心理需求和具体情况来选择和斟酌自己的话语，让自己无论怎么说，别人都爱听。当然，这其中还要注意灵活应对，随机应变。

市里召开政府工作会议，新来的秘书小孙早早来到会场入口处等候各位领导。

高局是坐专车奥迪A6来的，小孙上前打开车门："风光、风光，多让人羡慕啊！"

岳局是坐出租车来的，小孙迎上去：“潇洒、潇洒，一招手就有车，不用麻烦司机，还来去自由。”

王局家离得比较近，骑辆自行车就来了。小孙说：“廉政、廉政，都像您这样，老百姓还有啥抱怨的。”

杨局是走着过来的，小孙热情地打招呼：“时尚、时尚，现在好多富贵病都是缺少运动造成的！”

在一边观看多时的侯局见小孙巧舌如簧，便成心为难小孙：“我可是爬着来的，你怎么说呢？”小孙立即竖起大拇指：“哎呀，这么多局长里面，就数您最稳当哟！”

恭维话人人爱听，只要你说得自然、令人信服、恰到好处，就一定能博得别人的好感。

有时候你说得越多，你所能控制的就越少

当你想用言辞来给人们留下深刻印象的时候，你说得越多，你这个人看起来就越是平淡无奇，你所能控制的也就越少。如果你能把话说得隐晦一点，神秘一些，多给人留一点遐想，那么即使你是老调重弹，别人也会觉得你的见解独到。那些有权力的人总是说得很少，他们给人的印象却很深刻，而且总是能威慑到别人。你说得越多，说出更多愚蠢的话的可能性也就越大。

提起“刘罗锅”，人们脑海里立刻出现了一个聪明机智、正直勇敢、不失几分幽默的人物形象。“刘罗锅”刘墉靠着他的正直和聪明周旋于危机重重的封建官场，左右逢源，游刃有余。

但刘墉也曾遭遇重大转折，受到乾隆皇帝的申斥，本该获授的大学士一职也旁落他人。究其原因，不过是刘墉守口不密，说话不周，酿成了祸患。一次乾隆谈到一位老臣去留的问题，说若老臣要求退休回籍，乾隆也不忍心不答应。刘墉便将这话泄露给了那位老臣，而那位老臣真的面圣请辞。乾隆大为恼火，认为这是刘墉觊觎补授大学士的明证，是“谋官”的明证，因而训斥一通，将大学士一职改授他人。

可见，言语谨慎对于一个人立身、处世具有很重要的意义。常言道，病从口入，祸从口出。就是说，疾病往往是因为饮食不慎而引起的，祸患则因为言语不慎而招致。处世戒多言，多言必失。与世人相处切忌多说话，说话太多必然有失误。莫言闲话是闲话，往往事从闲话来；是非只为多开口，烦恼皆因强出头。

说话犯了随便胡扯的毛病就会听起来荒诞不经；说话犯了繁琐啰唆的毛病就会使人感到支离破碎，不得要领。说话不小心会招致祸患，行动不谨慎会招来侮辱，君子处世应当谨慎。

当然，有时说话的人并无恶意，但对听者而言，却可能伤及他的自尊心。所以，说话应谨慎，只说该说的话。

话说得得体，则让人高兴；反之，只会让人伤心。就是同样意思的话，出自两个人之口，听起来也有区别。你自己信口开河，根本意识不到会伤害人，但别人却认为你是有意的，如俗话所说“口乃心之门”，你明显是故意伤害他。

不爱多说话的人，他内心并不是糊涂得无话可说，而是他明白话说多了鲜有不败事的道理。

日常生活中，一个人如果光说不做、只会说话不能付诸行动，久而久之，只会让人生厌。多说话比起多做事往往给人以夸夸其谈的印象，倒不如少说话，踏踏实实地多做实事，则让人感觉勤奋踏实，值得信任。一个人只有做行动上的巨人，少言多思，才能取得成就。

司马迁，作为一代伟大的历史学家，他在《史记》中这样评价汉代名将李广：“《论语》上说过位居于上的人行为端正，不发命令，下属也会效法他的行为去做；位居于上的人行为不端正，即使下了命令，也不会有人遵照去做。这说的就是李广将军这类人。我见过李广将军，他诚信忠厚，简直像个乡下人，不善于谈吐。可是当他逝世的时候，天下无论是认识或

不认识他的人，都因为他的死而哀痛不已。这是他忠诚笃实的品质取得了人们对他的敬重的缘故！”

他人失意之时，请勿谈你的得意

人毕竟是人，是人都有人性。生活也毕竟是生活，是生活都有波折。所以，人活着难免有得意和失意之时。但是，面对失意的人，你千万别说自己的得意事，更不要在因为失落而情绪低迷的人面前显示你的优越。

一个懂得做人的人，都知道，当自己的人生处于得意之时，千万别将得意之色在那些此时正处于人生低谷的人面前显露。这样你才不会伤人，也不会被人伤。反之当把自己的得意展现无余时，就会招来别人的怨恨。为什么？因为你拿自己的成功，对比了他的失败，最起码，他会认为，他输给了你。

所以当别人夫妻失和，跟你诉苦时，你与其大发宏论，教他夫妻相处之道，不如说：“其实，家家如此。你看我和我的另一半，现在好像很恩爱。其实，我们以前也常吵架，甚至曾想过要离婚呢！”

这样，他就会在心中想，他比你当年还要强很多，以后应该至少会跟你一样好。

别人事业失败，跟你诉苦时，与其以成功者的姿态来指导事业通畅之道，不如告诉他，你当年跌得比他更惨，现在的辉煌是一点一点又做起来的。

这样，他也会想，他也能东山再起，和你一样成功。大家的婚姻都曾失和、大家的事业都曾失利，你和他不是因此而有了共同意识，在感觉上走得更近了吗？

人生在世，难免有婚姻失和、事业失利的时候，所以在他人遇到生活的低谷时，你千万不要将自己的成就摆出来炫耀，也不要太过张扬。否则，你最终会在交往中使自己孤立无援，甚至引起别人的厌烦，渐渐与你疏远。所以学会适当谈论自己的得意，善待他人的失意才是你真正要学会的心理诡计。

我们来分析一下其中的原因，这是因为失意的人最脆弱，也最敏感。你的谈论在他听来都充满了讽刺与嘲讽的味道，让失意的人感受到你“看不起”他。当然有些人不在乎，你说你的，他听他的，但这么豪放的人不太多。因此你所谈论的得意，对大部分失意的人是一种伤害，这种滋味也只有尝过的人才知道。

一般来说，失意的人攻击性较少，郁郁寡欢是最普通的心态，但别以为他们只是如此。听你谈论了你的得意后，他们普遍会有一种心理——怀恨。这是一种转移到心底深处的对你的不满的反击，你说得口沫横飞，不知不觉已在失意者心中埋下一颗炸弹，多划不来。

失意者对你的怀恨不会立即显现出来，因为他无力显现，但他会通过各种方式来泄恨。例如说你坏话、扯你后腿、故意与你为敌，主要目的则是——看你得意到几时，而最明显的则是疏远你，避免和你碰面，以免再见到你，于是你不知不觉就失去了一个朋友。

随意自夸是不善做人者的通病，为此常会败事。只有改变这一点，不被人讨厌，才有可能真正被人接纳，找到成事的“切入点”。

告诉他“你很重要”，回报定比器重多

许多事业上卓有成就的人成功的原因是他懂得驭人之术。而其中最重要的一点，也即最有效的一点就是：让别人感到自己很重要。因为每个人都想获得来自他人的尊重，得到他人的重视。那么，你就不妨满足他这个需要。

罗斯福是一位懂得使别人感到自己很重要的人。只要是去拜访过罗斯福的人，无不为他那博大精深的学识所折服。不管对方从事多么重要或卑微的工作，也不管对方有着什么样显

赫或低微的地位，罗斯福和他们的谈话总能进行得非常顺利。

也许你会感到十分的疑惑，其实不难回答，每当他要接见某人时，他都会利用前一天晚上的时间仔细研读对方的个人资料，以充分了解对方的兴趣所在，从而让对方感觉到自己被重视了。这样的精心准备怎能不使会面顺利进行呢！

贵为总统尚且如此，我们凡人为何不肯承认别人的重要？所以，要使他人真心地尊敬和喜欢你，乐意为你做事，原则上是要拿对方感兴趣之事当话题，让他感觉到自己的重要。在满足别人的重要感之后，很多事情就迎刃而解了。

据一些权威人士表示，甚至有人会借着发疯来从他们的梦幻世界中寻求自我满足。一家规模不小的精神病院的医生说：“有不少人进入疯人院，是为了寻求他们在正常生活中无法获得的受重视的感觉。”人们为求受重视，连发疯都在所不惜。试想如果我们肯多给对方一分尊重、一句赞美，它的影响该有多大？

那么，在什么时候才能让对方感受到他的重要？答案是：随时随地都可以。

譬如，你在饭店点的是鱼香肉丝，可是，服务员端来的却是回锅肉，你就说：“太麻烦您了，我点的是鱼香肉丝。”她一定会这么回答：“不，不麻烦。”而且会愉快地把你点的菜端来。因为你已经表现出了对她的尊敬和重视。

一些客气的话实际上就表达了你对别人的重视。“谢谢你”“请问”“麻烦你”，诸如此类的细微，可以很容易就让对方感到他被尊重、被重视。

很多人，尤其是身居上位者，极易产生一种高高在上之感，极易用一种俯视的心态去面对他人，仿佛他们只是自己实践理想的“棋子”，而忽略了其身为人对于自身价值被肯定的需求。用真诚的心去肯定别人，就会拉近心与心的距离，形成一个良好的人际关系。

在通常情况下，人们内心所想的东西，即使不用嘴说出来，不用笔写出来，也会被对方觉察体会出来。假如你对对方有厌恶之情，尽管你没有说出来，但是由于这种心理的支配，你多少会露出一些“蛛丝马迹”，被对方捕捉住，或被对方体会出来。不久，他对你也会产生坏印象的。这跟照镜子是一样的道理，你对它皱眉头，它也对你皱眉头。你对它露出笑脸，它也还你一张笑脸。同样的，如果我们怀着一颗真诚的心去肯定对方，对方也会同样从内心感激你，用心回报你，直至将你所交代的事情做到完美为止。

正如美国著名企业家杰克·韦尔奇所说：“天下最易使人颓丧不振，冲劲全失的就是来自上级主管的批评、责骂。”抛开那些伤人的话语，随之以各种各样的方式告诉他“你很重要”，受到肯定的人自然会在尊重与肯定下以诚相待，全力以赴帮忙。

将语言“软化”后再说出来，人际将更加和谐

人生有许多地方需要转弯，不能直来直去，语言表达也是如此。对于年轻人来说，委婉地说话，含蓄地表达，更是一种真本领。它能有效地避免由于生硬和直率带来的各种弊端，让你的人际往来更加顺畅。

委婉，或称婉转、婉曲，是一种修辞手法。它是指在讲话时不直陈本意，而用委婉之词加以烘托或暗示，让人思而得之，而且越揣摩，含义越深远，因而也就越具有吸引力和感染力。委婉含蓄是说话的艺术，它体现了说话者驾驭语言的技巧，而且也表现了对听众想象力和理解力的信任。生活中有许多事情是“只需意会，不必言传”的。如果说话者不相信听众丰富的想象力把所有的意思和盘托出，这种词意浅陋、平淡无味的话语不但会使人不悦，而且会使说话者失去魅力。

“遁词以隐意，谲譬以指事叩”（刘勰《文心雕龙·谐隐》）的意思是说说话人故意说些与本意相关或相似的事物，来烘托本来要直说的意思。这是语言中的一种“缓冲”方法。它能使本来也许是困难的交往变得顺利起来，让听者（或看者）在比较舒坦的氛围中接受信息。因此，有人称“委婉”是公关语言中的“软化”艺术。

现代文学大师钱钟书先生，是个自甘寂寞的人。居家耕读，闭门谢客，最怕被人宣传，尤其不愿在报刊、电视中扬名露面。他的《围城》再版以后，又被拍成了电视剧，在国内外引起轰动。不少新闻机构的记者，都想约见采访他，均被钱老执意谢绝了。一天，一位英国女士，好不容易打通了他家的电话，恳请让她登门拜见钱老。钱老一再婉言谢绝没有效果，他就妙语诙谐地对英国女士说："假如你看了《围城》，像吃了一只鸡蛋，觉得不错，何必要认识那只下蛋的母鸡呢？"洋女士终被说服了。

钱先生的回话，首句语义明确，后续两句"吃了一只鸡蛋觉得不错"和"何必要认识那只下蛋的母鸡呢？"虽是借喻，但从语言效果上看，却是达到了"一石三鸟"的奇效：其一，是属于语义宽泛，富有弹性的模糊语言，给听话人以思考悟理的伸缩余地；其二，是与外宾女士交际中，不宜直接明拒，采用宽泛含蓄的语言，尤显得有礼有节；其三，更反映了钱先生超脱盛名之累，自比"母鸡"的这种谦逊淳朴的人格之美。一言既出，不仅无懈可击，且又引人领悟话语中的深意，格外令人敬仰钱老的大家风范。

可见，委婉含蓄主要具有如下三方面的作用：

第一，人们有时表露某种心事，提出某种要求时，常有种羞怯、为难的心理，而委婉含蓄的表达则能解决这个问题。

第二，每个人都有自尊心。在人际交往中，对对方自尊心的维护或伤害，常常是影响人际关系好坏的直接原因；而有些表达，如拒绝对方的要求，表达不同于对方的意见，批评对方等，又极容易伤害对方的自尊。这时，委婉含蓄的表达常能起到既能达成表达任务，又能维护对方自尊的目的。

第三，有时在某种情境中，例如，碍于某第三者在场，有些话不便直说，这时就可委婉含蓄的表达。

这便是说话委婉含蓄的美妙之处。

关于委婉含蓄的表达，大致有如下几种方法：

一是仔细研究事物之间的内在联系，利用同义词语表达自己的思想，达到含蓄效果。

二是由外延边界不清或在内涵上极其笼统概括的语言来表达自己的思想，达到含蓄效果。

三是通过许多修辞方式，如比喻、借代、双关、暗示等可以达到含蓄的效果。

四是有些事情，不必直接点明，只需指出一个较大的范围或方向，让听者根据提示去深入思考，寻求答案，可达到含蓄的效果。

五是通过侧面回答对方的一些问题，可以达到含蓄的效果。

最后，还要关注这样一种情况，使用委婉含蓄的话时要注意，委婉含蓄不等于晦涩难懂。它的表现技巧首先是建立在让人听懂的基础上，同时要注意使用范围。如果说话晦涩难懂，便无委婉含蓄可言；如果使用委婉含蓄的话不分场合，便会引起不良后果。运用方圆之道要切记掌握好语言的"软化"艺术。

不想吃苦头，就莫要嘴巴比脑子转得快

大概没有谁会挖空心思去得罪别人，很多时候我们得罪别人不是出自内心的，而是自己在语言表达上出现了偏差。正所谓"失之毫厘，谬以千里"，语言表达的一点偏差便会导致意义的离题万里。若想减少这种不必要的麻烦，最重要的一点便是不要让自己的嘴巴比脑子转得还快。

嘴巴比脑子转得还快的人大概可以分为两种：一种是急智之才，脱口而出，出口成章，往往瞬间让人拍案叫绝；另一种是说话不经过大脑而天资有限的人，往往是出口伤人，有时会达到无法收场的地步。

前一种人是天才，这种人百里挑一，后一种人却是随处可见，说话不经过大脑，极有可能得罪别人却不自知。等到明白过来后急着弥补时，往往是越急越坏事，到头来好话说了一

大堆，人却得罪完了。

我们先看下面这则笑话：

一剃头师傅家被盗劫。第二天，剃头师傅到主顾家剃头，愁容满面。主顾问他为何发愁，师傅答道："昨夜强盗将我一年的积蓄劫去，仔细想来，只当替强盗剃了一年的头。"主顾怒而逐之，另换一剃头师傅。这位师傅问："先前有一师傅服侍您，为何换人？"主顾就把前面发生的事细说了一遍，这位师傅听了，点头道："像这样不会说话的人，真是砸自己的饭碗。"

言者无心，可听者有意，几句不经大脑的话语，便产生了这种让人哭笑不得的误会，结果被解雇了，这便是说话不经过大脑所付出的代价。

口不择言，嘴巴比脑袋转得还要快的人，就会闹出许多笑话，甚至得罪了别人却不自知。

南齐太祖萧道成提出要与当时的著名书法家王僧虔比试书法，君臣二人都认真地写了一幅楷书。然后齐太祖就问王僧虔："你说说，谁第一，谁第二？"王僧虔不愿贬低自己，又不敢得罪皇帝，于是答道："为臣之书法，人臣中第一；陛下之书法，皇帝中第一。"齐太祖听后，一笑了之。

王僧虔这种分而论之的回答是相当巧妙的。表面上是顾及了皇帝的尊严，君臣不能互相比较，实际上是回避了不愿贬抑自己，又不敢得罪皇帝的难题。真可谓一举两得、一箭双雕。

古时候，吴国有个滑稽才子，名叫孙山。他与乡里某人的儿子一同参加科举考试。考完后，孙山先回到家，那个同乡的父亲就向孙山打听自己的儿子是否考上了。孙山笑着回答说："解名尽处是孙山，贤郎更在孙山外。"这便是"名落孙山"的典故的来历。

孙山的回答既委婉又含蓄，这种表达方式非但没有戳到别人的痛处，反而让别人对他的诙谐调侃佩服不已。即使那位父亲的儿子落榜了，也不会因为孙山的言语而受到刺激。这便是语言表达的魅力所在。

所以，在任何时候都要三思而后言，切忌让自己的嘴巴比脑子转得还快。否则，吃苦头的必定是你自己。

凡事适可而止，留下回旋的余地

遇事穷追不舍，于人于己都没有好处。聪明人都会适当考虑别人的想法，留下回旋的余地。

现实生活中，许多人说话做事总是不会给人留下余地，搞得对方经常尴尬。其实想想，如果你自己处在这种状况会怎样。很显然，人一旦处于这种窘境，则不仅仅是气别人，也气自己，气自己无能为力，甚至会怀疑自己生存的价值和意义，从而萌生很强烈的人生挫折感和失落感。那么，有过这种体验和经历的人就应当设身处地地为对方想一想。一旦自己通过努力证明自己比对方强，完全有能力收拾对方，那么就应当适可而止，别再以牙还牙，以毒报毒，把对方完全置于屈辱的地位。不然只会使对方蒙受如自己当初一样的打击与屈辱，从而为自己制造一个仇敌。我们应当注意以下两点：

1. 冤家宜解不宜结，问题解决了就要给对方一个台阶下，否则对方记了你的仇，将来还会给你气受。在人际交往中，特别是求人的时候，如果受了气，你放开眼界，把立足点放在解决对策上而不是斗气上。

和人家斗气，一来未必能够斗得过，二来浪费了时间和精力，对于解决问题没有什么裨益。因此换一种视角，换一套思路，另辟途径解决问题是最重要的。一旦问题解决了，你受气的根源也自然消失了。这时候你还不解气，还让那些本来已经很尴尬的人下不来台，那就太没有"心机"了。你应当想到，这一次人家阻挠了你，给你气受，也许下次你还要求人家，要是人家记了仇，你就还会有更大的气要受。相反，如果你能够适当给他一个台阶下，他感怀你的宽容大量，下一次办事时也许就能给你帮上大忙。

2. 在人际交往中注意不把事情做绝，甚至可以化敌为友。每个人受了气后都会产生一种报复心理。于是奋发向上，寻找时机以雪前耻。这是十分不可取的，因为说不定你哪天还会有更大的气受。相反，如果一个人在有了实力，或是抓住了对方的把柄，完全有能力收拾对方时，能够恰当的利用这种优势，以一种大度宽容的方式来对待对方，求得他的信任与感激，再进一步通过其他方式来增进彼此的感情，那么就不但排除了树敌的可能性，而且多了一个可信赖的朋友。朋友多了，社会性实力就会强大，同时能够弥补个人能力的种种不足，那就更不容易受气了。对于矛盾的双方而言，这样的结局无疑是最为理想的。

调节冲突，抬高一方让其主动退出

在现实生活中，难免会遇见亲朋好友或者别的人为了某些事而发生冲突与纠纷，需要你出面做和事佬的情况。只是，和事佬并不好做，这是个两边不讨好的差事。如果没有比较高超的语言技巧，往往会把自己陷进去，成为一方甚至双方攻击的对象。但是冲突总得有人调解，或许这个人就是自己，那该怎么办呢？

俗话说：“一个巴掌拍不响。”在双方接受自己来进行调解之后，可以考虑主攻一方，让其主动退出争执，另一方没了冲突对象，纠纷自然化解了。

让当事人为顾全面子而退出争执。对一方当事人进行夸奖，讲述他曾经有过的可引以为自豪的事情，唤起他的荣誉感，使之为了保全荣誉感和面子，主动退出争执。这种方式对于绝大多数受过良好教育的人都非常有效，因为荣誉和颜面往往是他们很看重的，是他们约束自己的动力。

小王与小刘是学校新来的两位年轻教师。小王心细，考虑事情周到；小刘性情鲁莽，但业务能力强。两人因一件小事发生争执，小王说不过小刘，并且被小刘训了一顿，觉得非常委屈，就去向校长诉苦。校长说：“小王啊，你脾气好，办事周到，大家都很欣赏。你是个细致的人，小刘是个急性子，脾气上来了连自己说了什么都不知道。你怎么能和他计较呢？你一向都非常注意团结同事，不感情用事的，怎么能为了这么点事情就觉得委屈呢？”一番话说得小王心里又甜又酸，从此再不与同事争执了。

事例中校长就是巧妙地运用了这一方法。他先夸奖小王，然后强调两人之间的差距，让听话者的一方受到赞扬，从而轻易化解了两人之间的冲突。

不过这个调解办法在使用时必须注意不可伤害到另一方的自尊。你对一方的“抬高”最好不要当着另一方的面说，否则会事倍功半，收效不佳。

此外，跟当事人说一件很重要的事让他感觉到自己的地位及价值的存在，从而让他退出争执，也是一种不错的方法技巧。冲突之所以持续，往往是一种非理性情绪支配的结果。所以，如果在调解冲突时，提出一件足以唤起一方理性思考的事情，转移其注意力，往往也能达到让一方退出争执、化解冲突的目的。

不是原则性问题，就不必太较真

怎样做人是一门学问，甚至是一门用毕生精力也未必能看破其中因果的大学问。多少不甘寂寞的人穷究原委，试图领悟人生真谛，塑造辉煌的人生，然而人生的复杂性使人们不可能在有限的时间里洞明人生的全部内涵。人们对人生的理解和感悟总是局限在事件的启迪上。比如，处事不能太较真便是其中一理，这正是有人活得潇洒，有人活得累的原因之所在。

做人固然不能玩世不恭，游戏人生，但也不能太较真，认死理。“水至清则无鱼，人至察则无徒”，太认真了，就会对什么都看不惯，连一个朋友都容不下，把自己同社会隔绝开了。镜子很平，但在高倍放大镜下，就成了凹凸不平的山峦；肉眼看很干净的东西，拿到显微镜下，满目都是细菌。试想，如果我们戴着放大镜、显微镜生活，恐怕连饭都不敢吃了；如果用放大镜去看别人的缺点，恐怕那人罪不容诛、无可救药了。

与人相处就要互相谅解，经常以“难得糊涂”自勉，求大同存小异，有度量，能容人，你就会有许多朋友，且左右逢源，诸事遂愿；相反，“明察秋毫”，眼里揉不得半粒沙子，过分挑剔，什么鸡毛蒜皮的小事都要论个是非曲直，容不得人，人家也会躲你远远的。最后你只能关起门来“称孤道寡”，成为使人避之唯恐不及的异己之徒。古今中外，凡是能成大事的人都具有一种优秀的品质，就是能容人所不能容，忍人所不能忍，善于求大同存小异，团结大多数人。他们胸怀豁达而不拘小节，从大处着眼而不会鼠目寸光，并且从不斤斤计较，纠缠于非原则性的琐事，所以他们才能成大事、立大业，使自己成为不平凡的人。

但是，如果要一个人真正做到不较真、能容人，也不是简单的事，需要有良好的修养、善解人意的思维方法，并且要从对方的角度设身处地考虑和处理问题，多一些体谅和理解，就会多一些宽容，多一些和谐，多一些友谊。比如，有些人一旦做了官，便容不得下属的缺点，动辄横眉竖目，使属下畏之如虎，时间久了，必积怨成仇。想一想天下的事并不是你一人所能包揽的，何必因一点点小事便与人生气呢？调换一下位置，挨训的人也许就理解了上司的急躁情绪。

宋朝的范仲淹是一个有远见卓识的人。他在用人的时候，主要是取人的气节而不计较人的细微不足。范仲淹招纳的幕僚，有些是犯了罪被朝廷贬官的，有些是因为犯了罪被流放的。这些人被任用后，有的人不理解。范仲淹则认为：“有才能没有过错的人，朝廷自然要重用他们。但世界上没有完人，如果有人确实是有用之才，仅仅因为他的一点小毛病，或是因为做官议论朝政而遭祸，不看其主要方面，不靠一些特殊手段起用他们，他们就成废人了。”尽管有些人有这样或那样的问题，但范仲淹只看其主流，他所使用的人大多是有用之才。

人非圣贤，孰能无过？有道德修养的人不在于不犯错误，而在于有过能改，不再犯过。所以用人，用有过之人也是常事。应该看到他的过错只不过是偶然的，他的大方向是好的。《尚书·伊训》中有“与人不求备，检身若不及”的话，是说我们与人相处的时候，不要求全责备，但却要抓紧检查自己的缺点。要求别人怎么去做的时候，应该先问一下自己能否做到。推己及人，严于律己，宽以待人，才能团结能够团结的人，共同做好工作。一味地苛求，就什么事情也办不好。

哲人说，宽容和忍让的痛苦，能换来甜蜜的结果。忍让和宽容说起来简单，可做起来并不容易。因为任何忍让和宽容都是要付出代价的，甚至是痛苦的代价。人的一生谁都会碰到个人的利益受到他人有意或无意的侵害的时候，为了培养和锻炼良好的心理素质，你要勇于接受忍让和宽容的考验。即使感情无法控制时，也要紧闭住自己的嘴巴，管住自己的大脑，忍一忍，就能抵御急躁和鲁莽，控制冲动的行为。

在公共场所遇到不顺心的事，实在不值得生气。素不相识的人冒犯你肯定是别有原因的。不知哪一种烦心事使他这一天情绪恶劣、行为失控，正巧让你赶上了。只要不是侮辱了人格，我们就应宽大为怀，不必介意，或以柔克刚，晓之以理。假如较起真来，大动肝火，刀对刀、枪对枪地干起来，酿出个不好的后果，那就犯不上了。跟萍水相逢的陌路人较真，实在不是聪明人做的事。假如对方没有文化，一较真就等于把自己降低到对方的水平，很没面子。另外，对方的触犯从某种程度上是发泄和转嫁痛苦，虽说我们没有分摊的义务，但客观上确实帮助了他，无形之中做了件善事。这样一想，也就容忍他了。

世上有很多事只要不是原则、立场的大是大非问题，就不必非分出对和错来不可。人们在单位、社会上充当着各种各样的规范化角色，恪尽职守的国家公务员、精明体面的商人，还有广大工人、职员，但一回到家里，脱去西装革履，也就脱掉了你所扮演的这一角色的“行头”。曾经有一位好莱坞的女演员，失恋后，怨恨和报复心使她的面孔变得僵硬而多皱，她去找一位最有名的化妆师为她美容。这位化妆师深知她的心理状态，中肯地告诉她：“如果你不消除心中的怨和恨，那么我敢说全世界没有一个美容师能够美化你的容貌。”心理学研究证实，报复心理非常有碍健康，高血压、心脏病、胃溃疡等疾病就是由于长期积怨和过度紧张造成的。

《增广贤文》是我国民间流传甚广的一本关于做人的小册子，里面收集了许多久经验证的富有哲理的民谚俗语，其中一条就是："饶人不是痴汉，痴汉不会饶人。"也有把这句话说成"得饶人处且饶人"的。这条哲理告诉人们，凡事都应适可而止，给自己留下一条后路。有位智者说，大街上有人骂他，他连头都不回，他根本不想知道骂他的人是谁。因为人生如此短暂和宝贵，要做的事情太多，何必为这种令人不愉快的事情浪费时间呢？这位先生的确修炼得颇有涵养了，知道该干什么和不该干什么，知道什么事情应该认真，什么事情可以不屑一顾。要真正做到这一点是很不容易的，需要经过长期的磨炼。如果我们明确了哪些事情可以不认真，可以敷衍了事，我们就能腾出时间和精力，全力以赴地认真地去做该做的事，我们成功的机会和希望就会大大增加。与此同时，由于我们变得宽宏大量，人们就会乐于同我们交往，我们的朋友就会越来越多。事业的成功伴随着社交的成功，应该是人生的一大幸事。

第四篇

与人周旋，掌控制胜之道

- 以心攻心，斗智斗勇
- 洞悉弱点，各个击破
- 该绕就绕，该逃就逃
- 虚实难辨，假戏真唱
- 灵活博弈，处处皆赢

第一章 以心攻心，斗智斗勇

突破对手的心理防线定能大胜

《孙子兵法·谋攻篇》里有一句“上兵伐谋”，意思是说打仗的最高境界是计谋的较量，这与后来的“攻心为上，攻城为下”的作战思想是一脉相承的。其实所谓的谋略其实质还是一个“诈”字，懂得“伪诈”之术的人才能视敌军为无物，顷刻间让敌人土崩瓦解，这是一种战争艺术，也是做事有“心计”的一种表现。

成都武侯祠有副对联，上联是：能攻心则反侧自消，自古知兵非好战；下联是：不审时即宽严皆误，后来治蜀要深思；横批是：攻心为上，攻城为下。这副对联充分说明了心理因素对事业成败的重要作用。洞察别人内心的想法，抓住人的弱点，这就是你的优势。

唐玄宗靠政变上台，他先后诛灭韦党和太平公主，所以当上皇帝后也很不安心。宰相姚崇一日和玄宗闲谈，说起内患之事，姚崇叹息说：

“我朝屡有内部变乱，实由人心散乱、不惧皇威所致。陛下若不整治人心，使人不敢心起妄念，朝廷就难保久安啊！”

玄宗颌首说：“内乱重生，致使大唐危机重重，朕定要设法根绝。依你之见，朕该有何动作？”

姚崇进言说：“防患于未然，必早作预见，惩人于未动之时。即使小题大做，也要造成震慑他人的效果，促人不起异念，自敛谨慎。这就需要陛下割舍情感，痛下重手了。”玄宗示意已知，微微一笑。

不久，玄宗在骊山阅兵式上，以军容不整为由，判功臣兵部尚书郭元振死罪。大臣纷纷进谏说：

“郭元振乃当世名将，更在诛灭太平公主的过程中功不可没。如此功臣今犯小过，陛下不念旧情就治他死罪，有损陛下贤德之名。”

玄宗厉声痛斥进谏之人说：

“有功必赏，有罪必惩，此乃治国之道，尔等竟替罪臣求情责朕，莫非尔等要造反不成？”

玄宗这般严责，吓得群臣再不敢说话。最后，玄宗虽免郭元振一死，却还是把他流放了新州。

宰相刘幽求也是大功臣，他一贯和武党抗争，除灭韦党和太平公主，他也参与谋划，其功非小。玄宗因为一件小事就将他罢相，还告之说：“百官之首当为百官作则，故朕对你要求甚严，也是正常之举。”

刘幽求十分不满，背后常发牢骚说：“皇上现在不念恩义，判若两人，他不该如此待我啊。我为他出生入死，谁知却落得个这样下场！”

玄宗闻知马上又下旨把他贬为睦州刺史，他还对群臣激愤地说：“天下多乱，朕当严治臣子，此朕之职也。刘幽求以功和朕对抗，口出不逊，这便是大罪。朕若徇私枉法，反让人有了造反的口实，朕怎会做此蠢事呢？”

一次，同为朝廷功臣的钟绍京在面见玄宗时，无故竟被玄宗训斥说：“你身为朝廷户部尚书，议事之时却不发一言，可是失职？难道你不顾朝廷安危，要明哲保身吗？”

钟绍京脸色惨变，直呼有罪。事后，姚崇有些不忍，便对玄宗说：“陛下的目的已然达到。钟绍京无端被责，臣以为过于唐突，似可不必。”

玄宗说：“朕依你之法，方有此举，你不该出言反对吧？”

姚崇又欲启齿，玄宗却摆手阻止了他：“不过朕也想过，这些功臣都几经政变，实为政变的行家里手，如不把他们慑服，谁保他们日后不变心呢？朕折辱他们，也是让群臣心悸，只思自保。”玄宗把钟绍京降为太子詹事，后贬为绵州刺史。

后来，功臣王琚、魏知古、崔日用一一被贬，朝中再无人敢以功臣自居，玄宗这才罢手。

所以，做任何事一定要记住这个道理：上兵伐谋，先乱其心智，后攻其不备，定能大胜。

正所谓“兵战为下，心战为上”。在与对手较量时从对方的心理上突破，成功的概率是最大的。

巧设陷阱，让对手祸起于萧墙之内

在了解对方的同时又隐藏自己，让对手争斗不休，让他们祸起于萧墙之内，这是最省力的招数，也是最有效的。

战国末年，秦军大举北进，进攻赵国。老将廉颇率赵兵迎敌，秦、赵两军相持于长平。秦兵虽然勇武善战，怎奈廉颇行军持重，坚筑营垒，等待时机与变化，迟迟不与秦兵决战。这样一来，两军相持近两年，仍难分胜负。秦国君臣将士个个焦躁万分，却又束手无策。

秦昭王问计于范雎，说：“廉颇多智，面对秦军强而不轻易出战。秦兵劳师袭远，难以持久，战事如此久拖不决，秦军必将深陷泥淖，无力自拔，为之奈何？”范雎早已清醒地认识到了问题的严重性，作为出色的谋略家，他很快找到了问题的症结所在。他对赵国文臣武将的优劣了如指掌，深知秦军若想速战速决，必须设计除掉廉颇。于是，他沉吟片刻，向昭王献了一条奇妙的反间计。

范雎遣一心腹门客，从便道进入赵国都城邯郸，用千金贿赂赵王左右亲近的人，散布流言道：“秦军最惧怕的是赵将赵奢之子赵括，其年轻有为且精通兵法，如若为将，恐难胜之。廉颇老而怯，屡战屡败，现已不敢出战，又为秦兵所迫，不日即降。”

赵王闻之，将信将疑，派人催战，廉颇仍行“坚壁”之谋，不肯出战。于是，赵王轻信流言，匆忙拜赵括为上将，赐以黄金彩帛，增派二十万精兵，前往代替廉颇。

赵括虽为赵国名将赵奢之子，确也精通兵法。但徒读经文书传，不知变通，只会坐而论道，纸上谈兵，而且骄傲自大，一旦代将之即东向而朝，威临军吏，致使将士无敢仰视。他还把赵王所赐黄金、财物悉数藏于家中，日日寻思购买便利田宅。

赵括来到长平前线，尽改廉颇往日约束，易置将校，调换防位，一时弄得全军上下人心浮动，紊乱不堪。范雎探知赵国已入圈套，便与昭王奏议，暗派武安君白起为上将军，火速驰往长平，并约令军中：“有敢泄露武安君为将者斩！”

这白起是战国时期无与伦比的久经沙场的名将，一向能征惯战，智勇双全。论帅才，赵括远不能与白起相比；论兵力，赵军绝难与秦兵抗衡。范雎之所以秘行其事，目的就是使敌军松懈其志，以期出奇制胜。两军交战，白起佯败，赵括大喜过望，率兵穷追不舍，结果被秦军左右包抄，断了粮草，团团围困于长平。秦昭王闻报，亲自来到长平附近，尽发农家壮丁，分路掠夺赵人粮草，遏绝救兵。赵军陷于重围达四十六天，粮尽援绝，士兵自相杀戮以取食，惨不忍睹。赵括迫不得已，把全军分为四队，轮番突围，均被秦军乱箭击退，赵括本人也被乱箭射死。

长平之战，秦军获得了空前的胜利，俘虏赵兵四十万人，除年长年幼者二百四十人放还外，其余全部坑杀。这次战役，秦军先后消灭赵军四十五万人，使其一蹶不振。战后，秦军乘胜进围赵都邯郸。赵国就这样一步步走上了灭亡的道路。

同样是利用离间计，晏婴成功地除掉了齐景公手下的三名武将。

古冶子、田开疆和公孙捷是齐国著名的勇士。他们力大无穷，勇猛过人，号称"齐邦三杰"。"齐邦三杰"自恃有功，结拜为兄弟，在朝中傲视百官，对下面欺压百姓。即使对齐景公，他们也傲慢少礼，不讲君臣礼仪。齐景公畏惧他们，也不敢追究他们的过错。

齐国的相国晏婴心有忧虑。一次他专门拜访三人，劝导他们说："你们身为大将，当为人臣的典范，不该恃功自傲啊。各位若行为不检，不行善事，不仅于你们威名有损，也会让主公脸上蒙羞，你们难道不该自省吗？"

"齐邦三杰"不听规劝，仍我行我素。晏婴心痛之下，对家人说："这三人为非作歹，是国家的祸患，我一定设法铲除他们。"

晏婴的家人恐惧不已，颤声道："他们三人都身怀绝技，势大力强，连主公都奈何不了他们，你这不是自取祸殃吗？万一事情有所疏漏，你必受其害不说，齐国也要大乱，你一定要谨慎从事。"

这句话让晏婴的心沉起来，他想家人说得确实有理，于是不再气躁，开始思虑万全之策。

一日，晏婴和其挚友谈论世事，晏婴随口说："人心不古，恶人难制，我真怀疑天理一说了。"他的挚友微微一笑，接道：

"大人智慧过人，想不到也有迷茫的时候啊。人皆能制，恶人更不在话下，大人有此感慨，只是不得其法罢了。"

晏婴虚心下问，其挚友回道："置人于死，莫过于让他所求不得，断其欲念。罪恶之人欲念最盛，只要挑起他们的欲念，让他们内部争斗不休，这样不费吹灰之力，就能将他们击败。"

晏婴体会此语，深感其妙。他茅塞顿开，心中便有了除贼之计。

一天，鲁昭公带着相国叔孙若到齐国来访问。晏婴陪同齐景公一起设宴招待鲁国君臣，"齐邦三杰"带剑立于堂前。酒至半酣，晏婴请大家吃一种珍贵的桃子。鲁国君臣都吃了，分到后来，还剩两个。

晏婴说："还剩两个桃子，我建议大臣中谁功劳最大，谁就可以吃这两个桃子。"齐景公同意了。

公孙捷第一个站出来说："我当年跟随主公一道上桐山打猎，力诛猛虎，这功劳够得上吃桃子吗？"晏婴点头同意。公孙捷吃了一个桃子。

这时，古冶子一跃而出，说："我当年曾在黄河斩鱼妖，使主公转危为安，够得上吃一个桃子吧。"齐景公认为他说得有理，就把桃子赐予了他。

看到最后一个桃子也归别人所有，田开疆忍不住发起牢骚来："我曾奉命攻打徐国，俘虏了500人，逼徐国称臣请命，威震诸侯，为齐国称霸作出了巨大贡献。我的功劳更大！应该受赏！"

晏婴火上浇油地对景公道："田将军的功劳确实在前面两位勇士之上，但可惜桃子已赐完，可否缓他日补赐？"

景公也以同样的话安慰田开疆，但自视甚高的田开疆根本听不进去，大叫道："打虎斩龟，雕虫小技，我为国血战，功勋卓著，反遭冷落，在两国君臣面前受辱，还有何面目立于朝廷！"遂拔剑自刎。

公孙捷大惊失色，也拔剑曰："我功小受赏，田将军功大而受辱，于情于理不容，我耻也。"说完也自刎了。古冶子激动地跳起来说道："我三人乃结拜兄弟，誓同生死，他两人已去，我不可偷生！"也拔剑自刎了。

晏婴之所以能利用“二桃”杀“三士”，其原因是他对“三士”的个性修养了如指掌。那就是三个人中没有一个是肯让人的“主儿”，也就是说“三士”中没有一个是性情平和、遇事不怒的，从这一点下手，让他们为了两个桃子窝里反，都认为自己功劳最大，从而自相争斗，以致一怒之下拔剑自刎。

与对手的较量，不仅是力量的交锋，也是智力的对峙。为了胜利，每一方都会设下各种各样的陷阱，若稍有不慎，便会让你丧生。反过来说，如果能够让对手不知不觉地踏入你设下的陷阱，你就能够成为整个棋局的操控者，长久立于不败之地。

实施“苦肉计”，将狡猾的他制服

“苦肉计”是中国历史潜规则中不可忽视的一条。在面对狡猾的对手时，唯有付出鲜血的代价，才能将之制服。

吴王阖庐是派人暗杀了吴王僚后才登上王位的，僚的三个儿子逃亡在外，吴王阖庐以为大患，日夜难安。

一日，阖庐对大臣伍子胥说：“僚的三个儿子，以庆忌最为刚烈勇猛。听说他在外网罗部属，发誓要为父报仇，打回吴国，此人不可不除啊！”

伍子胥说：“庆忌狡猾多计，实在是强敌，他活在世上一天，大王就有不可预测的凶险。臣向大王推荐一人，此人肯定可为大王建功。”

伍子胥于是把要离举荐给吴王阖庐。阖庐见要离身材短小，形象丑陋，与他想象的志士相去甚远，不禁大为失望。伍子胥看出了阖庐的心思，劝他说：“好马贵在能负重致远，而不在其形体的大小。要离相貌平常，但是智勇无敌，此人绝非等闲之辈！”

要离不卑不亢地对阖庐说：“善于杀人者靠的是智慧而不是体力，善于谋叛者依仗的是骗取信任而不是明斗。我若能亲近庆忌，让他引为心腹，杀他岂不是轻而易举的事吗？”

阖庐被要离的话打动，马上以礼相待。三人计议多时，终于形成了谋刺庆忌的方案。

次日，在朝堂上，伍子胥上奏吴王请求派兵伐楚，并且推荐要离担任伐楚将领。吴王阖庐故意不屑地说：“要离手无缚鸡之力，岂可为将？他这个人无德无能，寡人只是可怜他才将他留在朝中。何况吴国刚刚安定，如果出兵打仗，寡人还有安稳的日子可享吗？此议决不可用。”

群臣哑言，这时要离却仗义直出。他指着吴王阖庐的鼻子，愤愤说：“大王侮臣是小，却不该对伍子胥不仁不义。伍子胥帮你夺取王位，又助你治国安邦，吴国方有今日的兴盛局面。大王曾言替他伐楚报仇，无故失信背约，大王何以面对天下？这样做，大王连一个承守信诺的百姓都不如，如何让人信服呢？”

吴王阖庐大怒色变，当即命令力士砍断了要离的右臂，将其打入死牢。要离的妻小也被吴王拘拿。几日后，伍子胥密令狱中看守放松对要离的看管，让要离乘机逃出。阖庐把要离的妻小杀死，焚尸于吴国的闹市，使这件事人人皆知。

要离逃出吴国，他一路赶奔卫国投靠庆忌。庆忌见了要离，听他哭诉之后，庆忌还是不肯相信他，他对心腹说：“阖庐恨我不死，谁知这是不是他主使的苦肉计呢？”

庆忌的心腹说：“要离的右臂被砍掉，他历尽艰辛才逃出吴国。若说阖庐使计，可要离也不会自残自苦如此，大人不要疑心太重。”

不久，庆忌的密探向他报告要离的妻小被杀之事，庆忌疑虑顿消。他对心腹高兴地说：“肢体自残，要离或许可做到。可若是舍弃妻小性命，只为骗我信任，这就于理不通了，谁会这样残忍呢？”

庆忌于是视要离为心腹，让他为自己谋划归国大事。要离见自己和阖庐、伍子胥谋定的计策成功了，于是趁热打铁，力劝庆忌及早发兵，夺回王位。庆忌对他言听计从，出动全部兵卒，顺江而下，向吴国进军。

庆忌站在指挥船上，要离手持长矛侍立其旁。庆忌指指点点，得意非凡，要离趁其不备，一矛刺透了庆忌的心窝。阖庐的心腹大患解除了，吴国的局面最终安定下来。

正常情况下，人不会自我伤害，若他受害必然是真情；利用这种常理，我们不妨以假作真，以真作假，那么离间计就可实行了。

虽然把自己的真实用心掩藏起来，有时要付出血的代价，但不做必要的牺牲，狡猾的对手就难以消除疑虑。采用这种办法迷惑敌人，在对手意想不到之处打动他，用最忠心的人也难以做到的事触动他，任何人都会失去理智，也就是顺应着他那柔弱的性情达到目的。

离间对手以削弱其实力，从而一举取胜

自古到今，离间之计是竞争中广泛采用的一种计策、一种谋略，也是一种心理学的诡计。当对手与自己势均力敌时，不想硬攻之，就应先用离间之计削弱对手实力，从而一举取胜。

在一个信息高度发达的法制社会里，离间之计的使用很难拿捏好“度”，一不小心就会鸡飞蛋打。但是，作为一种智慧，历史上此计的一些成功运用，对不同读者可以产生不同的启发。

1629年10月，皇太极率领几十万后金军，从龙井关、大安口（今河北遵化北）绕道河北，直攻明朝京城北京。后金军突然进攻北京，引起了全城震动。崇祯帝更是急得心慌意乱，不知该怎么办才好，后来听说袁崇焕带兵赶到，他的心才定了一些。他亲自召见袁崇焕，慰劳了一番。但是一些魏忠贤的余党却散布谣言，说这次后金兵绕道进京，完全是袁崇焕引进来的，说不定里面还有什么阴谋呢！

崇祯帝是个猜疑心极重的人，听了这些谣言，也有些怀疑起来。正在这个时候，有一个被金兵俘虏去的太监从金营逃了回来。

原来，明朝有两个太监被后金军俘虏了以后，关在金营里。有天晚上，一个姓杨的太监半夜醒来，听见两个看守他们的金兵在外面轻声地谈话。

一个金兵说：“今天咱们临阵退兵，完全是皇上（指皇太极）的意思，你可知道？”

另一个说：“你是怎么知道的？”

一个又说：“刚才我就看到皇上一个人骑着马朝着明营走，明营里也有两个人骑马过来，跟皇上谈了好半天话才回去。听说那两人就是袁将军派来的，他已经跟皇上有密约，眼看大事就要成功啦……”

姓杨的太监偷听了这番对话，趁看守他的金兵不注意，偷偷地逃了出来，赶快跑回皇宫，向崇祯帝报告。崇祯帝听了也信以为真。他哪里知道，这个情报完全是假的。两个金兵的谈话是皇太极预先布置的。

崇祯帝命令袁崇焕马上进宫。袁崇焕接到命令，也不知道发生了什么事，匆忙进了宫。崇祯帝拉长了脸，责问说：“袁崇焕，你为什么要擅自杀死大将毛文龙？为什么金兵到了北京，你的援兵还迟迟不来？”袁崇焕不禁怔了一下，这些话都是从哪儿说起？他正想答辩，崇祯帝已经喝令锦衣卫把袁崇焕捆绑起来，押进大牢。有位大臣知道袁崇焕平日忠心为国，觉得事情蹊跷，劝崇祯帝说：“请陛下慎重考虑啊！”崇祯帝说：“什么慎重不慎重？慎重只会误事。”崇祯帝拒绝大臣的劝告，一些魏忠贤余党又趁机诬陷。到了第二年，崇祯帝终于下令把袁崇焕杀害了。

皇太极离间明朝君臣，除去袁崇焕后，失去了一个强大对手。从此后金越来越强大，十几年后就入主中原，建立了清王朝。

中离间之计的直接后果是会使实力削弱。生活在现代社会，要提防对手设下的陷阱，否则，会被欺侮，甚至被生活无情地淘汰。

无中生有，必要时也得诈一诈

做人要讲诚信，这是做人的一个基本原则。每个人都应该遵守，但是这种讲诚信也得分时间、场合和人，一味的“以德服人”到头来碰得头破血流的肯定是自己。无中生中，必要时也得诈一诈，这是做人有“心机”的一种表现。

诸葛亮是中国古代智慧和道德的化身，关于他的故事民间广为流传。就是这样一位被民间神化了的人物，也曾经用“无中生有，移花接木”的“欺诈”之术，鼓动三寸不烂之舌，将东吴大将周瑜说得心服口服，到最后还是步入了诸葛亮的轨道。

三国时诸葛亮入东吴商量孙刘联合抗曹之事，后来的赤壁之战的胜利便是这次会谈的结果。要想说服东吴抗曹，首先必须要说服东吴的实权派人物周瑜。

一天晚上，鲁肃引诸葛亮会见周瑜。鲁肃问周瑜：“如今曹操驱兵南侵，是战是和，将军欲如何？”周瑜说道：“操挟天子以令诸侯，难以抗命。而且，兵力强大，不可轻敌。战则必败，和则易安。我的意见是和为上策。”鲁肃大惊道：“将军之言错啦！江东三世基业，岂可一朝白白送给他人？”周瑜说道：“江东六郡，千百万生命财产，如遭到战祸之毁，大家都会责备我的。因此，我决心讲和为好。”

诸葛亮听完东吴文武两大臣的一段对话后觉得周瑜若不是抗曹的决心未定，就是有意试探。此时如果不另辟蹊径，只是讲一通吴蜀联合抗曹的意义，或是夸耀周瑜盖世英雄，东吴地形险要，战则必胜的道理，肯定不会奏效。于是，他巧用周瑜执意求和的“机缘”，无中生有地编出一段故事，来激怒周瑜。诸葛亮说道：“我有一条妙计，只需差一名特使，驾一叶扁舟，送两个人过江。曹操得到那两个人，百万大军必然卷旗而撤。”周瑜急问是哪两个人。诸葛亮说道：“曹操本是一名好色之徒，打听到江东乔公有两位千金小姐，大乔和小乔，长得美丽动人，曹操曾发誓说：‘我有两个志向，一是要扫平四海，创立帝业，流芳百世；二是要得到江东二乔，以娱晚年。’目前曹操虽然领兵百万，直逼江南，其实就是为乔家的两位千金小姐而来的。将军何不找到乔公，花上千两黄金买到那两个女子，差人送给曹操？江东失去这两个人，就像大树飘落一两片黄叶，如同大海减少一两滴水珠，丝毫无损大局；而曹操得到两人必然心满意足，欢欢喜喜班师回朝。”周瑜说道：“曹操想得二乔，有什么证据可说明这一点？”诸葛亮答道：“有诗为证。曹操的小儿子曹植，十分会写文章，曹操在漳河岸上建造了一座铜雀台，雕梁画栋，十分壮丽，并挑选许多美女安置其中。又令曹植作了一篇《铜雀台赋》，文中之意就是说他会做太子，立誓要娶‘二乔’。”周瑜问：“那篇赋是怎么写的，你可记得？”诸葛亮说道：“因为我十分喜爱赋中的文笔华丽，曾偷偷地背熟了。”周瑜请诸葛亮背诵。赋略云：“从明后以嬉游兮，登层台以娱情……临漳水之长流兮，望园果之滋荣。立双台开左右兮，有玉龙与金凤。揽‘二乔’于东南兮，乐朝夕之与共……”

周瑜听罢，勃然大怒，霍地站立起来指着北方大骂道：“曹操老贼欺我太甚！”诸葛亮表面上急忙阻止，其实是火上浇油，说道：“都督忘了，古时候单于多次侵犯边境，汉天子许配公主和亲，你又何必珍惜民间的那两个女子呢？”周瑜说道：“你有所不知，大乔是孙策将军夫人，小乔就是我的爱妻！”诸葛亮佯作失言请罪道：“真没想到这回事，我真是胡说八道了，该死该死！”周瑜怒道：“我与曹操老贼势不两立！”诸葛亮却故作姿态地劝道：“请都督不可意气用事，望三思而后行，世上绝无卖后悔药的！”周瑜说道：“承蒙伯符重托，岂有屈服曹操之理？我早有北伐之心，就是刀架在脖子上，也不会变卦的。劳驾先生助我一臂之力，同心合力共破曹操。”于是孙、刘结成的抗曹联盟得到巩固，赢得了赤壁之战的重大胜利。

诸葛亮的一番“移花接木”、“牵强附会”之说得以成功，这里主要是基于以下二点：

第一，“乔”姓古时本就写作“桥”，后来才改作“乔”的，把原赋中两条桥的简称“二乔”，曲解为大乔和小乔的简称“二乔”，是十分容易收到诸葛亮有意的“牵强”、周瑜无意中“附会”的效果的。

第二，诸葛亮十分了解人对爱情的极端自私性，夺妻之恨往往胜于灭国之耻，况且周瑜本来就是个量小的将军。诸葛亮看准机会，编造这一段无中生有的谎言刺激周瑜，果然产生了巨大的效果。

一代“智圣”诸葛亮尚且使用一些小小的“欺诈”手腕来达到自己的目的，何况是我们一般的人呢？所以做人不能拘泥于道德礼数之中的条条框框，必要时也得诈一诈，只是这种“诈”术不能超出道德和伦理的底线。做人要有“心机”，懂得适度“无中生有”，便是其中重要的一点。

运用“上屋抽梯”之计，将他彻底打败

《孙子兵法》中讲：“假之以便，唆之使前，断其援应，陷之死地。遇毒，位不当也。”意思是：借给敌人一些方便，以诱导敌人深入我方，乘机切断他的后援和前应，最终会置他于死地。

战国时期，天下群雄并立，诸侯争霸。在中原的鬼谷，有一个上知天文下晓地理，又懂兵法战阵的奇人——鬼谷子。鬼谷子手下有两个得意弟子，一个是孙膑，另一个是庞涓。庞涓应魏国之邀，出山当了魏国的元帅，助魏王一臂之力争霸天下。当他们一同率军进攻楚国时，在方城与楚国军队一直相持不下，情况对魏国十分不利。

庞涓只好派谋士公孙阅请老师鬼谷子为其出一良策，鬼谷子将此事推于孙膑。孙膑便引用《孙子兵法》，向公孙阅献“上屋抽梯”之计：先引诱城内楚军出击，然后截断后路，消灭楚军。庞涓用了此计，楚国果然大败并割城赔地……

上面这个故事是一个典型的“上屋抽梯”的实例，其制胜的关键点就在于成功地运用了先“甜”后“苦”的心理战术。诱使敌人进入自己控制的局域，然后封锁撤退路线，使敌人陷入不利局面，一举歼灭。梯子是预先设计好的圈套，是为了方便敌方“上屋”而精心准备的通道。一旦敌人“上屋”，立即撤走梯子，断其后路，关门捉贼，使之陷入我方控制范围内。

在处理债务关系时运用此计能取得意想不到的效果，在经营活动中我们常常遇到债务人因为各种原因拖欠债权人的债迟迟不还。就像小品中演的那样，“黄世仁”和“杨白劳”的身份颠倒了。借钱的是“黄世仁”，给钱的却是“杨白劳”，借钱的以各种理由拖欠还款，给钱的打官司实在有碍情面和以后合作，所以只能暗暗叫苦，后悔借给个没信用的人。此时运用“上屋抽梯”，债权人中断同债务人的经济往来，断其财源，调取证据，卡住他的脖子，迫使债务人投诚于你，自觉偿还债务。

当然，运用此计时，一定要注意法律界限的约束。现代市场经济是法制经济，任何经济行为都必须以不违反相应法律规定为界限。否则，即使是出于维护自身权益，不当的行为也会给自己带来难以估量的损失。比如，因为没注意到外部环境的变化或限制，债权人会反被债务人追讨违约金或赔偿经济损失，是一种得不偿失的行为。

会使“上屋抽梯”之计，还要留心别人给自己设“上屋抽梯”的陷阱，比如现代的购房陷阱。为了促销，开发商常常吹嘘自己的楼盘环境如何小桥流水，配套如何齐备完善，优惠是如何让人流连忘返，不是“购房送豪华装修”就是“购房送高级家具”，然而，现实果真如此吗？你相信天上会掉下个“林妹妹”吗？在开发商“连哄带骗”，还有点“挟天子以令诸侯”的手段下，你赶忙高兴地签下购房合同。但是等到交楼时，却不由感慨：真是“一桥通架南北，天堑变通途”——祖国建设速度真是快，昨日的田园山居，今日的“牢房厚墙”，世事之无常，承诺之缥缈。原本的“诱惑条件”并没有写在合同里面，没有法律效力。只有哑巴吃黄连，有苦说不出。

会“抽梯”还要防止别人“抽”自己的“梯子”。面对诱惑，千万不要轻易迈出步子，可能陷阱就在你脚下，不要贪图小便宜而让自己吃大亏，不要只念登高却忘了退路。

如果对方很“刚”，你可用“柔”来克

人到老年时，柔软的舌头尚在，但坚硬的牙齿却脱落了，这是为什么呢？是因为柔软的东西比刚强的事物更有生命力啊！

商容疾据说是纣王时的大夫，因屡次直谏荒淫无道的纣王，结果遭到贬谪。后来纣王剖比干，囚箕子，逐微子，商容疾感到心寒，便躲进深山之中，避世隐居，不问世事。武王灭亡商朝后，天下大定。武王想召他出山，商容疾婉言谢绝。他遗世独立，静心养性，修得一副道骨仙颜。虽然年岁已过数百，但仍然精神矍铄，面色如童。到了春秋末年，老子降世。商容疾知道他不是平凡人物，便收他为弟子，传授他天地玄机，处事妙道，所以老子后来成为了一代圣人。

却说有一次，商容疾得了重病，自知将不久于人世。老子匆匆赶来问候老师。他先询问了老师的病情，然后对老师说：“先生的病确实很重了，有什么教导要嘱咐弟子的吗？”

商容疾说：“乘车经过故乡的时候要下车，你知道这是为什么吗？”

老子说：“过故乡而下车，大概是表示要不忘故乡吧？”

商容疾说：“对了！那么，经过高大的古树的时候，要快速地走过，你知道这是为什么吗？”

老子说：“经过高大的古树要快速地走过，这大概是说要尊敬德高望重的长者吧？”

商容疾说：“是啊！”

然后张开嘴给老子看，说：“我的舌头在吗？”

老子说：“在。”

商容疾又说：“我的牙齿还在吗？”

老子说：“不在了。”

商容疾说：“你知道这是什么道理吗？”

老子说：“舌存而齿亡，这不是说刚强的东西已经消亡了，而柔弱的东西还存在吗？”

商容疾说：“说得好啊！天下的事理正是这样。你没看见那水吗？天下万物，没有什么比水更柔弱的了。然而积水为海，则广阔无际，深不可测，大至于无穷，远极于无涯。百川灌之，无所增加；风吹日晒，没有减少。上天则为雨露，下地则为润泽。万物没有它不能生长，百事离开它不能成功。奔流起来不可遏止，无形无状不可把握。剑刺不能伤害它，棒击无法打碎它。刀斩不会断，火烧不能燃。锋利无比，可以磨灭金石；强健至极，可以承载舟船。深可渗进无形之域，高可翱翔于缥缈之间。涓涓细流回旋于川谷之中，滔滔巨浪翻腾于大荒之野。水为什么能够具有如此大的威力？因为它柔软润滑，所以能够出于无有，入于无间，攻坚克强，无可匹敌。弱而胜强，柔而克刚，世上没人不知，然而无人能行。你明白了吗？”

老子说：“先生说得太好了！天下之至柔，驰骋天下之至坚，确实是万世不易的定理。人活着的时候，身体柔软脆弱，死后尸体就变得僵硬坚挺。草木活着的时候，又柔又软，一死就变得枯槁坚硬。所以，刚强的东西是走向死亡的东西，柔弱的东西是生机勃勃的东西。军队太强大，容易被消灭；树木太坚硬，容易被吹折。两国相争，弱国胜；两仇争利，柔者得。皮革太坚固，容易破裂；牙齿比舌头硬，所以先消亡。坚强的东西能胜不如自己的东西，柔弱的东西则克超过自己的东西。所以强大的东西处于劣势，柔弱的东西居于上风。积弱可以为强，积柔也就变成刚。欲刚必以柔守之，欲强必以弱保之。”

商容疾欣慰地说：“你已经得到大道了。天下之理都已被你说尽了，我还有什么需要留给你的呢！”

以柔克刚，以弱胜强，是道家守柔主静的动静观，这里面包含着朴素的辩证法。商容疾对老子讲的“舌头”与“牙齿”的故事，还有“水”的能量，均在证明“柔”与“刚”的辩证关系。

从大宇宙的时空观念来看事物，我们会品味出道家人生态度的独特理念。宇宙间的一切生命本体，很难说有大、小、弱、强之分。任何事物都在变化中运行，没有绝对的胜者和败者。

如果你的对手是一个非常刚性的人，你就可以用柔将其克制。直白地讲，以柔克刚只是与耐心、信心、恒心、毅力的比较。在这些方面，谁占了上风，谁就是真正的胜利者。具体“以柔克刚”的方式方法很多。例如，感情之柔，柔如密友的细诉、情侣的幽怨，让对方的心湖荡起层层涟漪；服务之柔，柔如夏日的雨水、冬日的阳光，让对方的感觉非常良好；文化之柔，柔如轻音乐的演奏、抒情诗的朗诵，让对方的精神得以升华。

通过沉默来逼迫对方沉不住气

人们往往不善于等待，而等待往往是适用于各种情况的一种策略。有时片刻的沉默，便会产生奇特的效果。

国庆节后大甩卖期间，李珊妮去退货。柜台前挤满了顾客，李珊妮要求退钱，售货员正忙得不可开交，告诉她电器售出一概不退，然后就去为其他顾客服务了。李珊妮一声不响地拿着电器在柜台前等候。

10 分钟后，售货员又走了过来。李珊妮面带微笑，依旧在等待。售货员也只顾在柜台前忙碌，李珊妮还是沉默不语。又是 10 分钟过去了，这时，售货员什么也没说，拿起电器走了。大约 5 分钟之后，她回来了，而且，还带着钱！李珊妮的耐心和温文尔雅的沉静得到了回报。如果她大吵大闹的话，也许什么也得不到。

沉默并不是指一味地不说话，而是一种成竹在胸、沉着冷静的姿态，尤其在神态上表现出一种运筹帷幄、决胜千里的自信，以此来逼迫对方沉不住气，先亮出底牌。如果你神态沮丧，如霜打的茄子一般，那只能是自讨苦吃了。沉默只是人们表达力量的一种技巧，而不是本身就具有优势力量。

适时地保持沉默不仅是一种“心计”，而且也有实际的好处。常言道：“沉默不会使人后悔。”一位女士的经验证明了这一点。她说：“当我们第一个孩子出世时，我丈夫由于工作繁忙，对我和孩子疏于照顾。这样几周以后，我感到筋疲力尽，并想大发雷霆。一天，我给他写了封充满怒气的信，然而不知为什么我没把信给他。第二天，丈夫提出要给婴儿换尿布，并且说：‘我想我现在应该学会做这些事了。’尽管我不知道他为什么会改变想法，但还是非常高兴地把信撕了，并暗自庆幸我给了他时间。一场争吵就这样避免了。此后，他一直对我很好。”

《谈话的艺术》的作者、心理学教授格瑞德·古德罗解释说：“沉默可以调节说话和听讲的节奏。沉默在谈话中的作用就相当于零在数学中的作用。尽管是‘零’，却很关键。没有沉默，一切交流都无法进行。”

有时候沉默并不代表没有声音。在商业或私人交际中，适时沉默是一种有效沟通的技巧。保持适当的缄默，让自己身在暗处，令人难以琢磨，反而更能占据主动。在台湾作家刘墉的《有话好好说》一书中有这样一个故事：

老王想买一处房子。那房子他见过，他的同事老孙就住在那里。老伴还在老孙媳妇的陪同下去和开发商议过价。老王想以更低的价格买下，于是决定亲自出马。看房那天，老王拔牙，嘴里塞了棉花，没有说一句话。结果，不到二十分钟，老王以四十万的低价买到了房子，比同事老孙的便宜五万，比老伴询问到的价格少两万。

我们来看老王是怎么做的。当售楼小姐问老王是否第一次光临这一社区？他没说话，只伸出两根手指。当小姐继续追问上一次是什么时候，老王则没搭腔，只耸耸肩、笑笑。

进入电梯，小姐告诉老王，现在只剩下三个保留户，五十坪、八十坪和一百坪，老王依然保持沉默，用一根手指代替了回答。

小姐带着老王，一间一间参观。到最后，小姐说剩下的是样品屋，也是全区视野最好的一户，本来不想卖的。可是建筑业不景气，只好割爱了。看老王没说话，小姐又忙着告诉他，是减价割爱。老王还是没吭声，小姐再次开口，询问他是否知道以前的价钱，老王点点头。

房子的格局跟老孙的一模一样，所以到了屋里，不用小姐带，老王已经很清楚阳台在哪儿、热水器在哪儿、后门在哪儿了。他特别到阳台上去看了一眼，绕着那大大圆圆的冷气主机转了一圈，摇摇头，又指指自己耳朵。他是想告诉小姐，我对这房子很了解，连它的缺点都一清二楚。

参观完毕。老王被带到销售中心的办公室。翻了翻彩色的大楼简介，老王又指指手表。小姐赶紧告诉他们的经理，老王对社区已经很熟了。老王点点头，指了指价目表，摇了摇手指，掏出笔写了几个字："给我一个价钱。"

结果，售楼经理与小姐一商量，开出了最低价：四十万。

老王从头到尾，没说半个字，却比那些自以为聪明、充内行的人，获得了更好的"待遇"，并且拿到了最低价。为什么？答案就是"沉默是金"。

老王的沉默显示了他的"深藏不露"。在深藏不露之中，他又透露了一些令对方困惑的消息。他让对方知道了他的身份，知道他是第二次去，知道他对屋子的情况十分了解，知道他清楚行情，甚至让对方知道"他清楚那房子的缺点"。

相对的，售楼处却对老王一无所知。也就是说，售楼处在"明处"，老王在"暗处"。因为担心价格不合理吓跑顾客，所以他们才一下开出最低价。

在日常交往中，沉默往往会给你带来益处。在某些场合，沉默不语可以避免失言。许多人在缺乏自信或极力表现得礼貌时，可能会不假思索地说出不恰当的话，给自己带来麻烦。

正确的交流由两个方面构成：既被人关注，又关注别人。安静、专心地倾听会产生巨大的魔力，使谈话者更加心平气和、呼吸舒畅，连面部和肩部都放松下来。反过来，谈话者会对听众表现得更加温和。

过去，心理学家常常认为我们应该把自己的事情讲出来，告诉别人，但现在人们逐渐发现，在与别人交往中，有时更需要忍耐和沉默。

你必须认识到沉默与精心选择的词具有同样的表现力，就好像音乐中心音符与休止符一样重要。沉默会产生更完美的和谐、更强烈的效果。

摸清心思再行动，才能做到得心应手

俗话说："出门看天色，进门看脸色。"无论做什么事情，对什么人，只有先察言观色一番，摸清对方的心思后，再付诸行动，才能做到得心应手，万无一失。

三国时期的曹操挟天子移都许昌后，对于前来投靠的刘备是个什么样的人物依然不是很了解。特别让曹操不解的是：刘备是凭什么把非等闲之辈的关、张聚在自己门下的。为了了解刘备，曹操来了一招"煮酒论英雄"，借与刘备谈论有关英雄的问题，看看刘备是否真有才华，是否具有野心。这是曹操识人的惯用方法。

识人的基本方法，无非是听其言观其行。观察一个人说话，能发现他的思想、性格等多种特征。因为思想指导人的行动，心里想什么，要想干什么，必然体现在他的言行之上。但有些人的言行并不一致，如果仅听其言，就会受骗上当。所以听其言，同时必须观其行。

人常说："不打勤的不打懒的，专打不长眼的。"这话说得实在有道理。因为，人生在世有很多忌讳。如果你在无意之中触犯了别人的忌讳，就会在无形之中得罪对方。所以我们说，无论是说话还是办事，一定要眼观六路，耳听八方，千万不要说人家不愿意听的话。

清代的康熙皇帝，青年时励精图治，做过不少大事。但到了晚年，由于年纪大了，却产生了一个怪脾气——忌讳人家说老。如果有谁说老，他轻则不高兴，重则要让对方触霉头。所以，左右的臣子们都知道他这个心理，一般情况下都尽量地回避说老。

有一次，康熙率领一群皇妃去湖中垂钓。不一会儿，渔竿一动，他连忙举起钓竿，只见钓上钓着一只老鳖，心中好不喜欢。谁知刚刚拉出水面，只听"扑通"一声，鳖却脱钩掉到水里又跑掉了。康熙长吁短叹连叫可惜，在康熙身旁陪同的皇后见状连忙安慰说：“看样子这是只老鳖，老得没牙了，所以衔不住钩子了。”

话没落地，旁边另一个年轻的妃子却忍不住大笑起来，而且一边笑一边不住地拿眼睛看着康熙。康熙见了不由得龙颜大怒，他认为皇后是言者无心，而那妃子则是笑者有意，是含沙射影，笑他没有牙齿，老而无用了。于是将那妃子打入了冷宫。

为什么皇后在说话时明显说到“老”字，康熙没有怪罪她，而妃子只是笑了一笑，康熙却怪罪她呢？首先是康熙的忌讳心理，他不服老，忌讳别人说他老。这种心理实际上反映了老年人的一种普遍的心态。由于上了年纪，在体力和精力上都有所下降，但又不肯承认这个现实，而且也希望人们在客观上否认这个现实，故而一旦有人涉及这个话题，心理上就承受不了。再者由于皇后与妃子同康熙的感情距离不同。皇后说的话，仔细推敲一下，有显义和隐义两个意义。显义是字面上的意义，因为康熙与皇后的感情距离较近，他产生的是积极联想，所以他只是从字面上去理解，知道皇后是一片好心的安慰。妃子虽然没有说话，只是笑了一笑，但她是在皇后的基础上故意引申，是把那只逃掉了的老鳖比做皇上，是对皇上的鄙视，因而是大不敬。所以，同样的问题，同样的环境，由于不同的人物的不同理解便引出不同的结果来。正所谓“说者无心，听者有意”。实际上究其原因，还是那个妃子没有眼色的缘故。

生活中，人没有眼色是个大问题。因为你并不知道自己什么时候就把别人给得罪了。

汉景帝的皇后没有生男孩，于是生男孩成了当时后宫嫔妃们所追逐的目标。

在后宫妃姬之中，栗姬最先生了个男孩。按规矩，这个长男就是皇太子，他的生母栗姬应该立为皇后。但栗姬的嫉妒心很强，给别人的印象很坏，皇帝了解后也自然和她疏远了。栗姬不但对此毫无察觉，反而因为生了男孩，更加得意忘形。景帝曾委托栗姬将来照应其他妃姬所生诸子，她很不高兴，出言不逊。景帝很讨厌她，只因她是皇太子的生母，不能随便把她轰出宫。

妃子中有个也生了男孩的王夫人，对宫中这种情况了如指掌。一天，她悄悄地对一个大臣说：“皇后的位子空着总不是事，我想去劝皇帝，让太子的生母栗姬当皇后，你觉得怎么样？”这大臣自然想当“栗皇后”的第一个推荐者以便将来得宠，于是马上向景帝进言：“太子的母亲栗姬不应该再和一般的夫人们平起平坐，臣以为宜立为皇后。”景帝正犹豫是否把栗姬轰出门外，却有人建议让她继皇后之位，自然勃然大怒，立即把那位大臣打人监狱，把太子也给废了。栗姬终于“愈恚恨，不得见，以忧死”。结果，王夫人升为皇后，她的儿子就是后来的汉武帝。

实际上，这是典型的“撺傻狗上墙”。但是一样的人，那位大臣为什么愿意当傻狗呢？关键一条就是没有眼色，用俗语说就是看不出眉眼高低来。然而可惜的是，生活中看不出眉眼高低的人却大有人在。

观天色，可推知阴晴雨雪，携带行具，以免受日晒雨淋。看脸色，便可知其情绪。学会察言观色，实在是不可忽视的为人处世之道。

第二章
洞悉弱点，各个击破

学会把自己的恐惧变成敌人的恐惧

每个人都有自身的不足，面对强悍的对手，我们必须善于观察对方的弱点。成功的不一定是那些有实力的强者，抓住对手的弱点，重点攻击，就可能会收到意想不到的功效。

夏天，赤日炎炎。一只蝉躲在树枝上不停地鸣叫着：热死了，热死了……

螳螂轻轻移动脚步，悄悄向蝉逼近，蝉却一点也没有发觉。螳螂见蝉就在眼前，迅速用带刺的臂膀“嚓”一下把蝉紧紧钳住了。

黄雀早就注意到了螳螂在捕蝉，一直紧跟在螳螂的后面。黄雀见螳螂抓住了蝉，十分高兴，用它的脚爪压着螳螂和蝉，得意地对螳螂说：“你只想得到眼前利益而不顾后患，没有料到我早就在你的身后吧。难道你没有听说过‘螳螂捕蝉，黄雀在后’这个成语吗？”

螳螂回头看了黄雀一眼，冷静地说：“我不仅知道这个成语，还知道这个成语后面还有一句话，你知道吗？”

黄雀想，这只螳螂死到临头还很幽默，我倒要听它说些什么，反正它逃不了。黄雀问道：“快说，成语后面的那一句话是怎么说的？”

螳螂不紧不慢地说：“好吧，我就告诉你，这叫‘黄雀抓螳螂，花蛇在后面’。你回头看看，你身后有一条张开大嘴巴的大花蛇正盯着你呢！”

黄雀最怕的就是蛇，听螳螂说它身后有一条大花蛇，吓得尖叫一声，“扑棱”一下飞了起来。螳螂等黄雀的脚爪一松，抓着蝉敏捷地钻进了树洞。黄雀定神细细一看，树上根本就没有什么大花蛇，螳螂也不知去向了。知道自己中了螳螂的脱身之计，黄雀十分懊恼。

螳螂把自己的脱险经过告诉了它的伙伴们，大家听后都说它了不起。螳螂平静地说：“这算不了什么，我只是吸取了螳螂家族在黄雀面前束手就擒的惨痛教训而已。我觉得，只要有了勇气和智慧，就可战胜强敌！”

人生是不可预知的。得意忘形的时候，往往潜伏着危机；山重水复的时候，柳暗花明也许就在下一个转角。不可预知的人生充满了挑战，这其中可能危险重重。面对突如其来的转折，很多人会不知所措，甚至感到绝望。这时候，冷静地观察你所面对的情境是十分重要的。任何事物都不是完美的，都能够找到突破口。看似强大的敌人，其心理可能无比的脆弱。卤水点豆腐，一物降一物。充分地运用自己的勇气和智慧，找到对手的弱点，才能够逢凶化吉，遇难成祥。

螳螂在捕蝉的时候，没有注意到身后的黄雀，陷入了濒临死亡的绝境，但是它没有慌乱，而是利用“螳螂捕蝉，黄雀在后”的成语，衍生出了“黄雀抓螳螂，花蛇在后面”的典故，用黄雀的天敌——花蛇来扰乱黄雀的心绪，把自己的恐惧变成了黄雀的恐惧，从而成功地帮助自己脱险。遇到困难的时候，不能将希望寄托于别人，必须自己救自己。只要有勇气和智慧，就能够战胜强敌。

在竞争的环境里，我们要学会抓住对手的弱点打击敌人。遇到问题千万不能慌张，自乱阵脚，给敌人可乘之机。螳螂成功脱险，它启示我们：面对诱惑的时候，千万不要忘乎所以，只顾眼前利益不顾后患，要保持缜密的头脑，力求万无一失。胜利往往不属于那些本领高超但弱点暴露无遗的人。

爱猜忌的人，他的“不安”反而是你制胜的关键

读懂爱猜忌的人内心的不安，才能抓住对方的心，使他们放松警惕。在人际交往中，许多人都将自己包裹得像个刺猬，对一切都是那么的小心谨慎，抱有怀疑的态度。仿佛只有这样，自己才能安全。面对这样的人，我们怎样去与他们成功地交流，深入他们的内心世界，帮助自己成功呢?

其实很简单，这些人与生俱来就有一种“不安”占据着他们的内心，我们可以针对这种“不安”来劝解对方，以达到让对方解除心里戒备的目的。

那些对任何事都很谨慎小心的人，大部分都曾经有过被骗的经历，所以才会变得疑心重重。因此，解除对方的心理戒备是最关键的一环。

如果在与我们交往的人中，有爱猜忌的人，我们又能一眼看穿他们心中的不安时，不妨开诚布公地将心中的疑惑一一分析给他听，让其觉得彼此之间在交往时没有任何问题时，才能将“不安”转化为一种信任。

例如，两个厂家进行合作，在谈判的时候，有一个厂子的负责人总是过分不安，怀疑合同里面有些对他们不利的条款，迟迟不签字。

这时我们就可以拿着合同逐条给他解释利弊，让他内心的那种不安与恐惧迅速地烟消云散。只有抓在点上，让对方吞下“安心丸”，成功的几率才会大大提高。

解除爱猜忌人的心理戒备，同样需要从对方的利益出发。让对方看到有利可图时，对方才会将“不安”抛弃掉。

对他的“软肋”痛下杀手，对方会主动让步

在对方最重要的地方下手，在对方最害怕的地方下刀。只要位置找得准，再顽固的对手也只得举手投降，任你摆布。

美国第六任总统亚当斯是一个令记者头痛的人物。他从来不愿轻易表露自己的观点，往往使很多记者失望而去。有位叫安妮·罗亚尔的女记者一直很想了解总统关于银行问题的看法，可屡次采访都没有结果。

后来她了解到总统有个习惯，喜欢在黎明前一两个小时起床、散步、骑马或去河边裸泳。于是她心生一计。

一天，她尾随总统来到河边，先藏身树后，待亚当斯下水以后便坐在他的衣服上喊道：“游过来，总统。”

亚当斯满脸通红，吃惊地问道：“你要干什么？”

“我是一名女记者。”她回答道，“几个月来我一直想见到你，就国家银行的问题作一

次采访。可是你从来不给我这个机会，现在我正坐在你的衣服上。你不让我采访就别想要回它，是回答我的问题还是在水里待一辈子，你自己选吧。”

亚当斯本想骗走女记者，于是骗她说：“让我上岸穿好衣服，我保证让你采访。请到树丛后面去，等我穿衣服。”

“不，绝对不行，”罗亚尔急促地说，“你若上岸来抢衣服，我就要喊了，那边有三个钓鱼的。”

最后，亚当斯无可奈何地待在水里回答了她的问题。

名誉和地位是总统最致命的地方。在他的心中，好名声甚至比生命还重要。女记者巧妙地利用了这一点，轻而易举地达到了目的。

事实证明，在某人的“软肋”上痛下杀手，能获得比正面迎击好千倍的理想效果。

抓住某人对某事物的珍爱心理，不惜一次又一次使用破坏性的手段，对方一定会主动让步，接受你的操纵和牵制，最终为你所用。

拿住对方的把柄，让其服服帖帖地就范

抓刀要抓刀柄，拿人要拿把柄。以人的弱点或劣迹相胁，人岂有不从之理?

汉代的朱博因善于巧妙地用恶人为之效力而为人称道。比如，在长陵一带，有个名叫尚方禁的人，曾强奸别人的妻子，被人用刀砍伤了面颊。如此恶棍，本应重重惩治，只因他大大地贿赂了官府的功曹，而没有被革职查办，最后还被调升为守尉。

朱博上任后，有人向他告发了此事。朱博传见尚方禁。尚方禁心中忐忑不安，硬着头皮来见朱博。朱博仔细看尚方禁的脸，果然发现有疤痕，就让左右退下，假装十分关心地询问究竟。

尚方禁做贼心虚，知道朱博已经了解了他的情况，就像小鸡啄米似的接连给朱博叩头，如实地讲了事情的经过。他头也不敢抬，只是一个劲地哀求道：“请大人恕罪，小人今后再也不干那种伤天害理的事了。”

“哈哈哈……”朱博突然大笑道，“男子汉大丈夫，难免会发生这种事情的。本官想为你雪耻，给你个立功的机会，你愿意吗？”

尚方禁自然极为愿意。于是，朱博命令尚方禁不得向任何人泄露当天的谈话情况，要他有机会就记录一些其他官员的言论，及时向朱博报告。尚方禁俨然成了朱博的亲信、耳目。

自从被朱博宽释重用之后，尚方禁对朱博的大恩大德时刻铭记在心。所以，做起事来特别卖命，工作十分见成效，使地方治安大为改观。朱博遂提升他为连守县县令。又过了相当长一段时期，朱博突然召见那个当年收受尚方禁贿赂的功曹，对他进行了严厉训斥，并拿出纸和笔，要他把自己受贿的事通通写下来，不能有丝毫隐瞒。

那位功曹早已吓得筛糠一般，只好提起笔，写下自己的斑斑劣迹。

由于朱博早已从尚方禁那里知道了这位功曹贪污受贿的事，所以，看了功曹写的交代材料，觉得大致不差，就对他说：“你先回去好好反省反省，听候裁决。从今往后，一定要改过自新，不许再胡作非为！”说完就拔出刀来。那功曹一见朱博拔刀，吓得两腿一软，又是打躬又是作揖，嘴里不住地喊：“大人饶命！大人饶命！”只见朱博将刀晃了一下，一把抓起那位功曹写下的罪状材料，三两下将其削成纸屑，扔到纸篓里去了。

此后，那位功曹终日如履薄冰、战战兢兢，工作起来尽心尽责，不敢有丝毫懈怠。

握住他人的把柄，就像捏住了蛇的七寸，使对方不得不服从。但是在“握”的过程中一定要把握好“度”，若对方狗急跳墙，事情就不妙了。这也从反面提醒我们：生活中不可随意暴露自己的隐私，以防别有用心之人抓住自己的把柄，陷自己于被动。

对付无知之徒，不妨用点障眼法

俗话说："智者千虑，必有一失。"人生在世，并不是每个人都能够保持时刻的清醒。在与人交际的过程中，别人懵懂之时，正是我们的机会到来之时，这个时候小小运用一下心理诡计，来点障眼法，就能轻松实现目的。

宋国有一个狙公，十分喜爱猕猴。为了观赏这种似人非人、富有灵性的动物，他专门喂养了一群猕猴。狙公与猕猴相处久了，人猴之间的信息沟通就成了一种心领神会的交流。不仅狙公可以从猕猴的一举一动和喜怒哀乐中看出这种动物的欲望，而且猕猴也能从狙公的表情、话音和行为举止中领会人的意图。

因为狙公养的猕猴太多，每天要消耗大量的瓜、菜和粮食，所以他必须节制家人的消费，把俭省下来的食物拿去给猕猴吃。然而一个普通的家庭哪有财力物力满足一群猕猴对食物的长期需要呢？有一天，狙公发觉家里的存粮难以维持到新粮入库的时候，因此意识到限制猕猴食量的必要性。猕猴这种动物不像猪、羊、鸡、犬，吃不饱时仅仅只是哼哼唧唧，或者外出自由觅食。对于猕猴，如果不提供良好的待遇，想让它们安分守己是办不到的。它们会像一群顽皮的孩子，经常给人闹一些恶作剧。既然没有条件让猕猴吃饱，又不能让它们肆意捣乱，狙公只好想主意去安抚它们。

狙公家所在的村子旁边，有一棵高大的栎树。每年夏天，栎树枝杈上长出的密密麻麻的长圆形树叶，早已把树冠装点得像一顶华盖。这棵树下成了人们休息、纳凉的好地方。一到秋天，栎树上结满了一种猕猴爱吃的球形坚果橡子。在口粮不足的情况下，用橡子去给猕猴解馋充饥是个好办法。于是狙公对猕猴说："今后你们每天饭后，另外再吃一些橡子。你们每天早上吃三粒，晚上吃四粒，这样够不够？"猕猴只弄懂了狙公前面说的一个"三"。一个个立起身子，对着狙公叫喊发怒。它们嫌狙公给的橡子太少。狙公见猕猴不肯驯服，就换了一种方式说道："既然你们嫌我给的橡子太少，那就改成每天早上给四粒，晚上给三粒，这样总够了吧？"猕猴把狙公前面说的一个"四"当成全天多得了橡子，所以马上安静下来，眨着眼睛，挠着腮帮，露出高兴的神态。

面对复杂的客观世界，人们常常被实同形异的假象所迷惑，看不清事物的本质。横看成岭侧成峰，远近高低各不同。同样一座庐山，换个角度就变出另一个形状。如果一直身处山中，就永远也看不到它的本来面目。对我们自己来说，对待任何事物，都要透过现象看本质，不要被不断变化的表象所迷惑。而从另一个角度来说，别人的迷惑正是我们的机会，必须要充分的利用。

狙公的聪明令人叹服，他掌握了猕猴的习性，知道猕猴的弱点和需求，虽然没有改变橡子的总量，只是朝三暮四——朝四暮三地改变了一下，猕猴前后的态度却大相径庭。没有头脑、盲目计较的猕猴只关心前面的数字，分辨不清"朝三暮四"和"朝四暮三"的本质，被实同形异的假象所诱惑，实在是可笑。排列组合的变化并不能引起质变，愚笨的猕猴显然不知道这个道理。

现实中的人不会像猕猴那样笨，但是却可能犯下与猕猴相似的错误。面对强大的对手，我们也不要被他的气势所吓倒，强大的躯壳里面可能隐藏了一颗脆弱的心。只有清晰地剖析对手，才会发现他的弱点，找到取胜的方法。

摸清对方的底细，找准对方的弱点再出击

要想找到一个人的致命弱点或软肋所在，就要摸清他的底细，将其看个清清楚楚、明明白白。

西汉宣帝时，赵广汉为京兆尹，是首都长安的父母官。

赵广汉上任时，长安的治安状况一度混乱，百姓受害的事时有发生，官匪勾结十分猖獗。面对严峻的状况，赵广汉召集心腹属下说：“我上任伊始，并不熟悉此中内情，想打击犯罪，也不知从何下手。何况情况不明，乱下重手只会引起混乱。我想让你们暗中侦察，把盗贼的踪迹摸清。”

心腹属下面有难色，他们说：“盗贼行踪诡秘，出入不定，即使用力也难出成效。从前官员都是有事打压，无事清闲，大人何必自讨苦吃呢？”

赵广汉表情严肃，他郑重道：“盗贼不绝，根源乃在我们不晓根底，从前官员不尽职所致。我志在剿除盗贼，自然不能和从前官员一样无所作为了。这是我的命令，违者必惩！”

赵广汉命人暗中详查，表面上故作轻松，没有更深的戒备，盗贼们以为赵广汉碌碌无为，于是放下心，放胆胡作非为起来。一时之间，盗贼蜂拥而出。长安治安状况更加混乱。

朝中大臣上疏指责赵广汉失职，无比愤怒地说：“京城盗贼横行，京兆尹赵广汉却放纵不管，不知他是何居心。赵广汉定与盗贼勾结，望陛下彻底肃查。”

汉宣帝也怒气冲冲地质问赵广汉说：“朕深居宫中，都听说了城外盗贼横行之事，你有何交代吗？”

赵广汉叩头不止，连声说：“陛下不要担心，请让臣把话说完。贼情不明，轻举妄动便会打草惊蛇，这也是臣最担心的。臣故意装作不闻不问，只是想让盗贼悉数暴露，以便臣的属下全然摸清盗贼的状况，查清他们肇事的根源，以及那些和他们勾结的差吏收取了多少贿赂。只有将这些情况都搞得明明白白，才能一网打尽，让他们无法抵赖。陛下放心，臣已广布人手，侦查此事。过不了多长时间，便是盗贼的末日了。”

汉宣帝听罢，便不再责怪赵广汉，他不无担心地说：“朕暂且相信你一次，你还是好好把握时机吧。”

不久，已经全然掌握贼情的赵广汉四面出击，每击必中，长安盗贼被肃之一空了。

赵广汉在摸清盗贼的底细之前，绝不会贸然行事，打草惊蛇。只有将一切情况了然于心，时机完全成熟之时，才果断出击，从而一击奏效。

把对手的底细摸透，对其了如指掌，始终是战胜对手的一个重要前提。一个人的实际状况是不会轻易显现的，这需要耐心细致地调查和取证才能搞清，在此不下大工夫是不行的，没有捷径可走。没有底牌可出的对手是最脆弱的，在他们的要害处轻轻一击，也就致命了。清楚他们的虚实，便会掌握他们的动态，从他们的弱点下手，被动的就不会是自己。

他所逃避、掩饰的，往往正是其弱点所在

有这样一个小故事：

有一个人生活得非常不快乐，总被无休止的忧虑所困扰。因此，他时常去寺庙里拜佛。去的次数多了，他发现庙里的住持大师似乎无论什么时候都是无忧无虑的。于是，他就向大师请教让自己无忧无虑的方法。大师说：“我之所以能够无忧无虑，是因为我是一个善于忘记的人。”

试问，那个人为什么会有那么多的忧虑呢？当然是为自己的缺陷不足所担忧，害怕自己的弱点给自己带来可怕的后果。人会记得什么、忘记什么，这都与其自身的心理有密不可分的联系。

为了探究是什么决定了人的忘却和记忆，美国心理学家做了一个这样的实验：

心理学家让一批人解答题目。整个解答题目的过程被设计得像进行智力比赛一样，按“开始”铃就开始，按“结束”铃就结束。在过程中，受测者会产生压抑、紧张等不愉快的感觉。

解答题目结束后，心理学家对受测者们对题目的记忆程度进行了调查，并且结合他们对题目的回答情况加以分析。结果，心理学家发现受测者记得的题目多是那些自己成功解答出

来的，并且记得十分真切；而那些自己没有解答出来的题目大都忘掉了。

显然，对于那些自己解答出来的题目，受测者有一种成功的满足感，这让他们感到愉悦；而对那些自己没有做出来的题目，则会产生一种挫败感，这让他们感到不快。事后，出于一种本能，他们选择记住了自己的成功，而忘却了自己的失败。

的确，对于那些让自己不快或者不顺利的事情，每个人都有一种想尽快将它从记忆中删除的潜在欲望。精神分析学将人的这种心理现象称为“自我干扰欲望”，是人类心理自我保护的一种方式。

人的记忆中存在着许多“暧昧”的地方，在常常产生遗忘现象的部分往往有形无形地隐藏了人的许多弱点。有人说过，“暧昧是为了忘却，忘却是为了掩饰”，你刚好可以利用这一点来探知对方的弱点。

如果你留意观察，那么一定会发现，那些前额头发稀少的人，一方面往往会习惯性地用手掌去抚前额；另一方面又常常忘记拿帽子。这似乎有些相互矛盾，不过仔细分析一下他的忘物癖跟他的习惯性动作之间的关联，你就会了解。他经常用手摸前额，是一种无意识地遮掩自己秃顶这一身体缺陷的举动，而忘记拿帽子则是出于一种时时刻刻都想忘记自己的欠缺的心理欲求。

事实上，生活中此类现象比比皆是。比如：皮肤越是不好的人越容易忘记日常护理；晕车的人时常忘记备用晕车药……人所逃避、遮掩、企图尽快忘记的，往往正是其弱点和缺陷的所在。

仔细观察对方无意识的举动，找到他的遗忘对象并且加以分析，你就可以发现对方的弱点以及其自忧自恼的根源，而这些往往是对方自己也不曾意识到的。

第三章 该绕就绕，该逃就逃

拐弯抹角有时比直来直去更易被人接受

世上之事，有时乱如麻，而且绝大时候让你理不出头绪。因此“直来直去”的方法是万万不行的。你必须开动脑筋，学会多绕几个弯，用“迂回曲折”之法通向你的目的地。

有些话不能直言，便得拐弯抹角地去讲；有些人不易接近，就少不了逢山开道、遇水搭桥；搞不清对方葫芦里卖的什么药，就要投石问路、摸清底细；有时候为了使对方减轻敌意，放松警惕，我们便绕弯子、兜圈子，甚至用“顾左右而言他”的迂回战术，将其套牢。

太刚的东西容易断，人也一样。如果一个人没有点韧性，碰到南墙也不回头的话，往往是要受挫的。必要的时候，人应该弯一弯、转一转，在迂回中寻求前进，学会圆融处世，这才是做人做事取胜的老经验。

做人不能成为一个“直竿子”，尤其在与人交谈中，慷慨激昂、锋芒外露固然是一种本事，但细语声声、委婉相处也是必不可缺的一种本事。要学会“绕”，正所谓“曲径通幽”，轮船正是善于“绕”，才能避开险滩暗礁，一帆风顺。

我们看下面的例子：

有一天，一个小职员正在赶着上班。这天他的公司有一个很重要的会议，会议中的表现关乎到他能否升职，所以不能迟到。无奈他的闹钟却在关键时刻坏掉了，最糟糕的是还有20分钟会议便要开始了。

小职员唯有改乘出租车，希望能赶得及参加会议。

好不容易才给他截到了一辆出租车，匆匆忙忙上车后，他便对司机说：“司机先生，我很赶时间，拜托你走最短的路！”

司机问道：“先生，是走最短的路，还是走最快的路？”

小职员好奇地问：“最短的路不是最快的吗？”

“当然不是，现在是高峰时间，最短的路都会交通阻塞。你要是赶时间的话便得绕道走，虽然多走一点路，却是最快的方法。”

听了司机的话，小职员最后选择走最快的路。途中他看见不远处有一条街道交通阻塞得水泄不通，司机解释说那条正是最短的路。

司机所言不差，多走一点路果然畅通无阻，虽然路程较远，却很快便到达了目的地。

小职员最终赶上了会议，还升了职，当上了部门主任。

最短的路未必就是最快的路。像这种情况，绕个弯子，虽然多走了些弯路，但却可以更快地到达目的地。

某些以鱼类为生的鸟类，其嘴的形状直直的，上下两部分都又长又宽阔。他们在吞吃食物时，常常会把捕到的鱼儿往空中一抛，让那条鱼头朝下尾朝上落下来，然后一口接住吞咽下去。这样的吃法可以使鱼在通过咽喉时，鱼翅的骨头由前向后倒，不会卡在喉咙里。

连鸟类都会绕弯子，“把鱼倒过来吃”，那些赤膊上阵、硬碰钉子的人类是不是显得太傻了？求人办事总会碰到各种各样的“刺儿”，这个时候便不能“直肠子”，而应该想办法兜个圈子，绕个弯子，避开钉子，寻求最快的解决之道。这是做人做事应该具备的策略和手段。

弃暗投明，禽择良木而栖

遇到小人暗算而又无路可走时，最佳的办法便是弃暗投明，另择明主。做人千万不可吊死在一棵树上。

章邯是秦朝的大将，对朝廷忠心耿耿，屡建大功。

陈胜、吴广起义后，章邯受命讨伐。由于军力不足，章邯便把刑徒和官奴也组织起来。在他的调教下，这支拼凑起来的队伍也颇有战斗力。

章邯性情直率，不喜谄媚。他对当时掌控了朝政的权臣赵高也不逢迎，惹得赵高十分恼怒。为了报复章邯，赵高竟然怂恿秦二世对章邯的大功视而不见，更无封赏之意。

项羽崛起后，章邯和他交手多有败绩，他为此向朝廷频频告急。不想赵高为置其于死地，不仅不派兵援助，还把他的告急文书一律扣压，不向秦二世禀报。章邯连连失败的消息有一天终于让秦二世知道了。秦二世身边的太监对他说：“章将军勇冠三军，若他有失，秦国就危险了，陛下将怎样对待他呢？”秦二世怒不可遏：“章邯深负皇恩，罪该万死，他还想活命吗？”

太监摇头说：“章将军如今已是败军之将，必心多惶恐，斗志有失。陛下既依靠他杀敌保国，就不能任性责罚他了，否则他惧祸投敌，陛下岂不更加危险？陛下若能忍下气来，略作抚恤，章邯不见陛下怪罪，他定能安下心神，再为秦国建功了。”

秦二世于是再找赵高议论此事，赵高故作惊讶地说：“章邯此人自高自大，向来不把朝廷放在眼里。这样的人不加责罚，哪能显出陛下的天威呢？”

秦二世又要下诏指责章邯，有的大臣上奏说：“时值国家危难之秋，章邯实在是不可多得的良将。这个时候不求全责备，对谁都有好处。一旦诏书降下，万一章邯投敌，陛下岂不得不偿失？”

赵高在旁阴声道：“皇上赏功罚罪，理所应该。章邯若心怀异志，正好可将他除去。他若为忠，又怎会因皇上责罚而叛敌呢？”

秦二世于是下诏，对章邯大加指责，言辞甚厉。章邯接诏，又气又怕，一时六神无主。长史司马欣前去咸阳替他探听消息。他从别人口中知晓了这其中的缘故，于是赶紧返回对章邯说：“赵高对将军有心排斥，看来无论你有功无功，都不免要遭他陷害了。”

章邯大吃一惊，情绪更加低落。

值此时刻，赵将陈余派人送书前来，劝他反叛秦国，信中说：“白起、蒙恬都是秦国的大功臣，可他们的下场却是被赐死。将军为秦卖命奋战，到头来却为赵高陷害、昏君猜忌，其命运也就可想而知了。天意亡秦，如将军认清形势，反戈一击，不但无有灾祸，还有除暴济世之大名，何乐而不为呢？”

章邯见信落泪，久不做声。司马欣长叹一声，说：“皇上不识奸佞，反责忠臣。这不是将军欲反，而是不得不反啊！”

于是，章邯向项羽投降了。

做人要辨别是非曲直。做忠臣可以，但不要做愚忠之臣。弃暗投明，才能开始你的成功人生。禽择良木而栖，本身并没有错。识时务者为俊杰，章邯的反叛加速了秦朝的灭亡和一个新朝代的建立。择主依时而变，不但顺应天理，而且对己有利。这种两全其美的事，对于有“心机”的人来说是不难选择的。

顺时而动，灵活变通地应对时势

所谓变通，就是以改变自己为途径，通向成功。哲学家讲：“你改变不了过去，但你可以改变现在；你想要改变环境，就必须改变自己。”我们每天面对层出不穷的矛盾和变化，是以不变应万变，还是采取灵活机动的变通方式来应付，这就需要我们确立一种做人做事的慎密心态。

叔孙通是秦二世时的儒士，被任命为待诏博士。陈胜、吴广揭竿而起，天下纷纷响应。秦二世听说后，非常忧虑，便召集待诏博士和儒生询问方略。秦二世问：“由楚地来的戍卒攻占了城池，先生们认为该当如何？”

三十多名博士和儒生异口同声地说：“百姓造反，这是不能赦免的死罪，希望陛下赶快发兵讨伐。”秦二世听后，勃然大怒，脸上的神色都变了。

叔孙通上前说：“如今天下合为一家，先帝毁掉郡、县间的城墙，销毁天下的兵器，向天下表示不再用兵打仗了。况且上有圣明天子，下有完善的法律，人人尽职守法，四海安宁，哪里有人想造反呢？这不过是些偷鸡摸狗的小贼罢了，何足挂齿。”

秦二世转怒为喜，笑道：“先生说得很对。”博士、儒生们脑筋灵活的很快来了个急转弯，附和叔孙通，说是盗贼。脑筋僵硬的便依然坚持说是百姓造反。于是秦二世便把说成造反的人都关进监狱，却赐给叔孙通二十四帛、一件衣服。

后来，秦朝败亡，叔孙通便带着儒生们逃出咸阳。他先是投奔项梁，项梁亡后又侍奉楚怀王，后来又投降刘邦。刘邦最讨厌儒生，所以见到儒生，便把他们的帽子摘下来，往里面便溺，以羞辱儒生。

叔孙通知道刘邦的脾性，便脱掉儒装，改穿短小贴身的衣服，刘邦很是高兴。叔孙通既不向刘邦宣讲儒家学说，更不向刘邦推荐自己的学生，而是向刘邦推荐那些盗贼出身的壮士。刘邦更是高兴，拜叔孙通为博士，号稷嗣君。

叔孙通的学生们备受冷落，都暗地里埋怨叔孙通：“我们跟随先生多年了，如今不推荐我们做官，反倒天天推荐那些狡猾的盗贼，这是什么道理？”叔孙通知道后，便对学生们说：“汉王正冒着刀林箭雨争夺天下，你们这些儒生能上阵杀敌吗？你们等着我，我并没忘记你们。”

刘邦平定天下，跟随他一起平定天下的都是没有知识的武夫，更不懂什么规矩。在朝堂上喝酒争功，醉了就大喊大叫，甚至拔剑砍殿上的柱子。刘邦看着乱糟糟的景象，也很头痛。

叔孙通猜到了刘邦的心思，知道时机已到，便对刘邦说：“儒家虽不能争夺天下，却善于守成。臣愿招集鲁国的儒生，和臣的弟子们一起制定朝廷礼仪。”刘邦同意后，叔孙通便与鲁国的儒生、自己的学生一起，斟酌古代和秦朝的礼仪制度，因时制宜，制定了一套切实可行的礼仪制度。

从此，大臣们上朝，都严格遵循礼仪，稍有越轨便被一旁监视的御史拉下去惩治。人人心中畏惧，朝中气象大为改观。刘邦看着驯服的臣民，慨叹道：“我直到今日才知道天子的尊贵啊！”

他迁升叔孙通为太常，又赐五百金。叔孙通这时才提出：“臣的学生们跟随臣多年了，又和臣一起制定礼仪，希望陛下给他们封官。”刘邦此时已从心里喜欢儒生了，便把叔孙通的学生们都封为郎官，叔孙通又把刘邦所赐的五百金都分给学生们，学生们这才明白叔孙通的用意。

被司马迁在《史记》中称为“汉家儒宗”的叔孙通确实有其过人之处。他能历经两朝四帝而独得宠信，证明这棵树在风中老而弥坚。这些都是由于他的聪明机警、善于言辩、审时度势、善于变通。

做人需要根据当前的形势，随时改变自己的策略。善于变通，才能化不利为有利。

择主依时而变，还要懂得进退之道

在权力的角斗场上总是血雨腥风，一着不慎便可能全盘皆输甚至招来杀身之祸。识时务之人应当懂得选择明主，同时还应懂得做人的进退之道。只知进不知退的人有可能“壮士一去不复返”，落得个悲惨的下场。

唐朝著名诗人王翰在其《凉州词》中写道：“醉卧沙场君莫笑，古来征战几人回。”的确，战争的残酷会让那些远征的战士受尽磨难，甚至客死他乡。陈陶《陇西行》中一句“可怜无定河边骨，尤是深闺梦里人”便道出了战争的残酷和辛酸。

相对战场的明刀明枪，政治斗争的暗箭黑手却更有过之而无不及。俗话说“明枪易躲，暗箭难防”。政治斗争很难见刀光剑影，却依然是杀机重重，稍有不慎便会坠入万劫不复的深渊。战死沙场还能落得个精忠报国的名誉，而倒在政敌或人主刀下的却只能被加个“莫须有”的罪名而饮恨九泉了。

所以除了选择明主之外，更重要的一点还要懂得进退之道。为了贪求功名，只知进不知退的人，便极有可能马失前蹄，难以终老。

在中国几千年的历史长河中，新兴王朝诛杀功臣的事例比比皆是，但也有不少功成身退，落得圆满结局的有“心机”之人。春秋时期的范蠡，便是一个典范。

范蠡是楚国宛人，年轻时就显示出不同凡响的才智。为了不苟同于世俗，佯装狂痴，潜心博览群书，探讨济世经邦之策，隐身待时。

勾践即位后，时机来了。越国大夫文种到宛访求人才，闻得范蠡名声，便亲自前去拜访。起初，范蠡不知文种是否有诚意，于是一再回避。后见文种求贤若渴，于是亲迎文种。二人终日而语，纵论霸王之道，志同道合。文种将范蠡举荐给越王勾践，成为了勾践的股肱之臣。

范蠡追随勾践20多年，军国大计多出其手，为灭吴复国立下了汗马功劳，官封上将军。作为一名具有远见卓识的战略家和对人生社会具有深刻洞察力的思想家，凭借他多年的从政经验，他深深知道功高震主的道理。灭吴之后，越国君臣设宴庆功，他看到群臣皆乐，独勾践郁郁寡欢，立即猜到了勾践的想法。勾践在谋取天下之时依靠群臣之力，而今天下已定，他不想把功劳归于臣下。常言道：“大名之下，难以久安。”范蠡觉得自己名声太显赫，不可久留于越国，何况他也深知勾践的为人是可以共患难，而难以同安乐。于是，他毅然决定急流勇退。他给勾践写了一封告退信，说：“我听说主人心忧，臣子就该劳累分担；主人受侮辱，臣子就该死难。从前，君王在会稽受侮辱，我之所以没有死，是为了报仇雪耻。现在仇已报、耻已雪，我请求追究使您受会稽之辱的罪过。”

越王对范蠡恋恋不舍，他流着泪说：“你一走，叫我倚靠谁？你若留下，我将与你共分越国。”

范蠡对官海沉浮，洞若观火。他一语双关地说：“君行其法，我行其意。”他不辞而别，驾一叶扁舟，入三江，泛五湖，人们不知其所往。果不出他所料，在他走后，越王封给他妻子百里之地，铸了他的金像置于案右，比拟他仍与自己在朝议政。人走了，留下一尊无害的金像，可以崇拜，借此沽名钓誉。而对还留在朝中的功臣，勾践则是另一种态度。

范蠡泛舟江湖，跳出了是非之地，秘密来到齐国。此时，他想到了有知遇之恩，且风雨同舟20余年的文种。他给文种修书一封，写道：“物盛而衰。只有明智者了解进退存亡之道，而不超过应有的限度。俗话说‘飞鸟尽，良弓藏；狡兔死，走狗烹’。越王为人，长颈鸟喙，鹰眼狼步，可以共患难，不可同安乐，先生何不速速出走？”

文种接到信，恍然大悟，便自称有病不再上朝理政，但为时已晚。不久，就有人诬告文种企图谋反。尽管文种反复辩解，也无济于事。勾践赐文种一剑，说："先生教我伐吴七术，我仅用其三就将吴国灭掉，还有四条深藏于先生胸中，请去追随先王，试行余法吧。"再看所赐之剑，乃吴王当年命伍子胥自裁之剑，这真是历史的莫大嘲讽。文种悲愤，仰天长叹："我始为楚国南阳之宰，终为越王之囚，后世忠臣，一定要以我为借鉴！"遂引剑自刎而亡。

范蠡和文种对待名利的不同见解和眼光，导致了两种不同的人生结局，给后人留下了极为深刻的经验和教训。择主固然重要，必要时敢于急流勇退，不贪图富贵之乡更是为官之道的一个最高境界。做人要有"心机"，懂得进退之人才能彻悟其中的秘密。

话不投机时，不想尴尬快转弯

在我们日常与他人进行交流之时，因话不投机往往会造成一些尴尬，令气氛紧张。话不投机有多种情况。第一种情况是，某种言谈举止使人为难，那就要及时转换话题，以缓和气氛。

两个青年去拜访老师，在谈话中提到：

"老师，听说您的夫人是教英语的，我们想请她指教，行吗？"

老师为难地沉默了片刻，说："那是我以前的爱人，前不久分手了。"

"哦？对不起，老师……"

"没什么，喝点水吧。"

"老师，您的书什么时候出版？快了吧？……"

这样转换话题，特别是提出对方很愿意谈的话题，就会使谈话很快恢复正常，气氛活跃起来。

话不投机的第二种情况是，有人有意或无意地和你开玩笑，带有挖苦意味，使你窘迫甚至生气。如你的头发脱落许多，快成秃子了，有人很可能挖苦你是"电灯泡"、"不毛之地"。在这种情况下，你不可恼羞成怒，伤了和气；也不能忍气吞声，硬装没事。最好是一笑置之，豁然大度地来两句："好啊！这说明我是绝顶聪明。没听说吗？热闹的大街不长草，聪明的脑袋不长毛！"这样答复，话题未转，内容却引申、转折了。既摆脱了窘境，又自我表扬，岂不妙哉？

第三种情况是，双方意见对立谈不拢，但问题还要解决，不能回避。这种话不投机的情况就需要绕路引导。

例如，在找对象的问题上，母子有矛盾。儿子不愿也不能和母亲闹僵，只好等待时机再说。这天吃饭时，母亲又唠叨起来："你这孩子，怎么就不听妈的话呢？人家局长的女儿，人长得不错，又有现成的房子，你为什么不和人家谈，偏要……""妈，快吃饭吧，菜凉了不好吃……"儿子先回避话题，意在绕路引导。

联系工作，洽谈生意，也可能话不投机，陷入僵局。只要还有余地，就可提出新的话题，绕弯引导。如甲方推销四吨卡车，而乙方不要四吨的，想要两吨的。这时，甲方若硬着头皮争执，只会越谈越僵，不欢而散。如能转移话题，绕弯引导，从季节、路途、载重多少与车辆寿命长短等各种因素来促使乙方考虑只用两吨的弊病，或许能"柳暗花明又一村"，开辟新的途径。

梁晓声是知青出身的青年作家。他创作的许多作品，如《这是一片神奇的土地》、《今夜有暴风雪》等，深受广大读者的喜爱。他也经常到国外访问。

一次，英国的一家电视台采访梁晓声，现场拍摄电视采访节目。

采访的记者是一位40多岁，老练机智的英国人。采访进行了一段时间后，记者将摄像机停了下来，走到梁晓声面前说：

"下一个问题，希望你做到毫不迟疑地用最简短的一两个字，如'是'与'否'来回答。"

梁晓声点头认可。

随着遮镜板“啪”的一声响，记者的录音话筒立刻就伸到梁晓声嘴边问：

“没有文化大革命，可能也不会产生你们这一代的青年作家。那么，我想请教你，梁先生，在你或是你这一代作家看来，文化大革命是好是坏？”

梁晓声一怔，未料到对方的提问会如此刁钻，分明是想“诓”人上当。他灵机一动，迅速转移话题，立即反问道：

“先生，如果没有第二次世界大战，自然也就没有以反映第二次世界大战而著名的作家，那么你认为第二次世界大战究竟是好还是坏呢？”

回答如此巧妙！英国记者不由得暗暗佩服。后来，英国的这家电视台在播放这期节目时，只好将这一段对话“掐”掉。

在社交场合，有时候会遇到一些让人左右为难的境况。就如上面提到的这个故事，如果梁晓声按照那位英国记者设计的思路去想问题，回答问题，无论他回答什么都会落入英国人设计的圈套。此时，就需要人们有非凡的反应能力，最好能够借助周围的环境，迅速转移话题，以有效地避免自己的尴尬。

当然，这种及时转弯的应变能力是靠不断的实践培养出来的，但也并不是遥不可及的。只要平时多加锻炼，必然会有所收获。

太老实就是愚笨，灵活机变助你路路畅通

那些实话实说的忠直的人，有时会让人觉得他做得太过分了。在特定的场合用委婉的话表达，是很有必要的。但是如果太过，不仅会刺伤别人，也会损伤自己。

有这样一个故事，也许会对我们有所启示：

从前，有一个爱说大实话的人，什么事情他都照实说。所以，不管到哪儿，他总是被人赶走。最后，他来到一座修道院，希望能被收容。修道院院长见到他，问明了原因以后，认为应该尊重那些“热爱真理，说实话”的人。于是，让他在修道院里安顿了下来。

修道院里有几头牲畜，已经不中用了。修道院院长想把它们卖掉，可是他不敢派手下的人到集市去，怕他们把卖牲口的钱私吞。于是，他就叫这个爱说实话的人把两头驴和一头骡子牵到集市上去卖。

这个人在买主面前只讲实话，说：“尾巴断了的这头驴很懒，喜欢躺在稀泥里。有一次，长工们想把它从泥里拽起来，一用劲，拽断了尾巴；这头秃驴特别倔，一步路也不想走。他们就抽它，因为抽得太多，毛都秃了；这头骡子呢，又老又瘸。如果干得了活儿，修道院院长干嘛要把它们卖掉啊？”

结果买主们听了这些话后都走了。这些话在集市上一传开，谁也不来买这些牲口了。于是，到了晚上这人又把它们赶回了修道院。

院长问是怎么回事，这个人将他在集市上的话说了一遍。修道院院长发着火对这个人说：“朋友，那些把你赶走的人是对的。不应该留你这样的人！我虽然喜欢实话，可是，我却不喜欢那些跟我的腰包作对的实话！所以，老兄，你滚开吧！你爱上哪儿就上哪儿去吧！”

就这样，这个人又被修道院赶了出来。

其实，故事中的“诚实人”在现实生活中也有很多。

人无论处在何种地位，也无论是在哪种情况下，都喜欢听好话，喜欢受到别人的赞扬。每个人都希望自己的努力得到他人和社会的承认，这也是人之常情。会为人处世的人，即使觉得别人干得不好，也不会直言相对。生性油滑、善于见风使舵的人，则会阿谀奉承、拍马屁。那些忠直的人，此时也许要实话实说，这就让人觉得你太过莽直了。

怎么做才能既表达出我们的真实感受，又不伤害别人呢？正确的思路是：

1. 要学会“顺情说好话”。

俗话说：“顺情说好话，耿直讨人嫌。”著名相声演员牛群曾说过一段相声，强调“生

活中有时需要谎话"，博得了观众的认可。

其实，现实生活中经常见到"说谎"的人，大人物也不例外。比如，从内心反感开会的人常说："非常高兴有机会参加这次会议……"对相貌平平者说："你非常漂亮！"在忙得不可开交的时候，接到自己不喜欢的朋友的电话，而且他讲了5分钟还没有放下话筒的意思，于是只好来一招："对不起，我马上就要开会了！"明示对方结束话题……尽管言不由衷，但于人于己都无害，别人也容易接受。

2.尽量以幽默的言语表达。

一次，著名的德国作曲家勃拉姆斯参加一个晚会。不料，晚会上他遭到一群厚脸皮的女人的包围。他边礼貌地应付，边想解脱的办法。忽然他心生一计，点燃了一支粗大的雪茄。没多久，他与那群女人便被一团团淡紫色的烟雾包围了。很快，有几个女人忍不住咳嗽起来，勃拉姆斯照样泰然自若地抽他的雪茄。

有人终于忍不住了，对勃拉姆斯说："先生，你不该在女人面前抽烟啊！"

"不，我想，有天使的地方不该没有祥云！"勃拉姆斯微笑着回答。

勃拉姆斯用幽默的语言，使自己从无奈的纠缠中解脱了出来。

3.要把握一定的原则。

讲谎话一定要注意原则，切不可从私利出发，颠倒黑白、混淆是非，否则会遭受别人的唾弃。

任何时候都不能为了个人利益而放弃诚实。那些经常为私利而不诚实的人是不会获得成功的。如果一个人想要就他一生中所处的地位、达到目的的前景，以及他的不足之处等问题欺骗人们并且一直欺骗下去，是绝对不可能的。

在生活中要做一个真诚的人不容易，因为它来不得半点虚假和功利，需要实实在在的付出、奉献。真诚待人、克己为人的人，也许偶尔会被欺诈，但他们才是真正受人欢迎的人。

不要硬撑着，该说"不"时就说"不"

生活中有很多缺"心眼"的人，由于某种原因而抹不开面子，明明知道自己很难办到的事，硬是撑着，结果使自己受累，对方也往往会感到尴尬，弄个费力不讨好的结局。

让我们读读下面的故事，或许对你有一些启发：

阿杰刚参加工作不久，姑妈来到这个城市看他。他陪着姑妈把这个小城转了转，就到了吃饭的时间。

阿杰身上只有五十块钱，这已是他所能拿出招待对他很好的姑妈的全部资金。他很想找个小餐馆随便吃一点，可姑妈却偏偏相中了一家很体面的餐厅。阿杰没办法，只得硬着头皮随她走了进去。

俩人坐下来后，姑妈开始点菜。当她征询阿杰的意见时，阿杰只是含混地说："随便，随便。"此时，他的心中七上八下，放在衣袋中的手紧紧抓着那仅有的五十元钱。这钱显然是不够的，怎么办？

可是姑妈一点也没注意到阿杰的不安，她不住口地夸赞着可口的饭菜，阿杰却什么味道都没吃出来。

最后的时刻终于来了，彬彬有礼的侍者拿来了账单，径直向阿杰走来。阿杰张开嘴，却什么也没说出来。

姑妈温和地笑了。她拿过账单，把钱给了侍者，然后盯着阿杰说："小伙子，我知道你的感觉。我一直在等你说'不'，可是你为什么不说呢？要知道，有些时候一定要勇敢坚决地把这个字说出来，这是最好的选择。我来这家餐厅，就是想要让你知道这个道理。"

这一课对所有的青年人都很重要：在你力不能及的时候要勇敢地把"不"说出来，否则你将陷入更加难堪受累的境地。

一位曾助人为乐的人唠叨说：能帮上忙我很快乐，但是我也不想因帮忙而得到不尊重的态度。有一回午夜时分一个陌生的太太，说要将她的三个孩子送来我家，且要我负责接送上下学、伙食和讲床边故事。另一回，也是带人家的小孩，小孩的父亲怪我的伙食不行，还说我没教孩子英文、珠算、数学！还有一回，人家托我带孩子，说好晚间八点准时到，结果我等到十二点还没到！打电话去问，说是“误会”，就不了了之了。上班时，会计小姐在年度结算，托我帮忙，我算得头昏脑涨，那小姐喝茶快活去了。最后，还怪我太慢，害她被老板骂。”

做人应该懂得保护自己，该推脱的必须推脱。不要凡事都往自己身上揽，这样别人才会重视你，尊重你。一味的好心，不只加重了别人的依赖，也加重了自己的负担，导致自己生活得很累。

巧用舌头打弯来化解生活中的烦恼和尴尬

在生活中常常会出现这么一种情况，正面回答别人的问题不行，反面回答对己也不利，不回答根本就做不到。面对这种让人颇伤脑筋的问题，最佳的办法便是采取迂回的战术，让语言保持适当的弹性，使别人的问题有如打在海绵上一样。这是一种高超的说话技巧，也是做人有“心机”的集中体现。

大家都知道一个人如果吃得不卫生，便极有可能会生病，这叫“病从口入”。与之相对应的是，一个人如果说话不注意分寸，不懂点技巧，便极有可能得罪别人而遭殃，这就叫做“祸从口出”。想要避免“祸从口出”并不难，关键在于让语言保持一定的弹性。

有这样一则寓言故事：

百兽之王的狮子想吃其他兽类，但得找借口。于是张开大口让百兽闻自己的口是香还是臭。首先轮到狗熊，它闻后如实地说：“有股肉的腥臭味。”

狮子怒道：“你不尊重我，留你何用。”就将狗熊吃掉了。

第二天，轮到猴子来闻。鉴于头天狗熊的教训，它乖巧地说：“哟，好一股肉的清香味啊！”

狮子又怒曰：“你溜须拍马，留你何用。”又将猴子吃掉了。

第三天，轮到兔子来闻。它知道，说臭要被吃掉，说香也要被吃掉。于是它凑到狮子嘴边，故意闻得十分认真，却老不开口。

狮子急了，催它快说。

它便说道：“报告大王，我昨晚受了风寒，感冒鼻塞。闻了这么久，实在闻不出是臭还是香。等我好了，鼻子通了，再来闻吧。”狮子无奈，只好放了它。

兔子在这里巧妙地回避了狮子所提出的问题，而用“无可奉告”的理由来表明自己的态度。这种走“第三条”道路的方法，实在是它求得生存机会的唯一出路。

若想保持语言的弹性，不但要求你能够自圆其说，还要做到意有所指。这既是考验你的口才和智慧，更要你用点“心机”巧妙应对。

过去，有一个县官很喜欢附庸风雅。尽管画艺不佳，但兴致很大。他画的虎不但不像老虎，反而有几分像猫。并且，他每画完一幅作品，都要在厅堂内展出示众，让众人评说。大家只能说好话，不能说不好听的话。否则，就要遭受惩罚，轻则挨打，重则贬职。

有一天，县官又完成了一幅“虎”画，悬挂在厅堂，又召集一些人来欣赏。“各位瞧瞧，本官画的虎如何？”众人低头不语。县官见无人附和，就点了一个人说：“你来说说看。”那人战战兢兢地说：“老爷，我有点怕。”

县官：“怕，怕什么？别怕，有老爷我在，怕什么？”

那人：“老爷，你也怕。”

县官：“什么？老爷我也怕。那是什么，快说。”

那人：“怕天子。老爷，你是天子之臣，当然怕天子呀！”

县官：“对，老爷怕天子，可天子什么也不怕呀！”

那人：“不，天子怕天！”

县官：“天子是老天爷的儿子，怕天，有道理。好！天老爷又怕什么？”

那人：“怕云。云会遮天。”

县官：“云又怕什么？”

那人：“怕风。”

县官：“风又怕什么？”

那人：“风又怕墙。”

县官：“墙怕什么？”

那人：“墙怕老鼠。老鼠会打洞。”

县官：“那么，老鼠又怕什么呢？”

那人：“老鼠最怕它！”那人指了指墙上的画。

这位聪明的下属巧妙地回避了县老爷问题的实质，而采取迂回的手段，绕着弯子批评了县太爷的画作。这既不会让这位自以为是的县太爷太丢面子，又让其明白了自己真正的画画水平，可谓是一箭双雕，一石双鸟。

在现实生活中，为了让自己的话不得罪别人而遭殃，便应该让自己的语言走“第三条”道路，并保持适当的弹性。

保持语言的弹性能让别人的问题有如打在海绵上一样，瞬间便失去了冲击力。这种说话的技巧如若合理运用，便能化解生活中的许多烦恼和尴尬，也能使即将到来的祸端消弭于无形。

模糊表态，以避免误解和麻烦

在实际的交往中，有时你可能处于主动地位，有时则可能处于被动的位置。在被动情况下接受对方的提问、质疑时，如何回答、如何表态就成为一个十分关键的问题。稍有不慎，就会造成误解、泄密或其他不良后果。这时，最好的办法就是避免表态。

但是，直率地拒绝表态是失礼的、不当的。正确的办法应该是：表态时尽量避开说“是”或“不是”。既要避开表态，同时又不能有损对方的面子，破坏双方交谈的气氛。如果你是领导人，和外国人打交道还要在国际公众面前树立起良好的个人形象的情况下更要如此。因为有时候你所代表的已经不是你自己，而是你的国家。

如果别人问你问题，你必须要回答，可是不论你的回答持肯定态度还是否定态度，对方都能找出反驳的理由，你应该怎么办？这个时候你就应该用一种柔和的决策，把话语模糊化，就是指在能够把话说得更确切一些的情况下，故意模糊表述，以回避一些因为持肯定或者否定态度而带来的麻烦。

楚灭秦时，楚怀王分兵两路。东路由项羽率领70万兵马，西路由刘邦率10万兵马，同时向关中进发，事先约定：谁先入关谁为关中王。

结果刘邦先进关中，项羽自恃兵多势众，不服刘邦，欲设计害之。项羽自尊为西楚霸王，封刘邦为汉王，打算让刘邦到南郑去。谋士范增极力反对，他说：“那地方内有重山之固，外有峻岭之险，让刘邦去，岂不是放虎归山？”

项羽反问：“那有什么办法杀他呢？”

范增献计说：“等刘邦上朝，大王问他：‘寡人封你到南郑去，你愿不愿去？’如果他愿去，你就说：‘我早知道你愿去，那里是养兵练将，积草屯粮的好地方，养足了锐气好与我争天下，对不对？这就证明你有反我之心。绑出去杀了！’如果他不愿意去，你就说：‘我知道你不愿去，本来楚怀王有约在先，谁先入关谁为关中王，叫你去南郑，你怎么会愿意呢？既然不愿去，就是要在这里反我。与其如此，不如现在就把你杀了。来人，绑出去斩首！’想他刘邦难逃灭顶之灾了。”

一番话说得项羽连连点头称是。密谋之后，项羽便召刘邦上殿。

项羽是个有勇无谋、沉不住气的人。他一见刘邦，便迫不及待地问道：“寡人封你到南郑去，你愿不愿意去？”

刘邦见项羽问得这么急迫，不免心中纳闷。虽然愿去，但不敢表白。于是他回答说：“大王，臣食君禄，命悬乎于君。臣如陛下坐骑，鞭之则行，收缰则止，臣唯大王之命是听。”刘邦这种模棱两可的话，完全出乎项羽的意料，他没听出刘邦到底是想去还是不想去。项羽只好说：“你要听我的，南郑你就不要去了。”

刘邦连连拜谢说：“是，臣遵旨。”

在上例中，刘邦就是巧妙地利用模糊语言救了自己一命。这里，范增利用“两难选择”，企图陷刘邦于进退两难的境地，然后假名杀之，其计策真可谓刁毒。然而，刘邦更为高明，他工于心计，见项羽问得急，估计事出有因，于是运用模糊语言应对，并借此表白自己俯首听命于君，这就使项羽不知他心里想的是什么，无法确定他到底愿意去还是不愿意去，当然也就不好杀他了。

从上面这则故事里，我们不难明白刘邦能打败项羽还是有一定道理的，起码在说话技巧方面，刘邦就胜过项羽一筹。有些问题并不是只有是或者非那样简单，你可以不用说是与非，也能照旧解答他人的问题。

因此在遇到一些棘手的事，需要你表态时，要尽量拒绝用“是”或“不是”这样的绝对性字眼，而要采取措施转移或回避表态。

当鳄鱼咬住你的脚，唯一的办法就是牺牲这只脚

“当鳄鱼咬住你的一只脚，你会怎么办？”

这个恐怖而又令人愕然的问题，如果真的发生了。想必大多数人只会在惊恐与痛苦中束手挣扎，至于生存，似乎成了委托给上帝的一个祈祷。还可能有一部分人，为了挽救被鳄鱼咬住的那只脚，同鳄鱼进行殊死搏斗。但这种选择的结果，百分之九十以上的概率是要葬身鱼腹。

读到这里，你一定会问，那究竟应该怎么办？揭晓答案前，我们先来看一看《战国策》里的一则故事：

在一条山间小路上，有人安装了一个拴缚兽蹄的捕猎器具，以捕捉野兽。

突然，有一只老虎误踏进器具之中，缚住了一条腿。老虎挣扎了很长时间，但仍没能使自己的脚掌从器具中解脱出来。担心猎人逼近，无奈之余，老虎用牙齿咬断被缚的那只脚，忍着剧痛逃跑了。

难道老虎不爱惜自己的脚吗？难道它不知道断脚会很痛吗？不要以为老虎很笨，它咬断自己的脚来求得生存，是一种变通的办法，是非常智慧的选择。试想，面对当时的危险境地，这只老虎若不懂得牺牲一只脚，怎能保全自己整个庞大的身躯呢？客观而言，这是一个十分无奈但又十分聪明的选择。

其实，这讲的就是心理学中的鳄鱼法则，指如果一只鳄鱼咬住你的脚，你若试图用手去挣脱你的脚，鳄鱼便会同时咬住你的脚和手；你愈挣扎，被咬住得就越多，甚至会因此丧命。

在这种情况下，明智的做法应该是：一旦鳄鱼咬住了你的脚，唯一求生存的办法就是牺牲这只脚。换而言之，当你发现自己的行动背离了既定的方向，必须立即停止，不得有任何延误，不要存有任何侥幸、不舍得或不甘心的心理。

很多人，虽然明白这个说起来比较简单的道理，却往往没有足够的勇气和智慧，结果还是陷入了“鳄鱼法则”的陷阱中。

曾经有两个商人结伴出门做生意。到达目的地前，他们需要乘船横渡一条较大的河流。

谁料，那天正巧河水湍急、天气变幻莫测，导致渡船触礁沉没了。船上的人都在急流中，

拼命向岸边游去，这两个商人也不例外。

游在前面的商人发现伙伴不在自己身边，便回头寻找。他发现另一个商人在后面游得很慢，便着急地问：“你怎么游得那么慢？你平时可比我游得快多了呀？”

另一个商人一边艰难地游着，一边气喘吁吁地说：“我背着1500块金币，很重啊！”

游在前面的商人很无奈，但求生心切，一时间也管不了那么多了，便一个人疲惫地上了岸。回望水中，他发现另一个商人仍旧扛着那箱钱艰难地游着，急得他大叫道：“快把箱子抛掉，不然来不及了。”

水中挣扎的商人一边向前游，一边断续地说：“这可是我的……本钱……啊！”

岸上的商人急得直跳脚，大喊道：“那些钱几个月就能赚回来，保命要紧！”

水中的商人没有理会同伴的劝告，依然背着沉重的钱箱在水中艰难前行。

没多久，一个大浪涌过来，岸上的商人再也看不到他的伙伴了，还有他那死都不肯放手的钱箱，也随他永沉水中了……

看看，人类自诩为最智慧、最高等的动物，有时候还不及一只老虎聪明。可现实就是这样，我们经常会下意识地“把手伸进鳄鱼的嘴里”，无法忍受或放弃本属于自己但即将失去价值的事物。

我们开始做一件事情，做到一半的时候才发现并不值得，或者会付出比预想多得多的代价，或者有更好的选择，但此时已经箭在弦上，不得不发。于是，这种将错就错的做法，便使我们失去得更多。

例如，你花了500块钱买了一只鲍鱼，可因为有重要的事情要处理没能及时吃。过一阵儿，等你有空想吃的时候，发现鲍鱼已经臭了。这时，你会怎么办呢？选择只有两种，要么吃掉，要么扔掉。如果你选择吃掉，那么很可能造成坏肚子或生病，从而增加了除鲍鱼本身价钱以外的额外支出——医疗费用。如果你选择扔掉，那么损失的，就只是鲍鱼本身的价钱。很明显，后一种选择要优于前一种选择。

正如美国哈佛大学的哲学家和心理学家W. 詹姆斯所提出的：“承认既定事实，接受已经发生的事实，这是应付任何不幸后果的先决条件。所以人生最大的效率在于：用勇气来接受不可改变的事实，用智慧做出让自己损失最小的选择。”

第四章
虚实难辨，假戏真唱

当众拥抱你的敌人，化被动为主动

人和动物有些方面是不同的。动物的所有行为都依其本性而发，属于自然反应；但人不同，经过思考，人可以依当时需要，作出各种不同的行为选择，例如当众拥抱你的敌人。

能当众拥抱敌人的人实际上是站在主动的地位，采取主动的人是制人而不受制于人的。你采取主动，不只迷惑了对方，使对方搞不清你对他的态度，也迷惑了第三者，使其搞不清楚你和对方到底是敌是友，甚至误认为你们已化敌为友。是敌是友，只有你心里才明白，但你的主动，已使对方处于“接招”、“应战”的被动态势。如果对方不能也“爱”你，那么他将得到一个“没有器量”的评语。一经比较，二人的分量立即有轻重之分。所以当众拥抱你的敌人，除了在某种程度内降低了对方对你的敌意外，还可以避免恶化你与对方的关系。换句话说，在敌友之间，留下了一条灰色地带，免得敌意鲜明，反而阻挡了自己的去路与退路。地球是圆的，天涯无处不相逢。

此外，你的行为让对方失去攻击你的立场。若他不理你的拥抱而依旧攻击你，那么他必招致他人的谴责。

所以，竞技场上比赛开始前，二人都要握手敬礼或拥抱，比赛后也一样再来一次，这是最常见的“当众拥抱你的敌人”。另外，政治人物也惯常这么做，明明是恨死了的政敌，见了面仍然要握手寒暄……

事实上，要当众拥抱你的敌人并不如想象中的那么难。只要你能克服心理障碍，你可以肢体上拥抱敌人，例如拥抱、握手。尤其是握手，这是较普遍的社交动作。你伸出手来，对方缩手的话，那是他的无礼；在言语上拥抱敌人，公开称赞对方、关心对方，表示你的诚恳，但切忌过火，否则会弄巧成拙。

你可保守他的秘密，但莫让他保守你的秘密

有秘密，别人才觉得你神秘；有秘密，别人才觉得你有背景。

在人际交往中，许多人，尤其是年轻人，常常把自己的秘密毫无保留地袒露出来。有时如果没把自己的心事完完全全地告诉问及的人，心中就会不安，认为自己没有以诚待人，感

到对不起人家；认为别人对自己很好或很重要，不告诉人家自己的秘密是错的。很显然，这些人在如何对待自己的秘密和如何对待坦诚这些问题上，所谓的“知无不言，言无不尽”是一种错误的认识。

在生活中，人与人之间需要交流，需要友情，但谁都不愿与一个从不袒露自己的内心世界，对任何问题都不明确表态的高深莫测的人交往。然而，对于坦诚有一个正确的理解是十分必要的。所谓坦诚，并不意味着别人要把内心世界的一切都暴露给你，也不意味着你要把内心世界的一切都暴露给别人。每个人都有秘密，这是正常的，也是必要的。

例如，一次，约翰把自己的重大秘密告诉了乔治，同时再三叮嘱：“这件事只告诉你一个人，千万别对别人说。”然而一转脸，乔治便把约翰的秘密添枝加叶地告诉了别人，让约翰在众人面前很难堪。这种背信弃义有时出于恶意，有时却是无意的。

当然了，能否保守秘密也与个人的品质修养有关。有的人透明度太高，这种人不但不能为别人保守秘密，就连自己的秘密也保守不住。有的人泄漏别人的秘密，不是为了伤害别人，而是为了抬高自己，“咱们单位的事，没有我不知道的”，“我要是想知道某件事，我就一定能了解出来”……这种人常这样炫耀自己。他们认为，知道别人的秘密越多，自己的身价就越高。用泄漏别人秘密的方法伤害别人、娱乐自己，甚至把掌握的秘密当做要挟别人的把柄，当做自己晋升的阶梯，这种人在现实中也大有人在，对这种人最应该提高警惕。

再回到前面的例子，像约翰那样让他人为自己保守秘密，远比只让自己保守自己的秘密难得多。因此，不是万不得已的时候，不要让他人分享自己的秘密，要学会自己的秘密自己保守。因为，你的秘密一旦落入别有用心之人的耳中，就会成为关键时刻别人攻击你的武器，使你在竞争中处于被动的局面，甚至因此而失利。

许军是某公司的业务员，在厦门工作已经有三年的时间了。他因为工作认真、勤于思考、业绩良好，被公司确定为中层后备干部候选人。总经理找他谈话时，他表示一定加倍努力，不辜负领导的厚望。只因他无意间透露了一个属于自己的秘密而被竞争对手击败，遭到排挤，最终没被重用。

许军和同事王广林私交甚好，常在一起喝酒聊天。一个周末，他备了一些酒菜约了王广林在宿舍里共饮。俩人酒越喝越多，话越说越多。微醉的许军向王广林说了一件他对任何人都没有说过的事。

“我高中毕业后没考上大学，有一段时间闲着没事干，心情特别不好。有一次和几个哥们喝了些酒，回家时看见路边停着一辆摩托车，一见四周无人，一个朋友撬开锁，让我把车给开走了。后来，那朋友盗窃时被逮住，送到了派出所，供出了我。结果我被判了刑。刑满后我四处找工作，处处没人要。没办法，经朋友介绍我才来到厦门。不管咋说，现在咱得珍惜，得给公司好好干。”

谁知道，没过两天，公司人事部突然宣布王广林为业务部副经理，许军调出业务部另行安排工作岗位。

事后，许军才从人事部了解到是王广林从中捣的鬼。原来，在候选人名单确定后，王广林便来到总经理办公室，向总经理谈了许军曾被判刑坐牢的事。不难想象，一个曾经犯过法的人，老板怎么会重用呢？尽管你现在表现得不错，可历史上那个污点是怎么也擦洗不干净的。

知道真相后，许军又气又恨又无奈，只得接受调遣，去了别的不怎么重要的部门上班。

德国作家让·保·里克特曾说：“一个人泄露了秘密，哪怕一丝一毫，就再也得不到安宁了。”如果还想过宁静的生活，如果不想成为别人眼中的透明人，那就别把心里的话全都说出来，把该保守的秘密坚定地保守下去。

每个人都有自己的秘密，都有一些压在心里不愿为人知的事情。这些隐私就是一个人的底线，别人不知道你的底线在哪里，也就无从伤害你。如果将其过多地暴露在别人的面前，即使是原本没有不良记录之人，也难免会在利的诱惑之下，做出常规外的伤害之举。

既然秘密是自己的，无论如何也不能对别人讲。在保护一份神秘感的同时，也能保护自己不因“祸从口出”而受害。

善用"欺骗之举"，无往不利

《围炉夜话》中指出："为人循矩度，而不见精神，则登场之傀儡也；做事守章程，而不知权变，则依样之葫芦也。"精通谋略的人总是能够积极动脑，及时"制造出"急需的东西，以解燃眉之急。

北宋年间，朝廷遣能征惯战的将军狄青领兵南征。当时朝廷中主和、妥协派的势力颇强，狄青所部亦有些将领怯战，有的甚至散播谣言，说什么"梦见神人指示，宋兵南征必败"。军中不少有迷信思想的官兵尽皆惶然，笃信此次南征"凶多吉少，难操胜券"，一时军心涣散。狄青一再训说："我军乃正义之师，战必胜，攻必克。"无奈官兵迷信思想极重，收效甚微。

为此，狄青和几员心腹大将十分忧虑。大军途经桂林，恰逢大雨滂沱，一连数天，乌云蔽日，无法行军。此时军中谣言更甚，都说出师不利，天降凶雨，旨在回师……

这天黄昏，狄青带领几员偏将冒雨巡视。路经一座古庙，见冒雨进香占卜者不少，便进庙询问。庙中和尚说，都说这座庙神佛灵验，有求必应，所以终年拜佛占卜者络绎不绝。

狄青听罢，心中顿生妙计。次日清晨，他全身披挂，领将士入庙拜佛，虔诚地供香跪拜后，便对将士们说："本帅当众占卜一卦，欲知南征凶吉。"说毕，他请庙祝捧出百枚铜钱，说明一面涂红，一面涂黑，然后当众合掌祈祷："狄青此次出兵南征，如能大获全胜，百枚铜钱当红面向上！"只见他将铜钱一掷，落地有声，果然全都是红色。将士们惊异万分，兴高采烈，奔走相告，一时士气大振。

狄青当即下令不准再动铜钱，以免冒犯神灵，同时令心腹将士取来百枚长钉，把铜钱牢钉在地，然后对全军说道："此战必胜，这是上天助我！等到班师之日，再来感谢神灵取钱吧！"

第二天雨过天晴，宋军士气高昂，直压边境。两军对阵，宋军将士无不奋勇当先，所向披靡，直把安南入侵者杀得丢盔弃甲，溃不成军，乖乖地立下了降书，自称永不敢再犯大宋边境。

宋军班师回朝，狄青高兴地带领一班将校到古庙谢神还愿，拔钉取钱时，一位偏将忽然惊呼："奇怪，奇怪！这百枚铜钱怎么两面都是红色？！"

狄青哈哈大笑道："此举绝非神灵，其实是本将军借神佛之灵，鼓舞士气罢了！"此时大家才恍然大悟，原来狄将军私下和几位心腹将士暗中将铜钱两面都涂成红色，故弄玄虚，利用将士们的迷信心理，化厌战情绪为勇战情绪，一鼓作气战胜了侵略军。

以上故事深有启发，只要我们开动智慧的头脑，抓住人们的心理，利用契机进行正面的暗示，就一定能唤起大家的力量，让我们无往不利。生活中，为了达到良好的目的，不得不用到一些善意的欺骗，只要初衷是好的，不妨一试。

强者保持谦卑的态度，助你更好地处理人际关系

张某和李某是大学同班同学。二人无话不谈，彼此都没有秘密。因此班上同学说他们是"难兄难弟"，而他们也以彼此间的友情而自豪，并且相当珍惜。大学毕业后，二人仍然保持联系。几年过后，他们的工作同经更换，也先后结了婚，仍然来往频繁。

后来张某一度落魄，李某则不时给予关怀。

过了五六年，张某站在了一个李某根本无可企及的位置上。但自此之后，二人关系淡了，张某找李某，李某总是借故逃避。为什么如此？张某十分纳闷。

张某和李某在校时感情甚好，步入社会时仍能维持彼此的友谊，原因有两个：

一、二人出身背景相近，彼此都感受不到对方的"压力"，因此能融洽相处。如果二人中一为豪门世家，一为寒门子弟，恐怕就不是这个样子了。

二、初入社会，彼此“成就”差不多，“压力”尚未形成，因此还能维持相处的热情。不过，人是好“比”的，“比”的目的是建立自己在同行中的地位。因此，绝大多数人不会去和不同行业者比，不会去和不同年龄者比，不会去和职业差太多者比，总是会和同班同学比，和同行比，和同阶层比。能“比”对方“高”、“好”、“多”，自己就会有一种自我满足感。大学生从学校毕业后，前几年看不出成就高下，但七八年、十多年之后，成就的高下就显现了。所以大学毕业后几年，同学会还办得起来，十年后就不容易办了。因为前几年大家都差不多，十年后成就有了差距，自认没有成就的就不想参加了。

张某和李某的问题也是出在“比”这个字上。

本来李某认为他是可以超越张某的，所以他也不吝给予落魄中的张某关怀，谁知张某反而在几年后超越了李某，让李某很不是滋味；李某过去的优势荡然无存，心理落差极大，同时也有了成就比较上的压力，一时无法调适，所以和张某疏远。

这种现象包含着嫉妒、羡慕的心理，基本上是属于维护自我尊严的防卫性行为，但有时也不无转成攻击性行为的可能。

所以，当一个人突然在事业上走在同行的前面时，第一个影响就是原来的朋友突然少了。不过，这些突然疏远了的朋友也有可能在过一段时间之后和你重新建立关系——反正也比不上你，不如和你保持接触，以免失去一条可贵的人缘。

其实，有些时候，如愿意在弱者面前显示你“脆弱”的一面，表现谦卑，会让对方心理平衡一些，至少在处理人际关系这方面不会让你束手无策，面临尴尬的境地。

假戏真做，相时而动

假戏真做并不是一件让人觉得难堪的事。一旦到了生命的危急时刻，放下面子保住脑袋才是头等大事。在人际交往中，一些人善于假戏真做以取得他人的信任，从而轻松地达到了自己的目的。蔡锷便是一位假戏真做的高手。

蔡锷早年留学日本，回国后参加编练新军。1911 年初至云南，任新军第十九镇三十七协协统，与同盟会会员多有联络。武昌起义后，与李根源等发动新军起义，初任总指挥和云南军政府都督兼民政长，曾协助贵州和四川独立。民国初年参与组织统一共和党，并对省政有所兴革。

袁世凯镇压了革命党人的“二次革命”之后，开始做起了皇帝梦，要在中国恢复帝制。他复辟帝制的倒行逆施激起了全国人民的无比愤慨，全国人民群起讨伐。其中最早举行大规模武装讨伐的就是云南蔡锷等领导的护国军起义。为了组织和发动这场倒袁的起义斗争，蔡锷与袁世凯斗智斗勇，充分体现了他在处世上的韬晦谋略。

二次革命期间，蔡锷对交战双方表示中立，还曾拟联合黔、桂两省做中间人，主张两方停战，凭据法理解决。对蔡锷的这些举动，袁世凯深为嫉恨，就将蔡锷召入北京，实际上是牵虎入笼。

蔡锷明白袁世凯的意图，自从入京以后，他自敛锋芒。

袁世凯依然不放心，想把蔡锷困在京城，便委蔡锷以“重任”，先任将军府将军，再任全国经界局督办，并选为政院参政。

蔡锷不动声色，这样一来，倒弄得袁世凯莫名其妙。

一日，袁世凯召蔡锷到总统府，议论恢复帝制一事。蔡锷道：“我原先是赞成共和的，但是二次革命以后我才知道，这么大的中国，没有一个皇帝是统治不住的。现在总统有这个意向，那是太好了，我第一个表示赞成。”

狡猾的袁世凯反问道：“你说的当真吗？为什么南京、江西变乱时，你却要做调解人，帮他们讲话呢？”

蔡锷立即回答道：“此一时、彼一时，那时我远驻云南，离北京太远，长江一带又多是国民党势力范围，恐投鼠忌器，不得不违心地做中间人，还请总统原谅。”

蔡锷解释得合情合理，袁世凯听了，十分满意。

从此以后，蔡锷为了保全自身便主动与那些为帝制摇旗呐喊的大小人物打成一片，宣扬帝制。

一天，蔡锷与一帮乌合之众又谈起帝制。他附和道：“共和两字，并非不良，但我国国情、人情，却不适合共和。”

宣扬帝制的筹安会的大头目杨度立刻应道：“蔡锷兄，你今日方知‘共和’二字的利害吗？”

蔡锷不敢怠慢，赶紧道：“俗话说得好：‘事非经过不知难。’杨大人还不肯谅解蔡某人吗？”

杨度不甘罢休道：“你是梁启超的高足，他最近做了一篇文章驳斥帝制，你却来赞成帝制，岂不是背师叛道吗？”

蔡锷笑道：“师生也是人各有志。以前杨大人与梁启超同是保皇派的，为什么他驳斥帝制，你偏又办起筹安会？今天你诘责我，我倒要问问老兄，谁是谁非？”杨度自讨了个没趣。

他不甘心，红着脸拿出一张纸，递给蔡锷道：“你既然赞成帝制，就应该参加请愿，何不签个大名？”

蔡锷十分爽快：“我在总统面前已请过愿了，签个名儿，有何不可？”遂提起毛笔，信手一挥。

大家见他这般爽直，疑心荡然无存，个个拍手叫好。

而此时，蔡锷正在寻找着虎口脱身的机会。

为了能进一步让袁世凯消除对他的疑心，蔡锷脱掉他那身戎装，去妓院寻花问柳。想不到，在妓院结识了有胆有识、闻名京城的小凤仙。

为了把戏演得更真，蔡锷特地让小凤仙备了一桌酒菜，邀请了袁世凯的爪牙喝酒。几杯酒过后，蔡锷扬言要与妻子离婚，娶小凤仙为妻。那些人对蔡锷深信不疑，纷纷报告袁世凯。

再看蔡锷，整天在小凤仙那儿转来转去，一副神魂颠倒的模样。

为了让袁世凯彻底放松警惕，蔡锷与夫人上演了一场假离婚风波。

一日清晨，蔡锷趁袁世凯还没有起身就赶到总统府，要求见袁世凯。待侍官说总统未起时，他又故作懊恼状道：“总统起来后，请立即打电话给我。”说完便回家去了。

袁世凯起来之后，听到禀报：“蔡将军在家中与夫人殴打，摔坏了好多东西。”

袁世凯立即派人前去调解。只见蔡夫人披头散发、泪流满面地躺在地上，被摔坏的东西乱七八糟散了一地。蔡锷在一旁自顾自地骂着。袁世凯的手下进行了一番劝解，蔡锷似火上浇油，骂得更凶。哪知蔡夫人也毫不示弱，当即回娘家去了。

袁世凯闻之，终于彻底放心了，与儿子袁克定道：“我看蔡锷有才有干，可办大事，谁知他尚不能治家呢！我可高枕无忧了。”

蔡锷见袁世凯放松了对他的监视，于是暗中与梁启超策划反袁，寻机脱身。

1915年11月初，蔡锷以去天津看病为由，在小凤仙的巧妙配合之下，设法躲过了北洋警探的跟踪，绕道日本、越南，于12月21日偕同戴勘等人秘密到达昆明。

蔡锷终于虎口脱险，不久即和唐继尧组织护国军讨袁。

袁世凯生性狡猾，耳目甚多，为了消除袁的疑心，蔡锷先是与袁的狐朋狗友打成一片，加入宣扬帝制的筹安会当中，让袁及其爪牙认为其棱角已磨去。再到妓院“鬼混”，不问政务，直至“休”了结发之妻。这番假戏真做，天衣无缝一般。

如此蒙住了袁世凯的眼睛，保护了自己，而且以此求得了反击的机会和时间。一旦时机成熟，蔡锷便进行了反扑，完成了自己的护国运动。

假戏真做的关键就是要迎合对方，装傻充愣，解除其戒心，投其所好。要学会表现出自己没有野心，即使有一点小野心也不可能对其构成威胁，这时你就能达到自己的目的了。

谎言被重复一千遍，就变成了真理

假作真时真亦假，善于把谎言说成真理，只要细细体味真与假之间转换的奥妙之处，就能把这样一种武器为我所用。

谎言被重复一千遍，就变成了真理。这话有一定的道理。在生活中，很多人都经不住谗言的反复攻击，以致把谎言当成真理。

战国时代，互相攻伐。为了使大家能真正遵守信约，国与国之间通常都将太子交给对方作为人质。

魏国大臣庞葱，将要陪魏太子到赵国去做人质，临行前对魏王说："现在有个人说街市上出现了老虎，大王可相信吗？"

魏王道："我不相信。"

庞葱说："如果有第二个人说街市上出现了老虎，大王可相信吗？"

魏王道："我有些将信将疑了。"

庞葱又说："如果有第三个人说街市上出现了老虎，大王相信吗？"

魏王道："我当然会相信。"

庞葱就说："街市上不会有老虎，这是很明显的事，可是经过三个人一说，好像真的有了老虎。现在赵国国都邯郸离魏国国都大梁，比这里的街市远了许多，议论我的人又何止三个。希望大王明察才好。"

魏王道："一切我自有主意。"庞葱陪太子回国后，魏王果然没有再召见他。

街市是人口集中的地方，当然不会有老虎。说街市上有虎，显然是造谣、欺骗，但许多人这样说了，如果不是从事物真相上看问题，也往往会信以为真的。

在这方面，即使是曾子的母亲那么明智的人，也常常会受别人的迷惑。

在孔子的学生曾参的家乡费邑，有一个与他同名同姓也叫曾参的人。有一天他在外乡杀了人。顷刻间，"曾参杀了人"的风闻便席卷了曾子的家乡。

第一个向曾子的母亲报告情况的是曾家的一个邻人，那人没有亲眼看见杀人凶手。他是在案发以后，从一个目击者那里得知凶手名叫曾参的。当那个邻人把"曾参杀了人"的消息告诉曾子的母亲时，曾母听了邻人的话，一边安之若素、有条不紊地织着布，一边斩钉截铁地对那个邻人说："我的儿子是不会去杀人的。"

没隔多久，又有一个人跑到曾子的母亲面前说："曾参真的在外面杀了人。"曾子的母亲仍然不去理会这句话，照常织着自己的布。

又过了一会儿，第三个报信的人跑来对曾母说："现在外面议论纷纷，大家都说曾参的确杀了人。"曾母听到这里，害怕这种人命关天的事情要株连亲眷，因此顾不得打听儿子的下落，急忙从僻静的地方逃走了。

以曾子良好的品德和慈母对儿子的了解、信任而论，"曾参杀了人"的说法在曾子的母亲面前是没有市场的。然而，即使是一些不确实的说法，如果说的人很多，也会动摇一个慈母对自己贤德的儿子的信任。

但是，从另外一个方面来说也可以利用这种把谎言说成真理的手段来办自己的事，通过舆论的力量为自己造势，以假乱真，轻松地达到自己的目的。

做人不能拘泥于道德礼教之中的条条框框，必要时也得诈一诈。只要不超出道德和伦理的底线，懂得适度"无中生有"也是允许的。

适度保守个人隐私，不要做个透明人

如果你把你所有的想法和心思都暴露出来，那在别人看来，你不过是个透明人，是个傻瓜。

可见，做人待人不能毫无“心机”。要懂得掩藏自己，尤其是那些容易触犯众怒的地方。

西方有本书上曾这样说：“如果对方无法接受毫无掩饰的我，未尝不是好事。”其实，从对人性的洞察来看，这就是一件好事。因为，在现实社会中，除了禽兽和野蛮人，正常人哪里会是毫无掩饰的“玻璃人”呢？

现代社会是复杂多变的，做人更要学会保护自己，要适度保留个人的隐私。具体到上班族，以下三条金科玉律，相信会帮你处理好复杂的人际关系：

1. 在单位里不可随便与人交心。在现实中，任何一个单位都不是真空般一尘不染。正人君子有之，奸佞小人亦有之；既有坦途，也有暗礁。在复杂的环境下，不注意说话的内容、分寸、方式和对象，往往容易招惹是非，授人以柄，甚至祸从口出。

人只有先求安身立命，适应环境，然后才能设法改造环境，顺利地走上成功之道。因此，说话小心些，为人谨慎些，对避开生活的误区，使自己置身于进可攻、退可守的有利位置，牢牢地把握人生的主动权，无疑是有益的。

况且，一个毫无城府、喋喋不休的人，会显得浅薄俗气、缺乏涵养而不受欢迎。西方有句谚语说得好：“上帝之所以给人一个嘴巴、两只耳朵，就是要人多听少说。”

做一个在社会上混的场面人，社交活动不免与自己所在的单位有关。下班之后，与同事一起喝杯酒，聊聊天。不但有助于日常工作，还可能知道与单位有关的消息。因此，单位举办的各种聚会，自然要积极参加，就是与同事及上司打上一两场“社交麻将”也很有必要，但有一点要时刻切记：不可随便与任何人交心。

2. 随时注意保护自己。蓝领与白领不同的地方之一，是蓝领升迁的机会不多。因此，蓝领工人打的是正规战术，集体讨价还价，争取共同的利益。而白领阶层则大多都有个别拼搏的机会，获得升迁是单打独斗的结果，这种生存竞争环境，犹如深入敌后、孤军作战的游击队。

是游击队，就得打游击战！游击战的最高原则是“保存自己，消灭敌人。”许多力争上游的白领，很注意将对手打倒，却往往不善于保护自己，这是不足取的。《厚黑学》认为：一方面要友好竞争，另一方面更要在众人的竞争中保存自己。在势孤力弱的情况下，就要夹紧尾巴，千万不要露出自己全力拼搏、一心往上爬的野心，以免成为众矢之的。

俗语说，“不招人忌是庸才”，但在一个小圈子里，招人忌者是蠢材。精明而有“心机”的人，往往在积极争取往上前进的同时，还能很自然地摆出一副“只问耕耘，不问收获”的超然态度。

3. 别替人背黑锅。在任何一个单位里，做事的好坏对错，很多时候是由上司主观决定的。如果上司意志强，下属多少都要努力工作；上司若自以为是，下属便会唯唯诺诺。但有一些上司只是向他的上司交功课而已，工作敷衍了事，得过且过。在这样的环境之下，最重要的事情就是不要出事，一切如常，就不会勾起上司的雷霆之怒。但如果出现差错，上司为了向他的上司交代，就会抓住一个人做替罪羊。这种情况，俗话叫做“背黑锅”。虽然说有的时候替上司背黑锅，能够换来更大的回报，但大多数情况下，替别人背黑锅是非常划不来的蠢事。

要使自己不背黑锅，就不要冒险、不马虎，事事有根据，白纸黑字，即使错了也有充分的理由解释。另一方面，一件事的对错，错的大小，应否追究，以及应该如何处罚，往往都是上司决定的。大事化小或小题大做，都在主管上司的一念之间。因此，在这种情况下，人缘好，特别是与上司的关系不错，就会较少获罪。

适度“自污”，巧使对方放松警惕

有时候功高震主，容易遭到猜忌。如果能故意给自己造出一些“污点”，倒容易消除上级的戒心。

战国末年，秦王准备吞并楚国，继续他统一中国的大业，他召集大臣和将领们商议此事。

秦王先是问大将李信，攻灭楚国需要多少军队。李信不假思索地说：“有大王的英明决策，挟秦军胜利之师的雄威，灭楚 20 万军队足矣。”

秦王听了，暗暗称赞李信果然是个少年英雄。他又问老将王翦：“王将军，你的意见呢？”

王翦说：“因为楚国很有实力，至少要派 60 万军队。”

秦王听了，不屑一顾，命李信攻打楚国。

王翦料定李信必败。果然，李信带领 20 万秦军攻打楚国，被楚军连破二阵，李信率残部狼狈逃回秦国。

秦王盛怒之下，把李信革职查办。然后亲自去王翦的家乡，请王翦复出，带兵攻楚。

秦王见到王翦，恭恭敬敬地向王翦赔罪，请王翦带兵出征，王翦自然答应。出兵之日，秦王亲率文武百官到灞上为王翦摆酒送行。

饮了饯行酒后，王翦装出一副惶恐的样子说：“请大王恩赐些良田、美宅与园林给臣下。”

秦王听了有些好笑，说：“王将军是寡人的肱股之臣，日下国家对将军依赖甚重，寡人富有四海，将军还担心贫穷吗？”

王翦却又分辩了几句：“大王废除了三代的裂土分封制度。臣等身为大王的将领，功劳再大，也不能封侯，所指望的只有大王的赏赐了。臣下已年老，不得不为子孙着想，所以希望大王能恩赐一些，作为子孙日后衣食的保障。”秦王哈哈大笑，满口答应：“好说，好说，这是件很容易的事，王将军就为此出征吧。”自大军出发至抵秦国东部边境为止，王翦先后派回五批使者，向秦王要求：多多赏赐些良田给他的儿孙后辈。

王翦的部将们都认为他老昏头了，胸无大志，整天只想着替儿孙置办产业。面对众人的不理解，王翦说：“你们说得不对，我这样做是为了解除我们的后顾之忧。大王生性多疑，为了灭楚，他不得不把秦国全部的精锐部队都交给我，但他并没有对我深信不疑。一旦他产生了疑念，轻者，剥夺我的兵权，罢免我的官职；重者，不仅灭楚大计成为泡影，恐怕我和诸位的性命也将难保。所以，我不断向他要求赏赐，让他觉得，我绝无政治野心。因为一个贪求财物，一心想为子孙积聚良田美宅的人，是不会想到要去谋反叛乱的。”

秦王果然因此而相信王翦没有异心，放心让他指挥 60 万大军，发动灭楚战争。仅用了一年多时间，王翦就攻下了楚国的最后一个都城寿春（今安徽寿县），俘虏了楚王熊负刍，兼并了秦国最大的对手楚国。

王翦为打消秦王的疑心，不惜自损其名，伸手向秦王要求赏赐，使部将以为他老昏了头，但却使秦王更加深信他不会造反，从而全力支持他对楚作战，使王翦无后顾之忧，一举灭楚。

“众人皆浊我独清”是一种非常危险的状态，没有人乐意让一个“异己”长久地立于身侧。以“自污”来做障眼法，能让对方安心，使自己安全。有实力者如果太过“高尚”、“自敛”、“清正”，就会让领导或竞争者觉得不安。适度“自污”，告诉他们自己也只是个贪一时之财的小人物，对方自然会放松警惕。

第五章
灵活博弈，处处皆赢

生存就要比对手跑得快——囚徒困境

提到“囚徒困境”，大家应该并不陌生了。这个博弈论中最经典的入门理论，告诉我们做任何一个关于博弈的分析时，都应该考虑到双方的情况，正确面对冲突与利益同时存在的情形，否则就会陷入“囚徒困境”。同时，它更深刻地传达给我们，当面临别无选择的时候，我们只有力争比对手跑得快，才能让自己获得“囚徒困境”下可能最好的处境。

曾有两个人，一起去山里面游玩，结果遇到了一只熊，他们都十分害怕。其中的一个人弯下腰去把鞋带系好，做好逃跑的准备。另一个人对他说：“你这样是没有用的，你不可能跑得比熊快。”那个准备跑的人回答说：“我不需要跑得比熊快，我只要跑得比你快就行了。”

在这个故事里，那个准备逃跑的人面临着多种选择：A——不逃跑，被熊吃掉；B——逃跑，被熊吃掉；C——逃跑，得以生还。其实，他的朋友也有上述同样的几个选择。对于选择逃跑的人来说，只要他选择了逃跑，就会有生还的机会，而他的朋友选择不逃跑，生还的机会自然属于他；朋友选择逃跑，就需要一个附加的条件——他跑得比自己的朋友快，这样才会生还。所以，在这一博弈过程中，他只有用“相对速度”，才能够求得生存。

这里，我们姑且不去谈论道义上的问题。在残酷的生存竞争中，知道谁是你真正的竞争对手非常关键。有时候你干得不一定比“敌人”好，但至少要比“同等级的人”强。因为现在是一个充满着淘汰机制的社会，与你“有竞争力的强者”，往往是和你处于同一等级的人。

实际生活中，我们常会用这样的思想来“奖励”自己，甚至“安慰”自己：我已经努力改进了，也取得了不小的进步，可以放松一下了。要知道，虽然你与自己的过去比，是完全应该和必要的。我们应该看到自己的进步，坚定自己前行的信心。但是请别忘了，还要抬头看看四周：他们干得怎么样，是否跑得比我快，有没有值得我学习的地方？

再回到前面的那个故事中，我们可以清晰地看到：系鞋带的那个人的绝对速度并不重要，相对速度却很关键。他只要跑得比朋友快，就不会葬身熊腹。

在这个世界上，我们要想确定自己的位置，必须采用参照物。人都是在比较中生存的。换句话说，就如同我们一群人后边追着一群狼。只要你跑不过别人，倒霉的就是你。尽管你已然跑出了自己最好的成绩，也只能在狼嘴中喃喃自语：我死而无憾了。生存、发展的机会可能只有有限的名额，往往会有一大群人去拼抢，你只是尽力是不够的。

要想在这个充满竞争的世界里生存、前行，你就一定要比别人跑得快！

让自己的利益最优化——纳什均衡

关于“纳什均衡”，表面上看是你中有我、我中有你的稳定博弈，可实质上，它更深刻地告诉我们，有时占优策略关乎一生的命运。

由于姜子牙是周武王的开国功臣，为周王朝的兴起立下了不朽之功，齐国原系周室分给他之封邑。周武王将他封在营丘（山东临淄北），国号齐。这里是薄姑之民的故地，存在一股巨大的抗周势力。武王让他在这里镇抚薄姑之民，其封疆东至海滨，西至黄河，南至穆陵（山东沂水县北），北至无棣（山东无棣）。齐也是周王室控制东夷的重要力量，同时周王还授予他征伐违抗王室的侯伯的权力。

春秋末年，霸主局面近于尾声，中国逐渐进入一个新的时期，即七雄竞争的战国时代。本来春秋初年的大小诸侯国有一百数十个，后经不断兼并，小国渐被消灭。战国初期，大小国家只余下二十来个，其中又以韩、赵、魏、楚、燕、齐、秦最为强大，号称“战国七雄”。燕、楚、秦是春秋旧国，韩、赵、魏则由瓜分晋国而形成，而这时的齐国，姜氏之国亦大权旁落，渐为卿大夫田氏所控。

春秋初年，陈国发生内乱。公子完奔齐，被任命为工正，这是陈（田）氏立足于齐的开始。在相当长的时间内，田氏与公室关系非常密切。后来，由于齐国奴隶和平民反对奴隶主、公室的斗争广泛开展，旧制度的崩溃和公室的灭亡已成必然的趋势。田氏适应形势的发展，走向背离公室的道路。代表新兴势力的田氏家族，采用施恩授惠的手段，与“公室”展开了争夺民众的斗争。可是，齐国的旧势力并不甘心退出历史舞台，以田氏为首的新兴势力不得不以暴力手段对旧势力展开了猛烈的进攻，于是出现了三次大规模的武装斗争。

公元前545年，田氏曾孙联合鲍氏以及大族栾氏、高氏合力在齐灭了当国的庆氏，后田氏、鲍氏又共灭栾、高二氏。田桓子继而讨好公族与国人，通过一系列的福禄措施，得到了所有人的支持。

等到齐景公时，公室日益腐化，剥削日益严重了。田桓子之子田僖子，采取了一些争取民心的有效措施。他用大斗借出，小斗回收，于是“齐之民归之如流水”，增强了田氏的势力。他与齐旧贵族国惠子、高昭子产生了严重的矛盾。国、高二氏当权，田氏在表面上尽职于齐国公族，“伪事高、国者”，暗地里却组织力量，准备推翻国、高二氏。公元前489年，齐景公死，田氏发动政变掌握了齐国政权。

同时，田氏还采取了一些利民政策，使民心归附田氏，而重敛于民的“公室”却逐渐被抽空了。

田乞死后，其子田恒（田常）代立为齐相，是为田成子。田成子继续采用田僖子所制定的政策，用大斗出、小斗进的办法大力争取民众。田氏暗地里实行笼络百姓的办法，取得了极好的效果。当时流传的民谣唱道：“妪乎采芑，归乎田成子。”田氏的这种做法，如果只是赢得民心，但是没有一定的政治和军事实力的话，最终也只能是竹篮打水一场空。所以，这种大斗出、小斗进的补贴平民的办法，是在拼家底，用自己的老本来积攒政治资源，这种做法，是一种带有很大投机性的赌博。

公元前481年，田成子发动武装政变，在民众的支持下，以武力战胜了齐简公的亲信监止，监止、齐简公出逃，后被杀死。此后，田氏成了齐国实际上的国君。

故事中，田氏与齐国国君的博弈，就是纳什均衡的一种表现。田氏正是采用了牢牢把握住优势的策略，最终赢得了齐国天下。

当然，我们要保持占优策略均衡是不容易的，这需要耐心的分析。既要关注博弈的另一方，又要关注周围的大环境。如果仅仅是一次简单的对弈，输赢自然无所谓，但有时候一次选择，则可能关乎你一生的命运。如果此时不保持占优均衡，那么将可能一败涂地，从此后再没机会在人生乃至社会舞台上博弈了。

这种选择只许成功，不许失败，就像是一次必须要赢的赌博。因为赌博的本钱可能是你生命中的所有家底，输了可能要倾家荡产。

有一种策略叫做“借”——智猪博弈

在一个股份公司中，股东都承担着监督经理的职能，但是大小股东从监督中获得的收益大小不一样。在监督成本相同的情况下，大股东从监督中获得的收益明显大于小股东。因此，小股东往往不会像大股东那样去监督经理人员，而大股东也明确无误地知道不监督是小股东的优势策略，知道小股东要搭大股东的便车，但是他们别无选择。大股东选择监督经理的责任、独自承担监督成本，是在小股东占优选择的前提下必须选择的最优策略。

上面讲的，就是一种智猪博弈。它是一个不同期望值之间的博弈，如果所有各方的期望值都相同，那么就会陷入谁都无法实现期望的僵局；如果有一方的期望值低于另一方的期望值，且这种期望值也容易实现，那么另一方就大可做那只坐享其成的“智猪”。在这个博弈的过程中，小的一方就相当于“小猪”，大的一方就相当于“大猪”。

事实上，在这个博弈过程中，那些客观事实都为那些“小猪”提供了一个十分有用的成长方式，也可以说是“借”。

清政府的官场中历来是要靠后台的。军机大臣左宗棠从来不给人写推荐信，他说：“一个人只要有本事，自会有人用他。”他有个知己好友的儿子，名叫黄兰阶，在福建候补知县多年也没候到实缺。黄兰阶想到父亲生前与左宗棠很要好，就跑来找其为自己写推荐信给福建总督。不料，左宗棠没给写就把自己打发走了。

黄兰阶又气又恨，便闲踱到琉璃厂看书画散心。忽然，他见一个小店老板学写左宗棠的字十分逼真，于是想出一个妙计。他让店主写柄扇子，落了款，得意地回了福州。

参见总督的时候，黄兰阶手摇纸扇，径直走到总督堂上。总督见了很奇怪，问：“外面很热吗？都立秋了，老兄还拿扇子摇个不停。”

黄兰阶得意地把扇子一晃：“不瞒大帅说，外边天气并不太热，只是这柄扇是我此次进京，左宗棠大人亲送的，所以舍不得放手。”说完还故意将扇面上的题字呈给总督看。

总督吃了一惊，心想：我以为这姓黄的没有后台，所以候补几年也没任命他实缺，不想他却有这么个大后台。左宗棠天天跟皇上见面，他若恨我，只消在皇上面前说个一句半句，我可就吃不住了。看那题字，确系左宗棠笔迹，一点不差。总督闷闷不乐地回到后堂，找到师爷商议此事，第二天就让黄兰阶做了知县。

黄兰阶不几年就升到四品道台。一次总督进京，见了左宗棠，讨好地说：“您的门生黄兰阶，如今在敝省当了道台了。当真是少年才俊，前途不可限量啊！”

左宗棠笑道：“是嘛！那次他来找我，我就对他说：‘只要有本事，自有识货人。’老兄就很识人才嘛！”左宗棠万万没有想到自己早已成了黄某人的靠山，助他攀上高枝，直上青云。

黄兰阶能够官拜道台，是以左宗棠这个“超大猪”为背景的，这一招实在是高。当然，欺世盗名，瞒天过海，并非我们所鼓励的，但黄兰阶这只“小猪”借助外界力量为己所用的博弈策略却值得我们学习。

从积极的角度看，借“大猪”之力快速成长并不卑鄙，相反，还是一种难能可贵的博弈智慧。“大猪”的引荐和提拔往往就是强有力的敲门砖，能够为自己赢得更多的机会和广阔的舞台，充分地释放自己的才华，做到“怀才有遇”，从而为自己进一步实现人生价值奠定基础。

生活中，我们随时都会与人展开一场博弈。为了应对这些不期而至的博弈，与其凭借自己单薄的力量一条路走到黑，不如借那些“大猪”的光彩与热量，为我们打开一条平坦的通道。这既可减少痛苦摸索的时间，也将大大减轻碰壁带来的创伤。可供“小猪”借助的力量很多，譬如，名人的效应、媒体的力量甚至对手的力量等。

找出隐匿信息，摆脱逆向选择旋涡——信息博弈

在这个飞速发展的信息时代，无论怎样强调信息对于博弈的重要性应该都不为过。现实的博弈中，除去信息因素，大家赢的机会均等，而此时，谁能提前抓住有利的信息，谁就能稳操胜券。这就是经典的信息博弈理论。

事实上，很多时候我们都会产生一种“不识庐山真面目，只缘身在此山中”的尴尬。就是说某一方所知道的信息并不为对方所知晓的情况，于是就产生了信息不对称。而信息不对称所造成的逆向选择，又使我们失去了很多本来属于我们的东西。所以，要想摆脱逆向选择的困境，我们必须最大限度地挖掘隐匿信息，做到知己知彼。

A集团公司的业务蒸蒸日上，但是最近老总却陷入烦恼中。公司准备投资一项新的业务，已经通过论证准备上马了，但是几位高层在事业部总经理的人选上产生了很大的分歧。一派认为应该选择公司内部的得力干将小王，而另一派主张选用从外部招聘的熟悉该业务的小李，大家各执己见，谁也不能说服对方，最后还是需要老总来拍板。那么，究竟哪一种选择更好呢？

就经验而言，小王显然要丰富得多，小李到此工作属于空降，而小王更具有本土优势，对业务也十分熟悉，但人事这一块，应该还是外聘较好吧。因为老总觉得自己公司活力不足，应该填充些新鲜血液。最终老总拍板，决定用外聘的小李。小李开始正式走马上任。小李的优势很明显，美国著名高校的MBA，完全的洋式经营理念。而小王不过中专毕业，是从底层一步步熬上来的。老总对小李寄予厚望，小李也很努力，开始认真地对公司的人力资源进行诊断，并煞有介事地挑出了一堆毛病。老总一看，心里开始担忧，这些毛病要整改完成，自己公司将会垮掉！时间一久，小李只知道挑毛病，却没有对公司进行任何实际操作，弄得公司人人自危，怨声载道。老总一看，这样不行，于是迫不得已又把小李辞退了，而此时的小王却因为没有得到老板的重视，已经跳槽去别的单位了。A集团花费了大量的时间、精力和金钱，最终不但没有给公司带来效益，反而使公司发生了危机。

A集团所碰到的就是典型的逆向选择。正是因为彼此的信息是不对称的，老板不知道小李的实际操作能力，只看到了小李的海外镀金背景，结果弄得自己很狼狈。要解决这种逆向选择问题，其实老板应该给小王和小李每人一段试用期，在试用期内了解他们的隐匿信息，也即实际的工作能力，从而判断谁更适合总经理的职位。

在当今社会上，谁掌握了隐匿信息，谁就掌握了整个世界。如果信息闭塞，那么你就会陷入逆向选择的困境。

例如，你用很少的钱买了一箱银元，你觉得自己占了便宜，那么此箱银元是真是假的判断就至关重要。一旦是赝品，哪怕它被铸造得再逼真，你也彻底赔掉了。在信息不对称的情况下，也就是大家对银元都不知道真假，都没有判断银元真假的技术的情况下，这箱银元便会在市场上流通。如果你碰见一个技术高手或者碰见一个检察机关的工作人员，那么你就可能赔了夫人又折兵。这就是因为你对交易信息没有全面而深刻的把握和了解，没有找出它的隐匿信息。

所以，隐匿信息在逆向选择中起着关键作用。如果你能及时掌握全面的信息，就能防止逆向选择的发生。即使在逆向选择表现得最为突出的保险领域，信息的优势，一样可以尽量避免逆向选择。如果你事先了解了投保人的情况，知道他之所以投保是因为出事的概率比较大，你就可以要求他增加保费或加上其他的附加条款以减少自己的损失。而找出这些隐匿信息的途径只有一个——实地调查。

必要时候，需要与狼共舞——猎鹿博弈

在生物漫长的进化历程中，人类也与其他生物一样，接受着自然的选择。从远古人的合作狩猎，到现代人的共同灾后重建，无一不体现着合作的强大力量。

要知道，我们每个人的能力都是非常有限的，尤其在这个充满竞争的时代，独立生存有时往往会很艰难。因此，最能有效地运用合作法则的人生存得最久，这也是猎鹿博弈所要告诉我们的道理。

西方有句古谚说："狮子和老虎结了亲，满山的猴子都精神。"意思是说：与强者建立互利的伙伴关系会产生焕然一新的景象。这句话在博弈中同样成立，但在博弈论中，强强联合更多的是出于策略的思考，即通过大家的共同推动，实现共赢的结局。

金龙鱼是嘉里粮油旗下的著名食用油品牌，最先将小包装食用油引入中国市场。多年来，金龙鱼一直致力于改变国人的食用油健康条件，并进一步研发了更健康、营养的二代调和油和 AE 色拉油。

苏泊尔是一家以炊具制造为主，多元发展的企业集团。多年来，苏泊尔在不断加大科技投入的同时，加大了资本运作的力度，先后在玉环、杭州、武汉和东莞等地建有四个生产基地。

苏泊尔是中国炊具第一品牌，金龙鱼是中国食用油第一品牌，两者都倡导新的健康烹调观念。如果两者结合在一起，岂不是能将"健康"做得更大？

就这样，两家企业策划了苏泊尔和金龙鱼两个行业领导品牌"好油好锅，引领健康食尚"的联合推广，在全国 800 家卖场掀起了一场红色风暴……

"好油好锅，引领健康食尚"活动在全国 36 个城市同步举行。活动期间（2003 年 12 月 25 日 ~ 2004 年 1 月 25 日），顾客凡是购买一瓶金龙鱼二代调和油或色拉油，即可领取红运双联刮卡一张，刮开即有机会赢得新年大奖，包括丰富多样的苏泊尔高档套锅（价值 600 元）、小巧动人的苏泊尔 14 厘米奶锅、一见倾心的苏泊尔"一口煎"。同时，凭红运双联刮卡购买 108 元以下的苏泊尔炊具，可折抵现金 5 元；购买 108 元以上的苏泊尔炊具，还可获赠 900ml 金龙鱼第二代调和油一瓶。同时，苏泊尔和金龙鱼还联合开发了"新健康食谱"，编纂成册送给大家，并举办健康烹调讲座，告诉大家怎样选择健康的油和锅。

活动正值春节前后，人们买油买锅的欲望高涨。此次活动，不仅给消费者更多让利，让购物更开心，更重要的是，教给了消费者健康知识，帮助消费者明确了选择标准。通过优质的产品和健康的理念，提升了国人的健康生活素质。所以这一活动一经推出，立刻获得了广大消费者的欢迎。不仅苏泊尔锅、金龙鱼油的销售大幅上涨，而且其健康品牌的形象也深入人心。

可以看出，这次合作苏泊尔、金龙鱼在成本降低的同时，品牌和市场都得到了进一步的提升：金龙鱼扩大了自己的市场份额，品牌美誉度得到进一步加强；苏泊尔进一步强化了中国厨具第一品牌的市场地位。这正是强强联合带来的双赢局面。

不仅在经营领域，在生活的各个方面，与狼共舞式的强强联合，都要远远胜于在羊群里独领风骚。如果你想在生活事业上取得成功，实现于人于己都有利的共赢结局，就必须学会与狼共舞。

当然，与狼共舞并不是一件容易的事，需要你找准与他们的利益交汇点。若无利可图，谁也不会和你合作。合作的本质就是在公平的基础上达到互惠互利。

找对众人心，成功就得鹤立鸡群——酒吧博弈

据《史记·货殖列传》记载："战国初，魏文侯任用李悝为相国，厉行改革，加强统治。"他实行保护农民利益和发展农业的"平籴"法。所谓"平籴"，就是国家在丰收年用平价买

进粮食，到荒年时以平价卖出，使粮价保持稳定。这样，就促进了封建政治和经济的发展，使魏国成为战国初期的强国之一。

李悝的经济改革，尤其是所实行的“平籴”法，使一个名叫白圭的商人受到启发。经过反复思考，他想出了一种适应时节变化的经商致富的办法，这就是“反向行之”。

这个办法说起来也很简单，找出大家都在做的事，然后做与他们相反的事。

按照这个办法，在丰收季节，农民收的粮食很多，大家都不要，价钱也就便宜下来，他就大量买入粮食。这时，粮价虽然很低，但蚕丝、漆等因不是收丝或割漆的季节，没有大量上市，价钱自然很高，他赶紧把这些货物卖出去。

到了收丝时节，蚕丝大量上市，价钱便宜下来，而粮价却高了起来。这时，他就收进蚕丝，卖出粮食。就在这买进卖出之间，牟利致富。

我国古人虽然没有明确提出酒吧博弈一类的名词，但其原理远在战国时期就被商人白圭很好地运用了。

酒吧博弈理论是美国经济学家阿瑟（W.B.Arthur）于1994年提出的，其理论模型是这样的：

假设一个小镇上总共有100人很喜欢泡酒吧，每个周末均要去酒吧活动或是待在家里。这个小镇上只有一间酒吧，能容纳60人。并不是说超过60人就禁止入内，而是因为设计接待人数为60人，只有60人时酒吧的服务最好，气氛最融洽，最能让人感到舒适。第一次，100人中的大多数去了这间酒吧，导致酒吧爆满，他们没有享受到应有的乐趣。多数人抱怨还不如不去；于是第二次，人们根据上一次的经验认为，人多得受不了，决定不去了。结果呢？因为多数人决定不去，所以这次去的人很少，他们享受了一次高质量的服务。没去的人知道后又后悔了：这次应该去呀。

问题是，小镇上的人应该如何做出去还是不去的选择呢？

小镇上的人的选择有如下前提条件的限制：每一个参与者面临的信息只是以前去酒吧的人数。因此只能根据以前的历史数据归纳出此次行动的策略，没有其他的信息可以参考，他们之间也没有信息交流。

在这个博弈过程中，每个参与者都面临着一个同样的困惑，即如果多数人预测去酒吧的人数超过60，而决定不去，那么酒吧的人数反而会很少，这时候做出的预测就错了。反过来，如果多数人预测去的人数少于60，因而去了酒吧，那么去的人会很多，超过了60，此时他们的预测也错了。也就是说，一个人要做出正确的预测，必须知道其他人如何做出预测。但是在这个问题中每个人的预测所根据的信息来源是一样的，即过去的历史，而并不知道别人当下如何做出预测。

这就是著名的“酒吧博弈”。酒吧博弈的核心思想在于，如果我们在博弈中能够知晓他人的选择，然后做出与其他大多数人相反的选择，我们就能在博弈中取胜。上面的案例中的白圭商人就成功地运用了这个博弈，从而在经商中取胜。

酒吧博弈给我们的启发很大，比如我们要取得成功就要走不寻常的道路。下面的这个案例也会给我们启示。

在北京市海淀区的一条大街上，依次排列着十几家餐馆，大部分的餐馆无论是格局，还是服务给人的感觉都差不多，一样的白色墙壁，一样的四方桌，一样的菜单，一样的服务方式。但有一家小餐馆却与别家不同，不但餐馆的外墙刷了与众不同的浅绿色，而且服务也与众不同。这里的老板与员工招呼客人、点菜、报菜名，感觉完全就是说笑话、讲评书，而且每个很普通的菜都有一个很另类的“雅号”。

比如有四位客人走到门口，负责招呼客人的员工就扯起嗓子大吼：“英雄四位，雅座伺候！”点菜时，客人点两个卤兔脑壳，员工转身对厨房喊：“来两个‘帅哥’客人点‘猪拱嘴’”。到员工那里就成了“相亲相爱”。这些别致的另类菜名，让来店里吃饭的各路“英雄”莫不捧腹、喷饭！因此，客人来这里吃饭、喝酒，完全是一种超质的精神享受。

当客人们酒过三巡之后，店家免费给每桌“英雄”送一份“迟来的爱”——一盘普通的泡菜！客人酒足饭饱之后呢？还会给每桌的“英雄”们奉送几根“抠门”——牙签！

就是因为有这么多的与众不同，这家餐馆的生意一直都出奇的火爆。

在我们的生活中，很多人不论是找工作、创业，还是投资股市，都奉行见机行事，最好不要打破既有的现实和规律，反其道而行之，否则只能一败涂地。而拥有酒吧博弈智慧的人却有他们独特的深谋远虑，当其他人都争先恐后地涌上所谓的“热门行业”时，他们却反其道而行之，在冷门处寻找成功。

古人云：“与人相对而争利，天下之至难也。”

其实，所谓的冷门或热门并无严格意义的区分。今天的冷门或许明天就成了热门，而今天还风风火火的热门，说不定明天就无人问津。国人都有跟风的爱好，看到哪个行业红火便都蜂拥而上。考学如此，找工作如此，创业如此，炒股也是如此。殊不知，这样一来，竞争将更加惨烈。因此，在大家都疯狂地涌向热门行业时，我们不妨做个冷静的旁观者，悄悄向冷门处进军，往往会有意想不到的收获。

你好、我好、大家好——正和博弈

在发生矛盾和冲突时，如果人们能从对方的利益出发，能从良好的愿望出发，便能使人际交往达到互利互惠的正和博弈状态。就是说，在人际交往中，要达到利益最大化，就不能以自己的意志作为和别人交往的准则，而应该在取长补短、相互谅解中达成统一，达到双赢的效果。

夫妻之间的互利互惠，可以使彼此间的感情更亲密。

曾有一对夫妻，妻子腿脚不好，丈夫是聋哑人，在外人看来他们很不幸，但他们却生活得很幸福。譬如他们要去镇上买一些日用品，由于丈夫不会说话，当然不好交际。所以，去镇上买东西的时候，这个聋哑丈夫一定会骑着三轮车，让妻子坐上。到了要买东西的地方，妻子便坐在三轮车上谈价钱购货物。更可贵的是，他们从来没有因为某件事情而发生过争吵，为什么呢？这倒不是因为他们有多大本领，而是因为他们能互相弥补彼此之间的缺陷：妻子走路不方便，丈夫却有强健的身体；丈夫不会说话，妻子却有很好的口才。由于他们能取长补短，所以他们在一起仍生活得十分美满。

这种在交际中能互利互惠的情况，便是正和博弈。

有这样一对夫妇，他们一生都没激烈地争论过，更不用说吵架了，在生活中他们更是默契、和谐。他们有一个共同的习惯，就是每天都要煮鸡蛋吃。不过，奇怪的是妻子在煮鸡蛋时，每次都是自己先吃了蛋白，而把蛋黄留给丈夫；而丈夫每次煮鸡蛋时，便吃了蛋黄，把蛋白留给妻子。这似乎成了习惯，直到丈夫去世前，说自己想吃鸡蛋时，妻子便煮好了鸡蛋，首先剥掉了蛋白，将蛋黄给了丈夫。丈夫说，他想吃一次蛋白。妻子说，你不是喜欢吃蛋黄吗？丈夫摇摇头说，其实他并不喜欢吃蛋黄，只是看妻子爱吃蛋白，所以才每次都吃蛋黄的。这时，妻子也告诉了丈夫，其实，她本来爱吃的是蛋黄，只是因为见丈夫每次都愿意吃蛋黄，所以她才每次都吃蛋白的。

这个故事的确很美，读后让人为夫妻间的相敬如宾而动容。其实，在交际中，如果遇到与交际对象发生冲突的时候，互相之间若能为对方着想，采取一种双方合作的态度，那么，就一定能避免交际中的对抗性博弈发生。

所以，为了短期胜利，建立共同利益。为了长远成功，建立良好关系。也就是拥有博弈中的双赢思维，拥有平等、互惠的思想，采取合作的态度。这样才能使人际关系呈现“正和”状态，并向着健康的方向发展，从而收到良好的交际效果。

放下了面子，就自然走出了困局——斗鸡博弈

斗鸡场上，两只英勇好战、实力又旗鼓相当的公鸡狭路相逢。在这种情况下，每只公鸡都有两个行动选择：一个是退下来，另一个是进攻。

如果一方退下来，而对方没有退下来，对方获得胜利，这只公鸡就会很丢面子；如果对方也退下来，双方则打个平手；如果自己没退下来，而对方退下来，自己则胜利，对方则失败；如果两只公鸡都前进，则两败俱伤。

因此，对每只公鸡来说，最好的结果是，对方退下来，而自己不退，但是这种结果很难实现，而且情况并不在自己的掌握之中。

如果两只公鸡均选择“前进”，结果是两败俱伤，两者的收益是－2个单位，也就是损失为2个单位；如果一方“前进”，另外一方“后退”，前进的公鸡获得1个单位的收益，赢得了面子，而后退的公鸡获得－1的收益或损失1个单位，输掉了面子，但没有两者均“前进”受到的损失大；两者均“后退”，均输掉了面子，获得－1的收益或1个单位的损失。

由此可见，斗鸡博弈有两个纳什均衡：一方进另一方退。但是，我们无法据此预测斗鸡博弈的结果，因为无从了解谁进谁退，谁输谁赢。

这也是博弈论的一个理论模型。它描述的是两个强者在对抗冲突的时候，如何能让自己占据优势，力争得到最大收益，确保损失最小。

斗鸡博弈之所以成为僵持不下的困局，原因有二：一是实力相当，一是双方都不愿丢面子。如果其中有一只公鸡愿意不要面子退下来，找无人处勤学苦练，积蓄力量，那么它终有一日能够让自己的实力超过对手。君子报仇，十年不晚，这时的它再回到斗鸡场上，必定会令对方刮目相看。如果再进行新一轮的较量，此公鸡胜出的概率也就增大了。

这就是破解斗鸡博弈的关键。在这一困境中，只要有一方退下来，就会实现最好的结果。

问题的关键在于，现实中的人们能否做到这一点。实际情况是，很多人都没能做到。他们不明白面子只是一个小问题，丢面子不会给人带来实质性的损失，死要面子则活受罪。

有一个博士被分到一家研究所，成为学历最高的一个人。

有一天，他到单位后面的小池塘去钓鱼，正好正副所长在他的一左一右，也在钓鱼。

他只是微微点了点头，这两个本科生，有啥好聊的呢？

不一会儿，正所长放下钓竿，伸伸懒腰，噌噌噌从水面上如飞地走到对面上厕所。

博士吃惊得眼镜都快掉下来了。水上飘？不会吧？这可是一个池塘啊！

正所长上完厕所回来的时候，同样也是噌噌噌地从水上飘回来了。

怎么回事？博士生又不好意思去问，自己是博士生哪！

过了一阵，副所长也站起来，走几步，噌噌噌地飘过水面上厕所。这下子博士更是差点昏倒：不会吧，到了一个江湖高手集中的地方？

博士生也内急了。这个池塘两边有围墙，要到对面厕所得绕十分钟的路，而回单位上又太远，怎么办？

博士生不愿意问两位所长，憋了半天后，也起身往水里跨：我就不信本科生能过的水面，我博士生不能过。

只听“咚”的一声，博士生栽倒在水里。

两位所长将他拉了出来，问他为什么要下水，他问：“为什么你们可以走过去呢？”

两位所长相视一笑：“这池塘里有两排木桩子，由于这两天下雨涨水正好在水面下。我们都知道这木桩的位置，所以可以踩着桩子过去。你怎么不问一声呢？”

上面的这个例子十分经典。一个人过于爱惜面子，难免会流于迂腐。“面子”是“金玉其外，败絮其中”的虚浮表现，刻意地张扬面子，或让“面子”成为横亘在生活之路上的障碍，终有一天会吃到苦头。值得一提的是，一个人随着学识、地位等因素的改变，思想里会有越来越多的“围墙”限制自己的言行和作为。在许多限制中，固守面子难免会让我们身受其害。

这就像正在博弈的两只公鸡，都认为自己走进了一个无法突破的困局，这困局是因为面子问题才得以成立。它们陷入的只是一个面子怪圈，放下了面子，就自然走出了困局。

先撤退：一个了不起的战略——蜈蚣博弈

蜈蚣博弈充分显示出了经济学家的形象思维和浪漫风格，其具体方法如下：

蜈蚣博弈的原型为：A、B 两个人，可以采取“合作”或者“背叛”两种策略，选择“背叛”就不能继续博弈了。假如要博弈 100 场的话，那么 A、B 两人的收益情况如下图所示：

—代表合作　　| 代表背叛

A — B — A — B — A — …… B — A — B — A — B —(100，100)

|　|　|　|　|　　|　|　|　|　|

(1，1) (0，3) (2，2) (1，4) (3，3)　(96，99) (98，98) (97，100) (99，99) (98，101)

由于这一图形看起来就像一条蜈蚣，所以此博弈模型被称为“蜈蚣博弈”。在上述蜈蚣博弈中，如果 A、B 两人都一直采用合作的策略，那么结果两个人的收益都是 100，这无疑是一个让人满意的结果。但问题是，对于 B 来讲，还存在着比“一直合作”更优的策略，那就是在最后一步选择背叛，这样他就可以得到 101 的收益了。而对这一点，A、B 两人心里都很清楚，所以，A 因为知道 B 会在最后一步博弈，所以在倒数第二步就选择了背叛；B 知道 A 会在倒数第二步背叛，于是在倒数第三步背叛……这样倒推下去，结果必定是 A 在第一步就选择背叛，A、B 两人的收益为（1，1）。

这个结果让人感到沮丧和遗憾，本来两人有希望得到（100，100）的收益，可最终的结果却是（1，1）。这个结果违反了人的直觉，与原本的期望值相差甚远。所以，此博弈也被称为“蜈蚣博弈悖论”。

在蜈蚣博弈中，参与者从开始的选择一直合作，到后来的选择一直背叛，经历了一个思维变换的过程，虽然在博弈模型中，这种转变带来了消极后果，但如果将这一方法运用到现实生活中，却可以为自己赢得意外的收获。

1930 年底，蒋介石调集十万精锐部队，兵分八路，对中央苏区进行大规模的军事“围剿”，企图在苏区将红军主力彻底消灭。形势对苏区红军极其不利。许多同志请示即使豁出性命也要和敌人拼个你死我活。

毛泽东认真分析了形势，敌人兵力十倍于我们，武器装备明显优于红军，和敌人展开面对面的强攻，必然凶多吉少。在这万分危急的时刻，他提出了诱敌深入的战略战策。

诱敌，就是大踏步地撤退。对此，很多同志想不通，毛泽东反复给大家讲“将欲取之，必先予之”的道理。于是红军主动撤退，而且一退就是近 200 里，来到了江西省宁都县的黄陂、小布地区。同时发动群众，坚壁清野，将猪、牛、羊赶上山，将粮食深埋在地下，组织当地的游击队和赤卫军支援红军。红军主力则在附近丛林中以逸待劳、养精蓄锐，随时准备痛击来犯之敌。

由于红军的主动撤退，给敌人造成了一种假象。气焰非常嚣张的敌十八师师长张辉瓒急于抢功，盲目冒险，率领一万余人占领龙冈。龙冈重峦叠嶂，群山环绕，中间是一个狭长的山谷。张辉瓒师就驻扎在谷底。10 月 30 日，天降大雾，能见度非常低，红军从四面山上猛冲而下，敌军在浓雾中四处摸索，无路可走。这一战歼敌一万余人，活捉了敌师长张辉瓒，粉碎了蒋介石的第一次围剿。毛泽东在《渔家傲·反第一次大围剿》中写道：“万木霜天红烂漫，天兵怒气冲霄汉，雾满龙冈千嶂暗，齐声唤，前头捉了张辉瓒。”这是这一次反围剿胜利的真实写照。

任何事物都是不断变化的，因此在观察事物时不能死守一隅，不能一条道走到黑。黄河尚有九曲十八弯，为了达到目的，直走无路时不妨绕个弯，前进不得时也可暂退一步；对于那些无条件、无力量解决的问题，不妨学会切换思维频道，换个方式进行思考。

逐步解决问题是最有威力的博弈武器——稻草原理

往一匹健壮的骆驼身上放一根稻草，骆驼毫无反应；再添加一根稻草，骆驼还是丝毫没感觉……一直往骆驼身上加稻草，当最后一根轻飘飘的稻草放到了它身上后，骆驼最终会不堪重负瘫倒在地。在社会学里，有人把这种现象的原理称为“稻草原理”。稻草原理在我们生活中具有很大的指导意义，我们来看下面一个故事：

流浪汉手里拿着一块石头，敲开了一户富人的门，请求女主人借锅给他用一下，因为他想煮“石头汤”喝。女主人无法拒绝这样简单的要求，而且也很想见识一下这种从未听说过的奇怪的石头汤。于是，在女主人家的灶火上，流浪汉开始煮石头汤。当锅里的水烧开以后，流浪汉又请求女主人再给他一点点盐。这样简单的请求，女主人无法拒绝。之后，流浪汉用汤勺把汤放到嘴里尝了一下，似乎很满意，但又有些美中不足。他又请求女主人给这个汤加“少许”胡椒粉，因为这会影响汤的味道……最后，流浪汉再一次请求女主人给这个汤加一点“微不足道”的肉末，“这会使神奇的石头汤的味道更加鲜美”。汤煮好了，流浪汉把锅里的石头捞出来丢到一旁，而后邀请女主人和他一起享用锅里的肉汤。

这个故事告诉我们，如果逐个提出要求，可以实现被要求者本来不想答应的目的。这里面的“逐个”，既可以理解为进程的一个个步骤，也可以理解为与逐个对手进行博弈。流浪汉很好地运用了稻草原理，逐步逼近，步步为营，最终达到了目的。

我们再来看下面的案例：

在大多数的出租车车队里，出租车经常是由调度员派给司机的。车队里当然既有好车，也有年久失修的“坏”车。调度员可以利用他的调度权向每个司机收取一点贿赂。谁若是拒绝行贿，就一定会得到一部不好用的车，而那些对调度员进行贿赂的司机往往能够分到好车，然后凭借这辆好车多赚钱。

这么一来，调度员的腰包鼓了起来，但是整个司机群体面对的其实还是同样的汽车。假如司机们联合起来，也许可以结束这种被迫行贿的日子，但这几乎是不可能的，因为车队中总会存在一些不肯合作的人。问题的关键不是调度员能从行贿者那里得到多少好处，而是他可以惩罚那些不肯行贿的人。

调度员取得“成功”的关键在于：他没有将车队所有司机这一整体设定为博弈对手。而是逐个面对每个单个的司机来进行博弈，司机们无法实现合作，便只能被动地任由“潜规则”摆布。

这个故事告诉我们：如果博弈的一方尝试逐个地解决问题，对于对手具有相当大的危险性。

在现实生活中，此种情况普遍存在。很显然，对于个人来说，应该竭力避免让自己成为被动者。如果对方尝试着以逐个或逐级攻克的方式向你提出某种不合理的要求，你必须在他的要求到达“临界点”之前表示拒绝。这样你才不会像那个女主人一样，被一个要“煮石头汤”的乞丐牵着鼻子走。

时刻保持对风险的“痛觉”——思维博弈

北极的因纽特人利用当地的气候条件，发明了一种独特的捕狼方法：

方法其实很简单，就是在冰原上凿一个坑，把一把尖刀的刀柄放进去并略做固定，往刀子上洒上一些鲜血，然后用冰雪把刀子埋好。不一会儿，寒冷的天气就把小雪堆冻成了一个冰疙瘩。最后，他们再往冰堆上洒一点血，就大功告成功了，剩下要做的只是到时候来收获猎物。

在冰原上四处觅食的饿狼闻到血腥味后，就会来到这个冰疙瘩前，它以为里面会有一只受伤倒毙的小动物。狼于是开始用自己的舌头舔冰堆上的血迹，并希望将冰堆舔开，以美餐埋在里面的食物。不多会儿，它就舔到了刀尖。但这时，它的舌头因为舔了半天的冰块，已经被冻得麻木了，没有了痛觉，只有嗅觉在告诉它：血腥味越来越浓，美味的食物已经马上就要到口了。

于是，饥饿的狼继续用舌头在刀尖上舔来舔去。它自己的血越流越多，血腥味又刺激着它更加卖力地舔下去……最终，失血过多的狼倒在冰雪地里，成为因纽特人的美食！

对善良的人来说，这是个残忍的故事，狡猾而残忍的人，可怜而愚蠢的狼。在这场狼与人的博弈中，人用了一点点计谋就让狼丧失了对风险的警惕性，从而“乖乖”躺在了地上。这就提醒我们，在博弈的过程中，要时刻保持对风险的“痛觉”，莫做刀口舔血的狼。

曾有人说，生存本身就是一种风险。在我们生活的世界里，风险就像空气般充斥在我们的周围；街道、家里、办公场所，时时刻刻都隐藏着许多我们无法预知的风险。每一场风险的应对都是我们与他人展开的一场博弈，但更是我们与自身的风险意识的博弈。

譬如，有一则广告上说：你汇款 10 块钱，就能得到赚 1000 块钱的最佳方式。一位读者按地址汇去了钱，他得到一封回信，信中只有一句话：找 100 个像你这样的傻瓜。

再如，一位民工模样的人在街上拦住你，说他挖到了古物而无法出手，以低廉的价格卖给你，你一倒手就能赚多少……你心中暗喜，以为发财的希望就在眼前。可知道真相后才懊悔，他既然能挖到古物，想必他的文物知识比你丰富多了，他无法高价出手，你就能吗？

有时还会碰到有人拿着花花绿绿的外币在银行门口等着你，说急需用钱，便宜些，同你换些人民币——你都不知道那些钱是哪个国家的货币，他能换进来，就换不出去吗，非得找你？

全国各地都在摸彩票，有人就出了关于如何摸彩票中大奖的书——摸彩票完全是赌运气，作者要是发现了规律，还舍得教你？他摸彩票拿大奖不比写书容易？这种例子真是举不胜举。

但就是有很多人掉进了这种显而易见的圈套，为什么？就是因为我们在与这些骗子进行博弈的时候采取了错误的策略性思维，尝到一点甜头，甚至一点甜头还没尝到就丧失了风险意识。

其实，他们的智商不见得有多高，手法也没有多先进，但他们绝对都是人性弱点的专家和好演员，他们绝对了解你的心理。

人的一生中，风险无处不在。在应对每一场风险的时候，我们都要采取正确的策略性思维，时刻保持对风险的“痛觉”，而不要被“血腥味”刺激得有进无退。要知道，“血腥味”最浓的时候，就是风险最大的时候。

第五篇

用点智慧，做一枚人际磁石

- 顾全面子，给人台阶
- 知晓方圆，精明处世
- 借力打力，坐收渔利
- 高瞻远瞩，狡兔三窟

第一章
顾全面子，给人台阶

不要让对方没面子，否则你会更没面子

俗话说：“人有脸，树有皮。”此话道出了人性的一大特点：爱面子。

可是我们不能只爱自己的面子，而不给他人面子。每个人都有一道最后的心理防线。一旦我们不给他人退路，不让他人走下台阶，他只好使出最后的一招——自卫。因此，当我们遇事待人时，应谨记一条原则：别让人下不了台。

保留他人的面子，这是一个何等重要的问题！而我们却很少会考虑到这个问题。我们常喜欢摆架子、我行我素、挑剔、恫吓，在众人面前指责孩子或雇员，而没有多考虑几分钟，讲几句关心的话，为他人设身处地地想一下，所以才造成许多不愉快的场面。

刘明谈到了发生在他们公司的一段插曲：

有一次开生产会议的时候，副总裁提出了一个尖锐的问题，是有关生产过程中的管理问题。由于他气势汹汹，矛头指向生产部总督，一副准备挑错的样子。为了使自己不在同事面前出丑，生产部总督对问题避而不答。这使副总裁更为恼火，直骂生产总督是个骗子。

再好的工作关系，都会因这样的火爆场面而毁坏。凭良心说，那位总督是个很好的雇员。但从那天开始，他再也不能留在公司里了。几个月后，他转到了另一家公司，据说表现很不错。

的确，在社会中，“面子”是一件很重要的事。为了“面子”，小则翻脸，大则会闹出人命！

如果你是个对“面子”无所谓的人，那么你必定不受欢迎。如果你是个只顾自己面子，却不顾别人面子的人，那么你必定有一天会吃暗亏。

中国人很奇妙，可以吃闷亏，也可以吃明亏，但就是不能吃“没有面子”的亏。要在人性丛林里求生存，必须了解到这一点。这也就是很多老于世故的人不轻易在公开场合说一句批评别人的话的原因。宁可高帽子一顶顶地送，既保住了别人的面子，别人也会如法炮制，给你面子，彼此心照不宣，尽兴而散。这种情形在官场上尤其常见。

年轻人常犯的毛病是，自以为有见解，自以为有口才，逮到机会就大发宏论，把别人批评得脸一阵红一阵白，他自己则大呼痛快。其实这种举动正是在为自己的祸端铺路，总有一天会吃到苦头的。

事实上，给人面子并不难，也无关乎道德。大家都是在人性丛林里谋生，预留些退路，

给人面子其实就是一种互助。尤其是一些无关紧要的事，你更要会给人面子。至于重大的事，就可以考虑不给了。你不给，对方也不敢对你有意见！他若强要面子，就有可能在最后失去面子！因此，做人最明智不过如此，为自己预留些分寸，也为他人留点面子，自己未来的路将会更顺利，更好走一些。

诙谐地说“不”，让被拒绝的人有面子

当你不得不拒绝别人时，也要讲究礼貌，让被拒绝的人有面子。人都是有自尊心的。一个人有求于别人时，往往都带着惴惴不安的心理，如果一开口就说“不行”，势必会伤害对方的自尊心，引起对方强烈的反感。而如果话语中让他感觉到“不”的意思，从而委婉地拒绝对方，就能够收到良好的效果。所以掌握好说“不”的分寸和技巧，就显得很有必要。

有人认为受人请托，倘若拒绝，面子上过不去，若不拒绝又实在无能为力。如此一来，只好勉强答应，结果发生后悔的情形就相当常见了。

事实上，那些顾于面子不敢说“不”的人，其实是自己意志不坚。他们通常认为断然拒绝对方的请求未免显得太过无情，而若是在答应后方觉不妥，且又力不从心难以履行诺言时，再改变心意拒绝对方，显然已经太迟。因为，等无法做到允诺的事情，再提出拒绝，给人的印象更糟。甚至需要付出相当的代价去弥补缺失或兑现承诺。如果这件事只限于个人的烦恼，还称得上不幸中的大幸，而如果因为拒绝产生怨恨甚至敌视，演变成双方人际关系上的对立与冲突，岂不更得不偿失？

在与人交往的过程中，我们经常会遇到很多自己不愿意做的事。这时，只要我们轻易地说出一个“不”字，也许就能轻松、坦然了。但有些人就感觉这个“不”一字千金，憋足了劲也说不出口。结果苦了自己，也苦了别人。所以，该说“不”时，我们要毫不犹豫、斩钉截铁地说“不”。

敢于说“不”的人，是果断的人，做事情不会拖泥带水、犹豫不决；敢于说“不”的人，是有主见、有魄力的人。当然随意说“不”的人也可能是轻率而怕负责任的人。我们需要的是在慎重考虑以后，权衡利弊以后的断然否决。敢于说“不”是需要勇气的，很多不敢说“不”的人往往缺乏勇气，顾虑太多。敢于说“不”能给自己树立一个硬朗的形象，这是一种人格魅力。

美国总统富兰克林·罗斯福在就任总统之前，曾在海军部担任要职。有一次，他的一位好朋友向他打听海军在加勒比海一个小岛上建立潜艇基地的计划。罗斯福神秘地向四周看了看，压低声音问道：“你能保密吗？”“当然能。”“那么，”罗斯福微笑地看着他，“我也能。”他的朋友明白了罗斯福的意思，就不再打听了。

敢于说“不”是对自己的负责，也是对别人的负责。应该说“不”的不外乎两种情况：一种是对无理的要求，另一种是对自己无能为力的要求。对于无理的要求，当然应该断然拒绝，否则可能既害自己又害别人。面对一个输红了眼，要你从银行挪用10万元的赌徒，如果你抱着侥幸心理再加上同情心和哥们义气，满足他的要求，结果必然是一同被绳之以法。对于自己无能为力的要求，也应该婉言拒绝。否则，会给自己的生活带来麻烦，而且因为最终满足不了别人的要求，不光影响自己的信誉，也可能让人产生误解。有时，说“不”利己也利人。

很多人担心的就是由于人情关系、利害关系，而很难开口说个“不”字。这时候，你可以采用婉拒。

要拒绝、制止或反对对方的某些要求、行为时，你可以利用某个人的原因作为借口，避免与对方直接对立。比如：“今晚打几圈麻将吧！”“下班后一起到××餐厅喝一杯吧！”当你面对这些请求时，该如何拒绝呢？

在这种情况下，我们可以用亲人作为“挡箭牌”，你可以这样说：“抱歉，母亲在等我回家呢！”“说实在的，我妻子……”“小孩今天身体不舒服，我得赶回去……”这样，别人就不好强求了。

还可以以工作或功课为理由来拒绝对方。有位朋友，如果有人对他说："今晚去喝一杯吧！"他总是回答："今晚我必须到 ×× 教师家学习外语……"

还有位司机常有同事邀请他一同参加他们的聚会，由于这位司机不太习惯那种场合，总是尽力推辞。从他的工作性质来说，每天很忙，所以也往往以此为理由，对他们说："我明天要早起出车，今晚必须早点休息。"就这样轻易地将聚会推辞了。

用拖延来表示拒绝，也是一种方法。比如你不想去参加某人的宴会，可以对他说："谢谢，下次我有空一定去，可今晚我不去了。"表面上并没有拒绝对方的邀请，只是改个日期而已，但这个"下次"是没期限的，聪明人一听就知道这是一种委婉的拒绝。当然，这比"没空，不去！"更容易让对方接受。

对一般人说"不"，就已经很难了。如果对朋友说"不"，就更是难上加难。这主要是因为碍于情面，怕伤了情分。找一个看似合情合理的借口，让朋友觉得遭到拒绝是必然的，并非有意。比如有朋友向你借钱，你可以把责任推到太太身上。"太太管家"是一般的家庭规则，相信朋友也不好再开口了。

诙谐对待他人的错，也是在让自己过得去

不知道你是否发现，大度诙谐更多时候比横眉冷对更有助于问题的解决。对他人的小过以诙谐的方法对待，实际上就是一种糊涂处世的态度。

20 世纪 50 年代，台湾的许多商人都知道于右任是著名的书法家，于是他们纷纷在自己的公司、店铺、饭店门口挂起了署名于右任的招牌，以示招徕。其中确为于右任所题的极少，半真半假的居多，完全假的也时有所见。

一天，于右任的一个学生急匆匆地来见老师，说："老师，我今天中午去一家平时常去的羊肉泡馍馆吃饭，想不到他们居然也挂起了以您的名义题写的招牌。青天白日，明目张胆地欺世盗名，您老说可气不可气！"正在练习书法的于右任"哦"了一声，放下毛笔，然后缓缓地问："他们这块招牌上的字写得好不好？"

"好个啥子哟！"学生叫苦道，"也不知道他们在哪儿找了个书生写的，字写得歪歪斜斜，难看死了。下面还签上老师您的大名，连我看着都觉得害臊！"

"这可不行！"于右任沉思道。

"我去把那幅字摘下来！"学生说完，转身要走，但被于右任喊住了。

"慢着，你等等。"

于右任顺手从书案旁拿过一张宣纸，拎起毛笔，刷刷刷在纸上写下些什么，然后交给恭候在一旁的学生，说："你去把这幅字交给店老板。"

学生接过宣纸一看，不由得呆住了。只见纸上写着笔墨流畅、龙飞凤舞的几个大字，"羊肉泡馍馆"，落款处则是"于右任题"几个小字，并盖了一方私章。整个书法，可称漂亮之至。

"老师，您这……"此学生大惑不解。

"哈哈！"于右任抚着长髯笑道，"你刚才不是说，那块假招牌的字实在是惨不忍睹吗？我不能砸了自己的招牌，坏了自己的名声！所以，帮忙帮到底，还是麻烦你跑一趟，把那块假的给换下来，如何？"

"啊，我明白了，学生遵命。"转怒为喜的学生拿着于右任的题字匆匆去了。这样，这家羊肉泡馍馆的店主竟以一块假招牌换来了大书法家于右任的真墨宝，喜出望外之余，未免有惭愧之意。

面对矛盾，一般最直接的做法就是用强去争，争来争去，互不相让，结果就不那么妙了。实际上，在聪明人看来，低头不单是缓和矛盾，也能化解矛盾，强争只有在极端的情况下才能解决矛盾，而在多数情况下只能是激化矛盾。在很多事情上，糊涂一点，包容一些，不但自己过得去，别人也会过得去。产生矛盾的基础不复存在了，矛盾自然就化解了。彼此能够

相安，岂不更好？

人生苦短，生活更是不容易。我们在争取拥有的同时，也要懂得适时糊涂，适当地包容。有时候看似糊涂的做法，诙谐对待他人的错，不仅是让别人过得去，往往也是在让自己过得去。

给批评裹件“糖衣”，让他在甜蜜中改过

批评别人，直话直说容易激起别人的愤恨，而且他们往往不会被你的直言直语所打动。我们都清楚，小孩子吃药片时，加点糖水一起送入口中，他们便会欣然服用。批评别人亦是同理。你若能给自己的语言裹上一层“糖衣”，别人将会在享受你的甜蜜的过程中，更容易改过。

晏子是齐国的一位善谏的大臣。他死了17年后，齐景公有一次请大夫们喝酒。景公射箭射到了靶子外面，满屋子的人却众口一词地称赞他。他听后变了脸色，并叹了一口气，把弓丢在一旁。

这时，弦章进来了。景公说：“弦章，自从我失去晏子到现在已经有17年了，从来没有听到别人对我的过失的批评。今天我射箭射到了靶子外，他们却众口一词赞美我。”

弦章说：“这是那些大臣不好。他们本身素质不高，所以看不到国君哪些地方不好；他们勇气不够，所以不敢冒犯国君的尊严。但是，您应该注意一点，我听说：‘国君喜欢的衣服，那么大臣就会拿来替他穿上；国君喜欢的食物，大臣就会送给他吃。’像尺蠖这种虫子，吃了黄颜色的东西，它的身体就要变黄。吃了绿颜色的东西，它的身体就要变绿。作为国君，大概总会有人说奉承话吧！”

弦章的话在景公听来颇有道理，明白了奉承者不过是投自己所好。如果自己对奉承话深恶痛绝的话，就很少会有人来自讨苦吃了。弦章虽未直接批评景公喜欢听奉承话，才造成如此局面，但景公已深刻领悟到了这一点，事实上，若弦章再画蛇添足地批评景公一番，效果反而不好。

与之类似，在伏尔泰身上也发生过一个类似的例子。

伏尔泰曾有一个仆人，有些懒惰。一天，伏尔泰请他把鞋子拿过来。鞋子拿来了，但布满泥污。于是伏尔泰问道：“你早晨起来怎么不把它擦干净呢？”“用不着，先生。路上尽是泥污，两个小时以后，您的鞋子又和现在一样脏了。”

伏尔泰没有讲话，微笑着走出门去。仆人赶忙追上说：“先生慢走！钥匙呢？食厨上的钥匙，我还要吃午饭呢。”

“我的朋友，还吃什么午饭？反正两小时以后你又和现在一样饿了。”

伏尔泰巧用幽默的话语，批评了仆人的懒惰。批评别人的时候往往气氛会比较紧张，如果能使用富有哲理的故事、双关语、形象的比喻等幽默的话语，则可以缓解对方被批评时紧张的情绪，启发被批评者思考，从而增进相互间的感情交流。这样的批评方法，不但能达到教育对方的目的，而且还会创造出轻松愉快的气氛。

总之，批评他人之时，如果语气委婉，被批评者就会容易接受。因为对方认为你的委婉是给了自己“面子”，感激之余，就会积极地改正。反之，如果批评者语气生硬，对方就会认为你伤了自己的“自尊”，而心生反感，这样就不会达到批评、教育人的目的。

巧妙暗示，远胜当面指责

生活中的很多事，起因复杂，因此办起事来更复杂。许多时候我们清楚，真理是站在自己这一边的，但这并不意味着有了真理就可以把事办成。

莫比尔是一所大学的老师。一天，有一个学生因非法停车而堵住了学院的入口。莫比尔

知道后，冲进教室，以一种非常凶悍的口吻问道："是谁的车堵住了车道？"当车主回答时，这位老师吼道："你马上去给我开走，否则我就把它绑上铁链拖走。"

这位学生是错了，车子不应该停在那儿。但从那一天起，不止这位学生对莫比尔的举止感到愤怒，全班的学生都尽量地做些事情以造成他的不便，使得他的工作更加不愉快。

他原本可以用完全不同的方式处理的。假如他友善一点："车道上的车是谁的？"并建议说，"如果把它开走，那别的车就可以进出了。"这位学生一定会很乐意地把它开走，而且他和他的同学也就不会那么生气了。

在做事的过程中，即使自己完全是对的，别人绝对是错的，我们往往也会因为没有用对方法让别人丢脸而毁了一切。传奇性的法国飞行先锋和作家安托安娜·德·圣苏荷依写过："我没有权利去做或说任何事以贬抑一个人的自尊。重要的并不是我觉得他怎么样，而是他觉得他自己如何。伤害他人的自尊是一种罪行。"这种做事的方法，使人们易于改正错误，又维持了人们的自尊，使他自以为很重要，使他希望和你合作把事情办好，而不是反抗或抵触。

英国一家大超市的经理伊尔奇每天都到他的连锁店去巡视一遍。有一次，他看见一名顾客站在台前等待，没有一个售货员对她稍加注意。而那些售货员呢？他们在柜台远处的另一头挤成一堆，彼此又说又笑。身为经理的他当然对这一情况很不满意，他想一定要纠正这种不负责任的行为。但伊尔奇并没有直接地指责那些在上班时间闲谈的售货员，他采取了巧妙暗示、保全员工面子的方法处理了这件事。他不说一句话，默默站在柜台后面，亲自招呼那位女顾客，然后把货品交给售货员包装，接着他就走开了。售货员当然看到了这个情况，很是惭愧，从此以后再也没有发生过类似的情况。

伊尔奇没有直接指责员工的不负责，而是亲自去为顾客服务，让员工自己意识到自己的失职，间接地纠正了员工的错误。

卡尔·兰福在佛罗里达州奥兰多市当了许多年的市长。他时常告诉他的部属，要让民众来见他，他宣称施行"开门政策"。然而他市区的民众来拜访他时，都被他的秘书和行政官员挡在门外了。

最后，这位市长找到了解决的办法。他把办公室的大门给拆了，他的助手们知道了这件事，也只好接受了。从此之后，这位市长真正做到了"行政公开"。

有些人面对直接的批评会非常愤怒。这时，就要间接地让他们去面对自己的错误，往往会产生非常神奇的效果。

纽约的玛丽女士巧妙运用暗示的方法，使得一群懒惰的建筑工人在帮她盖房子之后清理干净了现场。

开始请工人干活的时候，玛丽女士下班回家，发现满院子都是锯木屑。她不想去跟工人们抗议，因为他们的工程做得很好。所以等工人走了之后，她跟孩子们把这些碎木块捡了起来，并整整齐齐地堆放在屋角。次日早晨，她把领班叫到旁边说："我很高兴昨天晚上草地上这么干净。"从那天起，工人每天都把木屑捡起来堆好放在一边，领班也每天都来看看草地的状况。

与人交往、相处、合作的时候，如果别人做事的方法不符合你的要求，你不能当面指责，否则只会引起对方的反抗，容易把事搞砸。而巧妙地暗示对方注意自己的错误，则可以轻松地把事情处理好。

不要逼着别人认错，否则会让他积存怨恨

人只要活着，去说话、办事，就难免会犯下这样或那样的错误。但人的本能是不愿意承认错误的，因为这毕竟是件不愉快的事情，会伤面子，脸上挂不住，况且还有可能要去承担某种因此而带来的责任。

我们应该认识到，许多时候，逼别人认错是种不会做人的做法。因为这样做无疑伤害了

别人的面子，对于自己也是有百害而无一利的。既然乐意认错的人如此之少，我们在日常生活中就要少和别人争辩，因为争辩的目的常常是想告诉别人你是错的。

有一位社交专家说："应酬的最高境界，是你绝不使用任何强制手段而使对方照着你的意思去做。对方完全出于自愿，比你要别人怎么做的效果好得多了。"

查尔斯·史考勃有一次经过他的钢铁厂。当时是中午休息时间，他看到几个人正在抽烟，而在他们的头上，正好有一块大招牌，上面清清楚楚地写着"严禁吸烟"。如果史考勃指着那块牌子对他们说："难道你们都是文盲吗？！"这样显然只会招致工人对他的逆反和憎恶。

史考勃没有那么做，相反，他朝那些人走去，友好地递给他们几根雪茄，说："诸位，如果你们能到外面抽掉这些雪茄，那我真是感激不尽了。"吸烟的人这时立刻知道自己违犯了一项规定，于是，便一个个把烟头掐灭了，同时对史考勃产生了好感和尊敬之情。

因为史考勃没有直接斥责他们，而是使用了充满人情味的方式，使别人乐于接受这样的批评。这样的人，谁不乐于和他共事呢？

你逼迫别人认了错，可能会得到一时之快。殊不知，这种违背他内心意愿的做法不仅激起了他的逆反心理，使事情的错误得不到及时的解决，还会在他心中积下怨恨。如果这种事发生多了，你应该明白"怨恨"会转化成什么。

为了别人的面子，看破他的心思也不要点破

人非圣贤，有时难免做一些不适当的事。在这种情况下，你就要把握好指责他人的分寸，看破别人的心思也不要点破。要保留对方的面子。

在交际中，一般应尽量避免触及对方的敏感区，避免使对方当众出丑。心理学的研究表明，每个人都不愿自己的错误或隐私在公众面前"曝光"。一旦出现这种情况，就会感到难堪或恼怒。必要时可委婉地暗示对方的错处或隐私，给他造成心理压力。

魏王的异母兄弟信陵君，在当时名列"四公子"之一，知名度极高，因仰慕信陵君之名而前往的门客达三千人之多。

有一天，信陵君正和魏王在宫中下棋消遣，忽然接到报告，说是北方国境升起了狼烟，可能是敌人来袭的信号。魏王一听，便打算召集群臣共商应敌事宜。坐在一旁的信陵君则不慌不忙地说："先别着急，或许是邻国君主行围猎，我们的边境哨兵一时看错，误以为敌人来袭，所以升起烟火，以示警戒。"

过了一会儿，又有报告说是邻国君主在打猎。

魏王很惊讶："你是怎么知道这件事情的？"信陵君很得意地回答："我在邻国布有眼线，所以早就知道邻国君王今天会去打猎。"

从此，魏王对信陵君逐渐地疏远了。后来，信陵君失去了魏王的信赖，晚年沉溺于酒色，终致病死。

任何人知道了别人都不晓得的事，难免会产生一种优越感。对于这种旁人不及的优点，我们必须隐藏起来，以免招祸。

而隰斯弥知晓这一点，所以不会走上信陵君那样的一条路。

齐国一位名叫隰斯弥的官员，住宅正巧和齐国权贵田常的官邸相邻。田常为人深具野心，后来欺君叛国，挟持君王，自任宰相执掌大权。隰斯弥虽然怀疑田常居心叵测，不过依然保持常态，丝毫不露声色。

一天，隰斯弥前往田常府第进行礼节性的拜访，以表示敬意。田常依照常礼接待他之后，破例带他到邸中的高楼上观赏风光。四周风景一览无遗，唯独南面视线被隰斯弥院中的大树所阻碍，于是隰斯弥明白了田常带他上高楼的用意。

隰斯弥回到家中，立刻命人砍掉那棵阻碍视线的大树。

正当工人开始砍伐大树的时候，隰斯弥突然又命令工人立刻停止砍树，他道出了其中的

奥妙：

“能看透别人的秘密并不是好事。现在田常正在图谋大事，就怕别人看穿他的意图，如果我按照田常的暗示砍掉那棵树，只会让田常感觉我机智过人，对我自身的安危有害而无益。不砍树的话，他顶多对我有些埋怨，嫌我不能善解人意，但还不致招来杀身大祸。”

在人际交往中，有的事不必弄得太明白。即使心里明白，也不一定非得说出来。适时地糊涂一把，有百益而无一害。

能透视对方的内心，只不过是使你得到一种有利的武器罢了，更重要的是，你要懂得如何使用抓在手中的这把利器。如果胡言乱语，到处宣扬，很有可能伤害到自己。

所以即使看破别人的心思，也不要去点破，这是在社会中生存的法宝。因为你不去点破他人的心思，充其量是落得他人的埋怨，但却不至于造成生存危机。

把话语权让给对方，引导对方多说

有一个年轻人，去向大哲学家苏格拉底请教演讲术。为了表示自己有好口才，他滔滔不绝地讲了许多话。最后，苏格拉底要他缴双倍的学费。年轻人惊诧地问道：“为什么要加倍呢？”苏格拉底说：“因为我得教你两样功课，一是怎样闭嘴，另外才是怎样演讲。”

成功的人大多是社交专家，然而出色的社交专家并不是我们所认为的口若悬河。真正懂交往之道的都是运用语言的大师，他们深谙人们的心理，了解人人都有表现欲，于是让对方多开口成了一条金科玉律。

著名的成功学大师卡耐基先生曾说：“最出色的沟通艺术，是会听而不是会讲。”

从前，有个小国的人到中国来，他向皇帝进贡了三个看起来一模一样的小金人。小金人金光灿灿，把皇帝的大殿映照得金碧辉煌。这下可把皇帝给高兴坏了。

但这小国的人却故意刁难，还带来一道很奇怪的题目：这三个小金人哪个最有价值？皇帝把珠宝匠请了过来，可无论是做检查，称重量，看做工，都是一模一样的，根本就没有区别的东西又怎么能判断出价值的高下呢？皇帝又问了很多大臣和民间的智者，大家都不知道这个问题怎么回答，皇帝束手无策了。

怎么办？使者还等着回去汇报呢！泱泱大国，不会连这个小事都不懂吧？

终于，有一位老大臣站了出来，说他有办法。

皇帝将使者请到大殿，老臣胸有成竹地拿着三根稻草，插入三个小金人的耳朵里。第一个小金人耳朵里的稻草从另一边耳朵出来了，第二个小金人耳朵里的稻草从嘴巴里出来了，而第三个小金人，稻草从耳朵里进去后掉进了肚子，什么动静也没有。老臣说：“第三个小金人最有价值！”使者默默无语，大臣答对了。

实际上，所有人在心底都重视自己，喜欢谈论自己，以及自己所关心的事，没有人愿意听你唠唠叨叨地在那儿自吹自擂！

谈论自己太多，而让别人说得太少，是许多人人际关系不够好、人际网络不够宽的重要原因。如果一个人说得太多，别人说话的时间就少了，你就无法知道什么对他是重要的，赢得他人好感的办法是什么。只有自己少说，引人多说，才能激发别人与你互动的兴趣，才能与之建立良好的关系。

如何引别人多说呢？“设问”是一大秘诀。

设问，即原本没有疑问而自提自问，是明知故问。设问用得好，能引人注意，诱人思考，把谈话内容变得更加吸引人。

联邦自动售货机制造公司的业务部要求所有的推销员去从事业务时，都带上一块两英尺宽三英尺长的厚纸板。纸上写着：“要是我可以告诉您如何让这块地方每年收入300美元，您会感兴趣的，对吗？”当推销员与顾客见面时，就打开纸板铺在柜台或者合适的地方，引起顾客的注意与兴趣，引导顾客去思考，从而转入正题。这个方法让该公司的市场不断扩大。

“设问”是沟通过程中的一大利器，是接近那些难以接近的人的最好办法。如果你想在你的生活与工作中，与需要建立关系但又很难相处的人交往，你可巧妙地设问，让他们多多谈论自己。要知道，人们在谈论自己的时候，总是高兴的、投入的。只要他们高兴了，便容易与你形成互动。

明知故问也不是瞎问，你要问那些让对方感兴趣的、引以为豪的。比如他辉煌的业绩、成功的经验、他目前最关心的问题以及他最感兴趣的问题等。

得到别人的认可，勿当面揭穿他的错误

金无足赤，人无完人。别人有错的时候要故作不知，事后自圆其说，把别人的错揽在自己身上，尽力弥补。

中国人酷爱面子，视尊严为珍宝，而稍有点地位的人更加爱面子。若不慎做了错误的决定或说错了什么话，如果别人直接指出或揭露他的错误，无疑是向他的权威挑战，会让他很没面子，会损害他的尊严，刺伤他的自尊心。

别人错了的时候，也要维护他的尊严。要选择合适的时候或场合，采取合适的方式，以免自讨没趣。

别人出现失误或漏洞时，害怕马上被人批评纠正。有些人直言快语，肚里藏不住几句话，发现他人的疏漏就沉不住气。

有一家公司召开年终总结大会，董事长讲话时将一个数字说错了。

一个下属站起来，冲着台上正讲得眉飞色舞的董事长高声纠正道：“讲错了！那是年初的数字，现在的数字应该是……”结果全场哗然，把董事长羞得面红耳赤。事后，这名员工因为一点小错被解聘了。

当然也有人做得很好，有一家公司新招了一批员工，在董事长与大家的见面会上，董事长逐一点名。

“黄烨（华）。”

全场一片静寂，没有人应答。

一个员工站起来，怯生生地说：“董事长，我叫黄烨（叶），不叫黄烨（华）。”人群中发出一阵低低地笑声，董事长的脸色有些不自然。

“报告董事长，是我把字打错了。”一个精干的小伙子站了起来，说道。

“太马虎了，下次注意。”董事长挥挥手，接着念了下去。

没多久，那个小伙子被提升为公关部经理，叫黄烨的那个员工则被解雇了。

表面看来，这个董事长没有什么水平，那个小伙子在拍马屁。实则每个人都有自己的知识欠缺，犯错误出洋相难以避免。作为下属，有什么必要当众纠正呢？如果这个叫黄烨的员工当时应答，事后再巧妙地纠正就不会伤害董事长的面子。

他人有错时，不要当众纠正。如果错误不明显不关大局，其他人也没发觉，不妨“装聋作哑”，等事后再予以弥补。

无论做什么事情，遇见别人出错的时候，作为旁观者要明白顾人情面，然后自圆其说，想办法补救。这样做，既显得通达人情，又能让人看到你的灵活应变，一举两得。

放下自己的面子，成就别人一点点满足感

古人云：“鱼与熊掌不可兼得。”一个人要想好处占尽，到头来可能一样都捞不到。只有那种懂得把名声让给别人，自己被占尽“便宜”的人，才是真正高明而富有“心机”的人。

人世间复杂，有很多人为名声而活，就是那种“死要面子活受罪”的人；有很多人为利而活，

就是那种“为了金钱不要命”的人。除此之外，人世间还有第三种人，就是名利双得的人。他们能在关键时刻处理好名与利的关系，达到名利双收，这种人才是真正聪明睿智而又成功的人。

美国钢铁大王卡内基年幼时，跟随父母从英国来到美国定居。由于家境贫寒，他没有读书学习的机会，13 岁就去当学徒了。

卡内基 10 岁时，无意中得到一只母兔子。不久，母兔子生下了一窝小兔。由于家境贫寒，卡内基买不起饲料喂养这窝小兔子。于是，他想了一个办法：他请邻居小朋友来参观他的兔子。小朋友们一下子都喜欢上了这些可爱的小东西。于是，卡内基宣布，只要他们肯拿饲料来喂养小兔子，他将用小朋友的名字为这些小兔子命名。小朋友出于对小动物的喜爱，都愿意提供饲料，使这窝兔子成长得很好。这件事给了卡内基一个有益的启示：人们对自己的名字非常注意和爱护。

卡内基长大成人后，通过自身努力，由小职员干起，步步发展，成为一家钢铁公司的老板。有一次，他为了竞标太平洋铁路公司的卧车合约，与竞争对手布尔门铁路公司铆上了劲。双方为了得标，不断削价火拼，已到了无利可图的地步。

有一天，卡内基到太平洋铁路公司商谈投标的事。在纽约一家旅馆门口遇上了布尔门先生，“仇人”相见，按一般情况，应该“分外眼红”，但卡内基却主动上前向布尔门打招呼，并说：“我们两家公司这样做，不是在互挖墙脚吗？”

接着，卡内基向布尔门说，恶性竞争对谁都没好处，并提出彼此尽释前嫌，携手合作的建议。布尔门见卡内基一番诚意，觉得有道理，但他却不同意与卡内基合作。

卡内基反复询问布尔门不肯合作的原因，布尔门沉默了半天，说：“如果我们合作的话，新公司的名称叫什么？”

卡内基一下就明白了布尔门的意图。他想起自己少年时养兔子的事：谦让一点可以把一窝兔子养大。于是，卡内基果断地回答：“当然用‘布尔门卧车公司’啦！”卡内基的回答使布尔门有点不敢相信，卡内基又重复一遍，布尔门这才确信无疑。这样，两人很快就达成了协议，取得了太平洋铁路卧车的生意合约。布尔门和卡内基在这笔业务中，都大赚了一笔。

历史常常开这样的玩笑，淡泊名利的人出了名。现在全世界都知道，“钢铁大王”卡内基，但又有几个人知道布尔门？

人是一种好名的动物，因为名声是一个人的无形资产，最直接的利益是能带来金钱。例如，大牌明星拍一个几分钟的广告片，就能得到数百万的广告费；名气还能带来跟金钱同样重要的东西，如尊重、发展机会等。

暂时放下自己的面子，成就别人一点点满足感，这样的小“心机”便能为自己带来莫大的好处。请记住，鱼和熊掌是不易兼得的。暂时舍弃一样，日后一定都能补回来，这便是“钢铁大王”成功的秘密“心机”所在。

善待别人的尴尬，你会因此而得到更深的友谊

在一次家宴上，小周一直在抱怨水煮鱼不好吃：“要是让姨妈做就好了，她做这道菜是很有名的。”姨妈在旁边微笑不语。弟弟白了小周一眼：“这菜是姨妈今天特地做给你吃的。”小周大惊之下，知道自己出言不慎，一时不知如何解释，脸一下子红了。姨妈笑着对小周说：“不用难为情嘛！这菜不好吃是事实，我把盐放多了。明天姨妈重做，让你们尝尝并提提意见，让我这手艺更加有名。”

一位朋友曾经在商店把一位短发的售货员当做男同志招呼，当她转过身，他才发现人家分明是黛眉朱唇的小姐。小姐看到他难为情的样子，便打趣说：“明天，看来我只得穿裙子来上班了，不然恐怕连我的男朋友从背后也认不出我了。”小小的玩笑，显示出了她的善解人意和风趣，也让那位朋友的尴尬烟消云散。

这类事情在生活中也常碰到，别人会因为无意中伤害到你而感到羞愧万分，左右不是，这时你不妨用恰当的言辞宽容待之。

邓老师前几天与爱人吵架，今早刚刚和好。不知从哪儿听说女儿受了委屈的丈母娘，一早便气势汹汹地到学校找女婿评理。见此情景，一位年轻老师赶快打圆场说："伯母，怎么您来时没碰到您的女儿啊？她说要到商场给邓老师买套西装，还要买些肉请您老人家吃饭呢！"别的老师也随声附和，老太太一听，知道女儿女婿已经和好，也不好意思再闹下去，乐呵呵地走了。事后，邓老师真的请岳母吃了饭。

因此，在你能够帮上忙或是为别人做出解释的情况下，你应当尽可能地帮助他走出进退两难的尴尬境地，而千万不要在旁边幸灾乐祸。

让人尴尬的事总是突如其来，不管你与他是素不相识，还是相知好友，在别人突然陷入尴尬境地的时候，你都该尽可能地伸出援助之手，帮他解围。

在别人出洋相的时候发出笑声，是极不礼貌的举动，也可以说是对别人的侮辱。尽管你在笑时，并不存什么恶意的讥讽，但在别人看来会认为是对自己出丑的嘲弄，而感觉受到侮辱。

在日常生活中，马路上不小心跌倒、大庭广众下说句错话或是衣服扣子突然崩掉等，都是很平常的事，应尽量做到见惯不惊，不要贸然发笑，应给人一个好印象。

在别人尴尬的时候，如你实在不便插话帮忙解围，那么最好的办法就是视而不见，暂时离开，让别人能够无所顾虑地处理这些意外，对自己的难堪也就能够心平气和了。

把别人的尴尬事情当做故事、笑话四处张扬，这是不道德的。中国人特别看重面子，自己的难堪事越少被人知道越好。如果你在这方面不注意的话，就肯定会招致别人的反感。

在生活中，每个人都有过面红耳赤、非常难堪的时候，这时，我们不妨以宽容待之。

保住失败者的面子，不给自己树立死敌

有"心计"的人在与人交往时，为自己争得面子的同时，也不会忘了给别人留些尊严，包括他的死敌。

1922年，土耳其在同希腊人经过几个世纪的敌对之后，下决心把希腊人逐出土耳其领土，土耳其最终获胜。当希腊的迪利科皮斯和迪欧尼斯两位将领前往土耳其总部投降时，土耳其士兵对他们大声辱骂。但土耳其的总指挥凯墨尔却丝毫没有显现出胜利的骄傲。他握住他们的手说："请坐，两位先生，你们一定走累了。"他以对待军人的口气接着说："两位先生，战争中有许多偶然情况。有时，最优秀的军人也会打败仗。"

这使两位败军之将都十分感动，并没有因吃了败仗投降而产生沉重的羞辱感。后来希腊和土耳其两国之间也并没有大的怨隙，更没有因打仗而绝交。凯墨尔将军一番得体的话让敌人保住了面子，也赢得了发展友谊的可能性。试想，倘若凯墨尔也像士兵那样羞辱那两位投降的将军，使他们心怀怨恨。那么，可想而知，不但友谊无从谈起，战事在将来也会不可避免。

1977年8月，几名克罗地亚人劫持了美国环球公司从纽约拉瓜得机场至芝加哥奥赫本的一架班机，在与机组人员僵持不下之时，飞机兜了一个大圈，越过蒙特利尔，纽芬兰，最终降落在巴黎戴高乐机场。在这里，法国警察打瘪了飞机的轮胎。

飞机停了3天，劫机者同警方僵持不下，法国警方向劫机者发出最后通牒："喂，伙计！你们能够做你们想做的任何事情，但美国警察已经到了。如果你们放下武器同他们一块回美国去，你们将会判处不超过2年至4年的徒刑。也可能意味着你们将在10个月左右即被释放。"

法国警察停顿片刻，目的是让劫机者将这些话听进去。接着又喊："但是，如果我们不得不逮捕你们的话，按我们的法律，你们将被判处死刑。那么你们愿意走哪条路呢？"劫机者被迫投降了。

劫机者一方面因为机组人员的抗拒和警方的追捕而无法达到预定目的，另一方面由于不清楚警方的态度而不敢轻易放下武器，陷入进退两难的痛苦局面。法国警察在劝说中给足了

劫机者面子，明确地向对方指出了两条道路：投降或者顽抗。投降的结果是 10 个月左右的徒刑，而顽抗的结果只能是死刑。面对这两条迥异的道路，早已心慌意乱的劫机者肯定识相地选择弃械投降。

中国人最大的特点就是爱面子，我们无论做什么事都会考虑到自己的面子。面子说白了就是尊严，被人重视，被人尊重。因此，有“心计”的人在与人交往时，为自己争得面子的同时，不要忘了给别人也留些尊严。爱护别人甚至死敌的面子，这一点非常重要。

对于敌人，对于铤而走险的对手，同样要留下余地，留下回旋的余地。把对方逼上绝路只会导致负隅顽抗。而“歼敌一千，自损八百”，这对于双方都没有好处，也不是解决问题的办法。

世界上任何一位真正伟大的人，都善于保住失败者的面子，而不会得意忘形地去陶醉于个人的胜利。虽然不一定与对手成为朋友，但只要不使敌人颜面尽失，产生不共戴天的仇恨，一般情况下是不会成为“死敌”的。

第二章 知晓方圆，精明处世

夹缝中生存，对谁都要等距离交往

清代掌故遗闻的汇编《清稗类钞》中记载了这样一个故事：

清朝末年，陈树屏做江夏知县的时候，张之洞在湖北做督抚。张之洞与湖北巡抚谭继洵（“戊戌六君子”之一谭嗣同的父亲）关系不太融洽，多有矛盾。

有一天，张之洞和谭继洵等人在长江边上的黄鹤楼举行公宴，当地大小官员都在座。后来，有人谈到了江面的宽窄问题，谭继洵说是五里三分，曾经在某本书中亲眼见过。张之洞沉思了一会儿，故意说是七里三分，自己也曾经在另外一本书中见过这种记载。

督抚二人相持不下，谁也不肯丢自己的面子。于是张之洞派人把当地江夏县县令招来断定裁决。知县陈树屏，听来人说明情况，急忙整理衣冠飞骑前往黄鹤楼。他刚刚进门，还没来得及开口，张、谭二人同声问道：“你管理江夏县事，汉水在你的管辖境内，你知道江面是七里三分，还是五里三分吗？”

陈树屏对两人的过节已有所耳闻，听到他们这样问，当然知道他们这是借题发挥。但是，对于张、谭二人他谁都得罪不起，所以肯定任何一人都会使自己陷入困境。他灵机一动，从容不迫地拱拱手，言语平和地说：“江面水涨就宽到七里三分，而水落时便是五里三分。张制军（张之洞）是指涨水而言，而中丞大人（谭继洵）是指水落而言。两位大人都没有说错，这有何可怀疑的呢？”张、谭二人本来就是信口胡说，听了陈树屏这个有趣的圆场，抚掌大笑，一场僵局就此化解了。

与之类似，我们有时就是会无端地被卷入对立的两派之间，而两边又都得罪不起。于是，这时候就得用点枪手博弈的智慧：在博弈中能否获胜，不单纯取决于彼此的实力，更重要的是取决于博弈双方实力对比所形成的关系。也就是说，等距离外交，谁也不得罪。这是夹缝中求生存的高招。

所谓“等距离外交”，就是指无论在工作上，还是在生活上，你与所有的人都大致保持相同的距离，大都处于关系均衡的状态。因为你处在夹缝中得罪不起人，不采取这种博弈策略，你就将面临危险。

也许你会认为，这种等距离、谁也不得罪的策略是一种墙头草的行径，直起腰杆儿做人应敢于挺身入局，表明自己的立场。其实，等距离策略不过是一种博弈手段，其目的是在冲突的最初阶段更好地保护自己，并且在将来挺身入局的时候，能够占据更为有利的地位。所以，它不是墙头草的行径，而是一种智慧的选择。

“借给”不如“送给”更能收获人情

每个人都害怕囊空如洗，所以每个人都吝惜金钱。当亲戚朋友向你借钱时，是借还是不借？这是现代人常常要遇到的问题。钱只要离开自己的口袋，就有回不来的可能，尤其是把钱借给不守信用的人。这个时候，与其整日盘算着如何把钱要回来，不如放宽心，把钱送给他们。这样，虽然可能在钱财上蒙受损失，却收获了人情。

事实上，很多人碰到他人向自己借钱的问题时都很困扰。因为借他钱，有可能这一笔钱就要不回来了，或是一再拖延，到最后才拿回一小部分。亲朋需要才会来借钱嘛，如果时间一到便去催债，好像自己太没人情味，何况也没勇气开口，更怕一开口，就伤了彼此的感情。不借吧，自己的钱固然是“保住”了，但他们有难，不出手帮忙，道义上似乎也说不过去，也担心二人的感情恐怕从此要变质了……

借不借给人钱，就是这么让人伤脑筋！

当然，也有“有借有还”，甚至还本金也还利息的朋友。不过说老实话，这种借款行为还是潜藏着危机——如果他一而再再而三地向你借款，表示他的财务有问题，总有一天会连本金也还不出来！

可是，横在面前的人情、感情与道义，怎么办呢？

所以，聪明人的做法是：给他钱，而不是借他钱！

所谓“给他钱”有两个层面的意义：

在心理层面上的意义是：表面上是“借给”他，也言明归还期限和利息多少，但在心理上却抱着这笔钱是“一去不回头”的想法，他能还就还，不能还就当做是“送给”他的！这种态度很阿Q，但却有很多好处。第一个好处是不会影响两人的感情，你也不会因为对方还不起钱或不还钱而难过；第二个好处是顾到了朋友间有难相助的“道义”；第三个好处是在对方心中播下了一粒“恩与义”的种子，这粒种子或许会发芽、茁壮，待他日以“果实”对你做最真诚的回报。

第二个层面的意义是真的“给”他钱。也就是说，他虽然是向你借用的，但你却表明是给他的，是要帮他解决困难的，并不希望他还钱。这样子做也有很多好处。第一个好处是他不大可能再来向你“借钱”，不好意思了嘛！而你也可表示“我已竭尽所能”，将对方开口的数目打折给他，万一对方真的“还”不起钱，或根本不还钱，你则可以降低“损失”。第二、三个好处和前面一段说的一样，兼顾了“情与义”，同时也在对方心中种了一粒“恩与义”的种子，而这“人情”，他总是要还的。

事实上，不管是“借”还是“给”，钱能不能收回来都是个未知数。之所以说“给亲戚朋友钱，钱收得回来；借他们钱，钱收不回来”，是基于：钱只要离开你的口袋，就有回不来的可能。因为对方是没有钱才向你开口的，所以明知有可能回不来，干脆就不抱希望，免得催债时给双方造成不愉快，自己也难过。

如果“借”或“给”都觉得很难，那么就狠心拒绝吧！不过，在力所能及的情况下，还是不要那么斤斤计较于钱能否再回到你的口袋中吧。因为钱毕竟不等同于幸福，人生真正的幸福和欢乐是浸透在亲密无间的家庭关系及友情中的。

摸透对方的底细，伸手不打笑脸人

喜欢赞美，厌恶批评指责是人之常情。面对赞美，我们往往笑容可掬，颇有风度。而一旦面对负面指责时，就千人千态了。其实，身处逆境，面对批评的时候，在摸透对方心里底细的前提下，要善于知错就改。这样，别人也就不好伸手打笑脸人了，从而避免使自己陷入更加难堪的境地。

人都本能地喜欢听表扬，不愿听批评的话。有的人一听到批评，就面红耳赤、暴跳如雷、恼羞成怒；或者是表面接受，心里怨恨，寻衅回击。这种负面回应批评的态度，是极不明智的表现。

李升由打杂工一跃而成为一家建筑公司的工程估价部主任，专门估算各项工程所需的价款。有一次，他的一项结算被一个核算员发现估算错了2万元。经理便把他找来，希望他以后在工作中细心一点。

李升反而大发雷霆："那个核算员没有权力复核我的估算，没有权力越级报告。"

老板问他："那么你的错误是确实存在的，是不是？"

李升说："是的。"

经理见他如此态度，本想发作一番，念及他平时工作成绩不错，便小事化无，不再说什么了。

不久，李升又有一个估算项目被查出了错误。经理把他找来，刚说他的错误，李升就立刻翻脸："好了，好了，不用因为以前的事怀恨于我，现在特地请了专家查我的错误，借机报复。"

经理等他发泄完了，便冷冷地说："既然如此，你不妨自己去请别的专家来帮你核算一下，看看你究竟错了没有。"

李升果然请别的专家核算了一下，发现自己确实错了。

经理对李升说："现在我只好请你另谋高就了。我们不能让一个不许大家指出他的错误，不肯接受别人批评的人，来损害我们公司的利益。"

负面回应批评反映了一个人不良的做事态度，会严重影响他的人际关系和自我提升能力。

缺点、错误是一个人成功的大敌，而批评的作用就在于指出缺点，引起你的警觉。如果不能善待别人的批评，那你的缺点就永远无法改正。

一个人要想成功，就要把批评当镜子，用这块镜子来照照自己，看自己到底存在哪方面的问题，并加以改正。虚心接受别人的批评，往往可以赢得别人的好感和尊重，这对你事业的成功不无好处。

一位顾客从食品店里买了一袋食品，打开一看，食物都发霉了。他怒气冲冲地找到营业员："你们店里卖的什么东西，都发霉了！你们这不是拿顾客的健康开玩笑吗？！"

几个顾客闻声赶了过来。

这个营业员面带笑容，连声说："对不起，对不起！没想到食品会变质，这是我们工作的失误，非常感谢您给我们指出来，您是退钱还是换一袋呢？如果换一袋的话，可以在这里就打开来给您看一看。"

面对这位营业员诚恳的微笑，并听到他真诚地说了对不起，那位顾客还能说什么呢？他又重新换了一袋，旁边的几个顾客也夸营业员的服务态度好，食品店以后的生意更加红火起来。

失误和缺点是在所难免的，每个人都会遇到，但是当面对别人的批评时，会办事的人就善于掌握火候，真诚接受人家的批评并马上改正，在赢得别人好感的同时也避免自己陷入了尴尬难堪的境地，正所谓"伸手不打笑脸人"即是此理。

不懂不是错，不懂装懂错上错

每个人都有不懂的事情，在你不懂的事物面前，要勇于承认，不要自作聪明。勇于面对自己的无知，才是真正的聪明。换言之，即使你真有两下子，也不要太出风头，要藏而不露、大智若愚。也就是说，在为人处世中，不要卖弄自己的小聪明。

有个小杂志社的社长不管在什么场合都喜欢装腔作势，并且故意降低自己的音调来表现庄重的样子。不但如此，他还总是一副无所不知的样子，这种姿态让人觉得他好像在自我宣传。然而，无论他怎么装腔作势，夹着再多的暗示性话语，他出版的杂志或周刊也上不了台面。他所出版的刊物总是被人批评为现学现卖、肤浅的杂学之流。

承认自己也有不知道的事并不丢人，为了要自抬身价而不懂装懂，一旦被对方看穿，反而会令对方产生不信任感而不愿与你交往。

那么，在生活和工作中，我们怎样做才能不暴露出自己的无知呢？我们不妨从以下两方面注意：

1. 学会随众。

要在生活细节问题上学会随众，萧规曹随，跟着别人的步伐前进。美国的艾伦·芬特在《小照相机》一书中有过这样的心理测验：

一个人走进一家医院的候诊室，他向四周一看，感到非常惊讶：每个人都只穿着内衣内裤坐着等候，他们穿着内衣内裤喝咖啡、阅读报纸杂志、聊天等。这个人起初非常惊奇，后来判断这群人一定知道一些他所不知道的内情。于是20秒钟之后，这个人也脱下外衣，仅着内衣内裤，坐着等候医生。

这种随众附和的做法，至少有两大实际目的：

第一，社会上的群居生活，需要大家互相合作。

第二，在某些情况下，当你茫然不知所措时，你该怎么办？当然是仿效他人的行为与见解，从而发掘正确的应对办法。

2. 少讲空话，多办实事。

换句话说，就是多一点具体措施，少一些高谈阔论。年轻人对于诸多事情，总是喜欢发表主张。主张是对于某种事物的观察分析所得，拥有自己的主张，当然是一件可喜的事情，但是，如果急于求得理解，一有所得，不看对象、不分场所，立即发表出来，往往是没有什么好处的。

少一点高谈阔论，多一点切实可行的办法。譬如，上司、同事或者朋友，希望你帮助他办某件事，你千方百计地拿出一套又一套的方案，最终你把问题解决了，这不是比只发表意见有意义得多吗？不说空话，而又能干得成实事，你将给人一种沉稳的成熟者的印象。

为人处世不要把别人都看成是一无所知的人。其实，我们周围的人都各有主张。多数人都不喜欢采纳别人的主张，因为这往往会被认为有失身份、有损体面。如果将别人都看成是庸才，认为只有自己有真知灼见，随意发表自己的主张，被采纳的百分比恐怕是最低的，而且很可能是最先被淘汰出局的人。

世上没有一个人敢说自己是无所不懂的，这是因为懂是相对的，是对某一具体方面、具体情况而言的。你在一方面懂得很多，在另一方面懂得却很少。所以，聪明并不是什么做人的资本，反而是没有心机的表现，根本不值得卖弄。

会说场面话，不听场面话，此乃交际智者

爱尔兰剧作家萧伯纳曾说过："我开玩笑的方法，就是编造真实。编造真实乃是这个世界最有情趣的玩笑。"会说场面话，不听场面话，你就能够成为交际场上的智者，游刃有余，八面玲珑。

要知道，生命不会从谎言中开出灿烂的鲜花，但说些无伤大雅的场面话却是你在这个变幻莫测的社会中生存下去所不得不学会的一种本领。一个人不可能完完全全地在别人面前表现出最真诚的一面，正如一个人不能把别人说过的每一句话都信以为真一样。场面话，总是可说不可信。一旦你违背了这条原则，善良便会退化为愚钝，真诚也会成为伤害自己又危及

他人的利器。

俾斯麦35岁时，担任普鲁士国会的代议士，这一年是他政治生涯的转折点。当时奥地利是德国南方强大的邻国，曾经威胁德国如果企图统一，奥地利就要出兵干涉。

俾斯麦一生都在狂热地追求普鲁士的强盛，他梦想打败奥地利，统一德国。他是个热血沸腾的爱国志士和热爱军事的好战分子。他最著名的一句话就是："要解决这个时代最严重的问题并不是依靠演说和决心，而是依赖铁和血。"

但是令所有人惊异的是，这样一个好战分子居然在国会上主张和平。其实这并不是他的真实意图，他连做梦都想着统一德国。他说："没有对于战争的后果的清醒的认识，却执意发动战争，这样的政客，请自己去赴死吧！战争结束后，你们是否有勇气承担农民面对农田化为灰烬的痛苦？是否有勇气承受身体残废、妻离子散的悲伤？"

在国会上，他盛赞奥地利，为奥地利的行动辩护，这与他一向的立场简直是背道而驰。俾斯麦反对这场战争有别的企图吗？那些期待战争的议员迷惑了，其中好多人改变了主意。最后，因为俾斯麦的坚持，终于避免了战争。

几个星期后，国王感谢俾斯麦为和平发言，委任他为内阁大臣。几年之后，俾斯麦成了普鲁士首相。这时他对奥地利宣战，摧毁了原来的帝国，统一了德国。

袒露之心犹如在众人面前摊开的信，那些胸有成竹的人总是懂得潜藏隐秘。他们所说的话大都只是些场面之言，"说者无意听者有心"。如果你把别人的这些话都当真了的话，那就只能证明你太天真和幼稚了。

张文在一国有单位任职，十几年没有升迁。于是通过朋友牵线，拜访一位经管调动的单位主管，希望能调到别的单位。因为他知道那个单位有一个空缺，而且他也符合条件。那位主管表现得非常热情，并且当面应允，拍胸脯说："没问题！"

张文高高兴兴地回去等消息，谁知半个月、一个月、两个月过去，一点消息也没有。打电话去，不是"不在"就是"正在开会"；问朋友，朋友告诉他，那个位子已经有人捷足先登了。他很气愤地问朋友："那他又为什么对我拍胸脯说没有问题？"他的朋友也不知如何回答才好。事实上，那位主管只不过说了一些应景的"场面话"，而张文却天真地相信了这些话，并开始守株待兔起来。

"场面话"是社交场合常见的现象之一，而说"场面话"也是一种生存智慧。在社会里进出过一段时日的人都懂得说，也习惯说。这不是罪恶，也不是欺骗，而是一种"必要"。"撇开道德的标准，谎言就是一种智慧"。所以，有时，说说一些无碍于原则与是非标准的场面话，也是一个人在纷纭复杂的社交场所立足的一种本能。

人一踏入社会，应酬的机会自然就多了，这些应酬包括做客、赴宴、会议及其他聚会等。不管你对某一次应酬满不满意，"场面话"一定要讲。对于称赞或恭维的"场面话"，尤其要保持冷静和客观，千万别因别人的两句话就乐昏了头。冷静下来，反而可看出对方的用心如何。

对于拍胸脯答应的"场面话"，则只能持保留态度，以免希望越大，失望也越大；只能"姑且信之"，因为人情的变化无法预测。既然测不出别人的真心，就只好抱持最坏的打算。要知道对方说的是不是场面话也不难，事后求证几次。如果对方言辞闪烁、虚与委蛇，或避不见面、避谈主题，那么对方说的真的是"场面话"了！所以对这种"场面话"，要有清醒的头脑，否则可能会坏了大事。

俗话说得好，"蜜比醋更能吸引苍蝇"。在社交场合，我们要学会说点场面话，给别人一点甜头，但万不可做被别人的场面话所吸引的"苍蝇"。轻信别人的一句"戏言"，有时不只是一种善良，更是一种愚钝。

层层释疑，让对方放下心理包袱

无论是求人办事，还是想进一步发展彼此的交情，赢得他人信任，是成功交际必不可少的基本条件。因为人的思想是复杂的，有时会对某些事情感觉不是很有把握，或对某一事物不理解、想不通，于是疑虑重重，这些往往是不可避免的。

想从根本上解决这一问题，就要求我们善于以情定疑，把道理说透。一旦消除了这些疑虑，自然就能够赢得对方的信任。不过，消除别人的疑虑并不是一件很容易的事情，而需要一点一点地，层层递进，穷追不舍，把道理讲明白、讲透彻，这就是层层释疑的方法。

1921 年，美国百万富翁哈默听说苏联实行新经济政策，鼓励吸收外资，恰巧当时苏联正缺粮食，而美国粮食大丰收，就打算去苏联做粮食生意。此外，苏联有美国需要的毛皮、白金、绿宝石。如果让双方交换，是一笔不错的交易。哈默打定了主意，来到了苏联。

哈默到达莫斯科的第二天早晨，就被召到了列宁的办公室，列宁和他进行了亲切的交谈。粮食问题谈完以后，列宁对哈默说，希望他在苏联投资，经营企业。由于西方对苏联实行新经济政策抱有很深的偏见，搞了许多怀有恶意的宣传，以致哈默听了列宁的话，心存疑虑，默默不语。

聪明的列宁当然看透了哈默的心事，于是耐心地对哈默讲起实行新经济政策的目的，并且告诉哈默："新经济政策要求重新发展我们的经济潜能。我们希望建立一种给外国人以工商业承租权的制度，来加速我们的经济发展。"经过一番交谈，哈默弄清了苏维埃政权的性质和苏联吸引外资企业的平等互利原则，于是很想大干一番。但是不一会儿，他又动摇起来，想打退堂鼓。为什么呢？因为哈默又听说苏维埃政府机构，人浮于事，手续繁多，尤其是机关人员办事儿拖拉的作风，令人吃不消。当列宁听完哈默的担忧时，立即又安慰他道："官僚主义，这是我们最大的祸害之一。我打算指定一两个人组成特别委员会，全权处理这件事，他们会向你提供你所需要的帮助。"除此之外，哈默又担心在苏联投资办企业，苏联只顾发展自己的经济潜能，而不注意保证外商的利益，以致外商在苏联办企业得不到什么实惠。当列宁从哈默的谈吐中听出这种忧虑时，马上又把话说得一清二楚："我们明白，我们必须确定一些条件，保证承租人有利可图。商人不都是慈善家，除非觉得可以赚钱，不然只有傻瓜才会在苏联投资。"列宁对哈默的一连串的疑虑，逐一进行释疑，一样一样地都向他说清楚，并且斩钉截铁，干脆利落，毫不含糊，把政策交代得明明白白，使得哈默的心好像一块石头落了地。没过多久，哈默就成了第一个在苏联租办企业的美国人。

假如当初列宁不是很巧妙地解开哈默的疑问，那么哈默很有可能就不会在苏联投资了，那样无论对哪一方都将会是一种损失。

因此，在交际中当对方心存疑虑时，你若是想赢得对方的信任，最好采用层层释疑的方法，巧妙解开对方的疑团，让对方放下心理包袱，那么彼此间的交往就会变得顺畅多了。

外柔内韧，降低别人的"防备系数"

人要成事，就要注意培养外柔内韧的性格。为什么呢？原因就在于这是社会的需要。性格内外皆刚强，固然很好，但是如果能培养自己外表柔软，内心却韧性十足，则既可以让你不得罪人而办成很多事，又能很好地把握和坚持自己的办事原则，降低别人的"防备系数"。

自古以来高明的政治家，都会选择用这种手法来从政，从不因为一时的气愤而自断生路。宋朝开国时期的一位著名宰相赵普，曾在太祖、太宗两朝为相数十年，且不说赵普的贪婪和弄权，这个人的性格非常坚韧，在举贤能一方面也颇有作为。

宋代初年，太祖遇某官出缺。他叫宰相赵普拟名，赵普拟定一人，但太祖不喜欢这个人，因此拒绝了。哪知道接连几天，赵普每日都举荐这个人。太祖一怒之下，把写有这名的纸撕了，掷在地上，显然是无声地骂赵普多事。赵普脸不红、心不跳，也没有羞愤不已，而是悄悄地把地上的废纸捡了起来。

赵普回家之后就把这张废纸用糨糊粘贴起来，并且把它携带在身边。过了一两天，太祖又要赵普拟名，他旋即把这纸奉上，立在那里一动不动。太祖惊讶地问道："为何还是此人？"

赵普遂解释这人的优点，太祖终于被说动了，起用了此人。

赵普劝太祖纳贤，虽然被太祖拒绝了，但他并没有气馁，也没有选择用“据理力争”的方式来顶撞太祖，因为毕竟生杀大权在太祖的手里。他采取的是软磨硬泡、无声抗议的方式，既显现了自己的坚决，又达到了让太祖纳贤的目的。他这种韧性十足、坚持不懈的心理素质，的确是我们应该培养的。不过运用这种“软磨硬泡法”也要注意分寸，以免伤害对方的情感，收到反效果。

好的心理素质，能让你成功地控制情绪，以适应各种生存环境，对于办事的成功与失败，有着举足轻重的影响。所以我们应该学会锻炼心智，做到处变不惊。遇变不形于色，才能更好地纵横于生活的各种圈子当中。

有所问，有所不问，博取别人的好感

与别人交往时，总离不开“问”。在这个过程中，最关键的是要把握好一个度，做到有所问，有所不问。

有时候该问的，要明知故问，对方会认为你很关心他，所以对你很有好感。他可能会接着你的话题，滔滔不绝地说下去，并且有可能说得心花怒放。

明知故问，就是明明知道也要问。比如，问对方最得意的事，问对方最想让大家知道的事，问对方不便说的事，只能借你的口说出的事。这样，你就可以赢得别人的好感，增进彼此之间的友谊，使双方的心更贴近。

但在日常交际中，有些不该问的东西，即使你想问，也不要去问，诸如：“你今年多大啦？”“为什么还不结婚呀？”等等。这些话题，有时对方不便做答，自然而然会对你的问话很反感，会因此而讨厌你，对你敬而远之。

无事不问式的交际情境在生活中形式各异、变化无常，其中有同龄人的问话，有不同年龄人之间的问话，有较为熟悉的人之间的问话，还有结识不久的人之间的问话。

有些人是无事不问，他们最喜欢探问别人的私事及秘密新闻。有时为了增加他闲谈的资料，有时仅仅是为满足好奇心。即使与自己无关的事，仍然喜欢追问到底。如果对方是适当的关心，会令人觉得舒心，但若整天喋喋不休，则十分令人厌烦了。这种看似微不足道的事，往往具有不可估量的杀伤力。

人到了一定的年龄而不结婚，似乎就变成了“众矢之的”。经常有人关心，甚至“严重关切”。遇到认识的人时，总被问道：“你怎么还不结婚？”“什么时候请喝喜酒啊？”

没结婚，其实是个人的问题。但别人却表现出“极度关心”的样子，有的人还偷偷打听“他长得也不错，怎么还不结婚？是不是有什么问题，有什么毛病？”这种问题伤及了他人的自尊，往往会被毫不客气地驳斥回来。

这类不该问的问题还包括女性的年龄和婚姻，女人最忌讳别人问她的年龄。在西方，这被视为不尊重女性，是不懂得礼貌的表现。“青春永驻”是每个女人的梦想。

每个人内心深处都有一种本能的维护自己内心秘密的情绪，遇到别人不得体的询问，就可能自然产生逆反心理，这就造成一种有时问者尚不经意，被问者常常不由心生厌烦，厌烦这种交际方法，甚至厌烦这个问话的局面。

无事不问会使自己变得浅薄庸俗，也不可能获得真正的朋友。

与别人交谈时，有些话题是不宜问的。

在与别人交际中，为了避免引起别人的不快，一定要避免提问对方的隐私。比如：

“哪年出生的？”

“你一个月挣多少钱？”

“你为什么还不结婚？”

“你是不是在外面有份兼职？”

打听这些个人隐私的问题，容易惹人反感，甚至导致“战争”爆发。

在你打算问对方某个问题的时候，最好先在脑中过一遍，看这个问题是否会涉及对方的隐私。如果涉及了，要尽可能地避免。这样对方不仅会乐意接受你，还会因你在应酬中得体的问话与轻松的交谈而对你产生好印象，为继续交往打下良好的基础。在人际交往中，我们应该注意以下几点：

1. 对方不知道的问题不宜问。

如果你不能确定对方能否充分地回答你的问题，那么你还是不问为妙。如果你问一位医生：“去年发生在本市的肝炎病例有多少？”这个问题对方很可能答不上来，因为一般的医生谁也不会去费神记这些数字。要是对方回答说“不清楚”，就不仅使答者失体面，问者自己也会感到没趣。

2. 有些问题不宜刨根问底。

比方说，你问对方住在哪里，对方回答说“在北京城”或说“在香港”，那你就不宜问下去。如果对方高兴让你知道，他一定会主动地说出，而且还会说“欢迎光临”之类的话。否则，别人不想让你知道，你也就不必再问了。此外，在问其他类似问题时，也要注意掌握问话尺度，要适可而止。

3. 不要问同行的营业情况。

同行相忌，这是一般人的心理。在激烈竞争的社会里，往往谁都不愿意把自己的营业情况或秘密告诉一个可能的竞争对手。即使你问到这方面的问题，也只能自讨没趣。

在人际交往中，不该问的想问也不要问。凡对方不愿意让别人知道的事情都应避免问。要时刻记住一点，交往的目的是引起对方的兴趣，不是使任何一方感到没趣。

营造良好的交际氛围，以增强自己的吸引力

为了丰富学生的课余生活，某大学专门邀请一位著名教授举办了一次讲座，但由于临时改变地点，时间仓促，又来不及通知，结果到场的人很少。教授到了会场才发现只有十几个人参加。

他有点尴尬，但不讲又不行，于是他随机应变，说：“会议的成功不在于人多人少，中共第一次党代会才到了十几人，但意义非同小可。今天到会的都是精英，我因此更要把课讲好。”

这句话把大家逗得开怀大笑。这一笑，活跃了气氛，再加上教授讲课充满激情，使得那一次讲座非常成功。

人际交往就如同舞台上的演出，为了演出的成功，不仅需要很好的台词、演技，还需要一种看不见、摸不着，却必不可少的——氛围。就像电影中，要有背景音乐来渲染气氛一样。在人际交往的场合，也往往需要营造点氛围，就像交际的润滑剂，使交际能顺利地进行下去。

在交际活动中，如果把交际桌看成是会议桌，气氛就很难营造起来，也无法让对方投入。想让对方投入，一般要靠自己的带动。有一种生意人，他们可以在会议桌上非常严肃、非常理智，然而，一旦到了社交场合，却又放得很开，与人斗酒、唱卡拉 OK、开各式各样的玩笑，一副百无禁忌的样子。其实，他们是在营造交际气氛。

在日常生活中，个人的情绪体验是受多种因素影响的，如光线、气温、噪声以及卫生条件等都会左右我们的情绪，而这些情绪反应又影响到人际吸引力。梅 (May) 和汉密尔顿 (C. V. Hamilton) 的实验研究就证明了不同的音乐背景对人际吸引力的影响。他们以女大学生为被例，首先测定她们最喜欢和最不喜欢的音乐，然后请她们评定一些陌生男性的照片，在评定过程中播放不同的背景音乐。结果发现，当碰到她们喜欢的音乐作为背景时，对照片中的人物评价较高；当用她们不喜欢的音乐作为评价背景时，对照片中的人物的评价往往较低；而在没有音乐背景配合时，评价介于上述两种情况之间。

个体的体验不仅受物理环境的影响，同时还受个人的知识、经验、个性等因素的影响，带有强烈的个人主观色彩。在人际交往中，我们应当看到个体的主观体验，会影响我们对一个人的评价。当我们作为社交活动的组织者或主导的一方时，应当注意环境布置的细节问题，使客人们能在清洁舒适、平等友好的场合中畅所欲言。同时，在具体的交往场合中，我们自己又要发挥理智的、能动的调节作用，尽量客观地评价交往对象，不要受环境氛围的困扰和迷惑。

在和谐、融洽的交际氛围中，在平等、自由等具有安全感的人际情境中，我们更愿意进行主动的交流与沟通。因而，在人际交往时，我们要善于通过环境、幽默的言谈等营造良好的交际氛围，以增加吸引力。

刺猬哲学需要我们拿捏最佳的社交距离

你要坐公交车出去玩，上车后你发现只有最后一排还有几个座位，走在你前面的一位大爷坐在了中间，旁边还有两个座位，这时，你会坐在哪里呢？一般情况下，你多半会坐在两边靠窗户的座位上，而不会紧挨着那位大爷坐下。这是因为人与人相处需要一定的距离。

叔本华曾经讲过一个“刺猬哲学”：一群刺猬在寒冷的冬天相互接近，为的是通过彼此的体温取暖以避免冻死，可是很快它们就被彼此身上的硬刺刺痛，相互分开了；当取暖的需要又使它们靠近时，又重复了第一次的痛苦，以至于它们在两种痛苦之间转来转去，直至它们发现一种适当的距离使它们能够保持互相取暖而又不被刺伤为止。根据叔本华的这一比喻的延伸，人与人之间也应有一定的距离，即“身体距离”和“心理距离”。“身体距离”即“私人空间”，“心理距离”即“孤独感”。

所谓“私人空间”，是环绕在人体四周的一个抽象范围，用眼睛没法看清它的界限，但它确确实实存在，而且不容他人侵犯。无论在拥挤的车厢还是电梯内，你都会在意他人与自己的距离。当别人过于接近你时，你可以通过调整自己的位置来逃避这种接近的不快感；但是挤满了人无法改变时，你只好以对其他乘客漠不关心的态度来忍受心中的不快，所以看上去神态木然。

在车站、公园供人休息的长凳上，通常坐两端的人多。一旦两端位置都有人占据，几乎很少有人会主动去坐中间的位置。我们通常能够看到这种现象，最多能坐 4 个人的一排长凳，先来的人坐在凳子的正中，后来的人会坐在长凳的一边，而正中的人则会挪到长凳的另一端。于是，原本可以坐 4 人的长凳，两个人就“客满”，难怪现在公园、车站都已改为长排单只座位。

人与人之间需要保持一定的空间距离。任何一个人，都需要在自己的周围有一个自己把握的自我空间，它就像一个无形的“气泡”一样为自己“割据”了一定的“领域”。而当这个自我空间被人触犯时，就会感到不舒服、不安全，甚至恼怒起来。

一位心理学家做过这样一个实验：在一个刚刚开门的阅览室里，当里面只有一位读者时，心理学家就进去拿椅子坐在他或她的旁边。实验进行了整整 80 人次。结果证明，在一个只有两位读者的空旷的阅览室里，没有一个被试能够忍受一个陌生人紧挨自己坐下。当心理学家坐在他们身边时，被试不知道这是在做实验，于是很快就默默地远离到别处坐下，有人则干脆明确表示：“你想干什么？”

就一般人而言，交往双方的人际关系以及所处情境，决定着相互间自我空间的范围。美国人类学家爱德华·霍尔博士划分了四种区域或距离，各种距离都与双方的关系相称。

1．亲密距离。

这是人际交往中的最小间隔，即我们常说的“亲密无间”，其范围在 6 英寸（约 15 厘米）之内，彼此间可能肌肤相触、耳鬓厮磨，以至于相互能感受到对方的体温、气味和气息；其远范围是 6 英寸到 18 英寸（约 15 ~ 44 厘米）之间，身体上的接触可能表现为挽臂执手，或促膝谈心，仍体现出亲密友好的人际关系。

就交往情境而言，亲密距离属于私下情境，只限于在情感联系上高度密切的人之间使用。在社交场合、大庭广众之下，两个人（尤其是异性）如此贴近，就不太雅观。在同性别的人之间，往往只限于贴心朋友，彼此十分熟识而随和，可以不拘小节，无话不谈；在异性之间，只限于夫妻和恋人。因此，在人际交往中，一个不属于这个亲密距离圈子内的人随意闯入这一空间，不管他的用心如何，都是不礼貌的，会引起对方的反感，也会自讨没趣。

2. 个人距离。

这是人际间隔上稍有分寸感的距离，较少有直接的身体接触。个人距离的近范围为1.5 ~ 2.5英尺（约46 ~ 76厘米）之间，正好能相互亲切握手，友好交谈。这是与熟人交往的空间。陌生人进入这个距离会构成对别人的侵犯。个人距离的远范围是2.5 ~ 4英尺（约76 ~ 122厘米），任何朋友和熟人都可以自由地进入这个空间。不过，在通常情况下，较为融洽的熟人之间交往时，保持的距离更靠近远范围的近距离（2.5英尺）一端，而陌生人之间谈话则更靠近远范围的远距离（4英尺）一端。

人际交往中，亲密距离与个人距离通常都是在非正式社交情境中使用，在正式社交场合则使用社交距离。

3. 社交距离。

这已超出了亲密或熟人的人际关系，体现出一种社交性或礼节上的较正式关系。其近范围为4 ~ 7英尺（约1.2 ~ 2.1米），一般在工作环境和社交聚会上，人们都保持这种程度的距离。

社交距离的远范围为7 ~ 12英尺（约2.1 ~ 3.7米），表现为一种更加正式的交往关系。公司的经理们常用一个大而宽阔的办公桌，并将来访者的座位放在离桌子一段距离的地方，这样与来访者谈话时就能保持一定的距离。如企业或国家领导人之间的谈判、工作招聘时的面谈、教授和大学生的论文答辩等，往往都要隔一张桌子或保持一定距离，这样就增加了一种庄重的气氛。

4. 公众距离。

这是公开演说时演说者与听众之间所保持的距离。其近范围为12 ~ 25英尺（约3.7 ~ 7.6米），远范围在25英尺（约7.6米）之外。这是一个几乎能容纳一切人的“门户开放”的空间，人们完全可以对处于空间的其他人“视而不见”，不予交往，因为相互之间未必发生一定联系。因此，这个空间的交往，大多是当众演讲之类。当演讲者试图与一个特定的听众谈话时，他必须走下讲台，使两个人的距离缩短为个人距离或社交距离，才能够实现有效沟通。

人际交往的空间距离不是固定不变的，它具有一定的伸缩性，这依赖于具体情境、交谈双方的关系、社会地位、文化背景、性格特征、心境等。

我们了解了交往中人们所需的自我空间及适当的交往距离，就能有意识地选择与人交往的最佳距离；而且，通过空间距离的信息，还可以很好地了解一个人的实际社会地位、性格以及人们之间的相互关系，更好地进行人际交往。

不要把好事一次做尽，否则别人会疏远你

小惠有位很好的朋友小莉。小莉的家庭生活并不幸福，她在家经常与婆婆产生摩擦，从而导致了与丈夫的关系也不和谐，夫妻俩经常吵架。小惠每次听小莉声泪俱下地控诉完婆婆与丈夫的不是之后，感觉到小莉那份难以启齿的难受时，小惠的心中也一样难受万分，可是却没有办法来解决。眼看自己帮不了好朋友的忙，小惠也闷闷不乐，心情差到极点。

小惠也曾在心里一遍遍劝诫自己：小莉有困难她自己会解决的，自己没必要也跟着痛苦不堪。然而，一遇到小莉有什么事，小惠却又烦躁不安。

这种过度为他人操心和受他人影响的心理情绪，在心理学上称为“心理卷入程度过高”。心理卷入程度过高是指个人在心理上与环境信息的关联程度过高。例如，在人际交往中，有人会过分地关心朋友的事情。朋友遇到困难了，他比朋友还忧心忡忡；朋友办事出现失误，

他比朋友还内疚和自责。

心理卷入程度过高的人，很容易受到外界环境的影响，总是把自己和周围的环境联系在一起，导致情绪波动大，行为控制不当，进而出现心理问题或人际关系障碍。

造成心理卷入程度过高的原因，主要是因为当事人不自信，比如特别在乎别人的议论，担心遭到别人的否定和排斥。此外，由于个体心理独立性发展不完善，个人的状况和心理状态易受环境和他人的影响。再者，是因为缺乏必需的社会知觉和人际交往技巧，不会恰当地判断事件与自己的关联程度以及自己的行为可能给对方造成的影响。

解决心理卷入程度过高的问题，一是要信任别人，相信别人能为自己的事负责，能解决好自己的问题，不要越俎代庖，负自己不该负的责任。二是加强自信和独立性，有自我价值观与生活支撑点。只有在心理上消除对他人的依赖，才能驾驭自己的生活和情感。

许多初涉社交圈中的人常犯的一个错误就是“好事一次做尽”，以为自己全心全意地为对方做事会使关系融洽、密切，事实上并非如此。因为人不能一味地接受别人的付出，否则心理会感到不平衡。“滴水之恩，涌泉相报”，这也是为了使关系平衡的一种做法。如果你总是在帮别人，使人感到无法回报或没有机会回报的时候，愧疚感就会让受惠的一方选择疏远。因而，留有余地，好事不应一次做尽，这也是平衡人际关系的重要准则。

“过度投资”，不给对方喘息的机会，会让对方的心灵窒息。留有余地，彼此才能自由畅快地呼吸。如果你想帮助别人，而且想和别人维持长久的关系，那么不妨适当地给别人一个机会，让别人有所回报，不至于因为内心的压力而疏远了双方的关系。

慎谈他人忌讳的话题，否则会导致交际的失败

常言道，当着矬子，不说矮话。朋友中有一个“秃”顶，就不能对着人家说什么“秃头”或“光头”；如果家里来了个客人，体形又矮又胖，就不能说“矮子”“胖子”，否则会挫伤人家的自尊心。言谈中，淫词秽语、不健康的口头禅更应禁忌。见到青年女子，一般不应问对方年龄、婚否。径直询问别人的履历、工资收入、家庭财产等私生活方面的问题，易使人反感。切莫对心情惆怅的人说得意话、得意事。若对方曾犯过错误或有某种缺陷，言谈时要避免使用刺激性的话语。对别人不愿回答的问题不要追问，不要刨根问底。如果一旦触及，应立即表示歉意，巧妙地转移话题。

人都是有自尊心的，都希望得到别人的尊重，谁都不愿意人家触及自己的憾事、缺点、隐私和使自己感到难堪的事，这也是一般人所共有的心理。因此，在现实的交际生活中，一定要注意尊重别人，交谈时千万不要涉及别人所忌讳的问题，不然就会使人际关系恶化，导致交际的失误。

生活是复杂的，由于种种原因，有时说话还非要涉及别人忌讳的话题不可。在这种情况下，就要讲究语言技巧了。要尽量把话说得委婉、含蓄些，在遣词造句时，要避免那些带有直接刺激感官的字眼，这样就有可能取得比较好的效果。例如一位较胖的顾客去布店买花布做衬衫，在选择大花图案还是几何图案上拿不定主意，售货员根据顾客的特点，帮她选择了几何图案的花布，并且介绍说：“这种大花图案带有扩张感，适合瘦人穿，你穿不太合适。这种几何图案花布艺术大方，颜色也好，一尺才 8 元，这种布做成衬衫穿能使人显得年轻、瘦。”胖顾客听了就很舒服。

探望病人，是每个人都要碰到的事，这完全是出于对病人的关怀，这时更要注意病人的忌讳，否则会好心办坏事。有个女青年去探望久病的姨妈，她关切地询问：“您饭量可好？”不想这一句问候话，却使病人的脸上立即堆满愁容。她忧心忡忡地说：“唉，不要谈它了！”接着就没词了，结果造成了很尴尬的局面。原来，病人病情严重，最苦恼的就是吃不下饭。探视病人时，当看到病人面容憔悴时，切不可问：“你的脸色怎么这么难看？”之类的话。否则，除加重病人的思想负担外，没有其他任何用处。

不争之争，才是争的策略

在风景如画的美国加利福尼亚，年轻的海洋生物学家布兰姆做了一个十分重要的观察实验。一天，他潜入深水后，看到了一个奇异的场面：一条银灰色大鱼离开鱼群，向一条金黄色的小鱼快速游去。布兰姆以为，这条小鱼在劫难逃了。然而，大鱼并未恶狠狠地向小鱼扑去，而是停在小鱼面前，平静地张开了鱼鳍，一动也不动。那小鱼见了，便毫不犹豫地迎上前去，紧贴着大鱼的身体，用尖嘴东啄啄西啄啄，好像在吮吸什么似的。最后，它竟将半截身子钻入大鱼的鳃盖中。几分钟以后，它们分手了，小鱼潜入海草丛中，那大鱼轻松地追赶自己的同伴去了。

此后数月，布兰姆进行了一系列的跟踪观察研究，他多次见到这种情景。看来，现象并非偶然。经过一番仔细观察，布兰姆认为，小鱼是“水晶宫”里的“大夫”，它是在为大鱼治病。鱼“大夫”身长只有三四厘米，这种小鱼色彩艳丽，游动时就像条飘动的彩带，因而当地人称它为“彩女鱼”。

鱼“大夫”喜欢在珊瑚礁或海草丛生的地方游来游去，那是它们开设的“流动医院”。栖息在珊瑚礁中的各种鱼，一见到彩女鱼就会游过去，把它团团围住。有一次，几百条鱼围住一条彩女鱼。这条彩女鱼时而拱向这一条，时而拱向另一条，用尖嘴在它们身上啄食着什么。而这些大鱼怡然自得地摆出各种姿势，有的头朝上，有的头向下，也有的侧身横躺，甚至腹部朝天。这多像个大病房啊！

布兰姆把这条彩女鱼捉住，剖开它的胃，发现里面装满了各种寄生虫、小鱼以及腐蚀的鱼虫。鱼“大夫”为大鱼清除伤口的坏死组织，啄掉鱼鳞、鱼鳍和鱼鳃上的寄生虫，这些脏东西又成了鱼“大夫”的美味佳肴。这种合作对双方都很有好处，生物学上将这种现象称为“共生”。

在大海中，类似彩女鱼那样的鱼“大夫”共有45种，它们都有尖而长的嘴巴和鲜艳的色彩。

这些鱼“大夫”的工作效率十分惊人。有人在巴哈马群岛附近发现，那儿的一个鱼“大夫”，在6小时里竟接待了300多条病鱼。前来“求医”的大多是雄鱼，这是因为雄鱼好斗，受伤的机会较多；同时雄鱼比雌鱼爱清洁，除去脏东西后，它们便容光焕发，容易得到雌鱼的垂青。有趣的是，小小的彩女鱼在与凶猛的大鱼打交道时，不但没受到欺侮，还会得到保护呢。布兰姆对几百条凶猛的鱼进行了观察，在它们的胃里都没有发现彩女鱼。然而，他却多次看到，这些小鱼进入大鲈鱼张开的口中，去啄食里面的寄生虫。一旦敌害来临，大鲈鱼自身难保时，便先吐出彩女鱼，不让自己的朋友遭殃，然后逃之夭夭，或前去对付敌害。

在这个例子中，我们看到了生物之间彼此依靠、共栖共生的生存事实，特别是彩女鱼与其他鱼类之间那种温情脉脉的共存关系，不由得让人感到一丝温馨。与它们相比，人类的种种行径却显得非常丑恶，为了一时的名利争得你死我活，过着群雄逐鹿的生活。合作是维持秩序、克服混乱的重要法则。一旦要各自居功、互不相让，这个法则必然遭到破坏，世间的秩序将无从谈起。

老子说：“只有无争，才能无忧。”利人就会得人，利物就会得物，利天下就能得天下。从来没有听说过，独恃私利的人，能得大利的。所以善利万民的人，如同水滋润万物而与万物无争，不求所得。所以不争之争，才是争的策略。

“处处绿杨堪系马，家家有路到长安”，事事斤斤计较、患得患失，事事强出头，只会让自己活得更累。当你同别人争名夺利时，你也成了别人的眼中钉、肉中刺。

不要随便揽责任，小心失信于人

不在其位，不谋其政，是古人为官的一条方圆之道。不是你的专业自然不该你管，你也就不应该管。你不在那个职位，管了也妨碍别人，费力不讨好，说白了就是没事惹事。

我们常听到别人漫不经心地说："有事我负责！"像这种随便把"负责"二字挂在嘴上的人，是没有"心机"的人，也是不负责任的人。出了事情，责任谁都能付，但谁也付不起。

责任也是有限度的。不是从一开始就随随便便地表示负责到底，才是有责任感，而是负自己该负的责任才对。

"责任感"是一种称赞的话，重点在于后面的"感"字。不是责任，而是感受责任，所以不是只要说愿意负责的话就可以了，而是要亲自感受自己应该负起的责任。一般人往往不去衡量自己的力量，光是一副正义凛然的样子拍胸脯来表示愿意负责，却没有顾虑到现实的后果。

责任并不似权利义务那么具有强制性，它的道德含意比较强，但实际上却没有什么约束力。

然而，在与人交往时，彼此会不经意地在对方的身上加诸太多责任。在工作上，我们必须义无反顾地担负一些公事上的责任。有时候当工作没有成绩时，即使并不是自己的过失，仍然得负起连带责任。这个社会就是这样，随时随地都要负起责任。在这种情况之下，当我们受到别人的请托时，为了达成任务所尽的力就是负责。

与人交往的责任，就是只要彼此尽了力就可以了，不必非得要求自己或对方奉献出所有的金钱及时间或从别人那里要求一些不合情理的事情。

身为现代人，于公要对公司负责，于私要对家庭负责。如果为了对朋友负责而伤害了其中之一，那就失去了交朋友的意义。

做买卖也好，交朋友也好，本来就是以"一诺千金"为彼此的责任。既不需要任何书面保证，也不必找人做保，只要彼此信得过即可。

与人交往时，不要随便地拍胸脯说些不负责的话，而是拿出行动来负责。有"心机"的人向来行在前，言在后。

拿破仑说："我从不轻易承诺，因为承诺会变成不能自拔的错误。"承诺就是要揽责任，如果你做不到，尤其是超出你能力范围之外的事，只会令你失信于人，形象大大受损。

帮助别人本身无可厚非，关键是量力而行。不看清自己的实力，什么事都说"我能行"，与一个莽汉没有什么区别。你要为你所说出的话负责，就必须"三思而后言"。

方圆有道，原则性问题绝不能让步

人与人之间的矛盾，如果以平等互利的方式来解决，都是可以化解的。但是，如果矛盾涉及了原则性问题，那么就必须站稳脚跟，寸步不让，即使是细节也不能让。方圆之人懂得，如果原则性的问题也要让步，等于失去了做人的方向。

人们所说的原则性问题主要有两种，一是尊严，一是应得的利益。尊严是精神上的原则性问题。一个人格健全的正常人是不能允许别人轻易冒犯自己的尊严的，尊严受到损害有时比物质利益的损失更能让人感到痛苦和难以忍受。一个人的素养越高，越看重自己的人格与尊严，所谓"士可杀不可辱"，正是这个意思。

我们说在尊严问题上，必须寸步不让，但在很多情况下是自己的尊严已被人严重地侵犯了，却还不知如何申辩，结果只能白白地受气。其实，别人侮辱我们的人格，并不就意味着他的人格有多高尚，如果我们能够了解对方，稍稍使用一点"心机"，以其人之道，还治其人之身，往往可以收到良好的效果，从而为自己讨回尊严。

在某大城市的一户人家里，有一位乡下来的小保姆，由于性情实在，干活利索，给女主人的印象颇佳。但是，生性狐疑的女主人还是担心这位乡下姑娘手脚不干净，于是在试用期的最后几天想出个办法来试一试她。

一天早晨，小保姆起床要去做饭，在房门口捡到一元钱，她想肯定是女主人掉下的，就随手放在了客厅的茶几上。谁知第二天早晨，小保姆又在房门口捡到了一张五元的钞票，这让她感到很奇怪。“莫非是在试探我吗？”小保姆产生了这样的疑问。但她又很快打消了这个念头，因为女主人是位刚从科长位子上退休的体面人，怎么会做出这样侮辱人的事情呢？这样想着，她就把钱放进了茶几底下，但心里面还是留了个心眼。

到了晚上，小保姆假装睡下，从卧室的窗户窥看客厅中的动静。正当她困意袭来，准备放弃这一念头时，女主人竟真的悄悄到茶几前取钱来了。小保姆彻底惊呆了，怒火冲上了她的心头：怎么可以这样小看人！她咬了咬嘴唇，下定了一个决心。

次日早晨，小保姆又在房门口发现了一张钞票，这次是十元钱。她笑了笑，把钱装进了自己的口袋。到了傍晚，她在女主人下楼去练气功之前把这十元钱悄悄地放在了楼梯上，准备也测试女主人一番。果不出小保姆所料，女主人之所以怀疑别人手脚不干净，正是因为她自己是一个自私而贪心的人。她在下楼时看见了那十元钱，当时就眼睛一亮，然后趁着左右没人把钱塞进了口袋里。这一幕，全都被暗中偷窥的小保姆看到了。

当晚，女主人就像科长找科员谈话一样找到了小保姆，严肃而又婉转地批评她为人还不够诚实。如果能痛改前非，还是可以留用的。小保姆故作懵懂地问：“你是不是说我捡了十元钱？”“是呀！难道你不觉得自己有错吗？”小保姆摇了摇头：“不，我不认为我做错了什么，因为我已经将那十元钱还给您了。”女主人一脸诧异：“咦，你啥时啥地还我钱了？”小保姆大声回答：“今天傍晚，公共楼梯……”女主人一听到“楼梯”两个字，顿时像触了电一样浑身一颤，狼狈得一句话也说不出来了……

聪明的小保姆利用了一些“心机”，为自己找回了面子，女主人自然也不该再侮辱她的人格和尊严了。试想一下，如果她正面反击，不讲策略，又会是什么效果呢？使用一点“心机”，就可以方圆有道，一劳永逸。可见，做人还是需要有技巧的。

无论对方是何类人，一定记住“过犹不及”

古人云：“恩不可过，过施则不继，不继则怨生；情不可密，密交则难久，中断则有疏薄之嫌。”意思是说施恩不可以过分，因为过分的施恩是不能永远持续下去的，一旦中断施恩就会有怨恨产生；交情不可以过于密切，因为密切的交往是很难保持永久不变的，一旦中断，就让人有了疏远冷淡的嫌疑。

从中我们明白，任何事情都要讲究一个“度”。无论交际对方是何类人，一定记住“过犹不及”。至于如何能做到中庸，实在是一门博大精深的学问。

有一次，孔子的弟子子贡在跟孔子谈论师兄弟们的性格及优劣时，忽然向孔子提了个问题：“先生，子张与子夏两人哪一个更好些呢？”

子张是孙师，子夏是卜商，两人都是孔子的得意弟子。

孔子想了一会儿，说：“子张过头了，子夏没有达到标准。”

子贡接着说：“是不是子张要好些呢？”

孔子说：“过头了就像没有达到标准一样，都是没有掌握好分寸的表现。”这就是“过犹不及”的出处。

有一回，孔子带领弟子们在鲁桓公的庙堂里参观，看到一个特别容易倾斜翻倒的器物。孔子围着它转了好几圈，左看看，右看看，还用手摸摸，转动转动，却始终拿不准它究竟是干什么用的。于是，就问守庙的人：“这是什么器物？”

守庙的人回答说：“这大概是放在座位右边的器物。”

孔子恍然大悟，说：“我听说过这种器物。它什么也不装时就倾斜，装物适中就端端正正的，装满了就翻倒。君王把它当做自己最好的警戒物，所以总放在座位旁边。”

孔子忙回头对弟子说：“把水倒进去，试验一下。”

子路忙去取了水，慢慢地往里倒。刚倒一点儿水，它还是倾斜的；倒了适量的水，它就正立；装满水，松开手后，它又翻了，多余的水都洒了出来。孔子慨叹说：“哎呀！我明白了，哪有装满了却不倒的东西呢！”

子路走上前去，说：“请问先生，有保持满而不倒的办法吗？”

孔子不慌不忙地说：“聪明睿智，用愚笨来调节；功盖天下，用退让来调节；威猛无比，用怯弱来调节；富甲四海，用谦恭来调节。这就是损抑过分，达到适中状态的方法。”

子路听得连连点头，接着又刨根究底地问道：“古时候的帝王除了在座位旁边放置这种器物警示自己外，还采取什么措施来防止自己的行为过火呢？”

孔子侃侃而谈道：“上天生了老百姓又定下他们的国君，让他治理老百姓，不让他们失去天性。有了国君又为他设置辅佐，让辅佐的人教导、保护他，不让他做事过分。因此，天子有公，诸侯有卿，卿设置侧室之官，大夫有副手，士人有朋友，平民、工、商，乃至干杂役的皂隶、放牛马的牧童，都有亲近的人来相互辅佐。有功劳就奖赏，有错误就纠正，有患难就救援，有过失就更改。自天子以下，人各有父兄子弟，来观察、补救他的得失。太史记载史册，乐师写作诗歌，乐工诵读箴谏，大夫规劝开导，士传话，平民提建议，商人在市场上议论，各种工匠呈献技艺。各种身份的人用不同的方式进行劝谏，从而使国君不至于骑在老百姓头上任意妄为，放纵他的邪恶。”

子路仍然穷追不舍地问：“先生，您能不能举出个具体的君主来？”

孔子回答道：“好啊，卫武公就是个典型人物。他九十五岁时，还下令全国说：‘从卿以下的各级官吏，只要是拿着国家的俸禄、正在官位上的，不要认为我昏庸老朽，就丢开我不管，一定要不断地训诫、开导我。我乘车时，护卫在旁边的警卫人员应规劝我；我在朝堂上时，应让我看前代的典章制度；我伏案工作时，应设置座右铭来提醒我；我在寝宫休息时，左右侍从人员应告诫我；我处理政务时，应有瞽、史之类的人开导我；我闲居无事时，应让我听听百工的讽谏。’他时常用这些话来警策自己，使自己的言行不至于走极端。”

众弟子听罢，一个个面露喜悦之色。他们从孔子的话中明白了一个道理：在任何情况下，人们都要调节自己，使自己的一言一行合乎标准。不过分，也不要达不到标准。

中庸，在孔子和整个儒家学派里，既是很高深的学问，又是很高深的修养。追求恰到好处、适可而止，这是做人处事的一种境界，一种哲学观念。比如吃饭，餐餐最好吃到恰到好处，每顿饭不要因饭菜不好而饿肚子，也不要因饭菜特好而把肚皮撑得鼓鼓的。适可而止，就能永远保持健康的胃口。

值得说明的是，孔子讲的中庸，绝不是无谓的折中、调和，而是指为人处世应该慎重选择一种角度，一种智慧。有一些人认为孔子讲的中庸就是不讲原则，那是对“中庸”思想的误解，其本质是过犹不及、适可而止，这也正是我们游刃于人脉之间的一条重要法则。

同谁都合得来，保证谁都喜欢你

人性的细节，一旦发挥过分，就会讨人嫌恶，就无法圆融为人，就不能得到某些人的喜爱。圆融为人，就不要过分地亲近或疏远任何人。既不要过于亲近比你地位高的尊贵的人，也不要过于疏远那些地位比你低的人。尽管人们的社会角色和社会地位不同，但每个人都需要受到尊重，维护面子的精神需求是一致的。如果你忘记这一事实，与他们交际时，对“重要人物”谦卑有加，而对其他人却毫不在意，则会刺伤后者的自尊，失去一大批人。日后有什么要求人家帮忙的，就要付出更大的代价，这样的做法是不值得的。

有这样一场家宴：宴席上坐着男主人、男主人单位的领导以及几位同事，圆桌上的酒菜已经摆得让人感觉十分满意了，可是，围着花布裙的主妇还是一个劲地上菜，嘴上直对领导说："没有什么好吃的，请领导对付着用点！"

男主人则站起来，把领导面前吃得半空的菜盘撤掉，接过热菜又放在他面前，热情有余地给领导夹菜、添酒，而对其他同事只是敷衍地说声"请"。

面对这样"尊卑有别"的款待，试想男主人的几位同事将作何感想？即便不觉得难堪，也会觉得主人对他们的款待不同。也许未等宴席告终，有些同事就"有事"告辞了。

像这样的宴席，男主人眼里只有领导，而慢怠他人，使同事们的自尊心和面子受到损伤，非但不能增进主客间的友谊，反而会造成心理隔阂，稍作权衡就会发现如此尊卑有别的待客之道，实属不智之举。

圆融处世时，不能过分亲近权势。亲近权势大的、疏远权势小的，等于从中挑拨，必导致两势相争。两者取其中，"公事公办"，不搞拉拉扯扯那一套，也不要把精力和心思花费在研究某某"背景"之上。以权势视其关系亲疏，实则亲一时，疏一世。凡是这样"套"来的亲，没有长久的。因为权势本身就不是永恒的，而是无常的，所以以此为筹码的亲疏一定不会长远，这是必然的。真正做到不以权势为标准来决定亲疏远近，十分了不起，那是真正"禅"透了，想开了，那才是圆融为人之道。

汉代有一位非常有名的清廉又重义的人，叫朱晖。他在读书的时候偶然结识了一位大官张堪，恰是他的同乡。张堪很器重他，但朱晖却因为自己只是一介书生，不敢与之来往太密。有一次，张堪对朱晖说，你真是一个自持的人，值得信赖，我愿以身家子妻托付于你。朱晖因为张堪是一位德高望重的前辈，对此重言不晓得做什么反应，只是恭敬地拱手相应。后来，张堪死了，身后没有留下什么丰厚的遗产。朱晖其时早已与张堪无甚交往，但闻讯之后，感于张堪的知遇，竟千方百计地济以钱粮，前去嘘寒问暖。朱晖的儿子对他说："父亲，我们以前并不曾听到你与张堪有什么深厚的交情，你为何如此善待他的家人？"朱晖回答说："张堪生前，曾对我有知己相托之言，我当时已有备于心。做人不能分其尊卑欺骗别人，更不能欺骗自己。"

尽管人们在社交中需要分清主次，有轻有重，不可能平均用力，等齐划一，但圆融为人的人，在保证"重点"的时候，绝不忽略"一般"。比如，去某单位办事，恰巧遇见了三个都认识的人，都好久未见了，其中一位正是自己急于寻找求助办事的，你怎么对待呢？是抓住一人，不计其余，还是逐个关照，热情寒暄一番，然后和其他人说明情况，保证重点？这就需要一个技巧。

在当今社会，人际交往中流行一句口头禅："好使不？"即：有用吗？尊者，有用、好使则亲；卑者，没用、不好使则疏远。这里的"好使"、"不好使"和权势固然有密切联系。趋炎附势者，都想直接从权势者那里获取一些功利。"好使"则亲，完全是急功近利，实用主义。人们议论某人有实用主义作风，往往说他"尽拣有用的交"，就是这个意思。善于广交朋友，这未必不是好事，说明此人有公关能力。但专拣有权的、有用的交，不交那些地位低下的、无权无势的，与"好使"者亲，与无能者疏远，这就势必在亲情、友情、同志情、人情中夹杂了功利目的。亲疏只要带上尊卑功利色彩，肯定就会出现悲剧。假如人际关系中专以"好使"论亲疏，最终必然会导致弱肉强食，恃强凌弱。圆融的为人之道，须持不尊不卑的姿态，与他人和谐相处。

第三章
借力打力，坐收渔利

找对自己的位置，近“朱”远“墨”

我们常说“近朱者赤，近墨者黑。”与之类似，如果把一匙酒倒进一桶污水中，你得到的是一桶污水；如果把一匙污水倒进一桶酒中，你得到的还是一桶污水。这就是心理学中的酒与污水定律。

“你应该强化正面，消除负面，抓住肯定，别跟中间人先生搅在一起！”20世纪40年代中期，美国歌手约翰尼·默塞尔这样唱道。虽然很简短，但它深刻地告诉我们，一定要找对自己的位置，近“朱”而远“墨”。

许多令人尊敬的哲学大师都表达过这样一种思想：“一旦你控制了你的意识与感情，你就控制了你的生活。”这样，就将减少外部环境对你的负面影响。

NBA伟大球星迈克尔·乔丹小时候很喜欢打篮球，但是因为个子矮，他并没有进入校队。于是，他就自暴自弃，与社会上的一些小混混成日待在一起。慢慢地，他和那些人学会了抽烟、喝酒等不良习惯，进入萎靡状态。

后来，在哥哥积极的鼓励与帮助下，乔丹迷途知返，离开了那些所谓的“朋友”，终使他在事业上取得了伟大的成就。

人作为社会的产物，是不可能脱离社会而存在的。当人置身于社会大环境中，不管他是自觉还是不自觉，都会接触到“朱”与“墨”两种不同类型的人物，也都会受到周围环境的影响。

你也许会问，我们每个人都有自己独特的秉性，这些差异是如何形成的呢？人从母体出生时，天性是一样的，但每个人的成长环境、生活经历、受到的教育却是不一样的。随着年纪的增长，这些不同的差异导致每个人形成了自己的世界观、人生观，从而决定了不同的人生道路。近朱者赤，近墨者黑。环境如同一个大冶炉，会将形形色色的人同化于其中。一个人处在进取、正气的环境中，会受到身边人言行思想的影响，自觉地约束自己、塑造自己，使自己不断进步；相反，一个人处在颓废、不思进取的环境中，他将会受到身边消极观念的影响，放任自己，随波逐流。

曾经有名高中生叫江力。他住的院子里有个待业青年叫马旭，去年当了烤羊肉串的个体户，赚了不少钱。一天，马旭在卖肉串时与一个青年发生口角，江力走上去劝开了那位青年。马旭见江力替自己说了话，送了串羊肉串给他吃。后来，他俩的关系就变得越来越密切。

有时，马旭还不停地送给江力好吃的东西。时间长了，马旭就慢慢向江力灌输他的人生哲学：钱越多越好，人无外财不富。江力这个涉世不深的学生，渐渐地对金钱产生了浓厚的兴趣。从此，他为了满足自己的欲望，又在马旭的“教导”下，不断地偷钱，走上了犯罪道路。

我们常说“挨金似金，挨玉似玉，挨着木匠会拉锯。”跟快乐的人在一起，就学会享受生活中的快乐；跟热心的人在一起，就会变得富有热心；跟有爱心的人在一起，也会产生爱心；跟成功的人在一起，也会去追求成功。这就像练习书法一样，手边备有许多真正的好碑好帖，时时观赏、练习，必能练出一手好字。

假如你想找到一条容易成功的道路，那就从现在开始，去寻找那些表现杰出的人，观察他们的行动，倾听他们的言语，并尽量多和他们交往，向他们学习。如果发现某人表现突出，你心里要立刻跳出这么一句话：“他是怎么做到的？”这时你也会产生追求卓越的希望，从你所见所闻的每件事里挖掘出成功的“金矿”。假如你现在想找一个积极的朋友，一时又难以找到，那在伟人的自传或中外名著里找一个好朋友虽然你和书里的朋友没有见过面，但你可以在书里和他面对面地谈心、交流，从他们身上汲取营养，汲取智慧。

美国作家马克·吐温曾经这样跟一群年轻人说：“远离那些要减少你成功的人。”他还说：“那些真正伟大的人会使自己觉得你也可以变得伟大。如果你要成功，少接触小人，多跟成功的人在一起。”

所以，在这个纷繁芜杂的社会上，一定要找准自已的位置。遇到“墨”式的人物，要保持警惕与距离。若因某些原因必须来往时，采用敷衍的形式即可，不宜深交；遇到“朱”式的人物，要尽力地学习与交往，因为他们很可能在你的人生旅途中助你一臂之力。

积极主动地“攀龙附凤”，让贵人扶你平步青云

常言道：“七分靠努力，三分靠机运。”很多时候，机运对我们的成功来说太重要了。它可以缩短我们的奋斗时间，取得事半功倍的效果。相信，你一定想知道这些机运来自何方？其实，想得到这些机运，就需要我们积极主动地攀附身边的贵人——那些能够提携、帮助我们的人。

这些贵人，由于与众不同，一般都有着很强的个性，特别是一些地位比你低的贵人，他们不会轻易屈尊人下。因此，要想得到贵人的帮助，你必须放下身份和面子，用真情感动贵人。

戴维·史华兹年轻的时候和一个朋友合伙，用7500美元开办了一家小小的服装公司。史华兹将全部精力都投入到了这家服装公司，在他的出色经营下，公司发展得很快，生意相当不错。

但不久，史华兹发现了问题。他认为，公司老是做与别人一样的衣服是没有出路的，必须要有一位优秀的设计师，能设计出别人没有的新产品，才能在服装业中出人头地。然而，这样的设计师到哪儿去找呢？

一天，他外出办事，发现一位少妇身上的蓝色时装十分新颖别致。经历了一些周折，史华兹了解到这套衣服是她丈夫杜敏夫设计的。于是，他有了聘请杜敏夫当自己公司设计师的念头。

然而，当史华兹登门拜访时，杜敏夫却闭门不见，这令史华兹十分难堪。但他知道，一般有才华的人难免会有些傲气，只有用诚心，才能去感化他。所以他并不气馁，接二连三地走访杜敏夫的家，三番五次地要求见面。他这种求贤若渴的态度，终于使杜敏夫为之动容，接受了史华兹的聘请。

杜敏夫果然身手不凡，他向史华兹建议采用当时最新的衣料——人造丝来制作服装，并且设计出了好几种颇受欢迎的款式。

史华兹是第一个采用人造丝来做衣料的人。由于造价低，而且抢先别人一步，尽占风光，公司的业务蒸蒸日上。在不到10年的时间里，他就成为了服装行业的“大哥大”。

杜敏夫就是史华兹的贵人，如果没有他的帮忙，史华兹公司的发展就要大打折扣了。但是，在他们的合作中起决定作用的是史华兹的真诚和耐心。他面对拒绝毫不气馁，敢于放下面子，以堂堂老板的身份三番五次地请求接见，这样才得以获得贵人的帮助，取得事业的成功。

为了引起贵人对你的兴趣，你还要花费心思去了解贵人的喜好，发掘他们关心的事物。学会主动攀龙附凤就要主动寻找与“龙”和“凤”相关的事物，并以此为突破口，拉近与贵人的距离，从而达到为自己办事的目的。

不过，攀附关系不是生拉硬套，要循循善诱、顺理成章、委婉自如，让他们感受到虽是不经意地提起，却一语中的，牵动着贵人的旧情，甚至让他们沉湎于旧情旧事之中。如果能把与贵人的关系攀附到这种状态，还何愁贵人对你托办的事情冷眼旁观呢?

任何一个人都有自己的人情关系网，贵人也一样。与他攀附关系，必须先暗地里多关注和记录他的身世和社会关系网，包括他的亲属关系、朋友关系、同学关系、上下级关系等。掌握了这些，鉴于直接与某上级建立关系多有不便，则可见机行事、另辟蹊径，设法同一两位与对方关系甚笃的人建立关系。这样，在必要时，便可以借助这些关系的力量拿住贵人的面子，使对方碍于某些关系的面子不好拒绝，不能拒绝，不便拒绝。

此外，在众目睽睽之下是不便与别人攀附关系的，因为绝大多数人不情愿公开自己的身世和社会关系。所以，与贵人拉关系最好是在背后与其扯家常、聊天的时候，或者在酒桌上小酌，在茶余饭后散步的时候，或者在贵人情绪好而且还具有拉关系兴头的时候，这样最容易切中贵人的心意，让他买你的账。

主动结交成功的人，可以少走弯路

懂得为自己的未来打算的人，具有长远眼光的智慧，这种智慧并非每个人都具备。主动结交成功的人是走向成功的一条捷径，可以少走些弯路。

事业成功的人，有赖于比自己优秀的朋友，不断刺激自己力争上游。因为优秀的人就是一个更高的平台，帮助你一步步登上事业的顶峰。主动结交成功者，可让你少走弯路。

要和优秀的人相识，并不像通常所想象得那么困难，即使要结交地位较高的人也如此。尤其是年轻人更需要具备未来意识，把握能与地位较高的人亲近的机会。

美国少年亚当在杂志上读了某些大实业家的故事，很想知道得更详细些，并希望能得到他们对后来者的忠告。

有一天，亚当来到纽约，也不管几点开始办公，早上7点就到了威廉·亚斯达的事务所。

在第二间房子里，亚当立刻认出了面前的那个人就是自己所要拜访的人。亚斯达开始时觉得这少年有点讨厌，然而一听少年问他“我很想知道，我怎样才能赚得百万美元？”时，他的表情便柔和并微笑起来，两人竟谈了一个小时。随后亚斯达还告诉他该去访问的其他实业界的名人。

亚当照着亚斯达的指示，遍访了一流的商人、总编辑及银行家。

在赚钱这方面，他所得到的忠告并不见得对他有所帮助，但是能得到成功者的知遇，却给了他自信。他开始仿效他们成功的做法。

过了两年，亚当成为他当学徒时所在的那家工厂的所有者。24岁时，他是一家农业机械厂的总经理。不到5年，他就如愿以偿地拥有百万美元的财富了。

亚当活跃在事业界多年，总结出了自己成功的一个信条就是多与优秀的人结交，建功立业的前辈能带给你一个改变命运的机遇。

杰克是美国印第安纳州小乡镇上的铁道电信事务所的新雇员。16岁时他便决心要独树一帜。27 岁时他当了管理所所长。后来，成为俄亥俄州铁路局局长。

他给刚进校门读书的儿子的忠告是：“在学校要主动和一流人物结交，有能力的人不管做什么都会成功……”

萨加烈也说了同样的话：“如果要求我说一些对青年有益的话，那么，我就要求你时常与比你优秀的人一起行动。就学问而言或就人生而言，这是最有益的。学习用正确的方法尊敬他人，这是人生最大的乐趣。”

不少人总是乐于和比自己差的人交际。这的确可以得到自慰。因为，在与这些人交际时，能产生优越感。可是从不如自己的人当中，显然是学不到什么的。而结交比自己优秀的朋友，能促使我们更加成熟。

结交朋友虽然出于偶然的机会认识，但朋友对个人的影响却是很大的。因此，在交朋友时，要善于考虑并选择比你更优秀的人，这种意识可以使你离成功更近一步。

具体到怎么结交成功人士，就要我们主动一些，因为成功的人不可能跟你主动联系。不要觉得不好意思，主动和成功者联系，大胆亮出你自己吧。可能当你亮出自己时，贵人就会赏识并重用你了。

银行业是非常注重资历和经验的，所以在银行中担任要职的往往是老成持重的人。但一个年轻人只用了不到 10 年的时间就登上了“金字塔尖”，他的成功经历引起了很多人的兴趣。

一位作家打算揭开这个谜底，他去拜访这个年轻的银行家时问过这样的问题：“很少有年纪这么轻就能在银行界得到这么高职位的人。可以告诉我你是如何奋斗的吗？”

“这需要花许多工夫并勇于奉献，”年轻的银行家解释，“但真正的秘诀是，我选择了一位良师。”

“一位良师，这是什么意思？”作家问。

银行家说：“在我大学快毕业时，听了一位退休的银行家的讲座。他当时已经 70 多岁了。他的临别赠言是：‘如果你们有什么需要我帮忙的地方，尽管打电话给我。’听起来好像他只是客套一番，但他的话却引起了我的兴趣。我需要他给我些建议，告诉我在我想进入银行业时该走哪一步才是正确的。可我又很怕碰钉子，毕竟他是个富有而杰出的人，而我只不过是个即将毕业的大学生而已。但是最后，我还是鼓起勇气打电话给他了。”

“结果怎么样？”

年轻的银行家这么回答：“他非常友善，甚至邀请我与他见面谈谈。我去了，得到许多意见满载而归。他给我一些非常好的指导，告诉我应该选择在哪家银行做事，又告诉我如何将自己推荐给别人而获得一份工作。他甚至提议：‘如果你需要我的话，我可以当你的指导老师。’”

“我的指导老师和我后来有着非常好的关系。”银行家继续说，“我每周打电话给他，而且每个月至少一起吃顿午餐。他从来没有出面帮我解决问题，不过他使我了解要解决银行的问题有哪些不同的方法。而且有趣的是，我的指导老师还衷心地感谢我，他说我们的交往使他的思想保持年轻。”

如果我们去主动寻找的话，成功者的帮助就在那里。

在生活中，各行各业有许多非常成功的人，他们随时准备着帮助那些订立成功目标的人。如果我们要求他们帮助的话，他们一定会帮助的。

没时间也得将这十种贵人纳入囊中

你是否工作很忙，几乎没有时间跟任何人打交道？

你是否每天都加班到深夜，根本没有时间跟朋友打个电话或者一起聚聚，到餐厅里喝杯咖啡？

是的，你确实很忙。每个人都很忙。然而，问一下自己——你真的忙得连跟朋友打声招呼的时间都没有吗？

人脉投资是一种长期投资。你一定要懂得如何在忙碌的生活中抽出时间来联系朋友。否则，长此以往，你的身边恐怕只剩下你养的宠物了！

我们无论如何也不能怠慢人脉。然而，即使认识了人脉的重要性也是急不得的。我们必须在平时就让自己为人脉添柴加炭，只有不动声色地微火慢炖，人脉才会成熟起来，朋友才会纷至沓来，这个时候，人脉的回报率将会是惊人的。

在我们投资人脉的过程中，并不能仅仅限于本领域、本专业。有这么几种人是我们必须与之相交相通、时时联络的。哪怕你再忙、再紧张、再疲于应对，也得让自己腾出精力和时间来，将这几种力量纳入手中。

1. 关键时刻能为你提供门票类票据的人。

你正在求助的某个人或者你人脉中的某个重要角色，无意间提起他急欲观看某场重要的比赛，可是偏偏票却售完了，问过所有的票务公司都说没票可售了。此刻，你应当急人之所急，拍着胸脯说：“没问题，这事包在我身上了！”你的朋友一定大为高兴。

但是，前提是你答应的事一定能办成。假如你正好认识票务公司的某某人，而且弄两张票对他来说只是小意思，你的这个人情算是做到了。然而，你首先得认识能为你提供门票类票据的人。这样，关键时刻才能胸有成竹，事事不惧。

2. 银行内部的工作人员。

在经济发展为主导的社会，银行起到了越来越重要的作用。你的工资发放，你的投资理财，你的税款缴纳，你的奖金福利等，都可能要跟银行扯上关系。所以，认识几个银行内部的工作人员是极其必要的。这样当你的资金出现了任何问题，你就知道该向谁咨询，该向谁求助了。

3. 猎头公司的人虽然不受欢迎，但不妨认识一下。

可能你常接到猎头公司的电话，而且频繁得令你感到厌烦。这时，你不应冷言冷语地拒绝，不妨随便聊聊，记一下联系方式。要知道，你现在不需要不代表你将来不需要。如果你哪一天不幸落马了，猎头公司便能帮助你。永远记得这条真理：在口渴前挖井，什么时候都是有水喝的。

4. 多与旅行社打交道。

身在职场，免不了会出差办事。出差离不了远行工具，你可能需要搭乘飞机。同一架飞机，10 名旅客就可能会有 10 种不同的价格。如果你认识旅行社里的人，也许你的机票价格将是这 10 种价格中较为低廉的。一张本值 400 美元的机票，别人花了 500 美元才能买到，你仅花了 300 美元就买到了，是不是很得意？这就得益于你认识的这个旅行社里的朋友。

5. 当地的警务人员你避无可避。

也许你见了警务人员，心里会冷不丁地犯怵。其实，只要你没做犯法的事，完全没有必要。要知道，警务人员的作用是很大的，例如，子女就学、户口迁移、家庭安全、突遇盗窃等事，都会有警务人员的涉入。所以，跟几个警务人员搞好关系是有百利而无一害的。

6. 名人、大腕尽量多结交。

人人都知道，大树底下好乘凉，应尽量多地去认识那些名人、大腕。也许你会想，他们怎会放下架子来结交我们这些普通人呢？其实，你要知道，高处之人往往不胜其寒，很多名人其实比你想象的要容易接近得多。关键在于你要开动脑筋，多想方法去靠近他们，用你独有的魅力去引起他们的关注。另外，你还可以采用一些小技巧，例如，你可以专门去访问那些名人常光顾的律师、医生、会计师等；你还可以去他们常去的餐厅、舞会、展览会等，创造一些与名人、大腕相遇并相识的机会。

7. 多向金融和理财专家请教。

金融、理财，两个貌似高深的词语，现在却与每一个人都丝丝缕缕地扯上了关系，我们每个人都有很多这方面的事务需要处理。但是，并不是我们每个人都可以成为这两方面的专家。这时，我们就可以向这方面的专家请教，向他们请教比较科学的方法来引导我们的生活和事业。

8. 律师。

我们不得不承认，现实的社会是复杂多变的。很简单的问题也许有太多的因素变得扑朔迷离，甚至有人抱怨，就算是两袖清风地走在大街上，都有可能灾祸上身。因此，最明智的选择就是采取法律手段，按照法律程序来解决。这时，我们免不了会跟律师打交道。

律师一般都是法律通，他们熟识法律知识，通晓法律技巧。有律师的帮助，你的麻烦就会减少很多。

9. 维修人员。

日常生活中的麻烦实在太多，家里的锁锈得打不开了，煤气罐漏气，下水道堵塞，半旧的汽车突然罢工……诸如此类的麻烦实在让人心情很糟。这时，如果你突然想起某个精通维修的朋友，一个电话过去，你的朋友便在最短的时间内帮你将这些烦心事解决得彻彻底底，而你需要付出的费用也是在合理的范围之内。有这样的朋友，真的会让人心情很好。

10. 媒体工作者。

你的公司新研发了一种产品，这时，自然少不了宣传。要宣传自然就要跟媒体工作者打交道。所以，无论从集体的利益出发，还是从个人的利益出发，不论你对记者等媒体工作者持怎样的态度，与他们之间的关系你还是要处理好。

媒体往往有这样的作用，它能使你绯闻缠身，也能使你在短时间内人气大涨。如果你处理得好，媒体真的能成为你最好的宣传助手。

不管你属于哪个领域、哪个专业，都很有必要结识上面这十种人，让他们作为我们急需时的“秘密武器”。这些人就好比我们日常出行必须用到的交通工具一样，没有他们我们可能很难完成最基本的事情。结识他们虽然看似平常，有时作用也不是很突出，但是如果能运用得当、巧妙安排，他们就能发挥出事半功倍的效果。

善于“攀亲拉故”，赢得好人缘和人脉

有“心计”的人，善于用“攀亲拉故”的方法加深彼此间的关系，会给自己的拜访抹上一层浓郁而亲切的乡情。

科·阿基诺总统访问中国时，首先抵达的不是北京，而是沿着带有中国血统的菲律宾人当年曾经走过的足迹，直奔祖籍福建省龙海县鸿渐村。在那里，拜访叔叔、祭祀祖宗，与乡亲攀谈。她深情地说：“我来中国不仅是为了国事，也是为了个人的家事。因为我既是一国首脑，在某种意义上来说又是这个村庄的女儿。”女儿回娘家，娘家自然待以百倍的热情。科·阿基诺的重访故里，为其成功访问北京，拉近了感情距离。

清朝末期有一个赵某人，参加科举屡试未中，费尽气力最后总算得了一个秀才头衔。在偏僻的小山沟里当一个私塾先生，教村里几个儿童以换取日常之粮食与衣物。

赵某虽说不能金榜题名，但博学精深，非常重视对自己的学生的教育。虽说山村偏僻，但在那里，西方的知识也有所传来，赵某异常欣赏，遂经常给学生教这些知识。

有一次，为了给学生建一间动植物标本保存室，他想方设法地去筹钱，村里借了，去邻村，邻村借了就到乡里……最后，在实无出路的情况下，他到了城里，希望找几个老乡想想办法。

当听说有一个老乡现已家财万贯时，他欣喜若狂，满怀希望地前去借钱，却不料这位老乡异常吝啬，一个子儿也不给就把赵某赶了出来。

赵某遇到这种屈辱，叫他如何咽得下。不过，冷静之后，赵某想到这个老乡对村里特别是儿童教育还非常有用，跟他关系搞好了，以后的教育经费就好办了。于是，他想出了一计去见这位老乡。

那时不比现在，现在亲属辈分之间乱了套，大家也不会太在意。那时亲属辈分非常严格。爷是爷、叔是叔，即使你比人家大了十几岁甚至更大，但人家辈分比你高，你也得叫人家爷。

赵某找来族谱，经过认真查找，他发现自己比这位老乡高了一辈。严格上来说，这位老

乡应叫赵某“表叔”。尽管赵某年龄只有31岁，而那位老乡年龄却有58岁了。

最后，在族谱的面前，这位老乡再也不敢如此嚣张了。在自己的长辈面前，他只有遵循那几千年来的“礼”，而赵某这时说什么话都响多了，最后轻松地借到了所需的经费。

赵某在这里可以说出奇制胜，耍了一个花招，钻了一个空子。从根本上说，是他找到了与这位老乡的裙带关系，续上了血缘关系，在两重力量的压迫下，那位老乡的吝啬之心也不得不低头了。攀亲结交的技巧并不复杂，首先应当在与人初次见面时，运用各种方法拉近与对方的感情距离。感情拉近了，陌生自然会变得渐渐熟悉起来。

大钢琴家肖邦说，他出国时携带的唯一贵重物品是家乡的泥土。但凡海外游子不远万里，跋山涉水，也要归国探亲访友，有的千古后还要落叶归根……人们对故乡怀有特殊的亲切感。拜访中的攀亲拉故，就是用这种美好的意愿，去创造有利于达到目的的心理环境。

有一位采访陈景润的湖北记者就善于攀亲拉故。他们与陈景润的夫人由昆寒暄的第一句话是：“听说你是我们湖北人，怎么普通话说得这么好啊？”（话语既含赞扬又拉近了彼此的关系，一举两得，更具魅力。）由昆喜悦地回答：“是吗？我跟湖北人还是讲湖北话的！”于是，双方都沉浸在“老乡”相识的愉快之中，话语自然多起来，气氛也轻松得多，这正是采访者所需要的。倘若语言生硬，由昆女士保持缄默，采访者怎么可能了解科学家的家庭生活呢？

攀亲拉故，在一定场合和情景下，可使陌生变成熟悉，疏远变成亲近，冷淡变成亲热，拒绝变成悦纳，阻挠变成支持。善于攀亲拉故的人，容易与人产生共鸣，容易找到共同语言，也更容易得到帮助，它与互话家常同样起着缩短心理距离的作用。

亲者，近也；故者，旧也。亲与故，往往给人一种美好的回忆和情绪体验。心理学家认为，一个人对同一事物在不同地点很可能产生不同的情感，而环境影响往往是制约情感和情绪的重要因素。攀亲拉故，正是在不同环境里选择了相同的“亲”、“故”之景，自然也就缩短了你和别人的心理距离。这也是一种赢得好人缘的艺术。

要想让自己成为富人，就先让自己像个富人

富人、贵人所能给予的帮助自然会比普通人大许多，主动和这些人建立关系，可以对自己的发展起到重要作用，是人脉中的关键一环。

哈里森来到丹佛市，住在第2大道的一套小公寓里，他想在这里开始创业生涯。

初来乍到，人们并不认识哈里森。因此他必须计划好为自己的房地产事业铺平道路的每一个步骤。他要做的第一件事就是尽快加入该市的“快乐俱乐部”，去结识那些出入该俱乐部的社会名流和百万富翁。对哈里森这样一个无名小辈来说，要想进这样高档的俱乐部，实在是很不容易，但他还是决定去大胆尝试一番。

哈里森第一次打电话给“快乐俱乐部”，刚说完自己的姓名，随着一声斥责电话就被对方挂了。哈里森仍不死心，又打了两次，结果仍遭到对方的嘲弄和拒绝。

“这样坚持下去，将会毫无结果。”哈里森望着电话机喃喃自语。突然，他心生一计，又拿起了电话。这次他声称将有东西给俱乐部董事长。对方以为他来头不小，连忙将董事长的电话号码和姓名告诉了他。

哈里森立即打电话给“快乐俱乐部”的董事长，告诉他他想加入俱乐部的要求。董事长没说同意也没说不同意，却让哈里森来陪他喝酒聊天。

通过喝酒聊天，哈里森逐渐与这位董事长建立了良好的关系。几个月后，在董事长的特殊关照下，他如愿以偿，成为了“快乐俱乐部”的一员。

在俱乐部里，哈里森结识了许多富商巨贾，建立了良好的关系网。

1972年，丹佛市的房地产业陷入萧条，大量的坏消息使这座城市的房地产开发商们严重受挫，丹佛人都在为这个城市的命运担忧。然而在哈里森看来，丹佛市的困境对他来说无疑

是天赐良机，从前那些对他来说是可望而不可及的好地皮，现在可以以较低的价格任意挑选收购了。

就在这时，哈里森从朋友处得到一个消息：丹佛市中央铁路公司委托维克多·米尔莉出售西岸河滨50号、40号废弃的铁路站场。

哈里森凭着自己敏锐的眼光和经验判断出：房地产萧条是暂时性的，赚大钱的好机会终于降临了。为此，他把自己所拥有的几个小公司合并起来，改称为“哈里森集团”，以使自己更具实力。

第二天一早，哈里森便打电话给米尔莉，表示愿意买下这些铁路站场。

他们很快便达成协议：“哈里森集团”以200万美元的价格购买了西岸河滨的那两块地皮。不久，房地产升温，哈里森手中的两块地皮涨到了700万美元。他见价格可观，便将地皮脱手了。经过许多人的帮助以及自己的努力，哈里森终于挖到了人生的第一桶金——500万美元。此后，他在美国开始了辉煌的经商生涯。

要想让自己成为富人，就先让自己像个富人，和富人有某种接触。即使得不到直接的帮助，这种接触在其他人面前也是一种能提升自己身价的“背景”。

谦逊地请教师长，让他引领你成功

英国社会学家斯宾塞曾说过：“成功的第一个条件是真正的虚心。对自己的一些敝帚自珍的成见，只要看出同真理冲突，都愿意放弃。”其实，这一招儿也是赢得师长帮助的最有效的途径。

很多时候，师长的一次提携，一个经验的分享，或者画龙点睛，临门一脚的提醒，可以让我们的路走得更加顺利。

2009年的春节联欢晚会有一个非常大的亮点，就是小沈阳和他的恩师——赵本山，与央视《星光大道》主持人毕福剑共同演绎了一幕精彩的《不差钱》。众所周知，之前的小沈阳名气并没有这么大，可赵本山老师给了他一个在春晚展现才华的机会，更确切地说是一次提携，为他创造了在星光大道上绽放光芒的良好机遇，最终一炮走红。据悉，当初小沈阳拜赵本山为师的时候，非常诚挚、主动、谦逊，因而能得到赵本山老师的厚爱。他春晚下来就跪拜恩师的感人场面，也是一个有力的证明。

所以，主动、谦逊地向师长请教会给事业的成功带来莫大的帮助，从而不断增强自己的才干和能力，在山高水长的成功之路上有所作为。

苏姗和玛丽是新进入公司的两名高学历工程师，公司安排他们头六个月早上听课，下午完成工作任务。

苏姗每天下午都把自己关在办公室里，阅读技术文件，学习一些日后工作中可能用得着的软件程序。她认为，自己最关键的任务就是努力提高自己的技术能力，并向同事及老板证明自己的技术能力是如何出色。

而玛丽除了每天下午花2个小时看资料外，她把剩余的时间都花在向老员工询问并学习与自己项目有关的问题上。当老员工遇到问题或忙不过来时，她就主动帮忙。大家见她如此热心，而且人也很虚心，都对她产生了好感，很愿意为她介绍公司的工作情况和工作方法。

5个月后，苏姗和玛丽都完成了工作安排。她们的两个项目从技术上讲完成得都不错，苏姗还稍显优势。但是经理却认为玛丽表现得更出色，并在公司高层管理人员会议上表扬了玛丽。苏姗听说后，一时想不开，就去经理办公室问经理，为什么受到表扬的是玛丽而不是自己？

经理说：“因为玛丽是一个很虚心求教、有主动性的工程师，善于向别人请教，也愿意为别人提供帮助。虽然你们的成绩相当，但她的能力有了更大的提高。从长远看，比你更有发展潜力。”苏姗禁不住红了脸，低下了头。

不管从事什么工作，都不可能靠傲慢和等待去完成。只有躬身自省，主动做事，才有成功的可能。事实上，每个人与师长之间的帮助都是相互的，师长也会从对你提供的帮助中找到成就感和扶持之乐。

对于年长的人而言，他看到了年轻的朋友，就好像在沙漠中发现了绿洲，觉得自己枯萎的生命又注入了新的活力，因此当他看到你热烈诚恳的态度时，他也会产生一种开朗而乐于接受对方的心态。

所以，想要与师长融洽相处，想让他把自己的经验和知识倾囊相授，就必须再主动一点，再谦逊一点，这样就一定会赢得他们的心。

与同学多联络感情，为成功铺就更宽的路

人是有感情的动物，人人都难逃“情”字。同学之间的交往在利益关系以外多了一层相知与沟通，可以在人情世故上多一份关心，多一份关照。哪怕遇到了不顺利的情况，也要互相体谅，正如俗话所说：“生意不成人情在。”

同学关系有的时候常常会在关键时刻帮你一个大忙。可是需要注意的是，平常要注意与同学培养感情。只有平常联络，同学之情才不会疏远，同学才能甘心情愿地帮助你。

若你和同学分开以后从来都没有联络过，去求同学办事的时候，一些十分重要的关乎同学利益的事情，他自然不会帮助你。

许多人说：“同学之情就那么几年，若缘尽则情也尽了，没有什么可留恋的。”事实上，这是非常错误的看法。

不管从实用主义，还是从情感价值角度去衡量，同学之谊都值得你保持与维系。

三国时代蜀国君主刘备的一段经历就告诉了人们这个道理。

刘备读私塾的时候，因为他讲义气、聪明，所以成为同学中的首领。在这几年里，刘备常常帮助其他同学，和同学的关系处得很好。后来刘备长大了，同学们都有各自的道路要走，刘备和要好的同学便各奔东西了。

尽管同学们分开了，但刘备却非常注重和同学保持联系。有一个叫石全的人，是刘备读书的时候最谈得来的朋友。石全读完书以后，回家供奉老母亲，以尽孝道，以打柴卖字画为生。

刘备没有嫌石全清贫，常常邀请石全到家里做客，共同探讨时事，这样的聚会每次都非常成功。刘备和石全的关系不断地加强，情同手足。

后来，刘备为了实现理想，就拉起了一支队伍参与了东汉末年的军阀混战。开始的时候，刘备军事实力非常小，只好依附于其他人。在一次战斗中，刘备率领的兵马被全部歼灭，只有他一人逃了出来，被同学石全给藏了起来，逃过了一死。

看来，同学关系有的时候在危急时刻能帮上大忙，能够起到排忧解难的作用。可是，要记住的是，这中间的好处来自于你的努力。若在你和同学分开以后没有交往，那么关系之好又从何处谈起呢？从中受益更是一纸空文了。因此，只要你拥有这份情，真诚地维持分开以后的同学关系，那么你的人际面就会更加广泛，路子会比别人多出几条来。

鸡鸣狗盗，小人物也能救命

营造人脉，不可忽视身边“小人物”的作用，有“心计”的人深谙此理。在许多领导身边的“小人物”都发挥着举足轻重的作用。

清朝雍正皇帝在位时，按察使王士俊被派到河东做官。正要离开京城时，大学士张廷玉把一个很强壮的属下推荐给他。到任后，此人办事很老练，又谨慎。时间一长，王士俊很看重他，

把他当做心腹使用。

王士俊任期满了准备回到京城，这名属下忽然要求告辞离去。王士俊非常奇怪，问他为什么要这样做。那人回答：“我是皇上的侍卫某某。皇上叫我跟着你，你几年来做官，没有什么大差错。我先行一步回京城去禀报皇上，替你先说几句好话。”王士俊听后吓坏了，此后一想到这件事就两腿发软。幸亏自己没有亏待过这人，多吓人哪！要是对他有不善之举，可能命就保不住了。

这个例子告诉我们，千万不可轻视身边的那些“小人物”，跟他们搞好关系非常重要。这些人平时不显山不露水，但是到了关键时刻，说不定就会成为左右大局、决定生死的“重磅炸弹”。

历史上许多老于世故的政客都深谙此理，即使在公事公办之际，也不忘了与这样的人拉上关系。一旦交情确立，他就能够从中得到源源不断的好处。

戴笠当军统头子时，逢年过节，都要派人出去送礼，这礼并非是送给达官显贵的。他手下的人把汽车停在国府路(今南京长江路)附近，到了黄昏人静的时候，就会有人过来问：“戴局长有东西交给我吗？”然后接过红包悄然离开。

这些人，都是总统府里的听差、门房、女仆或是文书，虽然地位卑微绝不可能参与军国大事，但他们毕竟天天在蒋介石身边。

戴笠并不能时时刻刻跟随在蒋介石身边，而这些人的职业就是侍候蒋介石。蒋介石的行为情绪的变化，也瞒不过这些人的眼睛。

然而对戴笠而言，这些信息的作用还不是最重要的。公文积压在官场中是常事，有的一搁就是一年半载，有的只要搁上十天半月。即使批下来，也是另一种结局了。军统上报的公文，耽搁在蒋介石那里，戴笠是不敢催办的。可是清洁女工就有这样的便利，她清扫蒋介石的办公室时，只要顺手在文件堆里把军统的公文翻出，放在上面就万事大吉了。戴笠的部下再有神通，也不敢随意进蒋介石的办公室，要完成这件事非她莫属。

在官场上也许这是小事一桩，但由此不难使我们看出，越是小人物越是得罪不得。

现今泛滥成灾的送礼风，敢下手的，连一些虾兵蟹将也不放过，因此才出现了处长见到部长秘书的爹也要热情地嘘寒问暖的情形，当然局长见到县长的司机也要礼让三分，似乎也就不足为怪了……

所以，平常无论是说话还是办事，一定要记住：把鲜花送给身边所有的人，包括你心目中的“小人物”。不要总是时时处处表现出高人一等的样子，要知道，再有能力的人也不可能把所有的事情都办好，再优秀的篮球运动员也不可能一个人赢得整场比赛。在经营管理中，人的因素至关重要。有了人，才会有事业，有情义，同时也会带来效益。俗话说：“不走的路走三回，不用的人用三次。”说不定，有一天，你心目中的“小人物”会在某个关键时刻成为影响你的前程和命运的“大人物”。

可见，“小人物”的力量汇在了一起，足以推翻任何一个“大人物”。所以一般不要轻易得罪小人物，不要与他们发生正面冲突，以免留下后患。要学会与“小人物”交朋友。俗话说，多一个朋友多一条路。不要用实用主义的观点去处理与“小人物”的关系，不要平时不烧香，临时抱佛脚，等到“有事才登三宝殿”时就晚了。所以应记住：你平时花在“小人物”身上的精力、时间都是具有长远效益和潜在优势的。在不远的一天，也许就在明天，你将得到加倍的报答。

上面列举了这么多例子，绝不是说要我们也学他们的样子，干一些收买、拉拢、腐蚀的勾当，但人在屋檐下，怎敢不低头？所以，要想说好话、办好事，还应对“宰相家奴七品官”这句话给予新的理解，即不要轻视你身边的任何人。有道是“深山藏虎豹，田野隐麒麟”，更何况一百个朋友不算多，冤家一个就不少，越是小河沟子越可能翻大船。在芸芸众生之中，有着无数能够在关键时刻大显神通助你成功的“贵人”，或置你于死地的“小人”。所以，要营造广阔的人脉，就要随时随地广泛交往，重视身边的“小人物”，多结善缘。

善于维系中间人，迅速扩充你的人脉

此刻，请你认真思考这样一个问题：算算你现在一共有多少位朋友？回想这些朋友你都是通过何种渠道或方式认识的？

思考后，你一定会发现，原来自己现在的很多朋友最初都是朋友的朋友。也就是说，我们通过一些朋友作为“中间人”又认识了很多朋友。其实，要想扩大人脉圈，就要善于发挥“中间人”的作用。

关于这一点，全球首富比尔·盖茨为我们树立了良好的榜样。客观而言，成就比尔·盖茨辉煌事业的，除了他的智慧、眼光和执著外，还有更重要的一点，就是他借助中间人的帮助拥有了相当丰富的人脉资源。

假如把营销比喻成钓鱼的话，是钓大鲸鱼，还是钓小鱼呢？回答肯定是大鲸鱼。因为钓到一条大鲸鱼可以吃一年，但钓小鱼就得天天去钓。比尔·盖茨在创业的时候就了解了这一点，于是一开始就钓了一条大鲸鱼。

你一定想知道，他是如何钓大鲸鱼的吧？

第一，利用自己的亲人做中间人。

比尔·盖茨20岁时签到了跟IBM的第一份合约。当时，他还是位在校读书的大学生，没有太多的人脉资源，他怎能钓到这么大的“鲸鱼”？很多人都想知道。原来，比尔·盖茨之所以能签到这份合约，中间有一个中介人——他的母亲。比尔·盖茨的母亲是IMB的董事会董事，妈妈介绍儿子认识董事长，这不是自然而然的事情吗？假如当初比尔·盖茨没有签到IBM这个单，我想他今天的成功可能就要划上一个问号了。

第二，利用合作伙伴做中间人。

比尔·盖茨重要的合伙人——保罗·艾伦及史蒂夫·鲍默尔，不仅为微软贡献他们的聪明才智，也贡献他们的人脉资源。1973年，盖茨考进哈佛大学，与现在微软的CEO史蒂夫·鲍默尔结为好朋友，并与艾伦合作为第一台微型计算机开发了BASIC编程语言的第一个版本。大三时，盖茨离开哈佛，加入到和孩提时的好友保罗·艾伦创建的微软，开发个人计算机软件。合作伙伴的人脉资源使微软能够找到更多的技术精英和大客户。1998年7月，史蒂夫·鲍默尔出任微软总裁，随即亲往美国硅谷约见自己熟知的10个公司的CEO，劝说他们与微软成为盟友。这一行动为微软扩大市场扫除了许多障碍。

可见，在我们不停地羡慕比尔·盖茨的成功时，也要向他好好学习一下利用中间人拓展人脉的方法。

谁都知道，没有特殊原因，一般人不会主动将自己的朋友介绍给别人，尤其是在大家非常忙的时候。所以，想认识谁就要主动找熟人，请他给予介绍。比如，当朋友与别人交谈时，你可以主动走上前去同朋友打声招呼，说几句客套话。在一般情况下，他会主动将他说话的人介绍给你。如果他不介绍，你可随便问一句：“这位是……”他告诉你后，你乘机与对方说点什么，但不要聊太长时间，这样做不但会耽误朋友的事情，对方也会认为你是个不礼貌的人。简单地说两句之后，你应主动告辞，或者再加上一句：“回头我们再聊，你俩先聊着吧。”

如果你去的场合是某单位或某人举办的活动，你可以主动请东道主给你介绍几位朋友。如果人不太多，你甚至可以让东道主把你介绍给大家，然后你就可以与任何一位新朋友谈话了。其他人以为你与东道主关系亲密，也会很高兴认识你。如果你与东道主关系一般，而他既然把你请来了，也就会对你的要求予以满足。但你必须主动提出来。

需要注意的是，你开口请人介绍认识他人之后，必须对“中间人”表示谢意。这样中间人才会更加乐于帮助你，乐于介绍更多的新朋友给你。

以静制动，让诤友充当自己的镜子

你是否发现，朋友中总是有这样一些人：他们从不给你甜如蜜般的奉承，也从不给你不切实际的打击，但又总是实话实说，直陈你的过失。他们，就是我们一生中不可或缺的朋友——诤友。

拥有诤友是生命的幸运和福气，因为他们能像镜子一样帮你认清自我。他们对我们直言不讳、肝胆相照，既给予我们真诚的关心，又会直言指出我们的盲区和瑕疵，帮助我们获得快乐、成功。

在这个纷繁芜杂的世界里，只有乐于结交诤友的人，才能改正错误、避免失误，不断取得进步。唐太宗李世民在历史上是一位以善于纳谏而闻名的帝王，他在结交诤友方面有许多有趣的逸事。

传说有一次，唐太宗闲暇无事，与吏部尚书唐俭下棋。唐俭是个直性子的人，平时不善逢迎，又好逞强，与皇帝下棋却使出自己的浑身解数，架炮跳马，把唐太宗打了个落花流水。

唐太宗心中大怒，想起他平时种种的不敬，更是无法抑制自己，立即下令贬唐俭为潭州刺史，不甘休，又找了尉迟恭来，对他说："唐俭对我这样不敬，我要借他而诫百官。不过现在尚无具体的罪名可定，你去他家一次，听他是否对我的处理有怨言。若有，即可以此定他的死罪！"尉迟恭听后，觉得太宗的这种做法太过分，所以当第二天太宗召问他唐俭的情况时，尉迟恭不肯回答，反而说："请陛下好好考虑考虑这件事，到底该怎样处理。"

唐太宗气极了，把手中的玉笏狠狠地朝地下一摔，转身就走。尉迟恭见了，也只好退下。唐太宗回去后，一来冷静后自觉无理，二来也是为了挽回面子，于是大开宴会，召三品官员入席，自己则主宴并宣布道："今天请大家来，是为了表彰尉迟恭的品行。由于尉迟恭的劝谏，唐俭得以免死，使他有再生之幸；我也由此免了枉杀的罪名，赐尉迟恭绸缎千匹。"

唐太宗能够拥有尉迟恭、魏征这样的谏友是作为一位帝王最大的荣幸，他也确实依靠这些诤友的力量开创了中国历史上难得的盛世局面。

要知道，缺点错误是一个人成功的大敌，而诤友的作用，就在于指出缺点，引起你的警觉。如果不能善待诤友的批评，那你的缺点错误就永远无法改正。

不要把诤友的善意批评，想象成对自己的人身攻击；切忌把诤友的意见，误会为给自己难堪。善意的批评是人生中不能缺少的，它是我们增长见识必须付出的代价。

请不要怀着敌意来看待批评，因为忠言逆耳，你要仔细聆听，了解诤友的批评是否具有建设性。它能让你变得足智多谋、沉稳成熟。若懂得冷静聆听批评，既能保持情面，又对加深友谊具有积极的效益。即使有些批评是尖酸刻薄的，你也要淡化处理，这样诤友才会越来越喜欢给你以忠言和卓见。

其实，在诤友的批评面前，反击、争辩或是无礼都无济于事，对这样的批评进行无关紧要的纠正，只会演化成严重的问题。要学会把诤友的批评当成宝，乐于接受建设性的批评并且遵照执行。

以下这些方法将指导你更好地对待批评：

1. 想一想到底是不是自己的错。

先把利己主义抛到一边，如果朋友批评得有道理，就要客观地倾听他们的看法，并切实了解清楚，接下来应该想想如何解决问题。

2. 不要寻找替罪羊。

不要试图争辩、迁怒他人或是矢口否认，以为事情能就此淡化。解释往往会被看成借口或否认。

3. 要合作，不要对抗。

即使因为并不相干的事情受到了批评，也不一定非要选择对抗性的做法，不要给人留下"小家子气"的印象，多一些容人之量，和对方一起找到真正的问题，才是解决之道。

把朋友分等级：认清真正的朋友

给朋友分类是必要的。首先，每个人的精力都是有限的，必然和一些朋友亲近一些，和另一些朋友疏远一些。其次，每个人性情不同，有的人能为朋友两肋插刀，有的人只有在不损害自己利益的前提下才会帮助朋友，有的人甚至会为了自身利益而背叛朋友。再次，朋友不仅是精神交往的伙伴，而且许多时候有朋友好办事。因此，要分清不同种类的朋友。

《一个半朋友》这个小故事，正说明了朋友是有分别的。

从前有一个仗义广交天下豪杰的武夫。他临终前对他的儿子说："别看我自小在江湖闯荡，结交的人如过江之鲫，其实我这一生就交了一个半朋友。"

儿子纳闷不已。他的父亲就贴近他的耳朵交代一番，然后对他说："你按我说的去见我的这一个半朋友，朋友的意义你自然会懂得。"

儿子先去了父亲认定的"一个"朋友那里，对他说："我是某某的儿子，现在正被朝廷追杀，情急之下投身你处，希望予以搭救！"这人一听，毫不思索，赶忙叫来自己的儿子，喝令儿子速速将衣服换下，穿在这个并不相识的朋友的儿子身上，而让自己的儿子穿上朋友的儿子的衣服。

儿子明白了：在你生死攸关的时候，那个能与你肝胆相照，甚至不惜割舍自己的亲生骨肉来搭救你的人，可以称作你的一个朋友。

他又到了父亲的那"半个"朋友家里，说："我是某某的儿子，现在正被朝廷追杀，情急之下投身这里，请予以搭救！"此人听了忙说："孩子啊，我这里也不保险，你还是赶快跑吧。这里是一些盘缠，足够路上吃用。我保证不会告发你。"

原来，在你最危急的时候，能给你提供一些帮助，但以不损害自己为前提的人，是可以称作半个朋友的。

某地有个很成功的商人，朋友无数，三教九流都有。他曾逢人就自夸，说他朋友之多，天下第一。后来有人问他："你朋友这么多，谁都同等对待了吗？"

他沉思了一下说："当然不可能同等对待，要分等级的！"他说虽然自己交朋友都是诚心的，但别人来和他做朋友却不一定都是诚心的。在他的朋友中，人格清高的朋友固然很多，但想从他身上获取一点利益，心存二意的朋友也不少。"对方有恶意，不够诚恳的朋友，我总不能也对他推心置腹吧！"这位商人说，"那只会害了我自己。"

所以，在不得罪"朋友"的情况下，他把朋友分了"等级"，有"刎颈之交级"、"推心置腹级"、"可商大事级"、"酒肉朋友级"、"嘻嘻哈哈级"、"保持距离级"等。他根据这些等级来决定和对方来往的亲密度。

"我过去就是因为把人人都当做好朋友，受到了不少伤害，不仅有物质上的伤害，还有心灵上的伤害，所以今天才会把朋友分等级。"很明显，"刎颈之交级"、"推心置腹级"和"可商大事级"的朋友，是可以交往的好朋友。

具体说来，朋友可以分为以下几类：

1．知己。

他们是我们人生中很难找到的极少数朋友，他们可以诚意地接纳我们的优点，也会接纳我们的缺点，处处忠诚地为我们着想。他们像面镜子，能给予我们劝勉和鼓励；又像影子，永远对我们信任、支持，是维持我们精神健康的支柱。

不过，对于知己我们也有义务不断地付出，同样舍己地为别人的利益着想。去接纳、支持、聆听和帮助，是知己的责任。需要切记的是不要滥用知己的权利——知心朋友不等于"黏身"朋友，更不能要求对方完全同意自己、迁就自己。

2．死党。

他们多是一些来往密切，与自己的生活圈子很接近的朋友。彼此有相同的思想，相同的遭遇，故而很容易谈得来。在行动上有默契地成为一伙，组成小圈子活动。

“死党”是我们日常生活的好伙伴，可驱除孤单感，增加自信心，为生活添加色彩和热闹，是有需要时最好的支柱。

但若要整个“死党”能相处愉快，就需要大家彼此迁就，不执意独行，有合群的性格，才能发挥联合的力量。“死党”有事求助我们时，要挺身给予援手，常加鼓励，看做是自己的事情。不过，可不要仅陶醉在这个“小圈子”里，完全排斥外界的朋友；否则，可能会失去很多宝贵的友谊。

3．老友。

他们是与我们很熟悉、相识多年的老朋友，如老同学、一起长大的玩伴等。虽然大家见面的机会未必很多，但彼此熟悉，每次相逢都能天南地北地亲切交谈。他们不是知己，有困难时未必会想到我们；大家的性格也未必接近，不过友谊倒是经得起考验的，值得我们去珍惜和主动自然地表示关心。不要因为彼此来往少而让友谊中断。

4．来往密切的朋友。

因为活动圈子相同，我们可能交到一些接触密切的朋友，如上司、同事、老师、同学等。他们很熟悉我们的生活细节，但未必是那些互相了解，可倾诉心事的人。

对于这些朋友，虽然大家每日共事，但不能对他要求太高，因为彼此都没有什么承诺和默契。但起码相处应不忘礼貌，言行一致，态度真诚，因为他们正是最能看透我们言行、工作能力和态度的人，不要老摆出外交式的笑容和虚假的态度。

5．单方面投入的朋友。

有些人可能对我们很着迷和信任，常把心事向我们倾诉，但我们没有那种共同推心置腹的感觉。也有些时候，我们对某人特别崇拜倾慕，而对方却未必有热烈的反应。这种不平衡的关系多产生在一些不同身份的朋友之间，如老师与学生、班长与同学、偶像与追星族等。不过，有时普通朋友间也有这种不平衡的现象。

当受人仰慕的时候，可不要轻看和玩弄别人的友情，或表示讨厌和高傲的态度，应该尽力去助人成长，给予中肯意见，鼓励他发展独立精神，认识其他朋友。

当我们倾慕别人的时候，也不要成为他人的累赘，不要对别人盲目崇拜，过分倚赖他人，而应该积极地从他人身上学习长处。

6．普通朋友。

这类朋友占了我们朋友圈子的大部分。他们可以和我们扯东扯西，谈些无关痛痒的话题，不过交情上可是谁也不欠谁，不会令彼此牵肠挂肚。虽说是普通朋友，也可成为游乐时的好玩伴；有难事，也可向有专门知识的个别朋友请教。这些来自不同背景的朋友能充实我们的知识，令我们感受到“相识遍天下”的温暖感觉。

7．泛泛之交。

大家的友谊仅止于认识的阶段，是点头之交，连普通话题也未必有机会聊上。大家若能做到见面时打打招呼，保持礼貌距离，已是很不错的了。千万别对人随便过分信任，否则误交朋友，后悔时就太迟了。

给朋友分类，也要选对时机。如果你目前平平淡淡或失意不得志，那么不必太急于把朋友分等级，因为你这时的朋友不会太多，还能维持感情的朋友应该不会太差。但当你有成就了，手上握有权和钱时，那时你的朋友就非分等级不可了，因为你这时的朋友有很多是另有所图的，不是真心的。

第四章
高瞻远瞩，狡兔三窟

狡兔亦有三窟，做人要留退路

战国末期，秦国越来越强大。各诸侯国贵族为了对付秦国的入侵和挽救本国的灭亡，竭力网罗人才。他们礼贤下士，广招宾客，以扩大自己的势力，因此养“士”（包括学士、策士、方士或术士以及食客）之风盛行。当时，以养“士”著称的有齐国的孟尝君、赵国的平原君、魏国的信陵君和楚国的春申君。后人称他们为“战国四公子”。

孟尝君是齐国贵族，他非常喜欢结交能人异士，为了随时能与他们讨论国家大事，常常邀请这些人到家中长住。有位叫冯谖的人，他常常一住就是很长一段时间，但是却什么事都不做。孟尝君虽然觉得很奇怪，但他还是热情地招待冯谖，毫无失礼之处。

有一次，冯谖自告奋勇，替孟尝君到薛地讨债，可他不但没跟当地百姓要债，反而把债券全烧了，回报孟尝君说是为他“千金买义”。薛地人民都以为这是孟尝君的恩德，心里充满感激。后来，孟尝君被齐王解除相国的职位，前往薛地定居，受到薛地人热烈的欢迎，他这才知道冯谖的才能，开始重用此人。不多话的冯谖这时才对孟尝君说：“通常聪明的兔子都有三个洞穴，才能在紧急的时候逃过猎人的追捕，而免除一死。但是你却只有一个藏身之处，所以你还不能高枕无忧，我愿意再为你安排另外两个藏身之处。”于是冯谖去见梁惠王，他告诉梁惠王，如果惠王能请到孟尝君帮他治理国家，那么梁国一定能够变得更强盛。于是梁惠王派人邀请孟尝君，准备让他担任治理国家的重要官职。可是，梁国的使者一连来了三次，冯谖都叫孟尝君不要答应。梁国派人请孟尝君去治理梁国的消息传到齐王那里，齐王非常着急，就赶紧派人请孟尝君回齐国当相国。冯谖要孟尝君向齐王提出希望能够拥有齐国祖传祭器的要求，并且将它们放在薛地，同时兴建一座祠庙，以确保薛地的安全。祠庙建好后，冯谖对孟尝君说：“现在属于你的三个安身之地都建造好了，从此以后你就可以垫高枕头，安心地睡大觉了。”

孟尝君果然没有看错人，冯谖的手段确实非常高明。他不让孟尝君把自己交付给任何一方，不明示自己将会为哪一方效力，看上去摇摆不定，实际却同时拥有了多个可以投奔的去处。这远比急着向一方表明忠心要聪明得多。

兔子在弱肉强食的动物界明显处在非常不利的地位，为了保证自己的生命安全，它往往会为自己准备多个藏身之处，因而能够在危险到来的第一时刻迅速逃走，而对手却永远摸不到它的行踪。同样，在扑朔迷离的人类社会里，你永远也不可能提前预知，下一秒等待你的是什么。与其坐以待毙，不如提前行动，为自己准备几个安全可靠的藏身之地。请注意，即使目前看来，你的靠山尚属稳定，也并不代表你可以将全部的希望寄托于他。只有最愚蠢的人，才不给自己留条退路。

冷庙高香提前烧，自然会有贵人帮

俗话说："平时不烧香，临时抱佛脚。"那样做即使是慈悲为怀的佛祖，也不会帮助你。因为你心中根本没有佛祖，有事才来恳求，佛祖怎会显灵？所以我们求佛，应在平时烧香。而平时烧香，表明自己别无希求，完全出于敬意，而绝不是买卖；一旦有事，你去求佛，佛念在平时你的烧香热忱上，也不致拒绝。

有些人做人往往过于功利，平时对人不冷不热，甚至还冷嘲热讽，有事时却像是换了副脸孔似的，又是送礼，又是送钱，显得特别热情，但这样的人往往很难成功。平时多多去"冷庙"烧香，急时自有"神仙"相助。

一个人能否发达，受很多因素影响，比如机遇。你的朋友当中，有没有怀才不遇的人？如果有，这个朋友就是"冷庙"，你应该像对待"热庙"一样，时常去"烧烧香"。逢到佳节，送些礼物。为求实惠，有时甚至可以送些钱，让他自己买些实用的东西。因为他尚未发达，所以可能不会礼尚往来，并非他不知道还礼，而是无力还礼。他虽不曾还礼，但心中绝对不会忘记未还的礼。这是他欠的人情债，人情债欠得越多，他想还的心越切。日后他否极泰来，第一个要报答的人当然是你。当他有清偿能力时，即使你不去请求，他也会自动还你。这时候你有求于他，就是轻而易举的事情了。

很显然，人与人之间的关系会随着平时联络的增加而加深，久不见面的朋友自然会日渐疏远。建立人脉，就是要把朋友都兼顾到。虽然身为上班族，但也不要一天到晚都埋头在办公桌前。不论多么忙碌的人，也总会有吃饭和休息的时间。至于那些从事业务工作的人，整天都在外面奔跑，只有吃饭时间才会回到公司，这样可以利用在外面跑的机会，联络那些久疏联络的朋友。

至于整日守在办公桌边的人，不妨利用午餐时间，与在同一地区工作的朋友共进午餐。与其每天一个人吃饭，不如偶尔打个电话约其他朋友一起吃顿饭。如果没有时间一起吃饭，一起喝杯咖啡也可以。如果彼此的距离稍远，坐出租车去也没关系。那些斤斤计较的人，很难拓展自己的人际关系。虽然上班族的收入有限，得靠省吃俭用才能存一点钱。但是，因此失去与朋友来往的机会，就得不偿失了。

下班后，与朋友一起喝杯茶。不论是迎新送旧还是大功告成，找各种理由大家一块儿聚聚。这不只是大家互相联络感情，也是松弛一下紧张许久的神经的好机会。喜新厌旧是人之常情，比起早已熟知的朋友，新朋友更能吸引我们的注意力而频频与之接触。

对人情的投资，最忌讳的是急功近利。因为这就成了一种买卖，甚至是一种贿赂。如果对方是有骨气之人，更会感到不高兴。即使勉强接受，也并不重视；即便日后回报，也是半斤还八两，没什么好处可言。人脉不仅要重视建立，也要重视平时的经营，否则时间长了，人脉就变成冷脉了。

平时不屑到冷庙上香，急时再来抱佛脚也来不及了。一般人总以为冷庙的菩萨不灵，所以才成为冷庙，其实英雄落难、壮士潦倒，都是常见的事。只要一朝交泰，风云际会，冷庙菩萨就会一飞冲天、一鸣惊人。

从现在起，多注意一下你周围的朋友，若有值得上香的冷庙，千万别错过了。

给自己留条后路，以防山不转水转

世事无常，谁都不能预料前方会发生什么。所以遇事千万不要做绝，要想到给自己留条后路，这样出现变动时，才不至于束手无策。

《红楼梦》中的平儿，是凤姐的心腹和左右手，但在为人处世方面，她并不唯凤姐马首是瞻，或者倚仗凤姐，把其他人统统不放进眼里。她始终注意为自己留余地、留退路，绝没有犯凤姐所说的“心里头只有我，一概没有别人”的错误，更不像凤姐那样把事做绝。平儿对下人从不依权仗势、趁火打劫，而是经常私下进行安抚，加以保护。一方面缓和并化解了众人与凤姐的矛盾，另一方面顺势做了好人，使众人在凤姐和她的对比之中，对她更有感激之情，为自己留出了余地和退路。凤姐死后，大观园一片败落，本是凤姐“党羽”的平儿却多次获得众人帮助渡过难关，终得好回报。

平儿的结局告诉人们一个道理：为人处世，万不可把事做绝，要时时处处为自己留下可以周旋的余地，就像行车走马一样，一路走到山穷水尽的地方，掉头就不容易了；留有一些余地，掉头就容易多了。正如常言所说：“过头饭不可吃，过头话不可讲。”

与人相处也是如此，事情做“绝”了时，对方是善良人还好，对方若是恶人，反身一扑，自己就完全无路可走了。

有一位慈祥的师父，把毕生绝学尽数传给了一个性情暴戾的恶徒。恶徒学艺出师，不思回报，反倒认为留着师父就多了一个竞争对手，于是凭着年少力勇跟师父决斗，最后达到了自己罪恶的目的。

与此相反的一个例子是猫与老虎的故事。

传说猫曾做过老虎的老师，教它诸般发威、怒吼、卷尾、剪、扑之技，但猫思虑老虎比自己庞大，若日后它欲反扑于我该怎么办？遂保留了一手爬树的技巧。果然老虎不久就翻脸了，欲扑食猫老师，猫老师“嗖”地蹿上树顶，老虎抬头张望无计可施。

世界上不存在绝对的事，做人办事要“活”。把一件事情做绝，就等于自封了一条道路；把万事做绝，也就无路可走。一旦形势转变，自己就仅剩死路一条。所以平时我们为人处世要灵活机动，凡事都要留个心眼儿，留条退路，以防山不转水转，形势大变时我们会有转身的余地。

让对方知道你的可用之处，以便以后被提携

让人为己所用，并不仅仅讨得他的欢心就可以了，更要让对方知道你的可用之处。双方利益交换，对方才会更为爽快。

古往今来，小人物在讨好大人物时，莫不是或明或暗地透露出自己的可用之处，让那些大人物意识到有朝一日，必有能用到自己的地方，然后才会对自己不吝提携。

有一家专营儿童玩具的公司，在它创业初期，产品销路不畅。公司的董事长就到各地去做旅行推销，希望代理商们积极配合，使他们生产的玩具能够打入各级市场。

有一次，董事长召集各个代理商，向他们介绍新产品。他对参加谈判的各代理商说：“经过许多年的苦心研究和创造，本公司终于完成了这项能开发儿童智力、外形可爱、材质性能安全的产品。虽然它还称不上是一流的产品，但是，我仍然要拜托各位，以一流产品的价格，来向本公司购买。”

在场的人听了董事长的陈述，不禁哗然：“谁愿意以购买一流产品的价格来买二流的产品呢？你怎么会说出这样的话呢？”大家都以怀疑和莫名其妙的眼光看着董事长。

董事长望着大家微微一笑，讲出了下面一番话：

“大家知道，目前儿童玩具行业中可以称得上一流的，全国只有一家。因此，他们算是垄断了整个市场，即他们任意抬高价格，大家也仍然要去购买。如果有同样优良的产品，但价格便宜一些的话，对大家不是种福音吗？”经过董事长这么一说，大家似乎明白了一点儿。然后，董事长接着说：“就拳击比赛来说吧！不可否认，拳王阿里的实力谁也不能忽视。但是，如果没有人和他对抗的话，这场拳击赛就没办法成立了。因此，必须要有个实力相当、身手

不凡的对手来和阿里打拳，这样的拳击才精彩。现在，儿童玩具业中就好比只有阿里一个人，因此，你们也赚不了多少钱。如果这个时候出现一位对手的话，就有了互相竞争的机会。换句话说，把优良的新产品以低廉的价格提供给各位，大家一定能获得更多的利润。”

听到这里，代理商们不禁微微含笑。

董事长认为摊牌的时间已经到了。他说：“我想，另外一位阿里就由我来充当好了。为什么目前本公司只能制造二流的玩具呢？这是因为本公司资金不足，所以无法在技术上有所突破。如果各位肯帮忙，以一流的产品价格来购买本公司的产品，这样我就可以筹集到一笔资金，把这笔资金用于技术更新或改造。而不久的将来，本公司一定可以制造出优良的产品。这样一来，玩具制造业就等于出现了两个阿里，在彼此的大力竞争之下，毫无疑问，产品质量必然会提高，价格也会降低。到了那个时候，我仍然给你们极大的优惠。此刻，我只希望你们能够帮助我扮演‘阿里的对手’这个角色。但愿你们能不断地支持、帮助本公司渡过难关。”

话音刚落，一阵热烈的掌声掩盖了嘈杂声。董事长的发言产生了极大的回响，收到了很好的谈判效果。为了以后的利益，代理商们不仅增加订单，而且愿意出一流产品的价格购买。这里，董事长是求人者，这些代理商是被求者，董事长的这次求人获得了极大的成功。

没有人愿意平白无故地帮助他人，除非双方可以进行利益交换。让对方看到你的可用之处，你成功的几率自会大大提高。商场如此，官场亦如此。

模糊表态，为自己留下回旋的余地

做人最怕被戳脊梁骨，说话表态最好不要遗人话柄。把模糊当做一种境界，不败的人生从慎言慎行做起。

某校某班在一次高考中，数学和外语成绩突出，名列前茅。校长在评功总结会上这样说：“数学考得好，是老师教得好；外语考得好，是学生基础好。”

在座的老师听罢议论纷纷，都认为校长的说法有失公正。有位姓刘的老师起身反驳：“同一个班，师生条件基本相同。相同的条件产生了相同的结果，原是很自然的事，却得到不公平的待遇，实在令人费解。原有的基础与而后的提高，有相互联系，不能设想学生某一学科基础差而能提高得快，也不能设想学生某一学科基础好而不需要良好的教学就能提高。校长对待教师的劳动不一视同仁，将不利于团结，不能调动广大教师的积极性。”

刘老师的这一席话说到大家心里去了，可是他毕竟挑战了校长的尊严，大家都很担心，会场一时陷入了沉默。这时校长笑了起来，他说：“大家都看到了吧，刘老师能言善辩，真是好口才。很好，很好！言者无罪，言者无罪。”

老师们看校长没有恼怒，都松了一口气，会场的尴尬气氛缓解了。

尽管别人猜不透校长说这话的真实意思，然而却不得不佩服他的应变能力。他为自己铺了台阶，而且下得又快又好。听了校长对刘老师质问的回答后，没有人再就此问题对校长进行反驳了。

遇到别人的质疑或者追问时，模糊表态是一种很有效的策略。轻轻一闪，就会把对方千斤的力量化于无形，同时还为自己争取到思考对策的宝贵时间。另外，模糊表态的姿态会给对方制造一种高深莫测的感觉，使其不会对自己的行为产生怀疑。

有些时候，“明白直露”的说话方式不是伤人就是害己，然而默不作声又不免让人认为是想做老好人。倘若迫于情势，你不能不有所表态的话，最好还是“模糊表态”。例如，你可以说：“这件事比较棘手，让我看看再说。”这样，就给自己以后的态度留下了回旋的余地。

脚踏两只船，总有其一可落脚

脚踏两只船的做法，总是让人鄙视。确实，如果运用到情感问题中，这种做法很不明智，到最后必定是竹篮打水一场空。但如果将其运用到生存上，却不失为一大方略。漫长而多舛的人生中，谁也不知道在前方等待我们的是什么，所以，为自己预留后路是聪明人的做法。

管仲与鲍叔牙以及召忽三人很要好，决心在事业上互相合作。他们曾经一起做过生意，但他们更想合作治理齐国。

当时齐王有两个儿子，一个叫纠，一个叫小白。召忽认为公子纠是长子，一定能继承王位，因此对管仲和鲍叔牙说："对齐国来说，我们三人就像大鼎的三条腿，缺一不可。既然公子小白不能继承王位，那干脆我们三人一同辅佐公子纠吧。"管仲说："这样等于吊死在一棵树上。万一公子纠没继位，我们三人不是都完了。国中的百姓都不喜欢公子纠的母亲和公子纠本人。公子小白自幼丧母，人们必定可怜他。究竟谁继承王位很难说。不如由一个人侍奉公子小白，将来统治齐国的肯定是这两个人中的一个。这样，不管哪一个当了齐王，我们当中都有功臣，可以相互照顾，进退有路，左右逢源。"于是他们决定由鲍叔牙去辅佐公子小白，由管仲和召忽辅佐公子纠。

后来，管仲射杀小白，鲍叔牙叫小白装死。管仲以为小白已死，从容地陪公子纠回国继位。不料公子小白已先回国当了国王，成了齐桓公，鲍叔牙成了功臣，管仲和召忽成了罪人。但鲍叔牙并没有忘记旧情，他立刻在齐桓公面前说情。再加上管仲素有贤名，齐桓公不但没杀他，反而让他当了宰相，协助自己干出一番霸主的事业。

管仲的过人之处在于他能够全面客观地分析和考虑问题。如果当时管仲三人全辅佐公子纠，那么一旦公子小白掌权，他们三人就都没命了。在波谲云诡的政治舞台上绝不能够将所有"赌注"押到一处。

管仲脚踏两只船的聪明做法给我们带来深刻的启迪：凡事不可做绝，"留有余地"实际上是给自己留条后路；看问题也不能只看到眼前顺利的局面，看不到可能造成的不利后果，一厢情愿地去处理问题，而要做到"有备无患"、"防患于未然"。

同时，脚踏两只船还体现在身处两方之间，不能明确地投靠其中一方，以防止得罪另外一方而遭其报复的时候，两边讨好，两处得益。

1968年，美国总统大选期间，基辛格给尼克松的竞选团队打了一个电话，明确表示他可以向尼克松阵营提供宝贵的内部情报。尼克松团队非常惊喜，表示一旦竞选成功，内阁的位置就是基辛格的。

与此同时，基辛格也向民主党的提名人韩福瑞表示了他的这种意愿，韩福瑞要求他提供尼克松那边的内部消息，基辛格就把尼克松的一切全盘托出了。

其实他真正想要的就是内阁的位子，而尼克松和韩福瑞都答应给他这个位子，不管谁赢了大选，基辛格都将从中获利。

最后，胜利者是尼克松，基辛格顺利地当上了内阁总理，但他仍然小心翼翼地与尼克松保持一定的距离。当福特上台时，原来与尼克松非常亲密的人都被迫下台了，而基辛格又成为了福特的官员。因为与尼克松保持了适当的距离，他很幸运没有下台，继续在动荡的年代里叱咤风云。

官场从来如此，运用此招，便可游刃有余，久立不倒。在险恶的世情中，要想长久地生存，甚至屹立不倒，自然需要有一些异于常人的"杀手锏"。脚踏两只船，时刻保证自己有所得，便是一项不易修炼的绝活。

正所谓"狡兔尚且有三窟"，人也应多几手准备。危难突然降临的时候，才不致因一扇门关闭而"无家可归"，最后落得个"流落街头"的下场。

事后不要过河拆桥，为下次办事铺好路

在人际交往的过程中，有许多人抱着"有事有人，无事无人"的态度。有事时就想起朋友来了，办完事后就过河拆桥，把朋友抛在了脑后，这无疑是断了自己的后路。此类人大多

会被抛弃，没人愿意再给他帮忙。

王璐便有一个这样的朋友，那朋友是她高中三年的同学，而且十分要好。她们进入了同一所大学，刚开学，她就主动当了班级干部。有人说：地位高了，人就会变。自从她上任后，见到王璐，有时干脆装作没看见。日子久了，王璐就疏远她了。但她有时也会突然向王璐寻求帮助。出于朋友一场，王璐总是尽自己所能。可事后，她老毛病又犯了，王璐有种被利用的感觉，却无奈于心太软。就这样她大事小事都找王璐，其他朋友劝王璐放弃这份友情，因为这种人不值得交。当王璐下决心与她绝交时，她伤心地流下了泪——她除了王璐竟没有一个朋友。

像例子中王璐的那位朋友只会用“互相利用，互相抛弃，彼此心照不宣”来交际，而不去深思人情世故的奥秘之处，这种人很少会得到朋友，更不用说朋友的无私帮助了，他们更加无法达到人情操纵自如的境界。

办完事后不要过河拆桥，而应保持那份人情。在这方面，我们伟大的周恩来总理就堪称“楷模”。周恩来在人际交往中很有人情味，这是有目共睹的。

长征途中，当时任民运部部长兼政委的杨立三，坚持亲自给重病的周恩来抬担架。他和同志们在饥寒交迫中，抬着周恩来走出沼泽泥潭的草地后就累病了。19年后，杨立三去世，身为政务院总理的周恩来，坚持要亲自给他抬棺送葬。

1937年6月，周恩来在崂山遇险，护卫他的十多名警卫战士壮烈牺牲。事后，周恩来和另外三个虎口脱险的同志合影留念，他在照片背后写上“崂山遇险，仅余四人”。这张照片一直珍藏在他贴身的衬衣口袋里，直至病逝才被人发现。

“滴水之恩当涌泉相报。”这就是周恩来的人生格言，他用一生来实践着这一格言。难怪在举行遗体告别仪式时，围绕安卧在鲜花丛中的周恩来遗体的群众的泪水把地毯洒湿了。难怪会出现十里长街送总理，长夜无言、天地同悲的动人一幕。

值得注意的是，在某些“实用型”人物的眼中，所谓的“人情”便是你送我一包烟，我给你几块钱，就像借债还钱，概不赊欠一样。这种一次性的交际行为看似洒脱，实则包含了太多的困惑与无奈。诚然，受助者也许在短时间内不愿再次开口求助，而实施援助行为的一方其实也没有必要固守“事不过三”的古训。当人家确实有困难而无能为力的时候，尽管你已经帮助过他，尽管他不好向你开口，但作为知情者，你不应无动于衷，而不妨再次主动伸出援助之手。事实上这种“后继”的交际行为能够赢得更大的“人情效应”。

但是，无论何种情况下你都应该将人情做好，尤其是办完事情后千万不要过河拆桥，而应该时时铭记着别人的好处，经常保持必要的联系。唯有这样，你的关系网才会牢不可破。

有好处分给他人一杯羹，别人以后才不会落井下石

一个人做事千万别做绝，好处全部得尽。这样的话你得势时虽然做到了初一，但等你失势时人家就会做到十五，到头来自己说不定就会落得个悲惨的下场，所以有好处时一定要分人一杯羹，这叫“与人方便，自己方便”。

常言道：“人在江湖漂，哪有不挨刀。”很少有人能在这江湖是非之地叱咤风云而又全身而退。如果有的话，一来可以认为运气太好，没有碰到厉害的角色；二来可以认为太会做人，达到了无懈可击的程度。一代“红顶商人”胡雪岩，便是做到了后者的处世高手。

清朝著名的“红顶商人”胡雪岩，一生纵横官场与商场，做人真正地做到了“人精”的地步，他做人一个很重要的原则便是“利益均沾，资源共享”。这才成就了他的一段“不朽”的传奇。

胡雪岩做生意，永远会把人缘放在第一位。“人缘”，对内指员工对企业忠心耿耿，一心不二；对外指同行的相互扶持、相互体贴。

胡雪岩对于金钱的看法是有他独到的见解的，其中，很重要的一点便是与他人分一杯羹，好处共享。

有一次，胡雪岩打听到一个消息说外面运进了一批先进、精良的军火。消息马上得到了进一步的确定，胡雪岩知道这又是一笔好生意，做成一定大有赚头。他立即找外商联系，凭借他老道的经验，高明的手腕，以及他在军火界的信誉和声望，胡雪岩很快就把这批军火生意搞定。

正当春风得意之时，他听商界的朋友说，有人在指责他做生意不厚道。原来外商已把这批军火以低于胡雪岩出的价格，拟定卖给军火界的另一位同行，只是在那位同行还没有付款取货时，就又被胡雪岩以较高的价格买走了，使那位同行丧失了赚钱的好机会。

胡雪岩听说这事后，对自己的贸然行事感到惭愧。他随即找来那位同行，商量如何处理这事。那位同行知道胡雪岩在军火界的影响，怕胡雪岩在以后的生意中与自己为难，所以就不好开列条件，只好推说这笔生意既然让胡老板做成了就算了，只希望以后留碗饭给他们吃。

事情似乎就可以这么轻易地解决了，但胡雪岩却不然，他主动要求那位同行把这批军火"卖"给他，同样以外商的价格。这样那位同行就吃个差价，而不需出钱，更不用担风险。事情一谈妥，胡雪岩马上把差价补贴给了那位同行。那位同行甚为佩服胡雪岩的商业道德。

如此协商一举三得，胡雪岩照样做成了这笔好买卖，没有得罪那位同行。此举博得了那位同行衷心的好感，胡雪岩在同行中声誉更加高了。这种通达的手腕和高超的做人"心机"日益巩固着他在商界的地位，成为他在商界纵横驰骋的法宝。

不乘人之危抢人饭碗是胡雪岩圆融的处事方式的具体体现。他一直恪守这一准则，使得他在商界中获得了极好的名声。

胡雪岩在外经商多时，尽管自己不愿意做官，但因和场面上的人物来往身上没有功名，显得身份低微，才买了个顶戴。后来王有龄身兼三大职务，顾不了杭州城里的海运局，正好胡雪岩捐官戒功，王有龄就说要委任胡雪岩为海运局委员，等于王有龄在海运局的代理人。

对此，胡雪岩以为不可。他的道理也很简单，但一般人就是办不到，其中关键，在于胡雪岩会退一步为别人着想。胡雪岩直告王有龄，海运局里有个周委员，资格老、辈分早，如果王有龄让胡雪岩坐上这个位子，等于抢了周委员应得的好处。反正周委员已经被他收服，如果由周某代理当家，凡事还是会与胡雪岩商量，等于还是胡雪岩为幕后代理。既然如此，就应该把代理职位赏给周委员。

这样一来，胡雪岩避免了将周委员的好处抢去，也避免为自己将来树立一个潜在的敌人。所以说，他的"舍"实在是极有眼光、有远见的。利用同样的观念，胡雪岩还曾帮助了王有龄一次。

王有龄官场得意，身兼湖州府知府、乌程县知县、海运局坐办三职。他在四月下旬接到任官派令，身边左右人等无不劝他，速速赶在五月一日之前接任视事。之所以有这等建议，理由很简单：尽早上任，尽早得到端午节的"节敬"。

清代吏制昏暗，红包回扣、孝敬贿赂乃是公然为之，蔚为风气。风气所及，冬天有"炭敬"，夏天有"冰敬"，一年三节另外还看额外的收入，称为"节敬"。浙江省本来就是江南膏腴之地，而湖州府更是膏腴中的膏腴，各种孝敬自然不在少数。王有龄四月下旬获派为湖州知府，左右手下各路聪明才智之士无不劝他赶快上路，赶在五月一日之前交接。如此一来，刚上任就能大获"节敬"。

王有龄就此询问胡雪岩的意见，胡雪岩却说："银钱有用完的一天，朋友交情若是得罪了就没得救！"他劝王有龄等到端午节之后，再走马上任。

胡雪岩之所以这样建议是有多方面考虑的。王有龄不是湖州第一任知府，在他之前还有前任，别人在湖州知府衙门混了那么久，就指望着端午节的"节敬"。王有龄抢在头里接事，抢前任的"节敬"，当然名正言顺。可是，这么一来，无形中就和前任结下了梁子，眼前当然没事，但保不准日后什么时候就会发作。要是将来在要命的关键时刻发作，墙倒众人推，落井猛石下，那可就划不来了。

胡雪岩深深明白，好处自己不能占绝，干什么事情都不能吃干抹净，一定要为对方着想。有好处时分给对方一杯羹，这样才不会结下怨仇，等你失势时别人也不会落井下石。胡雪岩精通做人的"心机"，数次避开了可能出现的陷阱，不愧是一代经商奇才，值得有心人为之效仿。

即使不能救助他人，也不能落井下石

看到他人落难，如果你不向对方伸出援助之手，也不应该落井下石。

娟娟是一家杂志社的摄影师，她曾在美国待过一段时间，行事有些洋派，在作风保守的杂志社里显得格格不入。偏偏她个性散漫，又常做错事，总编辑看她不顺眼，但因她是老板朋友的女儿，所以只好睁一只眼，闭一只眼。

有一天，为了一些照片，总编辑和娟娟起了冲突，众人见战火引燃，纷纷过去围观。娟娟还要力争，众人你一言我一语地加入战争，她一舌难敌众口，只得掩面而逃。之后，众人还联合起来打击她，挑她照片的毛病，批评她偶尔的迟到早退。后来，她被迫辞职了。

这就是落井下石，也就是对失势的人或遭遇困境及外来攻击的人加以打击。人家已经够惨了，你还要落井下石，这岂不是雪上加霜！听起来很残酷，但却是社会真实的一面。这种情形在有人的地方就会发生，而且你自己也有可能碰到。

因为人具有求生存的本能，求生存除了靠一己之力外，还要靠他人的提携及团体的庇荫，因此人总是向力量强大的地方靠拢。与其说这是现实，不如说是人类的本能。

有两个职员，在一家电子配件公司做销售，都是业务尖子，收入不菲，和老板也相处融洽。在年初，老板对员工许诺，如果他们能够在上年销售额的基础上增加30%，就奖励每人20000元。因为往年老板从来没有失信过，所以大家都深信不疑。为此，销售人员就像充了电的马达一样转动起来，到年底，他们果然完成了计划。可是就在这一年，老板家里频频出事，先是公司被骗几十万，后来老板的儿子得了白血病，那可是个无底洞，公司一下就垮了。老板到处借钱给职员发工资，可是这奖金确实无能为力了，老板也没有赖大家钱的意思，只是要求暂时共渡难关，等法院追回欠款后兑现。这时候，每个人的本性都暴露无遗了。职员甲体恤老板的难处，继续默默无闻地工作。而职员乙则料定老板死定了，打定主意要走，翻脸不认人，逼着老板要奖金，甚至在大年初一带着一帮人到老板家里大闹，还打伤了老板的儿子，最终被送进了拘留所。不久，老板的公司绝处逢生，重新振作起来。职员甲拿到了钱，还升了职，职员乙则后悔莫及。

他人有困难，如果你不向对方伸出援助之手，反而还要落井下石，使其雪上加霜，这是最可耻的。任何人都不可能倒霉一辈子，你在他遇难时伤害他，难保以后他翻身了不向你打击报复。所以，在他人落难时即使你不去援救，也不要落井下石。如果你要落井下石的话，最终受伤的只能是你自己。

朋友之间，不需要帮忙也要保持联系

有事的时候找朋友，人皆有之；没事的时候找朋友，你可曾有过？

很多人都有过这样的经历：当自己遇到了困难，认为某人可以帮自己解决时，本想马上去找他，但后来想一想，过去有很多时候本来应该去看人家的，结果都没有去，现在有求于人了就去找他，是不是太唐突了？甚至因为太唐突了而担心遭到他的拒绝？但是这有什么办法呢？为人交友，本来就应该闲时多烧香才对。缺乏了必要的联系，时间一长，再牢靠的关系也会变得松懈，再好的朋友也会变得互相淡漠，到时候再去求人办事做生意，就会不知不觉地平添一些隔膜。

所以，即使你现在不需要他人或者他人的帮助，你也有必要和他们保持联系。如果你只在需要他们支持的时候，或者需要他们帮助的时候，或者需要他们为你引荐的时候，才想起与他们联系，那么他们很快就会明白，你只是在利用他们。这样做不但不能和他们建立起良好的关系，还容易损害你们业已建立起来的关系。在不需要帮助时与他人保持联系，还会给你的生意带来很多意想不到的机会。

有一个业务员有一个客户，他只能在每年从八月中旬开始到九月底为止的这段时间里见到他，因为那是客户的公司准备财务报告的时期。还有就是每年五月的一天，当客户把纳税申报单带到办公室来的时候。“除此以外，我和他没有任何其他的联系。”

这个业务员有一天忽然心血来潮，邀请了那位客户一起吃午饭。他回忆说：“我们一点也不谈生意上的事情，这一点，我有言在先。我发现，我们两个人都喜欢某位作家。之前，我发现了一位新作家，他的作品和我们喜欢的作家的作品风格相近，在我家里有这位作家的书，我想把它们送给那位客户以示友好。我把书带到办公室，包装好了以后寄给了他。”后来，他们两个又经常在一起谈论这个作家以及其他的一些话题。令这个业务员没想到的是，他从这个客户那里竟然又接到了很多生意。尽管那次午餐纯属业务员无意中想到的，却为他的业务带来了大量契机。

还有一个业务员，他每个季度都会给客户寄一些东西。他给他们寄去的不是销售广告信息，而是其他一些与客户有关的信息。比如，他从报纸或杂志上看到一篇和他的客户有关的文章，那是关于他们所处的行业的，他认为他的客户会对此感兴趣，于是就把文章寄给他们。在客户生日的时候，他会给他们打电话，而且会寄生日贺卡。通过这些业务之外的联系，这个业务员和他的客户一直维系着良好的关系。当业务员有事找他们时，他们总是乐于合作，而且也心甘情愿地为这个业务员介绍了更多的生意。

关系的建立和发展自有其自己的规则。你和他人的关系持续的时间越长、联系越多，关系也就越深厚，你所得到的益处也就越多，而且积极的、牢固的关系包含着给予和收益的双重内容。如果你在不需要他们的时候还是持续保持与他们的联系，那么当你真的需要他们的帮助时，他们也很乐意为你施以援手。经常和他人保持联系，即使你的联系方式很简单，比如一声问候：“你好吗？”“你的孩子该上初中了吧？成绩怎么样？”“什么时候来我这里，我们一起吃午饭怎么样？”等等，或者是一封电子邮件、一个电话、一张明信片等等，都会让他们觉得亲切。日后当你真的需要他们时，他们也不会觉得突兀，因为你已经为你们的关系提前投入了。

所以你要记住：闲时多烧香，急时有人帮。

诚挚的表示感谢，是你再次获得他人帮助的保证

有一位父亲正在和朋友讨论生意上的问题，这时，他9岁大的小女儿笑眯眯地走过来，手里拿着自己专门为父亲烘烤的甜饼。因为小女儿打扰了父亲和朋友之间的谈话，所以父亲有点不高兴，便随手拿了一块甜饼，低声斥责了小女儿，然后马上又投入到与朋友的谈论中。小女儿伤心极了，拿着剩下的饼沮丧地走了出去。

几个星期以后，父亲显然已经忘记了这件事情，他已经有一段时间没有看到爱烤甜饼的小女儿烘甜饼了，他问女儿怎么不烤甜饼了。女儿一下子哭了起来，很伤心地说：“我再也不烘甜饼了。”

从那以后，小女儿真的再也没有烘过甜饼，也绝口不提有关烘饼的事情。而父亲一直为那件事遗憾着。

的确，积极为他人效力以后却得不到对方的肯定和感谢，是一件非常难过的事情。从心理学的角度说，轻率地对待那些帮助过你的人，不给予对方诚挚的感谢，在一定程度上会伤害对方，否定了对方的自我价值，而寻求自我价值的实现却是人最本能的需求之一。因此，当他人为你效力以后，无论结果如何，你都应该诚挚地感谢他人，否则就会伤害他人。一旦对方因此而受到伤害，就不会再为你效力。在对方给予你帮助之后，回以诚挚的感谢，是获得良好人际关系的前提。

当然，诚挚的感谢并不是指你一定要给予对方相当的物质回报，而是指让对方感受到：

他的努力是有价值的，他的付出对你来说是有用的，他的存在是有价值的。

一般来说，你可以从以下几方面来表达自己诚挚的感谢：

1. 及时用语言向对方表示感激。你可以说："如果不是你，恐怕我……""真的要感谢你……我才能……"等。

2. 充分利用肢体语言。球场上队员们常常热烈地拥抱，这是一种相互鼓励，也是一种祝贺，更是一种对默契合作的感激；还有谈判结束后的握手，是一种感激对方友好合作的方式；爱人间情意绵绵的亲吻，不也正是"谢谢你爱我"的一种表现吗？

3. 间接表达。有的人生性腼腆，不善于用言语或动作表达自己的感恩之心，可以采取一些间接的方式来表达，比如，送一些信件、卡片、小礼物、鲜花等。

4. 实际行动。投桃报李，礼尚往来。感激对方给予的帮助，就在对方需要的时候，给予更多的帮助；感恩于对方的关怀和爱心，就同样以关怀和爱心作为回报。这样，在投送和往来之间，人情脉络就建立起来了。

此外，当你感谢他人的时候，还要注意以下几个原则：

1. 表示感谢要及时而主动，这样才显得有诚意。不要等到偶然碰到对方，才忽然想起应该感谢对方，于是就顺便感谢一下；也不要等到再次需要对方帮助的时候才找上门去感谢对方。这些行为都会给对方带来伤害。及时、主动地向对方致以谢意，是一种十分尊重对方的表示，有助于进一步加深彼此的感情。

2. 要根据不同的对象，选择恰当的途径和方法。对上面提到的 4 种表达谢意的主要方法，到底采取哪一种方式最为恰当，要根据为你效力者的身份、职业、性格、文化程度及经济状况等具体情况来选择。选错方式的话，不但不会对你的人际关系有所帮助，而且极有可能带来严重的负面影响。比如说，对方是因为看重自己与你的情谊才帮助你，可是，你事后却送给对方一笔钱当做谢礼，这势必会引起对方的反感。显然，这种情况下，你以情感的方式感谢对方才是最恰当的。当然，如果对方为你效力本就是以获得物质利益为出发点的，你就应该选择用相应的物质酬劳来感谢对方了。总之，采用什么方式感谢对方，不能一概而论，要因人而异。

3. 要掌握好感谢的度，力求做到合理与恰当。与做其他事一样，感谢他人同样要掌握分寸，过和不及都是不妥的。过分感谢他人，会让他人受之有愧，进而心理失衡，或者会让他人怀疑你的用心；感谢不足，会让对方觉得你不够尊重他，他的价值没有得到合理的评价，从而产生愤愤不平的情绪。

要做到合理适度地感谢他人，需要从两方面来考量：对方付出的多少；对方的帮助给你带来的益处的多少。比如，对方虽然给予的帮助并不是很多，但是却给你带来了很大的收益。这时如果你仅仅从对方付出了多少来进行考量，就极有可能引发对方的不满。

4. 感谢他人是一种感情行为，不能像买东西一样做一次性"银货两讫"的处理。也就是说，对那些曾经帮助过你的人，应该尽可能地和他们保持长久的联系，让彼此间的情分能够在时间中加深。

感谢对方是人际互动的一种重要形式，是对他人价值的肯定，也是你再次获得他人效力的保证。因此，当他人为你效力以后，千万不要忘了诚挚地感谢他。

第六篇

智慧深藏，等待时机以厚积薄发

- 韬光养晦，深藏不露
- 柔弱之中，暗藏机锋

第一章
韬光养晦，深藏不露

韬光养晦，永远是颠扑不破的真理

大到国家，小到个人，韬光养晦都是一条颠扑不破的真理。

小华是一个化妆品公司的职员，他的公司几次想与另一个化妆品公司合作都未如愿。经过小华的不懈努力，该公司终于答应与他的公司合作，但有一个要求：要在其化妆品广告词中加上该公司的名字。

小华公司的老总却不同意，认为这是花钱替别人打广告，协商又陷入僵局，合作公司限小华的公司两天内回话。

小华听到这个消息，直接找到老总，让他赶紧答应，否则会错失良机。老总不乐意地说："我坚决不妥协，他们这是以强欺弱。"

小华认为把产品和一个著名的品牌绑在一起是有利的。经他的劝说，老总终于同意了合作的条件。事情正像小华预料的一样，公司的生意蒸蒸日上，销售额直线上升，小华也因此被提升。

小人物是这样，大人物也不例外。

埃及前总统萨达特是 1952 年埃及"七·二三"革命的组织者和发起者之一。在革命成功以后，领导者之间相互争权夺利，十分激烈，只有他不图大权，恬淡自若。对于大权在握的纳赛尔，他非常尊敬。在日常工作中，萨达特不露声色，表现也是平平常常。对于内政问题和外交大事，他从不拿出主见，偶尔自己的公开态度稍有出格，他就会立刻纠正过来，与纳赛尔的一批信徒保持一致。

在 1967 年的第三次中东战争以后，纳赛尔想隐退，将扎克里亚·毛希丁提名为继任者。但是，权衡再三，纳赛尔出人意料地选了萨达特为继任者。埃及军方也支持萨达特。

1970 年 9 月纳赛尔去世，埃及开始了一场激烈无比的权力之争。后来基于政治妥协，平日不起眼的萨达特被捧上了总统的宝座。

当萨达特继任总统以后，却大刀阔斧地进行了一系列改革。他自然是先排除异己，把毛希丁、萨布里等潜在对手革职或者降职，以稳固自己的权力和地位。接着，他又进行了政治上实行民主、经济上实行改革的政策。特别是在外交方面，1972 年 7 月，他下令驱逐了在埃及的两万名苏联专家；1973 年 10 月，向以色列发起了"十月战争"，打破了中东"不战不和"

的僵持局面；1974年6月与美国恢复了外交关系；1977年11月亲自访问以色列，打破了埃及、以色列关系的僵局；1978年与美国、以色列签订戴维营协议，由此获得“诺贝尔和平奖”，等等。这一系列的外交上的惊人之举，使他一跃而成为20世纪70年代世界政治舞台上叱咤风云的大人物。

正是萨达特深知“木秀于林，风必摧之”的道理，他才韬光养晦，后来终于登上了总统宝座，表现出了非同常人的“心机”和智慧，值得胸有大志的人学习和借鉴。做人处事，最难修炼的就是心机。无能之能是聪明的“退”，是弱者的保护色。真正成大事的人善于韬晦心机、隐藏智慧，一方面和旁人维持和谐的关系，避免受伤害；一方面等待各方面的条件成熟了，自然便可英雄大显身手了。韬光养晦无论是对一个国家还是对一个人来说，都是一种智慧的体现。

物竞天择，适者生存。在自然界中，当相对弱小的动物受到强大对手的攻击时，它们往往会以假死来蒙骗敌人、保护自己。人类社会的发展也一直都处在一种竞争状态，为了维持生存，每一个人都有自己独特的生存本领。聪明的人懂得韬光养晦，实际上这也是一种类似动物界假死的行为。他们在有功的时候都会收敛锋芒，避免“树大招风”、“功高震主”，这是生存发展的策略。

如何做到韬光养晦呢？如果对方没有安全感、怕人谋害，比如曹操，就是一个极其多疑而没有安全感的人，那么就向他表示最大的忠诚和善意；如果对方怕有人威胁到他的位置，那么就向他表示自己淡泊名利的态度；如果对方害怕失去权威，那么就向他表达最大的敬畏与尊崇！当你成功地让对方相信你的这种意图后，你就是一个成功地掌握韬光养晦这种艺术的人。

此外，韬光养晦还包括谦卑的意思，就是甘愿让对方处在重要的位置，让自己处在次要的位置。《易经》中的“谦”卦说，谦卑是指人因为虚心，所以能进入对方的心，被别人接纳。而在沟通时彼此接纳是很重要的，因此谦卑作为一种品格也非常重要。如果你不谦卑，就不能够被别人接纳。不被别人接纳，你就无法与别人沟通。无法与别人沟通你就什么事也别想做！

如果人与人之间能够相互谦卑、互相尊重，那关系就会很好。大家团结一致，就没有做不成的事情。所以，无论你有如何出众的才智或高远的志向，都要时刻谨记：心高不可气傲，不要把自己看得太了不起，不要把自己看得太重要，必须审时度势，尽量收敛锋芒，韬光养晦，以免惹火烧身，影响前程甚至危及生命。

隐藏自己的实力，别让那一枪打到强出头的你

人要想得到别人的认可，就得善于表现自我，但是过分表现会遭到别人的反感，让自己寸步难行。因此，适度地隐藏自己的实力是明智之举。

张伟是某政府机关的办公室主任，一谈起新人在单位急于表现的话题，他就摇头叹气。他说，有一年招了一个中文系的毕业生，人是很用功，但劲总是使不到点子上。

毕业生来上班的第三天，看见张伟桌上有一份领导发言稿，他觉得文章结构不够合理，于是，也没问过张伟就自己把稿子拿回去改了。改完以后，还直接把稿子交到了领导手里。

那篇稿子的初稿是张伟写的，已经给领导看过了，并根据领导的意思做了修改，文章的结构也是领导惯用的。

开会时，领导读起稿子来很不顺，因为跟他习惯的风格相去甚远。会后，领导对张伟大发雷霆。

事后，张伟把毕业生叫到办公室。那位毕业生不但不觉得自己做错了事，而且还辩解说是为领导好，最后导致办公室里大家都讨厌他。

无论是刚从校门走进社会的毕业生，还是在跨国公司间跳槽的资深职业经理人，到了一个全新的工作环境，总会希望尽快展现自己的才华，以求得到别人的了解与认同。急于显露

自己的能力，是很多新人的通病，也是人之常情。

对于刚来的新人，上司对他的工作表现一般都会比较宽容。虽然他们与新人见面时，都会谈及公司的不足，并说些鼓励的话，比如“希望你的到来能为公司注入新的活力”之类。实际上，他们不会指望新人一进公司就能马上出成绩，他们会通过一些小事来观察新人的为人、品性、工作态度等，据此形成一个基本判断。这个判断会影响上司将来对这位新人的使用。此外，作为上司，他们并不希望新人的到来一下子就打破原有的平衡，就算他们计划用新人来替代原来的员工，也希望能平稳过渡。

现在很多年轻人，都有大干一番事业的豪情壮志，所以到了新单位，干什么事都想冲在前面，希望给别人留下好印象。实际上，这样高调张扬的表现反而容易弄巧成拙。要做一个有心人，在刚开始接手某件事情的时候，要学会低调，适当地隐藏自己的实力，韬光养晦，才能一鸣惊人。

那么，在工作中，在与同事交往的过程中，应该怎样隐藏自己，把握不前不后的分寸呢？

首先，必须认清自己在工作中的位置和在单位中的角色。属于自己工作职责范围内的事情，则责无旁贷，必须尽心尽力去完成，做到在其位谋其职。自己工作以外的事情，则以“多一事不如少一事”为原则，不该涉及的尽量不去涉及，尤其不要以“内行人”、“明白人”或者其他居高临下的姿态去对待同事、领导。即使人家请你去帮忙，也应以谦逊的态度待人。

其次，在名誉、利益面前，不要表现得过于热衷。即使有所追求，也应该在表面上含而不露，应该通过为人与处世的技巧去赢得同事和领导的认同，以避免成为众人妒忌、排挤的对象。要知道，很多事情的成功，正如在沙场上作战一样，迂回包抄要比正面直接进攻有效得多。

不前不后是欲望控制的结果，是理智的化身。它要求你在工作办事过程中沉着、稳定，不以情绪支配言行，不以心理蛊惑欲望。“淡泊明志，宁静致远”，正是这样不前不后处世态度的体现。

不前不后是一种处世哲学，更是一种处世技巧，它的根本点就在于明哲保身。这种策略可以保证你在一个群体之中四平八稳、步步为营地向前推进。

任何事情都是一分为二的，不前不后只是说在同事之中，在利益与荣誉面前，不过分张扬自己，不踩着别人的肩膀向上攀登。不前不后是一种过程，但这种处世的态度带来的结果往往是赢得同事和上司的认同，最终在人群中脱颖而出。到那时，其情势将不是“木秀于林，风必摧之”，而是“众星捧月”，“众望所归”。这正是恰当地把握不前不后的分寸，为自己的事业赢得人缘与机缘。

我们在观看一场马拉松比赛时，通常会看到在前半程跑在最前面的人反而不容易夺到金牌，位置太靠后的落伍者也同样与冠军无缘。而跑在第二位置稍后一点的队员却在更多的时候夺取了桂冠，这与人与人之间的社会性竞争和相处何其相似。人生的奋进过程其实就是一次马拉松比赛，只有恰到好处地保持不前不后的位置，把握不前不后的分寸，才有可能更多地获得成功。要知道，在这场比赛中，人们要看的不是过程，而是最后的结果。但是结果如何正是由过程来决定的，保持不前不后的最佳人生位置，带给你的报偿可能就是巨大的人际便利和成功的收获。

忍人之不能忍，方能成别人所不能成之事

范雎是战国时期政治舞台上一位十分著名的政治家、外交家，而他走上政治舞台却历经了坎坷。

他原是魏国人，早年有意效力于魏王。由于出身贫贱，无缘直达魏王，便投靠在中大夫须贾的门下。

有一年，他随须贾出使齐国，齐襄王知范雎之贤，馈以重金及牛、酒等物，范雎辞谢没

有接受。须贾得知此事后，以为范雎一定向齐国泄露了魏国的秘密，便将此事报告了魏的相国魏齐。魏齐不问青红皂白，令人将范雎一阵毒打，直打得范雎肋断齿落。范雎装死，被用破席卷裹，丢弃在茅厕中。须贾目睹了这一幕，不置一词，还往范雎的身上撒尿。

范雎强忍着一时之气。他待众人走后，从破席中伸出头对看守茅厕的人说："公公若能将我救出，以后定当重谢。"守厕人便去请求魏齐，允许让他将厕中的"尸体"运出。

范雎历经千辛万苦来到了秦国都城咸阳，并改名换姓为张禄。此时的秦国正是秦昭王当政，而实际上控制大权的却是秦昭王之母宣太后以及宣太后之弟穰侯、华阳君和她的另外两个儿子径阳君、高陵君。这些人以权谋私，秦昭王完全被蒙在鼓里，形同傀儡。

但范雎看出秦国是最具实力的国家，秦昭王也不是一个无所作为的国君。几经周折，范雎终于见到了秦昭王。他以其出色的辩才向秦昭王指出秦国政策的失误，并提出了自己关于内政外交等的一系列主张。

秦昭王立即采取果断措施，废太后，驱逐穰侯、高陵、华阳、径阳四人于关外，将大权收归己有，并拜范雎为相。

范雎所提出的外交政策，便是闻名于后世的"远交近攻"，而他所要进攻的第一个目标，便是他的故国魏国。

魏国大恐，派使臣须贾来向秦国求和。不过，须贾只知道秦的相国叫张禄，而不知他就是范雎。

范雎得知须贾到来，便换了一身破旧衣服，也不带随从，独自一人来到须贾的住处。须贾一见大惊，问道："范叔别后还好吗？"范雎道："勉强活着吧！"须贾又问："范叔想游说于秦国吗？"范雎道："没有。我自得罪魏的相国以后，逃亡至此，哪里还敢游说。"须贾问："你现在干什么呢？"范雎道："给别人帮工。"须贾不由得起了一丝怜悯之情，便留范雎吃饭，说道："没想到范叔贫寒至此！"同时送给他一件丝袍。

席间，须贾问："秦的相国张禄，你认识吗？我听说如今天下之事，皆取决于这位张相国，我此行的成败也取决于他，你有什么朋友与这位相国认识吗？"范雎道："我的主人同他很熟，我倒也见过他，我可以设法让你见到相国。"

第二天，范雎赶来一辆驷马大车，并亲自当驭手，将须贾送往相国府。进入相府时，所有的人都避开了，须贾觉得十分奇怪。到了相府大堂前，范雎说："你等一下，我先进去替你通报一声。"

须贾在门外等了好久，也不见有人出来，便向守门人问道："这位范先生怎么这么半天也不出来？"这时，他才明白刚才拉他进来的"范先生"就是他要找的相国。

须贾大惊失色，于是脱衣袒背，一副罪人的打扮，请守门人带他进去请罪。范雎雄踞堂上，身旁侍从如云。须贾膝行至范雎座前，叩头道："小人有必死之罪，请将我放逐到荒远之地，是死是活都由大人安排！"范雎问："你有几罪？"须贾说："小人之罪多于小人之发。"范雎道："你有三大罪——我生于魏，长于魏，至今祖先坟茔还在魏，我心向魏国，而你却诬我心向齐国，并诬告于魏齐，这是你的第一大罪。当魏齐羞辱我时，你不加阻止，这是你的第二大罪。不止如此，你还乘醉向我身上撒尿，这是你的第三大罪。我今天之所以不处死你，是因为你昨天送了我一件丝袍，看来你还没忘旧情，我可以放你回去，不过你替我转告魏王，赶快将魏齐的脑袋送来！要不然，我就要发兵血洗魏都大梁城！"

魏齐吓得仓皇出逃，可赵、楚等国畏于秦国的兵威，谁也不敢收留他，魏齐终于被迫自杀。

一个人能"忍"的程度也是他可"负"的程度，成大事者莫不是从危机四伏中杀开一条生路的，其间所受之辱超乎想象。但正是如此，他们才能挑起常人所挑不起的重担，走上成功之路。

忍人之不能忍，方能成别人所不能成之事。人生难免会遇到困难和挫折，只要你能忍受挫折中的屈辱和痛苦，将挫折看做成功来临前的磨砺，并以此自勉，一旦东山再起，就会爆发出巨大的力量。

不要过早暴露野心，需要循序渐进

凡成大事者都有惊人的野心，但智者知道如何控制勃勃野心，在条件不具备时不轻易显露。唯有在一切都水到渠成之时，野心才能真正实现，所以凡事不必操之过急，要遵守循序渐进的发展规律。

武则天本是唐高宗的爱姬。公元683年，唐高宗死后，继位的唐中宗毫无主见，凡事都唯母亲武则天做主，这样大权渐渐落入武则天之手。

昔日唐高宗在位时，因患有头眩病，所以自公元660年起，便把大小政事多半委托给武则天处理，自己落得个清心养性，武则天也渐渐掌握了朝中大权。高宗一死，继位的又是她的儿子，要想废黜只是一句话而已。这样，武则天便不觉野心萌动，想要尝试一下当女皇帝的滋味。

然而，在一个夫权为上的男性社会里，传统的男尊女卑的观念早已深入人心，要想撼动又谈何容易。中宗被废为王后，武则天曾故意试探性地问群臣："此后应由何人承续帝位？"宰相应声答道："就立豫王李旦为帝。"李旦是武则天和唐高宗所生的最小的儿子。其他人也都众口一词，没有一个人会想到座上的女人正蠢蠢欲动，想要过一把皇帝的瘾。群臣的意见让武则天的心凉了半截，但也给她打了一针清醒剂。她知道，自己现在做皇帝还不是时候。

无奈，她只好暂立豫王李旦为唐睿宗，做了挂名皇帝。然而即使这样，仍有不少大臣屡屡站出来劝谏，要武则天尽早把权力下放给挂牌皇帝李旦。大唐李敬业甚至招集十余万兵马，发誓要杀掉这个要篡夺大唐江山的女子。大文豪骆宾王也挥毫抒愤，写出了力透纸背、千古名扬的《讨武曌檄》，追随李敬业麾下，兵败而不知所终。之后仍有许多州县的一大批刺史起兵讨武……

面对如此强大的反对力量，武则天心里明白，虽然此时在朝中说句话她就能坐上皇帝的宝座，但众人不服，民心不稳，这样的女皇不会做长久，也可能在历史上留下恶名。于是，她放远眼光，决定费些时间大造声势，设法改变人们的观念，改变民众对女人尤其对她这个不一般的女人的敌视态度。

首先，武则天表面上装作归政于李旦，暗地里却让李旦写表坚决推辞，而自己则好像是迫不得已才临朝掌握皇权的。

接着，她又让侄子武承嗣派人在石头上刻上"圣母临人，永昌帝业"八个大字，涂成红色，扔进洛水，再由雍州人唐同泰取来献给朝廷。武则天亲祭南郊，告缴神灵，称此石为"授圣图"，改洛水为永昌水，封洛水神为显圣侯，给自己加号圣母神皇，封唐同泰为游击将军，并举行了声势浩大的拜洛受瑞仪式，使人以为她当皇帝乃是奉循上天的旨意。

而后，她又暗使高僧法明杜撰了《大云经》四卷，遍送朝廷内外。《大云经》中在醒目的位置称武则天本是弥勒佛的尘世化生，理当代为主宰唐朝。武则天令两京诸州官吏，使百姓大读特读，并专门建寺珍藏。

此外，她又令侍御史傅游艺率关中的百姓九百余人，来朝廷上表，恳请武则天亲临帝位。武则天佯装不答应，却马上把傅游艺提升为给事中。如此升官捷径，哪个不会效法？于是，百官宗戚、远近百姓、四夷酋长、沙门道士竞相仿效傅游艺，上表奏请武则天当皇帝。有一次，上表者竟多达六万余人。

如此大造舆论，众人都觉得武则天做皇帝已是上应天意、下顺民心，势所必然。百官群臣也乐得顺水推舟，请求武则天早日登基，就连挂名皇帝李旦竟也认为自己这个皇帝是抢了母亲的位，亲自上表请求改姓武。时机成熟之后，武则天才废了李旦，亲自登基为帝，反对者声息皆无。

武则天有雄心，但她不急于行动，而是借助方方面面的力量为达到自己的真实意图摇旗呐喊，顺水推舟坐稳了自己的宝座。

树大招风，过早地暴露自己的野心会成为众矢之的，让你的目标不得实现。有志成事的人懂得人心之妙，隐藏自己的心思，然后再一步步水到渠成地实现目标。

以自己小失让对方，日后会有大收获

纵观古今，很多先哲都明白得失之间的关系。他们充满远见，以一时的小失换得更多的回报，而非一时一事的得与失。

春秋战国时期的宓子贱是孔子的弟子，鲁国人。有一次齐国进攻鲁国，战火迅速向鲁国单父地区推进，而此时宓子贱正在单父。当时正值麦收季节，大片的麦子已经成熟了，不久就能够收割入库了。可是齐军一来，这眼看到手的粮食就会让齐国抢走。当地一些父老向宓子贱提出建议，说："麦子马上就要熟了，应该赶在齐国军队到来之前，让咱们这里的老百姓去抢收。不管是谁种的，谁抢收了就归谁所有，肥水不流外人田。"另一个人也认为："是啊，这样把粮食打下来，可以增加我们鲁国的粮食。而齐国的军队没有粮食，自然坚持不了多久。"尽管乡中父老再三请求，宓子贱坚决不同意这种做法。过了一些日子，齐军一来，真的把单父地区的小麦一抢而空。

为了这件事，许多父老埋怨宓子贱，鲁国的大贵族季孙氏也非常愤怒，派使臣向宓子贱兴师问罪。宓子贱说："今年没有麦子，明年我们可以再种。如果官府这次发布告令，让人们去抢收麦子，那些不种麦子的人则可能不劳而获，得到不少好处。单父的百姓也许能抢回来一些麦子，但是那些趁火打劫的人以后便会年年期盼敌国的入侵，民风也会变得越来越坏，不是吗？其实单父一年的小麦产量，对于鲁国强弱的影响微乎其微，鲁国不会因得到单父的麦子就强大起来，也不会因失去单父这一年的小麦而衰弱下去。但是如果让单父的老百姓，以至于鲁国的老百姓都存了这种借敌国入侵能获得意外财物的心理，这才是危害我们鲁国的大敌。这种侥幸获利的心理，那才是我们几代人的大损失呀！"

宓子贱自有他的得失观，他之所以拒绝父老的劝谏，让入侵鲁国的齐军抢走了麦子，是因为他认为这样做失掉的只是有形的、有限的一点点粮食，而让民众存有侥幸得财得利的心理才是无形的、长久的损失。得与失应该如何取舍，宓子贱做出了正确的选择。

与人交往的过程中，我们必须明白：有些情况，忍一时的失，才能有长久的得。要能忍小失，才能有大的收获。

软弱和退缩胜过任何硬性的进攻

一天，乌龟和刺猬在河边玩耍，被一只老狼看见了。那老狼馋得直流口水，心想：这两个小东西，真是不错的餐前小点心。老狼悄悄爬到它们的身后，然后猛扑上去。乌龟吓得把头、脚和尾都缩进了壳里，刺猬吓得把身体缩成一团。

老狼先向乌龟扑去，它抱起乌龟狠狠地咬了一口。"哎呀！好硬啊！"老狼的牙齿被崩掉了一颗。它捂着嘴，痛得直蹦。

老狼一转身，又向刺猬扑去。刚抓起刺猬，它的爪子就被刺猬刺伤了。老狼痛极了，瘸着腿走了。

"物竞天择，适者生存。"要生存就必须具备求生的本领，既要觅食，又要自卫。在自我保护方面，有两种动物——乌龟和刺猬的习性最有代表性。乌龟遭遇外力干扰，受到威胁时，会把头脚缩进壳里。它不会反击，只求自保。而刺猬呢，一受到外力干扰，就会竖起全身的刺，"人若犯我，我必犯人"。同是自卫行为，乌龟和刺猬所采取的方式是如此不同。乌龟不会伤人，但刺猬会伤人。

在社会生活中，竞争激烈、残酷，人的世界比动物界要复杂得多，人们自然难免遇到外来的侵害，这就需要进行自我保卫。自卫方式是多种多样的，不同的处理方式会导致不同的人际效应。

需要强调的是，人际纷争不是谁吃谁那么简单，多一点忍让和迟钝也许就风平浪静了，就像乌龟，缓慢、迟钝，自卫而不伤人。乌龟的行为和性格特征，在心理学中有个相对应的名词——钝感，它与“敏感”意思相对，词性相同。而日本著名作家渡边淳一的以《钝感力》为书名的杂文集告诫我们，“钝感”相对“敏感”而言，由于生活节奏的加快，现代过于敏感往往就容易受到伤害，而钝感虽给人以迟钝、木讷的负面印象，却能让人在任何时候都不会烦恼，不会气馁，钝感力恰似一种不让自己受伤的力量。在各个领域中取得成功的人士，其内心深处一定隐藏着一种绝妙的钝感力。他还表示自己早在二三十岁时就感到了钝感力的重要：“这个世界不过是一场生存游戏，所以必须要有顽强的意志。而要保持或者加强自己的生存能力，钝感力又是必不可少的。与其有锐利的敏感度，不如对于大多数事物不要气馁，这股迟钝的顽强意志，就是得以生存在现代的力量，也是一种智慧。”

渡边淳一还举了例子：“当初还是文学新人的时候，经常遭编辑退稿，并受到严厉的批评。我对这些就很迟钝，只觉得对方不采用我的稿件是因为他没有欣赏能力。”

所以，我们在为人处世时要学会忍耐，学会等待时机。在为自己争得面子的同时，也给别人面子，不要总像刺猬那样把刺扎向别人。针尖对麦芒，只会使仇恨深化。撞个鱼死网破，对谁都没好处。两个人都做刺猬，便无法拥抱、亲近。

像乌龟那样把头脚缩进壳里，用硬壳的保护化解对方的挑衅，减少不必要的误会和麻烦，直到对方倦了、腻了，无功而返，甚至“化敌为友”。因此，在现实生活中，具有乌龟式人际性格的人，较受欢迎。即使起初对他有敌意的人，也很有可能最终和他成为朋友。

而拥有刺猬式性格的人，就算击退了有敌意、恶意的人，也可能在厮杀中遍体鳞伤，成为一个他人“敬而远之”的孤独者。显然，做乌龟好过做刺猬！

软弱和退缩是一种无形的力量。只懂进攻而不懂退缩，只会强硬而不会示弱，倘若胜出，也可能是一位遍体鳞伤的胜者。

隐藏自己的真实想法，才能全身而退

别人想要的东西，要顺着他的想法给予他。自己想要的，却要想办法掩藏起来。不让人知道自己的想法，才好全身而退。古时的冯道就是典型的例子。

冯道在后晋石敬瑭手下担任宰相。石敬瑭为求得契丹出兵援助自己打败后唐，夺取天下，不仅割卢龙一道和雁门关以北地区为厚禄，而且自称臣、称儿。事定后，需要派一名重臣为礼仪使到契丹，为契丹主耶律德光和萧太后上尊号。

石敬瑭心中的理想人选是冯道，但考虑到此行很可能有去无回，感到难以启齿，便叫几名宰相商议决定。

捧着诏书的文书小吏一到中书省便哭出声来，因为自己的皇帝对外藩称儿、称臣实在是太屈辱了。

冯道正和几名同僚商议政务，见状大惊。待明白来意后，几名宰相都吓得面无人色，唯恐这桩既危险又屈辱的差事砸到自己头上。

冯道看出了大家的意思，也不说话，很镇静地在一张纸上写下“道去”两字，其他人看后既感到解脱，又替他难过，有人甚至当场落泪。

冯道出任礼仪使到了契丹后，契丹主对他很重视，本想亲自出去迎接，后因有人劝他“国君不应迎宰相”才作罢。

给契丹主和太后上过尊号后，冯道便被契丹主留下来为官。契丹族的风俗是只赐给贵重大臣象牙笏，或在腊日赐牛头，有一样就是特殊宠幸，冯道却全得到了。他还为此作诗一首：“牛头偏得赐，象笏更容持。”

契丹主知道后大为高兴，暗示要长期留他在契丹为官，冯道说：“南朝为子，北朝为父，我在两朝做官，没有什么分别。”契丹主听了更是喜欢。

冯道把得到的赏赐都用来买木炭，对人说：“北方寒冷，我年纪老了，难以忍受，不得不多做些准备。”摆出一副扎根契丹的架势。

契丹主开始唯恐留不住冯道，待见他如此，不仅不再怀疑他的忠诚，反而觉得自己的儿皇帝那里更需要这样忠诚有名望的大臣辅佐，便让冯道回石敬瑭那里。

冯道三次上表推辞，表称自己眷恋上国，不忍离去。契丹主一再催促强迫，冯道才显得百般不情愿地上路了。

他先在驿馆中住了一个月，然后慢腾腾地返回。一路上到一个地方便停下来住宿，一点也不着急。契丹主派人查探后，愈加放心。冯道一直走了两个月，才出了契丹国境。

冯道身边的人问他：“我们能逃出虎口，返回家乡，恨不得身生双翅，您却走走停停，却是为何？”

冯道笑着说：“急有什么用？我们如果走快了，契丹主用快马一天就可以把我们追回去。我们走得慢，他们难以觉察我们的心思，这样才能安全返回。”

左右的人听后，都恍然大悟，钦佩不已。

在某些特殊情况下，只有隐藏起自己的真实想法，才能如愿以偿地抽身而退。进退之间，只有一尺，却需要付出很多超乎想象的心思。

不要做明枪，要做暗箭，适时待发

把自己藏在别人注意不到的地方，别人在明我在暗，能看清局势，且不受人干扰，被人忽视的最大好处就是可以积累自己的实力。在别人注意不到的地方，隐忍待时，静若处子。一旦时机成熟，就一飞冲天，动若脱兔。人生的主动权，就掌握在了自己手中。

“一鸣惊人”的故事，就是一个很好的例子。

春秋战国时期的楚庄王即位后，不理国政，每日不是在宫中奏乐饮酒，与妃妾们寻欢作乐，便是率领卫士于深山大泽中打猎。

楚国的大臣们纷纷劝谏，楚庄王置之不理，我行我素。

国王不理朝政，下面自然乱作一团：权臣们借机树党争权，小人们则逢迎拍马，捞取官职，贪官们更是浑水摸鱼，中饱私囊。楚国的政治一下子陷入了混乱无序的状态。

楚国的大夫伍举实在忍不住了。他决定入宫进谏。

伍举入宫见到楚王时，楚庄王正一边喝着美酒，一边听乐师们奏乐。见到伍举，楚庄王问道：“大夫是想喝美酒，还是要听音乐？”

伍举笑道：“臣既不想喝酒，也不想听音乐，而是听人们说大王智慧过人，所以想请大王猜个谜语。”

“在楚国的一座高山上，停落一只大鸟。它羽毛五彩缤纷，异常华丽，可是三年来它既不鸣叫，也不飞走，臣实在不明白其中的原因。”

楚庄王沉思片刻，说道：“这不是一只平凡的鸟。它三年不鸣，是在积蓄自己的力量；三年不飞，是等待看清方向。这只鸟不鸣则已，一鸣惊人；不飞则已，一飞冲天。你去吧。你的意思我都明白了。”

伍举听完楚庄王的解释后非常高兴，他知道了国王是很有头脑的人，他是在等待时机，而绝不是一个沉溺酒色的荒淫君主，楚国还是大有希望的。

几个月过去了，楚庄王不但没有丝毫改变，反而更加荒淫无度。伍举的朋友苏从感到受了骗，他全无顾忌，舍身直闯王宫，直言进谏：“您身为国王，不理国政，只知道享受声色犬马之乐，却不知道乐在眼前，忧在不远，不久就会民众叛于内，敌国攻于外，楚国离灭亡不远了。”

楚庄王勃然大怒，拔出长剑，指着苏从的鼻尖，厉声叱道：“难道你不怕死吗？”

苏从凛然正色道：“假如我的死能让君王悔悟，能让楚国富强，我的死就是值得的。”

楚庄王看了苏从半晌，忽然扔下长剑道：“我等的就是大夫这样忠于国家，不怕死的栋梁。”他挥手斥退舞女，与苏从谈论起楚国的政务来。苏从这才惊异地发现：国王对国家上下了解的比自己还要多。

楚庄王随后发布一系列政令，把那些谄谀小人、贪官和不称职的官员该杀的杀，该罢职的罢职，把那些包括伍举、苏从在内的忠于国家、有才能、刚直不阿的人提拔上来。一番改革后，楚国的政治从贪浊混乱一下子变得清明了。

楚国国内基础巩固后，国力日渐强盛，最后楚庄王成为了“春秋五霸”之一。

把自己藏在别人注意不到的地方，别人在明我在暗，能看清局势，且不受人干扰，被人忽视的最大好处就是可以积累自己的实力。躲在暗处，既能使对手小视自己，又能趁机识别身边人。这一韬晦之法不仅能用于治国，也能用于人生路上的纷繁竞争之中。我们在竞争中，不要做明枪，要做暗箭，在暗中向对方进攻，往往使他防不胜防。

做人要善于隐匿：看似没有，实则充满

自古成大事者都谨小慎微，“心眼”胜人一筹，善于隐藏自己，看似没有，实则充满。《三国演义》中有一段“曹操煮酒论英雄”的故事。

当时刘备落难投靠曹操，曹操很真诚地接待了刘备。刘备住在许都，在衣带诏签名后，为防曹操谋害，就在后园种菜，亲自浇灌，以此迷惑曹操，放松对自己的警惕。

一日，曹操约刘备入府饮酒，谈起以龙状人，议起谁为当世之英雄。刘备点遍袁术、袁绍、刘表、孙策、刘璋、张绣、张鲁、韩遂，均被曹操一一贬低。曹操指出英雄的标准——“胸怀大志，腹有良谋，有包藏宇宙之机，吞吐天地之志”。刘备问：“谁人当之？”曹操说，只有刘备与他才是。

刘备听闻，竟吓得把匙箸也丢落在地上。恰好当时大雨将到，雷声大作。刘备从容俯拾匙箸，并说：“一震之威，乃至于此。”巧妙地将自己的惶乱掩饰过去了，从而也避免了一场劫数。

刘备在煮酒论英雄的对答中是非常聪明的。刘备藏而不露，人前不夸张、显耀、吹牛、自大，装聋作哑，不把自己算进“英雄”之列，这办法是很让人放心的。他的种菜、他的数英雄，至少在表面上收敛了自己的行为。一个人活在世上，气焰是不能过于张扬的。

孔子年轻的时候，曾经受教于老子。当时老子曾对他讲：“良贾深藏若虚，君子盛德容貌若愚。”即善于做生意的商人，总是隐藏其宝货，不令人轻易见之；而君子之人，品德高尚，却显得愚笨。其深意是告诫人们，过分炫耀自己的能力，将欲望或精力不加节制地滥用，是毫无益处的。

中国旧时的店铺里，在店面是不陈列贵重的货物的，店主总是把它们收藏好。只有遇到有钱又识货的人，才告诉他们好东西在里面。倘若随便将上等商品摆放在明面上，贼岂有不惦记之理。

不仅是商品，人的才能也是如此。俗话说，“满招损，谦受益”。才华出众而喜欢自我炫耀的人，必然会招致别人的反感，吃大亏而不自知。

这个世界上才能高的人很多，但有“心眼”的人却不是很多。同样一部《三国演义》，死于曹操手下的才高八斗之士数不胜数，如孔融、祢衡之流。皆因他们不善于隐藏自己，才命丧黄泉。所以，无论才能有多高，都要善于隐匿，要能达到这样的境界。

适时贬一贬自己，学会低调做人

适当地贬低自己，也就相对地捧高了对方。在某些情况下，贬低自己来捧对方，不只是为了抬高他人，也是低调做人的方式。

当你听到对方说“我前天做了一件丢脸的事情”时，想必你会浮现出微笑，并心情轻松地听他继续说下去。因为炫耀自己会引起他人的反感，而谈及自己的失败经验，不但会增强对方的自尊心，更能因此打开对方的心扉，让他坦然地接受你。

在某些时间、场所，我们不便坦然对他人说出礼貌性的赞美。在这种情况下，不妨换种方式来表达，效果是同等的，甚至会超过所期望的效果。这个诀窍就是适当地贬低自己。适当地贬低自己，也就相对地捧高了对方。即使是不善言辞、不善于称赞的人，也能轻而易举地使用这种方法，达到捧高他人的目的。

比如说，当我们参加某店铺开张的庆祝会时，即使那是一家不怎么样的店铺，我们也要依场合不同来为庆祝增添一些喜气。我们可以贬低自己，捧高对方，说：“这店铺看起来真不错，室内的装潢也很考究。不像我经营的那家店，门没做好，窗户也是一大一小的。”这样将对方和自己做具体的比较，并有技巧地批评自己略逊一筹，对方将因被人高抬而唤起优越感，心中的舒坦自是不言而喻。相反，如果以轻视的口吻对主人说：“店铺的柜台再宽一点会比较好，你们下次再整修时，可要记住啊！”对方在庆祝会上听到这样毫不客气的批评，一定会大感不快，从此对你产生敌意，这就是不谙人情世故所要承受的恶果。

日本有位国会议员，常对别人说：“我仅有小学毕业的学历。”但是，他实际上却拥有高学历，他之所以贬低自己，无非是要给予别人心理上的平衡感。须知谦虚会让别人觉得轻松。知道了这一点，在平常的交往中，我们就不妨适当地运用一下贬低自己的诀窍，来捧高对方的地位，达到感情投资的目标。如此，成功便离你不远了。

适当地运用这种方法，可以避免在一些场合下过分崭露锋芒，从而给自己带来不必要的麻烦。低调做人，低姿态处世，在某些情况下适当地贬低自己，这才是明智之举。

第二章
柔弱之中，暗藏机锋

弱势时打张情感牌，更易被对方认可

“问世间情为何物？”或许答案有风情万种，但从本质上来讲，它就是能激起人们内心涟漪的绝佳法宝。

正所谓“以情动人”，“情”最能开启人的心扉，真正唤起别人的共鸣和认同。在现实世界里，聪明的人往往善于打情感之牌，尤其在弱势的时候，这样更容易被他人认可、得到帮助。

曹丕和曹植都是曹操的儿子，均能辞赋。在文学史上，父子三人合称“三曹”。曹操被汉献帝封为魏王后，在诸子中选立自己的继承人。长子曹丕虽被立为太子，但觉得自己的地位很不稳固，认为二弟曹植是自己强有力的竞争者，曹植也未放弃希望。于是，两人都想方设法争宠于曹操。

次子曹植，能文能武，胸有大志，才思敏捷，比曹丕有过之而无不及。曹操筑铜雀台，率诸子登台，令他们各自作赋。曹植当时年仅十九岁，援笔立成，文辞通达耐读，曹操很是惊异。每当曹操问及军国大事，他都能应声而答，因而备受曹操的宠爱。当时曹操身边有名的谋士杨修、丁仪、贾逵、王凌等人，都倾向于立曹植为太子，并为曹植应付曹操的考察出谋划策，使曹操认为曹植比曹丕更有能力。

长子曹丕也与一帮亲信官吏积极谋划。他虽然文才不如曹植，但在政治斗争的经验上却胜曹植一筹。他笼络的都是些明于政略而且在朝中掌握实权的官僚人士。出于打击曹植的目的，曹丕经常派人探听弟弟的活动，并收买曹植府中的下人，让他们到曹操那里告密，使曹操知道了杨修等人为曹植出谋划策的事情，引起了曹操的疑心。

面对曹植争立的威胁，曹丕问深有谋略的太中大夫贾诩，如何才能巩固自己的地位。贾诩说，要宽厚仁德，奉行仁人志士简约勤勉的精神，朝夕兢兢业业，不要违背做长子的规矩。曹丕听了他的话，时时注意修养，深自砥砺，使曹操对他的印象越来越好。

有一次，曹操要率大军出征，曹丕与曹植都前去送行。临别时，曹植作了一篇洋洋洒洒的散文，极力称颂父王的功德，并当众朗诵得声情并茂，使得曹操和他的左右文武大臣万分高兴，曹植也因此受到众人的夸奖。曹丕怅然若失。这时，他的谋士吴质悄悄建议他做出流涕伤怀的样子。等到曹操出发时，曹丕什么话也不说，只是泪流满面，趴在地上，悲伤不已，表示为父王将要出生入死而担忧。他一边哭着一边跪拜，祝愿父王与将士平安。曹操及左右将士都大为叹息。

这样一来，形势大转。曹操和左右大臣都认为曹植虽能说会道，但华而不实，论心地诚实仁厚远不如曹丕。一番考察和鉴别之后，曹操最终把曹丕定为了太子。

再拿当今的营销来说，情感服务非常盛行。商家通过借助情感包装、情感促销、情感广告、情感口碑、情感设计等策略来实现企业的经营目标，使“情”的投射穿过消费者的情感障碍，让消费者受到强烈的感染或冲击，从而激发消费者潜在的朦胧的购买意识。例如，孔府家酒先后以巩俐的“孔府家酒，叫我想家”、刘欢的“千万里，千万里，我回到了家……”打响全国。贵州青酒厂也请香港明星刘青云以一句：“喝杯青酒，交个朋友”为情感广告的全部诉求点，颇受消费者的青睐。

那么，想得到别人的认可或帮助，尤其在自己弱势的时候，不妨使用眼泪等“情饰”的策略，这样往往更容易实现目的。

遇到强手就要避敌锋芒，侧面而行

说话办事、与人交往、职场商战等各种场合都会遇到双方博弈的局面，而且会经常遇到强大的对手，他们在某一个方面似乎无懈可击。这个时候你是拼命和别人比优势，还是避开敌人的锋芒，侧面回击呢？

印度的帕特尔振兴尼尔玛化学公司在与对手竞争的时候，用从侧面打击对手的方法，最终取得了胜利。创业之初，帕特尔利用自己的专长，在自己的厨房里用简陋的设备，生产出一种成本极其低廉的洗衣粉，并且把这种洗衣粉命名为尼尔玛。为了打开销路，帕特尔开始四处奔波，试图为他的洗衣粉在竞争激烈的市场上分得一杯羹。

但是根据印度传统的经营理论，城市富裕的家庭主妇的钱袋是大多数产品销售的唯一来源，而在当时这一巨大的财源几乎被印度制造业的跨国公司——印达斯坦·勒维尔公司独占着。它所生产的冲浪牌洗衣粉，在印度洗涤市场上一直占据着统治地位。作为刚刚起步的帕特尔公司，可以说根本没有力量与勒维尔公司正面交锋。

帕特尔看清了这一点，他决定寻找另一条出路。帕特尔针对勒维尔公司只注重城市富裕的家庭主妇的钱袋，而忽略了广大中下层人民的需要这一弱点，开始做文章。他绕开与勒维尔正面交战的战场，把注意力放在了无力购买高价洗衣粉的广大中下层人民身上。他相信这是一个潜力巨大而又无人涉足的广阔市场，并制定了灵活的销售策略。他坚持薄利多销，并且在产品上做文章，不断推出新产品，先后推出块状洗衣皂和香皂。当这两种产品投入市场的时候，购买者趋之若鹜。为此，公司迅速增大了产量，显示出其广阔的发展前景。在正确的战略指导下，到了1988年，公司生产的尼尔玛牌洗衣粉，销售达到50万吨。而这时，它的主要竞争对手——勒维尔公司已经被抛在了后面，他们生产的冲浪牌洗衣粉，只售出了20万吨。

自此之后，尼尔玛公司以产品的良好信誉、优良质量和低廉价格深入人心，终使尼尔玛公司在洗衣粉市场上后来居上，独领风骚。

帕特尔的胜利为我们提供了处世的经验：当与对方不得不交手的时候，在正面无法取得胜利的时候，就要灵活多变，迂回到对手的后方和侧面采取积极的行动。

有一个人上大学时，爱上了一个堪称校花的美丽女生。但他知道自己的分量，他各方面都平平常常，包括长相、学业，更没有什么特长。他的想法一旦公布出来，肯定百分之百的人会说他是癞蛤蟆想吃天鹅肉。同时，他也知道校花身边有很多帅哥或者才子在追求她，他如果再以同样的方式加入，肯定不能成功，倒还可能被嘲笑。

他冥思苦想，最后想到了绕道而行。他打听到这位校花爱弹钢琴，而他恰好有一点钢琴基础。于是，他不分白天黑夜苦练钢琴，并且在一年后的全校钢琴比赛中夺冠，被誉为校园钢琴王子。就在他夺冠的第二天，校花主动找上门来了，要向他学习钢琴。下面的事情就顺利多了，日久生情，校花毕业后就成了他的妻子。

无论是帕特尔还是抱得美人归的聪明人，都懂得承认敌人的优势，认清自己的劣势，然后避开对方的锋芒，从另一个点突袭，绕道达到目标。他们的战术看起来似乎少了点“速战速决”的味道，但是却是最行之有效的。所以，当我们分析了所面临的困难，发现无法逾越时，不妨绕开它，寻找别的路。

主动示弱，伪装自己，克敌制胜

会做事的人善于示弱求怜，这是一种上上之策。因为并不是实力不强，只是强而示之弱罢了。如果能把实力隐藏彻底，就能取得意想不到的效果。

南唐广陵人徐铉、徐锴兄弟和钟陵人徐熙，号称“三徐”，在江南名声卓著。三人都以学识渊博、见多识广、通达古今闻名于北宋朝廷，其中又以徐铉的声望最高。有一次恰好江南派徐铉来纳贡，照例要由朝廷派官员去做押伴使。满朝文武都因为自己的辩才不如徐铉而生怕中选。宰相赵普也不知究竟选谁为好，就去向宋太祖请示。太祖说：“你暂且退下，朕亲自来选择。”

过了一会儿，宦官命令殿前司听旨，要他写出十个不识字的殿中侍者的名字送来。殿前司写好后，宦官将名单送给太祖，太祖御笔一挥，随便点了其中一个人的名字，并说：“这个人就可以。”这使在朝的官员都大吃一惊。赵普也不敢再去请示，就催促那人赶快动身。

一上船，徐铉就滔滔不绝，词锋如云，周围的人都为他的能言善辩而惊讶。那位侍者当然无言以对，只一个劲点头称是。一连几天，那人却不与徐铉论辩。徐铉说得口干舌燥，疲惫不堪，再也不吭声了。

其实宋太祖也是用的不战而使敌人屈服这个兵家之上策，宋太祖派遣殿中侍者，是以愚困智。以智者去对付愚者，愚者无法理解；以智者与智者较量，谁也不会服谁。

曾有一位记者去拜访一位政治家，目的是获得有关他的一些丑闻资料。然而，还来不及寒暄，这位政治家就对想质问的记者制止说：“时间还长得很，我们可以慢慢谈。”记者对政治家这种从容不迫的态度大感意外。

不多时，仆人将咖啡端上桌来，这位政治家端起咖啡喝了一口，立即大嚷道：“哦！好烫！”咖啡杯随之滚落在地。等仆人收拾好后，政治家又把香烟倒着插入嘴中，从过滤嘴处点火。这时记者赶忙提醒：“先生，你将香烟拿倒了。”政治家听到这话之后，慌忙将香烟拿正，不料却将烟灰缸碰翻在地。

平时趾高气扬的政治家出了一连串洋相，使记者大感意外。不知不觉中，原来的那种挑战情绪消失了，甚至对对方怀有一种亲近感。

这整个的过程，其实是政治家一手安排的。当人们发现杰出的权威人物也有许多弱点时，过去对他抱有的恐惧感就会消失，而且由于受同情心的驱使，还会对对方发生某种程度的亲密感。

为人处世，要使别人放松对你的警惕，巧妙地示弱也是一种谋略。因为示弱能让你得到别人的同情，化解对方心里的敌对情结。

适时选择投降，给自己东山再起的机会

当你处于弱势地位的时候，不要为了所谓的荣誉而争斗，而要适时选择投降。投降会给你时间以东山再起，卷土重来；投降会给你时间让征服你的人感到烦恼，让他们受到来自于

你的刺激；投降会给你时间去等待征服者的力量逐渐消失。

春秋时期最后一个霸主——越王勾践，是一位著名的政治家和军事家。

勾践刚刚即位的时候，吴王阖闾趁越国政局不稳之际兴兵伐越，勾践起兵抵抗，打败吴军，阖闾受箭伤死于回国途中。其子夫差即位后，时时不忘杀父之仇，用了两年多的时间练兵。

勾践听说吴王夫差日夜练兵，打算抢先讨伐吴国。谋臣范蠡劝他不要仓促行事，勾践不听，率军攻吴。吴王亲率精兵反击，越军大败。勾践带着剩下的5000人逃至会稽山，被吴军包围。勾践非常后悔，这时范蠡为他出了个主意，让大夫文种贿赂伯嚭，向夫差请求称臣纳贡，暂时投降。夫差答应了勾践的请求，但要勾践夫妇到吴国为他服役。

勾践抵达吴都，夫差有意羞辱他，要他住在阖闾坟前的一个小石屋里守坟喂马，有时骑马出门还故意要他牵马在国人面前走过。勾践忍辱负重，小心伺候，做到百依百顺，胜过夫差手下的仆役。夫差生病，勾践前去问候，还掀开马桶盖观察夫差刚拉的大便，体贴夫差的病情。3年过去了，由于勾践尽心服侍，再加上伯嚭不断在夫差耳边为他求情，夫差认为勾践已真心臣服，决定放他们回国。

勾践回到越国后，为了激励自己不忘报仇雪耻，卧薪尝胆。为使国家富强，勾践采纳了范蠡、文种提出的“十年生聚，十年教训”之策，要范蠡负责练兵，文种管理国家政事，推行让人民休养生息的政策。国家奖励耕种、养蚕、织布，尤其鼓励生育，增加人丁。勾践与百姓同甘共苦、同心同德，越国迅速恢复生机，国力日渐强盛。

同时，勾践又采取了许多办法麻痹吴国，造成吴国内耗。勾践年年月月按时给吴国纳贡，使夫差始终相信他是真心臣服；并派出奸细刺探吴国的消息，散布谣言以离间君臣关系，使夫差杀害忠良；勾践又以越遇灾害为由，不时向夫差借粮，使吴国粮食储存减少，而越国则储备充足；探知夫差要建造姑苏台，勾践派人运去特大木料，说是“神木”，夫差非常高兴，扩大了姑苏台的设计，使吴国更加劳民伤财；勾践又施美人计，为夫差献上美女西施。夫差得到西施，极其宠爱，甚至言听计从。

吴国日渐衰败，勾践认为时机已经成熟，于是趁夫差率精锐部队北上黄池会盟的机会，率5万大军攻打吴国，吴军大败，太子阵亡。这时，夫差打败齐国，正约晋、卫、鲁等国在黄池（今河南封丘县西）会盟，当上了霸主。接到消息，十分懊丧，只好派伯嚭向越求和。勾践和范蠡认为吴国还有实力，一时消灭不了，就答应了讲和，退兵回国。

不久勾践乘吴国大旱、国内动荡的机会，再次攻吴。吴王夫差被越军长期围困，力不能支，派使节袒衣膝行向勾践求和。勾践于心不忍，正要应允，范蠡上前说：“大王您忍辱受苦20余年，为了什么？现在能一旦抛弃前功吗？”转头又回绝使节说：“过去是上天把越赐予吴国，你们不受；今天是上天以吴赐越，我们不敢违背天命而听从你们的请求。”吴王夫差见大势已去，自刎而死。

在战场上，为了打胜仗，往往要先避敌锋芒，退避三舍。有的时候，暂时的投降也是一种麻痹敌人的有效策略。在敌人放松警惕的时候赢得一个保存实力、积蓄力量的机会，这是一种生存智慧，也是一种战场艺术。暂时的投降让勾践扭转劣势，并最终击溃吴国。我们为人处世也一样，成功的人生时时都离不开适时的“投降”。

初涉人世时，人们大都不谙世事，只会冲撞，不懂投降，结果往往碰壁，吃了不少苦头。然而，大多数人在碰壁后，“吃一堑，长一智”，慢慢学会了暂时投降，暂时低头，暂时认输，结果却踏上了通畅的人生之路。但是，也有一些人总也不懂投降，结果处处荆棘，四面楚歌，甚至身败名裂，抱恨终生。

大凡不会投降的人，都以为激流勇进才是英雄，而向人低头则是“窝囊废”。其实，在不丧失原则的前提下，暂时向对方认输，比硬着头皮坚持作战，把自己送上死路要高明得多。古人云“能屈能伸者，大丈夫也”。

适时吃眼前亏，只为以后不吃更大的亏

做人要有“心机”，有时候因环境所迫，我们必须要吃“眼前亏”，否则可能要吃更大的亏。

一天，狮子建议9只野狗同它一起合作猎食。它们打了一整天的猎，一共逮了10只羚羊。狮子说：“我们得去找个英明的人，来给我们分配这顿美餐。”

一只野狗说：“一对一就很公平。”狮子很生气，立即把它打昏在地。

其他野狗都吓坏了，其中一只野狗鼓足勇气对狮子说：“不！不！我的兄弟说错了。如果我们给您9只羚羊，那您和羚羊加起来就是10只，而我们加上一只羚羊也是10只，这样我们就都是10只了。”

狮子满意了，说道：“你是怎么想出这个分配妙法的？”野狗答道：“当您冲向我的兄弟，把它打昏时，我就立刻增长了这点儿智慧。”

自古以来，我们的老祖先常说，“好汉不吃眼前亏”，可是寓言中说的则是好汉要懂得在不利于自己的形势之下吃点亏。

假设这样一种情况：你开车和别的车擦撞，对方只是“小伤”，甚至可以说根本不算伤，可是对方车上下来四个彪形大汉，个个横眉竖目，围住你索赔，眼看四周荒僻，不可能有人对你伸出援助之手。请问：你要不要吃“赔钱了事”这个亏呢？

当然可以不吃，如果你能“说”退他们，或是能“打”退他们，而且自己不会受伤。

如果你不能说又不能打，那么看来也只有“赔钱了事”了。因为，“赔钱”就是“眼前亏”，你若不吃，换来的可能是更大的损失。

所以说“好汉要吃眼前亏”，因为“眼前亏”不吃，可能要吃更大的亏。

当一个人实力微弱、处境困难的时候，也就是最容易受到打击和欺侮的时候。在这种情况下，人们的抗争力最差，如果能避开大劫也算很幸运了。此时面对他人过分的“待遇”，最好是“退一步海阔天空”，先吃一下眼前亏，立足于“留得青山在，不怕没柴烧”，用“卧薪尝胆，待机而动”作为忍耐与发奋的动力。

汉朝开国名将韩信是“好汉吃得眼前亏”的最佳典型。乡里恶少要韩信爬过他的胯下，韩信二话不说，爬了。如果不爬呢？恐怕一顿拳脚，韩信不死也只剩半条命，哪来日后的统领雄兵，叱咤风云？他吃点亏，为的就是保住有用之躯。留得青山在，不怕没柴烧啊！

所以，当你碰到对你不利的环境时，千万别逞血气之勇，也千万别认为“士可杀不可辱”，宁可吃吃眼前亏。

生气不如争气，翻脸不如翻身

己不如人时，当面翻脸、发泄怒火只会自取灭亡。懂得适时弯曲，暗中发力才是求胜之道。

南北朝时的高洋就是一个懂得适时弯曲的人。高洋在尚未称帝时，政权在其兄长高澄的手里。高洋的妻子十分美艳，高澄暗加艳羡，而且心里很是不平。高洋为了不被高澄猜忌，做出一副朴诚木讷的样子，还时常拖着鼻涕嘿嘿傻笑。高澄因此将他视为痴物，从此不再猜忌高洋。

高澄时常调戏高洋的妻子，高洋也假作不知。后来高澄被手下刺杀，高洋为丞相，都督中外诸军，录尚书事，袭封齐王。朝中大臣素来轻视高洋，而这时高洋大会文武，谈笑风生，与昔日判若两人，顿时令四座皆惊，从此再不敢藐视。高洋篡位后，初政清明，简静宽和，任人以才，驭下以法，内外肃然。

当时西魏大丞相宇文泰听到高洋篡位，借兴义师的名义，进攻北齐。高洋亲自督兵出战，宇文泰见北齐军容严盛，不禁叹息道：“高欢有这样的儿子，虽死无憾了！”于是引军西还。

在今天的现实生活中，已不存在这种不忍让就会动辄丢性命的屈伸之道了，但适时弯曲是必需之策。弯曲时更容易看清彼此更多的东西，更有利于沟通和进步。

一个名叫拉升·彼德的男士在海军服役两年后，回到了美国首都华盛顿。之前服务的那家广播公司正等待他继续去做播音工作，但是换了个新上司。由于某种原因，这位新上司好像不大喜欢他。

他憋着劲儿要在各个方面和他的上司见个高低，于是他冷静、谨慎地工作着。新上司对他主持的节目时间重新安排以后，他按捺不住了。他一直是和老搭档主持某个喜剧节目的，而新安排的时间差得不能再差了——将近午夜。

他怒火中烧，准备和上司干一场，但是为了饭碗他还是忍了下来。

搭档和他接受了这个倒霉的时间安排，兢兢业业地工作。终于在三年后，成为华盛顿首屈一指的节目。

一天，新上司主动邀他参加电台的聚会，这次是躲不掉了。晚会上，他遇到了上司的未婚妻。她是个聪颖、活泼、务实的姑娘。像她这样的姑娘怎会喜欢一个没有什么可取之处的人呢？通过上司的未婚妻，他对上司的看法有了转变。

随着时间的流逝，他的态度转变了——上司的态度也变了。后来，他们成了好朋友。他仍在全国广播公司工作，并在全国一档著名的电视节目中主持气象预报。

生气还是忍下这口气对自己更有利，翻脸还是适时弯曲对自己更有利，这是不言自明的。

假痴不癫，轻松达到自己的目的

有时人们明知自己处于不利的环境，也知道对手的意图，但无力反击。这时就不得不以假象扰乱对手的视听，掩盖自己的真实意图，等待反击的时机。假痴不癫即是麻痹敌手、待机而动的计谋。

据《世界智谋故事》中介绍，在距今很久很久之前，有两个弟兄，各自置办了一些货物，计划好后想出远门去做生意。他们不辞辛苦，来到一个国家，这个国家的人都不穿衣服，世人称为“裸人国”。

小事糊涂、大事聪明的弟弟盘算着如何才能把生意做成，赚大钱，而对这个国家的风俗习惯却感到与自己国度不一样，应该怎么办呢？他本着小事糊涂、大事聪明的原则同哥哥商量：“这儿与我国的风俗完全不同，要想在这儿做好买卖，实在不易啊！不过俗话说‘入乡随俗’，只要我们小心谨慎，讲话谦虚，照着他们的风俗习惯办事，想必问题不大。”哥哥听了之后自作聪明地说：“无论到什么地方，礼仪不可不讲，德行不可不求。难道我们也光着身子与他们往来吗？这可太伤风败俗了。”弟弟接着据理力争说：“古代不少贤人，虽然形体上有了变化，但行为却十分正直。所谓‘殒身不殒行’，这也是戒律所允许的。”哥哥就是不听弟弟的劝说，固执己见。裸人国的风俗之一是，每年正月初一、十五的晚上，大家用麻油擦头，用白土在身上画上各种图案，戴上各种装饰品，敲击着石头，男男女女手拉着手，唱歌跳舞。弟弟也学着他们的样子，与他们一起欢歌曼舞。裸人国的人，不论是国王，还是普通百姓都十分喜欢弟弟，相互关系非常融洽。国王把他带去的货物全部买下来了，并付给他十倍的价钱。

而他的哥哥来到裸人国之后，看到弟弟按当地风俗习惯行事，生气地说：“不做人，要照着畜生的样子行事，这难道是君子应该做的吗？我绝不能像弟弟那样做。”不仅如此，而且满口仁义道德，指责裸人国的人这也不对，那也不是，引起国王及人民的愤怒。大家抓住了他，狠揍了一顿。他的全部财物都被抢走了，全亏了弟弟说情才把他救了。

学猫头鹰，睁一只眼，闭一只眼。你以为我傻，其实我不傻。有点“心眼”适时地“装傻”，既能有效地保护自我，又能客观地观察形势，达到自己的目的。

《孙子兵法·九论》上说：“能愚士卒之耳目，使之无知；易其事，革其谋，使人无识；

易其居，于其途，使人不得虑。”意思是说，通过蒙骗和迂回等办法，使对手无法推测你的真正意图。在环境不利于自己的情况下，为了避敌锋芒，保护自己，可以采取装疯卖傻、装聋作哑、将错就错等糊涂的方式蒙混过关。

在为人处世中也是一样，该糊涂时要难得糊涂。这样不仅可以减少敌意，更有利于团结协作。

不可时时做烂好人——人可以温和，但不可以软弱

为人不能太善太软，否则会给人以软弱可欺的感觉，自然而然会常受到他人言谈举止的戏弄与伤害。人可以温和，但不可以软弱，就如下面这则故事中的花猫一样，要软硬兼施。

从前有座山，山上有个村，村里住着许多小动物，有千里马、花猫、黄狗、乖乖兔，等等。它们幸福美满地生活在这个应有尽有、世外桃源般的村子——幸福村里。

这儿的村民就数黄狗、花猫最为有名，它们一个以没教养著称，一个以有教养而著称。有趣的是它俩还是邻居。

黄狗每天上街就寻衅滋事，动不动就骂人，因此村民们对它深恶痛绝，能躲即躲。相反，花猫则不同，它上街总是处处为人着想，见到村民总是笑容满面地打招呼。别人有困难的时候，它就会伸出自己的友谊之手。因此它曾多次荣获“助人为乐积极分子”、“幸福村优秀青年”等称号。

一天，在这儿发生了一件奇怪的事，有教养的花猫向没教养的黄狗寄去了一封邀请函，说是请它第二天到自己家去庆祝生日。奇怪就奇怪在花猫不请其他人，就只请黄狗一人。一些人就来打听了，千里马疑惑地问：“花猫，你怎么叫黄狗呢？”乖乖兔问：“你不是不明白，它可是没教养的，你这是为什么呢？”花猫听了，神秘地说：“秘密，无可奉告！”

第二天，黄狗如期而来，还没进门，嗓子就咿呀咿呀地扯了开来：“你奶奶的，还没准备好吃的，想饿死老子，不想活啦！”任凭黄狗的言语是多么的难听，花猫都毫不介意，只是默默地准备佳肴，它一直在进行着它的计划。就这样，在黄狗的骂声之中，午餐结束了。

当吃晚饭时，黄狗又来了。与中午不同的是，花猫不忙活了，而是在吃鱼。黄狗刚想骂，突然听到平日里彬彬有礼的花猫今天也破口大骂：“好你个黄狗，到我家给我过生日，却不带礼物，还骗吃骗喝，你算什么意思！”黄狗听了不由一愣，改口道：“我专程前来，却遭你这样对待，这算哪门子道理？”“哟，生气了，看不出，别人对你不好，你生气；可你对别人无礼，别人又怎么样呢？远的别说，就今天上午你如此待我，我都没吱声。你想到什么时候才改掉你这没教养的坏毛病呢？”

听了这话以后，黄狗顿时脸红了。

小花猫以其人之道，还治其人之身，教训了黄狗。

做人不可时时都做烂好人，要学会软硬兼施，这才是我们应当学习的处世哲学。软与硬，作为一种策略，或者作为一种交际手段，无论何种结合都不可偏颇。

人生在世，待人接物，应当和颜悦色、与人为善。因为大多数情况下，大家还是要和和气气地相处。当然，工作、生活中少不了各种各样的矛盾，但矛盾只要不是很尖锐，更多的时候还是相安无事。所谓凡事好商量，有话好好说，都是人们待人接物中常有的温和态度和常用的退让方法。但是并不是所有的时候，温和的手段都灵验，社会上有的人就是欺软怕硬、得寸进尺，把妥协退让当成软弱可欺。你越是好言相劝，苦口婆心地讲道理，他越是不依不饶。在这样的情况下，就必须采取强硬的态度和手段了。

成全对方的好胜心，保全自己

人人都有自尊心，人人都有好胜心。若要联络感情，应处处重视对方的自尊心。要重视对方的自尊心，必须抑制你自己的好胜心，成全对方的好胜心。

下面这个例子讲的就是名相萧何如何成全刘邦的好胜心而保全了自己。

汉初良相萧何，泗水沛（今江苏沛县）人。曾任沛县主吏掾、泗水郡卒吏等职，持法不枉害人。秦末随刘邦起兵反秦，刘邦进入咸阳，萧何把相府及御史府的法律、户籍、地理图册等收集起来，使刘邦知晓天下山川险要、人口、财力、物力的分布情况。项羽称王后，萧何劝说刘邦接受分封，立足汉中，养百姓，纳贤才，收用巴蜀二郡的赋税，积蓄力量，然后与项羽争天下。为此深得刘邦信任，被任为丞相。他极力向刘邦举荐韩信，认为刘邦要取得天下非用韩信不可。后来韩信在楚汉战争中的才干证明萧何慧眼识人。楚汉战争中，萧何留守关中，安定百姓，征收赋税，供给军粮，支援了前方的战斗，为刘邦最后战胜项羽提供了物质保证。西汉建立后，刘邦认为萧何功劳第一，封他为侯，后被拜为相国。萧何计诛了韩信后，刘邦对他更加恩宠。除对萧何加封外，刘邦还派了一名都尉率五百名士兵作相国的护卫。

当天，萧何在府中摆酒庆贺。有一个名叫召平的人，穿着白衣白鞋，进来对萧何说："相国，您的大祸就要临头了。皇上在外风餐露宿，而您长年留守在京城。您既没有什么汗马功劳，又没有什么特殊的勋绩，皇上却给您加封，又给您设置卫队，这是由于最近淮阴侯在京谋反，因而也怀疑您了。安排卫队保卫您，这可不是对您的宠爱，而是为了防范您。希望您辞掉封赏，再把全部私家财产都捐给军用，这样才能消除皇上对您的疑心。"

萧何听从了他的劝告，刘邦果然很高兴。同年秋天，英布谋反，刘邦亲自率军征讨。他身在前方，每次萧何派人输送军粮到前方时，刘邦都要问："萧相国在长安做什么？"使者回答，萧相国爱民如子，除办军需以外，无非是做些安抚、体恤百姓的事。刘邦听后总默不作声。使者回来后告诉萧何，萧何也没有识破刘邦的用心。

有一次，偶然和一个门客谈到这件事，这个门客忙说："这样看来您不久就要被满门抄斩了。您身为相国，功列第一，还能有比这更高的封赏吗？况且您一入关就深得百姓的爱戴，到现在已经十多年了，百姓都拥护您。您还在想尽办法为民办事，以此安抚百姓。现在皇上所以几次问您的起居动向，就是害怕您借关中的民望而有什么不轨行动啊！如今您何不贱价强买民间田宅，故意让百姓骂您、怨恨您，制造些坏名声。这样皇上一看您也不得民心了，才会对您放心。"

萧何说："我怎么能去剥削百姓，做贪官污吏呢？"门客说："您真是对别人明白，对自己糊涂啊！"萧何又何尝不知道这个道理，为了消除刘邦对他的疑忌，只得故意做些侵夺民间财物的坏事来自污名节。不多久，就有人将萧何的所作所为密报给刘邦。刘邦听了，像没有这回事一样，并不查问。当刘邦从前线撤军回来时，百姓拦路上书，说相国强夺、贱买民间田宅，价值数千万。刘邦回长安以后，萧何去见他时，刘邦笑着把百姓的上书交给萧何，意味深长地说："你身为相国，竟然也和百姓争利！你就是这样'利民'啊？你自己向百姓谢罪去吧！"刘邦表面让萧何自己向百姓认错，补偿田价，可内心里却窃喜，对萧何的怀疑也逐渐消失了。

刘邦身为开国皇帝，自是不希望臣子的威信高过自己。萧何采纳了门客的建议，成功地保全了自己。人们在人际交往中也是如此，每个人都有好胜心，何不成人之美，皆大欢喜。

掩饰弱点，显露优点，以此来迷惑对方

人都是具有弱点的，而把弱点掩饰起来，才能让别人更尊敬你。一个成功者其实就像自然世界的凶悍野兽一样，把自己的弱点掩饰起来，而把自己的强势显露出来。

一位科学家研究出了克隆人技术。有一天，这个科学家得知死神正在寻找他，便利用克隆技术复制出了12个“自己”，想在死神面前以假乱真，保住性命。

科学家的克隆技术堪称完美，面对13个一模一样的人，死神一时分辨不出哪个才是真正的目标，只好悻悻离去。

但是没过多久，对人性的弱点了如指掌的死神，想出了一个识别“猎物”的好办法。

死神又找到了那13个一模一样的科学家，对他们说：“先生，您的确是个天才，能够克隆出如此近乎完美的复制品，但很不幸，我还是发现你的作品有一处微小的瑕疵。”

话音未落，那个真的科学家暴跳起来，大声辩解道：“这不可能！我的技术是完美的！哪里有瑕疵？”

“就是这里。”死神一把抓住那个说话的人，把他带走了。

竞争是需要智慧的。每个人都有他致命的弱点，找出对方的致命之处给予有力地回击，是致对方于死地的关键点。不过，一般人都善于隐藏自己的弱点，不被对手发现和利用。因为我们都知道，一旦暴露了自己的弱点，就会失去很多优势。然而，只要懂得了心理学诡计，发现他人的弱点就是一件轻而易举的事情了，只要找到对方最关注的事情就可以了。

科学家是聪明的，他能够克隆出12个“自己”，但科学家又是骄傲的，他自信地认为自己的技术毫无瑕疵。这正是他最在意、最关注的事情，也恰恰正是他的弱点。死神抓住了他的弱点，一句话就让科学家上了当，将他带走了。隐藏自己的弱点，不让对手抓住把柄，是保护自己最有效的方法。

第七篇

小心防范，识破他人的诡计

- 揭示真相，巧妙应对
- 创变通达，趋利避险
- 防微杜渐，免受其害
- 巧用谋略，解围脱困

第一章
揭示真相，巧妙应对

轻易点头，也许是想拒绝你的要求

轻易点头所表现出来的是一种无可奈何的心态，明明心中很不耐烦，然而碍于面子或者某种特殊情况，不得已而作出点头的动作，而实际上，它是一种拒绝的表现。

连小孩都听能懂的两句英文就是，点头“yes”，摇头“no”。然而在现实生活中，这点头的含义还需要细细揣摩。在很多时候，点头并不表示同意，而轻易点头更有可能是一种无声的拒绝。

当我们向别人提一个要求时，对方还没等你说完自己的叙述便频频点头答应，而最后却没有实际的行动来帮助自己实现要求，这很明显就是一种应付式的答应，其真实含义为含糊式的拒绝。

心理学告诉我们，当一个对你的性格、目的所知不多的人，对你的请求显示出“闻一知十”的态度时，通常是不想让你继续说下去。

当我们要帮助一个人时，总是有耐心地听他讲完，然后根据问题的难易程度来决定该怎样做。所以出现这种情况的解释就是要么他不愿意帮助，只是出于礼貌而不采取直接拒绝你的办法。要么他没有听懂你的意思，只能用这种方法来表示听懂了。

通常情况下，总是自己话还未说完，对方就连续地说“好的，好的……”，或者心不在焉地说“行，就这样吧”的时候，往往在我们的头脑中都会产生一种不祥的预感，感觉心里没底。非常不相信对方做出的承诺的真实性，总感觉对方根本就没有听明白其中的意思或者深思其中的含义，而且所表现出来的更多的是无奈和敷衍。所以，当你听到对方轻易答应时，不要被这种现象所迷惑，而认为他是个非常热情的人。其实，这时候你要知道，你的目的没有达到。要清楚不能在这一棵树上吊死，应该寻找更多的有效的方式或者求助更加愿意帮助你的人。

经常恭维你的，多数是你的敌人

朋友之间相互欣赏，可能会时不时地说出几句赞美的话，但是那些经常用好听的话恭维你的人，背后往往是一颗不怀善意的心。对此你一定要小心，否则会在不经意之间被其所伤。须知，明辨别人的恭维，才能躲过明枪暗箭的攻击。

饥饿的狮子看到肥壮的公牛在地里吃草。

“要是公牛没有角就好了，”狮子馋涎欲滴地想，“那我就能很快地把它制服了。可他长了角，能刺穿我的胸膛。”

后来，狮子想了个主意。他鬼鬼祟祟地侧着身子走到公牛身旁，十分友好地说：“我真羡慕你，公牛先生。你的头多么漂亮呀，你的肩多么宽阔、多么结实呀！你的腿和蹄多么有力量呀！不过，美中不足的就是有两只角，我不明白你怎么受得了这两只角，这两只角一定叫你十分头痛，而且也使你的外貌受到损害，不是吗？”

公牛说：“你这样认为吗？我从来没有想过这一点。不过，经你这么一提，这两只角确实显得碍事，还有损我的外貌。”

狮子溜走了，躲在树后面看着。公牛等到狮子走远了，就把自己的脑袋往石头上猛撞。一只角先撞碎了，接着另一只角也碎了，公牛的头随之变得平整光秃了。

“哈哈！”狮子大吼一声，跳出来大声说道：“现在我可以摆平你了。多谢你把两只角都撞掉了，我之前没有攻击你，正是这两只角妨碍了我啊！”

每个人都爱听恭维话，这是人的共性，也是人的弱点。听到别人的赞美与恭维，许多人都会沾沾自喜，甚至会飘飘然。然而，许多人只顾得自我陶醉，并没有弄清对方赞美的真正含义。发自内心的真诚赞美是对方对你敬佩之情的自然流露，对此要表示真心的感谢；无关痛痒的客套话可一笑了之；裹着糖衣的不怀好意的恭维，其背后隐藏着不可告人的目的，对此一定要辨识清楚，以免被笑容背后的毒刺所伤。

憨厚的公牛没有抵御住狮子糖衣炮弹的攻击，把狮子别有用心的赞美当成是对它的欣赏，迫不及待地把角撞碎了，以迎合狮子所说的美，最终却命丧狮口。对于心里不设防的人来说，美丽的语言可能比凌厉的攻击更有威力。公牛在夸赞声中兴奋得丢掉了自我，落入了狮子设的陷阱中。

人贵有自知之明。对于别人的赞美，我们要有清楚的分辨能力，不要为虚伪的客套话所迷惑，这是一种欺骗。当别人赞美自己的时候，切不可只开放自己的耳朵却关上了理智的大脑。别人的恭维只是绽放的焰火，焰火渐渐熄灭的时候，我们的心要归于平静。铸就抵制花言巧语的盾牌，才能不被坏人所利用。

最大的危险来自那些让你看不出危险的人

虚伪面孔下的歹意就像一支暗箭，在骗取你的信任之后，会在你没有觉察的时候伤害到你。不要轻信善良的面孔，时刻保持警惕，才不会让阴谋得逞。

一只年幼无知的小老鼠，因毫无准备差点被人逮住。它向母亲讲述了它的历险经过：“我穿过环绕着的山峦，一路小跑。这时候，两只动物引起了我的关注。一只温柔、善良而亲切；另一只却好激动、爱争吵，它的嗓音尖厉刺耳，头上还顶着个大肉包，尾巴展开着翎毛。它的两只胳膊向空中升起，好像就要飞翔一般。”

小老鼠向妈妈描述的原来是只小公鸡，但它叙述得却像是从遥远的南美洲来的动物一般。

“它用双臂拍打着自己的双肋，”小老鼠接着说，“发出好大的声响。感谢上帝赋予我胆量，可我还是吓得逃跑了。我在心里咒骂它，没有它，我将和那只看来非常温和的动物结识了。它和我们一样，身上有着柔软的毛，有斑纹，长尾巴，举止斯文，目光稳重、炯炯有神。我寻思，它和我们老鼠一定能友好相处，因为它耳朵的形状也与我们的大体相同。正当我要与它打招呼时，另外那个家伙发出的巨响把我给吓跑了。这个温和的家伙到底是谁呢？”

“我的孩子，”鼠妈妈说，“这温和的家伙是猫，在它虚伪的面孔下却有着不可告人的歹意。它专门捕食我们的同胞；另一只是公鸡，而它根本不会危害我们，也许有一天还会成为我们的美餐。”

外表是我们对一个人做出辨别的直接因素。面善心慈、面凶心恶是我们先入为主的观念，但在现实生活中并不是这样。面相不和善的人也许有着一颗善良的心，在我们遭遇危难时能及时伸出援助之手；而那些表面温柔、善良的人背后却可能隐藏着一副邪恶歹毒的心肠。同样，在危难时，曾被怀疑的朋友往往成为救星，十分信赖的朋友却往往成为叛逆。须知道，人的内心并不是从表面上就能看出来的，识别虚伪面孔下的歹意常常比认识一颗深埋的善心更加重要。深藏的歹意就像一支暗箭，会在不经意之间伤害到你。

小老鼠是善良而又单纯的，由于它不具备辨别善恶的能力，仅凭外貌来做出判断，以至于差点遭到猫的毒手。貌似温柔的猫在虚伪的面孔下隐藏着捕捉老鼠的歹意，而吵闹好动的公鸡却没有任何危害，而且可能是老鼠的美食。相貌真的会骗人，以貌取人者，必然会付出惨重的代价。

人的善恶不会写在脸上，坏人不一定就要生得面貌狰狞，好人也不一定就显得慈眉善目。对于陌生人，千万不可以貌评判，而是要时刻保持警觉，全面观察其言行举止，找到可能潜藏的虚伪丑恶。唯有这样，才不会上当受骗。

小心最了解你的人，有时他是最危险的

最好的朋友，为什么往往是最危险的敌人？因为他最了解你，而你也最信任他。做错事，再怎么严重，也不过是一件事，总还有弥补的机会。信错人，则是一辈子都没有办法挽回的遗憾。因为他可能在你最失意的时候补上一脚，让你跌入永世不能翻身的深渊。其实信错了人，不只是“人”出了问题，最大的问题在于错估了“人性”。

公元前353年，庞涓和孙膑原本都是鬼谷子的学生，两个人的感情很深厚。庞涓准备先离开鬼谷子，施展抱负。他离开鬼谷子之前，告诉孙膑自己愿意尽最大的力量让他也能功成名就，庞涓的一席话让孙膑感动不已。

庞涓是魏国人，先到魏国晋见魏惠王魏罃。魏惠王见庞涓很有大将风范，马上封庞涓为大将。庞涓受到魏罃重用，在魏国的权势如日中天。他想起当初对孙膑的承诺，取得魏罃的同意后，写了一封信给孙膑，邀请孙膑到魏国共同协助魏惠王。

孙膑到了魏国，魏罃原来想让孙膑担任庞涓的副军师，协助庞涓处理一些军务。但是庞涓却向魏罃极力推荐，让孙膑担任客卿（首席顾问）的职务。庞涓这个举动，让孙膑感动不已。

经过一段日子，庞涓才发现自己离开鬼谷子后，鬼谷子传了一部兵法给孙膑，使得孙膑的能力比自己强了许多。他一方面害怕孙膑受到魏罃重用，会让自己失去权力，逐渐感到恐惧，但是另一方面又想得到孙膑脑中的兵法。

于是他找了一个机会，问孙膑是否还有家人，孙膑回答说自己有两个哥哥，但是早就失去联络，音讯全无了。庞涓想再试探一下孙膑，问孙膑还想念故乡吗？有没有回齐国的打算？孙膑表示虽然想念故乡，不过现在已经在魏国服务了，一切都应该以魏国为重。

庞涓知道孙膑还惦记着哥哥，就派手下伪装成齐国人，给了孙膑送来了家书。孙膑看到书信，激动得流下眼泪，以为哥哥目前仍在齐国，立刻写了一封信给哥哥。庞涓将孙膑的回信呈给魏罃，检举孙膑有通敌叛国的意图。魏罃看了书信后，认为孙膑只不过是思念家乡，还谈不上通敌叛国。

庞涓见魏罃愈来愈相信孙膑，心里头更加恐惧。他于是提醒魏罃，万一孙膑提出回齐国的要求，就证明孙膑有叛国的意图，请将孙膑交给他处理。魏罃同意了庞涓的请求。

庞涓离开王宫，直接去探望孙膑，他问孙膑：“听说你的家人派人送来了家书，真的有这样的好消息吗？”

孙膑一点都没有隐瞒，把信中哥哥希望他能够回去扫墓祭祖的事情，完全坦白地告诉了庞涓。

庞涓说：“兄弟们离开这么久了，互相思念也是人之常情。你为什么不向魏王请一两个月假，回去扫墓祭祖，顺便和兄弟们团聚一下呢？”

孙膑回答：“齐国是魏国的仇敌，恐怕魏王会怀疑我回去的动机，不会答应吧！”

庞涓拍着胸脯保证：“不试试看，怎么知道呢？你放心吧！我一定会向魏王担保，这件事应该不成问题！”

孙膑对庞涓的“真情对待”，感激到了极点。

第二天，孙膑立刻向魏王请一个月假回齐国扫墓。魏罂看了奏章，大为恼火，认为孙膑果然通敌叛国，立刻下令捉拿孙膑，交给庞涓处理。庞涓先假装吃了一惊，告诉孙膑愿意代他向魏罂陈情，为他洗刷冤情。

庞涓说完，立刻进宫告诉魏罂，只要砍断孙膑的双腿，让他回不了齐国，孙膑就没有办法叛变了。魏罂已经没有心思再管这件事了，一切就都交给了庞涓处理。

庞涓回来告诉孙膑：“魏王原来打算赐你死罪，经过我苦苦哀求，才答应免除死罪，改为膑刑。”

孙膑除了接受处罚外，对这个帮助自己解决困难的好友，感激得五体投地，答应要将兵法默写出来送给他，作为回报。

直到有一天，庞涓府中的家人看不过去，将真相告诉了孙膑，孙膑才知道他遭到了陷害。而陷害他的，正是他最信任的朋友——庞涓。

人的内心体现在脸上，而不是嘴上

一个人的神情总是或多或少地反应了其内心的秘密。与人相处，必须善于通过神情探析其内心真实的想法。谁能最先洞察对方内心的想法，谁就能够赢得成功的主动权！

魏、蜀、吴三国鼎足而立之时，有一天，有个陌生男子，前来拜见刘备，并声称有重大的事情要见他。侍卫为了安全起见，拦住了此人。不料，此人就在殿外大喊：“玄德公，早就听说您是个爱才如命的人，为何不肯见我呢？”

侍卫将他推出门外，他就更大声地喊：“当今三国鼎立，谁都想一统天下。但这岂非易事，若得到我的良策便可使对方俯首称臣，玄德公！玄德公！”

这人的声音越来越大，刘备听说此人有治国的良策，就心动了，不禁走到殿外，亲自迎接他到殿内。那人先是恭维了一番，接着就与刘备谈论起来。两人谈论各国的英雄，谈论三国地理、人文和各自施政的得失。刘备觉得此人谈吐不凡，心中对他的喜爱之情油然而生。两人越谈越起兴，竟如多年的老朋友一般。

正当谈得十分投机的时候，诸葛亮突然走了进来。还没等诸葛亮开口，这人就神色慌张，起身托辞说要上厕所，便匆匆地离开了。

这时刘备就向诸葛亮极力夸奖此人，说什么此人是个不可多得的人才，上知天文，下晓地理，想说服他为自己所用。

可是诸葛亮却不以为然地说：“主公！我看此人并非善类。他见了臣，脸色骤变而神情紧张，连眼睛都不敢正视我，而是左顾右盼、形色不安，奸相外露。从他那慌乱不安的眼神就可以看出此人心怀不轨，要不又怎么会有如此的变化呢？我想，他一定是暗藏杀机而来，幸亏我早来一步啊！”

刘备听了，这才大吃一惊，赶忙命人前去捉拿。岂料，厕所哪有人影，那人早就翻越院墙逃之夭夭了。刘备此时才知道自己险些丧命，不由惊骇得大汗淋漓。

诸葛亮通过那人的神色变化，洞悉了其奸计，使刘备免遭一劫。

在人类的心理活动中，表情最能反映情绪的变化。表情能反映一个人的态度、情绪和动机等，通过对一个人表情的观察和分析，可以了解其内心的欲望、意图和状态，借此形成对他的认知。在现实生活中，我们必须和各种各样的人打交道，这些人中，有好人，也有坏人。面对复杂的人群，我们必须练就一双慧眼，能够通过其表情准确地读懂他人的内心，从而判断他们是君子还是小人，是朋友还是对手。伟大的成功者总是善于通过观察对方来捕捉成功的机会，因为，一个微小的动作，其实已经透露了对方内心的真实想法！

宽厚的刘备志向远大，陌生男子正是抓住了刘备的雄心，通过豪言壮语来套取刘备的青睐，妄图趁机杀害他。诸葛亮是智慧的化身，此人一见诸葛亮便神情慌张，逃之夭夭。诸葛亮显然观察到了这一点，洞悉了其奸计，使刘备逃过一劫。相信刘备也从此事中吸取了一定的教训。眼睛是心灵的窗户，言语、动作、态度都可以用假装来掩盖，而眼睛是无法假装的。面对陌生人，必须迅速地通过神情判断其善恶。

看错人是最糟糕的错误，也是最容易犯的错误。但是，一个人只要心存恶念，无论怎么掩饰，都会在神情上有所表现。识人是一门深奥的学问。一旦你具备了看透人心的能力，能读懂他人内心的秘密，就能正确地和他人相处。在做人做事的过程中游刃有余，达到高超的人生境界。

别人的花言巧语和满脸堆笑或许暗藏杀机

生活中有很多时候，并不如看见的那样风平浪静。很多人在表面上微笑和善，但暗地里却在谋划自己的事情。就像《孙子兵法》中写道：“信而安之，阴以图之；备而后动，勿使有变。刚中柔外也。”全句意为：表面上要做得使敌人深信不疑，从而使其安下心来，丧失警惕；暗地里我方却另有图谋。要做好充分准备，然后再采取行动，不要使得敌方发生意外的变故。这就是外表上柔和，骨子里却要刚强的谋略。

所以，花言巧语、满脸堆笑地对人，极有可能是内藏杀机的外在表露。说得好听的，唱得好听的，一切都未必出自真心。或许，他们正在计划怎样害你。外表看来显得很温和谦恭，面带微笑，很是大度；但实际上并非如此，其中有气量狭小的，有喜欢猜忌的，有阴险狠毒的。总之，有些人利用此计，目的是想让对手服从自己，在自己设计好的圈套里行事，以此达到自己繁荣昌盛、发财的真正企图和目的。

春秋时代，郑卫公打算吞并胡国（在今安徽省），但他军事装备差，条件有限，不敢直攻，就把自己漂亮的女儿嫁给了胡国国君为妻。这样，郑胡二国联姻，结成了亲家。这仅仅是开头。为了进一步使胡国丧失警惕，制造假象，郑卫公召集大臣商议，他问：“我打算用兵兴国，你们看，攻打哪个国家最有利？”大臣们纷纷发表议论。关其思坦率地说：“依愚之见，攻打胡国最合适！”卫公一听，马上脸色一沉，愤怒地说：“啊！你居然建议向已经同我们结亲的兄弟国家胡国动武，这是什么意思？”就把关其思给杀了。胡国国君知道此事后，认为郑国对自己非常亲善友好，就再也不对郑国有什么戒心了。可是，就在此后不久，郑国对胡国发动了突然袭击，胡国警戒很松，没有做什么抵抗，就被灭亡了。很长一段时间里，郑国都是势力强盛的国家，直到公元前 37 年才被韩国灭掉。

不难看出，“笑里藏刀”的特点是，以表面上的友好、善良和美丽的言词、举止作为假象，掩盖阴险毒辣的用心和企图。传说在楚王身边，也发生了一个有些类似的故事。

魏王送给楚王一位美人，楚王非常宠爱。楚王的夫人郑袖知道楚王喜欢这位新来的美人，于是也装出十分喜爱这位美人的样子，待她犹如亲姐妹。无论是衣服玩物、居室卧具，都选最好的给她，甚至有时还表现出爱她胜过爱楚王的意思。

看到这些，楚王对郑袖非常满意，他高兴地说：“妇女侍候丈夫，是靠美色，有时妒忌，是因为爱情。现在郑袖知道寡人喜欢美人，于是爱她还胜过爱我。犹如教子之所以事亲，忠臣之所以事君啊！”

郑袖一看时机已到，有一天便以很体贴关怀的口吻对那位美人说：“大王对你的美赞叹不已，但有一点美中不足的是，他觉得你的鼻子不太漂亮。如果你以后和大王在一起时，略微掩饰一下子就好了。”

于是，这位美人听从了郑袖的建议，每次一见到楚王，便用袖子掩住自己的鼻子。

楚王觉得奇怪，便问郑袖说：“美人为什么见到我，总爱掩住鼻子呢？”

郑袖面有难色地说：“我知道其中的原因，但是，我不能说出来。”

楚王更加迷惑：“有什么事，居然连我都不想告诉？”

郑袖故意压低嗓子，凑近楚王说：“她是讨厌大王身上的臭味。”

楚王一听，气得七窍生烟：“太可恨了，把她的鼻子割掉，我不想再见到她了！”

可怜这位美人，至死都没有明白她遭此厄运的原因，是那位待自己亲如姐妹的郑袖的妒忌。最可怕的人，并不是面目凶恶的人，而是那些笑里藏刀的人。平时和你“甜哥哥”、“亲姐姐”地叫着，待到你放松戒备的时候，就在暗处狠狠地捅你一刀。

不识诡诈，必陷入他人的奸谋

讨厌诡诈而平平实实行事，固然是君子的本色；然而不识诡诈陷入别人的奸谋中，不但要被当世的人讥笑，还会给自己带来麻烦。

和士开是北齐世祖高湛的宠臣，他为人奸佞狡诈，引导高湛日日纵酒淫乐，不理国事。和士开自己得以从中揽权纳贿，结党营私。他又和高湛的皇后娄氏私通，举国皆知。高湛却不以为意，对他宠信如故。

高湛死后，幼主即位，娄太后临朝执政。久已不满和士开专权乱政、秽乱宫廷的亲王重臣集体发难，要求把和士开逐出朝廷，贬到外省为官。

娄太后不听，亲王大臣们也坚持不退，双方各不相让。第二天，亲王大臣们又到朝中要求太后贬逐和士开，态度更为坚决。娄太后无奈，只好任命和士开为兖州刺史，等葬完齐世祖高湛后就让他去上任。亲王大臣们一俟丧事完毕，就督促和士开上路。娄太后舍不得和士开离去，要留他等过了百日再走。亲王大臣们坚决不允许，娄太后也只得命和士开上路。

和士开知道一离开朝廷就永无回头之日了，说不定在半路上就被这些人逼着太后下诏处死自己，一时间忧惧参半。他想了一夜终于有了办法。和士开用车拉着四名美女和一副珍珠帘子去拜访娄定远。这娄定远也是极力主张驱逐和士开的大臣之一。

和士开见到娄定远，故意装出诚惶诚恐的样子，流泪说：“诸位权贵要杀士开，全靠大王保护之力，保全了我的性命，还任命为一州刺史。如今向您辞行，送上四名美女子，一副珠帘，聊表谢意。”

娄定远没想到无功却受禄，见到绝色美女和珍珠帘子，更是喜出望外，问和士开：“你还想还朝吗？”

和士开说：“我在朝内太不安全，如今能出外任职，实在是遂了心愿，不想再回朝中了，只请求大王保护士开，长久担任大州刺史就心满意足了。”

娄定远以为和士开贿赂自己只是求自己保护他，便信了他的鬼话，满口答应。

和士开告辞，娄定远送他到门口，和士开说：“我如今要到远方去了，希望能有机会觐见太后和皇上。”

娄定远知道和士开和太后的奸情，也没往深处想，以为和士开不过是想和太后叙叙情而已，也答应了下来。

在娄定远的安排下，和士开得以见到娄太后和齐后主。

和士开痛哭流涕地说：“在群臣之中，先帝待臣最为恩厚。先帝忽然驾崩，臣惭愧不能追随先帝于地下。如今看朝中权贵的意思，并不只是要害臣，而是要剪除陛下的羽翼，然后行废立大事。臣远行之后，朝中必有大的变故，倘若太后和陛下有所不讳，臣有什么面目见先帝于地下。”

娄太后、齐后主被他这一番危言也吓得魂不附体，失声痛哭，娄太后便问和士开应当怎样对付。

和士开爬起身，掸掸衣服，笑道：“臣在外固然没办法，如今臣已在宫中，需要的不过是几行诏书而已。”

娄太后、齐后主视他为救星，一切任他所为。和士开便草拟诏书，把娄定远贬为青州刺史，其他大臣也都贬逐得远远的，对亲王则下旨严词谴责。

亲王大臣们见和士开已和太后、皇上打成一片，知道大势已去，只有怅然喟叹而已。

一直带头坚持贬逐和士开的太尉、赵郡王高睿心有不甘，再次进宫找太后理论，被娄太后命卫士在宫中永巷内打杀。

娄定远此时才知上了和士开的当，只好把和士开送他的四名美女和珠帘都还给和士开，又把家里的珍宝拿出来贿赂他，这才免除后祸，真是“赔了夫人又折兵”。

其实权力和富贵都是双刃剑，控制得宜便身享荣华，太阿倒持则大祸立至，先前所拥有和享受的，也正是转头来毁掉自己的。

和士开虽有智计，却已脱离权柄。娄太后和齐后主孤儿寡妇，心无主见。高睿等重臣借机切入其中，逼迫娄太后贬逐和士开。娄太后迫于众议，又自知声名不雅，只好忍痛从命。眼看大局已定，不料娄定远见利忘义，头脑简单，把大家冒万险、拼生死从和士开手中夺来的权柄又归还给他，不但自己遭殃，还连累赵郡王高睿白白断送了性命。利欲之害人每每如此。

“危言”总是别有用心，千万不要“耸听”

挑拨离间的小人总是能够抓住让人恐慌的因素，他们之所以能够得逞，就是因为我们失去了判断能力。

一只老鹰飞到一棵大橡树上筑起了巢，将家安在了树枝上。一只猫在这棵树的树干上找到一个树洞，稍加整理后也在那里安家了，并且生下了小猫。母野猪不会爬树，但是在树底下找到一个洞，于是带着小猪住在树根的洞里。刚开始时，三家互不侵犯，相安无事。

后来，猫想独占这块地方，把老鹰和野猪都赶走。缜密计划后，猫便实行它的诡计。它先爬到老鹰巢边，哭丧着脸说：“哎！你们真不幸啊！不久你的家将要被毁灭，甚至连命也会丢掉，而我们也很危险。你往下看看，树下的野猪天天挖土，想把这棵树连根拔掉。树一倒下，它就可以轻而易举地把我们的孩子抓去，喂给它的孩子吃了。树下的洞越来越大，我们该怎么办啊？”听了猫的哭诉，老鹰吓得心惊胆战，惊惶失措，绞尽脑汁想办法躲避危机。

猫见自己的话起到了作用，心里暗自偷笑，它来到野猪洞里说：“野猪妈妈，你怎么还这么安心地住着啊？危险来了你还不知道！你的孩子们非常危险，只要你出去为小猪找食，树上的老鹰就会把它们叼了去。你没见老鹰天天站在树上盯着你等候时机吗？你可千万别大意啊。”野猪连连感激猫的提醒，心里也非常害怕。

猫狠狠地吓唬了老鹰和野猪后，假装自己也很害怕，躲进了树洞，以此来迷惑老鹰和野猪。到了晚上，它却偷偷地跑出去为自己和孩子寻找食物。白天，它仍装出一副恐惧的样子，整天躲在洞口守望着。

于是，老鹰害怕野猪把树挖倒，伤到自己的孩子，每天都静静地坐在枝头，不敢乱走；野猪也害怕老鹰趁自己不在叼走小野猪，每天不敢走出洞来，在家保护孩子。

过了不久，老鹰和野猪以及它们的孩子都饿死了。猫便独占了这块地方。

与人交往之初，在没有利益纷争的时候，都是各司其职，相安无事。一旦出现竞争，涉及利益冲突的时候，人的本性便开始显露出来。有的人为了在竞争中占据有利地位，或者妄图独霸利益，就绞尽脑汁挑拨离间，设计陷阱，让别人都争得你死我活，自己却坐享其成。这样的人用心极其险恶，他们总是给别人制造恐慌，唯恐天下不乱。对于这样的人，绝对不能被他们唬住，自己要具备辨别真伪的能力，不要因为别人的三言两语便提心吊胆，诚惶诚恐。世界上没有那么多纷争，真正乱的是我们的内心。

猫是一个两面三刀、挑拨离间的恶人。为了独占大树，它挑拨了老鹰和野猪的关系，引起了它们心里的恐慌。老鹰和野猪不经过证实便相信了猫的话，为了躲避不存在的危机连命都搭上了，让猫的诡计得逞。坏人无端的“提醒”，其实是迷惑你的烟雾。如果你不能保持心里的镇定，不经过思考，便会成为坏人渔利的工具。

在现实中像猫这样的人不在少数，有利益冲突必然会让人的邪恶滋生。我们可以保持自己心灵的纯洁，但不能阻止别人变坏。身处竞争的环境，不能用“相安无事”欺骗自己，当发现别人有挑拨离间的端倪的时候，要避而远之。凡事经过深思熟虑，三思而后行，切忌头脑简单，贸然轻信。

反常的举动背后必有不可告人的意图

不合理的批评往往是掩饰了的赞美。只有一事无成的小人物，才不会引起别人的注意，更不会遭到严厉的批评。别人的恶意批评意味着你已经有所成就，而且值得别人注意了，因为“没有人会踢一只死狗”。

1929 年，美国发生了一件震动全国教育界的大事，美国各地的学者都赶到芝加哥去看热闹。在几年之前，有个名叶罗勃·郝金斯的年轻人，凭借半工半读从耶鲁大学毕业，当过作家、伐木工人、家庭教师和卖成衣的售货员。现在，只经过了八年，他就被任命为芝加哥大学的校长。他有多大？ 30 岁！真叫人难以相信。老一辈的教育人士都大摇其头，人们对他的批评就像山崩落石一样一齐打在这位“神童”的头上，说他这样，说他那样——太年轻了，经验不够，教育观念很不成熟，甚至各大报纸也参加了攻击。

在罗勃·郝金斯就任的那一天，有一个朋友对他的父亲说：“今天早上我看见报上的社论攻击你的儿子，真把我吓坏了。”

“不错，”郝金斯的父亲回答说，“话说得很凶。可是请记住，从来没有人会踢一只死狗。”

不错，这只狗愈重要，踢它的人愈能够感到满足。后来成为英王爱德华八世的温莎王子(即温莎公爵)，他的屁股也被人狠狠地踢过。当时他在达特莫斯学院读书——这个学校相当于美国安那波里市的海军军官学校。温莎王子那时候才 14 岁，有一天，一位海军军官发现他在哭，就问他发生了什么事情。他起先不肯说，可是最后终于说了真话：他被学校的学生踢了。指挥官把所有的学生召集起来，向他们解释王子并没有告状，可是他想晓得为什么这些人要这样虐待温莎王子。

大家推诿拖延支吾了半天之后，终于承认说：等他们自己将来成了皇家海军的指挥官或舰长的时候，他们希望能够告诉人家，自己曾经踢过国王的屁股。

“攻击比自己优越的人”是人的一个本性。哲学家叔本华说过：“小人常为伟人的缺点或过失而得意。”总有那么一些人，以讥讽、打击比自己优秀、比自己优越的人为荣，从中得到片刻的心理满足，实际上也是一种虚荣心在作怪。没有任何人喜欢别人的批评，但绝对不可能不受批评。我们不能阻止别人对自己做任何不公正的批评，但我们可以做我们自己：不管别人怎么说，只要自己知道你是对的就可以了。

从父亲镇定自若的言行中，我们可以知道郝金斯的成就一定是货真价实的。一个如此明智的父亲教出来的孩子能是糊涂的吗？父亲了解郝金斯，他明白所有对儿子的攻击都是不公正的，但他不去争辩，清者自清，浊者自浊，是儿子的出众才引来非议，他为儿子感到自豪。同样，温莎王子并没有做错什么，海军军官不过是为了以后的虚荣才踢他屁股，这说明他们对未来的国王是多么的重视。

只要你超群脱众，就一定会受批评。不要恼怒于别人的言语冒犯或恶意批评，这意味着你已经有所成就，而且是别人注意的，别人只不过想通过指责你来得到满足感。收起你遮挡批评的伞吧，让批评的雨水从你的身上流下去，而不是滴在你脖子里。也许，但丁的那句名言最能代表明智的做法：“走自己的路，让别人去说吧！”

免费的午餐里大多有“毒药”

世上没有免费的午餐，也没有白来的利益。任何抱着不劳而获，侥幸心理的人，都会被空幻的利益牵着鼻子走，最终陷入别人挖好的陷阱。

古时有个读书人叫张生，博学、口才极好，本来是可以有所作为的，但他很爱占小便宜，被一个骗子骗去了一大笔银子。张生自然又气又恨，想到各地去漫游，希望能抓住那个骗子。事有凑巧，忽然有一天，他在苏州的阊门碰上了那个骗子。不等他开口，骗子就盛情邀请他去饮酒，并且诚恳地向他道歉，说是上次很对不起，请他原谅。过了几天，骗子又跟张生商量说：“我们这种人，银子一到手，马上就都花了，当然也没有钱还给你。不过我有个办法，我最近一直在冒充三清观的炼丹道士。东山有一个大富户，和我已经说好了，等我的老师一来，就主持炼丹之事，可我的老师一时半会儿又来不了。你要是肯屈尊，权且当一回我的老师。从那富户身上取来银子，我们对半分，作为我对你的赔偿，而且还能让你多赚一笔，怎么样呢？”张生听说有好处，就答应了那个骗子的要求。于是这个骗子就让张生伪装成道士，自己伪装成学生，用对待老师的礼节对待张生。那个大户与扮成道士的张生交谈之后，深为信服。两人每天只管交谈，而把炼丹的事交给了骗子。大户觉得既然有师傅在，徒弟还能跑了？不想，那个骗子看时机成熟，就携大户的银子跑了。于是大户抓住“老师”不放，要到官府去告他。倒霉的张生大哭，然而等待着他的，却是一场牢狱之灾。

张生是那种一有好处便昏了头脑的人，甚至连多考虑一下也等不及，便答应了骗子的要求，竟然为了一点钱财与骗子一起干起行骗的勾当。他没有想到，骗子许下的承诺根本不可能兑现。

抱着侥幸心理，企盼拥有免费的午餐，就会像张生一样被人利用，无法脱身。

我们应该在诱人的利益面前，低声问问自己：“这种好事怎么会落在我头上？”多一分小心谨慎，才能少一些危险和磨难。

凡事有利必有害，而“免费的午餐”背后更可能隐藏着大害。自古至今，只有能明事非、辨利害的人，才能不会身受其害。

小心“热心”帮助你的人，避免他乘人之危

通常情况下，我们有一些自己不能办的事会主动请求别人帮忙。但有的时候却恰恰相反，一些人会主动向你伸出援助之手，即使你根本就不需要帮忙。当遇到这种“热心人”时，一定要加倍小心，所谓“防人之心不可无”。

一个傍晚，王大妈正在散步。街上灯火辉煌，王大妈一边欣赏夜景一边往前走。正当大妈兴致勃勃的时候，一个年轻人突然从旁边走了过来，热心地搀扶着她边走边说：“大妈，瞧您这么大年纪，还是走人行道安全，小心车把您给撞了。”面对如此热心的年轻人，王大妈心中一阵感激，连声说：“谢谢！”很快，年轻人就消失了。这时，王大妈忽然觉得有点蹊跷，她心想自己身子还算硬朗，而且走的路并不是危险地带，这个年轻人却主动将她扶上人行道，心会这么好？她下意识地摸摸口袋，才发现200多元钱“不翼而飞”了。王大妈这时才恍然大悟，刚才那位“热心人”已经在扶她的过程中将她口袋里的钱掏走了。

王大妈就是因为没有防备这个年轻人，才使自己的200多元钱被偷。相比起王大妈的这次遭遇，李小姐的遭遇就更值得警惕了。

那一天，李小姐在自动取款机前取钱，有一男子紧跟其后。李小姐由于对取款机的使用不是很熟练，连着输入了两次密码都没能取得现金。那位男子装作非常“热心”，走上前把李小姐的卡退出来，拿到旁边的自动取款机上试了半天，也没有取出钱来，便说可能是自动

取款机坏了，转身将信用卡还给了李小姐。李小姐第二天再到银行查询时，账上的5000元钱早已没有了。后来那位男子被公安机关抓获。其实那个骗子的手法很简单。他早就等在自动取款机附近，看到有人用自动取款机取钱时操作不熟练，就走上前去假意帮忙在拿过取款人的银行卡时，便以熟练的手法偷梁换柱，用自己手中一张没有钱的空卡插入取款机。在取款人输入密码后，他由于已经换卡，当然密码不符，取款人不得不再输一次密码，此时骗子已经把密码看在眼里，他们悄悄把密码记下来，然后帮取款人取出银行卡，还“好心”地提醒取款人，可能密码记错了，今天不要再取钱了，免得卡被机器“吃”了。取款人离去后，骗子便马上把取款人卡上的现金全部取走，而后再用空卡去骗下一个受害人。

在这个复杂的社会中，当你面临困难，别人主动伸出热情之手时，你或许会因为一时的感激涕零而失去防范之心。这样，一些别有用心的人就会乘虚而入，在假意给你提供帮助的时候顺手窃取财物。

所以，我们在接受别人的热情帮助时，切不可掉以轻心让他人有机可乘。信任别人本是无可厚非的，但是不防人却是大错特错。该信任的时候还是要信任，同时要做好防范的准备，以避免出现问题时悔之晚矣。

用理智避开机遇中的陷阱

商场，表面上看风平浪静，实际上，暗自波涛汹涌。很多看不见的机关，陷阱都敞开着口，笑着等你进去。我们会面临很多现实诱惑，在极度膨胀中，飘飘然起来，失去理智，丧失分析问题的理性和谨慎，在盲目中跌入别人预先设置好的陷阱中。

我们经验不足，履历单薄，难免在创业道路上摔跟头。跌倒是难免的，但是避免跌倒也是可能的。面对一些我们不曾遇到的困难，不能确定的东西，千万不要想当然的在自信中贸贸然就草率下定论。因为机会和机遇只是一念之差，前途却大不一样。草率只会让自己轻易地跌进别人早就布置好的陷阱中。

李耀祖，是一位技术上的天才。他凭借自己的技术、智慧和努力，创建了宏达软件公司，后又成为捷丰集团董事，是一个深受员工爱戴的老板。但就是这样一个阅人无数、久经沙场的“老江湖”却“一招失满盘皆输”，如今，已经是一个一无所有的人了。

20世纪90年代，软件市场在国内是最有发展潜力的市场。当时，国内软件公司都把精力投入到了政府和国企市场这两块肥肉上，并未重视正在迅速发展的合资企业，而国外软件公司的产品价格又过于昂贵，便出现了一个市场缝隙。李耀祖敏锐的嗅觉很快嗅到了这一不可多得的好机会，机不可失，失不再来，他决定要抓住此良机，迅速填补这个市场空白。

李耀祖是一位印度华裔人士，早在1990年，就在新加坡创办了宏达集团，主做商用软件研发。1995年，他到大陆淘金时，发现了大陆市场的潜力，决定在大陆发展。于是他很快注册了厦门宏达商用软件有限公司，主做ERP。但是公司规模不大，能力有限，李耀祖决定扩大规模，加快发展。

不久，李耀祖便找到了一家名为捷丰的上市公司，打算洽谈合作的问题。双方的收购合同中写道：“捷丰集团以亿元人民币收购厦门宏达商用软件开发公司，李耀祖出任捷丰集团董事。收购方式为股权置换，厦门宏达商用软件开发公司以100%的股份置换捷丰集团价值亿元的人民币股份权……”

李耀祖心里隐隐觉得有点不对劲，却说不出来哪里不对。在急着想抢占这一市场空白的心理作用下，李耀祖既没有暗自调查这家公司的背景和实际经营状况，也没有仔细思考和分析这一合作细节。面对疑惑却轻易相信对方的回答，犯了兵家之大忌。李耀祖问道：“捷丰集团公司的业绩似乎有问题，为什么公司规模这么大，股价这么高，却一直没有赢利呢？”对方向他解释：“这是资本市场，大家看的是你以后发展的‘潜力’，股价跟赢利之间没有必然的关系。我们的合作准没错，赶快签合同吧。”

似乎也有道理。李耀祖没有细想，在急着进军大陆，尽快开始软件开发计划的心理作用下，他大笔一挥，在合同上面签下了自己的大名。之后，双方交接的都很顺利。但是，令李耀祖意想不到的是，捷丰集团一直以来都是由一些黑势力所控制。在过去几年中，其股价被内行人称为“妖股”，股价呈现一种过山车似的起伏状态。然而，即使现在他知道这些也迟了。

宏达公司的销售账款一到，就被原捷丰派驻在宏达的财务总监即刻转走了。不到两个月，捷丰集团的股价也跌到了几分钱一股，成了地地道道的垃圾股。就这样，无论是宏达公司还是捷丰集团都成了空壳子。李耀祖原本看好的商机，却变成了巨大的陷阱，使得他一无所有。

谁都想抓住现有的机会，一举成功。但是世上没有“天上掉馅饼”的好事，太过于顺利的事情，千万不要轻易相信，因为隐藏在机会后面的很有可能就是陷阱。如果我们过于自信，变成自负，让“一定会成功”的心理定式左右我们的判断，混淆我们的视听，或者听不进不同的意见或反面意见，结果只会让自己在洋洋得意中掉进别人早给你挖好的“陷阱”里。

工作中的好心人未必都有好心肠

对你和颜悦色、笑脸相迎的人未必真心对你好，俗语说“会咬人的狗从不叫”。

乔治·凯利和鲍尔同在爱德尔大酒店餐饮部掌厨。鲍尔在公司人缘极好，他不仅手艺高超，而且总是笑脸迎人，待人和气，从来不为小事发脾气，和同事和谐相处，乐于帮助别人。同事对他的评价很高，都称他为“好心的鲍尔”。

一天晚上，乔治·凯利有事找经理。到了经理室门口时，听到里面正在说话，并且依稀有鲍尔的声音。他仔细一听原来是鲍尔正在向经理说同事的不是，平日里很多小事都被鲍尔添油加醋地说出来，像汤姆把餐厅的菜单拿给他做餐馆生意的叔叔啦，还有玛丽平时工作不认真，好在工作时间给朋友打电话，并且还说到自己的坏话，借机抬高他本人。乔治·凯利不由心生一阵厌恶。

从此以后，乔治·凯利对于鲍尔的一举一动，每一个表情，每一句话都充满了厌恶和排斥感。无论他表演得多好，说任何好听的话，乔治·凯利都对他存有戒心。同事也从乔治那里看出了些什么，对鲍尔也敬而远之了。

办公室里的人际关系错综复杂，没有一双“慧眼”是不可能很好地生存的。在强敌如林的竞争者当中，不乏冷若冰霜的自私者、趾高气扬的傲慢者，但更可怕的是笑里藏刀的“好心人”。这些好心人往往有着不错的人缘，很好的口碑，能够在各种大事小情里发现他们的身影。他们往往口蜜腹剑，戴着友善的面具，赢得上司的信赖和同事的敬重，却在背后干着损人利己的勾当。他们的可怕之处在于让你找不出谁是使你蒙受不白之冤的幕后黑手，谁让你置身于不仁不义的两难境地，分不清谁是敌、谁是友。因此，只要擦亮双眼，提高警惕，仔细观察，谨慎处世，那么无论多么狡猾的“好心人”，终有一天是会露出尾巴，现出原形的。

对于在办公室中生存的雇员们，职场的游戏规则告诉我们：这里没有无缘无故的爱，也没有无缘无故的恨。当我们被别人的花言巧语、阿谀奉承所蛊惑时，千万要保持清醒的头脑和提高我们对事情的分析识别能力，并不是每一个对你横眉冷对、不愠不火的人都是你的敌人，也并不是所有对你热情周到、称兄道弟的人都是你的朋友。

在工作中，有一种人整天面带笑容，见人十分客气，表现得特别友好。暗地里，却使出手段造你的谣，拆你的台。这种戴着面具的“好心人”，往往容易让你吃了亏还不知道是怎么回事，因为许多人压根儿就不知道这一巴掌正是他打来的。所以，此类人看来异常谦卑恭敬，礼貌周到，且热情友善绝不难于相处，新职员往往有如沐春风之感，可是背后他们做的事你却一无所知，即使开怀畅饮后他们也难有半点口风露出。这种人通常在任何时间、场合、处境，面对任何人物，都会笑面迎人，亲热非常，原因是笑对他来说是一种工具，一种与人沟通的媒介，故眼神往往能与说话相配合，以达到其个不可告人的目的。

对这种戴着面具的“好心人”，一定要特别当心。这类“好心人”的特点是：上下班总是主动和你打招呼，表现出过分的热情，甚至对你称兄道弟。为了博取你的欢心，往往他还会顺着你的话滔滔不绝地说下去。

另外，这种人如果和同事发生了利害冲突，他会不顾一切地去争取他那一份微小的利益。这时候，他的伪善面具自然就会脱落，露出真实的面目。

在日常工作中，我们与人相处不能只注意表象，也不能仅从某事来判断一个人。很多伪善和假象常欺骗我们的眼睛，我们只有仔细观察，多方求证，时间长了才能看清一个人的真面目。在此之前，待人接物，一定要加倍小心，谨防职场上的“好心人”。

我们对于戴着面具的“好心人”的认识的确需要一个过程。要在观察、了解中分析，才能揭开他的虚假面具，使他的真面目暴露在众人面前。进而，在心理增设一道防线，防止他对自己造成伤害。

你要小心提防，千万不能把他们当成知己好友，而把自己的心事轻易地告之。否则，不但会惹来对方的轻视，还会成为别人的笑柄。同时，你也不能得罪他。因为，如果引起他的反感，他对你的评价就会影响周围人对你的印象，那你不是自讨苦吃吗？当然，只要留心观察，同事中的这类人还是不难辨认的。

特别能忍让的人很危险，你不得不防

1805年奥斯特利茨战役和1807年弗里德兰战役中，俄军被法军打得大败，实力大大减弱。刚登基的亚历山大一世重整旗鼓，与拿破仑展开了新的较量。与以往不同的是，这次他使用了新的“壮举”，卑躬屈膝地讨好对方，处处表现出退让的姿态，以屈求伸。

1808年，拿破仑决定邀请亚历山大在埃尔特宫举行会晤。这次会晤中，拿破仑为了避免两线同时作战，用法俄两国的伟大友谊威慑奥地利。

亚历山大认为目前俄国的力量还不足以对抗拿破仑，必须佯装同意拿破仑的建议，并向他“献媚取宠”，争取准备的时间，妥善做好准备，时机一到，就从容不迫地促成拿破仑垮台。有一次看戏，当女演员念出伏尔泰《奥狄浦斯》剧中的一句台词，“和大人物结交，真是上帝恩赐的幸福”时，亚历山大一脸真诚地说：“我在此每天都深深感到这一点。”这使拿破仑非常满意。

又一次，亚历山大有意去解腰间的佩剑，发现自己忘了佩戴，而拿破仑把自己刚刚解下的宝剑赐赠给亚历山大，亚历山大装作很感动的样子，热泪盈眶地说：“我把它视作您的友好表示予以接受，陛下可以相信，我将永不举剑反对您。”拿破仑对他也彻底消除了戒备。1812年，俄法之间的利益冲突已经十分尖锐了。这时亚历山大认为俄国已做好准备，于是借故挑起战争，并且打败了拿破仑。

亚历山大总结经验教训时说：“拿破仑认为我不过是个傻瓜，可是谁笑到最后，谁就笑得最好。”亚历山大伪装自己，使拿破仑放松了警惕，又暗中壮大自己的势力，最终打败了对方。拿破仑被亚历山大的“忍让”迷惑了，终于失掉了自己的帝国。

很多时候，忍让并非是出自真心，而是在暗中积蓄力量。如果你没有看到它背后的企图，到时，吃亏的一定是你。

“忍耐”可以让权力转换在瞬间完成，那些看似波澜不惊的退让会使你在几个回合之后，失掉自己的优势。

在中世纪的欧洲，国王的权力来自教皇，君权神授，神权高于君权。

1076年兵荒马乱时，德意志帝国皇帝亨利与罗马教皇格里高利争权夺利，斗争日益激烈，最后发展到了势不两立的地步。

亨利首先发难，召集德国境内各教区的主教们开了一个宗教会议，宣布废除格里高利的教皇职位。格里高利则针锋相对，在罗马拉特兰诺宫召开了全基督教会的会议，宣布驱逐亨利出教，不仅要德国人反对亨利，而且要在其他国家掀起反亨利浪潮。

一时间德国内外反亨利力量声势震天，特别是德国境内大大小小的封建主都兴兵造反，向亨利的王位发起挑战。

亨利面对危局，被迫妥协。1077 年 1 月，他身穿破衣，骑着毛驴，冒着严寒，翻山越岭，千里迢迢前往罗马，向教皇忏悔请罪。

格里高利不予理睬，在亨利到达之前躲到了远离罗马的卡诺莎行宫。亨利没有办法，只好又前往卡诺莎拜见教皇。教皇紧闭城堡大门，不让亨利进来。为了保住自己的皇帝宝座，亨利忍辱跪在城堡门前求饶。

当时大雪纷飞，地冻天寒，身为帝王之尊的亨利屈膝脱帽，整整在雪地上跪了三天三夜，教皇才开门相迎，宽恕了他。

亨利恢复了教徒身份，保住了帝位。当他返回德国后，集中精力整治内部，将曾一度危及他王位的内部反抗势力逐一消灭。在阵脚稳固之后，他立即发兵进攻罗马，以报跪求之仇。

在亨利的强兵面前，格里高利弃城逃跑，客死他乡。

从这里，我们看出亨利“含辱负屈的卡诺莎之行”是别有用心的。在他与教皇对峙、国内外反对声一片，特别是内部群雄并起、王位岌岌可危的情况下，他利用苦肉计取得和解，赢得喘息时间，然后重整旗鼓，再和教皇较量。教皇没有看到他的险恶用心，最后客死他乡。

一时的“胯下之辱”或者表面的“负荆请罪”都会让我们以为对方有真心诚意，但实际上，会咬人的狗都是不叫的，大多能忍奇辱之人，日后必有过人之处。这是我们最应该防范的。

不断向你提问，其实是想阻止你提问

当我们对某个问题感到不耐烦的时候，总会找出对方问题中的破绽而进行反问，以达到阻止对方说话的目的。

问与答本来是很自然的事情，然而过多的问，尤其是无理而又毫无意义的问，会将一个人的耐性削减到最低，从而导致不愉快的事情的发生，那么怎么阻止这种无谓的提问呢？反问，将一些问题反抛给对方，对方自然会闭上嘴巴。

在电视或杂志上我们不难看到某位明星常常被媒体追问得没有办法回答，这个时候，明星们会采取一种回避的办法或者从记者问题中找出破绽给予回击，达到迫使其闭嘴的目的。

喋喋不休地问问题确实令人厌烦，然而当我们无奈又迫不得已必须回答的时候，怎么办呢？自然会采取上述的方法。

因此在与人交往中，一旦发现别人表现出了这样的方式，我们就应该立即意识到别人是不想回答我们的问题了，或者是对整个回答问题的过程感到厌倦了，也可能是厌烦了某一类问题了。这时候我们就应该深入挖掘他人的意图，倘若别人真的不想回答了，我们就要适可而止。倘若是因为某一类问题难以回答的话，我们就可以找寻那些他所感兴趣的话题继续进行提问，切不可死追着一个问题不放。那样即便是脾气再好的人，也会给你脸色看的。

我们应该切记：在向他人问问题时，千万不要将别人问烦，否则我们很难走入他人的内心，获得他人的好感。

如果对方谈话速度加快，可能是心中紧张或不安

紧张，是说话加快、语无伦次的主要原因，这往往令我们很难表达完整自己的意思，使整个交往过程变得困难。

在社会交往中，我们常常会遇到这种情况。在与人进行面对面地交谈时，突然心中发慌、说话速度加快、语无伦次。

人们在面试的时候就会遇到这种情况：在被问到需要临场发挥而自己又没有准备的问题

时，虽然嘴里噼里啪啦地讲了一大堆的话，但是不仅让听的人感到莫名其妙，就连自己都会觉得语无伦次，不知所云。如果遇到一些善解人意的主考官，他们就会给应试人员自己调整的机会，这样那些应试人员便会开始重新整理自己的思路，有理有据地论述问题了。

为什么会突然心中发慌呢？这是因为在关系到自己切身利益的重要时刻，自己就会给自己施加压力，内心紧张。因此，当我们遇到类似情况，对方突然语速加快的时候，首先应该发自内心地感激对方，因为对方很重视你们彼此间进行的接触与交谈，他很重视你的感受。其次应该以平和的语言和温柔的语气来平复对方紧张或者不安的情绪。当他认为我们很容易接近，而且也很乐意与之谈话的时候，他的情绪自然会放松下来。这也是一个感情交流的过程，这个过程较之相互寒暄、彼此互相恭维效果好很多。

当然，我们自己倘若在与他人交往中出现这种情况的时候，也应该尽量放松自己的情绪，以一种平和的态度去对待彼此的交往过程。不要将自己的地位人为地划到一种自卑的境地，这样便不难克服紧张，将谈话很好地进行下去了。

别人的话，过一遍脑再入心

世界上有这样一类人，别人说什么都相信，从来不经过自己的大脑，因此对谎言没有一点免疫力，这样的人是最容易上当受骗的。其实，解决的方法很简单，对于别人的话，一定要进行独立的思考，然后再做出信与不信的判断。

一个贼在旅馆租住了一间房，一连住了几天。他没有钱付房租，希望偷一点东西可以付房钱和饭钱。可他白白等了几天，仍然一无所获。

这天，贼看见旅馆老板穿着一件漂亮的新衣坐在门口。他眼睛骨碌一转，计上心来。于是他走到旅店老板面前，与他东拉西扯，闲谈起来。

谈了一会儿，他们都觉得疲倦了。突然，贼打了一个呵欠，然后像狼嚎似的大吼了一声。旅馆老板非常奇怪，问道："你怎么叫得这么吓人啊？"贼说："我可以告诉你，但是希望你不要害怕。请你先抓住我的衣服，我愿意把衣服放在你手中。先生，我自己也不知道我到底得了什么病，可能是我受到了诅咒，上帝将这种可怕的嚎叫传染到我身上来是惩罚我的罪孽。我经常这样打哈欠，像狼一样嚎叫。在我第三次打呵欠时，就会变成一只狼，去扑咬人。我非常害怕自己会伤害人，可是我控制不住自己。"说完之后，他又打了第二个呵欠，并和第一次一样，像狼一般的嚎叫。

听完贼的故事，旅馆老板信以为真，心里非常害怕，站起身来想要逃走。贼马上抓住他的外衣不放，哀求道："先生，你不要走，请你扯住我的衣服，不然我变成狼时，就会暴怒地撕破它。"刚一说完，贼又像狼嚎叫一样打了第三个呵欠。旅馆老板害怕极了，赶紧脱下新衣，挣脱贼的手，仓皇地逃进旅馆躲了起来。

看着旅店老板惊慌失措的样子，贼得意地笑了，然后立即带着新衣逃离旅馆，再也没有回来。

坏人的想象力总是十分丰富。为了达到自己的目的，他们编造各种鬼话，营造恐怖气氛。善良的人如果不提高警惕，一旦成为坏人的目标，就会笼罩在坏人编织的网里，要想挣脱，必须付出一定的代价。坏人的谎话并不是天衣无缝，包藏祸心的虚假总会有破绽。我们不仅要用耳朵听，更要用脑对听来的话进行思考与分析。

在这则寓言中，贼编的谎话其实十分可笑，但贼是个优秀的演员，他通过逼真的表演将可怜的旅店老板骗得团团转。旅店老板耳中有"狼"，心中便也有了狼。为了不让"狼"伤害自己，他脱掉衣服就跑了。贼的谎言在现实中可能不会被相信，但如果换作别的更逼真的故事呢？不要相信鬼话，坏人也就没有表演的机会了。

鬼话连篇的人肯定是心怀不轨的人。你若是没有揭穿鬼话的能力和勇气，就要远离他。一旦你给坏人表演的空间，他总会找到方法让你相信。不要与陌生人说话，不是自我封闭，不是怀疑所有的人，而是不给坏人可乘之机。乐于找人搭话的人，要么是“话唠”，要么就是在寻找可以下手的目标。保护自己的最好方法就是不要轻信别人的话，要经过自己的思考，然后再做出判断。

听到“一见如故”，就要提高警惕保持距离

一见如故固然是幸运的，但是有的时候也是不幸的开始。

“一见如故”是很多初见面的人习惯使用的一句话，意思是：虽然是初见面，可是彼此的感觉就好像已经认识很久了那般。

的确是有“一见如故”的情形发生，这是很难用科学来解释的现象，只能说这彼此“一见如故”的人上辈子有过约定！

能碰到“一见如故”的人是人生中的一种幸运，因为彼此可以少掉“试探”这个过程，而直接进到“交心”的层次。“一见如故”固然是“幸运”，但有时却也是“不幸”的开始。

人会呈现他的多面性。在不同的时空，善与恶会因不同的刺激而以不同的面貌出现。也就是说，本性属“恶”的人，在某些状况之下也会出现“善”的一面；本性属“善”的人，也会因为某些状况的引动、催化而出现“恶”的作为。而何时何地出现“善”与“恶”，甚至人自己也无法预测及掌握。例如，一辈子循规蹈矩的正人君子有可能因为一时缺钱而忽然浮现恶念，这是他过去所无法想象的事，但就是发生了，连他自己都感到不解。

因此，当一个人和你初见面，并且热情地说和你“一见如故”时，你可以不必拒绝他的热情，甚至也可回他一句“一见如故”！但你一定要理性地看待这句话，思索这句话的真正意义。因为这可能纯粹是一句客套话，也有可能是一颗裹上糖衣的毒药——他是要用温情来拉近和你的距离，好从你的身上获得某些利益。如果这是一句客套话，你的热切响应不但无法对对方产生效用，自己也会因为对方随之而来的冷淡而“受伤”；还有可能暴露了自己，反给有心人以可乘之机；而最有可能的是，你把对方吓跑了！如果对方真的另有所图，你的热切响应，正好自投罗网，结果也就不用多说了。

因此，当你听到“一见如故”这句话时，你应该：

——想想自己有没有因为这句话而兴奋、感动？如果有，那么就赶快浇熄、扑灭这些兴奋和感动，以免自作多情或自投罗网。

——如果对方的“一见如故”还有后续动作，你应该与之保持一种善意的距离。保持距离的目的是检验对方用心的真伪，以免自己受伤。

——如果对方和你彼此都“一见如故”，这是最危险的状况。你应该立刻向后退，以免引火自焚，或因太过接近而彼此伤害，葬送有可能好好发展的友情。如果“一见如故”只是对方一厢情愿，“话不投机半句多”，就不必花心思在这上面了！

当然，如果双方“一见如故”，也都理智地“各取所需”，那就另当别论了！

不过，有些人不说“一见如故”，却直接用行动表示，这种人你也应该和他保持距离。

你最应该提防的是，“一见如故”中，有心者常会掺杂很多奉承、拍马的语言，这很容易迷乱一个人的判断，也最难抗拒！因此，当听到这类话语时，你就要提高警觉了！

第二章

创变通达，趋利避险

看透而不点透，才是真正的明哲保身之道

为人处世不可“逞能”，须知“聪明反被聪明误”的事例屡见不鲜。因为“逞能”之时就是感觉最良好之时，感觉最良好之时即是精神最松懈之时，因得意而无防备，危险就来临了。

在三国时期，有个绝顶聪明的人，叫杨修，在曹操手下为官。

有一次，曹操建造了一座花园。造成后，他去观看，未置可否，只是在门上写了一个“活”字就离开了。众人都不解其意，杨修说：“‘门’内添‘活’字，乃‘阔’字也。丞相是嫌门太宽了。”监工立即命令工匠们重建。曹操再去看时，大喜，问：“谁知吾意？”左右告之：“杨修也。”曹操虽喜，心甚妒之。

还有一件事，平时曹操担心被人暗害，便对左右的人说：“吾梦中好杀人，凡吾睡着汝等切勿靠近。”一日，他午睡时被子落在地下，一近侍给他拾起，覆盖在身。曹操拔剑杀之，然后又倒头入睡。起床后，假意问道：“是谁杀了我的近侍？”众人以实相告，曹操痛哭，命人厚葬。众人都以为曹操是梦中误杀，今见曹操又是痛哭，又是厚葬，不但不怪曹操，还多有称赞之词。临葬时，杨修指着死者说：“丞相非在梦中，君乃在梦中耳。”曹操听后，愈加嫉恨，便想找机会惩治这位“能人”。

后来曹操的军队与刘备在汉水作战，两军对峙，久战不胜。曹操是进是退心中犹豫，适逢厨子送来鸡汤，见碗中有鸡肋，因而有感于怀。正沉吟间，夏侯惇入帐问夜间口令。曹操随口说道：“鸡肋！”行军主簿杨修一听夜间口令为“鸡肋”，便即让士兵收拾行装，准备归程。夏侯惇忙问其故。杨修曰：“鸡肋者，食之无肉，弃之可惜。丞相的意思是如今进不能胜，退恐人笑，在此无益，不如早归。来日魏王必班师矣。”本来曹操在进退两难之际，真有班师北归之意，但见杨修又说破他的心思，非常气恼，便大声呵斥道：“汝怎敢造言，乱我军心。”喝令刀斧手推出斩之。

聪明人最易成为众人眼中的“靶子”。不加谨慎，反而毫无顾忌地展现自己的聪明，那就让自己成了一个赤裸裸、没有任何安全防范措施的“活靶子”，而看透但不点透才是真正的明哲保身之道。

临危不乱，以“诈”赢得生机，趋利避险

有时，看似波澜不惊的环境中，却暗含着无限的杀机；有时，一派风和日丽的景象里，却酝酿着暴风骤雨；有时，在把盏笑谈之间，祸患已悄然逼近……在危及自己生命的紧要关头，灵活地“诈”一回，不失为一大机变智慧。

朱元璋打败陈友谅、张士诚，定鼎南京，建号称帝，由刘伯温亲自选定风水宝地，开工兴建宫殿。朱元璋住进建好的皇宫后，没事便到处走走，熟悉一下环境。

一天，他走到一间刚完工的大殿里，看着雕梁画栋，金碧辉煌，回想自己当年当和尚的情景，不禁感慨丛生，四下顾望无人，便信口把心中所想的说了出来：“唉，我当年不过为饥寒所迫，想当个盗贼，沿江抢掠些金银财物而已，哪曾想能有今日这番气象。”

说完后，他仰面观看棚壁，却吓了一跳。原来有一个漆匠正在一个大梁上做最后的油漆工作，由于梁木宽大，朱元璋先前竟没发现他。

朱元璋马上意识到自己一时冲动失言，一番只能藏在心底，不能让任何人知道的真实想法可能都已经落入这名漆匠耳中了。如果不杀人灭口，势必会传扬得四海皆知，那可是丢人丢脸又不利于自己以天命愚弄百姓的大事。

他开口让那名漆匠下来，连喊了几遍，漆匠充耳不闻，继续慢条斯理地做着手中的活。朱元璋大怒，加大了音量喊，那名漆匠仿佛才听到声音，忙下来跪在朱元璋面前，叩头说：“小人不知陛下驾到，没有及时避开，冒犯了陛下，请陛下恕罪。”

朱元璋怒声道：“你耳聋了怎的？我叫了你几遍你都不下来？”

漆匠叩头说：“陛下真是英明皇帝，连小人耳朵有点聋都知道。陛下圣明，这是小人和万民的莫大福分。”

朱元璋生性多疑，但看漆匠脸上神色并无太大变化，心想他骤然听到这样大的秘密，自然知道厉害，不吓得掉下来，也会面无人色，不会如此平静，看来他真是耳朵有些不灵敏的人。

也是朱元璋心情好，又见漆匠把自己的宫殿活做得也不错，又很会说话，便摆摆手让他继续干活。

这名漆匠当晚找个借口逃出皇宫，连夜逃回家中，携带妻小躲避他乡了。而朱元璋后来因为国事繁忙，根本记不得这件事了。

那名漆匠的才能或许并不比朱元璋差，看其骤然听到天大的秘密却不惊不慌的态度，真有“泰山崩于前而色不变”的大将风度，马上又想到用耳聋来保护自己，这份机智也是人所难及。

事实上，在现实社会里，这种临危使“诈”的机智不仅智慧，而且重要。它常常能够帮助我们巧妙地趋利避险，不妨一试。

懂得趋利避害，用低调的“厚壳”保护自己

世事变化从来总是风云难测，低调的人懂得趋利避害，用低调的“厚壳”保护自己。

徐达是朱元璋的功臣之首，一生率大军东征西讨，所谓“功定天下之半，声驰四海之表”，称得上是汉朝的韩信。

中国历史上明王朝的建立，大将军徐达功不可没。

“指挥皆上将，谈笑半儒生”的徐达，儿时曾与朱元璋一起放过牛。在其戎马一生中，有勇有谋，用兵持重，为明朝的创建和中国的统一立下了赫赫战功，是中国历史上著名的谋将帅才，深得朱元璋的宠爱。

徐达手握重兵，又在将士中有着崇高的威望，他如果有自己当皇帝的野心，朱元璋就只有让贤的份儿了。

所以朱元璋当时也是两难。不重用徐达无法平定天下，重用徐达也等于太阿倒持，把帝位和自己及家人的生命交到徐达手中，只看他取不取了。

朱元璋想了很久，终于想出一个试探徐达真心的办法来。

一次徐达出征回来，朱元璋照例下殿迎接，口称大哥，亲热无比。徐达汇报完战事后，朱元璋便留他在宫中闲谈，故意装作漫不经心的样子说："大哥功劳盖世，却没有一座像样儿的房子，我以前当吴王时住的府邸现今空着没用，就送给大哥将就住吧。"

徐达一听，心都提到嗓子眼儿了，知道自己已到了鬼门关口，忙俯身下拜，苦苦推辞。朱元璋见他态度诚恳，也就不再提了，徐达却是汗透重衣。

过了几天，朱元璋在吴王府邸中设宴，款待自己昔日的布衣兄弟，徐达自然也被请去了。酒宴上朱元璋连连劝酒，徐达不敢违命，只好拼命喝，结果不胜酒力，宴席没结束便已醉倒了。

朱元璋便命人把徐达抬到自己以前住过的床上，对众人说："我已经把这所房子送给徐大哥了，今天不过是代他请大家喝酒，主人已醉，咱们也散了吧。"便率众人离开了。

徐达酒醒后才发现自己是在吴王府邸中，而且睡在皇上先前用过的床上，顿时吓得魂飞九天，忙一跃而起，冲出府门。府中的奴仆们不知何故，都出来劝他回去，说皇上已经把府邸赐给大将军了。

徐达哪敢再踏入府门，又不敢擅自回家，怕朱元璋心中生疑，索性和衣睡在街道上。仆人们都苦苦劝他，数九寒冬的睡在街道上非冻死不可，徐达置之不理。夹杂在仆人中的锦衣卫密探忙入宫禀报朱元璋，朱元璋不觉露出笑容，命他继续监视。

徐达宿醉未醒，又自知逃过了生死一劫，虽住街道上，心里却很平静，居然在凛冽寒风中睡着了。

朱元璋得知这一情况后嬉笑出声，对徐达放下心来，认定他没有自立为帝的野心。

徐达天一亮便入宫求见，见到朱元璋后口称死罪，连连叩头谢罪，请求惩罚。朱元璋却哈哈大笑，便下令在吴王府邸的对面为徐达造了一座府邸，赐名为"大坊"。

除此之外，身为统帅，建立赫赫战功的徐达还能处处与士兵同甘共苦。遇到军粮不济，士兵未饱时，他也不饮不食；士卒伤残有病，他亲自慰问，给药治疗；如遇上士卒牺牲，他更是重视，筹棺木葬之。将士对他无不既感激又尊敬。

本来可以声色犬马的徐达，平生却无声色酒财之好，"妇女无所爱，财宝无所取，中正无所疵，昭明乎日月"。朱元璋赐予他一块沙洲，由于正处于农民水路必经之地，家臣以此擅谋其利。徐达知道后，立即将此地上缴官府，"其无私欲，持大节类如此"。

1385 年，徐达病逝于南京。朱元璋为之辍朝，悲恸不已，追封为中山王，并将其肖像陈列于功臣庙第一位，称之为"开国功臣第一"。

徐达之所以能不居功自傲，除其个人良好的修养外，还有更深层次的原因，那就是他知道功成名就后如何安身立命。

事实上，朱元璋登基后，从 1380 ~ 1390 年，受丞相胡惟庸牵连被杀的功臣、官僚共达 3 万多人；1393 年，有赫赫战功的将领蓝玉以及与其有关的人士均被杀，先后牵连被杀的竟有几万人；洪武十五年的空印案，洪武十八年的郭桓案，被杀者更多达 8 万之众。

应该说，朱元璋用严刑重刑，杀了包括功臣在内的 10 多万人，实质上是强化其统治的手段，也是统治阶级内部残酷斗争的结果。

徐达当然知道"伴君如伴虎"的道理，他知道与这样的皇帝在一起，只能共苦，不能同甘，自己如果居功自傲，无异于引火烧身。所以，徐达夹起"尾巴"，低调做人。这既是徐达个人修养的体现，更是他保全自己的良策。

复杂争夺之中，可抹黑自己以避险

古语有言："物朴乃存，器工招损。"意思是说，事物朴实无华才得以保存，器具精巧华美才招致损伤。其实，行于世事的我们亦是同理，太完美很容易招致危险，尤其在遇到与人复杂争夺的时候。不过，如果我们懂得适时抹黑自己，往往就可以避险保身了。

苏秦早年在鬼谷子先生门下学习，他勤奋刻苦，博览群书，学业精进。苏秦学业有成，辞别鬼谷子先生时，鬼谷子先生考究了他一番，苏秦侃侃而谈，滔滔不绝，不想鬼谷子先生眉头直皱，脸上并无喜悦。

苏秦把话说完，怯生生地问："我说错什么了吗？先生为何脸有异色？"

鬼谷子先生凝神道："你说得很好，并无错失。"

苏秦困惑之际，鬼谷子先生再道："事不可尽，尽则失美。美不可尽，尽则反毁。你只知善辩的好处，唯恐不发挥至极处，却不知善辩之能，遭人嫉妒，若一味恃弄，祸不可测啊。"

苏秦怅然若失，心中却另有别词，只是不敢和鬼谷子争论。

苏秦四处游说求官，一无所得，落魄归来，连他的兄弟、嫂妹、妻妾都暗中耻笑他。他们对他说："立业当以务实为本，若想耍嘴皮子为生，怎么可能呢？你还是死了那份心吧。"

苏秦不为所动，于是闭门不出，发愤苦读。一年之后，他又出外游说，此行大获成功，一人任六国之相。当他威风凛凛地去赵国办事路过洛阳时，车马辎重前呼后拥，排出很远，诸侯派使者相送的很多，周显王都为他戒严道路，派人到郊外慰劳他。苏秦的兄弟和妻嫂伏在地上，十分惶恐。苏秦得意地问他嫂子："你最瞧不起我，今日为何这般恭敬？"

他的嫂子说："三弟你如今位高财大，自然受人尊重了。"

苏秦长笑一声，说道："口舌之能，何人再敢轻视？我若不习此术，当在田里耕种，怎么可能有今日的荣华富贵？"

苏秦在齐国时，齐国的臣子联合起来，诬陷他心怀恶意，图谋不轨，他们反复对齐王进谏说："苏秦劝大王归还了燕国十城，表面上是为大王争取名声，其实却是暗助燕国，削损齐国之国力。他一无本事，只知道搬弄是非，说说讲讲。大王若是被他蒙蔽，再加信任，他的奸计一旦得逞，齐国将陷入危难之中。"

有人将此事偷偷报知苏秦，苏秦先是一怔，后懒声说："若论说辞，自信无人是我的对手，他们是害不了我的。"

来人和苏秦交好，此时却分外着急道："大人为人嫉恨，已非一日了。他们都是齐国的重臣，眼下一同发难，想来齐王也不会无动于衷。你平日和他们只知辩论，语多无忌，自然会伤害到他们，他们这是报复大人啊。"

齐王果然心怀疑虑，对苏秦态度有所改变。苏秦百般说辞，不见效应，于是避祸而离开，回到了燕国。

苏秦在燕国和燕王的母亲通奸，终日惶惶。他怕燕王杀他，就自请到齐国做燕王的奸细。他花言巧语又使齐王信任了他，但齐国的大臣无不对他恨之入骨。齐湣王继位后，苏秦的地位愈加巩固。齐国的大臣无法忍耐，聚在一起商议对策。他们最后派人刺杀苏秦，苏秦带伤逃走，最终因伤势过重而病死。

在复杂的社会环境中，很多事情都被扭曲了。不考虑背景和实际需要，就不能顺应时势，更保护不了自己免受伤害。正像事物因朴实而不惹人注意一样，俗人眼中的缺点却成了它自存的法宝。而器具的精致让人觊觎，你争我夺，造成对其本身的伤害，这正是它自身炫耀的结果。由此引申开来，巧言善辩自有它的弊端，过于玩弄辞令也会伤害自身，于事有误。

难怪老子在《道德经》中一再强调"大音希声"、"大言若讷"的重要。看来，该表现时尽力表现，不该表现时来点糊涂，才得其方圆之道的精妙。

形势不利时，要学会虚与委蛇

人人都知道，跟君子相处平平淡淡，跟小人相处应该保持一定的距离，跟坏人相处应该见机行事，想得越周到越好。这就要求我们懂得，客观形势对自己不利时，一定要学会虚与委蛇。

东晋明帝时，中书令温峤备受明帝的亲信、大将军王敦的妒忌。王敦于是请明帝任温峤为左司马，归王敦管理，准备等待时机除掉他。

温峤为人机智，洞悉王敦所为，便假装殷勤恭敬，综理王敦府事，并时常在王敦面前献计，借此迎合王敦，使他对自己产生好感。

除此之外，温峤有意识地结交王敦唯一的亲信钱凤，并经常对钱凤说："钱凤先生才华能力过人，经纶满腹，当世无双。"

温峤在当时一向被人认为有识才看相的本事，因而钱凤听了他的赞扬心里十分受用，和温峤的交情日渐加深，便常常在王敦面前说温峤的好话。透过这一层关系，王敦对温峤的戒心渐渐解除，甚至引为心腹。

不久，丹阳尹辞官出缺，温峤便对王敦进言："丹阳之地，对京都犹如人之咽喉，必须有才识相当的人去担任才行。如果所用非人，恐怕难以胜任，请你三思而行。"

王敦深以为然，就请他谈自己的意见。温峤诚恳答道："我认为没有人能比钱凤先生更合适了。"

王敦又以同样的问题问钱凤，因为温峤推荐了钱凤，碍于面子，钱凤便说："我看还是派温峤去最适宜。"

这正是温峤暗中打的小算盘，果然如愿。王敦便推荐温峤任丹阳尹，并派他就近暗察朝廷中的动静，随时报告。

温峤接到派令后，马上就做了一个小动作。原来他担心自己一旦离开，钱凤会立刻在王敦面前进谗言而让王敦召回自己。于是，他在王敦为他饯别的宴会上假装喝醉了酒，歪歪倒倒地向在座的同僚敬酒。敬到钱凤时，钱凤未及起身，温峤便以笏（朝板）击钱凤束发的巾坠，不高兴地说："你钱凤算什么东西，我好意敬酒，你却不敢饮。"

王敦以为温峤真的喝醉了，还为此劝两人不要误会。温峤去时，突然跪地向王敦叩别，眼泪汪汪。出了王敦府门又回去三次，好像十分不舍离去的样子，弄得王敦十分感动。

温峤刚上任，钱凤真的晋见王敦说："温峤为皇上所宠，与朝廷关系密切，何况又是皇上的舅舅庚亮的至交，实在是不能信任的。"

王敦以为钱凤是因宴会上受了温峤的羞辱而恶意中伤，便生气斥责道："温峤那天是喝醉了，对你是有点过分，但你不能因这点小事就来报复嘛！"

钱凤深自羞惭，怏怏退出。

温峤终于摆脱了王敦的控制，他回到了建康，将王敦图谋叛逆的事报告了明帝；又和大臣庚亮，共同计划征讨王敦。消息传到武昌王敦将军府，王敦勃然大怒："我居然被这小子骗了。"

然而，毕竟无可奈何，鞭长莫及，更无法挽救失败的命运了。

做人固然需要正直，但是如果不知变通，就有可能碰钉子，甚至会遭不测。人的工作环境，有时候是无法选择的。在危险或尴尬的环境中工作，头脑一定要灵活，遇事该方则方，不该方时就要圆熟一些，尤其在遇到将要对己不利的形势时，应将刚直不阿和委曲求全结合起来，可随机应变，先保护自己以屈求伸。

再回到前面的例子，温峤在处理王敦、钱凤等人的关系时，运用了一整套娴熟的处世技巧，不但保护了自己，而且在时机成熟时，对敌人又主动出击，绝不手软。在人际圈里，类似温峤式的人物，一般都不会失败。相信，你一定能从中读出有益的智慧。

细节决定成败，不要把避免灾害寄托在侥幸上

所谓侥幸心理，是指无视事物本身的特征，违背事物发展的根本规律和原则，根据自己的需要或者好恶来行事，希望事情能够按照自己的愿望发展，直至取得希望的结果。但很多时候，侥幸心理反而成了许许多多失败、丑陋、悲惨生活的罪魁祸首。

当然，每个人都可能存在侥幸心理，这很正常。但是，存在侥幸心理要看是对什么事情。例如学生考试时可能抱有侥幸心理，最差的结果就是不及格重修；上班迟到抱有侥幸心理，则可能会让你失去工作；贪污受贿抱有侥幸心理，则可能遭受牢狱之灾；酒后驾车抱有侥幸心理，则可能会让你失去生命……寒号鸟的故事就向我们展示了侥幸心理带给我们的伤害。

山脚下有一堵石崖，崖上有一道缝，寒号鸟就把这道缝当做自己的窝。石崖前面有一条河，河边有一棵大杨树，杨树上住着喜鹊。寒号鸟和喜鹊面对面住着，成了邻居。

几阵秋风，树叶落尽，冬天快要到了。

有一天，天气晴朗。喜鹊一早就飞出去，东寻西找，衔回来一些枯枝，忙着垒巢，准备过冬。寒号鸟却整天飞出去玩，累了就回来睡觉。

喜鹊说："寒号鸟，别睡觉了，天气这么好，赶快垒窝吧。"寒号鸟不听劝告，躺在崖缝里对喜鹊说："你不要吵，太阳这么好，正好睡觉。"

冬天说到就到了，寒风呼呼地刮着。喜鹊住在温暖的窝里。寒号鸟在崖缝里冻得直打哆嗦，悲哀地叫着："哆哆哆，哆哆哆，寒风冻死我，明天就垒窝。"

第二天清早，风停了，太阳暖烘烘的。喜鹊又对寒号鸟说："趁着天气好，赶快垒窝吧。"寒号鸟心里想："天气这么好，严寒应该不会来了吧。等天气真正冷下来的时候，再垒窝也不迟。"抱着这样的侥幸心理，它又凑合着过了几天。

寒冬腊月，大雪纷飞，漫山遍野一片白色。北风像狮子一样狂吼，河里的水结了冰，崖缝里冷得像冰窖。就在这严寒的夜里，喜鹊在温暖的窝里熟睡，寒号鸟却发出最后的哀号："哆哆哆，哆哆哆，寒风冻死我，明天就垒窝。"

天亮了，阳光普照大地。喜鹊在枝头呼唤邻居寒号鸟，但是可怜的寒号鸟在半夜里已经被冻死了。

正是存有侥幸心理，寒号鸟才最终失去了性命。所以说，在现实生活中，我们千万不能抱有侥幸心理。不要错误地认为一个小细节对整个命运起不了什么作用，"千里之堤，溃于蚁穴"，不及时把小洞修复了，等其发展成为大洞的时候，造成的损害可能就来不及弥补了。

生活中的很多事情都是侥幸心理在作怪，有些人把成功寄托在侥幸上，最后得到的却是失败；有些人把避免灾害寄托在侥幸上，终没有避免灾害；有些人说"要是知道会出这样的事，我当时肯定不会这样做了"，究其原因还是侥幸。只有避免侥幸，才能避免灾难，才能少些后悔。

逢人只说三分话，保护自己，也能试探他人

《增广贤文》里有这样一句话："逢人且说三分话，未可全抛一片心。"把话说得太满，就无法保证每一句话都说得滴水不漏，从而在交际场上招来误会，为自己留下隐患。

清朝光绪皇帝载湉继位时年仅四岁，由两宫皇太后垂帘听政。慈禧常单独召见廷臣，有事不与慈安太后商量，慈安太后颇为不满。1881年初，慈禧忽然得了重病，征集中外名医治疗都没有效果。后来用产后疏导补养的药治疗，竟"奏效如神"。于是慈安太后知道慈禧失德不检，便以庆贺慈禧康复为名，在钟粹宫摆下酒席，和慈禧共饮。酒过三巡，慈安太后让左右的人下去后，就谈起咸丰晚年的事来，说："20多年来两宫相处还算好，有一件事早想和妹妹说了，请妹妹看一件东西。"慈安说着起身从一个匣子里拿出一卷黄绫纸来。原来是咸丰帝临终时写给慈安太后的手谕，大意说若此后那拉氏不安分，可出示此诏命让大臣把她除掉。慈禧听后脸色大变。

慈安太后出于好心告知慈禧此事，想借此遗诏规劝慈禧今后处处须检点。为了不使慈禧猜忌，慈安当场将遗诏在蜡烛上烧了，说："此纸已无用，焚之大佳。"慈禧表面上感激涕零，暗中却心怀鬼胎。不久，慈安太后患感冒，当晚就死了，据传是被慈禧毒死的。

俗语说："祸从口出，言多必失。"言语谨慎对一个人立身处世具有深刻的意义，花开

得太盛则败，话说得太满则会招致祸患。因此，老于世故的人，只说三分话。说话本来有三种限制，一是人，二是时，三是地。非其人不必说；非其时，虽得其人，也不必说；得其人，得其时，而非其地，仍是不必说。非其人，你说三分真话，已是太多；得其人，而非其时，你说三分真话，正可以给他一个暗示，看看他的反应；得其时，而非其地，你说三分真话，正可以引起他的注意，如有必要，不妨择地长谈，这才叫通达世故。

当然，话又说回来，逢人只说三分话，并不是叫你硬生生地话说三分就闭口，这样很生硬，也会令人不满和戒备。其实，在社会交往的时候，可以灵活发挥，既不至于把话说得太满而失了回旋的余地，又可以让人觉得你真诚坦率——这就得看个人的功力如何了。

威尔逊刚就任俄亥俄州州长之时，在一次宴会上，宴会主席向在座众人介绍，说威尔逊是“未来的美国总统”，这只是主席对威尔逊的称颂罢了。

威尔逊在即兴发言时，给大家讲了一个故事：“在加拿大有一群垂钓的游客，其中一个叫做强森的人，大胆地试饮某种有危险性的酒。强森喝了酒后，便和其他同伴欲搭火车回去，但是，他却不搭北上的火车，反乘南下的火车。于是，大家急于把他找回来，就打电话给那班南下列车的车长：‘请将一个叫强森的矮个子，送往北上的火车，他喝醉了。’不久，他们就收到车长的回电，表示：‘请再详示其特征。本列车中有十三名醉酒的乘客。他们既不知自己的姓名，更不知目的地是何方。”威尔逊笑着说，“而我威尔逊，确知自己的姓名，可是，却不能像你们的主席一样，确实知道我将来的目的地在哪里。”四座的人士听后都哄然大笑。

威尔逊用一个巧妙的故事补救了主席的“口误”，用“我不知道目的地在哪里”，给自己留下了余地，避免了日后可能产生的问题，还为在座众人留下了谦逊有礼的印象。

“马有失蹄，人有失言”，把话说满了就无法保证的每一句话都说得滴水不漏，从而在交际场上招来误会，为自己留下隐患。所以掌握好说话的艺术，当说则说，当止则止，这样才能为自己的发展提供帮助。

给自己的隐私加把锁，免得以后吃亏

与人相处，不要把自己过去的事全让人知道，特别是那些不愿让他人知道的个人秘密，更要做到有所保留。向他人过度公开自己秘密的人，往往会因此而吃大亏。

世界上的事情没有固定不变的，人与人之间的关系也不例外。今日为朋友，明日成敌人的事例屡见不鲜。你把自己过去的秘密完全告诉别人，一旦感情破裂，对方不仅不为你保密，还会将所知的秘密作为把柄，到时后悔也来不及了。

马林因为不懂保护隐私，吃了大亏。他刚入职场时，怀着很单纯的想法，像大学时代对室友们无话不说一样，常将自己的一些经历及想法毫不设防地对同事讲。马林工作不久，就因出色的表现成为部门经理的热门人选。可他曾无意中告诉同事，他的父亲与董事长私交甚好。于是，大家对他的关注集中在他与董事长的私人关系上，而忽视了他的工作能力。最后，董事长为了显示“公平”，任命了一个能力和他差不多的职员为部门经理。如果马林保护好自己的隐私，也许就能得到这个升职的机会。老板们都欣赏公私分明的员工，敬业不仅意味着勤奋工作，更意味着以大局为重，不把私事带到工作领域中来。

每个人都有自己的过去，都存在一些不为人知的秘密。朋友之间，哪怕感情再好，也不要随便把你过去的事情、你的秘密告诉对方。

如果你是职场中人，你将你的秘密告诉你的同事，在关键时刻，他可能会拿出你的秘密作为武器回击你，使你在竞争中失败。他将你不光彩的秘密说出来，你的竞争力就会大大削弱了。

自己的秘密不要轻易示人。守住自己的秘密是对自己的一种尊重，是对自己负责的一种行为。

罗曼·罗兰说：“每个人的心底，都有一座埋藏记忆的小岛，永不向人打开。”马克·吐温也说过：“每个人像一轮明月，他呈现光明的一面，但另有黑暗的一面从来不会给别人看到。”

每一个人都有自己的隐私，一般总是那些令人不快、痛苦、悔恨的往事。比如恋爱的破裂，夫妻的纠纷，事业的失败，生活的挫折，成长中的过去……这些都是自己过去的事情，不可轻易示人。

遇到情投意合的朋友，你心里自然十分高兴。随着时间的推移，你们的感情日益深厚。一天酒后，你把积藏在心底多年的秘密告诉了他，这充分显示了你的真诚。你相信他不会做出伤害你的事，也许还能帮助自己解决其中的部分疑难问题。可是不久，你们因为观点的分歧，而发生了争吵。第二天……

要知道，秘密只能独享，不能作为礼物送人。再好的朋友，一旦你们的感情破裂，你的秘密将人尽皆知。受到伤害的人不仅是你，还有秘密中牵连到的所有人。

尽管对好朋友应该开诚布公，但这并不表明不能有自己的秘密。

不相信任何人和相信任何人都同样是错误的。不相信任何人，无疑是自我封闭，永远得不到友谊和别人的信任，而相信任何人则属幼稚无知，终会吃亏上当。当然，不要把过去的事全让人知道，并不等于什么都不说。有时有保留地跟朋友说说自己的过去也无妨，比如说说你小时候读书上学之类的无关紧要的事情，可以增进了解，加深感情。你对别人说说自己无关紧要的过去，别人也会向你说。你什么也不说，什么也不让人知道，人家想了解你也无从下手，又怎么会信任你。信任是建立在相互了解的基础上的。秘密只伴随自己，千万不要廉价地送给别人。因此，与人交往时，要避免自己的感情冲动和谈话时间过长，做好必要的防范。

隐藏自己的弱点，不让他人抓住把柄

在希腊神话中，有这样一个寓意深刻的故事：

阿喀琉斯是希腊神话中最伟大的英雄之一。他的母亲是一位女神，在他降生之初，女神为了使他长生不死，将他浸入冥河洗礼。阿喀琉斯从此刀枪不入，百毒不侵，只有一点除外——他的脚踵被提在女神手里，未能浸入冥河，于是“阿喀琉斯之踵”就成了这位英雄的唯一弱点。

在漫长的特洛伊战争中，阿喀琉斯一直是希腊人最勇敢的将领。他所向披靡，任何敌人见了他都会望风而逃。

但是，再强大的英雄也有弱点。在十年战争快结束时，敌方的将领帕里斯在众神的示意下，抓住了阿喀琉斯的弱点，一箭射中他的脚踵，阿喀琉斯最终不治而亡。

“阿喀琉斯之踵”的故事告诉我们，人都是有弱点的，即使是被誉为希腊不败战神的阿喀琉斯也不例外。不过，最终令他丧命的，并不是因为对手多么强大，而是因为他没能隐藏并保护好自己的致命的弱点——那个常人都不注意的脚踝。

这正是心理学中木桶定律的一个典型写照。该定律指出，一只木桶盛水的多少，并不取决于桶壁上最高的那块木板，而恰恰取决于桶壁上最短的那块木板。

与此类似的例子很多，例如，家庭因家电超负荷导致停电，可你通过检查电线和所有电器便会发现，导致黑暗出现的只是因为电热熔断了脆弱的保险丝；当你和竞争对手同时争取一个项目时，如果对手抓住了你致命的薄弱之处，并用强势攻克你这致命的薄弱，那么你将会使全盘而溃于一点……

虽然不少人主张，人应该把自己的弱点说出来并加以批评，以求得他人的理解和谋求进一步更正。可是，在这个竞争激烈，处处需要角逐的社会里，我们很多时候必须学会把自己的弱点隐藏起来，既不能让他人知道，更不能让他人摸得一清二楚。

请你仔细想一想，在以前的经历中，自己有没有被别人利用弱点而占了便宜，有没有被别人引入弱点的范围而受了骗？想必，很多人都会有这种情况。

在现实的竞争世界里，如果我们一直是委曲求全、以和为贵，就很可能有人故意制造争端，引发吵闹，让我们不得不做出让步以求宁静。如果我们很容易感到内疚，就很可能有人装出一副自我牺牲的样子来对你进行感情敲诈，让你感到过意不去，从而在他“牺牲”之前使你抢先“牺牲”了。如果我们好面子，就很可能有人以非常冠冕堂皇的形式套走我们口袋里的苦汗钱，而我们自己，却“哑巴吃黄连，有口也难言”……

要知道，无论你是多么强大，你都会有弱点。在漫漫长路中，人人都会遇到各种各样的人。因为利益、名誉、权势等各方面的原因，这些人有的会成为我们的竞争对手，有的会成为我们的合作伙伴，有的只是萍水相逢的一面之交。然而，这一切关系都不是固定不变的，都是会随着时间和境况的变化而变化的。即使是合作者也会有人想把你排在他的后面，甚至想通过合作把你打败、征服。

所以，我们要懂得隐藏自己的致命弱点，不让他人抓住自己的把柄，这也是保护自身安全的一个极其重要的方面。因为在获得了基本的安全之后，我们才能获得以后的发展。否则，即使成了战无不胜的阿喀琉斯又能怎样？最后还是要败给自己的致命弱点。

在不了解对方的情况下，要适度防范

曾几何时，我们的善心落入了别人“恩将仇报”的陷阱，变成了社会“摇尾乞怜”的陪葬品。“人之初，性本善”，但我们的善心却常常得不到善报，使得现代版的《农夫和蛇》的故事不断重演。究竟是我们不该以善心待人，还是我们的善心施错了对象？

寒冷的冬天，一个农夫在农田里发现了一条冻僵的蛇。他觉得它很可怜，便把它拾起来，小心翼翼地揣进怀里，用暖热的身体温暖着它。蛇靠着农夫的体温，渐渐复苏了，又恢复了生机。等到它彻底苏醒过来，便立即恢复了本性，用尖利的毒牙狠狠地咬了农夫一口，使他受了致命的伤害。农夫临死的时候痛悔地说：“我可怜恶人，不辨好坏，结果害了自己，遭到这样的报应。”

有人说，“怜悯恶人是一种不可饶恕的罪行”。因为，怜悯恶人有可能最后伤害自己或者伤害他人，本来想做好事，结果却造成了更多、更大范围的伤害，难怪是“不可饶恕的罪行”！善心反成了“恶行”，怜悯反成了“罪行”，似乎有点悲哀，世界当真颠倒黑白了吗？

2009 年 8 月的一个晚上，肖某接到大学时的同窗好友曹某打来的电话，对方称自己刚来此地，身上带的钱都用完了，无处借宿，希望肖某能帮帮忙。肖某考虑自己住的宾馆正好还有一张空床，就让曹某到自己的住处来了。

次日一大早，肖某因有急事便早早出门了，留下曹某一人在宾馆睡觉。下午，肖某回到宾馆时发现自己价值万元的笔记本电脑不见了，而曹某的电话也联系不到。肖某想起曹某身上没钱，可能偷自己的电脑去当钱了。于是，他赶紧到曹某经常去的典当行。老板告诉他，上午，曹某确实拿着一台笔记本电脑到他的店典当，但是，由于曹某当时拿不出相关证据，被典当行的老板拒绝了。

无奈之下，肖某只好先向有关部门报了案……

肖某好心收留朋友，结果所谓的“朋友”却反过来“咬”了他一口。善心似乎就这样被践踏和蹂躏了。其实不然，善行遭恶报的症结所在就是愚蠢的善行、盲目的仁慈和不分忠奸的善良，这样只能使自己走入迂腐的禁区。唐僧盲目仁慈，相信白骨精是好人，结果被绑架差点丢了小命，还逼走了孙悟空，让自己陷入困境。东郭先生救走了狼，可狼却恩将仇报要吃掉东郭先生。当我们在唾弃和鄙夷那些不善类或者恶者时，有谁思考过那些“施善者”的愚蠢和“无知的善良”！

拥有善良、正义之心是一件好事，但是不讲原则，盲目施善就是一件愚蠢的事情。盲目的仁慈，可能会被不法分子利用来牟取暴利。

要做一个好人，但不要让自己的“善良”被别人利用。我们凡事都要留个心眼，不要陷入心理误区。在没有清楚了解对方的品行和本质时，千万不要付出自己的真心。要警惕被对方的表面现象所迷惑，将恶人当善类，最终只能毒伤自己。我们不作恶人，不伤害其他任何人，但是我们要学会保护自己，善待自己，这才是真正的善待自己的同时善待他人。

盛时常作衰时想，上场当念下场时

俗话说“物极必反、盛极必衰”。刘禹锡的一句“旧时王谢堂前燕，飞入寻常百姓家”，道出了多少兴衰荣辱，朝代更替。人在鼎盛之时就好比沸腾的开水，如果不迅速降温，没过多久便会蒸发得无影无踪。懂得“釜底抽薪而止沸”之人，才能避开即将到来的杀身之祸，才是真正人杰中的人杰。

清末名相曾国藩，在剿灭太平天国运动而达到事业顶峰之时深知权高震主、盛极必败的道理，因而迅速果断地采取示弱之举，避免了一场即将到来的权力之争和甚至有可能招来的杀身之祸，实为明智之举。这等“心机”和远见，值得后人研究和效仿。

攻克天京，这是曾国藩率湘军出战以来的最大胜利。曾国藩、曾国荃兄弟两人的声望如日中天，达到了极盛。清政府便对这些“栉风沐雨，艰苦备尝”的功臣们进行了赏赐。曾国藩被赏加太子太保衔，赐封一等侯爵，世袭罔替，并赏戴双眼花翎；曾国荃被赏加太子少保衔，赐封一等伯爵，并赏戴双眼花翎。对于如此隆重的封赏，曾国藩十分感激：“我朝酬庸之典，以此次最隆，愧悚战兢，何以报称。”

然而这一切，仅仅是加给曾国藩兄弟二人表面上的荣耀。暗地里，曾国藩兄弟二人所面临的是无数汹涌的“旋涡”，这些旋涡产生的能量足以将其卷入万劫不复的深渊。

天京被攻克以后，曾国藩已非昔日京城中手无一兵一卒的兵部侍郎，他的门生故吏已遍及于东南各地，上至巡抚，下至提督。同时，曾国荃手里亦掌握着“精悍”的5万湘军，这无疑给清政府的统治带来了极大的威胁。天京陷落后，清政府最大的忧患，已不再是太平天国的余部，而是兵权愈来愈大的两江总督曾国藩和以湘军为中心的汉族地主阶级的政治、军事力量。这就要求清政府必须从中央与地方、集权与分权这一总体战略出发，而这一特殊的政治诉求决定了曾国藩在成功之后逃脱不了被夺权的命运。

在天京陷落以后，清政府即已开始着手限制曾国藩势力的膨胀。清政府利用湘军内部固有的矛盾，迅速提拔和扶植曾国藩手下的将领，他们的地位迅速提高，以至于与曾国藩的地位不相上下。当左宗棠的左系湘军与沈葆桢结成同盟，并脱离曾国藩，向其发起挑战时，清政府则大加利用，暗中支持左、沈与曾国藩分庭抗礼，从内部瓦解曾国藩的势力。而对于曾国荃则竭力进行压制，不让其有抬头从者云集的机会，所以既想让他早离军营而又不让其赴浙江巡抚上任。无奈，曾国藩只好以其病情严重，开浙江巡抚缺，回乡调理，很快清政府便批准了曾国藩所奏，并赏给曾国荃人参六两，以示慰藉。而曾国荃对此却大惑不解，但曾国藩却深知其中利害关系，极力劝说。

随后，曾国荃返回家乡，怨气难消，以致大病一场。从此，辞谢一切所任，直至同治五年春，清政府命其任湖北巡抚，他才前往上任。曾氏以退为进、以退护官的为官之谋，令后人不由不为之叹服。裁撤湘军，是曾国藩谋事在先，“盛时常作衰时想”的一个典型事件。

曾国藩一贯主张“盛时常作衰时想，上场当念下场时，富贵人家，不可不牢记此二语也”。

人的职位越高、功名越大，越容易颐指气使、得意忘形，而此时遭来的怨愤和嫉讳也越多。一个多世纪以来，曾国藩之所以受到许多伟人、名人的崇拜，成为封建时代最后一尊精神偶像，与他善收晚场有很大关系。

曾国藩曾宽慰、告诫弟弟说：“我们现在处于极好之时，家事有我一个人担当，你们就一心一意做个光明磊落、鬼服神钦的人。待到名声既出，信义既出，即使随便答言，也会无事不成。所以不必贪财，不必占便宜。”

可见，曾国藩是把名誉和贪婪相联系的。贪婪的人，恶名加身；大度的人，清誉在外。一旦名声远扬，就可以不拘小节了。曾国藩的见识可谓高拔，甚至可以说有点狡猾。他把好名声看成人的立身之本，本应正，源要清，不可本末倒置。

曾国藩对家族的名望和声誉十分看重，为了保持这个家庭的名望和声誉，他可以说是做到了殚精竭虑、鞠躬尽瘁。

常言道，树大招风。由于家大、业大、势大，兄弟几人都在朝廷做大官，于是乎外面就有不少关于他们兄弟的传闻。

曾国藩就不止一次地听说过对他们兄弟恶行的指责，他听了以后，不是秘而不宣，而是一一转告各位兄弟；或者直接责备，或者委婉相劝，希望他们有则改之，无则加勉。

正是由于曾国藩的深谋远虑和殚精竭虑，才保住了曾氏家族获得的巨大荣誉和政治资产。在曾国藩攻克天京后，其个人声望和军事实力都达到了顶峰。他的不少部下都暗示曾国藩举兵起事，以恢复汉族江山。对此曾国藩婉言谢绝，并以一幅“傅天照海花无数，流水高山心自知”的对联来表明心迹。

曾国藩一生深谙为官处世之道，尤其是在达到顶峰之后深知树大招风的道理，自剪羽翼助其渡过“生死玄关”，在封建末期落得了个“圣相”的美誉，历来被后人所称道。

向别人倾吐心事要慎重，提防他以后的攻击

随便向人倾吐自己的心事，就是把自己的心灵弱点向别人展示，授人以把柄，他日会成为别人攻击你的突破点。

早在安庆战役后，曾国藩部将即有劝进之说，而胡林翼、左宗棠都属于劝进派。劝进最用力的是王闿运、郭嵩焘、李元度。当安庆攻克后，湘军将领欲以盛筵相贺，但曾国藩不许，只准各贺一联。于是李元度第一个撰成，其联为“王侯无种，帝王有真”。曾国藩见后立即将其撕毁，并斥责了李元度。在《曾国藩》日记中也有多处戒勉李元度审慎的记载，虽不明记，但大体也是这样。曾国藩死后，李元度曾哭之，并赋诗一首，其中有“雷霆与雨露，一例是春风”句，潜台词仍是这件事。

李元度联被斥，其他将领所拟也没有一联合曾意，其后“曾门四子”之一的张裕钊来安庆，以一联呈曾，联说：

天子预开麟阁待；

相公新破蔡州还。

曾国藩一见此联，击节赞赏，即命传示诸将佐。但有人认为“麟”字对“蔡”字不工整，曾国藩却勃然大怒说：“你们只知拉我上草案树（湖南土话，湘人俗称荆棘为草案权势）以取功名、图富贵，而不读书求实用。麟对蔡，以灵对灵，还要如何工整？”蔡者为大龟，与麟同属四灵，对仗当然工整。

还有传说，曾国藩寿诞，胡林翼送曾国藩一联，联说：

用霹雳手段；

显菩萨心肠！

曾国藩最初对胡联大为赞赏，但胡告别时，又遗一小条在桌几上，赫然写有：“东南半壁无主，我公岂有意乎？”曾国藩见之，惶恐无言，将纸条悄悄地撕了个粉碎。

左宗棠也曾有一联，用鹤顶格题神鼎山，联说：

神所凭依，将在德矣；

鼎之轻重，似可问焉！

左宗棠写好这一联后，便派专差送给胡林翼，并请代转曾国藩。胡林翼读到“似可问

焉”四个字后，心中明白，乃一字不改，加封转给了曾国藩。曾阅后，乃将下联的“似”字用笔改为“未”字，又原封退还胡。胡见到曾的修见，乃在笺末大批八个字：“一似一未，我何词费！”

曾国藩改了左宗棠下联的一个字，其含意就完全变了，成了“鼎之轻重，未可问焉！”所以胡林翼有“我何词费”的叹气。一问一答，一取一拒。

曾国藩的门生彭玉麟，在他署理安徽巡抚，力克安庆后，曾经遣人往迎曾国藩东下。在曾国藩所乘的坐船犹未登岸之时，彭玉麟便遣一名心腹差弁，将一封口严密的信送上船来，于是曾国藩便拿着信来到后舱。但展开信后，见信上并无上下称谓，只有彭玉麟亲笔所写的十二个字：

东南半壁无主，老师岂有意乎？

这时后舱里只有曾国藩的亲信倪人皑，他也看到了这“大逆不道”的十二个字，同时见曾国藩面色立变，并急不择言地说：“不成话，不成话！他还如此试我。可恶可恶！”

接着，曾国藩便将信纸搓成一团，咽到肚里了。

当曾国藩劝石达开降清时，石达开也曾提醒他，说他是举足轻重的韩信，何不率众独立？曾国藩黯然不应。

可见，在曾国藩的人生哲学中，有一套他独知的秘诀——自护。

有些心事带有危险性与机密性，例如你在工作上承担的压力与牢骚，你对某人的不满与批评，你对某事的意见。当你痛快地倾吐这些心事时，有可能以后被人拿来当成和你竞争的有力武器，到那时你是怎么失败的，你自己也许都不知道。人在一生中，总免不了会遇到吃亏上当，摔跟斗的事。所谓“吃一堑，长一智”，在吃亏以后再吸取教训，深刻是深刻，代价未免大了些。

向别人倾吐心事一定要慎重。因为心事的倾吐会泄露一个人的脆弱面，这脆弱面会让人下意识地瞧不起你，最糟糕的是脆弱面被别人知道，会形成他日争斗时你的致命伤。虽然这种事不一定会发生，但你必须提防。

做人有许多要诀值得细究，其中如何不让人知道你的心思尤其是重点。世事复杂，人心多样，暴露心思一般都是会被人盯梢的！

莫被表面现象迷惑，以免他人以此制造骗局

“表面现象”经常可以蒙蔽人，因为人们习惯于“以貌取人”，往往看不见“金玉其外而败絮其中”，看不见表面平静而内心波涛汹涌，看不见表面善良而内心狡诈。

清朝时，河南境内的一个镇上有一家金饰店。有一天，店里来了一个跛脚的男子。尽管他走路不方便，却穿得十分体面。他一走进店内，就向店主人大发牢骚，说县令非常残暴，竟然为了一点小事，就把他打伤了，还一副气呼呼的模样说，他一定要报复等等。

店主人忙着做他的事，听归听，做事归做事，并没有怎么注意他。这人说着说着，从衣袖里取出一片很大的狗皮膏药，就在打造金饰的炉边将药熏烤起来，似乎准备等膏药软化后，便用来贴敷身上的伤口。

这种借用店内炉火的事，在金饰店是常有的，算是给路人行个方便。尽管不认识这个人，但店主基于方便他人的心理，根本不疑有诈。谁知道膏药熔化后，跛脚汉竟然出其不意地将膏药往店主的脸上糊去。瞬间，店主人陷入一阵慌乱，本能地忙着处理被偷袭的头脸。那个跛脚男子却趁这个机会，将铺中几件贵重的金饰席卷而逃！等店主呼救后，跛脚汉已经逃得不见踪影了。

无独有偶，在江西某地区也发生过类似的事情。一户卖米的人家，在大门口放置了几个米袋。有一天，忽然来了一个跛脚大汉，挺着个硕大的肚子，一瘸一瘸地走了过来，然后，气喘吁吁地就坐在米袋上面休息。

附近有不少人都看到了，但工作的工作，闲聊的闲聊，没有人会去在意这种事情。毕竟方便过路人嘛，没什么大不了。

过了一些时间，大家在不经意之间，感觉那人似乎站了起来，而且一瘸一瘸地又走了。可是，没多久之后，这户人家却发现少了一袋米。

经过大家追查，才发现那人跛脚是假的，大肚子也是假的，不过是为了掩人耳目，方便夹带米袋走人罢了！这真是本想做好人、行方便，却不小心丢了钱财。

以貌取人、以貌视物或许不是一项缺点，却是一项弱点。这种习惯成自然所养成的成见，虽然让人能够迅速辨别当下所见的事物，同时却也容易圈住人们的思考与判断，特别是在不经意的时候，最容易引起误判。

不要被骗，看清“利”中的“钩子”

狼是一种非常小心谨慎的动物。如果它在某个地方发现一头死去的小牛，它不会直接上去食用，会表现得异常冷静和谨慎。它会冷峻地审视四周，观察几个小时甚至几天。当它经过谨慎地判断，认为安全可食时，才会慢慢地走过去享用。这足以看出狼为生存而具备精准地判断能力，可谓“胆大而心细”。

在人生的道路上行走，难免要面对众多的诱惑，若你只贪图眼前的小利，看不见“利”中的“钩子”，那就非上当受骗，受人“钳制”不可。会来事的人应该向狼学习它们先进的胆略法则，即不贪图小利，做任何事情都要三思而后行。

某工厂从日本某企业引进一套发电设备，派人去日本验收产品。人员一踏上日本本土，便受到该企业的“热情接待”，一连几天设宴招待，安排游览。直到回国前三四天，才拿出一大摞日文资料，使人无法细细查对，只好带回国再仔细研究，于是签订了合同。哪知货到之后，仔细一查，大部分零件无法安装使用，才知道上了人家的“钩”，受了人家的骗。

这种“拿钱买教训”的事，当前着实不少。若明知自己得小利，给企业和国家会带来大损失，知“钩”而进，那就是另一种性质的问题了。

以“回扣”为“钩”，是当今国内商战中的常用手法。一个自称“外商代理人”的吴老板到处活动，说给外商代销通讯器材，订货者，可给经办人3%的回扣，引得大批人中“钩”上当，拱手交出了数千万元。后来案发查明，这位吴老板手中竟无一部通讯器材，也无任何货源。

吴老板以回扣为饵，“空手套白狼”满载而归，这个例子足以给很多容易上当的人敲响警钟。

在商品经济社会中，行奸诈骗者有之，上当受骗者则更多。其中一条很重要的原因，就是遇事缺乏深思熟虑，轻信对手宣传，只见“饵”不见“钩”。

不少上当受骗的实例告诉我们：如果在此之前做到不轻信、反复思考，谨慎行事，遇事多问几个为什么，真正地做到三思而行，相当多的上当受骗的事例是完全可以避免的。

这个世界，真实与谎言永远并存，怀疑一切太悲观，相信一切恐怕又过于天真了。有很多事，例如商情股市、产品质价，以及文化上的炒作宣传，等等，靠个人的智力，判断不了，也左右不了。我们稍稍可能把握的，大约仅限于周围的人际关系。在学习倾听与观察的同时，有些人切勿轻信。

不要轻信那些甜言蜜语的人。人最喜欢别人的夸奖，尽管有时做出拒绝奉承的姿态，可赞歌入耳，心里甜丝丝的，神经都会酥麻如触电。

其实很多时候，某些人绞尽脑汁说出这些动听的话，只是因为他们对你有所求。当你轻信赞美的时候，你的心将不再设防，对方也就可以轻易地达到目的。

不要轻信那些喜欢许诺的人。各种各样的许愿、承诺、契约，司空见惯，如过眼云烟。回想一下那些拍胸脯答应你的事，究竟兑现了多少？事实常常低于诺言与期望。如果你真的轻信这些没有分量的许诺，抱着一丝幻想坐等对方实现承诺的话，结果只会耽误时间，浪费生命。拿出十二分的警惕来，假若你不想误食诱饵，有朝一日躺在人家砧板上任人鱼肉的话，就须谨慎、再谨慎一些，远远避开那些圈套和陷阱。

帮人忙时要懂得保护自己，以免惹祸上身

是是非非几乎存在于社会的每一个角落里。可能你是个很有正义感的人，忍不住要挺身而出；也可能你是个外向型的人，眼里看不过的事嘴上就要说出来；也可能你是个……但不管你是什么样的人，奉劝一句，是非不要轻易招惹，等沾在了身上想甩也甩不掉。

供职于某有线电视台的科林先生不久前险些卷进了一场是非之中。

事情是这样的：科林应朋友之邀去酒吧喝酒。喝酒时，朋友告诉他，自己和单位一位同事因事发生了一点纠纷。并且说："那家伙狂得很，他胆敢再来找我，我非跟他拼命不可。"

科林知道，他的这位朋友和他的同事都是莽撞之人，易激动、好感情用事。于是他好言劝了几句，让他冷静，不要冲动。谁知，朋友笑了笑说："那有什么？还不是小事一件，你看我怎么收拾他。"

科林以为朋友是酒后说的话，当不得真，就没往心里去。没想到第二天，那位朋友真的来找他，让他去"帮忙"。

这时候，科林才意识到问题的严重性。如果他去了，他不就成了别人的敌人，随时有危险出现吗？

想到这，他告诉朋友，他上午要开会，不能请假，以此为借口支走了朋友。此后不久，听说那位朋友与人打架，并动了刀子。

得知这些情况后，科林暗自庆幸自己没有因为哥儿们义气乱帮忙。如果自己卷进去，这次肯定脱不了干系，日后还不知道会有什么麻烦。

社会形势复杂，在好心帮人的同时，说不定就会突然卷入什么是非以致招来横祸。这时候，聪明人采取的方法应当是不可留之地不能留，及早脱身离开，以免祸害。

勿打听别人的隐私，否则别人会把你定为危险人物

与人交往，并不是了解得越多越好。每个人都有不愿说出的秘密，有不想外人所知的隐私。知人不必言尽。当触犯了他人的隐私，他并不会将你当做朋友，反而会将你定为危险人物。所以，别人的秘密就是你的地狱，千万不要踏进去。

一只老虎登上了森林之王的宝座，许多动物都送来礼物祝贺。一只狐狸为了更好地巴结老虎，挖空心思，想办法弄来了一条十分珍贵的波斯地毯送给了老虎。老虎让狼铺在洞里，一看尺寸不多不少，大小正好合适。动物们纷纷称赞送礼的狐狸有眼光，想得真周到。狐狸自己也沾沾自喜，可是老虎心里却感到很不舒服。

原来，狐狸为了博得老虎的欢心，此前每次到老虎洞里来，都仔细观察洞的大小，并加以准确的目测。因此，它送来的地毯才会完全合适。

后来，老虎找了个借口把它杀了。为什么会这样呢？因为老虎感到狐狸的心机太深了，对自己洞的大小都能计算得如此准确，毫厘不差，那么它对自己其他方面的事情也一定了如指掌。老虎感到，把这样的狐狸留在身边实在太危险了。

每个人都有自己生活的空间，都有自己隐私的"秘密花园"。在自己的空间里，人们不希望被打扰。但是，我们中的一些人为了讨好某人，挖空心思地打探此人各方面的信息：家住哪里、家里有何人、他的喜好如何，等等，认为掌握了这些信息便可以投其所好。也有人认为，了解别人越多越深，与别人的关系就会变得越好越铁。殊不知，你掌握别人的消息越多，

他越会感到不自在、不安全，越会将你定为危险目标。所以，了解别人一定要有度，千万不要误入别人的隐私禁区，突破别人的心理防线，否则会惹祸上身。

狐狸是聪明的，它为了赢得老虎的欢心，每次造访老虎都会仔细观察老虎的洞穴。其实，可能它的目的很单纯，只是想为老虎送一条合适的地毯。但是老虎不这么认为，它觉得狐狸可能掌握了其他的秘密，对它来说是一个威胁，所以就找个借口把狐狸杀了。狐狸的悲哀在于“成也聪明，败也聪明”。它不懂得老虎保护隐私的心理，为自己挖掘了坟墓。

事实上，不仅凶残毒辣的老虎不愿意别人了解自己的隐私，就是我们人类也有这样的心理。一位著名的文学家曾说：“每个人的心底，都有一座埋葬记忆的小岛，永远不向人打开。”每个人都不愿意暴露自己的隐私，都有权利把自己的隐私埋葬起来。所以对于别人的隐私，千万不要主动打听，也不要显得自己很清楚、很了解。有时候即使无意间碰巧看见或知道了，也应该装聋作哑，假装什么都没有注意到。

第三章 防微杜渐，免受其害

宁得罪君子，不得罪小人

得罪了君子，他要么会宽容地一笑了之，要么顶多骂几句、打两下泄愤；开罪了小人，他就会各种阴招暗箭不定时飞出，让人防不胜防。

从古至今，没有一个武将能像关羽一样，被上至帝王将相，下至黎民百姓，甚至草寇强盗共同顶礼膜拜。有人用“忠、信、勇、义”四个字概括关羽，今天，关公庙不仅遍及华夏大地，朝鲜、日本、越南等国家也处处可寻。这样的伟丈夫最终却败走麦城。酿成这一悲剧的不是敌军强大，而是自己阵营里出了叛徒——糜芳、傅士仁。

糜芳是糜竺之弟。刘备在徐州败于吕布之时，糜家兄弟助军资帮他渡过难关，并嫁妹于他，糜竺得封安汉将军，地位在军师诸葛亮之上。糜芳也被任命为南郡太守，护卫荆州。

糜芳本事不大，但倚着国舅的身份，先言赵云长坂坡投敌，后又与关羽时有摩擦，关羽看在兄长刘备的面子上毫不介意。然而，关羽一失荆州，糜芳即投敌孙吴，气得关羽怒气充塞，疮口迸裂，气绝于地。

此前，关羽在风头正健之时，随军司马王甫曾提醒他说：“糜芳、傅士仁两人恐不用心竭力。”关羽大大咧咧地说：“汝勿多疑，只与坐烽火台去。”关羽温酒斩华雄，诛言良杀文丑，过五关斩六将，临江亭单刀赴会，捉庞德擒于禁水淹七军，何等英雄豪迈，不料却栽在只会搬弄是非的小人手里。《唐书》里面记载着这样一个故事：

唐朝时候，有一位恶人叫丁谓，是跟郭子仪同时代的。这个人当时在朝廷里并不得志，地位并不高，是一个小官，心术不正。人很有才气，但是有才没有德。郭子仪那时却出将入相，何等威风！

有一次丁谓来拜访他，他把他的家人完全撤到后面去，自己整整齐齐地穿了朝服来见丁谓。等丁谓离开之后，家里人就问郭子仪：“你接见人从来没有这样如临大敌一般，为什么对待这个 艘庋 Ь”

他就跟家人说：“这个人心术不正，又很聪明、很会巴结人，不能得罪。万一将来他做了大官、得了志，我们得罪了他，他怀恨在心，会报复我们的。”

他的话果然应验了。后来，丁谓做了高官，朝廷忠良凡是触犯了他的，他都想方设法报复人家。郭子仪不曾得罪他，所以才得以保全！

可以说，郭子仪的一生能够平平安安地度过，与他“敬小人”的处世哲学是有很大关系的。

小人之所以“小”，是因其有小心胸、小聪明，善要阴招。猛虎之爪或可躲过，黄蜂之刺防不胜防。俗话说：君子喻于义，小人喻于利。小人不讲道义、不遵章法、不惜一切，唯利是图，是我们人生路上万万不可得罪的。

“明枪易躲，暗箭难防”。如果能够知晓哪些是小人，我们就容易防备了。但是小人没有特别的样子，有些小人往往还有着“君子的画皮”，不过从行为还是可以分辨出来的。“小人”往往有以下特点：

1. 喜欢挑拨离间。为了某种目的，他们可以用离间法挑拨你和别人的感情，制造你们的不合，好从中取利。

2. 喜欢造谣生事。他们的造谣生事都另有目的，并不是以造谣生事为乐。

3. 喜欢阳奉阴违。这种行为代表他们这种人的行事风格，因此对你也可能表里不一，这也是小人行径的一种。

4. 喜欢“墙头草，随风倒”。谁得势就依附谁，谁失势就抛弃谁。

5. 喜欢拍马奉承。这种人虽不一定是小人，但很容易因为受上司宠爱，而在上司面前说别人的坏话。

6. 喜欢踩着别人的鲜血前进。也就是利用你为其开路，而你的牺牲他们是不在乎的。

7. 喜欢找替死鬼。明明自己有错却死不承认，硬要找个人来背罪。

8. 喜欢落井下石。只要有人跌跤，他们就会追上来再补一脚。

仔细观察身边的众人，如果在他的身上出现了这些脾性，你就要暗暗警惕，因为这就是最让人不齿又无奈的小人。

给小人一点蝇头小利，以保全自己

在我们的工作和生活中，不免会遇到一些给你穿“小鞋”的小人。他或许要靠踩着你的肩膀往上爬，或许要靠欺骗你达到他的目的，或许仅仅是因为嫉妒就想排挤你。而聪明的人在与小人打交道时，一般都不会轻易招惹小人、得罪小人，他们知道小人招惹不得、得罪不起。招惹或得罪了他们，本来好好的事业，被小人一陷害，结果就会不堪一击。论实力，小人并不强大，但他们不择手段，什么卑鄙的招数都可能使出来。纵使赢了小人，也会付出代价，惹得一身腥。小人得罪不起，与其硬碰硬，不如来点软的，正所谓“欲先取之，必先予之”。

在一个对外贸易公司里，玛索为人非常正直，几乎所有人包括领导在内都曾受过公司里小人的诋毁，唯独玛索是公司中唯一幸免的人，因为他有一套对付小人的办法。

有一次，公司老总派玛索前往国外和外商洽谈一个重要的合作项目，并告诉他说：“你要用人，公司职员随你挑选。”

玛索回答道：“我没有其他过多的需要，只是请求让尼亚与我一起同行。”这个要求倒是把老总给弄糊涂了。因为尼亚在公司的狡猾和贪婪是大家有目共睹的，他不仅喜欢抢风头，还喜欢争功名。总之，小人的特点全在尼亚身上体现出来了。

玛索看着一脸疑惑的老总笑着说道：“这次谈判对公司来说很重要。我在外需要公司内部给我提供大量信息和全力支持。这件事要是做好了，事情也就成功了。本来尼亚就插手了这件事，现在难保他不眼红，就怕他暗中作梗，那样岂不坏了大事？要是我把他放在自己的眼皮底下，派他点用场，分他点功名，就能堵住他的嘴。再则他还是很精明能干的，也并非一无是处……”

老总听后明白了玛索的用心良苦，知道玛索给尼亚机会表现自己，更是给尼亚甜头，让尼亚知道自己应该做什么，于是连连点头称赞。

也许你看过也经历过一些不公平的事，许多正直的人不屑于和小人为伍，最后却栽在这些小人手上，甚至一败涂地。玛索对待小人的思路和方法确实值得职场中人借鉴和学习。

正因为你给那些小人一点点软的、甜的，自然会化那些招式于无形。同时，也会让你在职场中如鱼得水。

另外，你还可以利用小人的欲望，达到操控他的目的。因为小人自然欲望多多，以此诱使他们，同时慑以声威，就可以驱使他们了。

切记，别用别人的错误来惩罚自己

希腊神话中有这样一个故事：

有一位名叫海格力斯的大力士英雄。一天，他在路上走着走着，感觉脚边有个什么东西在跟着自己，低头一看，是一个很难看的袋子。他便用脚踩了一下那个袋子，希望它能离开自己的脚，但是，那个袋子反而胀大了一点。海格力斯很生气，就又使劲地踩了它一下，这个袋子又胀大了一些。海格力斯被激怒了，他找来一个棒子使劲地打着这个袋子，但是袋子不但没有小，反而越来越大，最后把路都堵死了。

海格力斯没有办法，仇恨地看着它。这时，一位圣者来到海格力斯面前说："你不要招惹它了，它叫'仇恨袋'。你越惹它，它就会越大。你放弃它，它就会小如当初。"

这个故事蕴含了丰富的哲理。在生活中，我们的怨恨不就像海格力斯遇到的袋子一样吗？开始的时候很小，当你的仇恨加深时，这个袋子就会越来越大。最后，弄得自己满心的仇恨，陷在仇恨之中不能自拔，可能受到更大的损失。如果你能将矛盾或者仇恨化解，它就会消失，你也就不会再受它的折磨了。

在日常生活中，我们也常见到这样的现象：邻里之间由于误会或者嫉妒，出现了矛盾，彼此都不让步，都在仇恨着对方。今天我让你损失点这，明天我让你丢点那，以此来达到出气的目的。如你家的小孩打了我家的小孩，明天我就毒死你家的一只鸡。反过来，那家也许会让你损失一只猪，就这样冤冤相报，最后可能会闹上法庭，成为永远的仇人。

但是事后想想，我们的仇恨让我们得到了什么呢，可能得到的是一时的解气，但是却会损失更多，失去好邻里，失去好名声，依然要受怨恨的折磨。当我们遇到"仇恨袋"时，最好不要去惹它。越是惹它，它就会变得越大，很可能给自己造成无法弥补的损失。反之，如果我们选择放弃仇恨，也许会给我们带来很多好处。

针锋相对，睚眦必报，这样的方式往往不是对自己最好的保护。学会体谅，学会宽容，才是对自身真正的谅解和体贴。否则你只是在拿别人的错误来惩罚自己，这样的方法是不正确的。

明朝的杨翥处理仇恨的方法值得我们每个人思考。杨翥的邻居家丢了鹅，怀疑是杨翥偷的，邻居就在门口破口大骂姓杨的。家人听到后，说："杨翥，邻居在骂你。"杨翥却说："姓杨的又不只我一个，随他骂去。"旁边的另一个邻居遇到下雨天，就会把雨水放到杨翥家的院子里，使杨翥的院子深受泥泞潮湿之苦，但是杨翥却告诉家人："随他去好了。"时间长了，人们都被杨翥这种忍让的情怀所感动。一年，一群盗贼到杨翥家抢劫。结果，村民们自发地组织起来给杨翥看守院子，避免了损失。

这个故事告诉我们，对待仇恨，我们不要总想着怎么去报复带给我们仇恨的那个人。用平静的心态对待仇恨，化解仇恨，最后大事化小，小事化了，这才是最成功的防守和胜利。

生活中，我们要学会用一颗宽容之心对待一切。不要因为一点的小事，就让仇恨充盈你的心里。当你被仇恨缠绕时，多想想这个人平时对你的好，这样就会让仇恨消失、化解。对别人的宽容也是对自己的原谅，给别人台阶下也是在为自己铺路。放下心中的仇恨，前面就是灿烂的阳光。雨果说："世界上最大的是陆地，比陆地大的是海洋，比海洋大的是人的胸怀。"也就是告诉人们，我们的心胸要比我们想象的更宽阔。

面对别人的仇恨，不要冤冤相报。最有效的解决办法是放弃仇恨，不去理它，让它自生自灭，或者化干戈为玉帛。学会用我们的宽容之心去原谅别人的错误，千万不要拿别人的错误来惩罚自己。

远离“有毒”之人，你才能不受伤

如果你发现朋友中有人经常干一些损人的事，最好尽快敬而远之。要知道，他们今天可以去损害别人，必然在将来的某一天去损害你。

有一只蝎子来到河边，它想渡到河对岸，去找它的好朋友毒蛇。可是，它不会游泳。这时，一只青蛙游了过来。蝎子恳求青蛙将它渡到对岸去。

青蛙不肯，对蝎子说：“假若你半途中蜇我一口，我不是没命了。”蝎子说：“我要是蜇你，自己不是没命了。”

青蛙听了觉得有理，便让蝎子爬到它的背上。游到河中央，它突然觉得背上被狠狠地蜇了一口。青蛙剧痛难忍，慢慢向河中沉落，它痛苦地问：“你为什么要这样做？”

蝎子说：“对不起，我实在忍不住了。”

季羡林先生在一篇名为“坏人”的文章中有一段很著名的话：“根据我的观察，坏人，同一切有毒的动植物一样，是并不知道自己是坏人的，是毒物的。”我们这则寓言恰巧就是季老这句话的注解。蝎子作恶实际上是不由自主的，他们在作恶的时候并没有意识到自己是在作恶。这种理念运用到我们的日常交往当中就是：离那些“有毒”的人远一点。因为这些人虽然可能一段时间内对你很好，甚至很讲义气地帮助你，但是这并不意味着他们不会伤害你。他们的本质是“恶”的，一旦有机会，他们就会像蝎子一样，蜇你一口。比如小偷，即使自己决定要痛改前非，手还是不由自主地伸进别人的口袋。与这样的人做朋友，无异于羊入虎口。

那么，究竟什么样的人才算是“有毒”呢？季老在文章中还说道：“记得鲁迅曾说过，干损人利己的事还可以理解，损人又不利己的事千万干不得。我现在利用鲁迅的话来给坏人做一个界定：干损人利己的事是坏人，而干损人又不利己的事，则是坏人之尤者。”可见，损不损人是评判一个人“有毒”与否的标准，故而我们在生活中就要注意观察了，看你身边的朋友是否有损人利己，乃至损人不利己的行为，一旦发现则要敬而远之。也许你会说，他又没有损害我的利益。可是，既然他现在能够损害别人，你又怎么能断定将来的某一天他不会将“毒刺”扎在你身上呢？

不必和小人划清界限，避免成为他的攻击对象

小人不一定愿意做小人，只是有时也迫不得已。如果我们以仇视的心去对待小人，跟他们划清界限，弄不好，我们也会成为小人的攻击对象，成为别人眼中的“小人”。

小人每个地方都有，这种人常常是一个团体纷扰之所在。他们的造谣生事、挑拨离间、兴风作浪，很令人讨厌，所以有些人对这种人不但敬而远之，甚至还抱着仇视的态度。

仇视小人固足以显出你的正义，但在社会交往中，这并不是保身之道，反而凸显了你的正义的不切实际。因为你的“正义”，公然暴露了这些小人的无耻、不义。再坏的人也不愿意被人批评“很坏”，总要披一件伪善的外衣，这是人性。而你特意凸显的“正义”，却照出了小人的原形，这不是故意和他们过不去吗？君子不畏流言、不畏攻讦，因为他问心无愧。小人看你暴露了他的真面目，为了自保，为了掩饰，他是会对你展开反击的。也许你不怕他们的反击，也许他们也奈何不了你，但你要知道，小人之所以为小人，是因为他们始终在暗处，用的始终是不法的手段，而且不会轻易罢手。你别说你不怕他们对你的攻击，看看历史的血迹吧，有几个忠臣抵挡得过奸臣的陷害？

所以，和小人保持距离就好了，不必疾恶如仇地和他们划清界限，他们也是需要自尊和面子的。何况你也不可能完全“消灭”小人，因为“小人”是一种人性现象，而人性是

亘古存在的，因此不如和他们保持一种“生态”上的平衡。而且，有他们的存在，才能彰显你这“正人君子”的价值与可贵。另外有一点也必须了解，“小人”有时也会有一些“正义”，会不留情面地揭人阴私与不法，这对游走于法令边缘的人，未尝不是一种威胁，“小人”还是有某种存在价值的。

至于君子，你也不必去逢迎拍马。因为真正的君子一般都有洁癖，他们不喜欢这些非正道的行为。固然人都喜欢被奉承，喜欢被一群人把他捧得高高的，但真正的君子会自省。一旦发现你是故意在奉承他，他基于洁癖，反而会故意疏远你，甚至生起嫌恶之心。对你，这就弄巧成拙了。

所以，对真正的君子，保持你的不卑不亢就行了，这样君子反而欣赏你这种风格。

在阴暗复杂的社会里，常令人不知如何举措，多听多看，谁是君子谁是小人，了然于胸矣！

谋晦避祸，懂得在小事上防微杜渐

谋晦最忌讳的是过高的名声。因为美名近于“明”这种状态，名声过高会有无形的权威，而使居于上位者不安，这样就有折损颠仆的危险了。聪明的人，不会让自己陷入危险的境地，而注意在小事上“防微杜渐”。

卫青因姐姐卫皇后受宠于汉武帝，被任命为大将军，封长平侯，率大兵攻打匈奴。右将军苏建在与匈奴作战中全军覆没，单身逃回，按军律当斩。

卫青问长史、议郎等属官：“苏建应当如何处置？”

议郎周霸说：“大将军出兵以来，从未斩过一名偏将小校。如今苏建弃军逃回，正可斩苏建的头，来立大将军之威。”

卫青说：“我因是皇上的亲戚而带兵出塞，并不怕立不起军法的威严。你劝说我杀人立威，却失掉了作臣子的本分。我的权限虽可以斩杀大将，然而我把专杀大将的权力还给皇上，让皇上来决定是否诛杀，来显示我虽在境外，受皇上尊宠，却不敢专权杀将，这不是更好吗？”

属官们都钦佩地说：“大将军高见，属下等万万不及。”

卫青便派人把苏建押回长安。汉武帝怜惜其才，并未杀他，让他出钱赎罪，而对卫青的处置大为满意。

苏建后来又跟随卫青出塞攻打匈奴，他劝卫青说：“大将军的地位是至尊至重了，可是天下的贤士名人却没人夸赞传扬您的威名。古时的名将都向朝廷推荐贤良才能之士，自己的名声也传遍四海，希望大将军能学习古时名将的做法。”

卫青摇头说：“你只知其一，不知其二。自从诸侯各自招揽宾客，结成朋党，以颂扬自己的名声起，皇上常常恨得咬牙切齿。亲近贤士名人，进用贤良贬黜不肖，这都是皇上的权柄。我们做臣子的，只知道遵守国法，履行自己的职责而已。”

汉武帝特别宠爱卫青，讽令群臣见到卫青都要行跪拜礼，以显示大将军的尊贵。

群臣都不敢抗旨，见到卫青无不匍匐礼拜，只有主爵都尉汲黯见到卫青，依然行平揖礼。有人好意劝汲黯：“对大将军行跪拜礼是皇上的意思，您这样做不怕皇上恼怒吗？”

汲黯昂然道：“跪拜大将军的多了，多我一个不多，少我一个不少。难道说大将军有一个平礼相交的朋友，就不尊贵了吗？”

卫青听说后，非常高兴，登门拜访汲黯，谦虚地说：“久仰大人威名，一直没有机会和大人结交，现在有幸承蒙大人看得起，请把我当做您的朋友吧。”

汲黯见他态度诚恳，不以富贵骄人，便破例交了这个朋友。卫青以后凡有疑难问题，都虚心向汲黯请教。

汉武帝也很欣赏卫青的谦逊，也就不计较汲黯的抗礼了，对卫青的宠爱始终不衰。

不擅权，不荐士，谦恭好礼，这都是小事，卫青却善于在这些小事上做文章，深谙古人“防微杜渐”的妙理。小事犹防，还会有大事吗？所以卫青能始终得到汉武帝的尊宠和信任。

看来谋晦之道并不难，也不需要做太大的事。只要事事注意，事事小心，就可以与灾祸越来越远。

你可以不做布局者，但不要成为别人的棋子

骗子总是善于抓住各种机会挑拨离间。如果不假思考，而是想当然地轻信，就很容易被人利用，成为别人获取利益的工具。不要随便听从别人的话，小心被人当枪使。

烈日炎炎，森林里的动物们都渴得四处找水喝。一只狐狸好不容易找到一眼清泉，正想饮个痛快，不料来了一头狮子，蛮横地把它赶跑了。

狐狸愤愤不已，一边走一边不甘心地回头看。忽然，它看见不远处有一头野猪，顿时有了主意。它立即迎上去对野猪说：“野猪大哥，你也想喝水吗？前面正好有一眼清泉，可惜被狮子霸占了，它宣布清泉归它所有，谁也不准饮用！”

早已干渴难忍的野猪一听就火了，“噌噌”几下冲到狮子面前，大声嚷道：“狮子，别以为自己是兽王，就可以蛮不讲理。这清泉属于大家，我有权利喝点儿水。”狮子大怒：“住口！本大王的清泉，谁也别想喝！”

狮子见野猪竟敢不买自己的账，便走上前去，蛮横地把野猪推开，不让它喝水。野猪顿时火冒三丈，誓死要保卫自己的尊严，猛地向狮子冲过去，于是两个便扭打在一起。

可是，天气这么热，待着不动还热得让人受不了呢，更何况它们打得这么凶？不一会儿，它俩便气喘吁吁，于是决定休息一会儿再继续战斗。

这时，站在不远处的狐狸却一个劲儿地煽风点火：“野猪大哥，加油呀！争口气，好好教训教训它！”受到鼓舞的野猪站起来和狮子又扭打成一团……

最后，狮子和野猪连爬起来的力气都没有了，而狐狸则趁机在清泉边饮了个够。

狐狸利用野猪的头脑简单和急于喝水的心理，极力挑拨它和狮子的关系。憨厚的野猪没有看透狐狸的诡计，糊里糊涂地与错误的敌人进行了一场错误的战争。野猪这杆枪被工于心计的狐狸使了个痛快，最后却连口水也没喝上。对于野猪，我们也只能是哀其不幸，怒其不醒了。

社会就像一座大森林，每天都上演着残酷的生存竞争游戏。有的人工于心计，为了达到某种目的，常常精心设下圈套，唆使别人出头露面去替他办事，自己则躲在一边坐收渔利；有的人头脑简单，盲目听从别人，为别人充当炮灰，成为其冲锋陷阵的工具。玩弄心机者常常给我们玩一些假靶子的阴谋，用激烈的话语勾起我们对他人的仇恨，自己却躲在一边鼓掌，享受胜利的喜悦。不经过冷静思考，盲目听从别人的挑拨，很容易被人当枪使。

骗子的手段其实并不高明，上当受骗是因为我们没有盲目听从，冷静思考。所以，当自己受到攻击、侮辱的时候，一定要冷静下来，仔细地分析事情的来龙去脉，然后再做判断，特别是对某些居心叵测的人传递的挑拨性信息，更要认真分析研究。因为很多事情并不像表面那样简单，背后往往有不可告人的目的。把握好自己的“定盘星”，才不会被人当枪使。

忠奸分明，不给小人搬弄是非的机会

小人的一大特色便是喜欢搬弄是非，兴风作浪。我们在生活中难免会遇到不少“爱打小报告”、“无事生非”的人，要学会坚定自己的立场，让这类“小人”无机可乘。

武则天当政时期，曾下诏禁止天下屠杀牲灵、捕捞鱼虾，弄得王公大臣宴请宾客只能吃素席，不敢带有一点荤腥。

朝中有个叫张德的人，官为左拾遗，一贯受到武皇的信任。在他儿子出生后的第三天，亲友、同僚纷纷前去祝贺。张德觉得席上都是素菜实在过意不去，便偷偷地派人杀了一只羊，

做了一些带肉的菜，并包了一些羊肉包子让大家吃。

也许是这些亲朋好友与同僚好久没有吃到荤腥味了，见席上有肉，便来了兴致，把酒临风，猜拳行令，好不热闹。三个时辰过去了，大家酒足饭饱，各自回去。张德心中自然也十分高兴。不料，在他的同僚中有个叫杜肃的，官拜补阙，见席上有肉，以为张德违犯了皇帝的诏旨，顿生恶意。临散席时，他悄悄将两个肉包子揣在怀中。散席之后，便去武皇那里告了黑状。

第二天早朝，武皇处理完政事之后，突然对左拾遗张德说："听说你生了个儿子，我特向你表示祝贺。"张德叩头拜谢。武皇又说："你那席上的肉是从哪里来的？"张德一听，吓得浑身哆嗦。他知道，违诏杀生是要犯死罪的，故连连否认道："微臣不敢！微臣不敢！"武则天见状，微微笑道："你说不敢，看看这是什么？"说着，便命人将杜肃写的告状奏章和两个肉包子递给了张德。张德一见，面如蜡纸，不住地叩头说："臣下该死！臣下该死！"此时告状的杜肃，站在一旁洋洋得意，专等封赏。

武则天对这一切，早已看在眼中，稍稍一停，便对张德说："张德听旨：朕下诏禁止屠杀牲畜，红白喜事皆不准腥荤。今念你忠心耿耿，又是初犯，也就不治你罪了。"

张德听后高声喊道："谢主隆恩！谢主隆恩！"而杜肃却惊得瞪大了眼睛。

只听武皇又道："不过，张德你要接受教训。今后如再请客，可要选择好客人，像杜肃这种好告黑状的人，可不要再请了！"一时间，张德感激得痛哭失声，诸大臣见武皇如此忠奸分明，不信谗言，用人不疑，便一起跪倒在地，高呼："吾皇万岁！万岁！万万岁！"而那个告状的杜肃，在众人不屑一瞥的目光下，羞愧得无地自容，武皇"退朝"二字刚一落音，便赶紧溜走了。

杜肃向武皇告状，本是为了显示自己对主子的忠诚，维护武皇的威严，按理应得到封赏；张德违抗圣旨杀生，按理应当处以死罪。这本是铁板钉钉的事实。可当二人静声屏息等待宣判的那一刻，谁知武皇却幽了他们一默：告状者遭到痛斥，违旨杀生者得宽恕免死；一个被弄得灰溜溜的，一个被感动得痛哭流涕。于是一位忠奸分明、不信谗言、用人不疑的君主的高大形象便在众人心目中牢固地树立起来了。

在我们的生活和工作中也会遇到小人，但是我们要忠奸分明，不给小人搬弄是非的机会，这样不但能树立自己的形象，更能保全自己。

另外，还要提醒你的是，在与小人打交道时务必考虑周全，最好不要与其发生正面冲突。论实力，小人并不强大。但他们不择手段，什么卑鄙的招数都可能使出来。冲突起来，纵使赢了小人，也会付出代价，惹得一身腥。俗话说"新鞋不踩臭狗屎"，还是躲为上策。

另外，对于那些既无耻，又不要命的小人，更要小心避让。小人固然厉害，但你并不怕他，避开小人完全是因为你根本不值得把太多的精力浪费在这些毫无意义的事上。一旦把握不好自己的行为界限，得罪小人，他就会想方设法来算计你，破坏你的正事，分散你的精力，使你不能安心于工作、学习和生活。

人都是要脸面的，当面对小人的挑衅不理睬的时候，也需要灵活应对，所以处世应变术认为：老祖宗留下来的这句"宁得罪君子，不得罪小人"，可谓是待人处世中与小人打交道的至理名言。

在待人处世中如何与小人打交道，还真得有一套行之有效的方法才行。前人总结出两个要诀：其一，惹不起躲得起，尽量不与小人发生正面冲突；其二，惹得起也要躲。

避开小人完全是因为你根本不值得把太多的精力浪费在一些没有价值的争斗上，破坏你的正事，分散你的精力。

擦亮眼睛："哥们儿义气"多小人

俗话说"物以类聚，人以群分"。讲究哥们儿义气的人，必定会约上一群"狐朋狗友"，吃喝玩乐无所不为。虽然过得确实潇洒，但却为小人的诞生提供了绝好的温床。因为小人需要这种火热的环境，来增加彼此的感情。等你放松对他们的警惕时，他们便在你的背后插刀，这便是小人的一贯作风。

诸葛亮在他的千古名著《出师表》中这样写道："亲贤臣，远小人，此先汉所以兴隆也；亲小人，远贤臣，此后汉所以倾颓也。"可见贤臣和小人对一个国家的前途所起的作用是截然相反的。

但历史却偏偏在重复着一个无可回避的循环。小人就好比那甜口毒药、夺命白粉一样，让人明知是万丈深渊却又禁不住魔鬼的诱惑而忍不住往下跳，这是人性的一种悲哀，也为我们敲响了警钟：在哥们儿义气中前行，碰到的十有八九便是小人。让我们来看看下面一个故事：

和士开是北齐人，其父和安，出仕于东魏，"恭敏善事人"，为人非常狡猾，很有一套恭维巴结皇帝的手腕。也许是有其父必有其子，和士开的奉承拍马功夫真是青出于蓝胜于蓝，远远超过了他父亲的成就。北齐天保初年，高湛得宠，被晋爵为长广王。和士开见高湛未来当皇帝的可能性很大，便想方设法接近巴结高湛，为自己将来的加官进爵铺平道路。

高湛性好"握槊"，这种游戏便是中国象棋的起源。恰好和士开也精于此道，于是他便找机会与高湛游戏。二人棋逢对手，总是斗得难分难解，越玩越上瘾，次数越加频繁。

高湛还喜欢音乐，恰好和士开又能弹胡琵琶。他经常为高湛弹曲，兴致高时，还往往边弹边唱。那清歌妙曲，让高湛无比着迷。

高湛喜谈笑，而和士开生就一副伶牙俐齿，于是便经常陪高湛胡扯闲说。和士开的甜言蜜语和淫词秽谈，更使高湛开心。二人越谈越投机，大有相见恨晚的感觉。

北齐皇建二年（公元561年），孝昭帝驾崩，高湛继承大位，是为武成帝。和士开长期企盼的日子终于来到了。本来，高湛在继位之前与和士开的关系已经火热，即位之后，和士开对他更是"奸谄百端"，因而武成帝高湛视之如心腹，倚之如股肱。和士开得宠的程度，可谓是世间少有。

和士开受到武成帝高湛如此宠爱，照理该满足了，可是他仍继续施展各种手段，进一步巩固和加深皇帝之宠。武成帝患有"气疾"，即"疝气"，这种病最怕饮酒，但他嗜酒如命，越饮病越重。武成帝虽然一向对和士开言听计从，但唯独在饮酒问题上则每谏不从。一次，武成帝气疾发，又要饮酒，和士开泪下不能言。帝曰"卿此是不言之谏"，固不复饮。和士开仅用哭泣抽噎的微小代价便换取了武成帝的莫大好感，这与他惯常使用的甜言蜜语有异曲同工之效。

如果你以为和士开的这一表现是出于对武成帝的一片关怀之心，那就大错特错了。实际上，劝武成帝戒酒并不是他的目的。通过此举邀宠以求富贵权势，这才是他的真正用意。世界上最难测度的是无耻小人之心，代表着人类真诚感情的眼泪也照样可以被他们所亵渎，用来为其不可告人的目的服务。如果和士开以泪劝谏出于真诚，那他就绝不会把奸害的魔掌伸向皇宫后院，将武成帝的皇后占为己有了。

武成帝的皇后胡氏，本是一个水性杨花、放纵淫荡之人，加上武成帝素来荒淫，三宫六院，居无定所，较少与之相陪，因而胡皇后更感到寂寞难挨。

和士开深明"狡兔三窟"之理，单是武成帝的倾心信赖，还不能令他满足。胡皇后喜欢干预政事，和士开早就想拉她作为内援，他正觊觎着机会。当他了解到胡皇后的寂寞后，便决定乘虚而入。

和士开有意挑逗，因而进展十分顺利，很快勾搭成奸。可叹那武成帝对和士开如此恩深义重，而和士开却毫不客气地给他戴上了一顶"绿帽子"。可见礼义廉耻对和士开之流，是毫无约束力的。为达个人目的，他们可以不择手段，这是常人无法理解的。

武成帝的恩宠对和士开达到了无以复加的地步，但和士开对武成帝的回报却是一顶漂亮的"绿帽子"。小人的贪欲如此显现，从此便一发不可收拾了。

俗话说小人难防，但小人却有自己的"特征"。投你所好，嘴甜如蜜者，这种人十有八九是小人。所以做人得用点心思，识破小人的嘴脸，等到真上当时就后悔莫及了。

借力打力，以躲过小人的陷害

奸诈的人有如凶猛的老虎，近之将被所害，但猛虎吃人是明摆着的，故人知之不敢近而避开。但奸诈的人与猛虎害人的手段有大异，他害了人，人也不知被其所害，甚至被人所杀还不知谁是刽子手。因为奸诈的人，人们很难窥测其内心世界。他对人是这样表里不一：或笑颜常开，或关怀备至，或卑躬屈膝，因而使人对他感到可亲、可爱、可信。正是在这些假象之下，掩盖着他所隐藏的利剑，让你在毫无警备的情况下栽在他的手里。因此，对奸诈的人切不可近，不得已而近之，也要千万小心，经常警惕，以免落入他的圈套。

战国时期，张仪和陈轸都投靠至秦惠王门下，受到重用。不久张仪便产生了嫉妒心，因为他发现陈轸很有才干，比自己强得多，担心日子一长，秦王会冷落自己，喜欢陈轸。于是他便找机会在秦王面前说陈轸的坏话，进谗言。

一天，张仪对秦惠王说："大王经常让陈轸往来于秦国和楚国之间，可现在楚国对秦国并不比以前友好了，但对陈轸却特别好。可见，陈轸的所作所为全是为了他自己，并不是诚心诚意为我们秦国办事，听说陈轸还常常把秦国的机密泄露给楚国。作为大王您的臣子，怎么能这样做呢？我不愿再同这样的人在一起做事。最近我又听说他打算离开秦国到楚国去。要是这样，大王还不如杀掉他。"

听了张仪的这番话，秦王自然很生气，马上传令召见陈轸。一见面，秦王就对陈轸说："听说你想离开我这儿，准备上哪儿去呢？告诉我吧，我好为你准备车马呀！"

陈轸一听，莫名其妙，两眼直盯着秦王。但他很快明白了，秦王是话中有话，于是镇定地回答："我准备到楚国去。"

果然如此，秦王对张仪的话更加相信了，于是慢条斯理地说："那张仪的话是真的？"

原来是张仪在捣鬼！陈轸心里完全清楚了。他没有马上回答秦王的话，而是定了定神，然后不慌不忙地解释说："这事不单是张仪知道，连过路的人都知道。从前，殷高宗的儿子孝己非常孝敬自己的后母，因而天下人都希望孝己做自己的儿子；吴国的大夫伍子胥对吴王忠心耿耿，以至天下的君王都希望伍子胥做自己的大臣。卖仆妾时如果能卖到邻里，这就说明他们是好仆好妾，因为邻里人了解他们才买；一个女子出嫁，如果同乡的小伙子争着要娶她，这就说明她是个好女子，因为同乡的人了解她。我如果不忠于大王您，楚王又怎么会要我做他的臣子呢？我一片忠心，却被怀疑，我不去楚国又到哪里去呢？"

秦王听了，觉得有理，点头称是，但又想起张仪讲的泄密的事，便又问："既然这样，那你为什么将我秦国的机密泄漏给楚国呢？"陈轸坦然一笑，对秦王说："大王，我这样做，正是为了顺从张仪的计谋，用来证明我是不是楚国的同党呀！"

秦王一听，却糊涂了，望着陈轸发愣。

但陈轸还是不紧不慢地说："据说楚国有个人有两个妾。有人勾引那个年纪大一些的妾，却被那个妾大骂一顿。他又去勾引那个年轻一点的妾，年轻的妾对他很友好。后来，楚国人死了。有人就问那个勾引她的妾的人：'如果你要娶她们做妻子的话，是娶那个年纪大的呢，还是娶那个年纪轻的呢？'他回答说：'娶那个年纪大些的。'这个人又问他：'年纪大的骂你，年纪轻的喜欢你，你为什么要娶那个年纪大的呢？'他说：'处在她那时的地位，我当然希望她答应我。她骂我，说明她对丈夫很忠诚。现在要做我的妻子了，我当然也希望她对我忠贞不贰，而对那些勾引他的人破口大骂。'大王您想想看，我身为秦国的臣子，如果我常把秦国的机密泄露给楚国，楚国会信任我、重用我吗？楚国会收留我吗？我是不是楚国的同党，大王您该明白了吧？"

秦惠王听陈轸这么一说，不仅消除了疑虑，而且更加信任陈轸了，给了他更优厚的待遇。

小人是不会当着你的面中伤、算计你的。他们会在你背后、在你不知不觉的时候给你一刀，或者挖好了陷阱等你走进去。这就需要你通过一些蛛丝马迹察觉小人的阴谋，最好能顺着小人给你的路，跳过陷阱。

注意自己的言谈举止，莫让小人当枪使

做人要有“心计”，言谈举止一定要掌握好时机和火候。不要让小人利用了你在言谈举止上的失误，拿你当枪使，以达到损人利己的目的。

玄宗天宝年间，李适之与李林甫同朝为相，此人性格豪放，心比较粗，有时遇事考虑不周。口蜜腹剑，以阴险著称的李林甫常拿李适之当枪使，在玄宗面前争宠。

有一次，李林甫对李适之说华山上有金矿，如果开采冶炼，可以富国，圣上现在还不知此事。其实这显然是李林甫预设的圈套，李适之稍微动动脑就会体会出李林甫别有用心。李林甫身为执政宰相，既知华山有金矿，就应直接向玄宗说，哪里还用李适之转达呢？

李适之却不假思索，就在几天后借进奏其他事的机会顺便提起此事。

玄宗听后，召见李林甫询问此事，李林甫很恭敬地回答说：“华山有金矿，我早就知道了，但考虑到华山是王气所在，不应该开凿，不然就坏了本朝风水，所以始终也没向您说起此事。是谁向陛下提起此事呢？此人要凿您的本命之山，居心何在？”

玄宗听了，觉得还是李林甫最忠实于自己，事事替自己着想，很高兴地褒扬了几句。同时觉得李适之考虑事情不周到，事后对李适之说：“从今以后，如果再有什么事要上奏，先去和李林甫商量商量，他同意了你再上奏。”

从此，李适之再也无法越过李林甫直接去觐见玄宗皇帝了，逐渐失去了皇帝的信任。李林甫巧设妙计借他人之口除掉了自己仕途中的绊脚石。有句老话叫做“祸从口出”。做人一定要注意自己的一言一行，什么话能说，什么话不能说，什么事能做，什么事不能做，都要在脑子里多绕几个弯子。

当年赵高要陷害李斯，就故意装出一副悲天悯人的样子对李斯说：“现在各地群盗蜂起，天下大乱。可是当今皇上却一味地吃喝玩乐，不理国政。我本想劝谏皇上，可我的官位小，说话也不为陛下所重。您身为丞相，这正是您分内的事，您为什么不劝谏呢？”

李斯听了哭丧着脸说：“可不是嘛！我早就想进宫劝谏。可是皇上天天深居宫中，想传个话进去也办不到，想见见皇上就更办不到了。”

赵高故作亲切地说：“如果您真想劝谏，我给您找个机会。趁他闲着的时候您就到宫门外求见，我给您捎信时您马上就来。”

李斯很感激他。

赵高经常在宫中侍奉二世。当二世和宫女们玩得热火朝天正在兴头儿上的时候，赵高就派人去通知李斯来求见。李斯急匆匆来到宫门外求见，二世玩得正起劲，听到李斯求见，就不耐烦地说：“我玩得正高兴呢，告诉他先回去吧！”

就这样，皇上一玩到高兴的时候赵高就通知李斯来求见，连续三次都是如此。

二世非常生气，对赵高说：“我平时常有闲着的时候，丞相不来求见。偏要等我一玩到高兴的时候他就有事要来请示，扫兴！这明明是认为我年轻瞧不起我，真是太不像话了。”

赵高见二世动了气，便乘机大进谗言，诋毁李斯，最后以谋反的罪名除掉了李斯。

李斯因为没有识破赵高的小人伎俩，在不知不觉中为其利用，最终招致了杀身大祸。

在日常生活中，我们一定要小心提防身边的小人。一旦中了小人的圈套为其利用，后悔就来不及了。

比如某人有不可告人的隐私。你说话时偏偏在无意中说到他的隐私，言者无心，听者有意，他会认为你是有意跟他过不去，从此对你恨之入骨。某人做的事，别有用心，极力掩饰不使人知。如果被你知道了，必然对你非常不利。如果你与对方非常熟悉，绝对不能向他表明你绝不泄密，那将会自找麻烦。唯一可行的办法，只有假装不知，若无其事。

某人有阴谋诡计，你却参与其事，代为决策，帮他执行，从乐观的方面来说，你是他的心腹。而从悲观的方面来说，你是他的心腹之患。你虽然谨守秘密，从来不提及这件事。不料另有人识破机关，对外宣告，那么你也无法逃掉泄露的嫌疑。你只有多亲近他，表示自己并无二心，同时设法侦察泄露这个秘密的人。

万一对方对你并不十分信任，而你却极力讨好他，为其出谋划策。假如他采用你的方案，而试行的结果并不好，一定会疑心你在有意捉弄他，使他上当；即使试行结果很好，他对你也未必增加好感，他会认为你只是偶然发现，不能算你的功劳，所以你在这个时候还是沉默为好。

在暗处对付小人，比明枪实箭高明得多

如果能暗中使劲，用隐藏的手段清除小人，比明枪实箭地与小人大干一场要高明得多。正如你要大扫除，最重要的是不能搞得烟尘弥漫，否则垃圾除不尽，反而将自己搞得灰头土脸的。

宋仁宗时有个宦官叫任守忠，因为有巧言令色的本事，所以得到皇帝的宠爱。或许因为平常自大惯了，竟然自命不凡起来，以为自己也可以在权力场中呼风唤雨，所以逾越本分不说，还在宫中到处兴风作浪，成了宫中的麻烦制造者。

由于仁宗没有亲生儿子，王位继承当然成为各方思量的焦点。任守忠居然想尽办法希望由比较昏庸、没有才能的王室子弟继承王位，以方便从中控制、揽权。

后来英宗继了位，任守忠的妄想破灭，所以就迁怒于英宗，常常在英宗与非亲生母亲的太后之间挑拨离间。例如，在英宗面前就说太后瞧不起他，而在太后面前则造谣说英宗不尊敬太后，等等，搞得英宗与太后之间的关系非常恶劣。

时间一长，朝内大臣都觉得如果再这样继续下去，恐怕会惹出大祸，于是就想办法非除去任守忠不可。

但是，要除去任守忠这么一个已经党羽遍布朝野的奸诈老狐狸并不那么简单，如果事情暴露，局面将更加复杂。

所以，宰相韩琦在征得英宗同意之后，决定给任守忠来个迅雷不及掩耳的致命一击。

为了避免走漏风声，韩琦首先拿来了一道空白命令，自己先签了名，然后派人送去给欧阳修、赵概这两个参知政事会签。即使只是一道空白命令，欧阳修看了看之后，也毫不犹豫地立刻签了名，可是赵概却面有难色，下不了笔。

欧阳修见状，就对赵概说："你跟着签名就对了，韩琦这样做，一定有他的道理。"

会签完毕后，韩琦就把任守忠找来，要他站立在政事堂下，宣布他的罪状，说他本来应该斩首，但是皇帝念在多年情分上，即日起贬他为蕲州团练副使，而且必须立刻起程。

说完之后，韩琦才取出空白命令，将罪状与派令一同填上。此时的任守忠只有叩头谢罪的份儿，毫无反击的机会。

小人不见得有什么神通广大的本领，可是小人得势，必然大肆豢养狐群狗党。而靠着狐群狗党的张牙舞爪，更让他们具有一手遮天的搞鬼能耐。这个时候，任何"驱鬼"的行动，如果过于光明正大，恐怕鬼魅未除，自己已经尸骨无存了。

抓鬼当然不能点灯。鬼不见得怕光，点了灯反而将驱鬼的人暴露在明处，成为群鬼攻击的目标。

韩琦采取一声不响、不露痕迹的方式，给了任守忠措手不及的致命一击，应该可以称得上是打击小人、驱逐鬼魅的佳作。

在现实的人生处境中，多的是群魔乱舞。当你想要有所行动前，可千万记得不要开灯，任意招摇。

第四章 巧用谋略，解围脱困

暗箭来袭，你不妨将计就计

人生在世，难免会在有意、无意之间得罪人，而成为他人的眼中钉。如果对方咽不下这口气，摆明对阵的态势，还容易应付；如果是阴险小人，他们往往会在暗地里突施冷箭，就真的叫人伤脑筋了。

俗话说：“明枪易躲，暗箭难防。”明枪对阵，胜败之间看实力。如果被打败了，应该无话可说；至于暗箭来袭，则防不胜防。如果被暗算，实在太冤枉了，因此如何攻防就要靠智慧了。

一般说来，会被暗算，是因为自己的实力比对方强，对方不敢明着来，只好躲在暗处放冷箭。如果你应对不当，真的很容易因此中箭落马，摔得灰头土脸。

明朝时，有位御史下乡巡察。由于他与巡察地区的某位县令先前曾有过过节，这位县令早就心存报复的念头。眼看机会来了，于是县令便安排一位自己最信任的侍从前去充当御史的临时护卫，以便找机会捣鬼。

由于侍从刻意用心服侍御史，没多久便获得了御史相当程度的信任。信任当然会让人疏于防备，也是下手的最好机会。这个时候，县令便指使侍从将御史放在印箧中的官印偷走，准备让御史吃不了兜着走。

官印是何等重要的东西，御史发现官印丢失后，相当紧张，怀疑必定与该县令有关系。不过碍于欠缺证据，所以也不能说什么，更不敢大肆张扬把事情搞大，只好假装生病，闷在行馆里苦思对策。

过了几天，恰巧县里一位颇有名气的书生前来探访。由于御史早就耳闻这位书生的才智，所以便请他到房内，关起门来，把官印丢掉的事对他仔细说了一遍，看看他有没有比较好的办法可以帮帮忙。

书生听完之后，便出了一个主意，建议御史在半夜的时候派人偷偷地到厨房去放火。

一旦御史的行馆发生火灾，各级官员们一定都会火速跑来指挥救火。书生和御史趁着一片混乱的时候，将原本装着官印的印箧暂时托付给那位县令保管，说是为了预防官印在慌乱中丢失或遭到焚毁云云。

书生解释说，如果官印真的是那位县令所偷，趁着火灾将空的印箧托付给他，等于是将烫手山芋丢回给他，他绝对没有不将官印归回原位的胆量。因为丢失的责任在他身上，逃都逃不掉。

当天午夜，御史便照着书生的计划上演了一场“火烧御史行馆”的戏。趁着烈火熊熊燃烧之际，御史将保管官印的重责托付给那位县令。等大火扑灭之后，县令归还印箧。御史打开一看，发现官印果真安然物地归原位，一切似乎都印证了书生的设想。

此时此刻，对于那位书生的绝顶聪明，御史不禁又感激又佩服。据说，那位书生就是后来的一代名臣海瑞。

官印丢失，在古代就是杀头之罪。县令显然有致御史于死地的意图，御史吃下这口黄连，不仅有苦说不出，而且天天坐立不安，冷汗直流。还好，借着书生的聪明才智，御史将烫手山芋丢回给县令，在不动声色之间买空卖空，完成了一次无声的绝地大反击。

人与人之间的对立，如果硬碰硬，或许很快就能见胜负，但也有可能两败俱伤，两者之间的耗损必然巨大，甚至没完没了。

如果能够“搭座桥”让对立的双方在意气与利害之间有个回旋的余地，在不动声色之间，创造既斗争又互有台阶可下的空间，或许还能缓解彼此的紧张关系。

而书生将烫手山芋丢回去的手法，放出“我并不是好惹的”信息。软中带硬，对手必然是五味杂陈，不能掉以轻心，任意挑衅了。

“背后鞠躬”，消除对方的敌意

在人际心理学中，有一种被称作“背后鞠躬”的劝说术。让第三者佯作无意地向对方道出你的善意或友好的想法，往往能够让彼此不睦的人际关系来个大转折。

有一次，有人在林肯总统面前搬弄是非，说外交部长埃德温·斯坦顿曾骂林肯是个该死的傻瓜。谁知，林肯听了以后不但没有生气，反而像闲话家常一般地说：“如果斯坦顿说我是个该死的傻瓜，那么我很可能真的是。因为他办事一向都很认真，他说的十有八九都是正确的。”林肯的这番话很快传到了斯坦顿的耳朵里，斯坦顿听到他人转述过来的这番话的时候，感动极了。他在第一时间内跑到林肯面前，向林肯表示了自己崇高的敬意。

林肯正是利用“背后鞠躬”的方法使斯坦顿改变了态度。那么为什么“背后鞠躬”能够取得这样的效果呢?

心理学家认为，与当面表达善意相比，“背后鞠躬”往往能产生更加显著的效果，主要原因有三方面：

1. 人际交往遵循“相悦定律”，即谁喜欢你，你往往就会对谁报以同样的好感。因此，当你向对方“鞠躬”的时候，往往能够换回对方的“鞠躬”。

2. 采用“背后”的方式，能够绕过对方的心理防备区。如果你亲口向对方表达善意，即使你完全是出于真心的，也很有可能被对方冠以“无事献殷勤，非奸即盗”之名，进而对你所表达的善意产生排斥，甚至加重心理防备，使得你的善意完全失去效用。相反，如果信息是从第三者口中获得的，对方就不会怀疑其可信程度，因为对方会想：“什么好处也捞不着，他没有必要对我说谎。”因此，借由第三者向对方传递善意，能够使你的诚意显得更加真切、可信。

3. 防止对方的负面自我概念产生消极作用。在人际交往中，很有可能，对方对你的敌意是出自于对你的羡慕或者嫉妒。在这种情况下，对方对自己的自我概念持负面态度，即认为自我形象不好，不值得他人喜爱。如果对方有这样一种心理，那么当你向对方说“你很好，我喜欢你”，对方很有可能认为你在消遣他，进而使关系更加恶劣。此外，心理学家还指出，当人具有正面或中性的自我概念时，会对他人的善意报以同样的善意。然而，当人具有负面的自我概念时，“相悦定律”的效果会大大降低。采用第三者转述的方式，就能够穿过对方的这两个消极关卡。因为，他面对的对象是第三者，而他在第三者面前是不会有负面自我概念的。

在生活中，如果对方的敌意不是源于彼此间的利害得失，那么，“背后鞠躬”策略通常能有效化解对方的敌意。总之，如果对方是因为讨厌你才敌对你，又或者是因为嫉妒你才敌视你，那么，借第三者的口传递“喜爱、友善”的信息，告诉对方你“钦佩他、羡慕他、尊敬他”，往往能够给彼此的关系带来转机，有效地化解对方的敌意，其效果定能让你大吃一惊。

巧妙自嘲，消除双方的尴尬，让你赢得更多

卡耐基曾经说过，掌握神奇机智的语言应变技巧，无论是对演讲还是对于谈判来说，都具有重要的作用。而自嘲就是这样一种神奇机智的语言应变技巧。

自嘲，即自我嘲弄，也就是拿自身的缺点、不足或者生理缺陷，甚至失误来开玩笑，对自己的丑处、羞处不仅不予遮掩、躲避，反而将之暴露在高倍显微镜下，然后巧妙地调侃、戏弄和贬损自己。所以，没有豁达、乐观、幽默的心态和胸怀，是无法做到的。

一个真正懂得自嘲的人，是不会事事较真、较劲的。当遇到突发事情，陷入尴尬的境地时，适当的调侃自嘲，不仅能避免尴尬，化解窘境，还能拉近人们彼此的心理距离，让你在人际交往中游刃有余。因为，用自己来开玩笑，既使人觉得亲近，又以降低自己为代价，抬高了别人，可以消除嫌隙，获取他人的好感。

晋朝时，有一次，大臣满奋陪同晋武帝，坐在靠近北窗的地方。满奋生性怕风，而北窗是用琉璃制成的。虽然琉璃的质地很密，根本不透风，但看起来却是一点也不挡风的样子。虽然只是心理作用，但满奋还是很怕被北风吹着了，当着皇帝的面，又不好启口换个座位，显得局促不安。

晋武帝看他的神态，知道他是怕风，便告诉他不会透风，没有关系。满奋很不好意思，自嘲说：“臣就像南方的水牛，怕热怕惯了，看见月亮也疑心是太阳，不由得喘起粗气。”这便是成语“吴牛喘月”的出处。

满奋以水牛比做自己，把自己的过分紧张形容得十分形象，表现了坦诚忠实的品格，因此得到了皇帝的信赖和好感。其实在这里，满奋就是因为很好地运用了自嘲，所以巧妙地化解了窘境，打破了尴尬，还赢得了别人的信赖。

自我嘲弄，并非真的把自己贬低的一文不值。把自己的失误和缺点显露出来，是以退为进之计，是一种不较劲的豁达和幽默，是在玩笑自己。在不伤害别人的情况下，逗笑别人，打破僵局，化解了彼此的尴尬和敌意。

春节刚过，又是坐公交的高峰期。小涛在公共汽车站等车时，由于惯性挤了一个中年人一下。正当小涛开口准备说“对不起”时，那位中年人却早已愤怒了：“猪年才到，就这么拱，要拱到年头，那还不把这站台拱个大洞啊！”车上的乘客顿时爆发出一阵笑声。小涛一听，急了：“怪，狗年都过了，怎么还乱叫！”这一下，乘客笑得更欢了。就这样，两人你一言、我一语地不停对骂，纵使乘务员和好心的乘客几次劝说都无济于事。这时，小涛心想再这样骂下去和那中年人非动手不可。于是自嘲道：“唉，大哥，到底是你比我多吃了几年盐，过的桥比我走过的路都多，你比我幽默，我认输！”小涛这么一说，那个中年人也很不好意思。各给一个台阶下，一场火药味十足的对骂就这样被化解了。

俗话说，“巴掌不打自嘲人”。在人际交往中，如果双方都得理不饶人，结果必然是两败俱伤。如果一方愿意叫暂停，愿意和平谈判，战争就不会轻易爆发。即使爆发了，在还没有波及更大的危害范围之时，也会被遏制了。

不要事事较劲、较真，将自嘲融入我们生活的点滴之中，让我们的生活多一些轻松和宽容，架起人与人之间的心灵之桥，缩短人们彼此的心理距离。自嘲的转角处往往就是转机。

一旦发生争吵，“冷处理”显奇效

“淬火”是金属模具加工的最后一道工序，是指把烧红的模具放人冷水中进行冷处理，让模具变得更加坚硬、耐用。事实上，不只是模具经过淬火以后会变得更加耐用，人际关系也是一样的。当你在与他人发生矛盾时，暂时“冷却”彼此的关系，往往会比猛攻猛打更有利。

生活中，有的人反应快但错误多，属于冲动型；有的人反应慢但错误少，属于熟虑型。两种类型各有利弊，但是“暂不处理”能够使两者之间达到平衡。如果善于利用“淬火效应”，你就能在人际关系场中游刃有余。

但是，需要谨记的是，“暂不考虑”不是永远忘记。一旦时机到了，就必须马上开始行动，这样才能解决问题。

有一个男孩就是利用这种方法追求自己心仪的女孩，最终成功地把她变为自己的妻子的。刚开始的时候，他每天都在女孩下班的时候送给她一件小礼物。没有一天间断，一连送了十五天。到了第十六天的时候，他突然就不送了，第十七天他仍然没有送，第十八天他又送……

显然，这个男孩是操纵人心的高手。前面十五天都送，已经让女孩习惯了他对自己的关怀；第十六天开始突然不送，能够让女孩冷静地想清楚男孩对她来说到底意味着什么，没有男孩自己会少了什么；第十八天又送，是为了防止女孩忘记自己而习惯没有他的生活。

这就是典型的“淬火效应”的应用，适时地冷却不但不会使彼此关系冷淡，反而会加深彼此的交往，更利于彼此关系的进一步发展。“淬火效应”不仅能促进彼此的关系，而且能够缓和人际关系中的矛盾，达到越吵越亲的效果。

在人与人交往的过程中发生争吵，往往是由于两人极其不冷静，或者至少是有一个人失去了理智而造成的。无论是哪一方的原因，当争吵发生的时候，最需要的就是冷静。

1. 如果是对方感情冲动，通常有三种原因：一是为了激怒你；二是为了从气势上压倒你；三是宣泄自己的不良情绪。

针对这些，心理学家建议，可以运用下面这些方法来缓和对方的冲动。

紧握他的手。一个人感情冲动的时候，双手往往会不自觉地大肆挥舞，甚至做出很多具有破坏性的动作，比如摔东西。这时，你与他握手可以客气地制止对方的这一行为，通过控制对方过激的行为而缓和对方的情绪。当然，在对方情绪冲动的时候与其握手，你遭到拒绝的可能性会比较大，但是你可以大胆地找到合适的理由，多次试着跟他握手。

给他让座。如果仔细观察，你就会发现，情绪激动的人大都是站着的，他们呼吸急促，手脚颤抖；而当一个人坐着的时候，则很难激动到这种程度。因为坐着的姿势会大大限制胸部的扩张，使其怒气不足。因此，想要冷却对方的情绪，给他让座，让他坐下来，是一个不错的方法。

不理会他。当对方情绪激动的时候，无论是赞同还是劝诫，都是火上浇油。这时，你只要当好倾听者，让对方发泄就好，一定不要选这时和对方争吵。当然，面对一个情绪极其不冷静的人，你势必会有忍无可忍、想要回击对方的心情。你不妨化这种冲动为向对方大声喊出“冷静下来”的行为。这样对方极有可能在你的“当头棒喝”之下冷静下来。

2. 如果不冷静的那个人是自己，又该如何对自己的情绪进行冷处理呢？这里有两个常用而有效的方法值得借鉴：

深呼吸，这能够供给身体充足的氧。要知道，充足的氧是人保持积极心理状态的前提条件，并且呼气的动作能够有效排解负面情绪。

伸展腿。一般来说，当人处于放松、平和状态的时候，就会把脚到处乱伸。在自己激动或者紧张的时候伸展腿，实际上是利用潜意识给心理以“我放松、我平和”的暗示。

以低姿态化解别人对你的嫉妒

拿破仑曾经说：“有才能往往比没有才能更有危险。人们不可能避免遇到轻蔑，却更难不变成被嫉妒的对象。”真正聪明的人懂得以低姿态为自己筑起一座防止嫉妒的有效堤防，不会让自己惹火上身。

古人云：“木秀于林，风必摧之。”就一般中国人而言，总是愿意大家彼此差不多，你好我也好，否则就会“枪打出头鸟”。在日常工作中，因为有特殊才能或特殊贡献而冒尖的人，往往容易成为受打击的对象。谁在哪一方面出人头地，便会受到人们的攻击、嘲讽、指责。更有甚者，由于嫉妒心重还可能给你使绊子，让你生活在一种无形的压力之下，时时处处都有障碍，让你人做不好，事干不成。莎士比亚曾经说过：“妒妇的长舌比疯狗的牙齿更毒。”如果我们不能有效地化解别人对自己的嫉妒，很可能会在不知不觉中失去本该属于自己的天空，所以必要的时候低一下头，给别人的嫉妒心留出点空间，是你不得不做出的让步。一旦当你发现别人对你有嫉妒心理时，你可以采取以下几种方法化解：

1. 向对方表露自己的不幸或难言之痛。

当一个人获得成功的时候，有人却可能因此感到自己是个失败者，是不幸的。这构成了嫉妒心理产生的基本条件。此时，你若向嫉妒者吐露自己往昔的不幸或目前的窘境，就会缩小双方的差距，并且让对方的注意力从嫉妒中转移出来。同时会使对方感受到你的谦虚，减弱对方因你的成功而产生的恐惧，从而使其心理渐趋平衡。

2. 求助于嫉妒者。

一方面，在那些与自己并无重大利害关系的事情上故意退让或认输，以此显示自己也有无能之处；另一方面，在对方擅长的事情上求助于他(她)，以此提高对方的自信心和成就感，并让对方感到：你的成功对他(她)并不是一种威胁。

3. 赞扬嫉妒者身上的优点。

你的成功使嫉妒者身上的优点和长处黯然失色，于是，一种自卑感便在其内心油然而生，以至于自惭形秽。这是嫉妒心理产生并且恶性发展的又一条件。因此，你适时适度地赞扬嫉妒者身上的优点，就容易使他(她)产生心理上的平衡，感受到“人各有其能，我又何必嫉妒他人呢？”当然，你对嫉妒者的赞扬必须实事求是，态度要真诚。否则，他(她)会觉得你在幸灾乐祸地挖苦自己，结果不但达不到消除其对自己嫉妒的目的，还可能挑起新的战火。

4. 主动出击相互接近法。

嫉妒常常产生于相互缺乏帮助，彼此又缺少较深感情的人中间。大凡嫉妒心强的人，社交范围很小，视野不开阔，只做“井底之蛙”，不知天外有天。只有投入到人际关系的海洋里，才能钝化自私、狭隘的嫉妒心理，增加容纳他人、理解他人的能力。因此，相互主动接近，多加帮助和协作，增进双方的感情，就会逐渐消除嫉妒。傲慢不逊的大人物是最令人嫉妒的。试想，如果一个大人物能利用自己的优越地位，来维护他的下属的利益，那么他就能筑起一道防止嫉妒的有效堤坝。

5. 让嫉妒者与你分享欢乐。

“独乐乐，与人乐乐，孰乐？”

在取得成功和获得荣誉的时候，你不要冷落了大家，更不要居功自傲，自以为是。你可以真诚地邀请大家(其中包括嫉妒你的人)一起来分享你的欢乐和荣誉，这样有助于消除危害彼此关系的紧张空气。当然，如果嫉妒者拒绝你的善意，则不必勉强于他(她)，要顺其自然。总之，“退一步海阔天空”。以低姿态，化解别人对你的嫉妒，不仅是一种灵活，更是一种内涵和宽容。它可以消融人和人之间的壁垒，让你的成就在嫉妒的布景中得到映衬。能引起别人的嫉妒，说明了你的才华；能有效地化解这种嫉妒，则说明了你的聪明和美德。

率先化干戈为玉帛，你眼前的一堵墙便成了路

人生漫漫，我们总是会遇到形形色色的人。有时，一次竞争，一个分歧，甚至一句玩笑，都有可能令我们树敌。常言道："多个朋友多条路，多个敌人多堵墙。"树敌对我们个人的发展是非常不利的。

然而，时光不会倒流，世界上也没有后悔药。一旦树立了敌人，就已既成事实。很多人都想知道，那我们有没有化解他人敌意的好办法呢？

与其说是方法，不如说是智慧。想要化敌为友，你必须学会率先迈出第一步。

从前，在苏伯比亚小镇有两个叫乔治和吉姆的人是邻居。可事实上，虽然他们住得非常邻近，但他们的关系一点儿都不和睦，谁都不喜欢对方。

在日常生活里，他们相遇总会发生口角。即使夏天在后院开除草机除草时，车轮碰在一起，他们多数情况下也不会跟对方打招呼。

在一次夏天快要过去的时候，乔治和妻子外出两周，一同去度假。由于两家一向彼此充满敌意，吉姆和妻子一开始并未注意到乔治夫妇走了。没错，注意他们干什么？除了口角之外，两家相互间几乎就没什么话可说。

突然有一天傍晚，吉姆在自家院子除过草后，发现乔治家的草已经很高了，与自家刚刚除过草的草坪形成鲜明对比。

附近过往的人都发现乔治夫妇显然不在家，而且已离开很久了。吉姆想，这不是等于公开邀请夜盗入户吗？这个想法如同闪电一样攫住了吉姆。

当吉姆再一次看到乔治家那高高的草坪时，尽管心里非常不愿意去帮助那家他非常不喜欢的人，但第二天早晨，他还是把那块长疯了的草坪除好了！

能够主动帮自己敌对的人做好事，这几乎是常人所意料之外的。不过，这种"帮助"所带来的结果往往也是常人意料之外的。

几天之后的一个周日下午，乔治和妻子多拉回到了家。他们惊愕地发现，自己不在家时竟然有好心人帮他们把草坪收拾得如此干净、整齐。他们很想知道这位好心的朋友是谁，于是就到整个街区的每一家询问。然而，这里却不包括吉姆的家。

可除了吉姆家，所有询问过的邻居都说不是自己做的。最后，乔治敲了吉姆家的门。吉姆开门时，乔治站在那儿不停地盯着他，脸上露出奇怪和不解的表情。

过了很久，乔治终于说话了："吉姆，你帮我除草了？"这是他很久以来第一次称呼吉姆的名字。"我问了所有的人，他们都没除。杰克说是你干的，是真的吗？是你除的吗？"尽管乔治的语气似乎有些责备的意味，但他内心的感谢之情仍有一丝不经意地流露。

"是的，乔治，是我除的。"吉姆答道。他以为乔治会因为自己主动除草而大发雷霆。可乔治犹豫了片刻，像是在考虑要说什么。最终，他用那低得几乎听不见的声音嘟囔说"谢谢"之后，急转身马上走开了。

吉姆的主动帮忙就这样打破了他与乔治之间的敌意沉默。尽管当时他们还没发展到在一起打高尔夫球或保龄球，他们的妻子也没有为了互相借点糖或是闲聊而频繁地走动，但他们的关系已经出现了改善。至少除草机开过的时候他们相互间有了笑容，有时甚至说一声"你好"。也许没多久，他们就会向朋友一样分享同一杯咖啡了。

所以，当你与他人发生矛盾时，一定要学会主动示好。这种智慧的选择，可以帮你把眼前的那堵墙，变成畅通的路。

等待时机，用热心肠去贴冷面孔

现代人际关系是复杂多变的。当你还不那么高权位重或引人注目时，遇到的多半是冷面

孔。这时如果因为你的自尊心或嫉妒心而“等价”地对待别人，那么你会失去很多可能改善彼此之间关系的机会。做事有“心计”的人会懂得用自己的热心肠去贴人家的冷面孔，那会收到良好的效果。

人际关系的好坏，取决于双方共同的态度，这在社会心理学上被称为“相互性原则”。也就是说，人际吸引是相互的，排斥也往往是相互的。但是，在现实生活中，谁也不敢肯定在人际交往中，别人对自己都会表现得很好、很热情。

一位刚从师范大学毕业的女学生，碰到的就是这样一种情况：她充满着对新生活的憧憬，从都市来到偏僻的乡村学校，却发现校长和同事们对自己并无多大的好感，显得比较淡漠。她急于想与几位年龄相仿的女教师打成一片，但她们却似乎总是回避她，使她产生了“格格不入”的孤独感。

态度是人的思想、信念、知识、价值观等等的综合，带有肯定或否定的情感评价，但表现的方式却常常十分简单：围绕感情表达这一圆心，简化为接纳或排斥，以热情、冷淡、讨厌等各种情绪反应在人际交往中。对这位女教师，土生土长的校长或许有这样的看法：她能舍弃城市的舒适生活到农村来，是有一定事业心的，但城里姑娘总免不了有点娇气，怕不一定吃得起苦；她受过正规的教育训练，基础知识是可以的，普通话说得很标准，不过没正式上过讲台，教学经验少，一下子适应不了；她长得漂亮，就是“洋”了点，派头、手势、习惯都让人看不惯，女同志就几年可用，今后结婚生孩子了，就派不上用场了。他根据自己的种种印象，决定了在初识阶段的态度——一般化，不大喜欢，也不厌恶，平平常常，没有特别的关心和热情。这种态度，比女教师心中期望的校长对她的态度冷了一截，所以她特别感到了对方的冷淡。

至于那几位女同事，虽然年龄相仿，但她们与她，无论生活经历、思想起点、知识教养、爱好情趣、习惯等都有许多明显的差异。何况她们在长期交往中，已形成了一个固定的圈子，所以她们不可能一下子接纳她。

在这种情况下，女教师并不灰心。经过努力，终于获得了校长的好感和同伴的接受。她的做法是：

1. 主动接近别人，寻找相互了解的机会。

通过教学实践、集体活动等，她尽量使自己符合“新来的女教师”这一角色规范；在日常交往接触中，她注意真诚、平等地对待他人，热心地帮助有困难的同事，自己有困难时也同样求助于人；在合适的交谈机会中，她又使别人了解自己的抱负、心愿，用实际行动缩短了她与同事们的心理距离，使他们较全面地了解了她，并开始接受她。

2. 通过朋友传达友好的信息。

人们说：“朋友的朋友就是自己的朋友。”女教师首先在那群年轻女教师中建立了较好的人际关系，进而通过她们接近其他几位，很快就进入了这一圈子。这个圈子的同事对她的肯定评价，又影响了其他的同事。

如果说，女教师的方式是属于“以热对冷”，而使对方升温的范畴的话，那么，有时候也可以采取“不冷不热”的态度。如果对方对自己印象不佳或产生误会，一时又不能解释或难以使对方回心转意，也可以暂时保持一种不冷不热的关系。随着时间的推移，误会总会消除，前嫌也会冰释。要相信别人也十分重视建立良好的人际关系，谁都不想把自己赶入孤家寡人的境地。

当别人对你有误解而冷淡你时，大可不必自怨自艾，应该耐心等待机会。而当机会来临时，就要抓住抓紧，用火热的心肠贴上去。

面对刁难，学会以谬制谬

在与人交往的过程中，我们会遇到这样的情况，对方以蛮横之势，强词夺理，以不正当甚至荒谬的理由来反对我们，阻止我们的行动。这个时候，我们应变的最好方法就是以谬制谬，按照他们的逻辑、理论形成一种说法，去反诘对方。以子之矛，攻子之盾，从而使对方的谬论不攻自破。

从前，有个县官既贪财又狠毒。凡是来打官司的人如果不给钱，他就会把他们打得死去活来。当地有个艺人编了一出戏，叫《没钱就要命》。演出那天，县官也去看戏。他一看演的是他，当时就火冒三丈，没等戏演完，就回到了县衙，命令衙役把这个艺人传来审问。那个艺人听说县官传他，就穿着龙袍大摇大摆地跟着衙役去了。县官一见艺人来到，便把惊堂木一拍，喝道："大胆刁民，见了本官，为何不跪？"

艺人指了指身上的龙袍说："我是皇帝，怎能给你下跪？"

"你在演戏，分明是假的！"

"既然你明明知道演戏是假的，为什么还要把我传来审问？"

县官被问得张口结舌，只好眼睁睁地看着艺人大摇大摆地走出县衙了。

当你处在窘迫中时，必须明辨事理，从实际出发，有什么情况就采取什么行动，对小人不得不强悍一点。

在一次国际会议期间，一位西方外交官挑衅地对我国外交代表说："如果你们不向美国保证，不用武力解决台湾问题，那么显然就是没有和平解决的诚意。"

面对这种挑衅性的无稽之谈，我国外交代表回答道："台湾问题是中国的内政，采取什么方式解决是中国人民自己的事，不需要向他国做什么保证。"说到这儿他话锋一转，反问道："请问，难道你们竞选总统也需要向我们做什么保证吗？"这种针锋相对的反诘，使对方无言以对。

对方迅即狡猾地把话题一转，又说："阁下这次在西方逗留了一段时间，不知是否对西方有了一点开明的认识？"

我国外交代表淡然一笑，揶揄道："我是在西方受教育的，40年前在巴黎受过高等教育，我对西方的了解可比你少不了多少，遗憾的倒是你对东方的了解可真是太少了。"

对方讨了个没趣，满脸窘态。

这位西方外交官所提出的理由本来就是一条强加于中国人头上的不合理的、荒谬的理由，不符合国与国之间平等相处的原则，不符合联合国"互不干涉内政"的国际法则，而西方外交官却强行刁难我国外交代表。面对这种强权霸道的作风，我国外交代表反诘而问，使他们无言以对，搬起石头砸了自己的脚。这名西方外交官理屈词穷，又在文化修养方面进行人身攻击："阁下……不知是否对西方有了一点开明的认识？"言外之意是讥讽我国外交代表无知。对此，我国外交代表用同样的问题来揶揄对方："遗憾的倒是你对东方的了解可真是太少了。"直言其事而且实事求是，嘲弄对方的浅薄狂妄，使"对方讨了个没趣，满脸窘态"，从而在气势上赢得了外交上的胜利。

我们再来看一下下面这个案例：

大学生亨利是个很正派的青年，有一次他却碰上了一件很尴尬的事情。这天傍晚，他走进有名的鲨鱼酒家，只见里面宾客云集，有一张桌子旁，只坐着一位年轻貌美的姑娘。亨利仔细打量了一下，从她华丽的衣着和傲慢的态度，判断出她出身豪门，是上流社会的人物。于是他走过去，彬彬有礼地问道："这儿还有人坐吗？""什么，到阿芙达旅馆去？"不料娇小姐竟大声喊起来。亨利有些慌乱，只好稳住神，继续低声解释："不，不，您弄错了。我只是想问，这张桌子上除了您还有其他人吗？""怎么，你说今天夜里就去吗？"娇小姐的叫声更尖厉了，而且显露出一种受侮辱的激动。

亨利明白了，这绝不是小姐的听觉出了毛病，这显然是她预谋好的举动。她这样喊叫，是要使其他人把亨利当成一个寻花问柳的浪荡子。果然，酒店里的人都转过头来，以愤怒而轻蔑的目光盯住亨利。他被弄得狼狈极了，只好红着脸赶紧到其他桌上找了一个空位子。过了一会儿，娇小姐主动凑到了亨利的桌前，她为亨利叫了杯白兰地，以嘲弄的口吻对亨利说："对不起，刚才我只是想看看您对意外情况的反应。"这回轮到敏捷的亨利大叫了，他说："什么？一个晚上就要一百美元？要价太高了！"想看别人对意外情况反应的娇小姐，这次该自己处理意外情况了。结果她也别无良策，只得在众人鄙夷的目光逼视下，灰溜溜地逃出了酒店。

亨利略施小技，使她在众人眼前扮演了一个卖淫者的角色，喝下了自己酿造的一杯苦酒。

某人对电信的话费查询台很有意见。因为每当他拨通号码后，电脑都会指引他按这个键那个键，往往查询一次话费需要按上十几二十次，还经常出现“系统繁忙，请稍后再拨”这样无奈的结局。这个人决心报复，好让给自己制造这些麻烦的人，切身体会一下消费者的苦恼。

这日，机会来了，来电显示上提示，正在打进来的这个电话是电信公司人工催交话费的号码。

“您好。我这里是电信话费中心。”

“你好，这里是某某的家。”

“我想通知……”

“现在启动语音转换系统。”这个人没有等对方把话说完，继续用机械的声音说：

“请选择：需要男主人接听，请对话筒喊1；需要女主人接听，请喊2；需要小主人接听，请喊3；需要小狗多多接听，请喊4；如果操作错误，请喊返回。”

话音刚落，这个人就听到话筒那边女子兴奋地叫来同事，纷纷议论：“这家电话够先进的。”

“3。”稍后，电话那边传来女话务员怯怯的声音。

“对不起，您选择的小主人还没来到这美丽的人间，所以暂时不能与您交谈，请您留下电话号码，待男主人回来后速回电话给您。”

“啊！？……返回。”

又听了一遍这个人的介绍后，对方选择了“2。”

“对不起，女主人还没有，正在寻找中。如果您是女性，20～25之间，未婚，貌美，肤白，长发。请留下您的电话号码，男主人回来后会很快回电话给您。”

“4。”那边女话务员大喊一声。

“对不起，小狗多多正在梦中啃骨头，暂时不能与你交谈。请你选择1。”这个人有点生气。

“1。”对方的语气有些无奈。

“欢迎您与男主人交谈。请选择：公务交谈请喊1；私人交谈请喊2；其他，请喊3；如果操作失误，请喊返回。”

“3111。”对方显然有些不耐烦了，声音很大。

“对不起，您的操作时间已超时，请返回重拨……”

以其人之道，还治其人之身，虽然有报复的意味，但面对一些故意的刁难，运用这种方法则可以乘机教训对方，有时还会使问题得到解决。所以，该用的时候不妨一用。

及时弥补失言，掌握社交的主动权

人们在生活中，总有说话不当的时候。这个时候，最重要的就是镇定自若，处变不惊，积极寻找补救措施，这也是一种处世的态度。

1976年10月6日，在美国福特总统和卡特共同参加的，为总统选举而举办的第二次辩论会上，福特对《纽约日报》记者马克斯·佛朗肯关于波兰问题的质问，作了“波兰并未受苏联控制”的回答，并说“苏联强权控制东欧的事实并不存在”。这一发言在辩论会上属明显的失误，当时立即遭到记者的反驳。但反驳之初佛朗肯的语气还比较委婉，意图给福特以改正的机会。他说：“问这一件事我觉得不好意思，但是您的意思难道是在肯定苏联没有把东欧划为其附庸国？也就是说，苏联没有凭军事力量压制东欧各国？”

如果福特当时足够明智，就应该承认自己失言并偃旗息鼓。然而他觉得身为一国总统，面对着全国的电视观众认输，决非善策。于是继续坚持，一错再错，结果为那次即将到手的选举付出了沉重的代价。刊登这次电视辩论会的所有专栏、社论都纷纷对福特的失误作了报导，他们惊问：

“他是真正的傻瓜呢？还是像只驴子一样的顽固不化？”

卡特也乘机把这个问题再三提出，闹得天翻地覆。

在社会交往中，人们都免不了失言。尽管有各种各样的原因，但失言造成的后果或贻笑大方，或纠纷四起，甚至不可 帐啊 那么，能不能采取一定的补救措施或者纠正方法，以避免言语失误带来的难堪局面呢？回答是肯定的，比如用及时改口的方法。相比之下，里根就表现得很有策略。

一次，美国总统里根访问巴西。由于旅途疲乏年岁又大，在欢迎宴会上，他脱口说道：“女士们，先生们！今天，我为能访问玻利维亚而感到非常高兴。”

有人低声提醒他说错了，里根忙改口道：“很抱歉，我们不久前访问过玻利维亚。”

尽管他并未去玻利维亚，但当那些不明就里的人还来不及反应时，他的口误已经淹没在后来的滔滔大论之中了。这种将说错的地点时间加以掩饰的方法，在一定程度上避免了当众丢丑，不失为补救的有效手段。只是，这里需要的是发现及时、改口巧妙的语言技巧，否则要想化解难堪也是很困难的。

在较为正式的交际场合发生口误导致失言，这是令每一个人都感到尴尬的事。失言不但可能引起误会和不快，还有可能被对方抓住把柄，丧失在交际中的主动地位。其实，失言虽然不可避免，但是也并没有想象中的那么可怕。只要积累经验、掌握技巧，就能够在一定程度上挽回失言所带来的恶劣影响，甚至于产生出乎意料的特殊效果。为了使自己的错误能够及时得以补救，创造良好的人际关系和心境，最重要的是掌握必要的纠错方法。这就是补救失言辞令的应有之义。常用的纠错方法如下：

1．将错就错。

就是在错话说出口之后，能巧妙地将错话继续接下去，最后达到纠错的目的。其高妙之处在于，能够不动声色地改变说话的情境，使听者不由自主地转移原先的思路，不自觉地顺着说者的思维而思考，随着说者的话语而调动情感。

某次婚宴上，来宾济济，争向新人祝福。一位先生激动地说道：“走过了恋爱的季节，就步入了婚姻的漫漫旅途。感情的世界时常需要润滑。你们现在就好比是一对旧机器……”其实他本想说“新机器”，却脱口说错，令举座哗然。一对新人更是不满溢于言表，因为他们都各自离异，历尽波折才成眷属，自然以为刚才之语隐含讥讽。那位先生发觉出错，马上镇定下来，略一思索，不慌不忙地补充一句：“已过磨合期。”此言一出，举座称妙。这位先生继而又深情地说道：“新郎新娘，祝愿你们永远沐浴在爱的春风里。”大厅内掌声雷动，一对新人早已笑若桃花。

这位来宾的将错就错令人叫绝。错话出口，索性顺着错处续接下去，反倒巧妙地改换了语境，使原本尴尬的失语化作了深情的祝福，同时又道出了新人间的情感历程的曲折与相知。

2．移植法。

就是把错话移植到他人头上。如说：“这是某些人的观点，我认为正确的说法应该是……”这就把自己已出口的某句错误纠正过来了。对方虽有某种感觉，但是无法认定是你说错了。

3．引申法。

迅速将错误言词引开，避免在错中纠缠。就是接着那句话之后说：“然后正确说法应是……”或者说：“我刚才那句话还应作如下补充……”这样就可将错话抹掉。

4．词义别解。

即在说错了的字、词上，利用汉语一词多义的特点加以巧妙别解以形成另外一种解释。某位中年女演员穿着一件黑缎子面料制作的旗袍参加一个舞会，人们都对她赞不绝口。只有一位心直口快的姑娘说了句：“穿这件旗袍老多了！”刚一出口，便觉失言，她从容地补上一句：“真的，大街上穿这样的旗袍的老多了（东北方言，意为特别多），真漂亮！”果然，后边的话使女演员十分高兴。在这里，姑娘聪明机智地把人显得“老多了”的意思用穿这样旗袍的人“老多了”的意思一替补，既挽回了败局，又间接称赞了对方很时髦，可谓匠心巧运。

5．半句道歉。

“犹抱琵琶半遮面”之所以具有美感，是因为被琵琶遮掩的半面不为人所见，反倒给人留下了说不尽的朦胧与含蓄。同样，道歉的话也不必完全说出来，话留半句也会令自己摆脱难堪的窘境。比如，说了错话之后，见到对方不妨用“对不起，我刚才……”或者“真抱歉，我这脾气……”或者“我这人……对不起……”等这样的话，双方都心照不宣，说错者很容易在这种吞吞吐吐的情况下得到谅解。

失言后不可一味地死守自己的堡垒，那样极易导致自己惨败。使用补错法应及时，若时过境迁，再使用以上补错法不仅于事无补，反而会增加别人的反感。必须注意的是，任何补救都要做到天衣无缝，不留痕迹，让人感到补得言之有理，无懈可击。千万不要牵强附会，或矫揉造作，这样反而会弄巧成拙，错上加错。

调动自己的心智，把别人的奚落拒之门外

在许多场合中，有时会遇到别人有意无意的奚落、挖苦和讥讽，你该怎么办？你应该用语言作为“护心符”，筑起防卫的堤防。有随机应变能力的人，能调动自己的智慧，化被动为主动，使难堪境遇烟消云散。“兵来将挡，水来土掩”，你可视不同的来者选择不同的应付办法。若判明来者不善，怀有恶意，故意挑衅，你可以“以眼还眼，以牙还牙”，有理、有利、有节地回敬对手。

有一次，一个美国记者同周总理谈话时，看到周总理的桌上有一支美国派克钢笔，就带着几分讥讽的口气问：“请问总理阁下，你们堂堂中国人，为何还用我们美国的钢笔呢？”周总理听出了他的言外之意，庄重而又风趣地答道：“提起这支钢笔，话就长了。这是一位朝鲜朋友的抗美战利品嘛，作为礼物赠送给我的。我无功不受禄，就拒收。朋友说，留下做个纪念吧。我觉得有意义，就收下了贵国这支钢笔。”那个记者听后，一脸窘相，愣了半晌也说不出话来。

如果对方来势汹汹、盛气凌人，前来指责辱骂你，而你确信真理在手，则应保持藐视的目光、冷峻的笑容，让他尽情地发泄个够，而不予理会。有时沉默无言的蔑视，能力胜千钧，抵得上千言万语。假如有人冲着你横眉竖眼，恶语中伤地骂道：“你这个人两面三刀，专门告我的阴状，想踩着别人的肩膀往上爬，没门！”如果你心中无愧，完全不必大发雷霆，不妨解嘲地反诘：“哦！是真的吗？我倒要洗耳恭听。”然后诱使谩骂者说下去，直到对方找不到言辞了，你再“鸣金收兵”。在这种情况下，你以温文尔雅、彬彬有礼的方式笑迎攻击者，显然比暴跳如雷、大动肝火要好。

假如有人以半真半假的口吻问：“你得了一大笔奖金，该‘发财’了吧？”如你避实就虚地回答：“你也想吗？咱们一块儿干。”话语中带点阳刚锐气，别人再问，也不好意思了。

你刚被提拔到某领导岗位，有人对此揶揄道：“这下你可平步青云、扶摇直上了吧！”你听了不必拘谨，可一笑了之：“是这样吗？你算得这样准？”用这种不卑不亢的应酬方法，立即使对方语塞。如果你过于计较，说出一大堆道理，倒显得太认真，反而适得其反。

如果有人用过于唐突的言辞使你受到伤害，或叫你难堪，你应该含蓄以对，或装聋作哑、拐弯抹角、闪烁其词，或顺水推舟、转移“视线”、答非所问，谈一些完全与其问话“风马牛不相及”的事。用这种委婉曲折的方法反驳对方，一定会取得奇特的功效。

有的时候，可能会遇到棘手的问题。对此，若以幽默诙谐的方式回答，往往会化险为夷，改变窘态。在山重水复疑无路时，转为柳暗花明又一村，使难堪局面消失在谈笑之中。

多说两个对不起，可化解瞬间爆发的火气

戴尔·卡耐基时常带着自己心爱的小狗，到家附近的森林公园去散步。为了保护游客的安全，这个公园有个规定，必须为狗戴上口罩，拴上链条，才可以进入公园。一开始，卡耐基按照规定遛狗，可是看到自己爱犬的可怜的模样，很不忍心，于是就将口罩和链条取下，让爱犬无拘无束地在公园里玩耍。

没想到这被一位公园警察看到了，他走了过来，对卡耐基说："你没有看到公园门口贴的公告吗？"

卡耐基争辩道："噢，我的狗是不会咬人的。"

警察一听，厉声警告卡耐基："法官可不会管你的狗会不会咬人，下次再被我看到，你自己对法官说去！"

过了几天，卡耐基一大早就带了爱犬，到公园里一处很空旷的地方溜达，看看四下无人，于是又将狗的口罩和链条取了下来。

说来也巧，上回碰到的那个警察，不知从哪里又钻出来了。卡耐基见到警察慢慢地走过来，心想大事不妙，这下准逃不掉了。根据上次的经验，和他争辩只会让他更恼火。

卡耐基想了想，以满面羞愧的表情迎上前去。

他故意很难为情地对警察说："警官，对不起，你才警告过我我又犯错了，我有罪，你逮捕我吧！"

警察愣了一下，笑意爬上了原本严肃的脸庞，他很温和地对卡耐基说："我知道谁都不忍心看到自己的狗可怜兮兮的模样，何况这里没有什么人，所以你取下了口罩。"

卡耐基轻声回答道："但是，这样做是违法的。"

警察望了望远处说："这样吧！你让小狗跑到那个小丘后头，让我看不见，这件事就算了。"

"对不起"这三个字看来简单，可是它的效用，不是别的字所能比拟的。这三个字，能使顽固者点头，能使怒气消减，甚至能化敌为友。

你在汽车上踩了别人的脚，说声"对不起"，被踩的人自然不会计较什么了。若因为你的过失，使别人吃亏，而你还不承认自己的错误，好像别人吃亏是咎由自取似的，这就不能使别人原谅你了。

消除厌恶感，避免伤害对方的感情，最聪明的办法是：自己谦逊一点。自己有过失的时候立刻道歉，别人会给予宽容。

"对不起"三个字，意思无非是让别人占上风。你既然让他占了上风，他还有什么更多的要求呢？息事宁人，善莫于此。

从刚懂事起，父母、老师就教导我们要诚实，要勇于认错，要知错就改。想想小时候养成了一个多么好的习惯啊，而长大后却逐渐生疏起来。看看我们的周围，经常可以听到"我不会……因为遗传……""我迟到，因为……""我的计划没完成，因为……"等。即使错了，"对不起"之类的话我们也难以说出口。面对同事和朋友，我们拉不下脸面，怕被瞧不起；面对长辈和领导，我们怕失去信任；面对小辈，我们怕失去威信；面对客户，我们怕承担责任……正是在这些害怕中，我们一点点地丧失勇气，迷失自己。更重要的，容易让人感到我们没有修养。

点点滴滴的失误，在我们工作中真的发生了很多很多，可我们并没有及时地说"对不起"，我们忙于找借口来拒绝承担自己的责任。

说了对不起，认了错就真的会被瞧不起，会被认为能力差，会丢面子，会得不到信任，会失去威信吗？我们都知道，多少夫妻之间的相濡以沫，多少同事关系的一如既往，关键皆在于：双方能坦然地承认自己错了。卡耐基有名的人际关系原则中有一条：如果错在你，应当立即、断然地承认。我们要认识到认错并不会丢面子，也不会说明你能力差，相反，它还能证明你是个有勇气的人，大家也都会喜欢一个勇于承认错误的人。

用点小智慧可化危机、解难题

1. 小智慧化危机。

话说明太祖朱元璋刚刚建朝不久的时候，江苏嘉定地区有个富豪名叫万二，是元朝的遗民。有一天，一位刚从京城回来的朋友来访，他便抓着机会，请这位朋友说说在京城的所见所闻。

朋友口沫横飞，兴冲冲地说将起来，万二当然听得津津有味。接着，朋友还说起，最近京城流行一首据说是皇帝朱元璋自己写的诗，京城人都觉得很有趣，于是便顺口吟唱起来："百僚未起朕先起，百僚已睡朕未睡；不如江南富足翁，日高五丈犹披被。"

意思是说，皇帝天天做苦工，比文武百官还要晚睡早起，而与江南富翁们的舒适生活，更是没得比了。

这首皇帝自我叹气的"苦命诗"，说起来煞是新鲜有趣，但万二听在耳朵里，却有些毛骨悚然。听完之后，万二脸色大变，心中大感不妙，暗自感叹说："或许，大祸即将临头！"

朋友谈兴还浓，没有结束的意思，万二却已经坐立不安了，什么有趣的话题，听起来不但索然无味，还觉得多余了。急急送客之后，万二二话没说，便立刻进行逃命计划，除了迅速将家产托付给仆人管理之外，还马上找人买了一艘船，带着细软、载着家人，远走他乡，避祸去了。

就在万二隐姓埋名、避居山林不到两年的时间，众多江南大族的家产果然陆续遭到毒手，没收的没收，抄家的抄家！很少人能够像万二这样幸免于难，得到善终的。

其实，万二也就是有点小聪明，相比杨修，他的小聪明是用对了时机。在改朝换代初期这个大背景下，万二保持着对政治动向的敏感度，所以能从皇帝的一首诗中看出杀机，忙找退路，最后才能化解危机，保得平安。

2. 小智慧解难题。

诸葛亮生于东汉末年，少年失去了父母，跟随叔父从琅琊（今山东临沂市）辗转迁徙到荆州襄阳（今湖北襄樊市）。在这里，他投师于当地名士水镜先生。

一次，水镜先生叫诸葛亮清炖一条鲤鱼。鱼炖好了，接着又叫他挑水。诸葛亮很快就挑着满满一担水回到了厨房。一进门，却见水镜先生正对着一班弟子发脾气。原来，刚炖好的鱼，不知被哪个弟子吃了一半，十几个弟子谁也不承认自己偷吃了鱼。诸葛亮见状，眼睛一眨，假装惊慌地扔下水桶，跑到水镜先生面前，大声说："坏了，坏了，要出人命了！那鲤鱼是用荆芥炖的，荆芥炖鲤鱼就是八步断肠散，我是用它药野猫子的呀！"

他这么一说，有个弟子顿时变了脸色，"扑通"一下跪倒在地，大声喊道："先生救命！先生救命！是我偷吃了鲤鱼！"

水镜先生见此情景以为真的要出人命了，急得手上直冒汗。他正想吩咐弟子去取解毒汤，却发现一旁站着的诸葛亮不但一扫脸上的惊慌，还独自偷笑。水镜先生恍然大悟：原来这是诸葛亮用的一条计策呀！

从此，水镜先生对诸葛亮更加厚爱，将平生的本事和学问毫不保留地都传给了他。

诸葛亮这也是略施小计解决了难题。同样，在生活中看准时机用点小心思的话，有时会让剑拔弩张的气氛化为一片祥和。

王彬的母亲和妻子发生了口角，长达一周谁也不理会谁。典型的婆媳矛盾没有难倒王彬，他模仿妻子的笔迹给母亲写了个留言条，留言中坦言是自己的不懂事惹婆婆生气，请求原谅。老人家看了留言很是感动，立即对儿媳妇好了起来。儿媳一看老人都这样，自己还有什么好说的呢？就这样，王彬灵机一动的聪明和善意的欺骗，使其家庭生活又恢复了和睦。

不仅如此，和朋友、同事等都可以"聪明"地相处。磕磕碰碰的小事情在适当的方法面前，会灰溜溜地逃走，大家自然会在心照不宣中一笑泯恩仇。当然这种聪明应酌情使用，不要沦为故弄玄虚的无聊举动，不能滥用，否则就是聪明反被聪明误的后果了。

巧用谐音，反贬为褒，不失为一剂良策

谐音，是指利用语言的语音相同或相近的关系，有意识地使用语句的双重意义，言在此而意在彼。谐音的妙用，在于能让人把话说圆而摆脱困境，甚至化险为夷。因为许多字词在

特定场合中，用本音是一个意思，而用谐音则成了另一个意思。

据传，从前有个宰相，他有一个名叫薛登的儿子，生得聪明伶俐。当时有个奸臣金盛，总想陷害薛登的父亲，但苦于无从下手，便在薛登身上打主意。有一天，金盛见薛登正与一群孩童玩耍，于是眉头一皱，诡计顿生，喊道："薛登，你像个老鼠一样胆小，不敢把皇门边上的桶砸碎一只。"

薛登不知是计，一口气跑到皇门边上，把立在那里的双桶砸碎了一只。金盛一看，正中下怀，立即飞报皇上。皇上大怒，立刻传薛登父子问罪。

薛登父子跪在堂下，薛登却若无其事地嘻嘻笑着。皇上怒喝道："大胆薛登！为什么砸碎皇门之桶？"

薛登想了想，反问道："皇上，您说是一桶（统）天下好，还是两桶（统）天下好？"

"当然是一统天下好。"皇上说。

薛登高兴得拍起手来："皇上说得对！一统天下好，所以，我便把那只多余的'桶'砸掉了。"

皇上听了转怒为喜，称赞道："好个聪明的孩子！"又对宰相说："爱卿教子有方，请起请起！"

金盛一计未成，贼心不死，又进谗言道："薛登临时胡编，算不得聪明，让我再试他一试。"皇上同意了。

金盛对薛登嘿嘿冷笑道："薛登，你敢把剩下的那只也砸了吗？"

薛登瞪了他一眼，说了声"砸就砸"便头也不回，奔出门外，把皇门边剩下的那只木桶也砸了个粉碎。皇上喝道："顽童！这又如何解释？"

薛登不慌不忙地问皇上："陛下，您说是木桶江山好，还是铁桶江山好？"

"当然是铁桶江山好。"皇上答道。

薛登又拍手笑道："皇上说得对。既然铁桶江山好，还要这木桶江山干什么？皇上快铸一个又坚又硬的铁桶吧！祝吾皇的江山坚如铁桶。"

皇上高兴极了，下旨封薛登为"神童"。

谐音是一语双关的表现形式之一。在上面这个例子中，薛登之所以能够化险为夷，就在于他巧妙地运用谐音把话说圆了。

有时候出错是不好掩盖的，因为欲盖弥彰。这时候需要的是打破那种不快的气氛，让大家都能够释怀。用谐音把话说圆，就是让大家释怀的一种好方式。

第八篇

悟透玄机，纵横职场

- 职场智慧，如鱼得水
- 揣摩心理，巧妙迎合
- 广结善缘，以静制动
- 刚柔相济，攻心为上

第一章 职场智慧，如鱼得水

穿上“傻瓜外套”，做最容易生存的员工

有人说，“傻”员工总是小事上吃点亏，大事上被机会“缠住”。“傻人有傻福”，的确是这样。

在很多公司里，那些看起来并不出色，平时表现也很一般，既不善于交际，也不会拍老板马屁的员工，却往往容易得到上司的重用，不是加薪升职，就是委以重任。为何老板都对“傻”员工“情有独钟”？

其实，“傻”员工一点也不傻，他们中很多都是能说会道，能言善辩之人，他们知道做一个“傻”员工，更容易在职场这个复杂多变的环境中生存下去。“傻”人给人一种对人真诚、待人厚道、做事本本分分的印象，也许在许多方面他们表现得技不如人，有很多缺点，但是往往能获得比常人更多的帮助和青睐。他们做事本分，不投机取巧，所以能得到上司的青睐。

一个人如果表现得过于精明，喜欢人前人后显摆，事事想占先，好占便宜，耍小聪明，搞小动作，搬弄是非，自以为才高八斗，抱怨怀才不遇……往往会遭到同事的嫉恨，遭到上司的反感，到时可真是要怀才不遇，自找“亏”吃了。

赵梦是一个高职毕业生，她在一家本科生云集、研究生成群的大公司里从前台接待做起，三年内从一个貌不惊人的小职员迅速跻身为部门经理，创造了最快的升迁神话。当人们问她升迁秘密时，却意外地发现，赵梦的成功靠的不是别的，而是一股“傻气”。

公司规定，每到年末，员工们都要写一份年终述职报告，将自己全年的工作情况形成书面总结，既要总结经验，也要制定目标，提出建议。公司里近千名员工都把这个举动讽刺为最大的形式主义。

就是这样一个形式主义，赵梦却开始一个字一个字地敲键盘打自己的工作报告，很多老员工们对她说：“别傻了，从网上下个改改就得了。上千份报告摞起来比老总的个子还高，他会看吗？肯定最后卖了废纸。”

赵梦笑了笑，没有理会，继续敲打。因为她工作了一年，确实有很多感受，也想借此机会提出建议和设想。

于是，赵梦每天晚上下班回家，饭后第一件事就是冲到电脑前准备自己的工作报告，她要把自己对公司现状的看法和今后的发展建议详细的表现出来。她搜集整理各种材料，绘制图表。一周之后，一本制作精美的年终总结被送到了老板的办公室。彩色封面上是公司的标

志和宗旨，扉页上有目录和提要。正文分为三个部分，分别是“我的工作”、“我的看法”和“我的建议”。每一部分都配备了详细的数据和直观的图表，还用漫画形式展示了公司存在的不良作风和浪费现象。从这份总结中不仅可以看出赵梦的用心和耐心，尤其是她态度诚恳的建议和充满激情的设想让老板感觉到一个员工对公司的主人翁心态。

三天后，老总把赵梦叫到办公室，说：“无论是你第一次来应聘，还是这次写总结，都给我留下了深刻的印象。报告我看了四遍，你看问题很准，思路也很清晰，设想很有创意，但我更欣赏你对公司对工作的那份责任感，你也许需要一个更合适的岗位，好好干吧。”

就这样，赵梦从一个傻乎乎的前台接待一跃成为了部门经理，在自己的职场这条路上越走越宽。赵梦真的“傻”吗？毫无疑问，她比谁都更有能力，只是一直隐藏着自己的才能，默默地努力，踏实地做事，暗自找机会把自己的才能暴露给上司。

一个穿着“傻人外套”的员工，不会遭人嫉妒，不会惹上司生气，在自己前进的途中会少很多阻力。不仅更容易生存，还会生存得很美很灿烂。

装傻充愣，化解矛盾

在职场中，最受欢迎的往往不是那些最精明强干的同事，而是那些看上去有些“傻里傻气”的同事，这是怎么回事呢？其实，在人们的潜意识里，没有人会喜欢跟比自己强的人待在一起。因为这样自己无形当中就会感受到一种压力，而精明强干的人就会给人这种感觉。但那些看上去“傻里傻气”的人却会让别人感觉舒服，而且他时不时冒出来的“傻问题”，还会给大家增加笑料。所以，这种“傻里傻气”的人会比精明强干的人更受欢迎，更能被大家接受。看看下面这个故事：

“王总您好，昨天我交给您的文件签了吗？”王总想了想，然后翻箱倒柜，最后摊开双手：“对不起，我从未见过你的文件。”

小张今年刚毕业，这是他的第一份工作，所以他很卖命，昨晚加班加点把文件赶了出来，并放到老总桌子上等着签字。

听到老板说没看到文件，小张解释说：“我明明把文件放到你桌子上了啊，而且我还留了个条给您呢。”

老板一脸的不悦，没说话就出门了，留下小张傻傻地站在那里，不知如何是好。

与小张同来的还有一个同事小吴，有一次，小吴也碰到了这样的情况。但小吴并没有像小张那样回复老板，只听他说：“可能是我记错了，我回去再找找那份文件吧。”

于是，小吴回到办公座位上，把电脑中的文件重新调出来再次打印。当他再把文件放到老板面前时，老板连看都没看就签了字。

其实小张、小吴的文件都交给了老板，老板不留神弄丢了，但身为老板又不能说自己不注意，把文件给丢了，所以才会出现上面的一幕。

同样的问题，不同的做法，产生了不同的结果。老板是你的上司，说不好听一点，你得靠着他吃饭。工作中受点委屈，你不需要解释，像小吴一样装装傻，把事情揽到自己的头上无疑是最好的做法。

在工作中，经常看到有一些说傻话，问傻问题的同事受到欢迎。而自认为自己什么都懂的人，有时候反而不受欢迎。所以，不管在老板面前，还是在同事面前，特别是在职位比你低的同事面前，不妨装装傻，问一些你懂的问题，多向他请教请教，借此也可以跟他交流，这会让他觉得很高兴。一举两得的事情，我们为什么不做？

晋升不能靠等待，要懂得抓住机会

对于职场中期待晋升的人士，最大的苦恼在于找不到一个晋升机会。其实机会不是仅仅靠等待就能得来的。常常听到人们感叹机会的难得，殊不知有些时候机会也要靠有心人去主动制造，但同时，机会一旦出现就要牢牢抓住，没有抓住的永远都不能叫做机会。

要抓住机会，首先要拥有一双能够抓住机会的眼睛。

机会常常改装打扮以问题的面目出现，如对某一重要问题的解决，本身就为某下级的晋升提供了良机。要抓住机会并获得机会需要我们用心去做，下面几点也许会让你有所收获：

1. 上班不要发牢骚。

当你有艰巨的工作任务时，应尽力去做好，不要牢骚满腹，让别人觉得你没有能力应付这项工作，或觉得你根本不知从何做起。因为许多公司只会留意并晋升那些不嫌工作量多的人。

2. 在办公室中别让老板等待。

任何人都不要忘记老板的时间比你的更宝贵。当他给你一项工作指标时，这项工作比你手头上的更重要。当他走近你的办公桌时，如果你正在与别人通话，让老板等待，哪怕是短短的十几秒，也是对老板欠尊重的表现。如果电话中是你的客户，当然不能即时终止对话，但你需要让老板知道你已知道他在等你，例如给他使个眼色，用口型说出“客户”或写张小便条给他。

3. 助老板一臂之力。

当公司要考虑发展大计的时候，正是你显示才华的机会。如果你能花时间认真思考，提出一些颇有建设性的意见，老板自然会对你另眼相看，你被提升是预料中的事。

4. 处事不惊。

处事冷静的人很多时候会有好处，并得到称赞。老板、客户甚至其他同事会对处事不惊的人另眼相看。如果时常保持镇定，心理上可随时对付难题，自信心也会增强，晋升的机会自然大增。另一方面，一个行为举止闪烁和害羞的人，只会令人对其办事能力失去信心。处事不惊要讲究个人的素质和多临阵考验，所以要敢于去处理突发的难题，处理多了，你的应急能力便会加强，当然那个时候你就会处事不惊了。

5. 要有后备计划。

不要以为所有事都如你想的那般顺利，无论何时都应作最坏的打算。准备一个随时可以实施的后备计划，届时就不会手忙脚乱了。此外，当老板要你跟随他出差办公时，替他想想是否有遗漏的物件或材料，而你自己也可以考虑一下主攻的目标是什么，他的实施方案是什么。多准备一些应变的方案，供他参考，这种未雨绸缪的做法可以换来老板对你的赞赏和信任。

6. 学会亡羊补牢。

当一个重要的报告给客户后，你突然发现了错误，这时你应当快速地了解情况，查明问题所在，并设法补救。若采取鸵鸟政策，期望问题消失，只会令你更加狼狈。

7. 在会议中表现自己。

如果情况允许，选择会议室里显眼一点的位置，不要等待发言机会，因为这机会未必存在，要在适当的时机争取发言。只说有事实根据的重点，省略不必要的枝节。避免说一些抽象或不切实际的话，例如“我希望”、“我觉得”、“应该会”等等。

机遇和时间一样是来去匆匆的。如果你不牢牢地将其抓住，那么，它将和时间一起从你的指间滑落，留给你的将只是无聊的怅惘和遗憾。因此，职场中的你应该擦亮眼睛，看准时机，并主动把握时间，必要时创造机遇，做一个实实在在的“机会主义者”。

故意在明显的地方留一点儿瑕疵

这一招运用到职场，就是要让对方看到你的小缺点。留一点儿瑕疵，让人一眼就看见“他连这么简单的都搞错了”。这样一来，尽管你出人头地，木秀于林，别人也不会对你敬而远之。一旦他发现“原来你也有错”，反而会缩短与你之间的距离。

乔波在某钢厂宣传处工作。有一天，处长突然叫他整理一个劳动模范的先进事迹。据知情人士透露，这其实是一次考试，它将关系到乔波是否还能继续在机关待下去。本来对这样的材料，他并不感到为难，但有了无形的压力，便不得不格外用心。他熬了一个通宵，写好后反复推敲，又抄得工工整整。第二天一上班，就把它送到了处长的桌子上。

处长当然高兴，快嘛，字又写得遒劲、悦目，而且在内容、结构上也没有什么可挑剔的。可是，处长越看到最后，笑容越收紧了。末了，他把文稿退回，让他再认真修改修改，满脸的严肃，真叫人搞不清什么地方出了差错。乔波转身刚要迈步，处长像突然想起了什么似的说："对，对，那个'副厂长'的'副'字不能写成'付'，改过来，改过来就行了。"就这么简单！处长又恢复了先前高兴的样子，一个劲儿地夸道："写得快，不错。"考试自然过关，还是优秀哩！

原来，乔波怕自己写得太好，盖住领导的光芒，故意写了一个错别字，把副写成了"付"。

有时，人们要学会适当地犯一点无伤大雅的小错误，不要在同事、领导面前显得过于完美。比如说上级派你去办一件事情，在事情还没有办完之前，你就不能打包票说一切都没有问题。即便真是没有一点问题，你也要向上级说中间有一点点的小问题，在过程当中还是会遇到一点点的小困难等。否则，上级肯定会认为你在吹牛，降低他对你的信任度。

人不是上帝，都不完美，都会犯一些错误。为了不断地完善自己，你必须给人以批评你的机会。

安德烈耶维奇·法沃尔斯基是前苏联现代艺术家和写生画家，被誉为"苏联人民艺术家"。

他是现代木刻艺术学校的创始人，曾做过建造纪念碑的建筑和剧院美术指导。法沃尔斯基的作品的特点是含义隽永、形象鲜明，在木刻艺术上更是鬼斧神工，于1962年被授予列宁奖金。然而，每当法沃尔斯基给一本书画完插图后，他总是在其中一幅画的角上不伦不类地画上一只狗。毫无疑问，美术编辑一定要他把狗去掉，而法沃尔斯基却固执己见，非要保留这只狗。当争论达到白热化的程度时，法沃尔斯基就做出了让步，把画面上的狗涂掉。到这个地步，一般来说，美术编辑的愤怒就烟消云散了，绝不会再提出什么挑剔的要求。因为编辑的自尊心得到了维护，也就心满意足了：编辑的任务无非是修改一下作品。但更满意的是法沃尔斯基本人，他的巧计成功了——画将以他所拟定的形式出版。如果没有编辑所诅咒的那条用做诱饵的狗，编辑还不定要在画上改什么呢！

其实，在与他人相处时，适当地把自己安置得低一点儿，就等于把别人抬高了许多。当被人抬举的时候，谁还有放置不下的敌意呢？既然人不是上帝，那么适当地犯点小错，相信人人都能够谅解。并且，你的这些小错误也给了别人自尊心上的满足。这样，别人才不会因为嫉妒而攻击你。表面上看来，犯错是不好的，但实际上却是给自己搭了一个获得好人缘的梯子。所以，在与同事、领导相处时，我们不妨恰当地暴露一下自己的缺点，在明显的地方留一点点瑕疵。

绝对不可当猛虎，否则会被赶出森林

不管你是不是猛虎，当你被人当成猛虎的时候，你就可能被赶出森林。

可以这样来比喻：一座宁静安详的森林，各种动物各安其所，各取所需，虽有小冲突，但却也相安无事，彼此之间构成了一个稳定的生态圈。有一天，一头猛虎闯了进来，于是动物们不得不改变栖息地和觅食方式。由于猛虎的扑杀，某些动物逐日减少，于是生态圈受到破坏，并且进行改变、重组……

在一个单位里，经过长时间的互动，个人与个人之间，部门与部门之间，自然也会形成一个"生态圈"，彼此共生共存，利益共享。他们安于这种环境，不想改变，也无力去改变。谁想改变，谁就会成为"公敌"。

若某人的才干使其他人相对显得"无能"，这会使他们心里很不是滋味。如果他的才干没有获得赏识，那么彼此就可相安无事；若获得赏识，那么势必引起生态圈的震荡，切断了他们的“食物链”，使得有些人丧失既得利益，甚至暴露出他们的不法行为！

此人才干，就犹如闯入森林的猛虎那般！

最好的方法，当然就是把此君赶走！

当然，赶不赶得走也得看当事人的态度，以及他有没有犯错。但无论如何，这种对“闯入者”施予“驱逐”手段的人性是绝对存在，而且是普遍存在的！

因此，不管你才干如何，初到新的环境，必须要有“莫扰乱该地生态圈”的认知，除非你有力量、有把握，也愿意面对这种人性现象，否则一定要谨记下列原则：

——姿态放低。否则连工友都会找机会欺负你！

——才干暂隐。切勿初来乍到就自以为很行，应慢慢展露才华，消除他人的戒心，才不会引起抗拒！

——广结善缘。“人和”是此阶段最重要的一件事。和大家打成一片，不但可获助力，也可察知他们彼此之间的利害关系及矛盾。

总而言之，不外“客气、谦虚、内敛”六字。切勿把自己当“猛虎”，更不可让别人把你当成“猛虎”！动物对“猛虎”无可奈何，只能跑只能躲。人对有才干的“猛虎”，是会动刀动枪的！

想不被排挤，就要尊重单位里的老前辈

年轻人，尤其是刚被提拔的年轻上司一定要尊重单位里的老前辈，肯定他的贡献。但要记住一点：业务上要强于他，让他心中服气，让他明白你的晋升是靠实力，而不是靠关系爬上去的。

在工作中，与同事搞好关系十分重要。人际关系搞不好，工作就不好开展。有这样一位职员，工作年限不长，但能力很强，深受领导赏识，很快就被提升为部门主管。但是下属中有位老职员，仗着自己资格老，以前有功劳，对他不服，让他很难办。遇到这种情况该怎么办呢？

要想改变这种境况，必须首先认清一点：每个人都自我感觉良好。认为自己并不比别人差，对别人不服气是正常心理。所以，年轻主管必须遵循一条准则，尊重他的优点，承认他的优势，慢慢解开他心里的疙瘩。

战国时候的廉颇和蔺相如就曾有这样的矛盾。蔺相如本来是赵国一名宦官的门客，地位低下，因为偶然的机会才为赵王所知。赵王派他带着和氏璧出使秦国，他不辱使命，出色地完成了任务。从此以后，他接连被提拔，简直比坐直升机还快。最后官拜上卿，名字排在廉颇之前。

这下廉颇很不服气了，说：“我是赵国的将军，有攻城野战、保卫国家的汗马功劳，可是蔺相如仅仅靠耍嘴皮子立了一点功，他的爵位却在我的上面。况且，蔺相如出身低微，他原来不过是太监总管手下的一个舍人。我同一个出身低贱的人担任同样的职务，实在是感到耻辱，而且现在还要我做他的下手，这让我简直受不了。”他对外扬言：“我如果碰到蔺相如，一定要羞辱他一番。”

蔺相如听到这些话后，总是避免和廉颇见面。每次朝会的时候，蔺相如常常假托有病，不愿和廉颇争位次的先后。后来有一次蔺相如外出，远远看见廉颇来了，蔺相如立即把车子掉转方向躲避，门客对此不解。

后来蔺相如对自己的门客说：“其实我哪是怕廉将军啊，我是为了国家着想啊。现在强秦之所以不敢发兵来攻打我们赵国，只是因为我和廉将军两人还活着。两虎相斗，必有一伤。我之所以忍辱退让，是由于我首先考虑到国家的患难和安危，而把个人之间的仇怨摆在次要地位。”

这话传到廉颇的耳朵里，廉颇毕竟是个正直的人，感到很惭愧，觉得自己的境界实在太低了，于是真诚地负荆请罪，两人终于和解。

新主管面对老的资深同仁，要以敬重、真诚的态度对待。比如，在聚会时，表示敬重之意，真诚地赞美他们为公司作出的贡献。在工作中不懂的事要和他商量，不能因为对方职位不高或生性老实而有失敬意。这种人对公司上上下下很清楚，听他讲讲公司的历史，对新主管也是有益的。如此一来，年轻主管不但加深了对公司的了解，而且在老员工及众人心中，也能留下好的印象。

如果职员在晋升之前，和资深下属搞好关系，表示出你对他的关心，在他需要帮助时，热心支援，他会支持你今后的工作的。

当然，最重要的一点是：业务上要强于他，让他心中服气，让他明白你的晋升是靠实力，而不是靠关系爬上去的。

初涉职场的年轻人最易犯的毛病就是妄自尊大。心高气傲，这在职场里是要不得的。职场中的每一个人都需要有一种踏实沉稳的实干精神，更何况年轻人在“老前辈”面前呢？要在职场丛林里生存并发展，一定要先学会低头，这样才能赢得和谐的人际关系，为自己的发展奠定良好的基础。

不拉帮结派搞团体，上司才会欣赏你

职场中真正的聪明人、老实人，应凡事做到光明磊落、大大方方，拒绝拉帮结派。这样，你的上司才会欣赏你、喜欢你、重视你，你才可能在职场中有所发展。

家族、氏族、老乡、江湖义气等宗派主义观念在中国根深蒂固，人际关系在中国已经被很多人所重视。我们不得不承认，在旧体制下，由于产权关系混乱，这一套还有很大的市场，以前有一句名言反证了宗派主义的重要性：“你有天大的本事，老子不用你，奈何？”但随着中国经济的发展，随着以产权明晰为首要特点的现代企业制度的建立，这一套陈旧的东西已经过时了。能人走到哪里都受欢迎，庸人到哪里都吃闭门羹。

但有些人，特别是那些对自己的能力不自信的人，观念很难与时俱进。不管到哪里，老是喜欢拉关系，找后台，抱大腿，拉帮结派。也许你短时间内可以如愿以偿，但这样的关系不可能长久，别人完全可能因为你的平庸而受到拖累，那么原本脆弱的友谊，也就顷刻间土崩瓦解了。

宗派主义兴风作浪，只会使人际关系复杂化，降低工作效率。作为组织领导，要时刻警惕宗派主义，对于任何拉帮结派的苗头和企图，都要毫不手软地打压和扼杀。

王非是刚刚毕业的大学生，他自称自由派知识分子，比较超脱，乡族观念、宗派观念很淡漠，这主要和他在大学时同乡会中的境遇有关。本来远离家乡，老乡之间互相关照也没有大的过错，但他看不惯那种没有原则的交情，很多都蒙上了一层私利，甚至发生了“两眼泪汪汪，老乡整老乡”的事件。这一切和他的自由主义精神直接冲突，他以为人与人相处的前提应该是志趣和价值观，而不是地域和血缘。所以他对那些以此来和他套近乎的人保持着异常的警惕，接触一下，可以结交的结交，无法结交的就疏远。

他刚刚踏进一家报社的门，就敏锐地觉察到人事上的刀光剑影，各个部门内都分别以地域、学校等渊源划为几个派别，工作中处处磕磕绊绊，甲说东，乙偏要说西，并不是为了原则，而是为了“立场”，即纯粹是为了反对而反对！老总为了维持运转，只好找平衡。王非只求将本职工作做好，拒绝加入任何一方，成了双方都不欢迎的人。他同老总谈了一次，老总虽然也感到头疼，但由于体制的原因，他也无能为力。报社也在这样无休止的内耗中一天天衰败下去，他觉得不顺心，便离开了这家报社。

后来，他加盟一家私企后发现，这里面几乎就没有那种现象，老板根本就不会迁就任何搞宗派主义的人。任何事情都是对事不对人，公司业务发展得蒸蒸日上，如火如荼。于是，他便很顺心地在这家公司待了下来。

在组织里，由于你与几位同事合作比较密切，又比较谈得来，于是你们几个人便经常聚在一起。久而久之，你们的情谊越来越深，工作上也只为你们几个人的利益考虑，把组织利益放在一边，甚至为了你们的小集体的事而违反组织的规章制度。就这样，在组织里其他同事的眼中，你们形成了一个小帮派。

你可能还在为自己的好人缘而高兴，殊不知，你们此时已经使组织领导感到不舒服了。只要你仔细观察一下，就会发现领导不喜欢那些搞小帮派的人。如果你与他们走得太近，你可能就会受到牵连。你必须从小帮派中退出来，否则，一旦领导把你当成小帮派的一员打入黑名单，你后悔都来不及了。因为领导对小帮派总有不信任感，对小帮派里的人会有很多顾虑。他会认为小帮派里的职员公私难分，如果提拔了圈内的某个人，而与之关系好的“哥儿们”可能会得到放纵，对组织的发展不利，对其他职员也不公平。

另外，领导会担心小帮派里的人不忠诚，经常聚在一起的人脾气相投，若领导批评其中的某个职员或某个职员与其他同事发生冲突，这几个人会联合起来对付上司，影响组织团结。

揣着明白装糊涂——更胜一筹的职场生存策略

常言道：“难得糊涂。”在办公室中，很多时候，有些事情是并不需要完全弄明白的，或者说，自己心里明白即可，嘴上还是糊涂些好。

装糊涂是一门高超的处世艺术、收买人心的策略。身在职场，尤其是处于管理层的人员就要懂得运用这一方法，如员工在某一件小事情上做错了，你就应该原谅他，包容他，给他留个面子，那么这个员工会很感动，会对企业更忠诚。相反，如果你过分批评和惩罚员工，他们反而会为自己的过失找借口。所以，一个成功的管理人员应该做到大事认真，小事糊涂，不与下属斤斤计较。

其实不光是领导，作为一个普通的员工，我们也需要适时装糊涂。如前面所说，老板忘记把材料放到了哪里，我们不需要为自己辩解，装下糊涂，就说自己记不清了，然后再重新拿一份来，不就完事大吉了嘛；有时候，同事挨了处分，面子上过不去，我们就不要去安慰，装作不知道，反而会更好；一个问题，明明你是对的，但同事说错了，我们不要去说破，装装糊涂，在同事知道了正确的答案后，心里会比谁都清楚，无形中你们的关系也会被拉近，等等，这样的糊涂难道不值得我们装一装吗！

然而，在现代的职场中，我们常常会看到一些为了小利而斤斤计较的人。他们总是精于算计，可是到最后没有获得大的利益不说，还让周围的人感到厌烦。其实，很多事情并不是你善于计较就能够成为最大的受益者的，有时候揣着明白装糊涂才是运营的最佳手段。

想获得提升，早做准备是上策

在自然界里，静止是相对的，工作也是如此，因为工作就是向一个永远也不能彻底达到的目的接近。现实生活中，每个人都规划了自己的职业之路，都希望自己的职业生涯一片光明。要想达到这个前景，每个人在规划自己的职业生涯时，需要考虑多方面的因素，而这些因素都将成为你晋升路上的“粮食”。只有早“下手”，晋升之梦才能早日实现。

作为职场人士，你可以享受到的待遇除了薪资优厚外，还有相对的各种福利，也就是工作的附加价值。或许你认为目前公司所支付的薪金根本不足以匹配你的身价，你也另有打算，想换个高薪的工作环境，但切记要三思而行。若仅有高薪而缺少应有的福利，比如公司不愿支付额外的生产补贴或是假期补助，劝你还是打消此念头。你要时刻为升职加薪做准备，循规蹈矩是不能创造升职机会的，因为天上不会掉馅饼。只有不断地寻找和创造机会，才能达到升职的目的。要想得到机会，首先要为机会做好一系列的准备。常言说得好，“不打无准备之仗”，机会总是留给有准备的聪明人的。

1. 做好身体方面的准备。

要有良好的精神状态和健康状况。首先要有精神。精神是支柱，整天无精打采的员工是得不到机会的。其次要有健康的体魄。俗话说：“身体是革命的本钱。”如果没有这个本钱，再好的机会也将从你身边溜走。不论你多么有才干，如果身体素质差，老板是不敢将重任托付给你的。因为超强度的工作需要健康的体魄。另外，要保持强健的体魄，就要有充足的睡眠、适当的运动和均衡的营养，这三个保健要素，缺一不可。要坚持每年体检一次，及时发现潜在的病情，防患于未然。要坚持锻炼身体，生命在于运动这个道理人人都知道，但真正要做到就必须有恒心和毅力。

2. 发挥各方面的才能。

别老是专注于一项工作技能。否则，领导怕找不到合适人选替代你的位置，就不会考虑有关你的升迁问题。虽然专心投入一项工作是获得领导赏识的主要条件，但除了做好本职工作外，也要让领导知道，你具有各个方面的才能。在其他同事放大假时，你可以主动提出替同事处理事情。这样做，一则可以从中学到更多的东西，二则证明你对公司有归属感。

3. 做诚实的人。

老板最担心的是用错人。如果用一个只知道追求私利的人，就会给公司带来负面影响。因此，应让老板感到，你并不是追逐名利的自私之辈。你之所以要得到这个职位，是为了实现自己的理想，为公司获得更高的利益。所以无论成败与否，你都要表现出大将风度，不以一时成败论英雄，将眼光放长远一些，为下一个更好的晋升机会做准备。

当然，如果你是一个积极进取和自信的人，在一个理想的环境之下，遇到公司有高职位的空缺，如果你对这个职位有兴趣的话，也不妨按照以下的建议来做：

1. 了解该职位谁有资格胜任。所谓知己知彼，百战百胜。虽然了解别人并不一定必胜，但是最低限度。你能由此知道，需要拥有什么条件才能获得晋升，从而为晋升做好准备、打下基础。

2. 不妨让领导知道，你对该职位有兴趣，而且提出具体的论据，证明你有足够的资格胜任那个职位。实际上，不少领导为了选择合适的人大伤脑筋，而你这样做是在给他解决难题。正如毛遂自荐，你也需要具备一定的自我推销能力。过分含蓄和谦虚，在现代社会是不适用的，往往会成为前进路上的绊脚石。

3. 在平时要多为公司作贡献，而不是考虑晋升后能得到什么报酬，这一点很重要。领导最讨厌一味追求私利的人，他们觉得这种人过于自我钻营，实际上是华而不实，没有多少能力。假如把这种人提升到较高位置的话，会对公司的发展不利。因此，你应该让领导感到你是有很强的事业心和责任感的，让他觉得你之所以想得到较高的职位，是为公司的前途和利益着想，是为了实现自己的人生目标。

面对公司的“皇亲国戚”，有理也要吃“哑巴亏”

志强是一家公司的人力资源主管，但是因为得罪了“皇亲国戚”，受到领导冷落、同事孤立。于是，他将自己的苦闷通过信件的方式，向一位记者倾诉，以下是信件的内容：

Lydia：

你好。

最近实在太郁闷了，但又不知道该怎么排遣心中的抑郁。从一个朋友那里听到你对冷暴力的调查研究，冒昧给你写信，希望能得到你的帮助。

我之前一直在外企工作，来这家民营公司才三个月。公司里面有很多员工或是老板的亲戚或是经理的朋友，总之有很多人都不是靠本事来的，而是靠关系在这里当寄生虫。我十分反感和厌恶那种人，他们没什么真本事，但在公司里十分嚣张。公司的管理人员对他们也敬而远之。

作为人力资源部的主管，我一直都认为公正是最重要的，不公正的待遇对一些认真工作的员工而言是一种伤害，所以我在工作中力求做到公正。在年终绩效考核的时候，我按照章程实事求是地对那些“关系户”进行了考核。由于他们平时总是无所事事，并且无视公司的规章制度，经常迟到早退，有时候好几天都找不到人，更谈不上什么业绩了，所以我给他们的初步考评的成绩都很低，没有一个及格的。我自认为“秉公执法”，没什么不妥。

但是，当我把考评结果拿给部门主管看的时候，他相当不满意，狠狠地批评了我一顿，并且责令我重新考评。我觉得非常委屈，我是按规定办事的，并没有什么错。但当时无法抗拒部门主管的要求，只好重新做了一份绩效考核。此后我的工作更加艰难，那些“皇亲国戚”不时给我难堪，同事对我也不像以前那么热情了，我很苦恼。

志强是一个追求公正、按章程办事的人，按理说他没有什么过错。按照规章制度办事，看起来没有什么错误，但是在很多时候，很多问题并不能通过硬性的规章制度来解决。所以经常有人感慨：职场中人难做事，难做人。其实难就难在许多问题，特别是人际关系的协调上。不按制度办事觉得有违职业道德，按照制度办事又会给自己带来不少烦恼。因此，如何对待公司中有背景的员工是个很需要技巧的工作。对于这一点，刚走出大学校门或是长期在外企工作的人尤其应当注意。因为这一部分人往往对搞关系、私人权力超越公司制度等的做法不以为然，他们相信绝对的公平，认为个人权力应该为公司的规章制度让道。这些人往往性格耿直公正，但是他们处理问题的态度和方式在很多时候并不能收到理想的效果，有时甚至还会让自己卷入人际关系的旋涡中。

公司中有背景的职员犹如企业中的“皇亲国戚”，是一个特殊的团体。他们与领导的关系非比寻常，常常仗着自己的特殊身份在公司中搞特例。他们的存在往往给一般员工和中层管理者带来很大的困扰，有很多人对这种人心生埋怨、颇有微词。但由于他们跟领导有千丝万缕的关系，时常还能左右领导的决策，所以大家对他们敢怒而不敢言。还有的人想利用“关系户”与领导的特殊关系跟领导套近乎，为自己在公司的发展创造条件。他们会巴结讨好“关系户”，与他们形成利益联盟。

志强就是没有看清这里面的利害关系，得罪了这一类人。而且这还不是一个简单地损害一部分职员利益的问题，而是在一定程度上伤了老板的面子。因为那些“皇亲国戚”之所以能在公司工作，就是老板的意思。志强公然认为那些人没有在公司工作的资格，岂不是质疑老板的做法？在工作中能够按章程办事是一种美德，但有时候更需要变通。因为有很多规矩是不写入章程，但又必须遵循的，那就是人情世故的潜规则。

公司中难免会有一些潜规则，不损害“王公贵族”的利益，不与他们为敌，就是其中之一。这也是与公司里有背景的人交往的基本原则。千万不要在言语上刺激他们，也不要在利益上与他们发生纷争，尤其不要为所谓“正义”而揭发他们。这样做没有什么好处，相反只会害了你自己。

要较为安全地避开他们这片雷区，不要轻视和怠慢他们，同时也不要与他们交往过于密切，保持一般的关系就可以了。不管他们的为人怎么样，毕竟身份特殊。如果你跟他们走得很近，难免会有人认为你想利用他们和老板的关系。就算没有这方面的嫌疑，但如果你和他们的交谈传到老板的耳朵里，也容易将你卷入是非之中。见面说些“今天天气不错”之类的话就可以了，而谈别人的隐私、聊某人的不是、发些牢骚，都是不合适的。不要跟他们“拉帮结派”，这样只会让你越陷越深，最终无力自拔。

远离“个人主义”，才能获得他人的支持

一堆沙子是松散的，可是它和水泥、石子、水混合后，却比花岗岩还坚硬。

《水浒传》中，梁山好汉分工明确，有总指挥，有总策划，有管后勤的，有管保养的，有专门作战的勇士。在作战的队伍中，有打先锋的，有打主力的，有接应的，甚至还有探路的、养马的，治病的，看管犯人的，写书的，送信的……所有人各司其职，才能让梁山军马威震天下。

在各路好汉没上梁山之前，尽管都身怀绝技，但是谁也不能很好地生存下去，就是因为缺少合作。只有在一个统一的平台上，分工协作，才能将各自的优势发挥出来，才可能成就一番事业。

一个出色的球队，并不是几个大腕球星就能支撑起来的。要取得好成绩还需要一个好教练，需要提供大量资金的老板，需要稳定的替补球员。芝加哥公牛队的辉煌和没落正说明了这一点。乔丹、皮彭以及当年公牛队的其他成员解散后，都没有什么太好的表现。只有他们在一起的时候，才能创造三连冠的神话。

卢瑟福说："科学家不是依赖于个人的思想，而是综合了几千人的智慧。所有的人想一个问题，并且每人做它的部分工作，添加到正建立起来的伟大知识大厦之中。"

国内有一家合资企业招聘中层管理人员，12 名优秀的应聘者经过初试，从上百人中脱颖而出，闯进了由公司经理把关的复试中。经理看过这 12 个人的详细的资料和初试成绩后，相当满意。但是，此次招聘只能录取 4 个人，所以，经理给大家出了最后一道题。经理把这 12 个人随机分成甲、乙、丙三组，指定甲组的 4 个人去调查本市婴儿用品市场，乙组的 4 个人去调查妇女用品市场，丙组的 4 个人去调查老年人用品市场。经理解释说："我们录取的人是用来开发市场的，所以，你们必须对市场有敏锐的观察力。让大家调查这些行业，是想看看大家对一个新行业的适应能力，每个小组的成员务必全力以赴！"临走的时候，经理补充道："为避免大家盲目开展调查，我已经叫秘书准备了一份相关行业的资料，走的时候自己到秘书那里去取！"

3 天后，12 个人都把自己的市场分析报告送到了经理那里。经理看完后，站起身来，走向丙组的 4 个人，分别与之一一握手，并祝贺道："恭喜 4 位，你们已经被本公司录取了！"经理看见大家疑惑的表情，呵呵一笑，说："请大家打开我叫秘书给你们的资料，互相看看。"原来，每个人得到的资料都不一样。甲组的 4 个人得到的分别是本市婴儿用品市场过去、现在和将来的分析，其他两组的也类似。经理说："丙组的 4 个人很聪明，互相借用了对方的资料，补全了自己的分析报告。而甲乙两组的 8 个人却分别行事，抛开队友，各干各的。我出这样的一个题目，最主要的目的是想看看大家的团队合作意识。甲乙两组失败的原因在于，你们没有合作，忽视了队友的存在。要知道，团队合作精神才是现代企业成功的保障！"

现代社会是一个崇尚分工合作的社会。一个人的能力再强，也不能包打天下。尤其在工作中，对于个人来讲，选择个人主义就是选择失败，再优秀的人也需要他人的帮助与支持。在平时的工作中，很多事情都是通过大家齐心协力一起完成的，而老板也最欣赏能够互帮互助的下属。所以，为了自己的工作成绩更加出色，应学会与他人合作，告别个人主义。

职场中远离是非，才能远离麻烦

同事、上下级之间的是非最好离远一些。不然，常在河边走，难免不湿鞋。

在职场上，追求工作成绩和报酬，希望赢得上司的好感，获得升迁，以及其他种种利益冲突，使得同事之间不可避免地存在着一种紧张的竞争关系。而这种竞争又不是一种单纯的真刀实枪的实力较量，而是掺杂了个人感情、好恶、与上司的关系等十分复杂的因素。

例如，两位经理斗法，你是中间人物，应该如何应付呢？最大的可能性是，两人都希望拉拢你，却又不能太露骨。在言辞表达上，或在工作上给你甜头，聪明的你当然明白其用意。但同时，你不可能一直装糊涂，必然要表明立场，否则会被视为两面派，那就更不妙了。

同事之间会有各种各样鸡毛蒜皮的事情发生，各人的性格优点和缺点也暴露得比较明显。每个人行为上的缺点和性格上的弱点暴露得多了，就会出现各种各样的瓜葛、冲突。这种瓜葛和冲突有些是表面的，有些是背地里的；有些是公开的，有些是隐蔽的。种种的不愉快交织在一起，便会产生各种矛盾。在单位，待人刻薄和热衷于算计的人或多或少地存在。这样的人越多，人际关系就越复杂。

同事之间，也不可避免地会出现或明或暗的竞争。表面上可能相处得很好，但实际情况却不是这样。有的人想让对方工作出错，自己可以有机可乘，得到老板的特别赏识。同事之事传播流言飞语，是带有很大危害性的。它能蒙蔽一些人，导致人们作出错误的判断和决定，甚至会有碍前途。

有个女孩叫洁。有一天，她受到上司王科长的热情邀请，一同前往公司附近的咖啡厅喝咖啡。他们坐在咖啡厅里，一边喝咖啡，一边天南海北地闲聊起来。不知不觉，话题扯到了洁的同事李小姐身上。“啊，李小姐吗？她好漂亮啊！经常穿着时髦的衣服，真叫人羡慕啊！”“那是当然，因为李小姐领的是高薪！”王科长突然道出原委。

原来，这家公司采取的是年薪制。每个员工的年薪是根据每人的工作表现与公司签订的合同而定的。这点洁自然也清楚，但她一直认为同事间的差别应该不太大，现在突然从王科长口里听说李小姐的工资很高，自然心里不太舒服。她问道：“真会差那么多吗？”“是呀，比你的年薪多上万元呢！”王科长说得更具体了。第二天，洁便把这件事告诉了她的同事们，大家听了当然不服气。于是，就一起嘲笑起“高工资”的李小姐来，甚至不同她来往，将她孤立了起来。这样，李小姐不得已只好辞去了工作。

事实上，李小姐的年薪与洁相差并不大，只是因为她曾经向科长提过意见，以致科长怀恨在心，所以就想出了这么一个诡计，借洁的嘴孤立李小姐，最后将她逼走。等到洁知道事情的真相后，已为时晚矣。因为自己已被人家利用，当枪使了。不仅如此，洁还得了一个喜欢散布流言飞语的“坏女人”的绰号。

聪明的人，很看重自己的利益。事不关己，高高挂起。对于别人之间的是非恩怨和各种斗争，一定要远远离开。无论是对同事，还是对上司，都应做到不趟浑水，不急于表态。

第二章
揣摩心理，巧妙迎合

投其所好，与上司成为“同道中人”

在《潜伏》这部电视剧中，吴敬中曾经对余则成描述他的官场心得：“凝聚意志、保卫领袖，这八个字我研究了15年，从复兴社到现在。就是人不为己，天诛地灭。”这样的说辞很清楚地描绘了吴敬中私欲膨胀的形象。在这样的上司面前，你不用表现对党国事业的忠诚，表达跟他同样的想法才能博得他的信任。余则成就这样做了，还指挥翠平也跟站长太太套近乎，向她了解黑市交易的套路。如此一来，站长便会觉得余则成一家与他们都是“自己人”。

心理学家证明，人倾向于接近“与之相似”的人。这里的“相似”包括相同的性格、兴趣爱好、思维方式等等。也可以归结为“同道中人会惺惺相惜”。所以，如果你和上司成为同道中人，他自然会对你青睐有加。余则成即是这么做的。相反，李涯却没有摸清站长的喜好。其实余则成的这个劲敌身上的确有可取之处。天津站里，只有他是最考虑“党国利益”的人。为工作废寝忘食、鞠躬尽瘁。只可惜他上司的视线在别处，完全忽略了他对党国的忠诚。

引申到现代职场上，我们就需要弄清楚上司的喜好、脾性，做到投其所好。

哈蒙曾被誉为全世界最伟大的矿产工程师。他从著名的耶鲁大学毕业后，又去德国佛来堡攻读了3年。毕业回国后他去找美国西部矿业主哈斯托。没想到哈斯托是个脾气执拗、注重实践的人，他不太信任那些文质彬彬的专讲理论的矿务工程技术人员。所以当哈蒙向哈斯托求职时，哈斯托说：“我不喜欢你的理由就是因为你在佛来堡做过研究，我想你的脑子里一定装满了一大堆傻子一样的理论。因此，我不打算聘用你。”

听完哈斯托的话后，哈蒙并没有放弃，他想出了一个办法。只见他假装胆怯，对哈斯托说道：“如果你保证不告诉我的父亲，我将告诉你一句实话。”哈斯托表示他可以守约。哈蒙便说道：“其实在佛来堡时，我都没怎么在学校研究学问，尽顾着在外实习挣钱了。”

听完哈蒙的话后，哈斯托立即哈哈大笑，连忙说：“好！这很好！我就需要你这样的人，你明天就来上班吧！”

我们谁也不能保证自己足够“幸运”，刚好与老板持有相同的观念、看法。而这个时候，与其与他争辩不休，倒不如将你的意见暂时收敛一下，以迎合他的口味。

当然这个迎合应该有明确的目的。比如余则成迎合吴站长，是为了博得他的信任，以方便他的潜伏工作。哈蒙迎合哈斯托，是为了得到这份工作。所以他们虽然迎合了老板，却不会丢失真正的自己。而如果你不顾缘由地一味附和，他会觉得你毫无主见，反而容易引起反感。

如何拿捏就要靠你对境况的揣摩了，记住一点：不可完全反驳，不可完全赞同。

另外，对职场上的人来说，必须认清老板是你升职路上的主导者。职场上有一条金科玉律：给你发薪水的那个人永远是正确的。人世间没有无缘无故的爱，也没有无缘无故的恨。老板也不会平白无故地给你升职。老板有他自己的理由和依据，而你所要做的就是遵循这些条件。要做到：

1. 维护老板的利益。

老板的利益是非常广泛的，它包括很多方面的内容。作为公司的员工要能够帮助老板解决企业所面临的各种问题，解决企业的困难。吴敬中之所以如此器重余则成，除了他能够帮助他聚敛财富以外，余则成的工作能力也的确是不错的。无论如何，吴站长是绝对不会器重一个酒囊饭袋的下属。

老板是公司里的掌舵人，他对本公司员工的表现和态度是非常敏感的。为了达到升职加薪的目的，你就要使自己的一切行为都要符合老板的利益，这是尤其重要的。如果你在某一行为上损害了老板的利益，哪怕一次无意的损害，都会使老板感到厌恶，他绝对不会对你有好感，从而失去升职和加薪的机会。

2. 不要探听老板的“秘密”。

每个人都有每个人的活法，每个人也都有每个人的难处。如果你偶然发现了老板的不可告人的秘密，那么最好的做法就保持沉默，装聋作哑，宁可把话全烂在心中也绝不能说出去。但仍有许多人为得知老板的“秘密”，而四处打探，认为如果知道老板的一些小秘密，则可以和老板拉上关系。殊不知，有些“秘密”可能成为你永远不能升职的原因。既然是“秘密”，当然知道的人越少越好，别探问老板的隐私。老板面对工作会感到心情压抑，家庭生活也会产生这样那样的矛盾。如果你毫不客气地探问其隐私，甚至为其出谋划策，那就大错特错了。即使老板在最脆弱的时候，也只需要适度的关心，开解郁闷的心情。

如果你不小心撞到了老板的秘密，装糊涂是唯一的明哲保身的办法。有时候知道的事情太多，反而是一件坏事，尤其是关于老板的隐私方面的话题，你一旦知道千万不能透露出去，否则就要大祸临头了，而如果能及时替老板掩饰其“短处”，则有可能被对方视为知己，收到意想不到的回报。

保持经常性的接触更能取得老板的信任

与上司之间若缺乏联系，就会使双方愈来愈不信任，更重要的是会大大影响你升迁的机会。

即使你与上司互不欣赏，但只要处处表示你的支持，多少可以赢得上司对你的尊重。而且，你应多考虑以下的问题：上司最需要什么资料？怎样可以帮助他？你以往犯过什么错，将来可以避免吗？

与上司保持经常性的接触，以便保持良好的沟通，是取得信任并得以升迁的必不可少的工作。这种技巧十分微妙，给上司简洁、有力的报告，切莫让浅显、琐碎的问题烦扰他或浪费他的时间，但重要的事必须请示他。

有些时候，上司做出的决定与你的想法大相径庭，你可能会想不通。但是，即便有疑虑，你也必须首先去执行，因为上司的一切决策都有待于下属的拥护和支持。

你可以私下里找上司交流一下思想，了解上司究竟是出于何种考虑、何种目的，才做出出乎你意料的决定。了解情况后，在工作中，你才能知道自己该怎样做，该如何做。

许多场合、许多情况都是你了解上司意图和想法的途径。如果你对此熟视无睹，那么上司想的到底是什么，你也就无从知晓。这样一来，你就无法配合上司协调工作，也就无法完成工作任务，实现工作目标。

不同的上司由于学历、修养、性格、兴趣和阅历的差异，决定了他们的工作方法和思维方式存在着这样或那样的不同。如果你不懂得经常与上司沟通，了解上司的性格与气质，不懂得与不同的上司相处要采取不同的方法，就难免会遭受一些阻碍。比如，如果上司是一个性格非常爽朗、不拘小节的人，而你总是在与他的谈话中，在一些小事上纠缠不清，他难免会对你产生一些看法。

与上司保持经常性的接触，绝不是让你去讨好他、奉承他，对他阿谀巴结。如果那样，往往不会给上司留下好印象。对上司只会顺从、维护，讨他的欢心，明知上司出了差错，也不去指出和纠正，是很难成就大事业的。

另外与上司要保持经常性的接触，但是也要注意与上司保持一定的距离，千万不要使关系过度私密。如果有过分亲密的关系，容易使他感到缺少应有的威严，这是非常冒险的举动。因为不同寻常的关系，会使上司过分地要求你，也会导致同事们的妒忌，可能还有人暗中与你作对。职场上因为和上司走得很近，而影响自己的职业发展的例子也不少。

吕霞与她的女上司柯敏然非常合得来，不光在工作上珠联璧合，就是个人爱好也惊人地相似。再加上都是女人，为此，两个人闲暇时间经常一同逛街购物，交流护肤心得。柯敏然年过四十，但是保养得当，于是吕霞经常戏称她是“老妖精”，柯敏然也会笑称她是“小妖精”。

办公室本是多事之地，她们的亲密自然招致了别人的非议。柯敏然从此也就留了心，有意无意地慢慢疏远吕霞，可是吕霞却没有意识到这点。

一天，柯敏然在自己的办公室里接待一位客户。吕霞突然闯进来，以为没有别人，就冲着上司来了一句：“老妖精，今天晚上去看电影怎么样？我搞到了两张票。”柯敏然的脸色立即很不自然，回了一句：“你风风火火的像什么样子？这是在办公室。”吕霞愣了一下，这才发现在那张宽大的黑色沙发里，坐着一个穿黑风衣的瘦小的老者。不久，吕霞被调到市场部做统计，离开了这份自己十分喜欢的人事工作。

可见，与上司保持经常性的沟通是必要的，但是因此而建立起来的亲密关系如果处理不好，相反，有时会给我们带来负面影响，就像吕霞一样，不分场合，一味地让上司与自己“亲密无间”，最后却因此离开了自己心爱的工作。

能够取得老板的信任除了要跟老板保持经常性的接触外，还要从这两个方面来增加上司对你的信任：

1. 勇于接受任务。

信任分两种，一种是对人品的信任，一种是对工作能力的信任。如果你对工作推脱扯皮，表现得非常懒惰或者没有自信，一般都会失去上级的信任。勇于接受任务，从人格上讲，是一种积极、自信、有魄力的表现。撇开自身能力不谈，上级肯定会对你的人格表示赞赏。

2. 信守承诺或约定。

对于自己承诺过的事情，一定要认真履行。如果你在接受上级交付的任务时信誓旦旦，到头来却迟迟不付诸行动，或者拖拖拉拉不见成效，那么，上级肯定会对你产生不信任的感觉。相反，如果每次你都能保质保量地完成任务，上级就会对你另眼相待。

永远要记得一点：老板永远是对的

在公司里永远要记住一条准则：老板永远是对的。因为老板会给你发展才能的平台，给你薪水，给你展现才华的机会。老板永远都是老板，他时刻影响着你。

老板与员工的关系在某种层面上永远是不平等的，就像黑暗中的两条平行的铁轨，永远不会相交在一点。老板永远是对的，这是职场之中的不贰法则。士兵当着上级的面信誓旦旦地说自己以后要当将军，常常会得到褒奖，因为“不想当将军的士兵不是好士兵”。但是当着老板的面，你想当老板的想法不可轻易地暴露出来。因为这就意味着你的发展已经设限，没有一个老板会因为你的才能超过他而把自己的宝座拱手相让。这就是职场的现实，你应该保持一种敢于面对现实的态度。老板永远都不可能是你最真诚的朋友，丢掉幻想，少点天真。有时候可以说，老板和你就像猫和老鼠的关系一样。你不要以为花言巧语就能欺骗老板，在你犯错的时候，老板照样会按规矩办事。

一只涉世不深的小老鼠，以为只要讨饶，只要用花言巧语，就能感化那只死追它不放的老猫，放它一条生路。于是，它对老猫说：“请饶我一命吧，一颗麦粒足够我吃饱，一个核桃能把我的肚子撑得圆鼓鼓的。再说眼下我很瘦，等过一段时间我长得肥一点，再给您当早点吧。”老猫对这只小老鼠说：“你弄错了吧，这些话是说给我听的吗？你这不等于是说给聋子听吗？你想要一只猫而且是一只老猫饶你一条性命，这是不可能的！照规矩办事，你下地狱去，找死去吧！”老猫边说边把小老鼠咬死了。

这个寓言故事告诉我们，不要把你的老板当做上帝，也不要把你的老板想得太简单。老板就是老板，不管你的老板在你的心目中是怎样的人，你都得注意级别，不说老板坏话，维护他的权威，给他以尊敬，不要擅自为老板做主。

中国人讲究三纲五常，作为员工的你更要注意你和老板上下有别，不要和老板称兄道弟，更不要拍着老板的肩膀说话。在公共场合与老板说话更要注意，有不同意见时也不要在公共场合与老板争辩，特别是当着许多员工的时候。你可以选择与老板私下里交换意见，实在不行，你也可以选择离开。

你要学习中国古代的那些纵横家，在表现的时候讲究策略，千万不可意气用事。现代人的智商都是不相上下的，作为老板，他能走到今天，自然有他的过人之处。也许私下里，老板让你放松，不要紧张，不要太客套，这时候你就得更加注意了，往往错误就在此时发生。你平时注意到了老板的权威，突然之间这种敬畏没了，你就会得意忘形，没了上下之分，忘了地位之别，这时候往往容易酿成你的错误。

记住：老板永远都是老板，不是你的朋友，不要在背后议论老板的是非，因为世界上没有不透风的墙；不要在老板面前说三道四，诋毁别人，这样最终诋毁的是你自己；注意你和老板之间的距离，你们的关系并没有你想象中的那么好。同时，不要忤逆老板的意思，不要轻易替老板做决定，一切都要听老板的指挥，一切都要由老板做主，因为老板永远是老板。

满足上司的“尊重”需要，切忌私自定夺

上司永远是上司。即使多小的、多不重要的事，也要让他定夺。因为这里有你对上司的尊重和重视。

在不该说话的时候说话，不该做主的时候做主，是职场新人常犯的毛病。你必须知道，无论你帮老板管了多少事，也无论你的老板多糊涂，甚至可能依赖你到了你不在他连电话都不会拨的程度，但他毕竟还是你的老板，大事小情毕竟还得由他来做主。出了错，他承担；有面子，也该由他来卖。

这是一个让人深思的关于自作主张的故事：

有个杂志社给一个作家做了一期专访，等杂志出来以后，这个作家收到了一本。他想多要几本送给朋友，便打电话给这家杂志社的主编。

主编不在，杂志社里的一个小姐接了电话。“麻烦你转告一下主编，我希望多要几本这期杂志。”“这个啊，没问题！您直接派人过来拿就成。”小姐爽快地说。

作家正打算驱车去拿杂志时，却接到主编的电话：“对不起！刚才我不在，杂志收到了吧？我刚才派人给您多送了几本过去。”停了一下，主编又说：“可是，对不起，我想知道是哪位小姐说您可以立刻过来拿。”

作家很奇怪，于是问道：“有问题吗？”“当然没问题，您要十本都可以，我只是想知道，是谁自作主张。”

事情的结果可想而知，那位自作主张的小姐免不了受到上司的一番责备，上司一定会认为她目中无人，她在主编心目中的印象也肯定会大打折扣。

既然是别人点名找你的上司，作为下属就该转告，而不是替他做主。虽然只是一句话而已，

但本来可以由上司卖出的人情，却被你无意挥霍了。想想看，像这位小姐的行为，上司能不为此反感吗？老板就是老板，下属就是下属，不要自以为聪明，就可以自作主张，真正的好下属要懂得什么时候该说，什么时候该做！

不自作主张，这是你在处理公司事务时起码要做到的，而要想在这一方面做得更好，你还需要做到遇事时多和上司商量，多让上司给你做主。

你有没有常常向上司询问有关工作上的事，或者是自己的问题？有没有跟他一起商量？如果没有，从今天起，你就应该改变方针，尽量详细地发问。部下向上司请教，并不可耻，而且是理所当然的。有心的上司，都很希望他的部下来询问。部下来询问，表示他的眼里有上司，尊重上司，尊重上司的决定。另一方面也表示他在工作上有不明之处，而上司能够回答，才能减少错误，上司也才能够放心。

如果员工假装什么都懂，一切事都不想问，上司会觉得“这个人恐怕不会是真懂”而感到担心，也会对你是否会在重大问题上自作主张而产生担忧。在工作上，作重大问题的决策时，你不妨问问上司，“关于某件事，某个地方我不能擅自下结论，请您定夺一下”，或者“这件事依我看不这样做比较好，不知部长认为应该如何”等。这样不管功过如何，都与你没多大关系。

其实，客观来说，仅就工作而言，下属自作主张带来的后果，往往都不会十分严重也并非全都是消极的方面。可以想象，哪有那么多员工笨到不知轻重的地步，敢于擅自替上司做出关乎单位整体利益的主张？除非他真的是个没有自知之明的人。然而，这种自作主张所带来的对职场上的等级及人际关系常态的冲击，往往是十分明显的。

上司反感下属的自作主张，其实不在于他的擅自决定给工作带来的损失——通常说来，这种损失是微小的。上司心中真正在意的是下属越权行事的行为，以及这种做事风格所反映的下属心中对上司的态度。

因此，工作中多与上司沟通，让他为你出谋划策。假使你有迷惑不解的事、苦恼的事，诸如工作上的难题，家中的困扰，男女感情的苦恼，也可以尽量向上司提出，同他商量。尽管你并不会真正听从上司的意见，但是这样做却会使上司产生“他什么事情都听我的”的心态，认为你在什么问题上都会重视他的意见，在工作上也不会私自越权决策，可以为你以后犯一点小错误，打下信任的根基。

在职场上，你必须时刻牢记一条：上司永远是决策者和命令的下达者。无论我们有多大的把握相信自己的判断力，无论你代替上司决定的事情有多细微，都不能忽略上司同意这一关键步骤。否则，当上司意识到本应由自己拍板的事情，被属下越俎代庖时，他所产生的心理上的排斥感和厌恶感，以及对于下属不懂规矩的气恼，足以毁掉你平时小心经营、凭借积极努力所换来的上司对你的认同。所谓“一招不慎，满盘皆输”，莫过于此。

功高不盖主，上司永远是最优秀的

有一位国王，挥霍无度。一天，财政大臣决定策划一场前所未有、最为壮观的宴会，以讨国王的欢心。

显赫的贵族以及最伟大的学者，都参加了这场为国王准备的宴会。剧作家甚至还为这次盛会写了一个剧本，并在晚宴时，予以表演。

宴会之后，众嘉宾一起参观财政大臣特地为国王修建的别墅、庭院和喷泉。财政大臣本人陪伴着国王走过呈几何图形排列的灌木丛和花坛，观看烟花和戏剧表演。宴会一直延续到深夜，宾主尽欢，人人都认为这是他们见过的最令人赞叹的盛事。

然而出人意料的是，第二天一早，国王便下令逮捕了财政大臣。三个月后，这名财政大臣被控私自侵占国家财产。事实上，他所做的被指控的罪行全部得到过国王的许可，但财政大臣还是被送上了断头台。因为国王傲慢自负，他希望自己永远是众人注目的焦点，无法容许任何人抢占自己的风头。

财政大臣本以为完成自己的完美的策划会受到国王的称赞，但他忘记了，他的风头盖过了国王，所以最后招来杀身之祸。

因此，聪颖的下属要学会遮掩自己的才华，以虔诚愚钝来衬托上司的高明，从而获得上司的赏识和垂青。当上司的新点子出台后，可先装作不理解，然后才大彻大悟，继而拍手叫好。如果对某项工作有见解，明里不说，可底下献计。虽然在群众中没有面子，却给上司增添了光彩，从而使上司欣赏有加。

与上司相处的哲学就是该装糊涂的时候不妨装一下，以免上司疑心病重。其实，上司的这种心态也是可以理解的。因为，在他漫长的人生旅途中，难免会有一些人背叛他，或是得了他的好处却不知报答……所以，久而久之，他对别人都不太敢推心置腹了。他如果遇到比自己能力强的下属，就会感到很不安心。因此，如果你渴望令他印象深刻，就不要过分展现你的才华。否则，有可能产生相反的效果——激起他的畏惧和不安。

不要总是自以为是，那样只能为你带来更多的麻烦。招惹上司对你有什么好处呢？上司永远是最优秀的，让他成为最光彩照人的那一个吧。只有这样，你才会受到他的青睐。

想对上司提“意见”，出口要说提“建议”

前面我们讲了职场上不能功高盖主，但是，有时候，你为了把工作做好，与上司沟通，给上司提意见是非常必要的。那么你就必须要掌握一些技巧，以免“引火烧身”的时候还不知情。上司一般都不喜欢听意见，只喜欢听建议。聪明的下属，要学会巧妙地将“意见”转化为“建议”。

王凯在某企业负责工程项目很多年了，最近集团新来了一个空降的副总裁，而且非常能干。新官上任三把火，这个副总裁一上来就带来了一个巨大的难题，他指挥的第一个工程方案就让王凯暗暗叫苦。因为按照这种操作手法在这个公司是无法完成的，这个企业的员工的素质也是无法和原来副总裁的外企相比的，资源和硬件更是无法相提并论。

想到这里王凯斗胆地向副总裁进言并说出了自己的想法。不料副总裁很生气地对他说：“我在这行干了这么多年，经验是成形的。没有完不成的任务，只有想不到的思路。你就按照我的指挥去做好了，完不成任务达不到目标就是领导指挥无方。”

王凯的进言不仅没有起到实质性的效果，还受到了上司的训斥并把球抛回给了他。工作完成不了，责任反而要王凯担着。真是“乌龟卖鳖价——不合算”。职场之上的确有很多无奈，让你欲哭无泪。你必须随时保持警惕，认真揣摩对方的心理，三思而后行。因为可能你的一句话，一个小举动就会影响到你的升职加薪，影响到你在公司的去留。

那么应该怎样给上司提意见呢？我们总结了以下几条，以供参考：

1. 提意见一定要找个适当的时机。

你的上司再能干也是一个普通人，所以你要照顾他的心情，选择合适的时机说。一般早晨刚上班，上司心情好，谈话效率很高。下班前，他忙碌了一天，心情极其烦躁，你千万别再火上浇油了。

2. 态度要诚恳，言语要适度。

给上司提建议时，说话的态度一定要诚恳。要注意敬语的运用，委婉地把自己的意见表达出来。由于你的坦率和诚意，即使对方不完全赞同你的观点，也不会影响到他对你个人的看法。同时，在谈话中要学会察言观色，密切注意上司对你所说的话的反映。通过他的表情及身体语言所传达的信息，判断他是赞同还是反感你的观点，尽快调整自己的说话思路。

3. 跟上司套近乎。

平时要经常和你的上司套套近乎，比如，开个玩笑，适当的唠唠家常等等，还可以下班后一块吃饭、玩乐来拉近彼此的距离。当你准备提意见时，可以选择在下班后，找个轻松自在的地方，借吃饭之际或打高尔夫球之际，把自己的想法恰如其分地表达出来，这样反而能达到意想不到的效果。

4. 站在上司的立场想问题。

不要总是想当然的站在自己或者自己这个圈子里想问题，一定要设身处地地站在上司的立场考虑问题。要让自己有全盘意识，学会通盘考虑问题，注意各种利益之间的“牵一发而动全身”的关系并恰当地处理好。不仅提出意见，更重要的是提出解决问题的方案。这样才能赢得上司的信任和赏识。

5. 正确应对性情暴躁、自以为是的上司。

对性情暴躁、自以为是的上司，首先，要把自己的身份放低一点，说话中肯、谦虚一点。谈话时，时时注意对方的反应。通过表情和肢体语言，判断他是否接受你的观点。如果不接受，你千万别太坚持，让他自己撞了南墙再回头吧。到时候他反而会更加感谢你，并欣赏你的先见之明。

6. 正确应对聪明睿智的上司

对于聪明睿智的上司，千万不要表现得比他强。提意见时要在恰当的时候蜻蜓点水地提一下，让他心领神会。不一定非要在办公室提意见，还可以在饭桌上、汽车里、走廊等不太正式的场合，趁他高兴，借着聊天开玩笑，随口就把意见温柔地抛过去。

徒弟变领导：服软才是硬道理

振国是公司里的老员工，工作兢兢业业，为人和善，人际关系良好，但最近他遇到了麻烦：徒弟变成了上司，这让他很不适应。

“7 年了，我到这里 7 年了。人们常说七年之痒，我估计自己是痒起来了。我这个人，对当官不感兴趣，所以当别人为升职削尖了脑袋往前钻的时候我不动心，当别人因为没有竞聘上得意的职位而感叹时我也没感觉。

“我一直以来就享受着作为一名业务骨干的愉悦，与世无争，认真工作，与上司、同事都保持着平等而互相尊重的关系，我很知足，也很满意。可是前一段时间，段子瑞当上了我的顶头上司，这一切就改变了。他进公司还不到两年。刚进公司那会儿还是我手把手教他的呢，在业务上我算得上是他的师父。本来谁当上司我都无所谓，可那个段子瑞不是个省油的灯啊。自从当上了部门经理，就以领导自居了，一副了不起的样子。经常以命令的口吻指挥这个指挥那个，对老同志更是非常不尊重。我实在看不过去，就跟他说了两次，有一次还差点吵起来。

“前一段时间，我的工作出了点小错误，他竟然在开会的时候点名批评我，完全不留一点情面，弄得我相当尴尬。我知道他不过是借题发挥，表明他是领导，我要百分之百地服从和尊重他。我真的快受不了了！”

在公司里，人事任免往往会带来一些矛盾和情绪上的波动。振国就是因为曾经被自己指导过的“徒弟”当上了上司以后，对自己指手画脚而深受困扰。公司里的老员工，劳苦功高，往往需要更多的情感抚慰。一旦被曾经不如自己的小员工领导，心理就容易失衡。然而作为新上司，好不容易能扬眉吐气，手中握有一定的权力，自然希望下属都能服服帖帖，尊重他的意见，认同他的权威。这是矛盾的两个方面，每一方都从自己的利益、立场出发，都希望对方尊重自己。

这样的问题在外企还不是太明显，因为在那里能力凌驾一切，年龄并不是升迁的重点。年纪大又未获升迁的人，反而会变得谦虚。但是在传统或本土企业里，讲究职场伦理与年资，年轻上司与年老下属之间的矛盾也更突出。而且按照中国人传统的行事方式，如果上司年轻，公然批评年老的下属，老员工在面子上会挂不住，其他的人会认为这个上司不近人情，处理问题不讲究方法。这样使得年轻的上司总是被老员工牵制，最终导致能力无法施展。

新上司一般不敢贸然与老员工公开对抗，毕竟有失身份和形象，而且一旦公然对抗，自己的胜算也不会很大。于是，利用职权之便在工作上让老员工难受，便成了一些新上司常用的手法。如果对方不是那么桀骜不驯，那么他会用一些方式提醒对方："该收敛一点了，你要知道我是头儿。"如果对方是块难啃的骨头，根本不把他当回事，他会下手比较狠，表明："现在是我当家，你最好听我的。如果你不能忍受就走人好了，我不会挽留你的。"

为了避免新上司的冷冻大法，老员工千万不要倚老卖老，而应低调一点，多站在领导的立场上考虑，适时服软。即使在你看来你什么都比他强：经验比他丰富，业务素质比他高，看问题比他深入，眼光更独到……也切忌心高气傲。你尊重他，他会加倍地尊重你；相反，如果你忽视他，那么他不能忍受的时候，也是你被冷冻的时候。凡事都要明智些，想开一些，一切都会好起来的。

想让领导喜欢你，可在他人面前称赞上司

当着上司的面直接给予夸赞，虽然也是一种"奉承"上司的方法，却很容易招致周围同事的轻蔑。而且，这种正面式的歌功颂德，所产生的效力反而很小，甚至有反效果的危险。

与其如此，倒不如在公司其他部门或上司不在场时，对其适度称赞一番。这些赞美终有一天还是会传到上司耳中的。同样地，如果您说的是一些批评中伤的话，迟早也都会被泄露出去的。一个精明能干的上司，即使在他管不到的部门内，必定也会安置一两名心腹。下班后相邀去喝酒应酬的，不见得全是同一部门的同事。在这种情况下，即使是一个不经心的批评，也很容易被扩大渲染而传到上司的情报网。

因此我们可以利用这些"网"，让赞美的言辞流传出去。一个人若连这点"智慧"都没有，那他可就很难"高升"了！

"人各有所长"。针对上司的长处、优点须大加吹捧。若有人不表示赞同甚至发出批评上司的言论时，我们无须为此争辩。只能说，对上司的赞美是个人的主观意见！

对其他部门的人，不管是谁，也请不要忘记赞美他们。一件西装、一条领带，甚至看到人家心情好的情形，等等，都可以作为赞美的内容。不过，这些赞美应该在私底下用亲切而稳重的语气表达，如果您是在大庭广众面前大声叫喊，可能会得到相当恶劣的反效果。

自己的下属在其他部门是否受欢迎，这也是上司很在意的事情。自己的部下很得人缘，上司也会觉得自己很有光彩。如果又知道，那位部下在其他部门中不遗余力地称赞他，不用说，上司对这种部下的好感度是直线上升的。

而且和不同部门的人在一起，彼此比较没有警戒心，较容易得到一些"幕后消息"。这种情报，往往对上司是非常有价值的。经常收集这种情报给上司，也是一种获得上司好感的好方法。

不过，要特别注意的是，如果一个下属和其他部门的人，尤其是其他部门的上司走得太近。这时，直属上司可能就会不高兴，因为人总是有猜疑心的。

万一实在无法拒绝其他部门上司的邀约时，隔天最好向自己的上司说明，这也是做下属应有的态度。

总之，无论何种情况下，与他人保持一定的交往距离，并不失时机地在他人面前称赞自己的上司，是百利而无一害的。

勇于向领导"秀"出自己，别让自己的努力白费

"老实做人，踏实做事"固然重要，但也要懂得表现，做好本职工作的同时也要让领导注意到自己，别让事情"白"做了。

一开始，东方朔在汉武帝面前并不受重视，于是他就哄骗宫中看守马圈的侏儒们说："皇上认为你们这些人对朝廷无用，耕田劳作体力不够，任职做官又不能治理政事，参军入伍也不会指挥作战，只会白白耗费衣食，如今想把你们全部杀掉。"侏儒们听说后十分害怕，哭了起来。东方朔又建议他们："皇上就要从这里经过，你们何不叩头谢罪？"

当汉武帝来到马圈时，侏儒们都跪在地上，一边磕头，一边痛哭。汉武帝问清怎么回事后，非常生气，派人把东方朔召来，责问道："你胆敢编造谎言，该当何罪？"东方朔正等待着这个机会，于是振振有词地说："我活着也要说，死也要说。侏儒身高三尺，俸禄是一袋粟，钱是二百四十；臣东方朔身长九尺多，俸禄也是一袋粟，钱也是二百四十。侏儒饱得要死，臣却饿得要死。如果臣的话可以采用，请用厚礼待我；不采用，请让我回家。"汉武帝听了哈哈大笑，赦免了他的罪过。不久，东方朔就被提升了官职。

很多人在单位里像老黄牛一样默默耕耘了很多年，但还是没有升迁的机会，有时不免抱怨上司太不够意思，没有多关照一下自己。其实，在这种情况下，也许应该问问自己，有没有做过什么特别的工作给老板留下深刻的印象？有没有说过令老板都惊奇的话？等等。如果没有的话，那就不用抱怨什么了，因为你从来就不敢在老板面前展现自己与众不同的一面。老板事情那么多，自然很少会关注到你了。如果能够像东方朔一样，善于抓住时机，在上司面前表现自己，情况也许就不一样了。

不想当将军的士兵，不是好士兵。要想出人头地，首先要让领导"注意"你，而后才会有可能"重视"你。晋升之路通过领导实现，有"野心"的你千万不要太默默无闻了，一定要选择合适的时机"秀"出自己。只有敢"秀"，才会成功。

但是在秀出自己的时候，要把握好一定的原则，具体如下：

1. 推荐以对方为导向。

在推荐自己的时候，注重的应该是对方的需要和感受，并根据他们的需要和感受说服对方，被对方接受。某重点高校的学生琳琳，个性外向，多才多艺。她听说一家知名刊物招聘记者，便立即前去面试。谁知由于准备工作不足，她对该刊物缺乏了解，回答此类问题时张口结舌。尽管她成绩很好，也很聪明能干，却没能赢得总编的好感。琳琳的自我表现因为导向错误，而归于失败。

2. 不要害怕失败。

人有百号，各有所好。对人才的需求也是这样。假如你针对对方的需要和感受仍说服不了对方，没能被对方所接受的话，你就应该重新考虑自己的选择。但是不要因为一次失败，便失去了自我表现的勇气。你应该调整的是你的期望值，而不是自我表现的态度和方法。

3. 掌握一些方法。

人们通过面谈可以取得推荐自己、说服对方、达成协议、交流信息、消除误会等功效。自我表现时，应注意和遵守以下法则：依据面谈的对象、内容做好准备工作；语言表达自如，要大胆说话，克服心理障碍；掌握适当的时机，包括摸清情况、观察表情、分析心理、随机应变等。

4. 要有自己的特色。

秀出自己，必须先从引起别人的注意开始。如果别人不在意你的存在，那就谈不上表现自己。那么，如何引起别人的注意呢？关键是要有自己的特色。这里所谓的特色，就是你个人的风格、特点、优点、长处。那些有别于旁人的，不流于俗的东西，你尽可以大胆地展现出来，定会令人眼前一亮。

5. 应知难而退。

在表现自我时，如果发现时机不对或者对方无兴趣，就要"三十六计，走为上策"。这时候，表现要冷静，不卑不亢地表明态度，或者自己找个台阶下，给人留下明理的印象。

表现自己是一种才华、一种艺术。有了这项才华，你就一马平川了。因为当你学会了推销自己后，你就几乎可以推销任何值得拥有的东西了。所以，如果你想在职场中获得成功，就必须善于表现自己。

提升职场战斗力，就要练就扛骂功

“端人家的碗，受人家的管”，这是“打工一族”的心得体会。虽然这样的认识有些偏颇，但它的确道出了一些职场人的心声和工作状态。“受人家的管”，更具体和琐碎一些，就是要忍受上司的指责甚至漫骂。无论是职场新人还是已经小有成就的老手，只要你还没有登上权力的巅峰，“扛骂”就是必须具备的职场能力之一。

其实，“金无足赤，人无完人”。作为下属的你无论多么优秀，也会有缺陷。在工作中出现差错是难免的，被上司批评也是当然的。有些职场新人还一厢情愿地觉得：“的确是我做错了，当然要接受批评，但如果老板批评错了，为什么不能反驳呢？”

其实当上司发脾气的时候，你如果不服气，发牢骚，这种做法产生的负面效应，足以使你和领导的感情拉大距离。上司认为你“批评不起”“批评不得”时，也就产生了相伴随的印象——认为你“用不起”“提拔不得”。

由此看来，批评本身的对错其实不重要了，最重要的是你怎样对待批评。

首先一大忌是当面顶撞。当面顶撞是最不明智的做法。既然是公开场合，你下不了台，反过来也会使领导下不了台。其实，如果在领导一怒之下而发其威风时，你给了他面子，这本身就埋下了伏笔，设下了转机。你能坦然大度地接受其批评，他会在潜意识中产生歉疚之情或感激之情。

第二，如果你反复纠缠、争辩，希望弄个一清二楚，这也是很没有必要的。确有冤情，确有误解怎么办？可找一两次机会表白一下，点到为止。即使领导没有为你“平反昭雪”，也完全用不着纠缠不休。这种斤斤计较型的部下，是很让领导头疼的。

为了使上司尽快息怒，在聆听训导时，要表现出心怀悔意、面露愧色。不要显示出一幅垂头丧气的表情，更不能与上司嘻嘻哈哈态度不严肃。反而是要以坦率诚恳的语言向上司承认错误、赔礼道歉，并表示尽快改正错误，争取最大努力地弥补损失。

能“扛骂”对你是有益而无害的。但最关键，最重要的在于对训斥的原因要认真进行反思，尽快改正错误，使自己不断进步，在“挨骂”中成长。提高你的韧性与抗压能力，最终会化作职场的战斗力。

第三章 广结善缘，以静制动

不遭同事嫉妒是庸才，常遭同事嫉妒是蠢才

“嫉妒”一直以来似乎都是女人的专有名词。殊不知，它在职场上是所有男女的通病。当你为自己美好的未来不停地打拼，不停地卖力工作时，也许你已经被悄悄地送上了丧失工作的“断头台”，而送你上“断头台”的不是别人，正是“嫉妒”——那些在你身边嫉贤妒能、搬弄是非的同事。

Tom在一家中外合资公司工作，非常卖力。每天下班，其他同事都已回家，他却仍然留在办公室里自愿加班，希望用勤奋来证明自己的价值。

没错，他在工作中表现得非常出色，刚进公司不久就得到了上司的器重和赏识，并委以重任。可惜，好景不长，半年的试用期还没结束，他就被糊里糊涂地辞退了。而那些并不怎么卖力工作、业绩一般的同事，却稳坐“交椅”。原来，上司特别喜欢别人奉承。工作闲暇之余，那些会吹捧的同事总是投其所好，罗列出他的一大堆业绩来恭维他。但Tom却只知道自己埋头苦干，既不和领导进行沟通，也不与同事打好关系。

试想，那些同事怎能容忍一个比自己强的人在自己身边呢？那不是让自己的饭碗不保吗？于是，时不时地在上司面前说Tom的缺点和工作失误。常言道“众口铄金，积毁销骨”。那么多同事在身边吹耳旁风，上司炒掉Tom自然是“顺应民意的正义之举”了。

正所谓“枪打出头鸟，刀砍地头蛇”，职场上最忌毫无顾忌地“锋芒毕露”。作为同一家公司里的同行，人与人之间的竞争非常激烈。因为每个人都有一种嫉妒心理，即不能认可他人比自己强，陶醉于他人不如自己或者以他人的失利为满足的情感体验之中。

也许你会认为，自己只有表现得更加出色，比别人更强大的时候，别人才会闭上他们的嘴巴，心悦诚服地望着你。但是，职场上的游戏规则恰恰相反——不遭同事嫉妒的是庸才，常遭同事嫉妒的是蠢才。

别以为你做得更好就能升职、加薪，就能前途无限。你表现的过于出色、过于完美的时候，只能遭到同事的排挤和暗中给你“放冷箭”。就像前面例子中的Tom一样，有一天自己被辞退了，都不知道是为什么？

要适当地暴露自己的缺点和不足，必要的时候装傻，才是混迹职场的必杀技。我们每个人必须有缺点，必须在必要的时候隐藏自己真实的才能。因为只有这样，才能遮盖住完美，才能让别人放松警惕，获得对方的信任，才能防止别人在你背后放冷箭。所以，一个聪明的

人要会“戴着面具跳拉丁”。在同事之间切勿肆无忌惮地谈论自己的收入和职务待遇等优势，更不要表现得鹤立鸡群，表现出众人皆醉我独醒的狂妄……否则，一旦激起同事们内心的嫉妒情绪，他们迟早会把你送进职场的牢房里。

但是，暴露缺点并不是暴露自己真正的缺点，尤其是那些对自己不利的缺点。

当然，大是大非面前一定要有分寸，职场生存的底线是法律，必须确信自己做的所有事情都是合法的。

也许你心底会感叹，戴着面具生活是多么累啊！你有这种心态就错了，累还是不累关键看一个人的心态。相反，如果你不懂得职场的心理驾驭术，那才真正叫你劳心劳神，迷茫挣扎。

所以，把“外表”打造得粗糙一点，你的“内心”才能更精致！

软硬兼施，不让办公室的小人得逞

办公室有着人与人之间的利害关系的冲突。尽管你力图避免与人为敌，但你可能会发现你的身边有人在“捣鬼”，他们会从语言和行动上暗中破坏你的工作或毁坏你的声誉。一旦你发现有这么一个人的存在，就表明你的办公室里已经有小人盯上你了。你要与他为敌，针锋相对干一场吗？不！那样做只会令你沦为没教养的人物，亦妨碍你的事业进展。你要该强硬的时候就寸步不让，该退让的时候也留些余地，让对手输得心服口服，才能显现出你的智慧。

一天，柯小姐去机房上网，发现不知道是谁在那儿开了个黄色网页偏又忘了关闭，柯小姐不以为然地随手就将之关闭了。可是，令她万万没有想到的是，第二天，整个公司竟然传开了她看黄色网页的谣言。谣言之下，懦弱的柯小姐不得不主动辞职，可是她即使在离开的时候，仍然背负着屈辱的龟壳。

相比之下，与柯小姐同一间办公室的梅小姐却要勇敢得多。一天早上，主任将梅小姐叫到办公室，口气严峻地说，他丢了份很重要的文件，最后这份文件一半在垃圾桶里，一半在梅小姐的抽屉里找到了。性格一贯温顺的梅小姐拍案而起，说：“第一，我根本没有作案的时间和动机，这明摆着是陷害；第二，你有什么权利翻我的抽屉？”主任顿时面红耳赤。最后，梅小姐不仅没有被炒掉，反而从此没有人敢再陷害她了。

人们在告诫年轻后辈时常说：“害人之心不可有，防人之心不可无！”

的确，害人之心不可有。然而在办公室这个小社会圈子里，光是不害人还不够，还得有防人之心。

不过，明枪易躲，暗箭难防，别人要害你不会事先告诉你。例如，有人为了升迁，不惜设下圈套打击其他竞争者；有人为了生存，不惜在利害关头出卖朋友；有人走投无路，狗急跳墙……

在职业生活的漫长岁月中，免不了会遇到出卖、敌意、中伤、陷阱等种种料想不到的事情。如果事先预料这些事的发生，并一一克服，便能使你的工作生涯一帆风顺。

与工作岗位上的人交往时，必须练就人与人之间虚虚实实的进退应对技巧。自己该如何出牌，对方会如何应对，这可是比下围棋、象棋更具趣味的事情。

同事之间存在竞争的利害关系。在一些合资公司，特别是外资公司里，追求工作成绩，希望赢得上司的好感，获得升迁，以及其他种种利害冲突，使得同事间天然地存在着一种竞争关系。而这种竞争在很大程度上又不是一种单纯的真刀实枪的实力较量，而是掺杂着个人感情、好恶、与上司的关系等复杂因素。利害关系导致同事之间可能同舟共济，也可能各自想自己的心事，因此关系免不了紧张。

在竞争愈演愈烈的社会中，同事之间，不可避免地会出现或明或暗的竞争。表面上可能相处得很好，实际情况却不是这样。有的人想让对方工作出错，自己可以有机可乘，得到上司的特别赏识。

你有时也许会有这样的困惑：上司对你印象不错，你自己的能力也不差，工作也很卖力，但却总是迟迟达不到成功的顶峰，甚至常常感到工作不顺心，仿佛时时处处有一只看不见的手在暗中扯你的后腿。百思而不得其解之后，你也许会灰心丧气地颓然叹道：“唉，也许是命运之神在捉弄我吧！”

朋友，如果你真的遇到了这种困惑，也许那并不是命运之神，而是你的左右同僚，很可能是你与他们的关系出现了什么毛病。

要在复杂的职场中生存，就必须要练就一身的本领，软硬兼施，能文能武，才不会被险恶所吞，才不会被人莫名其妙地栽赃陷害。

识破口是心非的同事，为自己减少隐患

职场上也会有很多这样的人，他们表面上讲义气、够朋友，背地里却造谣生事、污辱诽谤、挑起事端，而识辨这种人需要一定的智慧。

这些人为什么会口是心非呢？究其原因，无外乎是嫉贤妒能，看到比自己优秀的同事便感到极不舒服，心生嫉妒，但是又不能跟对手“当面锣，对面鼓”地叫板，只好暗暗地设计破坏对方，让对方受挫，看到对方失败就会觉得开心。“凭什么赵炜刚来3个月，就升为主管，我在这里熬了2年都没挪个窝，说什么我也不能让他这主管当舒服了”，“新来的领导，真会装模作样，连续几天邀请他一起吃饭，想拉拉关系，他都说没时间，这不明摆着不给面子吗”，“林强最近工作真卖力，看来他今年是想跟我争先进，我非得想办法让他分分心不可，这样就少了一个竞争对手”，等等。口是心非的人内心都很阴暗，甜言蜜语的背后隐藏的都是见不得人的龌龊心理。如果你和这样的人成了朋友，那么结果只能是无端地给自己增添了很多问题和烦恼，等真正看清“朋友”的本来面目时，恐怕自己已经伤痕累累了。

面对这种同事，你与他们谈话时要泰然自若，抓住主动权不放，不让他们的阴谋得逞。

对于以前百般刁难，现在却又主动谄媚的人你可以这样问：“很高兴我们能够化干戈为玉帛，正所谓不打不相识。可有一点我不太明白，以前我的哪些做法叫你不顺眼来着？”口是心非的同事本来就是虚情假意，当你认真问起言外之意时，他们就会不知所措、躲躲闪闪、含糊其辞，而且反过来责怪你曲解其意。但你需要明确地向他表明自己并不像他们想象得那么软弱可欺，他们以后就不会再找你的麻烦了。你也争得了一份属于自己的安静的心境和工作环境。

有的时候，口是心非的恭维话其实可能是一种幌子，用来掩饰说话者对你的怨恨或愤怒。例如你和一个资格比你老的同事在为同一个项目设计方案，结果你的方案被采纳了，同事说道：“真是长江后浪推前浪啊，什么也掩饰不住金子的光芒。”这话听上去表面上是在表扬，实质上是在挖苦。你可用平和的语气说：“其实为了这个项目，您也费了不少心，而且您比我更了解这个项目，只不过是我的运气好，方案才被老板选中。但我毕竟还年轻，还有很多不足，我希望在以后的工作中我们多沟通、多交流，一起把工作做好。”面对你的宽容与坦诚，相信对方也会不好意思，最终达到“将相和”的目的。

口是心非的同事，当面对人说漂亮话，骨子里却没有什么善意。当同事称赞你或恭维你时，好好想一想那些话是真是假，一经断定，轻松快乐地接受善意之词，对于含有恶意的言辞，不理会或反击羞辱之意。在交流中要注意区分赞扬与羞辱之意，对含沙射影的话不予理会，而要真心诚意对待赞扬和指正，以促进了解，共同进步。

可以抬高自己，但不要打压别人

在职场中，有些人为了抬高自己，整天盯着别人的缺点，一旦抓住了就要向领导反应。结果，他们不仅得罪了同事，而且还会让领导反感，认为他把时间都用在了盯别人上，自己

不可能有多大的成绩。

“动物王国”评选劳动模范，凤凰征求麻雀的意见：“你这里住着不少伙伴，能不能从中选出一个来？”

麻雀说：“喳喳，难！”

凤凰问：“燕子怎么样？”

麻雀掏出一个用树叶订成的笔记本，翻到一页念道：“喳，5月1日，它把一根羽毛丢到了房东的客厅里；3日，它将两根小草撒到了主人的院子里；6日，它又将一团泥掉在了房东的门槛上……它呀，不行，不行！”

“雄鸡可以吗？”凤凰又问。

“喳喳！它更不够格！”麻雀把笔记本翻了一页说：“6月7日，它早叫了0.01秒；6月9日，它迟叫了0.02秒……”

“那么，大黄狗呢？”凤凰耐心地问。

“喳喳喳！它的作风太粗暴啦！你瞧，”麻雀拍着笔记本说，“7月3日，它追小偷，把主人的黄瓜花踢掉了两朵；8月24日，它捉黄鼠狼，却把鸡吓得咯咯大叫……”

凤凰微微一笑说：“照你这么讲，你们这里就选不出一个劳动模范来了？”

麻雀慌忙否认：“不不不，谁说选不出来？”

“那谁够这个资格呢？”

“喳！我呀！”麻雀指了指自己的鼻子。

“你嘛，”凤凰沉吟了片刻，说：“我想向你请教一个问题，你把那么多的心思都用来找别人的缺点，哪还有工夫干正经事呢？”

“喳……喳……喳……”麻雀红着脸钻进了墙洞。

古人云：“金无足赤，人无完人”。每个人都会有一些缺点，从而造成一些失误。对于这些缺点与失误，固然需要加以改进，但也没有必要锱铢必较。所谓“水至清则无鱼，人至察则无徒”，你总是抓住别人的一些小缺点、小毛病不放手，别人必然会疏远你。尤其是在工作当中，同事之间本来就有一定的隔阂，不像亲人、朋友那样随便，如果整天盯着别人的缺点，必然会让对方产生敌意，这样一来，你的日子也就不好过了。

然而，在工作当中，总有一些像麻雀这样的人，他们本身没有什么本事，也不想提高自己，一天到晚只想着通过贬低、排挤别人的方式来达到获利的目的。他们总是“宽以律己，严于待人”，否定别人的成果，对别人吹毛求疵，对自己却反而大加吹嘘。这样的人不仅在同事当中不会有什么好印象，即使在领导眼里也并不受重视。就像凤凰说的：“你把那么多的心思都用来找别人的缺点，哪还有工夫干正经事呢？”作为一个明智的领导，自然会想到这一层。

事实上，这种通过排挤别人而妄图达到自己目的的人不是聪明，而是愚蠢，最终也不可能实现自己的目的。而真正聪明的人，首先让领导看到自己的成绩，其次还要与同事打好关系。只有这样才能在职场中如鱼得水，顺利发展。

不要过多了解同事的个人隐私

两人关系密切，但也应有恰当的距离，知道别人太多的过去，会让自己处于危险的境地。

当很多同学还在为工作发愁的时候，小方已经稳稳当当地坐在这家大公司的某个小方格里开始他的职业生涯了。他受宠若惊而又异常兴奋，正是怀着对力荐他的顶头上司十二万分的感恩之心到新单位报到的。小方暗暗发誓一定要好好干。他们组有个女孩，他们相处得非常好，工作上常能保持意见一致，他们的友情也不断加深，发展到了进入彼此的私交圈子的地步，对对方的男女朋友也都十分熟悉。

女孩有时会和小方的女朋友一起逛街，小方和她男朋友偶尔也会打打球，有时四个人还坐在一起搓麻将。公司里的其他同事都特别羡慕他们两人能有这么好的关系。但这种融洽的关系在某一天出现了难以弥合的裂痕，起因是公司里新来的副总经理。女孩从见到他的第一眼起，就很不自然，副总经理也是，两人坐在那里，并不说话，却有一种微妙的气氛。下班时，女孩突然“消失”了，而平时女孩和小方都是一同坐车回家的。即便临时有事，也会先打个招呼。小方问了门口的大爷，说她是和副总经理一同出去的。

第二天，女孩红肿着眼睛来上班了。回家的时候，没等小方问，她就主动和盘托出了：副总经理是她大学时的同学，他们曾经谈过恋爱，后来因为副总经理毕业后去了美国，两人断了往来。副总经理经过一次失败的婚姻，再见女孩，有了和她重温旧情的想法。说着说着，女孩忍不住掉起眼泪来。小方和这个女孩子就这件事情进行了亲密的交谈，但是没想到，那次之后，女孩和他渐渐疏远了，也许是后悔让他知道了这个秘密。终于有一天，她开始在同事面前放风，说小方做事常常偷懒，完不成的任务都要她帮他顶着。

上面的故事可能会引起很多人的深思。小方知道了女孩过多的秘密，让他吃到了苦头。因此，千万不要与同事有过密的交往。你对他知根知底，一旦风向有变，你立刻就会成为他的重点防范对象。

别人的伤心史，能不听就别听，更不要滥施情感。你同情他，说不定他转眼间就会为自己的一时脆弱而后悔，甚至转而恨起你来。因为人通常都需要在自己脆弱的时候寻找倾听对象，但是如果你知道太多别人的往事，那个人就会非常担心，还会找机会给你使绊，让你后悔莫及。因此与同事相处，最好停留在“今天天气不错”的水平上，这样才能保证你的安全。

拉拢“关键”同事，使其在领导面前替你说话

在每个组织、单位里，都有一些业绩出色、能力特别优秀的人，也有与领导关系密切的人，领导一般会通过他们来了解下属的情况。如果与单位里的那几位“关键”的同事处好关系，使他在关键时刻替你说上几句好话，或许比你努力表现自己更加有效。

小齐与郑浩同在市教育局教研股工作。郑浩到教育局已经有 7 年的时间了，上上下下都人缘不错，也深受教研股长的器重，凡事都同他商量。小齐刚刚从学校毕业一年有余，与郑浩是校友，在课题研究上，具有互补性，两个人关系也不错。

后来，根据国务院的有关精神，市教育局也开始精简机构，其中教研股也在精简之列。一天，小齐约郑浩出去喝酒。席间，小齐探问精简的虚实，并请郑浩帮助一下，郑浩心领神会。

教研股长同郑浩探讨人员调配问题，当谈到小齐时说道：“小齐人倒不错，只是太年轻了点，我考虑将他另调别处……”随后对郑浩说：“你在咱们教研股虽然岁数不大，但是经验丰富，我的安排对你研究的课题有无影响，我想听听你的意见。”此时，郑浩正在研究“小学生游戏与心理健康的关系”这一课题，教育局想把它作为一项科研成果向上级申请。郑浩说道：“课题研究工作进展比较顺利，咱们股的这些人都参与了，但是相对于心理学这一部分，真正明白的并不是很多。小齐恰恰弥补了我们这方面的不足。从我自己的角度考虑，最好不要这样安排。如果确有困难，能否延缓几个月？”“让我们再考虑一下吧。”股长无奈地说道。最后，小齐留了下来。

这个案例说明，通过“关键”的同事与领导间接沟通，既免除了表功之嫌，又能够得到较好的效果。

所以，在平时的交往中，要注意与同事之间的交往，建立较为密切的关系。有的同事并不愿意或根本想不到做这种顺水人情。适当地提醒是必要的，不一定非要明确地说明，可以借着酒席宴上，半真半假地应付：“你老兄可是某某的红人儿，还希望在领导面前美言几句。”

不过，值得注意的是，同事的好话一般在小事上能够起到作用，但在大的事情上，不可全部寄托于同事上面。同事可以起到铺垫的作用，具体运作还要靠自己去努力。

根除陋习，不轻易在同事面前发脾气

处于情绪低潮中的人们，容易迁怒于周围的人，这是自然的，但是办公室是有规则的。为了展示真正的职业风范，更好地在职场中生存，必须根除自己的这种陋习，不在同事面前发脾气。

林科长任财务科长的第三年，上司给他委派了一名新主任。新主任是老会计出身，没有多少文化，对所管辖的部属，谁工作认真、昼夜加班、出了成绩，他看在眼里、忘在脑后；谁迟到早退、不请假，或者没有给他及时送材料，他却牢牢记在心上，时不时地给点颜色瞧瞧。尤其对财务科的工作总是挑毛病、找破绽，好像怎么看怎么不顺眼似的。

面对蛮不讲理的新主任，林科长既没有当面顶撞，也没有逢迎巴结。他经常和本科室的人员开会，定出工作程序，交给主任过目后，再切实执行，并做好系统记录，以便主任翻阅。这样自行安排工作，既减少了他这个财务科长与新主任的摩擦，又减轻了自己的负担。

有几次，林科长被主任严厉的批评，但他没有任何的异常情绪，也没有把这种情绪带到工作中去。相反，林科长每受到委屈，必当机立断，检查自己的工作、处事是否有错误，并且有错必改，或是重新评价自己，进一步做好本职工作。

此外，对待这样的“大老粗”主任，林科长为自己的前途着想，时时小心、处处小心、步步小心，每一件事、每一句话都对主任格外尊敬，尊重主任的意见，多向主任请教，多多体谅主任的难处。

这样一年下来，主任对财务科长褒奖有加，再也不像以前那样恶声恶气了。又过了半年，林科长被提升为财务部主管。

愤怒常常使人失去理智，在愤怒的情况下做出的举动和判断往往是错误的。身在职场，你应学会控制自己的情绪，应像林科长一样懂得控制自己，才能更利于发展。

大凡身心健康者，每个人都有喜、有怨、有悲，也有愤怒这些心理情绪的存在或表现。生活是多变的，在多变的生活中每个人都会面临挫折、失望、沮丧、失败。在正常情况下，人会在遇到高兴事时，眉飞色舞；遇到伤心事时，愁眉苦脸。但是在办公室里，这种情况一定要控制。成功者碰到因这些问题而引发的愤怒时，总是以积极的态度、积极的情绪来适应，这就是情绪控制。

控制发怒的目的不是压迫愤怒，而是把愤怒的情绪巧妙地转移，导引为一种努力背后的动力，以推进自己的事业向前发展。这是通常说的聪明人的做法。

很多人经常把工作以外的怒气和不满带到工作中来，同事会觉得你像随时都可能爆炸的炸弹，尽量绕开你的办公桌。客户打电话给你，你莫名地冲着他吼叫，然后不等对方说完就把电话挂掉了。一整天，你总是用双手抱着头，一声不响地坐在那里，工作懒得做，话也懒得说，办公室的气氛因为你而变得死气沉沉。你自己觉得他们知道真相后会体谅你的，而事情一过，你也会热情地投入工作。殊不知，你这种不够成熟的表现影响了你的工作，而且这样做也并不能使你解脱，你让你的同事们也感到不快，他们不喜欢这样。最重要的是，你的客户永远不会再与你联系了。

因此，职场中人也要牢记这一点：办公室是一个集体场合，不同于你自己的家——即使在家也要考虑家人的情绪，而同事是与你共同做事的人，不是来看你的脸色、受你的脾气的。正所谓“一人向隅，举座不欢”，纵使你有一千个理由，也不应该把坏情绪带到办公室里来。

越愤怒越平和，用幽默反扑“狙击手”的攻击

卡耐基认为，并非所有人都具有很强的攻击性，而有的人只不过是想要获得别人的注意。

职场上，我们经常会遇到这样的情况，当你表现得很出色、很吸引人的时候，别的同事就喜欢拿你说事，喜欢拿你作为攻击对象，这时候你一定要分析清楚，不要贸然回击，以为他们是记恨你，对你恶意的攻击、诽谤以牟取自身利益。其实，有时候他们只是为了让别人发笑，得到赞美，所以，他们才会采用嘲弄的策略来引人注意。这被称之为“奚落的幽默”的做法，反而能增加彼此的友谊。让我们先来看下面一个实例：

达伦和杰伊同是工程师，而且又都在一家高科技公司任职。达伦的年纪比杰伊长五岁，在公司的工龄也比杰伊多三年，众人都认为达伦升迁的机会可能性大。但是杰伊为人随和，工作努力，做事主动，并且有丰富的创造力。后来，他的努力终于获得了上级的赏识而且得到了回报：他被提升为地区业务经理。

上任之后的一个星期，有一回杰伊在停了车走向新办公室的时候，看到整班的人马都围着达伦站在走道上，他们似乎对达伦所说的某句话很在意，而且笑得很开心。

但是当杰伊走近这群人的时候，他们的笑声却“戛然而止”，不过杰伊却可以清楚地听到达伦对他的恶毒的狙击。达伦注意到他的听众不再笑了，于是把头转过来，结果看到了杰伊狼狈的表情：“噢，原来是来了个大人物！”

“我怎么会遭到这样的待遇？”杰伊自问，而又想着对这位“狙击手”的攻击该怎样回应？

狙击行为背后的动机各有不同。有些人对事情的发展感到愤怒，会对阻碍计划的人怀恨在心而采取狙击行为。有些人会利用狙击来打击任何可能阻碍他们计划的人。有些人狙击的目的只不过是想引起喜爱的人的注意。

想要做完事情的人，如果遇到事情没有照计划进行，或是遇到受他人阻挠的情形，可能会通过狙击的手段来消除异己。为了避免遭人报复，狙击手常常会暗中采取行动。暗暗地使用一些无礼的批评、讽刺的幽默、尖酸刻薄的口气和运用眼神的流转等。狙击手也会说一些“张冠李戴”、风马牛不相及的话，使人摸不着头脑而出尽洋相。也就是说，他会把令人困惑当成是一种武器。

如果有让狙击手愤怒的行为出现，“别发怒，但是要摆平！”以达伦和杰伊的例子来说，达伦生气的原因就是因为自己没有获得升迁，而且把这件事怪到了杰伊身上。

如果你不喜欢被嘲弄，而且容易受到狙击的伤害，那么其实你非常容易成为狙击手的目标。一旦这种个性被传出去，就会有人利用你的个性去狙击你了。如果你是那种无法忍受狙击的人，对方会利用你的弱点而变得毫无禁忌。

如果你还没有学会以幽默的方式来对难缠人物的说些令人不快的事，那么结果一定会失败。因此你最好勇敢地面对狙击。要停止狙击，最好先学会与他们和平共处。因为如果你没有反应，狙击便变得毫无意义。

对付狙击手要先培养出好奇的态度，采取旁观者的姿态来看这样的行为。如果狙击手攻击你，不要把它当成是针对自己而发的，希望你有足够的好奇心，把注意力放在狙击手身上，而不是自己的身上。因为狙击行为的出现可能是缺乏安全感，你大可把头痛人物的行为看成是缺乏安全感的小学生的行为。

那么，下次再遇到狙击手时，你可以试用一下那两句对讽刺最好的反应：“我知道你是这样，而我呢？”“我们两个半斤八两，那么骂我和骂你是一样的。”

男女同事交往，有距离才不会越雷池一步

异性同事间，除了性别的差别外，在交往中更要注意办公室里的流言飞语。要时刻注意彼此之间的距离，谨防“授受不亲”。

同异性同事交往一个很重要的原则是对异性采取大方、不轻浮的态度，其中包括言语和行为两方面。以尊重对方是异性工作伙伴的态度来处理办公室中的一些事务，将会使某些复杂的事情变得简单。千万不要将办公室里的异性关系演绎成类似恋爱关系所期望的那种暧昧

的结果，也不要与某个异性发展成比其他异性更为亲密的关系。做朋友是下班以后的事，但在办公室内千万要区分利害关系。

物以类聚，人以群分。同事中肯定有与你有共同语言、互有好感的人，如果你并没有意愿将这种关系发展为恋情，就应当将感情发展限制在友谊的范围内。即使很有好感，也不应过度地表露出来。如果对方真的射来丘比特之箭，也应巧妙地将其化解，千万不要给对方以默许和鼓励。

男同事有男同事的苦恼，女同事有女同事的担忧。他们可能会因为工作繁重而忙得废寝忘食，可能会因为事业发展阻力大、停滞不前而眉头紧锁，可能会为家庭纠纷而闷闷不乐……大部分同事遇到这种情况会采取躲避的姿态。其实，只要你说出一句“需要我帮忙吗”的话语，同事可能就已经感激不已了。当他（她）有困难时，或者大家都不敢接近时，如果你能不计利害去帮助他（她），他（她）心中的感激是可想而知的。

做任何工作都不应将性别摆在第一位，工作做得好才是真正有价值的。所以，男同事在与女同事相处时与其强调区分性别，不如教她学会和提高某项专门技艺，这更有助于赢得信任。

女同事大都有“因为我是女性”这样的撒娇意识，你要告诉她最好不要把这种意识带到工作中，尤其是有些话一定要注意说法，如“把东西给我拿来”、“送我回家”之类的话一定不要轻易对男同事说出口。因为同事毕竟是同事，都存在工作利益问题，因此不要过分依赖。与其让她说“这个我不会”、“你帮我做一下”之类的话，不如增强她的责任心，提高独立工作的能力。

对待一些爱发牢骚的女同事，就给她戴高帽。一些女性员工常不客气地说“讨厌加班”、“这样的工作干不了”等，并对自己的言行不负责任。对于她们的这些做法，不妨给她们戴戴高帽，“不，要是你，肯定能干好”、“请你一定要帮这个忙”，听到这样的奉承，她们的牢骚便会减少，还会对你产生好感。

如果女同事真的错了，那么训斥她也一定要注意方式。稍加责备，她们就撅起嘴来生气了，并认真地开始让你觉得不可思议的反攻。男人觉得最棘手的事情，也许就是女人这种歇斯底里的反攻。本来女性就比男性容易认真，又容易感情用事，所以责备她们时应注意以下几点：不在其他同事面前责备；不拿她与其他人比较，最好在其他人不在场的地方，冷静地告诉她：“希望你仔细想一下这一点”。

在办公室里，白领丽人如何与男同事并肩工作，也是一门学问。

首先，白领女性和男同事相处时，要仔细聆听他们的谈话，以便从中获取有价值的信息，得到有益的启悟；其次，白领女性也可以主动约男同事或男主管外出喝茶或吃饭，以便交换意见，但要言之有物，避免闲聊，这样可达到互相沟通感情的目的；再次，与男同事相处时，要有助人的精神。下班时间到了，不要急着回家，设法帮助还在忙于工作的他们，这样可以在工作中建立情谊，改善人际关系；最后，人一忙就会闹情绪，变得事事不耐烦，因此白领女性务必要注意，即使工作再忙，也要注意说话的态度，不要让同事们产生敌意，或误认为“女人爱闹别扭”。

其实，许多男同事对女性说笑时的尖锐和娇滴滴的声音反感，因此，白领女性应时常反省自己是否有这样的不足，努力做到“有则改之，无则加勉”。

白领女性除了应让男同事和主管看见自己理性、坚强的一面外，也要适时地展现出温柔的一面，如带鲜花到办公室，插在人们容易看见的地方，可给人留下美好的印象。

其实职场中也有一些人能成功地保持和异性同事的友谊，42岁的已婚作家、业余女演员乔萍就是这样一个人。

乔萍和邢辉长达20年的友谊没有对各自的家庭带来任何不好的影响，甚至在最近几年他们还开始了家庭聚会。正如乔萍所说：认识邢辉时她才20岁，那时她正在一家业余剧院演出。她一直住在原来的城市直至4年前离开，邢辉则在15年前就离开了那个城市，并在那里遇到了他现在的妻子。她有幸到那里参加了他们的婚礼。

每逢圣诞节或新年，邢辉都会回到达拉斯，并和乔萍共进早餐，这几乎都成了习惯。后来邢辉去了新墨西哥，他们一度疏于联络。不过，去年12月，他们各自带着家人重逢，并度过了愉快的一周。乔萍和邢辉重温了共进早餐的感觉。不过，几天以后他们再次分别，回到了各自的城市。他们清楚，他们已经在各自的生命中养成了新的习惯——和自己的爱人共进早餐。

在危急时帮他一把，赢得同事的好感

潘敏在某家塑料制品企业的经营部工作。一天，经理心急火燎地过来问："杨丽呢，她的那份合同做好了没有？"今天恰巧杨丽出去办私事了，临走时对潘敏说了一下。潘敏说："杨丽刚刚出去，可能上厕所了吧，您需要哪一份合同书？""就是与宏达塑钢窗厂签订的那一份合同，越到节骨眼儿上越找不着人！"经理答道。"杨丽一会儿就回来，我先找一下。"经理走后，潘敏马上给杨丽打电话，找到了那份合同，及时给经理送了过去。关键时刻潘敏帮忙解决了难题，杨丽非常感动。此后两个人的关系非常密切，成为了红粉知己，杨丽对潘敏更是有求必应。

在工作中，一个人肯定会遇到各种各样的困难，在同事遇到困难时帮他一把，不仅播下了人情，得到同事的感激，还为彼此的关系抹上蜂蜜，融洽而甜美。况且，帮助别人搬开脚下的绊脚石，有时恰恰也是在为自己铺路——帮助同事即是帮助自己。在帮助别人时，任何一种努力都不会白费。帮助同事，既赢得了同事的尊重，更容易得到老板的器重。因为你在帮助同事的同时，也向老板展示了自己的能力。

在同事有困难的时候帮助他，是我们分内的事情，切不可以此作为人情记在心头，不要沾沾自喜、自鸣得意。时常将对别人的帮助挂在嘴边，这样的人人们也不愿意接受他的帮助。也不要期望对方给你回报，否则不但加深不了感情，反而落得个"势利"的帽子。

晓庄在设计单位的计算机房工作，对计算机比较精通，其他科室的人家里的计算机出了毛病后喜欢找他帮忙。晓庄经常对那些曾经帮助过的人说："某某某，你还不请我吃一顿，你少花了好几十块钱呢。"有时没有饭局就直接找到他人家里，弄得他人特别反感。从此之后，很少有人去请他帮忙了。

同事间的相互帮助并不一定表现在工作上，有时生活中的小事也会给人极深刻的印象，从而改变在工作中对人的看法。

玛丽是一个单身女子，住在纽约的一个闹市中。有一次，玛丽搬了一个大箱子回家。电梯坏了，她只好自己扛着箱子上八层楼。约翰与玛丽是同事，但玛丽平时看不起约翰，有时还冷嘲热讽。因为约翰平时没事总是不在办公室，工作很差，有时还会弄巧成拙。此时，恰巧碰上约翰，约翰想帮玛丽把箱子搬上楼去。玛丽很难为情，约翰却主动上前，将箱子搬上楼去了。事后，玛丽对约翰表示感谢，并开始重新认识他。经过交往，终于发现约翰的兴趣所在。通过关系，使约翰进入了另外的生活。

热心帮助同事，可以赢得同事的感激。你的热心会使同事也乐于帮助你，更能为你营造一个融洽的办公环境。

第四章 刚柔相济，攻心为上

用商量的口吻分配任务，比强硬的命令更有效

《伊索寓言》中有这样一则寓言：太阳和北风打赌，看谁能先让行人把大衣脱去。于是太阳用它温暖的光轻而易举地使人们脱下了大衣；而北风使劲地吹，反而使行人的大衣裹得更紧。太阳与北风的故事，向我们说明了这样一个道理：对下属要像太阳那样，用温暖去感化他们，使他们自觉地敞开心扉；如果像北风那样使劲地吹，一味地强制逼压，反而会使他们始终对领导心存戒备。

从管理角度来讲，威胁和严厉的警告能够保证工作水准。但问题是，在日常工作中有时这样行不通，常常是领导刚转过脸去，大家又我行我素了。在可能的情况下，最好避免强制，使别人服从的最有效的方法是让对方觉得受到了尊重，例如："我知道你是不会被强迫的……""没有人非要强求你做……""任何人都强迫不了你的……""由你来决定……"

当然，这些方法看起来有些冒险，但通常是非常有效的。因为首先它们消除了反抗心理，其次也可迫使对方接受任务。

领导管理员工就应该对他们软硬兼施，先商量后命令，让下属接受命令之后产生"吃不了兜着走"的心理压力。

领导者大多数是富有各种经验的，而且非常优秀，所以大多时候照他的命令去做，是没什么错误的。可是如果领导者老是持这样的想法，就会令下属不满，令其感到压抑，而不能从心底产生共鸣。同时也变成因为没办法，只好产生"好吧，跟着你走吧"这样一种情况。如此，就不可能真正有好的点子，产生真正的力量。

所以在对人做指示或下命令时，要像这样发问："你的意见怎样？我是这么想的，你呢？"然后必须留意，是否合乎下属的意见，以及下属是否彻底了解，并且要问。至于问的方式，也必须使对方容易回答。

松下幸之助自从创立松下电器公司以来，始终是站在领导者的位置上的。但在此以前，他也曾经站在被人领导的位置上，所以下属的心情，他多半能够察知。因为自己有过这样的体验，所以在下命令或做指示时，他都尽量采取商量的方式。

如果采取商量的方式，下属就会把心中的想法讲出来，而你认为下属言之有理，就不妨说："我明白了，你说得很有道理，""关于这一点，我不这样做好不好？"诸如此类，一面吸收下属的想法或建议，一面推进工作。这样下属见自己的意见被采纳，就会把这件事当做是

自己的事，认真地去做；同时，因为他的热心，自然会产生不同的效果，这便成为其大有作为的活动潜力。即使在封建社会，凡是成功的领导者，表面上下命令，实际上也经常和部下商量。

如果能以这样的想法来用人，则被用的人就会自动自觉地做好工作，领导也会轻松愉快。因此领导在用人时，应尽量以商量的态度推动一切事务。

因势利导，巧妙应对难以对付的下属

所谓“马蝇式”下属，就是那些上司难以相处或难以对付的下属。

作为管理者，对自己下属的品质、性格特征、文化修养、知识水平、工作能力等方面应有所了解，对他们的个人性格特点应了如指掌，并能充分运用他们的性格特点，因势利导，使他们都能在自己的工作岗位上尽可能地发挥才能。对性格有缺陷的下属，要格外关照和注意。因为他的工作态度和习惯不但影响他们自己的工作效率，还将影响其他人的工作情绪。作为管理者，应尽可能地与各种性格的下属保持良好的关系，做好沟通工作。

同时，也要采取一定的策略来对付几种典型的“马蝇式”下属：

1. 有敌意的下属。

作为上级，你可能得罪了某位下属，使他对你充满敌意，随时想攻击你。对这样的下属，该怎样去应付呢？

第一步，应正确对待这样的下属。

不管下属与你之间有什么过节，都是由工作引起的。你们之间没有不共戴天之仇，因此也没有必要用另外的眼光去看待这样的下属，更不要用不光彩的手段去整治这样的下属。

第二步，找出下属充满敌意的原因，然后对症下药。

下属对你充满敌意，要么是你真的得罪了他，要么是他对你有所误解。如果是你在某些事情上得罪了他，并且是你的错误，你要坦诚地向他道歉，并设法予以补偿。假如对方的心胸不是太狭窄，道歉和补偿是可以化解他的敌意的。化解下属的敌意需要时间，不要性急，特别是对敌意很深的下属，更要有耐心。

如果是下属误解了你，才对你充满敌意，你要想办法向下属解释清楚，化解他的敌意。暂时解释不清的，可以另找机会解释。总之，要使他明白是他误解了你。

如果经过你的努力仍不能化解下属的敌意，并且你已经做到了仁至义尽，他对你的敌意还是有增无减，这时候你就不要再心慈手软了，可以将他调离或开除。你也不必为此内疚，因为你已经给过他机会了。

2. 逞强的下属。

争胜逞强的下属凡事争强好胜，所以周围的人都成了他竞争的对象。其实，他的本性并不坏，只是一遇到机会就吹嘘夸大，炫耀自己，所以有意无意中会伤害别人，因此人缘极坏。

这类下属外表显示出的气质很强势，但他们的内心是非常脆弱的，他们很容易被美好的言辞说服。对付这样的下属，要掌握以下几点：

（1）不必自卑。也许这类型的人确有比你高明之处，但也不要自卑。因为人无完人，你绝不可能在各个方面超过所有的人。

（2）承认不足。勇于承认自己的不足，并予以改正和学习，这样就会使他的进攻失去目标。

（3）推心置腹。如果对方不是故意与你为敌，可以选择适当的时机，进行推心置腹的谈话。有理有据的谈话可以化解矛盾，改变他对你的态度。

应对这些“马蝇式”的下属，应因势利导、对症下药，切不可眉毛胡子一把抓，采取一刀切的态度。同时，也切不可将他们视为敌对分子，而应采取包容团结的方式，引导他们，慢慢地让他们回归到你的指挥中。

批评下属留有余地，备好“台阶”是一计

心理学家研究表明，谁都不愿把自己的错处或隐私在公众面前曝光。一旦曝光，就会感到难堪或恼怒。因此，在交际中，如果不是为了某种特殊需要，应尽量避免触及对方所避讳的敏感区，避免使对方当众出丑，必要时可委婉地暗示对方你已知道他的错处或隐私，对他造成一定的压力，但不可过分，只需“点到为止”。既使当事者体面地“下台阶”，又尽量不使在场的旁人觉察，这才是最巧妙的“台阶”。

在广州一家著名的大酒店里，一位外宾在吃完最后一道茶点后，顺手把精美的景泰蓝食筷悄悄“插入”了自己的西装口袋里。服务小姐不露声色地迎上前去，双手捧着一个装有一双景泰蓝食筷的绸面小匣子说：“我发现先生在用餐时，对我国的景泰蓝食筷颇有爱不释手之意。非常感谢你对这种精细工艺品的喜爱。为了表达我们的感激之情，经餐厅主管批准，我代表酒店，将这双图案最为精美并且经过严格消毒处理的景泰蓝食筷送给你，并按照酒店的‘优惠价格’记在你的账簿上，你看好吗？”那位外宾当然明白这些话的弦外之音，在表示了谢意之后，说自己多喝了两杯“白兰地”，脑袋有点发晕，误将食筷插入口袋里，并且聪明地借此“台阶”，说：“既然这种食筷不消毒就不好使用，我就‘以旧换新’吧！哈哈哈。”说着取出内衣口袋里的食筷恭敬地放回餐桌上，接过服务小姐给他的小匣，不失风度地向付账处走去。

如果服务员想让这位外宾“出洋相”，真是太容易了，但她没有那样做，而是委婉地暗示了对方的错处。懂得说话艺术的人往往会这样不动声色地让对方摆脱窘境。

古人云：“人非圣贤，孰能无过？”有过而不接受批评，只能在错误的道路上越走越远。可见，批评在工作中是非常必要的。但是，如果领导的批评言辞不当，不注意批评的技巧和方法，就会导致一些意想不到的事情发生。因此，要想收到良好的批评效果，就需要掌握批评的技巧和方法。

下面简单介绍几种批评的方法：

1. 在批评别人之前先自我批评。

毛泽东在1962年的一次发言中，一方面严厉批评党内压制民主的恶劣现象，一方面坦率地对近几年工作中的错误承担责任。他说：“凡是中央犯的错误，直接的归我负责，间接的我也有份，其他同志也有责任，但是第一个负责的应当是我。”在毛泽东的带动下，其他主要的中央领导也在会上诚恳地自我批评，会议取得了良好的效果。这种先自我批评的方法，能够减轻下属的心理负担和抗拒心理，使他们能够接受批评，冷静地审视自己的错误。

2. 运用抑扬结合法。

即在批评别人时，先找出对方的长处称赞一番，然后再提出批评，最后使用一些鼓励性的话语。这种方法使人认为你的批评是公正客观的，自己既有过失，也有成绩。这样就减少了因批评所带来的抵触情绪，收到了良好的批评效果。

某领导发现秘书写的总结有不妥之处。他是这样批评秘书的：“小张，这份总结总的来说写得不错，思路清晰、重点突出，有几处写得很有见地，看来你下了工夫。只是有几个地方提法不妥，有些言过其实，有的地方尚缺定量分析，麻烦你再修改一下。你的文笔不错，过去几次写总结也是越修改越好，相信你这次也一定能修改出一个更好的总结来。”这样说，秘书会感到领导对自己很公正、很器重，充满期望和信任，因而会很卖力地把总结修改好。

3. 运用明褒暗贬的方法。

某位领导碰到全厂有名的后进青年，主动打招呼：“小唐，你好！”对方不冷不热地冒一句：“不敢说好，我是厂里有名的坏蛋。”领导忙接过话头说：“你一不偷，二不抢，三不搞腐化，怎么会是坏蛋呢？这种说法是错误的。你不是坏蛋，说你不可救药，不仅否定了你，也否定了教育者自己。”这番话首先稳定了对方的情绪，满足了对方的自尊心，同时又促使对方反思：为什么不偷不抢，名声却不好呢？这种明褒暗贬的批评法如果运用

得当，就能收到很好的效果。

当然，批评的方法远不只以上三种。作为领导者，只有讲究批评的方法和口才技巧，才能达到预期的目的。

给下属金钱，还不如给他机会

做领导的要明白一点，对一个员工来说，机会永远要比金钱重要得多。你要想留住人才，与其提高他的工资待遇，倒不如给他提供适合自己发展的工作平台。

某户人家养了一只小狗。有一天小狗忽然走失了，这户人家马上报了警。几天后，小狗被人送到了警察局，警察立刻通知了这家人。

在等待主人的时候，警察突然发现这只小狗没有一点欢喜的神情，反而在很悲伤地流泪。警察相当好奇："你应该高兴才对，怎么流泪了？"

小狗回答："警察先生啊，你有所不知，我是离家出走的啊！"

警察有些吃惊："你家主人虐待你么？为什么要离家出走？"

小狗悲伤地说："我在主人家里已经待了很多年了。从一开始就负责家人的安全，一直很尽忠职守地执行我的职责。当然，主人也夸奖我的业绩，平时见到我会摸摸我，拍拍我，常会带我出去散步。那种保卫一家人的成就感，那种受重视、受疼爱的感觉，让我更加提醒自己，要好好保护这一家人，直到有一天……"

"怎么样？"警察追问道。

"有一天，家里装上了防盗门，从此我就失业了。看门不再是我的职责，家人也不需要我保护了。整天无所事事，对家庭一点用都没有。虽然主人还是一样饲养我，但是我实在受不了这种受冷落的感觉，所以才会离家出走，宁愿过这种流浪的日子。"

在组织生活中，任何一个人都渴望得到领导的信任，受到领导的器重。而这种信任与器重又可以分为两种形式，一种是以物质奖励的方式提高待遇，另一种是以精神奖励的方式提供发展空间。对于那些没有什么理想，甘愿平平淡淡度过一生的人来说，渴望的是前者；但对于有着远大抱负，追求人生价值的人来说，最渴望的则往往是后者。因此，一个领导者，要想留住真正的人才，与其给他丰厚的报酬，还不如为他提供适合自己发展的平台。

在这则寓言中，小狗之所以离家出走，就是因为它是一只有理想的小狗，它不像那些只懂得阿谀奉承主人的宠物狗，它为自己确立了生活的目标——把门看好。一旦这个目标失去之后，它就会感觉生命失去了价值，因此宁可去过流浪的生活。其实，这种机会大于金钱的思想，从古至今都广泛存在着，只是有些人没有注意到。

过去，在中学课本里有一篇文章，叫做《触龙说赵太后》。讲的是赵太后因为疼爱儿子长安君，不愿意让他去做人质，而触龙则告诉太后，要想真正疼爱长安君，就要给他锻炼的机会，这样他才能够成长，能够服众。在现代社会中也是一样，很多外国的亿万富翁，并没有把钱留给儿女，而是做了慈善。他们认为，留给儿女最重要的是赚钱的方式与生存的方法，而不是金钱本身。同样的道理，在团队生活当中，金钱固然有激励的作用，但是金钱的激励并不能持久地发挥作用。因为在得到了基本的生活保障之后，人们更渴望获得尊重、成长和自我价值的实现。因此，当组织成员的工作热情下降、绩效下滑时，不要以为员工只是为了工资或奖金，试着给他们获得责任感和荣誉感的机会，问题可能就迎刃而解了。

激励让他多干活，赞赏让他积极干活

在任何一个团队里，想要管理好下属或其他人，想让他们积极地多做工作，"激励"与"赞赏"是领导者不可缺少的法宝。

下面，我们来看一个有趣的寓言：

有一天，猎人带着一只猎狗到森林中打猎。猎狗将一只兔子赶出了窝，追了很久也没有追到，后来兔子一拐弯，不知道跑到哪儿去了。牧羊犬见了，讥笑猎狗说：“你真没用，竟然跑不过一只小小的兔子。”猎狗解释说：“你有所不知，不是我无能，只是因为我们两个跑的目标完全不同，我仅仅是为了一顿饭而跑，而它却是为了性命啊。”

这话传到了猎人的耳朵里。猎人想，猎狗说得对呀，我要想得到更多的兔子，就得想个办法，消灭“大锅饭”，让猎狗也为自己的生存而奔跑。猎人思前想后，决定对猎狗实行论功行赏。

于是猎人召开猎狗大会，宣布：在打猎中每抓到一只兔子，可以得到一根骨头的奖励，抓不到兔子的就没有。

这一招果然有用，猎狗们抓兔子的积极性大大提高了，每天捉到兔子的数量也大大增加。因为谁也不愿别人吃骨头，自己却干看着。

可是，一段时间过后，一个新的问题出现了：猎人发现猎狗们虽然每天都能捉到很多兔子，但兔子的个头却越来越小。

猎人疑惑不解，于是，他便去问猎狗：“最近你们抓的兔子怎么越来越小了？”

猎狗们说：“大的兔子跑得快，小的兔子跑得慢，所以小兔子比大兔子好抓得多了。反正，按你的规定，大的小的奖励都一样，我们又何必要费那么大的力气，去抓大兔子呢？”

猎人终于明白了，原来是奖励的办法不科学啊！于是，他宣布，从此以后，奖励骨头的多少不再与捉到兔子的只数挂钩，而是与捉到兔子的重量挂钩。

此招一出，猎狗们的积极性再一次高涨，捉到兔子的数量和重量，都远远超过了以往，猎人很开心。

有研究表明，如果只是被动服人，缺乏自觉性和积极性的话，员工只能发挥其能力的20% ~ 40%，而如果他们被充分激励后，则可以发挥80% ~ 90%。

激励最有效的手段就是奖励。奖励也是有学问的。奖励不当不仅不能激励员工，而且会打击员工的积极性。这是管理者必须考虑周全的问题。

不过，在运用激励的同时，赞赏的强大作用也不可忽视。它会让员工们以良好、饱满的精神状态投入到工作中去。

某城市有个著名的厨师，他做的烤鸭堪称一绝，深受顾客的喜爱。他的老板对他也是格外赏识。不过这个老板从来没有给予厨师任何鼓励，使得厨师整天闷闷不乐。

有一天，老板在店里招待一位远道而来的客人。点了数道菜，头一道就是老板最爱吃的烤鸭。厨师奉命行事。不一会儿，香喷喷的烤鸭就端上了桌。

然而，当老板挟了一条鸭腿给客人时，却找不到另一条鸭腿，他便问身后的厨师说：“另一条鸭腿到哪里去了？”

厨师说：“老板，咱们这儿的鸭子都只有一条腿！”

老板感到诧异，但碍于客人在场，不便问个究竟。

饭后，老板便跟着厨师到鸭笼去查个究竟。时值夜晚，鸭子们正在睡觉。每只鸭子都只露出一条腿。

厨师指着鸭子说：“老板，你看，我们这儿的鸭子不全都是只有一条腿吗？”

老板听后，便拍手鼓掌，睡梦中的鸭子被惊醒了，都站了起来。

老板说：“鸭子不全是两条腿吗？”

厨师说：“对！对！不过，只有鼓掌拍手，才会有两条腿呀！”

聪明地厨师巧妙地点化了老板。这正如戴尔·卡耐基曾说过的，要想赢得朋友，影响别人，就得表示出“真诚的欣赏”。在大多数公司里，员工总觉得在做错事时，才会引起管理者的注意。这样的公司里有一种“批评文化”。赞赏是要善于发掘人们有哪些好的表现，并对此表示欣赏，以此来进行鼓励。

麦克尔·勒勃夫在他出版的一本名为《世界上最伟大的管理规律》的书中指出，这个规律就是：受到奖赏的行为会不断重复。

这是一条在任何组织中都很重要的规律，但令人遗憾的是，它也是常被人忽略的一条规律。公司对员工的赞赏不应是管理者的简单习惯，而需要确立制度，使之运行自如。

总之，赞赏能为许多人创造良好的工作情绪。不要让这种良好的工作方式只是随机出现，要系统地表现出更多的欣赏和感谢，而非批评和抱怨。

杀鸡给猴看，以此震慑人心

杀鸡儆猴，是统治者用来镇压民众或威慑人心的惯常手段。人们一旦提起，总感觉其带有些阴暗的色彩。但“杀鸡儆猴”这一潜规则如果运用得当，不仅能起到震慑人心的作用，更能让自己处于人生的主动地位。

齐国人孙武是我国古代伟大的军事家，被誉为兵学的鼻祖。他因内乱逃到吴国，把自己所著的兵法敬献给吴王阖闾。阖闾说：“您写的兵法十三篇，我都细细读过了，您能当场演习一下阵法吗？”孙武回答说：“可以。”吴王又问：“可以用妇女进行试练吗？”孙武又答道：“可以。”于是吴王派出宫中美女一百八十人，让孙武演练阵法。

孙武把她们分成两队，让吴王最宠爱的两个妃子担任队长，每位宫女手拿一把戟。孙武问她们：“你们知道自己的心、左右手和背的部位吗？”她们都回答说：“知道。”孙武说：“演习阵法时，我击鼓发令：让你们向前，你们就看着心所对的方向；让你们向左，就看着左手所对的方向；让你们向右，就看着右手所对的方向；让你们向后，就转向后背的方向。”她们都齐声说：“是。”

孙武将规定宣布完后，便陈设斧钺，又反复强调军法。一切准备妥当后，孙武击鼓发令向右，宫女们却嬉笑不止，不遵奉命令。孙武说：“规定不明确，口令不熟悉，这是主将的责任。”于是他重新申明号令，并击鼓发令向左，宫女们仍然嬉笑不止。孙武说：“规定不明确，口令不熟悉，这是主将的责任；现在既然已经明确，你们仍然不服从命令，那就是队长和士兵的过错了。”说罢，命令斩杀两名队长。

当时吴王正站在观操台上，见孙武要斩杀他的两个爱妃，大吃一惊，急忙派人向孙武传令：“我已经知道将军善于用兵了。没有这两个爱妃，我连吃饭也没有味道，请您不要杀掉她们。”孙武回答说：“臣既然已经受命为将帅，就应该尽职尽责做好分内的事。将帅在处理军中的事务时，君主的命令如果不利于治军，可以不接受。”说完，仍命令斩杀两名队长示众，并重新任命两名宫女担任了队长。孙武再次击鼓发令，宫女们按照鼓声向左向右，向前向后，跪下起立整齐划一，一举一动完全符合孙武的要求，没有一个人敢发出嬉笑声。

春秋时期，齐景公任命田穰苴为将，带兵攻打晋、燕联军，又派宠臣庄贾做监军。穰苴与庄贾约定，第二天中午在营门集合。第二天，临行前，穰苴早早到了营中，命令装好作为计时用的标杆和滴漏盆。约定时间已过，可是庄贾迟迟不到。穰苴几次派人催促，直到黄昏时分，庄贾才带着醉容到达营门。穰苴问他为何不按时到军营来。庄贾一脸无所谓，只说什么亲戚朋友都来为他设宴饯行，他总得应酬应酬吧？穰苴非常气愤，斥责他身为国家大臣，负有监军重任，却只恋自己的小家，不以国家大事为重。庄贾认为这是区区小事，仗着自己是国王的宠臣亲信，对穰苴的话不以为然。穰苴当着全军将士的面，叫来军法官，问：“无故延误时间，按照军法应当如何处理？”军法官答道：“该斩！”穰苴当即命令拿下庄贾。庄贾吓得浑身发抖，他的随从见势不妙，连忙飞马进宫，向齐景公报告情况，请求景公派人救命。在景公派的使者赶到之前，穰苴已经下令将庄贾斩首示众了。全军将士看到主将敢杀违反军令的大臣，个个吓得发抖，谁还敢不遵将令。

景公派来的使臣飞马闯入军营，拿景公的命令叫穰苴放了庄贾。穰苴沉着地应道：“将在外，君命有所不受。”他见使臣骄狂，便又叫来军法官，问道：“乱在军营跑马，按军法应当如何处理？”军法官答道：“该斩！”使臣吓得面如土色。穰苴不慌不忙地说道：“君王派来的使者，可以不杀。”于是下令杀了他的随从和马匹，并毁掉马车，让倒霉的使者回去报告情况。

作为部队的指挥官，必须做到令行禁止、法令严明。否则，指挥不灵，令出不行，士兵如一盘散沙，怎能打仗？所以，历代名将都特别注意严明军纪，管理部队刚柔相济，关心和爱护士兵，但决不能有令不从，有禁不止。所以，作为一个公司的老板或领导，有时不妨采用“杀鸡儆猴”的方法，抓住个别坏典型从严处理，就可以达到震慑全军员工的效果。

给予信任——笼络人心最好的手段

要笼络下属，当然应表达对下属的信任。信任是最好的笼络手段。领导者必须信任下属，依靠下属。如果连下属都信不过，势必也难以让下属信任自己，又如何谈得上笼络？

怎样使下属真正认识和体会到你是信任他们的呢？关键在语言和行动。

无论是个别谈话，还是在大庭广众之下，要在语言上表现出领导者始终是相信下属、依赖下属、尊重下属的。在顺境中取得成绩的时候是这样；在逆境中、遇到困难的情况下，也要表现出充分信任下属，相信下属是会冲出困境、迎来光明的，以坚定下属的信心，鼓舞其斗志，增强其勇气。尤应注意不要当面“好好好”，背后“非非非”。如果让下属从“民间”听到上级对自己的贬词，那就糟糕透了。

领导者在工作中要体现出对下属的信任，集中表现就是善于虚心听取采纳各方面的意见。无论在哪个环节上听取下属的意见，无论听取的是下属哪部分人的意见，都不能仅仅为了装点门面、摆摆样子、敷衍了事、走走过场，而应真心实意地充分发挥民主，认真地听取各个方面的不同意见，让下属充分地讲话，把话讲透、讲完，尤其对不符合自己心意的话，对刺耳、尖锐的话，对少数人的话，更要耐心听，认真分析，客观公正地予以评价。这样，才能使下属感到你确实值得他们信赖。只要把下属当成主人和“自家人”看待，那么，下属也会掏尽肺腑之言，奉献出全部的智慧和力量。

领导者在对下属的任用中也要给予信任：

一是不求全责备。

由于各人在素质、经历、性格、修养等方面存在差异，因而表现在思想品格、学识、能力上也互有短长。领导者不能孤立片面地看待下属，在任用上应让他们各尽其才。

清人顾嗣协在一首诗中说：“骏马能历险，犁田不如牛；坚车能载重，渡河不如舟；舍长以就短，智者难为谋。”我们用人必须扬其长、避其短，千万不能觉得这个不满意，那个不顺心，这个有缺点，那个有不足，颠来倒去都觉得没法用、信不过，那就会伤了下属的心，你也就无法取信于他们。

二是“疑人不用，用人不疑”。

这是古训，对今天的领导工作也很有借鉴意义。领导者在“疑人不用”的前提下，既用人，则不疑，应给予下属应有的信任，以激发下属的工作热情和献身精神。不然的话，一方面让下属去干，另一方面又不信任下属，处处提防下属，让下属怎么去干？用人而又怀疑他，是大忌。

战国时代齐桓公问管仲，什么是妨害霸业的行为以及如何防止它。管仲回答：“不能知人，害霸也；知而不胜任，害霸也；任而不能信，害霸也；既信而又使小人参之，害霸也。”这番话是值得深思的。唐太宗李世民说：“君臣相疑，不能各尽肝胆，实为国之大害也。”曹操手下多员战将本是降将，可他能用之不疑，委以重任，为己效力。像类似用人不疑、用人不记旧恨的故事，《三国演义》里比比皆是。

任而不信，边用边疑，明用暗疑，就会妨害上下属之间建立信任的关系，也会影响更多的人担心自己不知何时遭猜忌，使下属精神压力增大，最后人心涣散，失去凝聚力和向心力。

利用对下属亲人的关心，获得下属的支持

“想人之所想，急人之所急”，总是能给人留下极佳的印象，并能同时获得料想中，甚至远超出想象的人际交往成果。能将这种策略巧妙地运用于管理之中的领导，自然能得到更高的支持率。

家庭幸福和睦、生活宽松富裕，无疑是下属干好工作的保障。如果下属家里出了事情或者生活很拮据，上司却视而不见，那么对下属再好的赞美也无异于假惺惺。

利用对下属亲人的关心，可以使下属感到上司的平易近人和关心爱护，从而将企业当做了自己的家。

日本的西浓运输公司，在企业内部设立了一个特殊的假日：日本公司员工的妻子过生日时，该员工可以享受有薪假一天，陪伴他的太太共度爱妻诞辰。当然，员工本人生日，也有获有薪假一天的权利，让夫妻共度良日。

近来，公司又规定：员工每年的结婚纪念日可以享受有薪假一天。自从有了这几个规定之后，职工们为感谢公司的关怀，都非常卖力地干活，而重要的是让员工的妻子认识到了这是一个能够理解人的、有人情味的公司。妻子们常常鼓励，甚至下令她们的先生：“效忠公司，不得有误！”这比老板的命令更为有效。公司因此获益匪浅。

利用下属的家属做好下属的思想工作，比起上司亲自做工作省心多了。上司批评可能会产生抵触情绪，而自己的家人批评就会心平气和地接受。同时，关心下属的家属就会减轻下属的顾虑，使得下属以厂为家，能够更好地为企业效力。

据说有一天，一个急得嘴角起泡的青年找到美国钢铁大王卡内基，说是妻子和儿子因为家乡房屋拆迁而失去了住处，要请假回家安排一下。因为当时业务很忙，人手较少，卡内基不想放他走，就说了一通“个人的事再大也是小事，集体的事再小也是大事”之类的道理来安慰他，让他安心工作。不料这位青年被气哭了，他气愤地说：“在你们眼里是小事，可在我是天大的事。我妻儿都没住处了，你还让我安心工作？”卡内基被这番话震住了。他立刻向这位下属道了歉，不但准了他的假，还亲自到这位青年家中去探望了一番。

关心下属疾苦，就是要站在下属的角度，急下属之所急，解决下属的后顾之忧，这个道理是适用于任何组织的。

一个优秀的上司，不仅要善于使用下属，更要善于通过替下属排忧解难来唤起他内在的工作主动性，要替他解决后顾之忧，让他的生活安稳下来，集中精力，全力以赴地投入到工作中去。

一般来说，为下属解决后顾之忧，必须做到以下三点：

1. 要摸清下属的基本情况。

上司要时常与下属谈心，关心他们的生活状况，对生活较为困难的下属的个人和家庭情况要心中有数，要随时了解下属的情况，要把握下属的后顾之忧的核心所在，以便于对症下药。

2. 上司对下属的关心必须出于一片真心。

上司必须从事业出发，实实在在，诚心诚意，设身处地地为下属着想，要体贴下属，关怀下属，真正地为他们排忧解难。

尤其是要把握好几个重要的时机：当重要下属出差公干时，要帮助其安排好家属子女的生活，必要时要指派专人负责联系，不让下属牵挂；当下属生病时，上司要及时前往探望，要适当减轻其工作负荷，让下属及时得到治疗；当下属的家庭遭到不幸时，上司要代表组织予以救济，要及时伸出援助之手，缓解不幸造成的损失。

3. 上司对下属的帮助也要量力而行，不要开实现不了的空头支票。

上司在帮助下属克服困难时，要本着实际的原则，在力所能及的范围内进行。帮助可以是精神上的抚慰，也可以是物质上的救助，但要在公司财力所能承受的范围内进行。

身为上司，收服下属的心有很多种办法，物质上的激励、言语上的肯定、精神上的支持都是至关重要的，但通过“收买”其家属迂回地收服，也不失为一个妙招，有时甚至能收到

比直接攻心更满意的效果。

就像毛泽东说的："歼灭战和集中优势兵力、采取包围迂回战术，同一意义。"网罗人心也是同理。像关心自己的家人一样，去关心下属的家人，身居下位之人，自然是感激涕零。这一招有时比直接收买人心更有效。

巧拉家常，拉近彼此之间的距离

作为管理者，在工作中难免会遇到一些充满"敌意"的人，这时就要试着说一些生活中的事情，沟通一下彼此之间的感情。虽然不敢肯定他一定会对你产生好感，但至少也会让他觉得你没有想象中的那么"可恶"。

1952年，尼克松参加了艾森豪威尔总统的竞选班子。就在这时，有人揭发：加利福尼亚的某些富商以私人捐款的方式暗中资助尼克松，而尼克松将那笔钱作为了参议员的所得收入。

尼克松据理反驳，说那笔钱是用来支付政治活动开支的，绝没有据为己有。但是，艾森豪威尔坚决要求他的竞选伙伴必须"像猎狗的牙齿一样清白"。他准备把尼克松从候选人的名单中除去。

这样，那一年10月的一天晚上，10点30分，全国所有的电视台、电台将各自的镜头、话筒都对准了尼克松——他不得不通过电视讲话解释这些捐款的来龙去脉，为自己的清白作辩护。

尼克松在讲话中并不单刀直入地为自己辩解，以清洗丑闻给他蒙上的灰尘，而是多次提到他的出身如何低微，如何凭借自己的一股勇气、自我克制和勤奋工作，才得以逐步上升的。这合乎美国的那种竞争面前人人平等的国情，也博取了观众和听众的同情。

说着说着，他话题一转，似乎是顺便提起了一件有趣的往事，他说道："我在被提名为候选人后，的确有人给我送来了一件礼物。那是在我们一家人动身去参加竞选活动的那一天，有人说寄给了我家一个包裹。我前去领取，你们猜会是什么东西？"

尼克松故意打住，以提高听众的兴趣。"打开包裹一看，是一个条箱，里面装着一条西班牙长耳朵小狗，全身有黑白相间的斑点，十分可爱。我那六岁的女儿特莉西亚喜欢极了，就给它起了一个名字，叫'棋盘'。大家都知道，小孩子们都是喜欢狗的。所以，不管人家怎么说，我打算把狗留下来……"

这就是历史上有名的尼克松的"棋盘演说"。

事后，美国的一份娱乐杂志马上把这篇"棋盘演说"嘲讽为花言巧语的产物。好莱坞制片人达里尔·扎纳克则说："这是我从未见过的最为惊人的表演。"

尼克松当时还以为自己失败了，为此还流过不少眼泪。可最后事态的发展完全出乎大家的意料，成千上万封赞扬他的电报涌进了共和党全国总部。他因为表现出色，而最终被留在了候选人的名单上。

从尼克松的成功演说中，我们看到了拉家常的强大魅力。正如古人说的："意越冷，越投机；语越宽，越醒听。由其冷意，无非苦心，宽语悉是苦心也。"与对方拉家常，犹似盘旋在高空的苍鹰，看样儿逍遥自在，其实可让自己窥视、蓄势。不仅可以由此找准目标以便一击即中，而且可以直接拉近彼此的距离，使对方不厌恶你的"管理"。

"霍桑效应"的启示：让员工把心中的不满发泄出来

美国芝加哥郊外的霍桑工厂，是一个制造电话交换机的工厂。这个工厂建有较完善的娱乐设施、医疗制度和养老金制度等，但员工们仍愤愤不平，生产状况也很不理想。为探求原因，1924年11月，美国国家研究委员会组织了一个由心理学家等各方面专家参与的研究小组，在该工厂开展了一系列实验研究。这一系列实验研究的中心课题是生产效率与工作物质条件之间的关系。其中有一个"谈话实验"，即用两年多的时间，专家们找工人个别谈话两万余人次，并规定在谈话的过程中，要耐心倾听工人们对厂方的各种意见和不满，并做详细记录，对工人的不满意见不准反驳和训斥。

这一“谈话实验”收到了意想不到的效果：霍桑工厂的产量大幅度提高。这是由于工人长期以来对工厂的各种管理制度和方法有诸多不满，无处发泄，“谈话实验”使他们的这些不满都发泄了出来，从而感到心情舒畅，干劲倍增。社会心理学家将这种奇妙的现象称为“霍桑效应”。

霍桑实验的初衷是试图通过改善工作条件与环境等外在因素，从而提高劳动生产效率。但是，通过实验，人们发现，影响生产效率的根本因素不是外因，而是内因，即工人自身。因此，要想提高生产效率，就要在激发员工积极性上下工夫，要让员工把心中的不满一吐为快。

霍桑工厂的“谈话实验”之所以会提高工作效率，主要原因就是它切合了人内心的某些潜在的心理特点。

当管理者们深切地领悟了“霍桑效应”的妙处之后，就立即不失时机地应用到了自己的管理中。比如，设立“牢骚室”，让人们在宣泄完抱怨和意见后，全身心地投入到工作中，从而使工作效率大大提高。日本的一些企业还设立了“特种员工室”。在“特种员工室”里陈设有经理、车间主管、班组长的人偶像及木棒数根，工人对某管理人员不满，可以用木棒打自己所憎恨的人偶像，以泄愤懑。

近年来，法国还出现了一个新兴行业——运动消气中心，仅巴黎就有上百个。出此创意的人大都是学运动心理专业的，他们认为运动可以解决人们的心理问题，尤其是心情积郁等诸多问题。每个运动中心都聘请专业人士做教练，指导人们如何通过喊叫、扭毛巾、打枕头、捶沙发等行为进行发泄。也有的通过心理治疗，先找出“气源”，再用语言开导，并让“受训者”做大运动量的“消气操”。

美国也诞生了各种专供人在受了委屈后发泄的“泄气中心”。在这里，有的医生采用发泄疗法对病人施治，具体形式为：召集病人围坐在一起，让大家毫无顾忌地发怨气、倒苦水。

掌控能力比自己强的下属：一用、二管、三养

汉高祖刘邦平定天下之后，在洛阳的庆功宴上曾说过这样的话：“夫运筹帷幄之中，决胜千里之外，吾不如子房；镇国家，抚百姓，给馈饷，不绝粮道，吾不如萧何；连百万之军，战必胜，攻必取，吾不如韩信。此三者，皆大杰也。吾能用之，此所以取天下也。”

刘邦还是很有自知之明的。他知道自己不是全才，在很多方面都不如自己的下属。他之所以能打败不可一世的楚霸王项羽，一统天下，是因为重用了一些某些方面比自己能力更强的人。而恰恰是在这一点上，刘邦表现出了一个统帅最值得称道的品格和能力。

打天下如此，干其他事业也莫不如此。

美国钢铁大王卡内基的墓碑上刻着一行字：“这里躺着一位善用比自己能力更强的人的人。”一语道破了上司应有的管理品质。工作中，下属是能人的现象随处可见，然而每个上司对待能力高强的下属的态度却千差万别。正是由于这不同的态度和做法，不仅影响着能干的下属的命运，同样也影响着自身的利益。所以，作为一个上司，要善用能力比自己强的下属。

以欣赏的心态来看待有能力的人。要平和积极地对待表现出色的下属，不要有嫉妒心理。如果有嫉妒心理，就会有许多过激的行为和语言产生，就会大大影响到上司自身的形象和声誉。以欣赏的心态来看待下属，这样不仅下属会有自豪感和荣耀感，而且也会积极地把能力都发挥出来，而上司自身也会受到有才干的人和有才干的人以外的人的尊重、信赖和佩服。大家就会团结起来，进行开创性的工作，于是工作效率会大大提高。因此，下属是能人是值得高兴的事情，有能人比没有能人要好得多。因为能人可以做好多工作，而且可以做一般人做不了的工作，解决一般人解决不了的问题。

对待有能力的下属要把握三点：一用、二管、三养。

第一是要用。给能人挑战性的工作，千方百计地调动能人的积极性，让他们出色地完成

工作，让他们的能力得到发挥，让他们的才华得到施展，给他们以舞台满足感。只有这样，才能留住他们。不然，离去只是迟早的事情。

第二是要管。能人毛病多，恃才傲物，有时甚至爱自作主张。因此，必须要管，要有制度约束，要多与之进行思想沟通交流，力争达成共识和共鸣。目的在于让他们与你相互了解，防止因相互不了解而产生误会和用人不当，出现麻烦和损失。

第三是要养。如果能人是鱼，组织就是水，而这个组织就是由组织中的每一位成员组成，也包括能人自己。因此除了要引导能人少说多做，做出成绩外，还要善意地有艺术性地帮他改掉毛病，同时也要教导组织成员解放思想、更新观念，见贤思齐，使组织形成团结合作积极进取的健康氛围，再引导他们和组织成员融合在一起。

因此，如果你真心希望你的下属能够各尽其才、才尽其用，为你的事业而奋斗，就必须敢于起用他们，让他们的才华，铸就你事业的辉煌。

“转得快”不一定“跑得快”，让员工用业绩说话

最有效的管理就是知人善任。只有在千百人中发现真正的人才，并且能够充分利用的管理者，才是一个优秀的管理者，并且必定走向成功。

一天，一只金色的陀螺滚到一只乌黑的车轮旁边。它踮起小小的脚尖问车轮：“喂，黑黑的大家伙，你有什么能耐呀？”

“旋转。”车轮答得很干脆，“漂亮的小弟弟，听说你的本事也是旋转，对吗？”

“对呀！”陀螺趾高气扬，“我旋转得快如飞，能称世界第一，一分钟能旋转几千次，一个钟头旋转的次数，恐怕比天上的星星还要多哩！你呢？”陀螺用轻蔑的眼光看着车轮。

“我嘛，一分钟大约旋转几百次，一个钟头不过二万多次。”车轮说。

“俗话说：‘不怕不识货，就怕货比货’。看来，我比你强多了！”陀螺显得十分自豪。

车轮瞥了陀螺一眼，说：“孰多孰少，要看实质。”

“你这话是什么意思？”陀螺疑惑不解地问。

车轮说：“就旋转的速度而言，你旋转得快如飞，我根本没法跟你比。但是我旋转一次，就前进一大步；不断旋转，就能不断前进。而你呢，尽管旋转的速度很快，频率很高，却始终没离开过原地。”

作为一个成功的管理者，首先得是一个优秀的伯乐，得懂得识别人才。可以说，一个不懂得识别人才的领导，注定是一个没有前途的领导。而这则寓言告诉了我们，什么样的人才是真正的人才。寓言指出，真正的人才就是像车轮一样，转一圈就要跨一大步；反之，像陀螺一样，虽然转得很快却总是原地踏步的人，则属于庸才。

在学校里经常出现这样的现象：班里最用功的人往往是成绩偏中下的，而那些成绩最好的人往往是非常喜欢贪玩的。同样，在公司企业当中，有些人看上去整天忙忙碌碌，实际上却没有什么效率；反之，一些人轻轻松松地就把许多问题解决掉了。因此我们说，判断一个人才的标准，不是工作的过程，而是工作的结果。然而，现实中的很多老板看不清人才的本质，把真正的人才埋没了。

有一家企业，要建设一处8万平方米的厂区，因此招聘了一名年轻的工程师，作为建设单位的代表。在年轻的工程师的监督下，第一幢办公大楼很快完成了。因为这个人能解决施工现场的所有问题，所以基本上一年才向企业管理人汇报一次工作。但是，由于新办公大楼与老办公区有相当一段距离，没有人知道这种坚守施工现场的辛苦，此人反倒被认为可有可无，即使建设单位不派代表看着，工程照干不误。老板也是干工程的外行，相信了这些话，就将此工程师解聘了。等到同等面积的另一幢办公楼开工时，老板请来了一位搞工程的朋友“帮忙”，说是肥水不流外人田。结果，这位朋友无论如何也办不好这件差事。老板把前面那位工程师的情况和朋友说了，这个朋友看完原工程师对建设办公楼的所有记录后，说道：“他干完了足以让5

个工程师才能干完的工作，这样的人怎么还要被解聘呢？你完全错怪人了。”一句话点醒梦中人，但等老板再回去请那位工程师时，他已经在一家颇有名气的房地产开发公司当上了总经理。

由此可见，评价一个人的能力，要看他所做的实际工作，而不能只依靠一些表面现象。有些人表面功夫确实做得不错，但是他们在实际工作中并不能产生应有的成效。相反，有些人看起来平凡普通，也看不出什么过人之处，但他们能将自己所掌握的技术充分融入到工作中产生实效。这样的人才，是推动企业前进的人，才是企业真正需要的人才！

作为领导要平易近人，收揽散漫放纵的人心

上司与下属的关系，密切联系着组织与员工的关系。很难想象，对上司存在厌恶情绪的员工们会拧成一股绳，为组织的存在和发展披肝沥胆。可以说，员工对于组织的前途起着至关重要的作用。因此，无论是为了整个组织事业的开展，还是为了个人事业的发展，作为上司的你，一定要懂得一些收买人心的技巧。特别是当人心散漫时，要将一颗颗零散的人心凝聚起来，让你的下属全心全意地为你效力。

方法一：充当下属的保护神。

作为下属，当意外事情发生时，最期望得到的就是上级的支持和庇护。上级的安慰，会使下属感到无比的满足，使他愿意向上级敞开心扉，表露心迹。下属对上级的这种无限的信任，是上级领导做好工作所必需的。

有的领导在工作不顺利时，难免会发发牢骚，并将责任推给下属，这样的领导自然无法获得下属的尊敬；一位愿意承担责任的领导，必然可以赢得下属的衷心拥护和爱戴，同时也会赢得上司对你的信任。

方法二：危难之时奉送真情。

我国是一个注重“仁义道德”的国度，“滴水之恩，当涌泉相报”更被奉为做人的准则。当你在下属中拥有良好的人缘和口碑时，就算你的老板，也很难撼动你的地位。

收买人心，自然就要以心换心，心心相印。金钱和利益可能暂时有效，却不能让别人感觉到欠了你的人情，他会认为你在假借公司的利益谋取自己的私利。如果用真情换取别人的真心，真正对别人有所帮助，特别是在别人处于危难之时，出手相助，这样的行为就可为你赢得一个“死党”。从此，你做的任何事，他都会举双手赞成，并且全力以赴地执行。建立在这种基础之上的管理，实在是一件轻松、愉快的乐事，而不再是人人头痛的难事了。

方法三：小事之中见真情。

假如你是一个大公司的领导者，你会过问每一个下属的饥寒冷暖吗？事实上，这是不可能的，因为你根本没有那么多的精力。

但是，这并不是说关心下属的冷暖是不重要的事情。相反，应该适时、适当地做一些细致入微的事情，使下属能够充分感受到你对他们的关心。这不会占用你太多的时间，而所取得的效果却往往出人意料、令人鼓舞。如果你总是摆出一副官架子，遇到不愉快的事就露出满脸的不高兴，不屑于做或根本不情愿去做小事，那么，你的下属就会对你产生成见，就会对你离心。

在处理一些小事的时候，如果你处理得不合理、不恰当，下属们也会轻视你，因此千万不要忽略对一些小问题的处理。作为一个上级领导，如果连一点小事都不愿做，或者连一点小事都做不成，便会威信扫地。一个连小事都做不好的人，又如何做大事呢？

方法四：在派系斗争中平衡。

当下属之间勾心斗角、互相攻讦时，领导者往往处于一种左右为难的境地。在派系斗争的枪林弹雨中，领导者极易因为关系处理不当而受到伤害，甚至失去人心，但同时这种情况也为领导者提供了许多机会。

有人用两头削尖的铅笔象征高明的领导者的两副面孔：这个下属来了我们支持，那个下

属来了我们也支持，而我们真正的目的是获取我们需要的东西。

在这种情况下，上司用权的关键是分而治之、不偏不倚。

这需要你在两方之间充当中间人的角色。权力中间人制胜的秘诀是：表面上对每个下属都表示赞同，其实把他们逼入角落。

假设你的两位下属为是否把一批质量低劣但价格暴涨的产品封藏入库，展开了争论。

你对一位下属说："你完全正确，我们应当实际一些。"开会时候你又说："我认为你们双方都有道理。"

这样做很有用，因为双方都不知道对方在寻求你的帮助，自以为获得你的支持而欣喜。当你把他们都逼入角落后，下一步就可以提出你自己的第三种解决方案了。

平易近人，是作为上司获得权力取得人心的一种保障，因为人们总是信任那些接近和欣赏自己的人。

主动为下属承担责任更能赢得下属的心

当老鹰盘旋在天空时，我们看到草地上觅食的老母鸡总是急忙招来小鸡，将它们藏匿在自己温暖的翅膀下。

其实，上司对下属也应如此。

俗话说："大树底下好乘凉。"倘若你能给你的属下提供一个乘凉的好地方，那么你的下属将会由于你的施恩而"报效"于你。

魏扶南大将军司马炎，命征南将军王昶、征东将军胡遵、镇南将军毋丘俭讨伐东吴，与东吴大将军诸葛恪对阵。毋丘俭和王昶听说东征军兵败了，便各自逃走了。

朝廷将惩罚诸将，司马炎说："我不听公休之言，以至于此，这是我的过错，诸将何罪之有？"

雍州刺史陈泰请示与并州诸将合力征讨胡人，雁门和新兴两地的将士，听说要远离妻子去打胡人，都纷纷造反。司马炎又引咎自责说："这是我的过错，非玄伯之责。"

老百姓听说大将军司马炎能勇于承担责任，敢于承认错误，莫不叹服，都想报效朝廷。司马炎引二败为己过，不但没有降低他的威望，反而提高了他的声望。

如果司马炎讳败推过，将责任推给下属，必然上下离心，哪还会有日后以晋代魏的局面呢？

将帅的威信从律己中来，这是一个既浅显又深奥的道理。"身不正则令不从，令不从则生变。"对于雄霸天下的人来说，有了这种威信，就有了感召天下的力量源泉。

在领导者眼中，你即是"头头"，你的下属犯错，即等于你的错，起码你是犯了监督不力或用人不当的错误。

做下属的最担心的就是做错事，尤其是费了九牛二虎之力后却依然闯了大祸，因为随之而来的便是惩罚问题、责任问题。而生活原本就是一连串的过失与错误，再仔细、再聪明的人也有阴沟翻船的时候。可翻了自己的小船便也罢了，而一旦不小心捅漏了多人共同谋生的大船，也就真有可能弄个"吃不了兜着走"的下场。因此，没有哪个人不害怕承担责任的。

大多数上司在处理下属乃至自己本人的失误和错事的时候，总是想提出各种理由为自己开脱，唯恐遭到连累，引火烧身。殊不知，既是下属的"上司"，那么下属犯错，即等于是自己的错，起码是犯了监督不力和委托非人的错误。何况上司的责任之一，就是教导下属如何做事。

所以，作为上司，在下属闯祸之后，首先要冷静地检讨一下自己，然后将他叫来，心平气和地分析整个事件；告诉他错在何处，最后重申他的宗旨——每一个下属做事都该全力以赴，漫不经心、应付差事是要受惩罚的。当然，还要让他明白，无论如何，自己永远是他们的后卫。

第九篇

竞争有道，驰骋商界

- 能进能退，厚黑并用
- 声东击西，用“心”取胜
- 揣摩心理，以心赢心

第一章
能进能退，厚黑并用

那种不分青红皂白，无论下属的过错是否与自己有关都大发雷霆，不时强调“我早就告诉你要如何如何”或“我哪里管得了那么多”之类言语的上司们，不仅使下属更不敢于正视问题，不再感到丝毫内疚，而且免不了日后同这种上司大闹情绪，甚至永远不可能再拥戴他。

所以，当下属在工作中犯了错误，受到大家的责难，处于十分难堪的境地时，作为上司，不要落井下石，更不要找替罪羊，而应勇敢地站出来，实事求是地为下属辩护，主动承担责任。

辩论中先发制人，争取主动权

先发制人，占据主动位置，这是论辩中最常用的一种策略。在辩题对己方明显不利的情况下，尤其适用。

1986年亚洲大专辩论会上，新加坡国立大学队和香港中文大学队展开辩论，辩题是：“外来投资能够确保发展中国家经济高速成长。”

香港中文大学队为正方，新加坡国立大学队为反方。显然，从命题上看，香港中文大学队处于不利地位。因为“确保”一词是个值得推敲的词语，如果把“确保”理解成绝对保证，那么，正方香港中文大学队几乎是无理可辩。

不过，香港中文大学队也有高招，他们采取“先发制人、先声夺人”的策略，开场就提出“确保”并不是指百分之百保证。比如在中国内地的客车里，广播员常说：“为了确保各位旅客的安全，请不要扶靠车门。”这并不是说只要不去扶靠车门，乘客的安全就百分之百得到保证了。

香港中文大学队率先定义“确保”一词的含义，为自己的论点开辟了广阔的活动舞台，而反方新加坡国立大学队没有令人信服地证明“确保”就是百分之百地保证。因此，香港中文大学队就化不利为有利，牢牢把握了辩论场上的主动权，并最终获胜。

可以设想，如果不是采用了先发制人的方法，而是在承认“确保”就是百分之百地保证的前提下与对方辩论，正方很难有取胜的希望。

“先发制人”重在一个“先”字，贵在一个“制”字。当你了解别人将要说一些对你不利的话或让你办一些不想办的事时，你可抢先开口，或截、或封、或堵、或围、或压、或劝，明确告知对方免于开口，打断对方的话题，用其他话题岔开。这样就能牢牢地掌握交际的主动权，达到自己拒绝的目的。

辩论不是简单的舌战，更不是街头泼妇骂架，而是进攻与防守综合艺术的运用。顾头不顾尾地蛮攻和忍气吞声地呆守都会造成灭顶之灾。孙子曰：“备前则后寡，备后则前寡，备左则右寡，备右则左寡，无所不备，则无所不寡。”在辩论时，为了辨明是非，最经常也是最奏效的战略就是主动出击，先发制人。因为只有在进攻、进攻、再进攻中，才能始终把握主动权。但不能盲目进攻，要掌握进攻技巧，才能取得好的效果。

1. 正面进攻。

在辩论中，与对方短兵相接，面对面地直接驳斥对方的论点，尤其是中心论点，指出对方论点的错误和明显违背事实和常理的地方，使其主张不能成立，是辩论制胜的法宝。这就是所谓的正面进攻。这是大规模的正规军决战常用的手法，最常用，也最难以掌握。

1988 年“亚洲地区大学生论辩赛”预赛的第一场，香港中文大学队对新加坡国立大学队，辩题是“个人功利主义是社会进步的最重要的因素”。辩题即论点，站在反方的香港中文大学队的一名队员发言指出：“国父孙中山领导辛亥革命，推翻了中国两千多年的封建统治，难道是因为个人功利主义吗？爱迪生发明了电灯，造福于全人类，难道是因为个人功利主义吗？”

上述例子中采用的就是正面进攻，直接反驳辩题。只用两个反问句，举出两个无可辩驳的历史事实。孙中山领导的辛亥革命，中国及全世界都知道；爱迪生的科学发明，给全世界带来了光明，更是世人皆知。论者用这两个促进社会进步的重大历史事实，直接证明“个人功利主义是社会进步的最重要因素”这一论点的错误。这一方法的效果是全面而且有力的。

2. 侧面进攻。

侧面进攻指不与对方正面交锋，或是因对方论点看似十分坚强，难以找到漏洞，而从侧面驳斥对方的论据，或提出对方论据逻辑上的毛病，加以迎头痛击，彻底打垮对方。

3. 迂回进攻。

迂回进攻是指不与对方近距离接触，而先远距离地进攻，如从挑剔对方的论辩态度不妥或论辩风度有失，开始诘难，进而抓住对方的论辩企图，深入进行驳诘。用这种方法，往往使对手措手不及，难以应答。

4. 包围进攻。

包围进攻是指当对方分论点很杂时，可以分割包围对方核心论点周围的分论点及论据逐一进行驳诘，最后推翻对方的核心立论。既然对方分论点不能成立，其核心立论自然不成立。

在辩论中，要做到先发制人，抢先掌握主动权。只有以正确的进攻方式攻击对手，在攻击过程中发现对方的破绽，抢先下手，进而穷追猛打，方可达到预先目的，并一举取胜。

巧妙识别对面那个“爱讲谎话的动物”

美国的一位心理学家经过长期研究指出，人是爱讲谎话的动物，而且比自己所意识到的讲得更多，平均每人每日最少说谎 25 次。麻省大学社会心理学家费尔德曼认为谎言有不同层次之分，而说谎的动机可归为三大类。第一类是正性谎言，指一些对生活造成有利影响的谎言。社会心理学家费尔德曼针对这类谎言解释道：“懂得在适当的时候撒谎或扭曲事实，是待人接物的技巧。”第二类是中性谎言，这些谎言很多不受意识支配，或者说了也不会对自己或他人造成不利。第三类是负性谎言，这类谎言会对自己或他人造成不利。

在商务交往和谈判中，谎言出现的频率极高。在初次见面的时候，对方说“久仰大名，如雷贯耳”、“你的这条领带真漂亮”就是一种正性谎言或中性谎言。

当然，对于这些不会影响到谈判实质内容的东西，我们大可不必在意。那么，在谈判桌上，又该如何判断对方的话哪句是真、哪句是假呢？

心理学家研究发现，人在说谎时一般会出现下列症状：瞳孔扩大；声量和声调突变；笑容较少；眨眼太多；频频耸肩（主要指西方人）；眼神接触增多或减少；说话中带有较多停顿；

假装清喉咙；中间穿插“嗯”等语气词；经常摸鼻子；频频吞咽等。

心理学家指出，识别谎言的一个关键线索就是面部表情。说谎人的面部很少表现真实的情感，更多的是为了掩饰内心的感情世界。

人在说谎时容易假笑，而假笑是由于情感的缺乏。假笑的识别也许比其他的面部表情更为困难，而下面的 6 种面部表情会无意识地将一个人的假笑暴露无遗。

1．笑时只运用颧骨部位的肌肉，只是嘴动了动。眼睛周围的轮匝肌和面颊拉长，这就是假笑。因此假笑时面颊的肌肉松弛，眼睛不会眯起。狡猾的撒谎者将颧骨部位的肌肉层层皱起来以弥补这些不足，这一动作会影响到眼轮匝肌和松弛的面颊，并能使眼睛眯起，从而使假笑看起来更加真实可信。

2．假笑保持的时间特别长。真实的微笑持续的时间只能在 2/3 秒到 4 秒之间，其时间长短主要取决于感情的强烈程度。假笑则不同，它就像宴会后仍不肯离去的客人一样让人感到别扭。这主要是因为假笑缺乏真实情感的内在激励，所以我们不知道何时将其结束。其实，任何一种表情如果持续的时间超过 5 秒钟或 10 秒钟，都可能是假的。

3．对于绝大部分表情来说，突然开始和结束就表明人在有意识地运用这种表情。而只有惊奇例外，它一闪即过，从开始、保持到停止总的时间不会超过 1 秒。如果持续时间更长，他的惊奇就是装出来的。很多人能模仿惊奇的表情动作——眼眉上挑、嘴巴张大，但很少人能模仿惊奇的突然开始和结束。

4. 假笑时，面孔表情常常会有些许的不对称。习惯于用右手的人，假笑时左嘴角挑得更高；习惯于用左手的人，右嘴角挑得更高。

5．笑容来得太早或太迟都表明是一个欺骗的表情。例如，如果一个人说：“我不是已经和你说过这件事了吗？”然后才勃然大怒，这多半是装的，他的表情是矫揉造作出来的。面部表情和身体姿势应该同时发生，而不是先后出现。又如，一个人在摔完东西之后，才表现出愤怒的样子，这实际上是装腔作势，是在演戏。

6．当一个人悲哀、苦恼、痛苦和有负罪感时，眉毛的内角挑起，前额向中间皱起。不到 15%的人能装出这种表情。要装出恐惧和难过的表情更难，这些表情为：眉毛挑起，双眉皱在一起。这极易将秘密泄露，只有 10%的人能装出这种表情。

在谈判中，我们一定要注意观察对方的面部表情，因为他的表情会告诉你他是否在说谎。

绵里藏针，柔中带刚

先说软的，可以在强敌面前取得进一步论辩的机会；再说硬的，可以显示一些威胁的力量。软的为绵，硬的为针，是为绵里藏针。

“绵里藏针法”的运用常常跟喂小孩子吃苦药的道理一样，要用糖衣包着药片，或者就着糖水送服，招数因人而异，窍门却一通百通。

春秋时期的晋灵公奢侈腐化。某年下令兴建一座九层高的楼台，群臣劝说，他火了，干脆又下了一道命令，敢劝阻建九层楼台者斩首。这样一来便没人敢说话了。

只有一个叫孙息的大臣很讨灵公喜欢。他就告诉灵公说他能把九个棋子摞起来，上面还能再摞九个鸡蛋。灵公听了，觉得这事儿挺新鲜，立即要孙息露一手让他开开眼界。孙息也不推辞，就把九个棋子摞在一起，接着又小心翼翼地把鸡蛋往棋子上摞，放第一个，第二个……

孙息自己紧张得满头大汗，战战兢兢，看的人也大气不敢出一口。如果孙息不能把鸡蛋摞好，就犯了欺君大罪，是会被杀头的。

这时，灵公也憋不住了，大叫：“危险！”孙息却从容不迫地说：“这算什么危险，还有比这更危险的事哩！”灵公也被勾起了好奇心：“还有什么比这更危险？”

孙息便掂掂手中的鸡蛋，慢吞吞地说：“建九层楼台就比这危险百倍。如此之高台三年难成，三年中要征用全国民工，使男不能耕，女不能织，老百姓没有收成，国家也穷困了。而国家穷困了，外国便会趁机打进来，大王您也就完了。你说这不比往棋子上摞鸡蛋更危险吗？”

灵公吓得出了一身冷汗，立即下令停工了。

孙息让晋灵公看了场不成功的杂技表演，更受了一次形象生动的批评，那味道确实是又甜又苦。正在气头上的人，是难以与他正面争辩的。何况他还有无上的权威支持，那更是老虎屁股——摸不得。然而，“绵里藏针法”每每在这样的关键时刻，都能起到逆转乾坤的作用。

庄重显力量，风趣显风度。在论辩中做到既庄重又风趣，可以叫对方无力招架，自叹弗如。庄重为绵，风趣为针，是为绵里藏针。

绵里藏针，话里藏话，总体上有两个基本功：一是能够听出对方的弦外之音，恶毒之意，否则便会成为笑柄，白白赔了笑脸；二是要委婉含蓄地表达自己，话要说得很艺术，让听话之人心领神会，明白你话中的锋芒所在。

巧用眼神，让谈判取得意想不到的良好效果

眼神能反映一个人的心理活动，特别是在商务交往和谈判中，眼神的巧妙运用会让谈判取得意想不到的良好效果。

2005年夏，海天集团的经理郭刚带着几位得力助手去广西与商业伙伴谈判。当谈判进行到一半时，突然陷入了僵局。会议室里的气氛变得紧张起来，对方代表团虽仍有人表现得漫不经心，但谁都在用眼神较劲。

对方代表团希望郭刚对谈判条件做一些让步，然而这与郭刚的预期相去甚远。于是有将近五分钟的时间，没有人开口说话，会议室里一片死寂。突然，郭刚抬起头，眼神从对方所有人的脸上扫过，最后落在主要对手上，紧紧地盯着对方的眼睛。对方一开始露出深沉的微笑，但是，1秒钟、2秒钟……随着时间的流逝，对方终于沉不住气了，说道：“老郭，看你的眼神如此坚定，我想今天我再说什么也是徒劳。这样吧，我答应你们的条件，咱们先签一份合同，然后我请大家吃饭。老郭，你这个朋友我交定啦！”

在商务交往和谈判中，如果你想处于主动地位，那么就需要像郭刚一样善用眼神的力量。

在商务交往和谈判中，运用眼神的技巧主要有：

如果你希望给对方留下较深的印象，你就要凝视他的目光久一些，以表自信。

如果你想在和对方的争辩中获胜，那你千万不要把目光移开，以示坚定。

如果你不知道别人为什么看你时，你就要稍微留意一下他的面部表情和目光，便于应对。

如果你和别人四目相对，觉得不自在，你就要把目光移开，减少不快。

如果你和对方谈话时，他漫不经心且出现闭眼的姿势，你就要知趣暂停。你若还想做有效地沟通，那就要主动地随机应变。

如果你想和别人建立良好的默契，应该用60%～70%的时间注视对方，注视的部位是两眼和嘴之间的三角区域，这样传递的信息，会被正确而有效地理解。

如果你想在交往中，特别是和在陌生人的交往中获取成功，那就要以期待的目光，注视对方，不卑不亢，只带浅淡的微笑和不时的目光接触，这是常用的温和而有效的方式。

你可以在不同的场所运用不同的眼神，这样才可能在商场上立于不败之地。

在商务交往与谈判中除了要巧妙地运用眼神外，还需要仔细观察对方的眼睛。因为眼睛是心灵的窗户，一个人的眼睛会告诉你他（她）的心里在想什么。

爱默生曾对眼睛做过这样的描述：“人的眼睛和舌头所说的话一样多，不需要词典，却能够从眼睛的语言中了解整个世界，这是它的好处。”眼睛被誉为“心灵的窗户”，这表明它具有反映人的深层心理的功能，其动作、神情、状态是情感最明确的表现。

眼睛的动作及其传达出的信息主要有：

1. 与人交谈时，视线接触对方脸部的时间在正常情况下应占全部谈话时间的30%～60%。如超过这一平均值，可认为对谈话者本人比对谈话内容更感兴趣。比如一对情

侣在讲话时，总是互相凝视对方的脸部。若低于此平均值，则表示对谈话内容和谈话者本人都不怎么感兴趣。

2. 倾听对方说话时，几乎不看对方，那是企图掩饰什么的表现。据说，海关的检查人员在检查已填好的报关表格时，通常会再问一句："还有什么东西要呈报没有？"这时多数检查人员的眼睛不是看着报关表格或其他什么东西，而是盯着被检查人员的眼睛。如果你不敢坦然正视检查人员的眼睛，那就表明你在某些方面有不够老实的地方。

3. 眼睛闪烁不定是一种反常的举动，通常被视为用来掩饰的手段或性格上的不诚实。一个做事虚伪或者当场撒谎的人，其眼睛常常闪烁不定。

4. 在 1 秒钟之内连续眨眼几次，这是神情活跃，对某事件感兴趣的表现；有时也可理解为由于个性怯懦或羞涩，不敢正眼直视而做出不停眨眼的动作。在正常情况下，一般人每分钟眨眼 5 ~ 8 次，每次眨眼不超过 1 秒钟。时间超过 1 秒钟的眨眼表示厌烦，不感兴趣，或显示自己比对方优越，有藐视对方和不屑一顾的意思。

5. 瞪大眼睛看着对方，是表示对对方有很大兴趣。

6. 当人处于兴奋时，往往是双目生辉、炯炯有神，此时瞳孔就会放大；而消极、戒备或愤怒时，愁眉紧锁、目光无神、神情呆滞，此时瞳孔就会缩小。实验表明，瞳孔所传达的信息是无法用意志来控制的。所以，现代的企业家、政治家以及职业赌徒为了不使对方觉察到自己瞳孔的变化，往往喜欢戴上有色眼镜。当然眼神传递的信息远不只这些，有许多只能意会而难以言传，需要我们在实践中用心观察、积累经验、努力把握。

善用环顾左右、迂回入题的策略，降低对手的警觉心理

谈判开始时，虽然双方人员表面上彬彬有礼，内心却对对方存有戒备心理。如果这个时候直接步入主题，进行实质性谈话，就会提高对手的警觉心理。因此，谈判开始的话题最好是松弛的、非业务性的，要善于运用环顾左右、迂回入题的策略，给对方足够的心理准备时间，为谈判成功奠定一个良好的基础。

环顾左右、迂回入题的做法有很多，下面介绍几种常用且有效的入题方法：

1. 从题外话入题。

谈判开始之前，你可以谈谈关于气候的话题。"今天的天气不错。""今年的气候很怪，都三、四月了，天气还这么冷。""还是生活在南方好啊，一年到头，温度都那么适宜。"也可以谈旅游、娱乐活动、衣食住行等。总之，题外话内容丰富，可以信手拈来，不费力气。你可以根据谈判时间和地点，以及双方谈判人员的具体情况，脱口而出，亲切自然，刻意修饰反而会给人一种不自然的感觉。

2. 从自谦入题。

如果对方为客，来到己方所在地谈判，应该向客人谦虚地表示各方面照顾不周，没有尽好地主之谊，请谅解等；也可以向主人介绍一下自己的经历，说明自己缺乏谈判经验，希望各位多多指教，希望通过这次交流建立友谊等。简单的几句话可以让对方有亲切的感觉，心理戒备也会很快消除。

3. 从介绍己方人员的情况入题。

在谈判前，简要介绍一下己方人员的经历、学历、年龄和成果等，让对方有个大概的了解，既可以缓解紧张气氛，又不露锋芒地显示己方的实力，使对方不敢轻举妄动，暗中给对方施加心理压力。

4. 从介绍己方的基本情况入题。

谈判开始前，先简略介绍一下己方的生产、经营、财务等基本情况，提供给对方一些必要的资料，以显示己方雄厚的实力和良好的信誉，坚定对方与你合作的信念。

5. 投石问路巧试探。

投石问路是谈判中一种常用的策略。作为买家，由此可以得到卖家很少主动提供的资料，分析商品的成本、价格等情况，以便作出自己的抉择。

投石问路是谈判过程中巧妙地试探对方。它在谈判中常常借助提问的方式，来摸索、了解对方的意图以及某些实际情况。

如当你希望对方得出结论时，可以这样提问：

"您想订多少货？"

"您对这种样式感到满意吗？"

……

总之，每一个提问都是一颗探路的石子。你可以通过了解产品质量、购买数量、付款方式、交货时间等来了解对方的虚实。面对这种连珠炮式的提问，许多卖主不但难以主动出击，而且宁愿适当降低价格，也不愿疲于回答询问。因此，在谈判中，恰到好处地使用"投石问路"的方法，你就会为自己一方争取到更大的利益。

单刀直入，开门见山直逼要害

在辩论、谈判等需决胜负的交际场合中，单刀直入、开门见山是制胜比较常用的方法。这主要是在面对特殊的话题或特殊的对手，使自己难以组织说理性的攻击时，而采用的一种较为简便，但又能慑服对手的战术。

所谓开门见山，其意就在于要求雄辩者不拐弯抹角，一开口就切入正题，造成先声夺人的气势，给对方一个冷不防。开门见山式的辩词通常是雄辩者在事先准备好的。也就是说，在舌战之前，对欲战的题目乃至对对手的实力进行理性的分析后，制定一两句能让对方躲闪不及而又必须正视的辩词来应对，以此搅乱对方的正常心态，使之在混乱中做出对其不利的反应。

在充分研究材料，掌握对方情况的前提下，抓住要害、单刀直入、开门见山，一开始就接触问题的实质，趁敌方未加防范时，使对手失去平衡，以夺取论战中的精神优势，获得先机之利。

战国时，齐国的孟尝君主张合纵抗秦，他的门客公孙弘对孟尝君说："您不妨派人到西方观察一下秦王。如果秦王是个具有帝王之资的君主，您恐怕连做属臣都不可能，哪里顾得上跟秦国作对呢？如果秦王是个不肖的君主，那时您再合纵跟秦作对也不算晚。"孟尝君说："好，那就请您去一趟。"公孙弘便带着十辆车前往秦国去看动静了。

秦昭王听说此事，想用言辞羞辱公孙弘。公孙弘拜见昭王，昭王问："薛这个地方有多大？"公孙弘回答说："方圆百里。"昭王笑道："我的国家土地纵横数千里，还不敢与人为敌。如今孟尝君就这么点地盘，居然想同我对抗，这能行吗？"公孙弘说："孟尝君喜欢贤人，而您却不喜欢贤人。"昭王问："孟尝君喜欢贤人，怎么讲？"公孙弘说："能坚持正义，在天子面前不屈服，不讨好诸侯，得志时不愧于为人主，不得志时不甘于为人臣，像这样的士，孟尝君那里有三位。善于治国，可以做管仲、商鞅的老师，其主张如果被听从施行，就能使君主成就霸王之业，像这样的士，孟尝君那里有五位。充任使者，遭到对方拥有万辆兵车君主的侮辱，像我这样敢于用自己的鲜血溅洒对方的衣服的，孟尝君那里有十个。"

秦国国君昭王笑着道歉说："您何必如此呢？我对孟尝君是很友好的，并准备以贵客之礼接待他，希望您一定要向他说明我的心意。"公孙弘答应着回国了。

有的时候，一言就能定输赢，紧紧抓住要点，一针见血，给人一种简洁、干练的感觉，冗长的客套话往往会引起对方反感。

在现实生活中，开门见山的表达方法，可以说明自己的信心、信念和不可动摇的意愿，并以一定的口吻促使对方改变原来的主意，不再犹豫，不再因考虑细小枝节而对关键性的问题与你抗衡；可以在对手未加防范时，使其失去平衡，赢得论战中的精神优势；可以给人一种简洁、干练的感觉。

此外，这种战术在辩场上常以发问的形式出现。如果对方避而不答，可追问他们不答复的理由。若答复不能自圆其说，或其所说不利于发问者，因发问者早有准备，胸有成竹，可立即进行辩驳。一般情况下，开门见山的发问，对被问者来说都是不好对付的。由此，被问者在慌乱中往往会出现词不达意或越答越错的现象。这样，发问者便可轻而易举地将对手击败了。

巧用“我不知道”，谈判会产生极大的效力

谈判是一项双向的交涉活动，双方都在认真地捕捉对方的反应，以随时调整自己的预定方案。有时候，诸如“我不知道”这样的回答在谈判中可能会产生极大的效力。其实，“我不知道”是一种不传达信息的传达。因为既然来参加谈判，就不可能对谈判目标不知道。

日本商人偶尔也会运用这种手段，只是他们把“我不知道”改成了“我不懂”，同样能收到很好的效果。

三位日本商人代表日本航空公司与美国一家公司谈判，谈判从早上8点开始，进行了两个半小时。美国代表以压倒性的准备资料淹没了日方代表，他们用图表解说、电脑计算、屏幕显示等各式的数据资料来回答日方提出的报价。而在整个过程中，日方代表只是静静地坐在一旁，一句话也没说。终于，美方的负责人关掉了机器，重新扭亮了灯光，充满信心地问日方代表：“意下如何？”一位日方代表斯文有礼，面带微笑地说：“我们看不懂。”

美方代表的脸色忽地变得惨白：“你说看不懂是什么意思？什么地方不懂？”

另一位日方代表也斯文有礼，面带微笑地说：“都不懂。”

美方代表带着心脏病随时将发作的样子问道：“从哪里开始不懂？”

第三位日方代表以同样的方式慢慢答道：“当你把会议室的灯关了之后。”

美方代表松开了领带，喘着气问：“你们希望怎么做？”

日方代表同声回答：“请你再重复一遍。”

美方代表彻底丧失了信心，试想谁有可能将秩序混乱而又长达两个半小时的介绍重新再来一遍？美国公司终于不惜代价，只求达成协议。

日本商人或许确实不懂，但这种可能性实在太小，素以精明著称的日本商人绝不会如此不了解谈判内容。“我们不懂”的真正意思大概就是：我们根本不同意你们的算法。这种说法难道不比直截了当的拒绝更具威力吗?

在谈判中，你不妨学学日本商人，巧用“我不知道”的策略，或许会收到事半功倍的效果。

论辩中巧设圈套，让对方主动入瓮

成语“请君入瓮”比喻用其人之道，还治其人之身。在论辩中，“请君入瓮”是指言在此而意在彼，先提出一个或几个问题，诱使对方说出或同意与你尚未说出的、准备坚持的观点相类似的观点，然后伺机运用类比、两难推理等方法，指出对方的行为与观点、前言与后语相悖谬之处，使对方陷入圈套之中而无法争辩。使其无言以对，俯首认输。

作为一种论辩技巧，“请君入瓮”的关键就在于巧设圈套和伺机点破，使对方“哑巴吃黄连——有苦说不出”，无言以对，俯首认输。

英国文学家肖伯纳在一个晚会上，独自坐在一旁想心事。一位美国富翁非常好奇，便走过来说：“肖伯纳先生，我想出一块钱来打听你在想什么？”

显然，这位富翁不但干扰了肖伯纳先生的思绪，而且还浑身散发着一股铜臭味。他的话不仅俗不可耐，而且完全是对肖伯纳的人格的侮辱。

对富翁庸俗的做派，肖伯纳决定给予反击。他抬头看了富翁一眼，说：“我想的东西不值一块钱。”

这下更引起了富翁的好奇，他急不可待地问道：“那么你究竟在想什么东西呢？”

肖伯纳笑了笑，叹了口气说：“我想的东西就是你呀！”

肖伯纳的回答可谓典型的“请君入瓮”。富翁问他在想什么，如果他直接回答的话，必然兴味索然，达不到反击的目的。而他所说的“我想的东西不值一块钱”，自然勾起了富翁的好奇心，使他不知不觉地上了钩，非要对“不值一块钱”的“东西”问个水落石出不可。肖伯纳见“蛇”已“出洞”，便抓住玄机揭开“谜底”。于是道出了“我想的东西就是你”。语言虽然简短，但却巧妙地给了富翁当头一棒。

使用请君入瓮这一论辩技巧，必须注意以下三个问题：

第一，圈套要设好。

在揣摩对手心理状态的基础上，主动以进攻者的姿态发问，或假设其事，或虚言夸张，巧布疑阵，设好“口袋”，诱使对方上钩，为后面做好准备。

第二，反击要有力。

一旦论敌已经进入“口袋”，就应不失时机地扎紧袋口，迅速出击，瓮中捉鳖，不给对方以回旋的余地。

反击时要配以类比、归谬、两难推理等方法，与前面设下的圈套遥相呼应，由此及彼，抓住要害，给予有力的反击。

第三，引诱要巧妙。

可以采用障眼法，巧布疑阵，不露痕迹，以免被对方识破而功亏一篑。当对方不轻易上钩时，便辅之以激将等法，来诱使对方尽快进入你预先设好的圈套。这是诱敌入瓮的关键所在。

多用“所以”少用“但是”，对方易接受你的谈判

为了使讲话的内容充分展开，首先要给对方留下这样的印象，即谈判的对手和自己谈论的是同一个内容。双方在发言中多少有点矛盾时，也应这样对人家说：“我和部长之间只是表达方式和所处的地位不同：其实说的都是一回事。”把话引导到双方共同的目标上来，共同努力寻找到达这一目的的最短路线。

相反，彼此耿耿于怀，各朝各的方向发表议论，双方在心情上都会有一种蒙受了损失的感觉，于是相互抱怨自己损失的那一部分让对方赚去了。我们并不希望这样，因此必须给对方留下双方是为了共同的利益而坐在一起的印象，本着“我赚，你也赚”的精神进行商谈。

故此，对话中应该尽量避免使用转折连词。使用过多，无论怎么解释都形成一种相互对立的氛围。即使对方反驳自己，也不能用“但是”来接受。不管人家说些什么，一定要用“所以”、“正因为如此”等顺接连词来对付。

人际关系的发展不见得那么规范，那么完善。有些表达写进文章里显得文理不通，但在口头对话中往往没有什么异样的感觉。比如有两个女高中生在谈话，你站在客观的立场上听起来有些驴唇不对马嘴，可她们在那么一种特定的气氛里就能一直聊下去。两者之间的谈话不必100%吻合，其中有30%对不上，关系也能够融洽起来。所以，在理论上应当使用转折连词的地方，即使你用了顺接连词，谈话仍然可以继续，内容也没有发生意外地变化。比如对方在指出缺点时问道：“这种场合，你们应当如何处理？”这时可以回答：“没什么，正在考虑对策。”也可以回答：“所以，正在考虑对策。”两者的意思都讲得通，但以后者为好，因为它给人留下的印象是我们双方都在朝着同一个目标努力。

经过各种考验并能够从跌倒的地方很快地站起来的人，往往善于使用顺接连词。不想心甘情愿地接受对方的意见时，也用“所以”开头把自己的意见坚持讲下去的人，应该说是强者。如果讲话过程中，无论受到怎样的攻击，也不改变自己的论点，用转折连词来迎接对方的挑战，

那么，谈判就在不知不觉之中误入了歧途。

要知道，谈判的最高境界就是让谈判双方走向双赢。谈判就像分“蛋糕”，自己分得一定利益，同时要让对方知道他也能分得“一块”，这样“蛋糕”才能越做越大，谈判方向上你才能一直占据主导地位。

利用时间的紧迫感来扭转局面

我们知道，在交涉或会谈的时候，越是重要的案子，越是放在即将结束的时间里。时间越仓促，可考虑的时间越少，对方越被动，也就越容易妥协，最终的结果也就越有利于我方。这种谈判技巧所适用的情况是：知道自己用于谈判的时间，也探知对方的谈判时间，想办法缩短对方的有效谈判时间，造成对方的被动，可总结为“知己知彼法”。

利用紧迫的心理影响，在时间即将结束前扭转局面，除了“知己知彼法”，还有一种“浑水摸鱼法”。所谓“浑水摸鱼法”，就是在众多人讨论很多问题，疲惫不堪且无头绪时，自己主动对其进行归纳，引导大家在放松警惕时接受自己的意见，从而达到自己的目的。

例如，在现实生活中，我们可能会遇到这样的一种情况：会议漫长、拖拉，讨论几个小时都没有什么实质性的结论。与会者都变得不耐烦起来，开始抱怨、发牢骚。此时，有一个与会者突然站起来说：“各位的意见非常多，但可以总结为以下几点……”其他所有的与会者都会很感激他。因为他把冗长的会议给简明扼要地总结了出来，否则，这个烦人的会议还不知道要开到什么时候呢！

然而，当大家回到家里，再重新考虑刚才那个人所说的话，并回忆开会时所讨论的内容时，却发现那个人所“总结”出来的几个要点并不合适，其他的重要问题都被漏掉了。再过几天，人们聊起这件事，都有同感。可见，当时那个发言者的话里藏有玄机。因为，他在与会者经过长久讨论，疲惫不堪、放松警惕时，通过“总结”，让大家帮他实现了自己的目的，真可谓利用了“最好的时机”。

无论是“知己知彼法”，还是“浑水摸鱼法”，都是利用了最佳时机。需要强调的是，在时间即将结束前扭转局面，并不是在时间即将结束前仓促行事，而是要利用时间即将结束这一事实给对方造成心理压力，让对方“中套”。对自己来说，时间即将结束前，正是最好的时机，最恰当的“火候”，而观察事情的发展就像观“火候”。总之，自己对时机的把握是主动的、胸有成竹的。这样，才可能取得理想的效果。

对于一个谈判者来说，掌握时机与条件是谈判过程中重要的技术环节。时间即将结束前，就是一个扭转局面的最佳时机。这个时机需要把握，也可创造。善于利用这样的策略，会对自己起到很大的帮助。

布下“最后通牒”的陷阱，让他不得不屈服

谈判中，有些谈判者支出架子准备进行艰难的拉锯战，而且他们也完全抛开了谈判的截止期。此时，你的最佳防守兼进攻策略就是出其不意，发出最后通牒并提出时间限制。这一策略的主要内容是，在谈判桌上给对方一个突然袭击，改变态度，使对手在毫无准备且无法预料的形势下不知所措。对方本来认为时间挺宽裕，但突然听到一个要终止谈判的最后期限，而这个谈判成功与否又与自己关系重大，不可能不感到手足无措。由于他们很可能在资料、条件、精力、思想、时间上都没有充分准备，在经济利益和时间限制的双重驱动下，会不得不屈服，在协议上签字。

美国汽车王亚科卡在接管濒临倒闭的克莱斯勒公司后，觉得第一步必须先压低工人的工资。他首先降低了高级职员的工资的10%，自己也从年薪36万美元减为10万美元。随后他

对工会领导人讲：“17 元一小时的活有的是，20 元一小时的活一件也没有。”

这种强制威吓且毫无策略的话语当然不会奏效，工会当即拒绝了他的要求。双方僵持了一年，始终没有进展。后来亚科卡心生一计，一日他突然对工会代表们说：“你们这种间断性罢工，使公司无法正常运转。我已跟劳工输出中心通过电话，如果明天上午 8 点你们还未开工的话，将会有一批人顶替你们的工作。”

工会谈判代表一下傻眼了，他们本想通过再次谈判，从而在工薪问题上取得新的进展，因此他们也只在这方面做了资料和思想上的准备。没料到，亚科卡竟会来这么一招！被解聘，意味着他们将失业，这可不是闹着玩的。工会经过短暂的讨论之后，基本上完全接受了亚科卡的要求。

亚科卡经过一年旷日持久的拖延战都未打赢工会，而出其不意的一招竟然奏效了，而且解决得干净利落。

所谓“最后通牒”，常常是在谈判双方争执不下、陷入僵持阶段，对方不愿屈服以接受交易条件时所采用的一种策略。实践证明，如果一方根据谈判内容限定了时间，发出了最后通牒，另一方就必须考虑是否准备放弃机会，牺牲前面已投入的巨大谈判成本。

美国底特律汽车制造公司与德国谈判汽车生意时，就是运用了最后通牒策略而达到了谈判目标。当时，由于双方意见不一致，谈判近一个多月没有结果，同时，别国的订货单又源源不断。这时，美国底特律汽车制造公司总经理下了最后通牒，他说：“如果你还迟迟不下定决心的话，5 天之后就没有这批货了。”眼看所需之物抢购殆尽，德方不由得焦急起来，立刻就接受了谈判条件。于是，一场旷日持久的谈判才宣告结束。美国的这家公司使用的就是最后通牒法，迫使对方屈服。

可见，在某些关键时刻，最后通牒法还是大有裨益的。但是，该方法并非屡试不爽。一旦被对方识破机关，最后通牒的威力可能会反作用到自己身上来。这里有一个范例：

美国通用电器公司与工会的谈判中采用“提出时间限制”的谈判术长达 20 年。这家大公司在谈判开始的时候，使用这一方法屡屡奏效。但到 1969 年，电气工人的挫败感终于爆发了。他们料到谈判的最后结果肯定又是故技重演，提出时间限制相要挟。在做了应变准备之后，他们放弃了妥协，促成了一场超越经济利益的罢工。

发“通牒”一定要注意一些语言上的技巧，要把话说到点子上。

1. 出其不意，提出最后期限，要求谈判者时必须语气坚定，不容通融。

运用此道，在谈判中首先要语气舒缓，不露声色。在提出最后通牒时要语气坚定，不可使用模棱两可的话语，使对方存有希望，以致不愿签约。因为谈判者一旦对未来存有希望，想象将来可能会给自己带来更大的利益时，就不肯最后签约。故而，坚定有力、不容通融的语气会替他们下定最后的决心。

2. 提出时间限制时，时间一定要明确、具体。

在关键时刻，不可说：“明天上午”或“后天下午”之类的话，而应是“明天上午 8 点钟”或“后天晚上 9 点钟”等更具体的时间。这样的话会使对方有一种时间逼近的感觉，使之没有心存侥幸的余地。

3. 发出最后通牒言辞要委婉。

必须尽可能委婉地发出最后通牒。最后通牒本身就具有很强的攻击性，如果谈判者再言辞激烈，极度伤害了对方的感情，对方很可能由于一时冲动铤而走险，一下子退出谈判，这对双方均不利。

警惕对方的心理战，避免被对方击垮

在商务谈判中，经常会遇到心理战。心理战是以折磨对手的心理为目的的，类似于“不战而屈人之兵”。通过心理战，使你心里不舒服，从而把你弄垮，使你潜意识里希望尽快完成谈判协议，并由此做出退让。

要摆脱这种束缚，必须做到：

1．慎重选择谈判环境。

由于谈判地点需引起心理压力的情况，你一定听过很多。对于一些很平常的问题，例如谈判是在你的或对方的或中立的地方举行，你应该保持警觉。在对方的地盘或势力范围内谈判，有时候于对方有利，他们比较容易对付你；但有时候又反而对你有利，因为这或许会使对方感到安适，更加乐意接受你的建议，而且一旦有必要，你也很容易离开谈判桌。如果你已经允许对方选择谈判的地点和环境，那你一定得意识到自己会受何种心理影响，并做好心理准备。

首先要问问自己是不是感到紧张，如果是，应探究一下原因。如果房内太吵，如果温度太高或太低，如果没有可以私下跟自己一方的人协商的场所，那么你就必须意识到，这是为了促使你让步和迅速做决定而刻意安排的环境。

如果你发现谈判的环境不利于你，切勿犹豫，应尽快说出来。你可以建议调换座位，休息一会儿，或是干脆休会，改个时间和地点再谈。在任何情况下，你都要确认问题之所在，并将它提出来，然后根据客观和原则，与对方交涉安排新的谈判环境。

2．警惕黑脸白脸的迷惑。

有一种施加心理压力的方法是玩弄“白脸与黑脸的把戏”。这种方法常常出现在港台的警匪影片中。第一位警员威胁要对疑犯提出许多罪行的控诉，并把他置于强烈的灯光下恶狠狠地逼问。当这位粗暴的警员离去后，另一位“好人”警员进来，关掉强烈的灯光，给疑犯递上一根香烟，同时对前面那位粗暴的警察的行为道歉，并说他很想制止刚才那位警员的粗暴行为，但除非疑犯跟他合作，否则就无能为力。结果疑犯就把一切都抖出来了。

在谈判中，同样也会出现这种骗局。同一方的两人也会扮演不同的角色。其中一位态度强硬：“这台电脑值5800元，少一分钱我也不干！”而他的同伴则表现出有点难过和尴尬，最后插嘴说：“小王，你似乎有点不近情理。这台电脑虽然没怎么用，看上去挺新的，但毕竟是一年前买的，配置已不是主流配置了。”接着，他会转过头来很亲切地问对方：“你愿意付5400元吗？”这个让步并不大，但听起来好像他是在帮你的忙似的。

“白脸与黑脸的把戏”是一种心理操纵的伎俩。只要你能识破它，你就不会上当。当那个“好人”讨好你、替你说话时，你只需用问过“坏人”的问题去问他：“我很感激你要设法合理化的美意，但我们想知道你为何认为那是一个合理的价格？你依据的原则是什么？你如果能使我相信5400元是个公道的价格，我愿意按这个价钱买下来。”

3．谨慎对待对手的人身攻击。

除了操纵环境之外，对方还可以利用语言或非语言的方式使你觉得不舒服。他们可能会对你的衣着或外表评头论足一番。“你看起来好像一夜没睡，是不是办公室里的工作不顺利？”他们可能让你久候，或是中止谈判而去与别人谈事情，以此来贬低你的地位；他们可能暗示你的无知；他们可能故意不听你说话，然后让你重说一遍；他们可能故意不正眼看你……不论在任何情况下，只要能识破对方的伎俩，就能使之失效；而明白地指出其伎俩，则能阻止其“故伎重施”。

4．别被威胁吓住。

威胁是谈判中经常滥用的伎俩之一。威胁似乎很容易，比提个建议容易得多。威胁只需说几句话，如果它起作用的话，就不必当真采取行动了。可是，威胁也会导致对方的反威胁，会扰乱谈判过程，甚至会危及双方关系。

威胁常会通过施加压力来实现。施加压力常常会导致适得其反的结果。它不会使对方更容易做决定，而会使之更难做决定。威胁会使一个工会、一个委员会、一家公司或一个政府更紧密地团结起来，以抵抗外来的压力。温和分子和鹰派分子会手拉手、心连心，一起抵抗企图威胁他们的人。这时，问题就从“我们应该做这项决定吗”转变为“我们应该屈服于外界压力吗”。

高明的谈判者很少会诉诸威胁。他们不需要这样做，因为还有其他方法可以传递同样的信息。把对方的所作所为将会产生的后果列出来，似乎比较适宜。你应该列出那些不受你的意志左右的后果，而不要列出你能施加影响的事项。“警告”要比“威胁”更具合法性，并且不会招致对方的威胁。例如：“如果我们不能达成协议，新闻界就会坚持把整个事件的肮脏内幕刊登出来。到了这个地步，我不知道怎样才能合法地把新闻压制下来。对此，你有何高见？”

为了使对方的威胁失效，有时候你可以干扰其传达威胁的过程。你可以故意不理会对方的威胁，只将它视为未经授权的、匆忙说出的或与你不相干的信息。你也可以向对方传达这种危险负有风险的信息。

对付心理战的办法，首先是让自己有良好的心理素质。只有这样，你才能在心理战中越挫越勇！

第二章
声东击西，用“心”取胜

声东击西，诱使对手出错招

竞争中的声东击西之法，可使对方打乱原有的计划，使出新的招数。只是这招数一旦使出，错误就来了，再想撤退就为时已晚了。

20世纪90年代，派克公司和克罗斯公司展开了一场空前激烈的竞争。出人意料的是，实力雄厚、财大气粗的派克公司竟一败涂地，走向衰落。而克罗斯公司则在这次激烈的竞争后一跃而起，取代派克公司成了美国制笔业的新霸主。

被称为“世界第一笔”的派克笔，于1889年申请专利，至今已历经100余年而长盛不衰，年销售量达到5500多万支，产品销往全世界120多个国家和地区。克罗斯笔有90年以上的历史，年销量达到6000多万支。所不同的是，派克笔占领的是高端的市场，克罗斯笔则热衷于低档的市场。这两家公司的产品流向并不是一开始就这样的，而是经过几番竞争才形成的。数十年来，这两家制笔公司虽然在表面上井水不犯河水，但在暗地里却不断增强自己的力量，双方斗智斗勇，各自使出绝招。

20世纪90年代初，钢笔市场的竞争日趋激烈。为了在激烈的竞争中进一步拓展市场，派克公司任命了新的总裁彼特森。与此同时，克罗斯公司也在采取对策，除调整营销策略外，还加紧搜集彼特森的兴趣、爱好，以及上任后所要实施的营销策略。

当时的美国制笔业，由于多方面的原因，高端笔市场陷入疲软状态。为了不使公司的经济效益受影响，也为了打响上任后的头一炮，彼特森意欲在拓展市场方面下一番工夫。正密切注视彼特森的决策动向的克罗斯公司获悉这一信息后，立即召开会议研讨对策。

克罗斯公司通过一家有名的公共关系信息咨询公司向彼特森提出了“保持高档市场，下大力气开拓低档产品市场”的建议。这正中彼特森下怀。于是彼特森决定趁高档产品市场疲软之时，全力以赴地开拓低档产品的市场。

听到这个消息，克罗斯公司非常开心，知道彼特森已经中了他们的圈套，赶紧实施第二步计划。一是装模作样地召开应急会议，作出一副惶恐、胆怯状，制定出了和派克公司争夺低档产品市场的措施。二是由公司总裁给派克公司总裁致函，声言两家产品市场的流向是有协议的，你们不能出尔反尔，逾行不义之事。克罗斯这么一番逼真的表演，愈发使彼特森觉得他的决定是正确的，更坚定了彼特森的决策信心，紧锣密鼓地开始向低档钢笔市场进军。

为了不使派克公司看出破绽，窥出有诈，克罗斯公司还做了几次广告，制造竞争的紧张气氛，摆出一副决战的架势。这一切使派克公司看在眼里，急在心头，为了抢先一步，派克公司凭借其财力和名牌效应，投巨资大做广告，制造声势。

克罗斯公司见已达到预期目标，便倾全力向空虚的高档钢笔市场挺进。尽管派克公司花了不少的力气，却收效甚微。试想，派克笔是高档产品，是人体面的标志。人们购买派克笔，不仅是为了买一种书写工具，更主要的是一种形象、一种体会，以此证明自己的身份。派克笔价格再昂贵，人们也乐意接受。而现在，高贵的派克笔却成了 3 美元 1 支的低档大众货，还有什么名牌可言呢？派克公司虽然顺利地打进了低档市场，但没有达到预期的目的。不仅如此，消费者像受了愚弄似的，拒绝廉价的派克笔。

人常说，兵不厌诈。商场如战场，见招拆招固然重要，能让对方出错招则更省时、省力，而且决策失误最容易带来“一步错，百步错”的后果，从此一蹶不振。

发挥优势，强力打击，让对手没有还手之力

每家企业都有自己的优势。利用自己的优势攻击对方的劣势，并且硬下手腕连续进攻，让对方没有还手之力，是为胜利之法。

在零售行业中，凯马特是鼻祖。1979 年，凯马特拥有 1891 家零售店，每家店的平均收入高达 725 万美元。相比之下，沃尔玛公司则显得微不足道。当时的沃尔玛公司，只有 229 个零售商店，每家店的平均零售收入仅相当于凯马特商店的一半。在这种情况下，它很难与凯马特进行正面的竞争。

但是，沃尔玛的创始人山姆并没有退缩。尽管处于不利地位，他并没有忘记积极利用自身的优势。首先，沃尔玛对顾客的需要有求必应。

其次，沃尔玛将最大限度地为顾客创造购买优良物品的机会，包括便利店的店址和方便的时间，降低成本结构，推出最优惠价格的产品，等等。沃尔玛所具备的快速存货补给能力，保证它能达到上述的目标。

这种保证又被称作“送货不停”。沃尔玛公司严格要求做好这个环节的工作，要求将商品不断运送到沃尔玛的仓库，经过仔细的筛选和细致的包装，再分送到沃尔玛各家商店。沃尔玛的商品很少滞留在仓库中。它要完成一次配送过程，仅仅需要 48 小时。

通过这个不停的送货补给系统，沃尔玛获得了规模效益，增加了采购量，降低了存货成本及费用。

沃尔玛 85%的商品都是依靠自己的仓储运输系统配送的。对于只有 50%商品能够依靠自身的配送系统配送的凯马特公司来说，这就是沃尔玛的一大优势。

而且，由于有低价销售的吸引，沃尔玛公司用不着花太多的时间去做太多的宣传广告。沃尔玛公司在广告上的经费的确不多，但就是因为这样，他们才能以更低价的商品回报顾客，让他们成为沃尔玛的回头客。

沃尔玛的运输成本也是同行业中最低的。每 1 美元的营业额只有 16 美分花在基本营运上，而其他公司要比他们多花将近 40%的钱在这上面。

此外，沃尔玛公司还非常善于激起顾客的购买欲。在大力完善企业形象、加深顾，客印象方面他们也做得非常好。

1976 年，沃尔玛的强劲竞争对手凯马特突然向沃尔玛展开进攻，在沃尔玛经营最好的 4 个市镇开分店，同时也向其他区域性折扣百货连锁展开攻势。一时间，各公司都在讨论如何避免与凯马特直接竞争，而山姆却站出来声明沃尔玛将以攻对攻，决不退缩。当时凯马特已有上千家分店，沃尔玛只有 150 家。第二年，在小石城，凯马特发起价格战时，沃尔玛指示自己在当地的分店经理：“任何商品都绝不能让他们的价格比我们的低。”而凯马特却不能降得更低，只好示弱，这场战争的获胜方是沃尔玛。

竞争就是要把自身优势发挥到最大，来狠狠攻击对方的薄弱处。这样的竞争不仅容易取胜，而且易形成良性循环，从而让自己的公司倚仗自己的长处愈加发展、壮大。

攻其一点，在对方最弱处下“锥子”

在武侠小说里经常这样描写“决斗”：弱者与强者较量，特别是弱者与绝顶高手较量，当弱者处于下风时，就会寻找对手的死门，找到死门重点攻击，最后取得胜利。同样，在商场中，即使再强的企业、再强的对手，只要攻击他的弱点，也能攻其不备、逆转情势。

俗话说：“知己知彼，百战百胜。”无论在战场上，还是在商场中，这都是一条铁律。“知己”就是了解自己的优势在哪里，不足之处有哪些；“知彼”就是分析对手的特点，找出他的薄弱环节。

任何人都有弱点，和人竞争就要找到其弱点并进行攻击。只要我们用自己的优势攻击对方的弱点，胜利就属于我们。

2003 年，淘宝网进入个人网上购物（C2C）市场。当时，易趣（易趣网后来和全球最大的 C2C 网站 eBay 合作）在中国 C2C 市场的占有率高达 90%。那时没人看好淘宝，它被预言将在 18 个月内夭折。但 3 年后，淘宝将易趣打得一败涂地，成为中国 C2C 之王。它的主要成功秘诀是在提升客户价值上下苦工。

“是用户的抱怨启发了我们。一些易趣用户抱怨说：在易趣沟通实在太困难了，仅通过上网浏览，很难确定对方的货物质量是优是劣。”淘宝总裁孙彤宇回忆道，“这给了我们启发，用户需要，淘宝网就从这里入手，一定能找到易趣的死门。”于是，淘宝分别针对易趣的软肋准备了两大利器。

利器一：交易免费，服务至上。

淘宝打出免费大旗，直取易趣的核心弱点。这吸引了大量的易趣卖家在淘宝上开店，卖家的心态是，反正免费，不妨试试，结果淘宝很快招揽了大量卖家。卖家节省的交易费用可以直接让利给买家，使得淘宝上的产品价格低于易趣，又吸引了买家。

有人会问，淘宝之前的雅宝也是免费的，都是“宝”，输赢的差距怎么会这么大呢？其实，免费只是一个能看到的因素，更重要的是看不到的服务。以前的雅宝，只是个纯粹的商品信息交流平台，假货、骗子难以识别，网上购物风险很大。而易趣由于收费，使不法分子行骗的成本提高，骗子大多是小本经营，无利可图自然就撤，因此易趣的信息质量比雅宝高得多，所以吸引了大量的买家，市场也越做越大。然而，淘宝推出以后，不仅交易免费，还雇佣了很多员工控制商品信息的质量。有人曾测试过，放错分类的商品 12 小时之内就会被归入正确的目录，而虚假商品信息往往不出 6 小时就被删掉了。

利器二：支付安全，无后顾之忧。

免费为淘宝的发展奠定了基础，淘宝又重金打造了另一个杀手锏：网上交易安全支付体系——支付宝。易趣网创始人谭海音认为，信用体系是电子商务发展的命门所在。这个认识完全正确，但可惜的是，后来易趣的信用体系做得比淘宝晚，也比淘宝差。支付宝的操作流程是：网上购买商品后买家付款给支付宝，买家收到货物觉得满意，确认收货后支付宝才放款到卖家的银行卡号上。这就很好地解决了买家最担心的卖家的诚信和支付安全问题。2004 年，支付宝处理的交易量以平均每月 64% 的幅度增长。自淘宝网推出支付宝之后，易趣在中国网络拍卖市场占有的份额持续下滑，其率先进入中国网络拍卖市场的领先优势也在不断缩小。

除了免费策略外，淘宝的使用方便性、信息可靠性、支付安全性都属于提升客户价值的措施，提升客户价值的回报是客户不断地从易趣转到淘宝，短短三年，易趣 70% 的市场份额都被淘宝夺走了。

在淘宝和易趣的 PK 案例中，淘宝之所以胜出，就在于孙彤宇看准了易趣的弱点——客户满意度，在其最薄弱处下了锥子。

事实证明，在对手的“软肋”上痛下杀手，能获得比正面迎击好千倍的效果。要想找到对手的致命弱点或软肋所在，就要摸清他的底细，将其看个清清楚楚、明明白白。

把对手的底细摸透，了如指掌，始终是战胜对手的一个重要前提。一个人的实际状况是不会轻易显现的，这需要耐心细致的调查和取证，才能搞清楚。在此不下大工夫是不行的，没有捷径可走。没有底牌可出的对手是最脆弱的，在他们的要害处轻轻一击，就致命了。清楚他们的虚实，便会掌握他们的动态，从他们的弱点下手，被动的就不会是自己。

与人合作但不要轻信，方能保全自己

有心机的人总是具备“防人之心”。因为人心防不胜防，有防人之心就可应对突如其来的变故。与人合作可以，但是不能过于相信对方，这样才有应变的可能。

慈祥、和蔼的爷爷正和小孙子在屋里玩耍，爷爷满脸爱意地和小孙子在沙发、窗台间转来转去。小孙子玩得开心极了。

小孙子见爷爷今天兴致这么好，也异常顽皮。爷爷把他放在壁炉上，鼓励他使劲儿往下跳。跳了一次，爷爷接住了他，又把他抱上壁炉，鼓励他再跳。小孙子看见爷爷伸着手，毫不犹豫地跳了下来。但这一次，爷爷突然缩回双手，小孙子扑通一声掉到地上，痛得大哭大闹，爷爷却在一旁微笑着。面对旁人不解的神色，爷爷回答道：“我是个成功的商人，我知道怎样去相信别人。而小孙子并不知道，他以为爷爷是可靠的。但这样的事情重复上2～3遍，他就会渐渐明白：爷爷也不可靠，不要盲目相信任何人，靠得住的只有自己。”

对于瞬息万变、风云莫测的商场来说，相信人是应该慎之又慎的。虚假的需求信息，深藏欺诈的报价，吹得天花乱坠的广告，都是防不胜防的陷阱。你若没有“心机”，随时都可能血本无归。

人生也是一样。《孙子兵法》云：“知己知彼，百战不殆。”尤其是与人合作，更不可忘记这一深刻的古训。永远对你的对手保持警惕和戒备。随时随地密切注视对手的情况。如果不把问题弄个水落石出，就仓促与对方合作，将是十分危险的。据资深的厨师讲，每条鱼的纹路都不一样，从鱼的外观可以分辨出鱼的味道。而我们多数人在同对手打交道很长时间后，仍然对对手的情况知之甚少，而且我们还缺少了解他们的好奇心。这样粗枝大叶，又怎么能指望获得全面的胜利呢？

还有的人对信誉的依赖过分突出。不错，越来越多的商人懂得，建设良好的信誉意味着生意的兴隆。信誉作为自己的事情，当然越牢固越好。但具体到每一笔生意时，信誉是不能完全依靠的。

《孙子兵法》中还说：“兵不厌诈。”有“心机”的人和高明的骗子都知道这个道理，很可能刚开始在你面前显示的几次信用，不过是诱你步向深渊的一个诈术。

即使成功地与对方合作了一次，并不意味着下一次就有保证，人家不一定会因此信任你，你不必指望它会给你带来多大的好处；同时，你也不能因此就永远信任对方。

以逸待劳、以退为进、以静制动——退一步实则进两步

《孙子兵法》中讲：“以近代远，以逸待劳，以饱待饥，此治力者也。”也就是说，双方交战时，不一定要用进攻的方法，才能将对方置于困难的局面。只要做好充分的准备工作，养精蓄锐，等疲劳的敌人来犯时，给予敌人迎头痛击，一样能达到制胜的目的。待机而动，以不变应万变，以静制动，往往能在竞争中占据优势。

“以逸待劳”是现代商场上经常遇到的一计。你不需要直接采取进攻的行动，只要积极防御，以盈养亏，以亏促盈，待竞争对手出现漏洞时，再攻其不备，出其不意，就很容易在

竞争中取胜。

市场变幻莫测，行业间摩擦此起彼伏，机会稍纵即逝。在这个每时每刻都充满着竞争、风险的环境中，任何一个公司哪怕是稳坐“庄家”的“老大哥”都不可能一直独占鳌头。可能今天你还是一支“绩优股”，明天或许将会变成一支不折不扣的“坏股”。

既然我们不可能在竞争中永葆胜利，就要学会攻守兼备，适时转移或者退步。当时不利己时，退回来休养生息，不和对手硬碰硬，等待时机，瞅准机会反过来推翻对手。在和对手进行斗智斗勇的过程中，要耐得住时间，耐得住各种各样的诱惑和小恩小惠，保持良好的自我状态，才能取得自己真正的需求。

英国友尼利福公司的经营之道就是“以退为进”、“以静制动”。他们有一个基本的信条，即“不拘束于体面，而以相互利益为前提”。只要最终能赢得利益，即使暂时要妥协、退让或者不够体面也没有关系。因为，在一些特殊情况下，只有甘愿妥协退步，才能赢得时机发展自己。退一步，有可能会获得进两步的空间和机会，结果还是自身获益。所以，在这一信条的引领下，英国友尼利福公司在企业经营和生意谈判中常常采用退让策略。

非洲东海岸是一块非常适合栽培食用油原料落花生的地方。那里不仅土壤肥沃，温度和气候也恰到好处，落花生每年的产量都很高。友尼利福公司就是看好这一点，所以在那里设有大规模的友那蒂特非洲子公司。这里是友尼利福公司的一块宝地，也是其主要财源之一。然而，在第二次世界大战结束后，随着非洲民族独立运动的兴起和发展。友尼利福公司这些肥沃的落花生栽培地一块块地被非洲国家没收了，这使该公司面临极大的危机。

怎么办呢？跟非洲政府和人民抗争到底，还是妥协退让？面对这种形势，公司内部经过长时间的激烈讨论之后，经理柯尔对非洲子公司发出了6条指令：

第一，非洲各地所有友那蒂特公司系统的首席经理人员，迅速启用非洲人；

第二，取消黑人与白人的工资差异，实行同工同酬；

第三，在尼日利亚设立经营干部养成所，培养非洲干部；

第四，采取互相受益的政策；

第五，以逐步寻求生存之道；

第六，不可拘束体面问题，应以创造最大的利益为要务。

不仅如此，柯尔在与加纳政府的交涉中，为了进一步获得对方的信任，还主动把自己的栽培地提供给加纳政府，从而获得加纳政府的好感。“舍不得孩子，套不住狼”。果然，不久，加纳政府为了报答他，指定友尼利福公司为加纳政府食用油原料买卖的代理人，这就使柯尔在加纳独占了专利权。在同几内亚政府的交涉中，柯尔使用了同样的“伎俩”，表示愿意自行撤走公司。他的这种坦诚的态度又赢得了几内亚政府的信任，因而允许柯尔的公司留在几内亚。于是，柯尔在同其他几个国家的交涉中，也都坚持采用了退让政策。结果，在“迂回战术”的连连使用下，柯尔的公司不仅没有真的退下来，反而光明正大的站稳了脚跟，公司就这样平安地渡过了难关。

做生意要像做人一样有进有退，有所为有所不为。必要的退让可以换来更大的利益，一味地咄咄逼人则有可能使你陷入死胡同。学会“以逸待劳”、“以静制动”，才能更好地后发制人，克敌制胜。但是，退让策略的运用，既要适时，又要得体，一定要充分掌握对方的心理活动，再“对症下药”地安排策略，这样才能万无一失的取得成功。

适时透露虚假信息以蒙蔽对手

常言道：“水至清则无鱼。”意思是说，清澈的水潭里如果有鱼的话，早就被人用尽办法捞走了。其实做事情也一样，如果没有计谋，被人一眼看透，那么这件事的成败就可想而知了。所以做人应有城府，做事要有“心计”，要像狡兔那样有三个窟，这样才能在处处“险恶”的社会环境中生存下来。

“用假信息牵着对方的鼻子走”一计，最早的使用者是古代兵家。在战争史上，向敌人透露假信息，而影响其决策，最终将其打败的例子不胜枚举。这里列出两个较为典型的战例：

南北朝混战时代，中国北方有东魏和西魏相互对峙。东魏大将段琛布兵于两国交界的宜阳(今河南宜阳西)，派下属牛道恒招募西魏边民，以扩大自己，削弱西魏。牛道恒招募有方，使得大批西魏边民迁移到东魏来。西魏大将韦孝宽非常忧虑。后来，韦孝宽想出了一招“钓鼻计”。他先派人打入牛道恒的内部，获得了牛道恒的手迹。又命令手下擅长书法的人模仿牛道恒的笔迹，伪造出了一封牛道恒的信。信中写牛道恒对西魏如何向往，对韦孝宽如何崇拜，并表达了伺机投诚的心愿。信写好之后，故意抖落上一些灯灰在信上，以使得天衣无缝。然后利用间谍，把信转到了段琛的手中。段琛因此对牛道恒产生了怀疑，对他不再信任。这样一来，牛道恒对招募工作也就没劲了。

另有一例：1936 年，四川发生旱灾，粮食紧张。各大粮商乘机囤积居奇，重庆粮价顿时一涨冲天。当时汉口粮价依旧平稳，但因为交通和社会治安的问题，由汉口运粮至重庆出售，不但难以获利，弄不好还会亏本，所以重庆粮价一直居高不下。

鲜伯良为解重庆之危，经过一番辛苦筹谋之后，带了 3000 包面粉亲自从汉口赶往重庆。

面粉大王抵达重庆之后，第二天便依常规去走访各大粮商。粮商见面粉大王亲临“寒舍”，当然喜出望外，热情备至。但在每一家粮商的客厅里，当面粉大王与粮商谈兴正浓的时候，总会匆匆跑来面粉大王的高级助理，递给一纸合约后，在面粉大王耳边神秘细语一番。

就这样，鲜伯良在轻描淡写中把重庆的头号特大新闻一字一句地灌进了每个大粮商的耳朵里：面粉大王将从汉口源源不断地运粮来帮助重庆渡过干旱之年。对粮商来说，这无疑是平地惊雷。

接着，鲜伯良开始将从汉口带来的 3000 包面粉低价出售。粮商们这一下更急了，争先恐后地放弃了囤积居奇的美梦，开始竞相减价抛售。

不多时，重庆复兴面粉公司的仓库里就堆满了低价粮食，而等到粮商们突然发觉自己手头无粮食了，而汉口并未向重庆运粮时，便赶紧亲自赶往汉口。不料，此时汉口的粮价竟比自己刚刚抛售的重庆粮价高得多了。而等到他们再次赶回重庆时，却又发现重庆复兴面粉公司已经开始高价售粮了。

商场如战场。在这些没有硝烟的战争中，商人必须懂得“伪”、“诈”之术，懂得巧放烟幕弹的道理；人生也是一样，在人生残酷的生存竞争中，也要像商人一样懂得运用计谋，让自己在这场“战争”中胜出。

连横合纵，将天下资源都为己用

连横合纵是一种智慧。生意场上，将一切能利用的资源聚拢到自己身边，才能给自己带来更多财富。

想要致富，不能孤军奋战，要懂得连横合纵，让天下人为己所用。商场竞争激烈，个人能力再强，也难免势单力薄。孤胆英雄并不是明智之举，费时费力，结果也并非如意。这样做成全的也是你的对手。经商时必须利用各方势力，必要时“化干戈为玉帛”，将使你受益匪浅。

有“巧手大亨”美誉的张果喜是江西果喜实业集团公司的董事长兼总经理，他在开拓日本市场时能够照顾好各方利益，善待盟友和对手，很快便成为日本佛龛市场的“龙头老大”。

张果喜在日本市场初战告捷后，就与日商建立了稳固的代理关系，全部佛龛产品都由日商代理经销。不久新情况出现，随着张果喜生产的佛龛畅销日本市场，一些日本商人也想通过经营佛龛获利。为降低进货成本，他们绕过代理商直接从张果喜那里进货。

面对这种新情况，张果喜进行了慎重考虑。从眼前利益看，销售商直接订货，减少了中间环节，厂方确实可以得到实惠。但从长远考虑，接受直接订货，就意味着失去以往花费了很大力气开辟的销售渠道，会使以往的销售渠道背离自己，走到自己的对立面，得不偿失。所以张果喜回绝了那几家要求直接订货的日本零售商，继续维持与日本代理经销商的盟友关系。日本代理商得知此事后，很感动，对张果喜比以往更加信任了。他们在推销宣传方面加大力度，为张果喜打出了“天下木雕第一家”的招牌。与此同时，张果喜清醒地看到，生产佛龛是一种利润丰厚的产业，除了他的果喜集团公司，韩国与中国台湾地区制作的产品也非常具有竞争力，日本本土还有很多同类中小企业。如果单靠原有的销售网络和一两个合资的株式会社，根本无法与强大的竞争对手抗衡。张果喜决定扩大“同盟军”，把一些原先的对立派拉到自己身边。他与智囊团仔细分析日本各地的中小企业，经过多方协调，张果喜于1991年成立了“日本佛龛经销协会”，专门经销果喜集团的漆器雕刻品，变消极竞争为积极合作。当年立竿见影，他在日本佛龛市场的份额占到六成，取得了更大的市场主动权。

这就是张果喜的连横合纵。摆脱眼前利益和一己之利的束缚，开阔视野，正确处理与盟友、竞争对手之间的关系，化被动为主动，变消极为合理，才能变小钱为大钱。富人之所以富肯定有其独到的原因。张喜果被称为改革开放后第一个亿万富翁，他只有初中文化水平，却通过自己超强的商业智谋打拼出了一片天下。很多时候，一个人的胸怀和眼光，决定他能拥有多少财富。假设张喜果贪图小利，答应那些日本小企业的要求，腰包暂时会鼓，葬送的却是长远利益。张果喜说：“台上靠智慧，台下靠信誉。”这就是他不舍弃日本代理商的信念，也是他最终能够联合各方力量的基础。

大财富只属于大智慧的人。目光短浅，直盯眼前利益，不会有长久的财富。一个梦想致富的人，不能与对手保持永远的竞争关系。生意场上事事难料，审时度势联合对手，将对立变成合作，就可能在竞争中获利。宁可与对手抗争，也不与其合作争取潜在利益，受害的终将是自己，这样的人也不会得到财富的青睐。所以，在商界，灵活处理与对手的关系，连横合纵才会取得成功。

反其道而行，让对方的努力化为乌有

三十六计中有一计叫“借尸还魂”，原意是说已经死亡的东西，又借助某种形式得以复活。当然，这里并非讲这些命理性的东西，用在商场上，是指利用、支配那些看上去没有作为的势力、没什么用途的东西，来达到我方目的的策略。就像我欲“还魂”，必须借助看似无用的“尸体”一样。我们要善于抓住一切机会，甚至是看上去没什么用处的东西，努力争取主动，壮大自己，即时利用，转不利为有利，乃至转败为胜。

这条计谋要求我们借助“死去的人”（看上去无用的东西）与“活着的人”（看上去有用的东西）较劲，似乎有悖常理，但这正是它的精髓所在，意在告诉人们要不走寻常路，独辟捷径。比如当对手纷纷抛弃老模式、旧思维和老技术，大力创新时，我们不妨反其道而行，重新揣摩旧的思维、模式和技术，通过另辟捷径以反常的方式来取得成功。

这种竞争手法最关键的是不按常理出牌，当对手都已经抛弃时，只有你在使用。当对手们蜂拥涌向独木桥时，你却乘着小舟；当对手们彼此你追我赶，向所谓的最新潮流追逐的时候，你却反方向而行……你的“唯一”往往是你战胜敌手的“利器”，因此对手下了很多功夫都是无用功。

在美国，电报业最兴盛之时，老范德比经营的西联电报公司处于垄断地位。老范德比去世之后，古尔德花100万美元开了一条新电报线路，成立了太平大西洋电报公司。小范德比意识到了古尔德对自己的威胁，决定收购太平大西洋电报公司。如此，就能使自己仍处于垄断地位。他马上派人与古尔德谈判，结果他以500万美元买下了太平大西洋电报公司，太平大西洋申报公司的人员设备全部转入西联。艾克特是古尔德的挚交好友，因为有技术，进西联后，担任该公司的总工程师。小范德比对这一次成功的收购十分满意，他不仅扩大了实力，还引进了一员虎将。

过了一段时间，爱迪生又发明了四重发报机。使用这种发报机，效率要比原来提高一倍以上。如此一来，西联小范德比决定买下这项专利。他派艾克特与爱迪生谈判，让艾克特以低于5万美元的价格收买。他认为这次他同样会稳操胜券，因为电报市场是他一人垄断着。然而，艾克特虽在西联担任总工程师，却是古尔德的内线，他及时地将进展告诉了古尔德。有一天，古尔德请爱迪生来到他的家里，想以高薪聘请爱迪生去自己刚刚成立的美联电报公司。

爱迪生本是个科学家，根本不懂生意经，觉得美联比西联的条件优厚得多，也就答应了。现在，古尔德决定向小范德比摊牌，要挟小范德比说要撤走艾克特。失去了爱迪生的四重发报机，又失去艾克特，西联将会一片黑暗。无奈之下，小范德比只好同意美联与西联合并，由古尔德任总经理。

古尔德为了得到西联可谓费尽心机，直到老范德比去世，才能稍稍有所动作，成立太平大西洋公司。当然，当时电报公司是赚钱的，而古尔德却绝非想从电报的营业中赚钱，他要将西联电报公司赚到手，太平大西洋电报公司不过是他抛下的一个诱饵，小范德比果然上了当。

此外，古尔德的另一个妙笔是将艾克特打进西联高层，从而使高级情报可以及时地传到古尔德的手里。所谓知己知彼，百战不殆。此时古尔德对小范德比的作为一目了然，而小范德比却对古尔德一无所知，未加丝毫防范，本来唾手可得的四重发报机专利，却从眼皮底下被古尔德夺去了。

古尔德得到了四重发报机的专利，此后他便可以实施他赚取西联公司的最后攻势了。要么撤走总工程师，要么合并。在此条件之下，小范德比只好俯首就范。合并公司，古尔德得到了他垂涎已久的西联。

《三十六计》中说：“有用者，不可借；不能用者，求借。借不能用者而用之，‘匪我求童蒙，童蒙求我’。”要在竞争中取胜，首先要发挥自己的优势，要发挥优势就要求另辟蹊径。竞争之法无准则，取胜才是根本目的。使用反常方式，对手更易陷入措手不及的状态。

实施狙击战术，阻碍竞争对手

在对手实施商业活动的重要环节进行阻挠，使之不能顺利进行，为自己赢得竞争的时间和空间。

狙击战术的种类有很多，奔驰针对丰田采取的“围魏救赵”之法，就是其中的代表。

有一段时间，日本丰田汽车公司专门推出了凌志品牌的豪华轿车，声称只要半辆奔驰车的费用，就可以买到与奔驰同样豪华的车，以此来侵袭本来完全属于奔驰车领地的欧洲市场。

在此情况之下，奔驰汽车却不慌不忙地将触角直接伸向了日本本土，在日本市场接连推出新款奔驰高级车，同时将价格接近凌志，并开展了一系列的广告活动，强调德国文化和其汽车工程的精密与伟大，并故意将奔驰车的展示位置与凌志车的展示位置相邻，从而迫使一些欲购买凌志的顾客，经受不住诱惑而转向了奔驰……到最后，奔驰通过直捣丰田老巢的战术，成功地阻止了丰田汽车的进攻，巩固了自己的阵地。

狙击战术可干扰对方的竞争流程，使之不能正常地进行商业活动。在不能成功的情况下，对方就不得不先行撤退，等他日再议了。

最大的危险不是眼前的目标，而是背后的敌人

在商战中，我们不能总是盯住眼前的敌人，要学会“眼观六路、耳听八方”。要知道，最危险的敌人往往站在你的身后。

一个国王经常觊觎临近的国家，总想占领它。

有一天，国王决定发兵攻打邻国，与大臣们商量。大家都不敢有异议，只有一个大臣仰天大笑。

国王便问他为何仰天大笑，他说："我想起了我的邻居，所以忍不住发笑。"

国王问："为什么？"

他说："有一天，我的邻居送妻子回娘家，在半路上看到一个漂亮的妇女在田里锄草，就按捺不住去和锄草的妇女搭讪，可是当他回头看自己的妻子时，发现竟然也有人正在勾引她。难道这不令人感到可笑吗？"

国王听了之后，领悟了他的话中之意，打消了进攻邻国的念头。不久，就有敌人入侵他们国家的领土。

我们都听说过"螳螂捕蝉"的故事，讲的是螳螂一心一意地盯着蝉，想要饱餐一顿，却没有想到身后还有一只黄雀觊觎着自己。其实这和上面的故事讲的是一个道理，都是要我们不要总是盯着眼前的猎物，要学会东张西望一下，以防自己成为别人的猎物。这种思想运用到商场中，就是说，不要总是与眼前的商业对手较劲，勿要置之死地而后快。要能够发现潜在的威胁，否则就有可能在与对方争得不可开交的时候，被作壁上观的第三者白捡个便宜。

事实上，真正的商业高手就是"螳螂捕蝉"中的黄雀，"鹬蚌相争"中的渔翁。要学会不动声色，以静制动，这样才能够出奇制胜。比如，在电视剧《大染坊》中有一个案例：上海的林家为了抢占北方市场，与天津的开埠印染厂争得不可开交，并且决定挤掉开埠之后，立即便向主人公陈六子的宏巨染厂下手。这时候，开埠向宏巨求援，一开始陈六子并没有动声色，而是等到两家都元气大伤的时候，突然降价。这样一来，固然打击了林家，却同时也把开埠给挤垮了。由于开埠与林家积怨颇深，陈六子顺理成章地低价收购了开埠，转而又将林家打得落花流水。

在个故事中，开埠染厂实际上就扮演了寓言中邻居的角色。他只把眼光盯在对手林家身上，却没有提防宏巨的陈六子，结果被陈六子一口吞掉了。从这个事件中，我们懂得了商场中争战的复杂性，从而不要只是盯着眼前的敌人，要学会"眼观六路、耳听八方"。更不要一触即发，要学会以静制动，只有这样才能立于不败之地。

有时候，拉拢对手比打击更有用

在某一个地方，同行的竞争不仅会使自己在压力的作用下更加强大，还可以几家同行一起，构建出一个更广阔的市场空间。

有个地方以南瓜闻名，因而这里每年都要举办南瓜品种大赛。有一个农夫，成绩非常优异，几乎每年都是冠军得主。然而奇怪的是，他每次得奖之后，都会在街坊邻居之间分送得奖的种子，毫不吝惜。

有一位邻居很惊讶，就问他："你的奖项得来不易，每季都看你投入大量的时间和精力做品种改良，为什么还这么慷慨地将种子送给我们呢？难道你不怕我们的南瓜品种因此而越超你吗？"

这位农夫微微一笑，说道："我将种子分送给大家，其实也是帮助自己！"原来，在农夫的家乡，家家户户的田地都比邻相连。如果农夫将得奖的种子分送给邻居，邻居们就能改良他们的南瓜品种，也可以避免蜜蜂在传递花粉的过程中，用邻近的较差的品种的花粉污染了自己的品种，这样农夫才能够专心致力于品种的改良。相反，如果农夫将得奖的种子私藏，就必须在防范外来花粉方面大费周折。

在商场上，自古就有"同行是冤家"的说法。之所以会这样，主要还是因为同行之间往往会进行市场争夺。一旦你的生意好了，必然会影响到我的生意。因此如果我想让自己的生意更好，就得想方设法搞坏你的生意。

前一段时候炒得火热的“移动门”事件，正是在这种“同行是冤家”思想的驱动下形成的。某些地区的移动分公司，为了争夺市场份额，采取不正当的竞争手段，干扰电信公司的信号，造成许多电信用户产生手机信号不稳定的状况。结果，事件曝光之后，移动的信誉度直线下降，甚至引起了许多移动自身的老客户的不满。可以说，这样的行为是得不偿失的。

事实上，我们说“同行是冤家”的思想是错误的，不仅仅是针对不正当竞争本身而言的。这则寓言就告诉我们，在商业活动中，实际上是一种“你好，我也好”的双赢关系。只有邻居的种子优良了，才不会将劣等的花粉污染自己的品种，也就不用费尽心机去防范邻居的花粉了。这样的经营思路才是最聪明的。试想，反过来会怎么样呢？我们用一个现实生活中的例子来告诉大家。

在一条街上，有好几家餐馆，生意都非常红火。然而，其中一家的老板却不甘心，他总觉得别人抢了自己的生意。如果把其他几家都挤走，自己的生意必然会更好。于是，他就想尽方法来排挤对方。因为这家人在本地非常有势力，几经努力，终于整条街上只剩下他一家餐馆了。然而，让人奇怪的是，这家餐馆的生意不仅没有更好，反而越来越差，最后也关张了。为什么会这样呢？原来，其他几家餐馆都在的时候，这里形成了一条颇有名气的小吃街，很多人都是慕名而来的，因而客流量非常大，各家的生意因此也都好。然而，只剩下这一家之后，人们觉得没什么意思，也就不会再来了，于是客流量就越来越少了。

由此可见，同行不一定就是冤家。如果一个人只讲竞争，不讲合作的话，就会陷入孤军奋战的困窘之境。反之，如果别的同行参与竞争，不仅会在压力的推动下使自己更加强大，还可以几家一起开拓出一片更广阔的市场。

瞄准对方的关键点，以一点击溃其全部

商场上劲敌如林，很多时候我们很难与之正面交锋。因为，有时候你越是跟强敌较劲，越能激发对方的凶猛攻势。最终，只能让自己丧失主动权，陷入无休止的被动，变得连喘口气的机会都没有。那么，应该如何对付强敌呢？“打持久战”是耗不起的，“打游击战”又没有那么多的“革命根据地”。所以，只能打“狙击战”，瞄准对方的关键点，一击即中，彻底粉碎敌方的“大本营”。

《三十六计》中说：“不敌其力，而消其势，兑下乾上之象。”也就是说，要避其锋芒，攻其弱点，消除敌方生存之根本。那么对方自然会不攻而破，也就是“釜底抽薪”之意，是现代经商赚钱中不可不知的一计。

20世纪90年代中期，戴尔发现，许多竞争厂商有一半以上的利润来自服务器。更严重的是，虽然他们的服务器是很好的产品，却为了补贴业务上其他比较不赚钱的地方而必须抬高定价。事实上，由于他们服务器的定价高得超乎常理，所以等于是把额外的成本转嫁给了最好的顾客，从而暴露了自己的致命伤。1996年9月，戴尔公司以非常具有竞争力的价格，推出了一系列服务器，整个市场为之震惊。这项野心勃勃的行动，重新建立了其在服务器市场的地位，而戴尔公司现在已是全美第二大服务器供应商，占有20%的市场。

戴尔公司凭借掏空竞争者的利润来源，削弱了他们在笔记本电脑、台式电脑等市场上以价格和戴尔公司对抗的能力。

因特网也是另一个让戴尔公司和竞争者大玩柔道的绝佳方式。对戴尔公司来说，网络是直接模式的最终延伸。但对许多采取间接模式的对手而言，进入网络市场是个两败俱伤的主张。对他们来说，直接交易终将导致通路上的冲突。他们的营运模式是以传统的产销者、代理商和经销商为基础的，而不是与顾客直接发生交易关系。一旦原本采取间接模式的制造商开始与使用者直接对话时，便会与本来为自己销售产品的经销商产生竞争。这让戴尔公司很快就获得了更多的青睐。假想一下，如果顾客想直接向制造商购买，还有什么方法比向直接销售的公司购买更好呢？

戴尔之所以能在市场上谋得“一方水土”，能在竞争中崭露触角，靠的就是“釜底抽薪”，直接攻击对手的“供给线”——“利润”。商家利润要害如同蛇的七寸，掐断利润，也就相当于断了对方的“粮草”。所谓“兵马不动，粮草先行”，割断敌方的粮草，必然使之惊慌失措，敌人便不攻自破。

当然，要想釜底抽薪，首先要“知己知彼”，充分了解其他对手的特点、优势，博取众家之长，弥补自己的缺点，推陈出新，以自己所具有的生产能力、生产工艺、生产技能生产出市场上独一无二的适用产品。这样才能广销各地，受到消费者的欢迎。

50年代，一个名叫鬼冢喜八郎的日本人，得知体育运动将会在世界范围内得到推广，便想从生产运动鞋上发财致富。然而，他一无资金，二无生产设备，如何与其他已有的运动鞋生产厂家竞争呢?

看来正面无法硬碰，只能另谋良策了。为了生产一双真正适合运动员穿的舒适的运动鞋，他走访了许多优秀的篮球运动员，与他们一起打球，并亲身验证了目前篮球鞋的缺点：容易打滑，止步不稳，影响投篮的准确性。怎样扬长避短，生产出独具特色的运动鞋呢？鬼冢喜八郎昼思夜想，终于从鱿鱼触足长着的一个三吸盘上受到启发，决定把平底改为凹凸底，以防止打滑。试验一举成功，鬼冢立刻申请了专利，并投入生产。一上市，这种新型球鞋马上排挤了所有厂家的同类产品，人们争相购买，产品备受欢迎……

商场上不存在永远的强势和永远的弱势。弱势如果想跟强势争夺市场地盘，就不能正面硬碰。这样只会导致“大鱼吃小鱼，小鱼吃虾米”的结果。弱势，要善于做一个狙击手，不断培养自己的敏锐触觉和目光，暗中瞄准劲敌的关键点，才能将之一击即中。弱势还要不断提高自己在博采众家之长的基础上，不断创新，顺从消费者的需要生产。在千变万化的市场竞争中，使自己的产品保持销售旺势，永远立于不败之地。

后发制人，隐而有道，此乃商场不可无的智谋

后发制人不是后来居上，而是本身就有实力，故意隐忍，在最适合、最恰当的时候猛然爆发，一举击败对手，取得胜利。商场之上的争夺同样险象环生，要想取胜，除了实力，还要用智谋。

商场就是江湖。“打打杀杀”，“刀光剑影”，没有硝烟胜似硝烟。人们争夺的不是生死，却是同样至关重要的商场利益。在这里，有的人强势、锋芒毕露，震得对手一个个胆战心惊；有的人却收起羽翼，“甘为人后”，似乎是个胸无大志的人。没过多久，最初强势的人被他人群起而攻之，有的就此没落；“甘为人后”的人却在不声不响中慢慢崛起，创造了自己的辉煌。

曹操煮酒论英雄时，刘备一文不名。如果刘备当时不“韬光养晦”，将自己的才华隐藏起来，势必会引起曹操的戒心，甚至杀心，那刘备就没有日后的事业了。在经商中，有时为了保存实力，要学会“韬光养晦”，将自己的才华隐藏起来，伺机而动。在没有能力与对方正面竞争的情况下，暂时保存自己的实力，然后养精蓄锐，等待时机，出奇制胜。

在商海竞争中，实力雄厚、强劲的一方总是很傲、很狂，自以为“老子天下第一”。面对这种情况，千万不可在他们面前露出你的实力或者潜力，要使其欲与你竞争一番的思想慢慢放松下来，麻痹其思想，最终才能抓住机会，成就自己。

陈庆华就是这样的人。他在大学期间就在一家房地产公司当业务员，后来任董事长助理。两年后加盟另一家公司任开发部经理，积累了丰富的经验和人脉。不久与朋友合开公司，与此同时他又到另一家实力雄厚的公司担任总监。他一边经营自己的公司，一边在对手的公司打工，积蓄实力。2007年，他又成了某大型集团的员工，在那里可以与上层人物打交道，积攒自己的力量。

陈庆华的成功与他的个人能力不无关系，但如果不一路“隐”来，他就会成为对手的“眼

中钉，肉中刺”，自己的发展就会受到阻碍。“隐”在别的公司让他学到了更多的经商智慧，避免走弯路，造就了他的成功。

陈庆华的这种做法就是“老二哲学”，即不做第一，不做第三，只是紧紧跟在排名首位的后面做老二。先隐藏不动，储谋蓄势，瞄准机会冲刺第一；或是不愿做“出头鸟”，挂在后面搭个便车，没有人会甘居第二，老二也只是个过渡。

所谓“螳螂捕蝉，黄雀在后”。甘当“老二”，能当“老二”就是做黄雀。很多商人对此颇有感触。他们辛勤地开拓市场，而销售额一旦见好，又生后顾之忧。为什么？因为这个时候，必然有其他财大气粗之辈跟上，既是后发制人，更以实力制人。某些经商大户对风险较大或无暇顾及的生意，先按兵不动，让其他小商人去开发，等到有利可图时，再迅速开发并取而代之。这就告诫我们，如果在市场中你的实力并不那么雄厚，那还是甘当“老二”的好。

一个商人，在经商过程中能够先发制人当然很好，而“步人后尘”者也不应视为落伍者。特别是对于事业刚刚起步的商人来说，他们在开发新产品时，由于受到资金、技术、市场等诸多因素的制约，新产品开发步履维艰，很难在短期内形成规模、产生效益，解决问题的最好办法就是紧跟领跑者。如果不顾自身的实际能力，也拼命地往前冲，就难免因为新产品开发没有形成气候，投入市场后存在这样或那样的缺点，结果自掘坟墓，使自己处于困境当中。

第三章
揣摩心理，以心赢心

慧眼识破“处理商品”，不入商家便宜“陷阱”

一到换季或者过年、过节，很多商场、超市、沿街店家就会打出各种旗号来招揽顾客，“打折”、“赠品”、“特价处理”等各种宣传标语和叫卖层出不穷。很多顾客在这种气氛和诱惑下，对这些商品趋之若鹜，不由自主的掏空自己的腰包。

但是很多人都有这样的经历，买了一大堆东西回家后才发现，有一大半是自己并不喜欢的，还有一些是自己根本用不着的，剩下真正用得着的却是一些质次价高、有各种问题的，绝大多数东西买了后才吃后悔药——后知后觉中才发现自己被商家和导购忽悠了。

本来以为是“掉馅饼”的事情，却不留神掉进了别人挖的“陷阱”里。天下没有免费的午餐，一分钱一分货，不要相信哪个老板愿意自己掏腰包或者做赔本买卖。

相反，他们正是利用了消费者愿意买便宜货的心理，来诱使人们一步步走进商家摆的“迷魂阵”中。不信，请看这些迷阵后的陷阱：

迷阵一：特价处理的商品大部分都是待处理的次品。

2006年年底，广州各大商场洋溢着浓厚的新年气息，到处都是“新年感恩回报，岁末狂甩减价”、“亏血大甩本”的旗号。黄女士周末逛街，在一家皮鞋专卖店门前看到这样的牌子后，禁不住走了进去，很快以298元的价格抢购了一双断码的真皮短靴。可是当天回家后仔细检查才发现，皮靴的两侧色质明显不同，鞋内侧还有轻微的破损。于是，次日上午，她找到商家，要求退货。但是得到的答复是：“降价的‘处理品’不退不换。”这位女士根本没有提防商家悄悄在发票上盖上了“处理品”字样的方章。

迷阵二：处理商品是诱饵，用“没货”、自我批评、导购充当“自己人”，让你不知不觉中完成了一次超出预算的大消费。

据报道，某女士在一手机专卖场的宣传海报上，看中一款特价名牌手机。早就想换新手机的她，本打算问一下这款手机的基本资料，差不多就买下。哪知到柜台购买时，导购员却真诚地劝她：“这款特价机功能单一，不实用，因为卖得不好，所以才打特价，我给你推荐一款性价比更高的吧！”导购员的“自我批评”一下子拉近了与该女士的心理距离，顾客面对真诚的人总是很容易产生信赖感，所以在这种心理的作用下，该女士最终比原来预算多花了500多元，买了售货员推荐的另一款手机。可回家后她才回过味儿来，自己平时只接打电话，根本不需要那么多功能，干吗要舍弃便宜的名牌手机，买部功能不实用的杂牌机呢？

迷阵三：处理的商品很多都是过期或者快过期的商品。

很多媒体报道，一些负责任的商家，在时间将近时，常常将那些快变质或已经变质的商品，利用捆绑促销的形式推销给顾客。比如，月底特价酸奶，一般把 5 盒或者 10 盒捆绑起来，价格算起来每盒比单买要便宜 40%。但是如果你不留意日期的话很可能要自吞苦水，这批酸奶距离保质期的最后期限很可能只剩下四五天了。

很多人算不清一笔账，花钱花得值不值，不是看购买的“量”，而该看所购物的“质”。我们现在已不是吃不饱穿不暖的年代了，我们注重的是生活的品质。市场上诱惑太多，有时我们的欲望肆无忌惮。当然，人有欲望是正常的。我们不是要去压制它，而是应该擦亮自己的双眸，看清楚周围，识破那些奸计，不让自己上当受骗，不让自己陷入别人设下的“圈套”中。

一直流传着这样一句话，“便宜没好货”。或许它不是真理，也不是针对所有的事情都是正确的。但是它绝对是亘古不变的古训，是前车之鉴，后事之师。

认清商家的陷阱：优惠券到底优惠了谁

情人节之际，小李到花店买玫瑰。平时 2 元一朵的玫瑰，情人节标价 20 元一朵。小李想：花虽贵，但不能不买，不然老婆会生气的。可是，买了还真心疼，毕竟买少了，面子上挂不住，买多了又费银子。

正在犹豫，店家走了过来，问：“先生，买花？”

小李说：“嗯。不过，玫瑰能不能便宜点？”

店家笑道：“送女朋友吧？哈哈，追女孩子怎么能怕花钱？若是因为这一大束花，换来了你的幸福，那可是太划得来了！”

小李低声说：“送老婆的。”

店家接着说：“那也不能抠门啊，要不这样吧，您在我这里办张会员卡，我给您五折优惠。”

小李开始打退堂鼓：“啊？有这个必要么？”

店家惊讶地说：“怎么没有啊，谁家红白喜事不送花？难道非要等遇到了，才知道买啊？”

小李想想也对，就办了张卡，买了束花。但还没到家，小李就开始后悔了，其实这优惠卡对他来说并不优惠，优惠的反而是商家。

小李刚才一时被他说得绕了进去，才办了这优惠卡。表面上看来，它们是商家让利给消费者的。但其实，就是想吸引顾客多去光顾商家，让商家赚取更多的利润。

会员卡的出现，就像商场经常发放的优惠券一样。比如，在麦当劳的网站上，顾客只要打印某张优惠券，就可以凭券到麦当劳以优惠价格享受某种套餐，甚至在路边也可以获得免费发放的优惠券。

这样的方式很受欢迎，但大家却没有意识到，商家正是利用了顾客投机的心理，让他们认为自己每一次买东西都可以占到便宜。

商家发放优惠券，最容易想到的解释是：吸引更多的顾客，扩大销售量。但如果是这样的目的，那不如直接降价。正确的解释是：商家借此进行低价促销。其实挣的还是顾客的钱，而顾客不察觉罢了。

像小李这样的顾客就是因为抱着占便宜的投机心理，否认了事物两性均衡的客观存在，主观上过于相信自己的判断，潜意识中总相信自己会利用优惠券买到便宜东西。其实这只是一种心理上的错觉，是把“客观概率”消融在“主观概率”中，即判断事物时倾向于有利于自己的低概率，而否认不利于自己的真实概率。

投机心理蒙蔽了人们的理性思考。因为很少有人能坚定地只相信自己，不相信别人。在商家的一番甜言蜜语之后，小李轻易地受到了他的引导或者说是心理压力，确信会员卡可以为小李省去一大笔钱。

出于内心的优势考虑，小李信任了他的话，但这其实只是商家利用小李的投机心理，所做的一种商业活动而已。而小李出于对偏离的恐惧，选择了听从商家的话，失去了自己原有的理性判断。

优惠券优惠了顾客，更优惠了商家。人们不要见到发放的优惠券，就上前抢购。其实，这只不过是商家利用人们的投机心理，做的一场秀罢了。要想避免投机心理，便要克制自己占小便宜的心态。理性地对待任何一种天上掉馅饼的好事，要清楚地认识到天下没有免费的午餐。

增强对抗“打折”的免疫力，不中“原价”的迷惑计

很多人在商场购完物结账时，从不看小票，等走在回家的路上才犯嘀咕——怎么花了这么多钱，商场不可能算错账啊……等拿出小票细看时，才发现很多商品的价格并非是自己原来在货架上看到的价格，并非是所谓的特价商品，这到底是怎么回事呢?

“打折”商品却按“原价”收费？到底是自己眼花了还是商家灌你“迷魂汤”了？现在就借你一双“火眼金睛”，让你看清商家玩的那些“躲猫猫”的游戏：

1.“特价”商品照样按原价结算。

明明是“特价”商品，怎么能还按原价结算，这不是故意欺诈吗？如果你发现得早，赶在结算之前，收银员会以“工作人员贴错标码”了、“货物放错货架”了或者“你看错了”等等为由来敷衍你；但是如果你发现得晚，过于相信电脑的零失误率，也不太留意结算时的电脑小票。等你反应过来下次去商场理论时，商家往往会以“特价活动已经结束，现已恢复原价，只是标价牌还没及时更换”为由拒绝返还差价。

2. 故意以“打折”商品诱惑消费者，实则仍是原价甚至比原价还高。

节假日、换季时，各大商场的打折、优惠、购物抽奖的广告扑面而来，吹得你头晕目眩，吹得你直掏腰包捡“实惠”。“买100送60”、“买300减100”、一折区、二折区、三折区……不少服装店贴满了各种醒目的“黄条”，告诉你他们在“挥泪大甩卖”，只剩“最后三天清仓”了，错过这个“庙”你就再也捡不着这样的“实惠”了。他们惯用的伎俩就是在商品上贴上“原价4000元现价1000元”之类的写法来达到促销的目的。一个服装行业的朋友就曾经自吐苦水地说：“没办法啊，现在大家都搞这样的噱头，消费者就喜欢看这样的字眼，我们这样写也是为了生意好啊，哪有不赚钱的生意……”是啊，哪有不赚钱的生意——这才是商家打折的真正的目的所在——打折是为了利润，减价实为涨价。

3. 将原价商品故意标为“特价”出售。

为吸引消费者注意，商家将一些原价商品故意标示为“特价”商品售卖，并以“特价商品概不退换”来制造假象，让消费者相信这是最省钱的“白菜价”了。你要不赶快抢这块“肥肉”，很快就被别人捷足先登了。等你花了这“白菜价”后，你才发现其实这“白菜”水分太多，物所不值。但是商品一旦出售“概不退换”，消费者是捡便宜还是吃亏了，难得糊涂一次吧！

4. 在“打折”区域中摆放原价商品来混淆视线。

很多超市经常在醒目位置设置“特价”区域，堆放一些特价商品，但同时也将一些原价商品放入其中。消费者一般不会仔细查看每件商品的标签，等到结算时才发现所购买的“特价”商品其实是原价商品，但看看排了这么长时间的队等待结账，也只好自咽苦水地买下，谁让自己不仔细看清楚呢！

有些商家就是摸透了消费者的这些心理，借“打折”、“减价”之名，行“欺诈”之实，这对消费者非常有“迷惑性”。当我们兴高采烈地花着钱时，却不知不觉地投资了零售业、服装业……不知不觉地沦为一个商品奴。花了钱，我们是可喜呢，还是可悲呢？！

不上“一口价”的当：省不省先“砍”一下再说

很多商家为了降低成本使其利润最大化，常常会采取一些忽悠的手段来诱骗消费者购买自己的产品。

消费者想买实惠，销售想赚实利。消费者想尽量砍低价钱，销售者则想方设法抬高价格，还不让消费者看出来。于是，有些商家为了使消费者不好砍价，就与厂家联合起来在商品标签上做文章，故意标上诸如“全国统一零售价”、“销售指导价”等字样，或者自行张贴“一口价”、“不还价”等店堂声明、告示，以此来忽悠消费者。很多消费者信以为真，以为其所售的商品真就不能砍价，结果“一口价”买得却是“忽悠价”。

尤其在网上购物时，我们经常会遇到一口价商品，但不要认为标明一口价就不能议价了，这只是障眼法。一些不够精明的人往往被卖方的一口价忽悠住，以高出物品真正价值几倍的价钱买下，而自己还被蒙在鼓里。

不要上“一口价”的当。把所购商品摆一边，看商品谈价钱，能砍则砍，不能砍也可以尝试着要求卖家降低一些价格，比如免邮费、化零为整等等。

一口价的陷阱不仅体现在虚假的报价上，还经常打着特价商品的旗号来迷惑消费者，使之跌入陷阱。

年关将至，某品牌皮鞋店打出“店庆十周年，特价大酬宾”的宣传条幅。活动期间所有商品“一口价”甩卖，数量有限，先到先得。冲着该品牌及价位，许先生花130元购买了一双男式休闲皮鞋。可穿了还不到一个礼拜，鞋底两边就裂开了嘴。于是许先生带着这双皮鞋和购物发票到商家要求退货或更换。没想到，商家当场予以拒绝：特价商品无三包。既然是特价，就说明商品本身质量有问题，要不也不会这么便宜就卖了。面对商家冠冕堂皇的解释，许先生想不出任何反驳的理由，因为他当时确实是冲着鞋的价位去的，看来如今只能自认倒霉了，他只好把鞋带回了家。

商家打着“一口价”的幌子，以所谓低价销售的手段，蒙骗消费者，逃避自己本来应当承担的退换和售后服务的责任，显然消费者又当了一次“冤大头”。或许有的时候一口价真的很低，但是当你以为自己真的捡了个便宜的时候，事后你才回过神来，原来在一口价的忽悠下我们完全忽略了商品的质量和售后服务问题。

“一口价”、“全市最低价”，在这些诱人的广告宣传语下，消费者不要在无知中自认为占了大便宜，很有可能你已经跌进了商家设下的陷阱。所以，面对一口价，要么将“砍”进行到底，要么横眉冷对之。

“赠品”陷阱当提防，别为了“糖衣炮弹”吃了一嘴沙

如今，商家为了促销，经常会附送一些赠品来吸引消费者。买冰箱赠微波炉，买彩电送VCD、饮水机，买杂志赠沐浴露，去游乐场还会得到一张再次光临的赠票……消费者真的这么幸运吗？如果是陷阱，它又到底在哪里？

不错，你问到点子上了。商家又没要你的钱，免费送给你的还不好吗？每个人都有贪小便宜的心理，几乎没有人会拒绝“免费”的东西，这正是商家变相促销的动机，而“赠品”正是商家利用人们的这种心理来敲开他牟取暴利的敲门砖。

很多商家这招可谓屡试不爽，有关调查显示，冲着商家有赠品去消费的顾客占了绝大多数。但实际上这些赠品并不是白送的，商家早就把赠品的折合价一起算到成品里让消费者掏过腰包了，也就是消费者花钱自己买了赠品。回头再看看这些赠品，完全的噱头，没有什么实际价值。

不少亲身体验了赠品陷阱的人，曾这样述说过他们的不愉快的经历：“我前不久买了一个电磁炉，商家还赠送了一个汤锅，回家做饭我就用赠送的汤锅做汤，没想到刚把锅放到电磁炉上，锅就冒起烟来。”

“我买过一个紫砂锅，商家赠送了一个锅铲，结果不到一个月就断掉了。”

“有一次，我在超市看到捆绑在一起的牛奶正在打特价，也没有留意日期，等回家后才发现再有四五天就过保质期了。”

……

当然也有些货真价实的赠品，但你以为你真的占到便宜了吗？李先生想买台笔记本电脑，为了买得实惠，他货比三家，转了很多家商场后，终于在一家商场“锁定目标”。这台笔记本电脑的价格是 17500 元，广告宣传正在搞活动，会赠送很多赠品，两个电池、两个电源、一个小音箱。李先生觉得价格适中，还可以得到实用的配件，一举两得，就爽快地买下了。但是，他不知道的是“羊毛出在羊身上”，其实这些赠品本来就包括在产品里，是产品的附件，赠品的价格早就被商家加到家电产品上了。商家就是利用这种“挂着羊肉卖狗肉”的手段，来诱使消费者高兴地掏腰包的。

买的永远没有卖的精，看似以免费为号召的赠品，其实后面有很多利润、很多陷阱。商家怎么可能不赚钱呢？越是提供赠品的，你越要睁大自己的眼睛看有没有掉进商家的温柔陷阱里，更要避免因为赠品而“拣了芝麻丢了西瓜”。

朱小姐在某商场花 460 元买了一台吸油烟机，当时正值该商品促销，朱小姐得到一桶色拉油，可吸油烟机仅使用两个多月便出现了故障。于是，朱小姐不得不回商场找工作人员要求退货或者维修，但商场的回应却非常令人费解。商场要朱小姐交回曾经赠送的色拉油，否则不给退货或者售后服务。朱小姐表示色拉油已被她用了，商场负责人却让她拿出 50 元钱作为赔偿赠品的钱，才给她退换或者维修。

商家这样的欺诈行为，隐藏之深，实在让人汗颜。找消协投诉让他们得到应有的惩罚，才能让消费者的钱花得心安理得。但是，市场之大，有些行为总是屡禁不止。消费者要想避免陷入陷阱，就不要贪图小便宜，想着天下掉馅饼的事情。

要知道，商家精明过了头，顾客只能当冤大头！

熟知“贝勃效应”和“尾数效应”，避免上价格的当

现代社会，商品成千上万，种类繁多。各种商品的质量、用途、款式不同，价格也就千差万别。即使同一种商品，价格也不是一成不变的，经常会上下浮动。同一种商品，标上不同的价格，会导致消费者完全不同的心理反应。

在生活中，最常见的两种价格心理效应包括“贝勃效应”和“尾数效应”。

有人做过这样一个实验：一个人右手举着 300 克重的砝码，这时在其左手上，放上 305 克的砝码，他并不会觉得左右手上的砝码有多少差别，直到左手砝码的重量加至 306 克时才会觉得有些重。如果右手举着 600 克，这时左手上的重量要达到 612 克才能感觉到重，后来就必须加到更大的量才能感觉到差别。

这种现象被称为“贝勃效应”。

“贝勃效应”在生活中到处可见。比如 5 毛钱一份的晚报突然涨到 5 块钱，那么你会觉得不可思议，无法接受。但是，如果原本 100 万的房产也涨了 5 块，甚至 500 块，1000 块，你也会觉得价钱根本没有变化。这就说明，人们一开始受到的刺激越大，对以后的刺激就越迟钝。

有一个关于价格的心理学实验证明了这个效应。

如果你去商场购物，购买一个标价 200 元的商品。这时，你听说另外一个商场这个商品的价格是 100 元，你会如何？恐怕你会赶紧跑到另一个商场去买，不被这里宰割，是吧！

那么，如果你在这个商场购买的商品标价是20000元，而此时你听说另外一个地方的同样商品的价格是19900，比这里便宜100元，你是否会到另外一个地方去买？恐怕不会吧！

这个实验说明，同样是100元，由于人们前后受到的刺激不同，因而态度也就不同。仔细想想，在你的生活中，也许已经上演了实验中的事实。

此外，有些商家在制定商品价格时，牢牢把握了消费者的心理。利用消费者的心理错觉，运用了“尾数定价法”，即保留价格的尾数，采用零头标价，如将一件商品定价为9.98元，而非10元。这就是价格的尾数效应。实践证明，消费者更乐于接受尾数价格。大多数消费者认为，整数是一个概略价格，不十分准确，而尾数价格会给人以精确感和信任感。此外，尾数可使消费者感到价格保留在较低一级的档次，从而减轻心理抵抗感。

我们在超市买东西的时候就会发现，超市里很多商品价格的尾数都是×.8，×.98，×.99，而很少有整数的标价。而在大商场，我们经常会看到标价尾数为×68，×98，×998等的商品，而整数标价的商品则很少见。这是因为超市和商场都在标价时运用了价格的尾数效应。

为什么尾数定价法运用得如此广泛呢？这是因为尾数定价法会对消费者产生特殊的心理效应：

1. 可以使消费者产生便宜的心理错觉。如198元一双的鞋要比200元一双的鞋好销。

2. 可使消费者相信企业在科学、认真地定价，制定的价格是合理的、有根据的。

3. 给消费者一种数字寓意吉祥的感觉，使消费者在心理上得到一定的满足。如“8”的粤语中念“发”，含发财致富之意。以“8”为尾数的价格，会让人产生美好的联想。

了解了价格的这两种心理效应之后，但愿你在日后的消费中，多一分小心与谨慎，以免上了价格的当。

警惕销售中的稀缺效应，以免掉入商家的“消费陷阱”

常言道，“物以稀为贵”。就是说，越是稀少的东西（不管其使用价值多么小），人们越重视它。为什么会发生“物以稀为贵”这种现象呢？斯坦福大学著名的心理学教授希奥迪尼道出了其中的奥妙：“一种本来没有引起我们太大兴趣的东西，仅仅因为正在迅速变得越来越难得到，马上就引起了我们的兴趣”。

在消费心理学中，人们把“物以稀为贵”而引起购买行为提高的现象，称为“稀缺效应”。

在销售商品时，商家常使用“赔本大甩卖”、“清仓处理”的广告来引诱顾客，使顾客提高购买行为。因为这次不买，下次再也没有这样难得的机会了。这种消费的稀缺效应在其他领域中也常常发生，如人们对要摇号的东西总是特别喜欢，非要占有不可。因为它罕见，从而显得特别“香”，以拥有它为荣耀。又如画家的原作只有一幅就显得十分宝贵，价格就比印刷得十分精美的高档复制品要高得多，购买人也多得多。又如，人们对偷听到的信息总是如获至宝，总是爱听秘闻。所有这些，都是稀缺效应的反映。

为什么会产生稀缺效应呢？其主要原因如下：

一是与相对稀缺度有关。某一件东西很多人喜欢它并希望占为已有，但只有少数人或某一人能获得它。这时这件东西的稀缺度就相对较高，如许多著名书画家的作品，就是因为相对的稀缺度高，从而显得珍贵。因此，许多书画家惜墨如宝，不滥画滥卖。否则，画就会贬值，不会产生稀缺效应。

二是与绝对稀缺度有关。有的东西只有某人拥有或极少几个人拥有，这东西就显得珍贵了，从而产生“占为已有”的心理与行为。如特级教师、功勋教师、劳模等数量都极为有限，人们都力图争取。即使争取不到，对争取成功者也刮目相看，十分敬佩，而在行为上努力效仿，这也是评定先进、树立榜样的理论依据之一。独家专访使收视率大大提高，就是因为信息源是独一无二的。

在消费时，消费者要警惕销售中的稀缺效应，特别是一些商家打着“一次性大甩卖”、“清仓甩卖”的时候。有些商家就是利用稀缺效应的原理，以引起消费者的兴趣，促使消费者购买。我们在消费中要特别注意，以免掉入商家的“消费陷阱”。

小心商家利用“配套效应”引你上钩

18世纪的法国有个哲学家叫丹尼斯·狄德罗。有一天，朋友送他一件质地精良、做工考究的睡袍，狄德罗非常喜欢。可他穿着华贵的睡袍在书房里走来走去时，总觉得身边的一切都是那么的不协调：家具不是破旧不堪，就是风格不对，地毯的针脚也粗得吓人。于是，为了与睡袍配套，他把旧的东西先后更新，书房终于跟上了睡袍的档次。可他后来心里却不舒服了，因为他发现“自己居然被一件睡袍胁迫了”。他把这种感觉写到了一篇文章里——《与旧睡袍别离之后的烦恼》。

狄德罗的感受，在许多人心中都能引起共鸣。

美国哈佛大学的经济学家朱丽叶·施罗尔在《过度消费的美国人》一书中，提出了一个新概念——“狄德罗效应”，也叫“配套效应”。就是说，人们在拥有一件新的物品后，总倾向于不断配置与其相适应的物品，以达到心理上的平衡。

在现实生活中，配套效应可以带来好的结果，也会带来不好的结果，这取决于所参照的“睡袍”的价值。有价值的“睡袍”，可以促使我们为了与之配套而产生一系列好的或者对我们成长有利的行为表现。反之，劣质的“睡袍”却会使我们走向倒退。

选择一件有意义的“睡袍”，激发人们自我转化的内在动机，主动实现良好的与之配套的行为，这是好的。但有时候，人们也会为这件“睡袍”，付出很大的代价，这就属于得不偿失了。这也是为什么家具店里的家具总是成套的卖，就是让人们产生“配套反应”，这样才有利于商家多赚钱。

“配套效应”令人们消费更多的钱，只为了和新物品搭配的更加合适，从而达到心理平衡。良性的配套行为自然不能反对，但面对不好的配套行为时，我们就应当选择考虑停止我们的这种配套思维，或者换一种方式了。

诸如买家具时，尽可能买一些百搭风格的家具，这样就不至于让家具放到家里，显得格格不入了。

第十篇

用心经营，收获爱情

- 略施巧计，恋爱有道
- 驭心有术，掌握主动
- 掌控心理，以心悦心

第一章 略施巧计，恋爱有道

借鉴《恋爱兵法》，爱到深处不妨“趁火打劫”

恋爱中最痛苦的莫过于单相思，喜欢你的人，你不喜欢；你喜欢的人，不喜欢你。正所谓“强扭的瓜不甜”。恋爱是两个人的事，勉强的感情不会幸福，只会造成彼此之间的折磨和痛苦。生活中有太多的不完美和无奈。每当我们情到深处，爱一个人爱到疯狂的时候，上苍似乎总喜欢捉弄我们，难道“爱”的温度是零？“爱”不能温暖和融化对方的心吗？喜欢一个人最后却只能远远地望着他（她）吗？

生活中我们总是经历着这样的事情：某一个人深深地吸引着你，你愿意看他疯狂的踢球，然后悄悄装作球迷递上你的爱心饮料；你愿意看他忘我地打游戏，自己却装作陌生人坐在他的旁边陪着他；你习惯在同一条路上同一个时间等待他的出现；你希望有一天能跟他做朋友……但是，你却发现他已经有心爱的人了。

爱是没有先后，没有对错的。爱是勇敢的争取而不是卑怯的放弃。所以，要想抓住喜欢的人的心，首先要学会“趁火打劫”。

“趁火打劫”的原意是，趁人家家里失火，一片混乱，无暇顾及的时候去抢人家的东西，趁机捞一把。所以，趁火打劫的行为一直为人们所不齿。因为乘人之危毕竟显得不太光明，非君子之道。但是，在爱情的战争里是指，当对方在最失意、最痛苦的时候，送上你的温暖，最容易打动对方的心。因为，在一个人最脆弱的时候，如果有人陪着他（她），他（她）会感到异常的温暖和欣慰，会因此敞开自己的心扉，甚至把你当成自己人，拉近彼此之间的心理距离。

在爱情中，要了解对方的所需，在他（她）最需要的时刻送上自己的帮助，但一定要心存善意和真诚，否则会弄巧成拙，引火烧身。此外还要把握住“打劫”的度，千万不要让这个本来是联系感情的好时机，变成对方厌烦你的时刻。

在《恋爱兵法》这部电视剧中，王文清和金正浩之间的“爱情战争”，就经常采用“趁火打劫”这一招。王文清要负责欧阳明明的行程宣传，而金正浩要负责公司的管理，两人都有难以分担给其他人的责任，也有因为工作而焦头烂额的时候。所以，这时采用“趁火打劫”的一方往往能收到奇效，捕获自己的爱情。

在电影《乱世佳人》中，白瑞德先生为什么坐在牢房里就能等到思嘉这位佳人自动送上门来？靠得就是这招“趁火打劫”。凭借着对大局的准确把握，他在亚特兰大几次架着马车，载着佳人冲出熊熊大火，然后在远处火光的映衬下向心上人索吻的举动，确是当之无愧的“趁火打劫”。

“亲爱的，我爱你，所以为你挨骂、玩绑票、装阅读障碍，甚至差点牺牲了可怜的企鹅朋友，即使你第二天就忘得一干二净，我也依然焦头烂额地日复一日——我打劫了你的爱，你偷取了我的心。”此情此景，心爱的他（她）能不跟你走天涯吗？

人是有感情的动物，或许很多人习惯冰封着自己的心，总是一副拒人于千里之外的样子，让人无法靠近。但其实，他（她）一直在等待一份能温暖自己心的“爱”。

我们要学会“趁火打劫”。在最恰当的时刻，最恰当的关头，最合适的尺度进行“打劫”，这样才能“劫”得自己的“爱”。

坚持自己的标准，不要为他人而活

别人的标准总是成为我们努力的方向，但是我们再怎么努力，也不能成为完美的人。为了爱而盲目改变自己，只会失去可爱的自我。不要生活在别人设定的圈子里，应该活出真实的自己。

从前，在夏威夷有一对双胞胎王子。有一天，国王想为大儿子娶媳妇了，便问他喜欢怎样的女性。

大王子回答：“我喜欢瘦的女孩子。”

岛上得知这一消息的年轻女性想：“如果顺利的话，或许能攀上枝头做凤凰。”于是大家争先恐后地开始减肥。

不知不觉，岛上几乎没有胖的女性了。不仅如此，因为女孩子一碰面就竞相比较谁更苗条，所以甚至出现了因为营养不良而得重病的情况。

但后来却出现了意外的情况。大王子因为生病一下子就过世了，因此仓促决定由弟弟来继承王位。

于是国王又想为小王子娶媳妇，便问了他同样的问题。“现在的女孩都太瘦弱了，而我比较喜欢丰满的女性。”小王子说。

岛上得知消息的年轻女性开始竞相大吃特吃。于是，岛上几乎没有瘦的女性了，但岛上的食物也被吃得匮乏，甚至连为预防饥荒的粮食也几乎被吃光了。

最后王子所选的新娘却是一位不胖不瘦的女性。

王子的理由是：“不胖不瘦的女性，更显青春和健康。”

爱恋是每一个人都会产生的一种情愫，无论是明恋还是暗恋。当心中有了自己喜欢的人，我们的心中、眼中便全是他（她）。心上人的一举一动，甚至是一句话，我们都会仔细观察。在这种忘我的境地里，我们常常迷失了自我。为了得到心上人的青睐，甚至是一句夸奖，我们总是按照自己所理解的心上人的标准改变自己。当爱情碰壁，我们另有所爱的时候，又不得不依照新的标准改变自己。于是，我们发现自己活得很累，到最后连自己都不知道自己是谁了。

夏威夷岛上的姑娘们为了嫁给王子，盲目地将王子的话当做选妃标准，随着标准不断地改变自己。可是王子最后选的却是一个不胖不瘦的女性，姑娘们的努力更像是一场笑话。不是王子见异思迁，而是姑娘们错误地理解了王子的想法，她们为爱将自己改变得不伦不类，也就无法获得王子的青睐。

每个人的审美观并不相同。太看重别人的评价，为了迎合别人而改变自己，只能活在别人的世界里，是无法得到真正的幸福的。况且，你的改变也许并不是心上人真正喜欢的，你的努力有可能把你带向爱情的反方向。最真实的自己才是最美丽的自己。活在自己世界里的人，才更自信，更有魅力。

爱情就像沙子，抓得越紧越会滑落

有这样一个小故事：

一个即将出嫁的女孩，问她母亲："妈妈，婚后我该怎样把握自己的爱情？"

母亲顺手抓起一把沙子，那沙子在母亲松松的拳头里一点也没有撒落。接着母亲用力将双手握紧，沙子便从指缝间滑落下来了。母亲张开手，掌中的沙子已变成了僵硬的沙块。

女孩明白了：爱情和婚姻就像手中的沙子，无须刻意地去把握它。你越是想紧紧抓牢，它越会被挤压得干瘪，最终离你远去。

人人都有控制欲，只是强弱有别。但控制欲太强的女人，也许应该明白这一点：你越想知道，他越不想让你知道；你越想操控，他越想逃。"道高一尺，魔高一丈"的闹剧总会上演。

如果你控制得太紧，希望他事事都按照你的要求去做，他会想："我结婚前的日子很平静安宁，一进门从来没有人吩咐我做这做那，不能碰这碰那，为什么我要为了婚姻而抛弃自由？"

也许伴侣会在你的"高压控制"下养成好的生活习惯或行为方式，但过度的控制会使伴侣感到窒息，逼迫他离开家，甚至投入其他女性的怀抱。

所谓伴侣，是让他（她）最为放松的人，而不是让他（她）紧张的人，更不是一味约束他（她）让他（她）感觉窒息的人。如果你真爱一个人，就别抓得太紧。给对方自由是彼此尊重，也是最体贴的态度。

给他一片自由的天空吧，就像把风筝放飞在蓝天里，只是别忘了在他心里系上爱和家这根线。

如果真爱，就给对方一点空间和自由，这样风筝才不会断了线。

莉莎和男朋友分手了，处在情绪低落中。从他告诉她应该停止见面的那一刻起，莉莎就觉得自己整个被毁了。她吃不下睡不着，工作时注意力集中不起来。人一下消瘦了许多，有些人甚至认不出莉莎来了。一个月过后，莉莎还是不能接受和男朋友分手的这一事实。

一天，她坐在教堂前院子里的椅子上，漫无边际地胡思乱想着。不知什么时候，身边来了一位老先生。他从衣袋里拿出一个小纸口袋开始喂鸽子。成群的鸽子围着他，啄食着他撒出来的面包屑，很快就飞来了上百只鸽子。他转身向莉莎打招呼，并问她喜不喜欢鸽子。莉莎耸耸肩说："不是特别喜欢。"他微笑着告诉莉莎："当我还是个小男孩的时候，我们村里有一个饲养鸽子的男人。那个男人为自己拥有鸽子感到骄傲。但我实在不懂，如果他真爱鸽子，为什么把它们关进笼子，使它们不能展翅飞翔，所以我问了他。他说：'如果不把鸽子关进笼子，它们可能会飞走，离开我。'但是我还是想不通，'你怎么可能一边爱鸽子，一边却把它们关在笼子里，阻止它们要飞的愿望呢？'"

莉莎有一种强烈的感觉，老先生在试图通过讲故事，给她讲一个道理。虽然他并不知道莉莎当时的状态，但他讲的故事和莉莎的情况太接近了。莉莎曾经强迫男朋友回到自己身边。她总认为只要他回到自己身边，一切就都会好起来的。但那也许不是爱，只是害怕寂寞罢了。

老先生转过身去继续喂鸽子。莉莎默默地想了一会儿，然后伤心地对他说："有时候要放弃自己心爱的人是很难的。"他点了点头，但是，他说："如果你不能给你所爱的人自由，你并不是真正地爱他。"

长相厮守的意义不是用柔软的爱捆住对方，而是让他带着爱自由飞翔。

生活中一些事情常常是物极必反的：你越是想得到他的爱，越要他时时刻刻不与你分离，他越会远离你，背弃爱情。你多大幅度地想拉他向左，他则多大幅度地向右荡去。

所以我们应该让爱人有自己的天地去做他的事情，譬如集邮，或是其他任何爱好。在你看起来，他的嗜好也许傻里傻气，但是你千万不可嫉妒它，也不要因为你不能领会这些事情的迷人之处就厌恶它。你应该适时地迁就他。

爱人有了特殊的嗜好以后，我们还必须给他另外一个好处：有些时候要让他独自去做他喜爱的事，使他觉得拥有真正属于自己的东西。

毫无疑问，爱人时常需要从捆在他脖子上的爱的锁链里挣脱出来。如果我们能够帮助并支持他们去培养一些有趣的嗜好——并且给他们合理的机会享受完全的自由——那么我们就是在做一些使他们快乐的事了。

我们应当自信，真正的爱是可以超越时间、空间的。因此，作为婚姻的双方，在魅力的法则上，请留给彼此一段距离。这距离不仅仅包含空间的尺度，同样包含心灵的尺度：留下你自己独特的性格，不要与我如影随形；留下你自己内心的隐私，不要让我感到你是曝光后苍白的底片；留下你一份意味深长与朦胧的神秘……不要试图挽留我离去的脚步，不要幻想我的目光永远专注于你，一切都应是自然形成的。在你我之间留下一段距离，让彼此能够自由呼吸。

关键时刻放对方一马，爱情才能一如既往

很久以前，在埃塞俄比亚的一个村庄，有位妇女很为她的丈夫烦恼。因为她的丈夫不再喜欢她，而这个女人又很爱自己的丈夫，却不知道丈夫不喜欢她的原因。

于是，这个女人跑到当地一个巫师那里讲述了她的苦恼，她请求巫师帮帮她：“你能否赋予我一些魅力，让我丈夫重新觉得我很可爱呢？”

巫师想了一会儿回答道：“我能帮助你，但在我告诉你秘诀前，你必须从活狮子身上拔下三根毛给我。”

“巫师要狮子毛干什么呢？”女人虽然不明白其中的缘故，但是为了自己的婚姻的幸福，还是谢过了巫师，并开始付诸于行动。

她知道有一头狮子经常来村里，可它那么凶猛，吼叫声那么可怕。“我怎样才能摘下狮子身上的毛呢？”她在离家不远的一块石头上坐了下来，开始思索怎么办。她想了半天，终于想出了一个办法。

第二天一大早，她牵了一只小羊去那头狮子经常出没的地方。她焦急地等啊等啊，狮子终于出现了。

她很快站起来，把小羊放在狮子经过的小道上，便回家了。以后每天早晨，她都要牵一只小羊给狮子。后来，这头狮子对她很熟悉了，因为她总在同一时间、同一地点放一只温顺的羊在它经过的道上，这让它很开心。她确实是一个温柔、殷勤的女人。

不久，狮子一见她便开始向她轻声吼叫，大约是打招呼吧，还走近她，让她敲敲它的头，摸摸它的背。每天，这个女人都会静静地站在那儿，轻轻地抚摸它，狮子也乐意被她抚摸。女人知道狮子已经完全信任她了。于是，有一天，她在它身上拔了三根毛，然后兴奋地赶到巫师的住处。

巫师惊奇地问道：“你是用什么绝招弄到狮子毛的？”

于是女人对巫师详细讲了她得到这三根狮子毛的经过。

巫师笑了，说：“现在我可以告诉你让你的丈夫重新觉得你可爱的秘诀了，那就是：以你驯服狮子的办法去驯服你的丈夫！”

女人茅塞顿开，回去后，使用了驯狮“绝招”：用耐心去满足丈夫、体贴丈夫、关怀丈夫。后来，在她的努力下，丈夫终于回心转意了。

夫妻间需要更多的耐心，更多的忍让。有时候忍让可以加深你们的感情，有时候忍让一些，在关键的时候放对方一马，也可以挽回一段即将失去的感情。

萍是在身怀六甲时知道丈夫有外遇的，那时为了不伤胎气，尽量忍着，依旧一副快快乐乐的样子，就这样直到生下孩子。儿子的到来也没有使丈夫有所改变，他依旧是晚归或不归。

渐渐地，孩子一天天长大了，可萍发现丈夫丝毫没有悔过的意思。本来，她也可以像别的妻子那样与丈夫大吵大闹，但她已经学会和习惯了忍让。尤其当她看见儿子一天比一天乖巧之后，越发不忍心毁掉这个家。所以，她一直没有当面指责丈夫。

苦闷的萍把精力投入工作中，并在几年后成为了研究所的骨干，发表了多篇高水准的论文。一晃7年过去了，儿子也上了小学。此时，她获得了一次出国进修的机会，临行前特意给丈夫留下一封信。告诉他自己其实早知道他的隐情。然而，作为深爱他的妻子，她总想把机会留给丈夫，给他一个空间，希望他能醒悟。末了，她说："我至今依旧这么认为，夫妻之间，忍让也是一种爱，不知你能否理解一位痴情妻子的良苦用心。"捧读妻子留下的沾满泪迹的书信，丈夫被深深震撼了。当夜，丈夫即给妻子打去长途。电话中，七尺男儿居然泣不成声。

一场婚外情便这么结束了，丈夫又回到了家的怀抱。

世上的爱有千百种，不管是曾经的风花雪月，还是今朝的海誓山盟；也不管是罗密欧与朱丽叶经典爱情的再现，还是梁山伯与祝英台流传已久的千古绝唱，大多没有跳出爱情至上的传统模式，更谈不上让爱情升华。然而，当面对忍让背后的那一汪爱的深潭时，我们洞悉到的又岂止是一段荡气回肠的经历，一次刻骨铭心的爱恋！

忍让也是一种爱。以爱的方式善待对方的缺陷，用包容的胸怀宽恕自己的爱人，在关键的时候放他一马，给他一个悔悟的机会，留一个自省的空间，于平平淡淡中演绎经典，在无声无语中融洽恩爱。这样，即使不是传奇的爱情，也将变得永恒；再平淡的婚姻，也能一如既往、令人流连。

了解和满足他的需求，他就不会跑掉

艳是女友中最令人羡慕的一个。她找了一个对她百依百顺的男友，任她怎样颐指气使也只是笑笑，爱怜地看着她。艳常在女友面前说男友太软弱："他呀，天生这副没用的模样。"而除她之外的所有人都知道，这个高高大大的男孩子永远低下头与艳说话只是因为爱她，没有第二个理由。

艳却始终不懂。结婚后，她依然经常地闹。闹得意犹未尽时，便去女友家小住，与女友絮絮念叨的当然都是些鸡毛蒜皮的小事，谈不上谁对谁错。常常在艳正与女友抹泪细讲时，她丈夫的电话就打了过来。第二天早晨，他迫不及待地来接艳，看着艳哭肿的双眼，自己眼圈也红了，像小孩做错事一样低着头说："都是我不好。"

这样的闹剧演了十几次，男人的表情渐渐漠然。终于有一次，艳住到女友家，晚上没有他的电话，清晨也没见他来接她。这样的局面僵持了足有一个星期，女友觉得反常，于是陪艳回家。艳的丈夫见艳回来了，没有丝毫的欣喜，脸上淡淡的，艳也表情淡淡的。两人就那么冷战了三个月，心平气和地分手了。

后来，艳经历过很多男人，却再也没有遇到肯那样为她付出的。

男女若不知道对方在乎的事，可能会彼此伤害。我们常可以看到男女用反效果的方式进行沟通，并且还常常拒绝对方。

女人若能了解男人对爱情的基本要求，就能掌握他不满的原因。以下是女人最常犯的沟通错误：

1. 女人试图以提供非请求的忠告来改善男人的行为或帮助他。
2. 女人试图以分享她的难过或消极感觉来改变或控制男人的行为。
3. 女人没有感谢男人为她做的事，却抱怨他没为她做的事。
4. 女人间接地以修饰过的问题来表达难过，如："你怎能这样做？"
5. 当男人做决定或采取主动时，女人总是纠正或批评他。
6. 女人把男人当小孩般纠正他的行为，告诉他该做什么。

女人犯的这些错误会使男人感受不到爱。男人在没有得到他们的基本爱情需求时，会很容易受到伤害。女人通常不知道她沟通的方式不但没有支持男人，反而还伤害了他们的自尊。她可能试着去了解他的感觉，但因他的基本需要与她不同，所以她无法直接帮助他。

男人也和女人一样会犯同样的错误，以下是男人最常犯的错误：

1. 男人不倾听，心不在焉，不问女人有兴趣或关心的问题。
2. 男人按字面感受女人的感觉。
3. 男人倾听，但因女人带给他难过而生气地责备她。
4. 男人忽视女人的需求与感觉的重要性。
5. 女人难过时，男人却解释自己为什么正确，以及她为何不应该难过。
6. 男人倾听完后，什么也不说或者只是走开。

在女人的世界里，沟通特别重要。男人要学会倾听女人的感觉，并能够有效地表现关爱之情。男人通常不知道自己的沟通方式很不尊重与支持女人，男人可能知道她对他生气，但除非他了解她的需求与没感受到爱的原因，否则他便无法改变自己的沟通方式。

正因为彼此不了解对方的基本需求，才会在不知不觉中伤害伴侣。因此，为了避免类似艳的悲剧重演，最重要的是：夫妻间要用心去沟通感情。

甜言蜜语不妨多说一点，爱情才不会枯萎

有这样一些夫妻：婚后很少甜言蜜语；从不向对方认错；两人从不讨论夫妻生活问题；很少去想对方需要什么物品；常常觉得夫妻聊天是浪费时间；喜欢一个人做事，不愿意与伴侣商量；认为取悦对方是庸俗的；搞不清伴侣对自己的感情如何；一方做了件自以为得意的事，对方却不以为然；遇到矛盾或问题，夫妻俩经常生闷气；有些事心里很不满，可又怕说出来伤了夫妻感情；不知道另一半对自己哪方面不满意；伴侣生气时，常常置之不理；一方谈论想法时，另一方往往心不在焉；两人在一起时，常常觉得无聊；很少去探究对方为什么总是情绪不好。如果婚姻生活中有上述表现，就会在“沉默”中埋下隐患，必须予以高度重视。要知道，爱不仅应该在心里，更应该说出来。

雷是正宗的北方汉子，脾气憨厚，不拘小节，不懂怜香惜玉、温柔体贴，但他事业心强，办事干脆果断。妻子英是典型的南方人，知识女性，书香门第出身，性格温柔矜持，不喜欢张扬。当年，她正是为雷独特的个性所吸引，才当了他的爱的“俘虏”。

雷是一个不甘平庸的人。20世纪90年代初，改革大潮汹涌之时，他毅然从机关单位辞职南下投身商场，当起了私人企业的老板，成了地地道道的生意人。正当他的事业方兴未艾之时，他认识了温柔可人的英，二人喜结良缘。

结婚之初，雷与英双宿双栖，比翼齐飞，好不恩爱。雷虽然不擅长用甜言蜜语哄妻子，但他总是会将他在生活与工作中遇到的许多事情栩栩如生地讲给妻子听。虽然在他眼里，这些纯属废话，讲了妻子也未必听得懂，但他非常满足于妻子依偎在他怀里，竖起耳朵，细细聆听的那副娇态。那一刻，他觉得自己就是妻子的天，为她遮风挡雨，避灾驱祸。于是，枕畔蜜语间，喁喁私语时，都成了他们小两口最幸福的时刻。

可是，随着雷的事业日渐发展壮大，那种甜蜜时光已渐渐远去。雷开始成年累月地奔波于生意场，每次回家总是来去匆匆，几乎没有时间和精力陪妻子。他们再也没有那种两情相依的时刻了，两人每日的对话屈指可数。

英对于丈夫这种把家当做旅馆的生活方式很不满意，她需要家庭的温馨与慰藉，更需要丈夫的体贴与温存。她怀念新婚时光，这种旅馆式的家是残缺的，令她难以忍受。起初，她总是劝说丈夫：“我知道你很忙，但是再忙，能不能在家里多待一天半天呢？那些可参加可不参加的事情能不能推掉呢？你的家中有妻子、有孩子，我们可都时刻盼着你回来呢！”

但是，雷对妻子的这些劝说却总是不以为然，嘿嘿一笑之后，依然我行我素，终日沉浸于商海之中。

这样的情况让英忍无可忍，她觉得这样下去，家不再像家。她痛苦极了，原本温柔、不愿张扬的她突然泼辣、厉害了起来，更有一次借机和丈夫激烈地吵了一架。

她大声哭骂着，骂丈夫是个不懂感情生活的冷血动物，骂丈夫根本不理解什么叫婚姻，不知道什么叫生活，责问丈夫是否能体味到一个女人每晚独守空房，等待一个不知归期的人归来的滋味。她斥骂丈夫："你简直是个文盲！你应该去请教请教字典，看看孤独、寂寞、忧郁是什么意思！你的妻子就快有精神病了，你却只知道赚钱做生意！"

没想到这一吵反而把雷吵得翻然醒悟，从此"痛改前非"，经常待在家里，陪在妻子身边，与她谈天，聊聊家常琐事，他对家越来越眷恋。英看到丈夫"深刻"的变化，心里十分欣慰，对丈夫更加温柔体贴，对丈夫的事业更是热心支持和帮助，两个人的婚姻生活重归和谐美满。

据心理学家测定，世界上最孤独的人，是那些仅有肉体接触而没有感情交流的夫妇。可见，感情的阻隔对婚姻关系的破坏有多么大！

细心的丈夫们稍稍留心一下便会发现，恩爱夫妻无不善于运用各自不同的方式来向对方表达爱意，这种感情的沟通便是婚后夫妻感情不断深化的根本保证。许多夫妻对此颇有招数。

结婚以后，大多数做丈夫的只是用行动来表达对妻子的体贴、关怀和爱慕，而很少说一句"我爱你"。固然，行为沟通在已形成高度默契的夫妻中可以传递比语言更丰富的信息，但这样的夫妻毕竟是太难得了。特别是对于尚处于调适阶段的年轻夫妻，由于行为所包含的信息过于丰富，对方不一定都能感受得到。因此，用语言表露情感是十分必要的。

此外，对言语沟通如果过分压抑，可能会导致情感交流的彻底阻隔。当双方只习惯于程式化的日常生活时，便会觉得对方没有感情需要了，于是便更加压抑自己的情感，如此恶性循环，最终便真的冷漠了。

与妻子保持情感交流渠道的畅通，是聪明丈夫"对付"妻子的很关键的一招。在妻子生日或其他有纪念意义的日子，向妻子献一束鲜花或其他小礼物，在与妻子单独相处时向妻子说一声"我爱你"，对想永远关爱、照顾妻子的丈夫来讲，这永远不是多余的。

男人要会"哄"，女人要会"柔"

妻子哭着对丈夫说："又要出差，好，我不拦你。你把你的宝贝儿子抱着一起出差去！你倒轻松，拍拍屁股，走了！把家里的事扔给了我，我受够了！你一年到头不在家，家里什么也不管，让我母兼父职，既当娘来又当爹。我这是有男人还是没有男人？别人为什么不必这样？就你一个人受器重？我好命苦，谁知道我好命苦哇！"

丈夫说："乖，求求你，别哭了，我的好太太。你的苦，我都知道。我常对人说，我有个好妻子，别人没得比。谁的妻子有你那么贤惠，那么漂亮，那么温柔，那么洁身自爱！"

妻子："喂！别给我灌迷汤，想把我灌糊涂了，你好走人哇？"

丈夫："我发誓！我要是骗你，罚我四条腿在地上爬，就这样爬，这样爬……"

妻子终于破涕为笑。

丈夫："我这回出差，给你带一条巴黎绸的长裙，保证让所有的女人看了都眼红，既羡慕又嫉妒！"

妻子："要粉红色带金线的。"

丈夫："车要开了。"

妻子："冰箱里那几个苹果带着路上吃。少喝酒，少抽烟！"

这就是最高级的"哄"。

夫妻相处，就需要把"哄"当润滑剂。一"哄"值千金，那些尝过"哄"字甜头的丈夫们，一定深刻体会了其中的妙处。

"哄"字常和"骗"字连在一起用，就成了一个贬义词。其实，家庭生活中离不开这个"哄"字，比如，孩子被"哄"得睡着了。并非只有孩子才需要"哄"，大人也一样，特别是女人。懂得了这一点，做丈夫的就应该学会"哄"妻子，且要"哄"得得体而有技巧。倘能如此，你一定会收到意想不到的效果。

一位年轻的编辑策划、编撰了几本畅销书，事业正如日中天，只是稍不注意，就冷落了带着孩子的爱妻。早过了晚餐时间了，他才回家。妻子自然不高兴，话也就越说越气："你到现在才回来，你以为这是旅馆啊？再说了，旅馆还有个'旅客须知'呢，你倒好，甩手一身轻，把做饭、带孩子的事都推给我了！别忘了，我要的是丈夫！要当主编你就别再进这个家门！"

"主编"先生没生气，走过去抱住妻子，温和地说："别生气，亲爱的。我拼命工作，还不是为了你和孩子？我知道你很爱我、关心我，也想让我时时跟在你身边，陪你去逛公园、跳舞、看电影，我又何尝不想呢？我实在是太忙了。好了，好了，你的火也发了，该消消气儿了。星期天，我就陪你们娘儿俩去划船、坐碰碰车，请你们吃自助餐，好不好？"

这时，妻子转怒为喜。她故意推开丈夫的手，娇嗔地说："你呀！真拿你没办法！"

的确，"哄"是夫妻间爱的蜜汁。"哄"还是润滑剂，既能防锈，又能减少摩擦，降低噪音，减少损耗。做丈夫的，学一学"哄"的艺术吧！它会使你的家庭生活更愉快，夫妻关系更融洽。

男人会哄妻，女人就应该会温柔。

许多女人过分地注意自己的装扮和衣饰，反而忘了表现出内心的温柔。学习过怎样赢得丈夫的欢心艺术的女人，就不必担心在失去迷人的青春和姣好的身材之后，把握不住丈夫的心。

著名作家哈代曾经写过，在新西兰某处的墓地里有一块陈旧的墓碑，上面刻着一个女人的名字和一些文字："她是多么温柔可爱。"

这位哀伤的丈夫，把这些字刻在他妻子的墓碑上，想必一定拥有数不尽的幸福回忆：当他回家的时候，有妻子微笑的面容在等候着他，热腾腾的饭菜摆在桌上，说一句陈旧的小笑话也会有人附和着大笑，家庭永远充满爱意与舒适地等着他回来。

做个温柔可爱的女人，以及有个成功的丈夫，这两件事是很有关联的。根据专家的说法，男人的妻子如果能够使他快乐幸福，他就会有更多的机会获得事业的成功。

令人惊讶的是，许多深爱着自己丈夫的女人，却不知道如何使丈夫得到快乐和幸福。女人的内心虽然怀着天底下最深的爱意，却做着一些错事：应该让丈夫出门的时候，仍然紧缠着他不放；应该静静听丈夫说话的时候，却喋喋不休；管理起家庭来又像是个军训教官。

虽然要讨男人的欢心并不是很困难，但是起码要像准备办一次舞会那样，机灵、动脑筋与肯努力——只是不必像参加舞会的女人那样花费那么多的时间去装扮自己。这不是说，我们不必尽量使外表显得更迷人，而是说我们在注意自己的装扮和衣饰的同时，还要表现出内心的温柔。

引人注目的成功婚姻，都是建立在妻子温柔的基础之上的。

想要使一个男人快乐幸福，只需使他感到舒适，以及让他按自己的意愿去做他必须去做的事，这样就可以了。我们都应该了解，只要使他快乐幸福，就等于为他在社会上获取成功做了最大的贡献。在 40 或 50 年以后，他会说："她是多么温柔可爱。"

适当撒撒小谎，你们的爱情会更甜蜜

我们常常对陌生人说谎。比如，在刚开始投入一份新的工作时，老板问起感觉如何，我们多半会笑笑说："还不错。"当时说什么也不会告诉他压力很大，或是"真担心永远学不来"之类的实在话。我们把实话全部带回家，再一股脑儿地倒给我们所爱的人。

我们对那些陌生人说的言不由衷的"谎话"，为什么不肯送给自己所爱的人呢？其实，女人有时是需要一点善意的"谎言"的。比如，你可以夸赞她做的事：

如果她换了一件刚买的衣服——告诉她，她穿这件衣服真是漂亮极了。

如果她去进修——告诉她，你很爱她这种好学不倦的精神。

如果她参加任何类型的义务团体——告诉她，能把时间运用在理想的目标上真好。

如果她在和孩子们玩耍——告诉她，孩子能有这么一位妈妈真是太幸运了。

你还可以夸赞她所说的话：

如果她说话很逗趣——告诉她，欣赏她的幽默感，感觉棒极了。

如果她擅长说恭维话——告诉她，你能拥有这么一位善解人意的配偶真是福气。

如果她解决了一个难题——告诉她，因为她的逻辑才使家庭的生活品质获得了改善。

如果她很爱说话——告诉她，聚会中有她才有生气，她是“聚会的生命”，你是多么的喜欢听她说话，她使人有如沐春风的自在感。

如果她不爱说话——告诉她，真是一位难得的好听众，令你产生无比的安宁与平静。

许多婚姻专家认为，在处理夫妻关系时，如果你真正爱对方的话，有时对一些特定的想法和感受反倒要秘而不宣甚至要撒谎，这句话尤其要说给男人听。因为女人大多都很感性，她们很容易被自己爱人的话所左右。

有一对老夫妇，结婚五十多年了，感情一直很好。丈夫老向外人夸奖她妻子的蛋糕烤得好。有一天，邻居的一位主妇过来向老太太请教烤蛋糕的秘诀。老太太告诉了她一家蛋糕店的名字，说：“其实我的蛋糕都是从这家店里买的，只是我的先生并不知道。记住，夫妻之间有时也需要保留一些小秘密。”从此，这位主妇的丈夫也逢人就夸她妻子烤蛋糕的手艺，两人的感情自然也比以前更融洽了。而对于前面那对夫妻，丈夫是知道妻子的小动作的，但是他懂得，比起实话实说，妻子更爱听的是美丽的“谎言”。

由此可知，夫妻之间有点秘密并不一定会影响两人的恩爱。相反，如果说了不该说的真话，可能会导致感情破裂。那么，该如何把握这个尺度呢?

一位妻子的腿短，她问丈夫：“你是否希望我是个身高腿长的姑娘？”她的丈夫如果照实回答肯定会伤她的心，因为身材矮小是天生的，无法补救。因而丈夫可以将事实修饰一番来满足妻子的愿望。他可以说：“如果我真想找高个儿的，我早就和那样的女人结婚了。而实际上并非如此，我娶了你，我就要你这样的。”

这样的回答肯定会让妻子满意，因为丈夫强调了他更爱妻子具有的比长腿更有意义的特质。

女人就是这样的，有时真话会让她难以接受，或者至少是心存不快，但如果你在这些无关紧要的小事上说一些善意的“谎言”，往往会收到较好的效果。

男人用行动，女人用语言来表达爱

有这样一个真实的故事：

唐山大地震时，一对新婚才 4 天的夫妻被压在水泥板下。妻子在水泥板和床铺搭起的缝隙里毫发未损，而丈夫被水泥板砸伤了身躯。四周一片漆黑，没有声音，也不能动弹一下。妻子在这种环境下开始急躁和绝望。丈夫颤抖地伸出他那只没有受伤的手，紧紧地攥着她的手和她聊天。在丈夫的支持下，妻子一次次地拒绝着死神。3 天后，他们获救了。妻子却发现：丈夫的右半边身子几乎被砸成了肉泥，他微笑着永远离开了他的新娘……

丈夫用整个生命来和妻子牵手，以顽强的意志给予她生的希望，陪她度过了生命中最黑暗的时期。这是人生中最郑重的牵手了。

一个人的双手，不知牵过多少人的手。可当一个生命和另一个生命郑重牵手共走人生之路时，它的默契可以超越所有的语言和动作。人们说，结婚可以增加人的责任感，加速成熟——结婚时我们还是孩子，不懂得结婚的真义。当我们面对琐碎的生活时，我们才在不断的争论又和好如初的过程里，触摸到婚姻跳动的脉搏。

我们和另一个人的牵手，其实是牵住了执著和平凡的生活。结婚是一辈子的事。在这一生中，两个人一定会遇到很多困难。在这个人身上解决不了的，到下一个人身上也有可能存在，不要期待用逃避的方法来对待婚姻，而要用耐心共同经营。

牵手只是婚姻的初级阶段，当两个人因为爱而走进婚姻的城堡后，应该用实际行动来表达对伴侣的爱。而这里所说的实际行动，是“说”还是“做”，这在男人和女人的思维里却有很大的不同。

从热恋一直到步入婚姻殿堂，丈夫从未对莲说过“我爱你”之类的山盟海誓。对此，她一直耿耿于怀。

起初是启发教育式，说哪个同事的丈夫怎样赞美她了、哪个同事的丈夫在情人节给她送花了、哪个同事的丈夫怎样记挂她的生日等，目的是让他受点爱的教育，启发启发他。可他并不以为然，还说人家酸溜溜的不实在，花言巧语的男人不可靠。莲看敲边鼓不行，就用激将法，抱怨和他过日子像几十年的老夫老妻，死水一潭，一点儿波澜都没有。他说，日子就是这样。她若较起真儿来赌气不理他，他会十分生气地说她找茬儿，无理取闹，更别想让他甜言蜜语地来哄她了。

莲实在没辙了，只好单刀直入地问他：“你到底爱不爱我？”他笑而不答。她气极了，发表“嘴巴不光是用来吃饭”的宏论，可他不屑一顾，还笑她中电视剧毒太深。气得她发毒誓：“如果有个男子对我表明心迹，说他爱我，我就嫁给他！”

他急了：“这么热的天，我连口水都顾不上喝，急急忙忙地给你买回炸鸡腿来，你还说这种话！你走吧！看看有人对你这么好吗？天天说爱你的，保不定哪天就把你给卖了。”

莲细想想还真是这么回事，丈夫对她真是挺好的。莲的工作午休时间短，丈夫每天中午下班总是急急忙忙赶回家为她做饭，好让她多休息一会儿；每次出差前，他总会给她炖好排骨、鸡块放在冰箱里，恨不得烙张大饼挂在她的脖子上，就好像“好不容易娶到家的媳妇，生怕饿死了”……

想起他对自己种种的好，莲也自觉理亏，可还是不甘心：“说那三个字就那么难？心中有爱为什么不能说出来？”他振振有词：“爱体现在行动中，不需要花言巧语。”

女人总是喜欢用语言来表达，而男人却喜欢把爱藏在心里，用实际行动来表达。不是她不爱他，也不是他不爱她，只是他们的思维方式不同而已。婚姻中的男女一定要了解这一点，否则两个人的争吵就在所难免了。

婚姻不是简单的牵手，而是需要两个人用真诚、理解、信任、尊重和关怀去建造一座爱的城堡，手牵手，走上一辈子。

退却或让步，以避免一场激烈的争吵

有一个笑话，说一个年轻人的车胎在路上爆了，碰巧他的千斤顶也坏了。他看到路边有户人家，就希望可以从那里借到千斤顶更换车胎。在向那户人家走去时，他边走边想：“如果他家没有人怎么办？”“如果有人在，却不开门怎么办？”“如果只开门而不借我千斤顶怎么办？”

顺着这种思路想下去，他越想越生气。当走到那间房子前，敲开门，主人刚出来，他冲着人家劈头就是一句：“他妈的，你那千斤顶有什么稀罕的。”主人丈二和尚摸不着头脑，以为来的是个精神病人，“砰”的一声就把门关上了。

你一定会觉得年轻人的行为很可笑，但事实是，在生活中，我们经常会犯类似的错误。

美国婚姻专家乔伊女士说：“在自我伤害的状况里，对女人伤害最大的事情是什么？是预先假定任何事情。”

有这样一对夫妇，吃饭闲谈时，丈夫一时兴起，不小心冒出一句不太顺耳的话来。不料妻子细细地分析了一番，于是心中不快，与丈夫争吵起来，结果双方不欢而散。

伴侣之间的感情，随时都有可能产生波折，遭遇挑战，其原因多种多样，比如失业、亡故、疾病等。面临这样的情形，重要的是充满爱意，多一些理解，多一些宽容，更重要的就是不能预先假定任何事情。大家要接受一个不容辩驳的事实：不管是你还是你的伴侣，永远不可能十全十美。以恰当的方式，随时沟通和交流，就能消除不良的心绪和感觉。这样，你和伴侣就能化解矛盾，解决一切哪怕最棘手的问题或事务。

你没有对伴侣生气时，要花一些时间，以平和的心态，看看哪些措辞最能为你和对方接受。

熟悉和掌握“预先协商”的妥当的表达方式，可以给你带来意想不到的惊喜。记住：你们都可以“依样画葫芦”，直接套用双方认可的表达方式。一旦发生冲突，它们可以迅速缓和紧张气氛，避免无谓的纷争。

还有，不管选用哪一种措辞，都不要忽视在措辞背后，辅以更大的支持性力量——你对伴侣的爱，这是最为关键的一环。如果伴侣没有感受到你的爱、认可和支持，不管说什么，你们的关系都可能愈加紧张。有时候，夫妻间避免争吵的最好办法，就是适时地退避或让步。譬如，不妨先中断交流，让自己平静下来，整理好情绪，为再次交谈做好铺垫，以便带着更多的理解、信任、宽容和认可，再次出现在伴侣面前。

经常关注伴侣的需求，尽可能为对方付出，无谓的争吵就会大幅减少。下面的例子揭示了这样一个事实：女人恰当地表达感受，而男人悉心做好听众，一场潜在的争论是完全可以避免的。

有一次，约翰和妻子离开家，到外面兜风。他们驾车外出时，觉得非常畅快，终于从一周的繁忙中解脱出来，可以放松一下了。不料，就在约翰兴致勃勃之际，妻子却深深地叹了一口气，说：“我觉得，我的人生，就是一场漫长的苦役。”

听了这话，约翰没有马上说话，而是先做了一次深呼吸。接着，他回答说：“我懂你的意思。在我看来，过多的操劳和忙碌，的确能把我们的幸福和快乐‘拧干’。”他说着话，还比划出一个动作，表示将抹布的水拧挤出来。

妻子点点头，似乎同意约翰的说法。同时，她原本神情凝重的脸上，顿时露出了微笑。她随即改变话题，说这次旅行让她多么兴奋。

一场潜在的争吵就这样避免了。

夫妻间若要避免争吵，还需要有一种克制、理性的态度，也需要有一个大度、宽容的胸怀，要有远大的眼光，有洞察世界、体悟人生的智慧。有了这种眼光，就不会局限于生活的细枝末节之上，处理夫妻关系就会从容不迫、得心应手。有了这种智慧，就能化险为夷，用一种轻松、幽默的办法解决难题。当你的爱人发火时，你该怎样避免争吵？下面讲几点意见，供你参考：

1. 要竭力使自己的情绪冷静下来。控制自己，冷静息怒。随着时间的推移，愤怒会在你的心中慢慢融化。有句谚语说得好：“时间能医治一切创伤，时间也能吹熄一切怒火。”

2. 要宽忍为怀。当你受到爱人的“无礼”对待时，不要把弦绷得太紧，要豁达大度，暂且退避三舍。理智的让步不仅对自己有好处，也能避免让事态变得更糟。

3. 善于用幽默。当对方发火时，你要善于克制自己冲动的感情，不要针锋相对。你可以说一些宽慰、诙谐、逗趣的话来缓和紧张的气氛，这可以避免矛盾的激化和升级。

4. 以柔克刚。如果夫妻俩一个急躁、一个柔顺，那就不容易起冲突。古语说“良言一句三冬暖，恶语伤人六月寒”。夫妻之间发生矛盾时，千万不要用尖酸、刻薄、讽刺的话语去伤害对方，否则自己痛快了，对方却好几天缓不过劲来。为了促进感情的恢复，还可以试着为对方多做些事情。这样做会出乎对方的意料，往往能使对方做出相应的热情回报。

5. 要设身处地地为对方着想，将心比心。夫妻之间要“道义相砥，过失相规”，意思是说在道义上互相砥砺，在过失上相互规劝。话要说到点子上，能使爱人消气动心，言归于好。

6. 允许对方偶尔生气。如果你明了彼此间爱慕的一对夫妻不免会有嫉妒、烦恼和生气的事情发生的话，那么当这些情绪来临时，你就不会惊慌失措，因为这并不意味着他或她已经“没有感情”了。也许你的伴侣是因为上司的缘故而情绪低落，没有向你表示绵绵之情，但即使这暂时的不快不是你的过错，你也应该问：“亲爱的，我做了什么事惹你生气了？”如果你的伴侣的回答是否定的，你就再问：“那么，我能为你分忧吗？”如果对方不需要，你就不必打扰了。要知道，这些问候是你给予他(她)的最好的安慰。

7. 以冷对热。冷，就是冷处理；热，就是头脑发热。以冷对热的关键，就是你吵我听。在一方情绪激动、控制不住自己的时候，任他(她)发火，任他(她)暴跳如雷，不去理睬他(她)。等对方情绪平和以后，再和他(她)慢慢细说。

第二章

驭心有术，掌握主动

欲擒故纵、若即若离，激起他的狩猎欲

男人最钟情的是那些会吊自己胃口的女人，欲擒故纵、若即若离反而会让他的感情升温。男人会认为，自己没有得到的东西更有诱惑力。如果爱情来得太容易，他就会因此丧失激情。打个比方，如果男人是一只小猫，那你就当它鼻子尖上的一块带鱼好了。只有这样，他才能始终保持着对你的渴望与追求。

《鹿鼎记》中，韦小宝娶了七个老婆，个个貌美如花，然而韦小宝最爱的还是一直对他若即若离的阿珂。金庸在原著中这样写道："韦小宝一见这少女，不过十六七岁，胸口像被一个无形的铁锤重重击了一记，霎时之间唇燥舌干。心道，我死了，我死了，这个美女倘若给我做老婆，小皇帝跟我换位也不干。"在韦小宝的七个老婆中，阿珂是他追得最为辛苦的。阿珂的喜怒无常让韦小宝难以驾驭，正是这样才让韦小宝成天朝思暮想、肝肠寸断，甚至发下毒誓："皇天在上，后土在下，我这一生一世，便是上刀山下油锅，千刀万剐，满门抄斩，大逆不道，十恶不赦，男盗女娼，绝子绝孙，天打雷劈，满身生上一千零一个大疔疮，我也非娶你做老婆不可。"

阿珂是无意中激起了韦小宝的狩猎欲的，从而让韦小宝对他百般纠缠。如果小女人在面对自己心爱的优质男时，能有意保持若即若离的距离，让他看得到，却摸不着，心痒难耐，狩猎欲被激发起来，这个男人就注定是你的囊中之物了。

小女人要想追到心仪的优质男，让他乖乖地走进你的爱情阵地，不妨学学《孙子兵法》，对他要点"欲擒故纵"的小诡计，让他觉得你不完全属于他，因而害怕失去你。不要把男人看得太紧，因为男人通常会很害怕被绑住。而且，你也不要给男人一种好像你离不开他的感觉。你得让男人有自己的空间，这对你们的关系有益无害。人是矛盾的，你越显得不在意，男人反而越会加快步伐围着你、追求你。

小静就是一开始对心仪的优质男施以"欲擒故纵"的态度，反而激起了这个男人的狩猎欲望，积极地展开对她的追求的。有朋友问小静的男友："以前可没见过你这么主动的追女孩子啊，这次怎么这么积极啊？"小静的男友一脸幸福地说："她总是让我捉摸不透，让我特别想要去了解她，想要融入她的生活。有好几次我约她的时候，她总是说与朋友约好了去逛街，或者说她今天只想静静地一个人在家……这让我感觉，她与我以前认识的女孩子不一

样。要知道先前的那些女孩子，会不顾一切地扔下所有的事跑到我身边，但她从不。坦白地说，她这样做恰恰激起了我的欲望，我感觉她就是我所需要的那个女人。”

许多男人都承认，他们对送上门的女人，还有那种对他太好的女人都不会珍惜。女人给男人无微不至的关照，反而只会换来他的离去，离去的理由一般都是：“你对我太好了，让我感觉承受不起，你应该去找一个比我更好的男人。”这时，你只能哑口无言，却难以挽留住他。所以说，对男人，一味地付出并不见得是好事，欲擒故纵才是爱情高手的所为。

确实，男生喜欢“坏”女孩，是因为她们很懂得“吊”男人的胃口，让他们有一种追逐的快感。相反，那些乖乖女总是言听计从，一追就到手，结果却让男人兴味索然。

对男人来说，总有一种“便宜没好货”的意识，越难追的女孩他们会觉得越有价值，越容易到手的女孩反而越没有成就感，几天之后就腻烦了。

如果一个男人发现了自己喜欢的东西，他就会去追求，而追求本身会让他的欲望更加强烈。如果他不能马上得手，就会更加急不可待。欲望完全攫取了他的心，也会使他对自己所追求的东西产生更丰富的联想。那些过于乖巧的女孩，是很容易被男人搞到手的，但这无异于给追求的过程泼了一盆冷水。

这就如同玩扑克牌。假如刚一开局他便大获全胜，就意味着他整个晚上的使命已经结束。反之，如果他的赢局来得非常慢，一开始总是胜少负多，就是烈马也难以把他拉走。因为他总觉得自己很快就会赢，他离胜利只有一步之遥了。

雄性的争强好胜的心驱使着他，让他留下来继续战斗。比如，一个男人和自己的伙伴外出狩猎，他们离家已经整整一个星期了，每天睡在邋遢的睡袋里，还要饱受蚊虫的叮咬，果腹的食物连监狱的犯人也不愿动一下。然而，他们坚守着。这到底是为什么呢？只是为了狩猎之乐。如果他射杀了一只驯鹿，在回家时就会比一只开屏的孔雀还要骄傲。反之，如果别人把一只驯鹿免费送上门，他可能连看都不看一下。事实上，一个女人主动追求男人，就如同送鹿上门，让他们兴味索然。

当然，被男人追求的女人，也不必过于矜持。应该慢慢地接受他，让他去做一个真正的男人，给予他追逐的快感。并且，这个尺度一定要把握好，最好永远别让他感觉到，你已经在他的掌控之中，这样他永远都不会停止对你的追求。

要点小心计，让他开口约你

香港知名作家张小娴曾说：“女人的追求其实只是用行动告诉这个男人，请你追求我！意思是拉开架势，垂下鱼线，愿者上钩而已。”

你遇见了心目中的白马王子，爱情的火苗在你心中滋长，你也能感觉到他心中的化学变化，但是他从不约你出去，只是这么一味地在爱情的边缘暧昧着。很多时候，男人在决定工作执行方向时很果决，但碰上这种事情的时候，就会变成一块大木头，决断能力瞬间退化成情窦初开的国中生。他们往往容易忽视女人给他们的爱情暗示，也忽视了自己内心的那些细微的化学变化。

这种时候，女人如果还只是一味地等待，就注定要错失这段爱情。不妨要点小心计，不动声色地推他一把，他就那么轻易地掉入了你的爱情之囊里。

张青喜欢上了她的一位客户。有一回见面本来约好10点，但是那个男人临时有事推迟了一个小时，他们谈完已经到了午饭时间。男人说，不好意思让你久等了，不如我请你吃饭赔罪吧。张青压抑着咚咚乱跳的心，假装为难地考虑了一下，说：“对不起我发个短信，本来和朋友约好一起吃饭的。”然后对着手机乱按了一气。

就这样，他们开始了非工作式的交往。张青当然要回请他。第二次一起吃完饭，他们之间随意了许多。三天后，张青买了条领带送给他，谢谢他对她工作的支持。再三天后，张青以自己生日为名请他出来吃饭。一个星期内主动约了人家三次，这已经不是一个寻常的数字了。如果他有意，该明白张青的心了，如果无意，那么再努力也没有用。于是张青开始收手。

果然不出所料，一周后，男人终于约了她。见面的第一句话是："你好像突然失踪了，我很不习惯。"瞧，她成功了！

在这场爱情的暗示中，张青正是不动声色地耍了一点小心计：适当矜持，却又主动出击，见好就收，这才激起了对方的兴趣，为自己赢得了交往下去的机会。虽然有情，却在对方要求一起吃饭时适当矜持，并最后决定推掉别人的饭局。这个小花招对男人有两点暗示：有很多人想跟我一起吃饭，我的人缘很不错；我推掉了别人，说明我重视你。一星期约人家三次，真可算死缠烂打。不过只要找到合情合理的理由，并在约会时保持矜持与可爱，让他觉得：这是个可爱的女人，对我也挺有意思的，我是不是应该追求她？主动几次后见好就收，他就会想：人家女孩子主动几次了，于公于私、于情于理，我都应该主动一下。

重要的是，你得让男人觉得是他在追你。追逐新猎物的过程，会让他更热情且充满刺激。想想看，如果他不费吹灰之力就能够约你吃晚餐，那你们的约会，就会跟路边发的赠品一样不值钱。别当一条轻易上钩的鱼儿！让他先开口约你，好过你先开口约他。他会对你更加无法自拔。男人通常会期待这个猎爱的过程，所以你必须狡猾地掌握这种若即若离的距离。

让他开口约你，其实很简单，比如你可以装作不小心，寄错了一封E-mail给你的暗恋对象，内容是有关她周末的好玩行程。当他满心疑惑地回信时，你可以马上顺水推舟地说："啊！我寄错了……但是你想不想一起来参加？"你就这样自然地划入了他的生活，再加把劲，顺利划入他的心河就对了。

对付想当英雄的男人，你就要小鸟依人

网上曾流行过这样一段话："女人读书不宜多，大专生是小龙女，本科生是黄蓉，研究生是赵敏，博士生是李莫愁，博士后是灭绝师太。"更有女人曾这样感叹：现实生活中，女人的能力总是和她的幸福成反比。

在如今的许多剩女中，不乏好强心重的女强人。她们怎么也想不明白：为什么大方善良，长相也不算难看的自己总是为他着想，却总是被恋爱和婚姻抛弃？那是因为，太强势的女人会让男人生畏，你力大无比，你才识过人，你非常精明，那还要男人做什么？在男人的心目中，女人终究是娇弱的形象。女人太要强，能力太强，往往会让男人望而却步。

在男人的心目中，自己是刚强如铁的形象，女人是小鸟依人的柔弱姿态，在爱情中，男人天生的使命即是呵护小女人。男人喜欢被女人需要，觉得那是一件很幸福的事情，他们总是乐于为心爱的女人做任何事情。所以聪明的女人要知道在适当的时候向他示弱，自己明明可以做得到的事情，也要装着不会做，对男朋友说："电脑装个系统好麻烦，你来帮我装好不好？"面对这样撒娇示弱的小女人，哪个男人心里不会生出怜惜之心？

在迟子建的小说《逝川》中，吉喜就是一个好强的女人，正是因为她的能力太强，让男人望而却步，以至于她孤老一生。

年轻时的胡会能骑善射，围剿龟鱼最有经验。别看他个头不高，相貌平平，但却是阿甲姑娘心中的偶像。那时的吉喜不但能捕鱼、能吃生鱼，还会刺绣、裁剪、酿酒。胡会那时常常到吉喜这儿来讨烟吃，吉喜的木屋也是胡会帮忙张罗盖起来的。那时的吉喜有个天真的想法，认定百里挑一的她会成为胡会的妻子，然而胡会却娶了毫无姿色和持家能力的彩珠。胡会结婚那天吉喜正在逝川旁剞生鱼，她看见迎亲的队伍过来了，看见了胡会胸前戴着的愚蠢的红花，吉喜便将木盆中满漾着鱼鳞的腥水兜头朝他浇去，并且发出快意的笑声。胡会歉意地冲吉喜笑笑，满身腥气地去接新娘。吉喜站在逝川旁拈起一条花纹点点的狗鱼，大口大口地咀嚼着，眼泪簌簌地落了下来。

胡会曾在某一年捕泪鱼的时候告诉吉喜他没有娶她的原因。胡会说："你太能了，你什么都会，你能挑起门户过日子，男人在你的屋檐下会慢慢丧失生活能力的，你能过了头。"

吉喜恨恨地说："我有能力难道也是罪过吗？"

吉喜想，一个渔妇如果不会捕鱼、制干菜、晒鱼干、酿酒、织网，而只是会生孩子，那又有什么可爱呢？吉喜的这种想法酿造了她一生的悲剧。在阿甲，男人们都欣赏她，都喜欢喝她酿的酒，她烹的茶，她制的烟叶，喜欢看她吃生鱼时生机勃勃的表情，喜欢她那一口与众不同的白牙，但没有一个男人娶她。逝川日日夜夜地流，吉喜一天天地苍老，两岸的树林却愈发蓊郁了。

男人天生有英雄情结，不管多么懦弱的男人，都希望在女人面前充满力量，以满足自己天生的保护欲。男人为什么喜欢那种小鸟依人的女人呢？因为小鸟依人的女人藏起了她的力量，掩盖了她的才识。这种女人精明就精明在她会示弱，让男人觉得自己是高大的、不可或缺的。所以，女人不要总以女强人的身份出现，适当在男人面前示示弱，或许就不至于吓跑你的王子了。

你的三分神秘，成全他的万般想象

生活中存在很多这样的爱情现象，许多女人都在疑惑，为什么男人一旦拥有了自己，就不像以前那样爱自己了，那是因为双方一旦进入这种状态，就开始要求对方什么都要向自己开放、坦白，不允许对方有隐私。你不再神秘，他没有想探寻你的愿望了。所以，他就要开发新的神秘目标了。

有人曾说，枕上无英雄，枕上也无美女，天天在一起，早晚要原形毕露。

追求"台湾第一美女"胡因梦时，李敖曾说："如果有一个新女性，又漂亮又漂泊，又迷人又迷茫，又优游又优秀，又伤感又性感，又不可理解又不可理喻的，一定不是别人，是胡因梦。"然而，当两人进入现实的婚姻生活中，胡因梦身上那层神秘的面纱被揭开，一切镜中月、水中花的朦胧美都不复存在了，大才子李敖就在爱情的路上打起了退堂鼓，这段才子佳人配的婚姻仅仅维持了 3 个月就告终了。被媒体问及和胡因梦分手的原因，李敖的话多少有些恶毒："在我心中她一直都是完美的，有一次半夜起夜，忽然看到胡因梦因为便秘在马桶上龇牙咧嘴的样子，觉得完美被打破了。"

话虽恶毒，剖开来细细思索，也不是全无道理。当一个女人失去了在男人心目中的神秘感，也就让男人失去了继续探索的兴趣，你也就渐渐由"女神"下放成了路人甲乙丙丁之类。

所以，女人需要保留一点儿神秘感，让男人永远觉得你是一本百读不厌的书。变，一刻不停地变！将自己的心灵不断地放逐，将自己的外表不停地迁徙，永远保持着神秘感。这是给男人最好的礼物，也是女人保持魅力的最好手段。

两个刚认识不久的人，一定会非常迫切地希望知道对方的事情。尽管这是理所当然的，却也会造成不利的局面。对方一旦了解了你的全部，对你的兴趣也会随之急速冷却。因此，要使每次约会都有新鲜感并使他一直对你抱有兴趣，一定要在恋爱期间保有一点儿神秘感，让他对你有尚不明白、尚搞不清楚的部分。

例如，你与一位男子之间关系已经很亲密了，但在他侃侃而谈时，你突然视线移开，陷入沉思，或者无意识地移动一下位置，拉开与他的距离，却又在注意听着。这些都会使这位男士增加对你的神秘感和好奇心。即使第一次见面，他也会对你留下深刻的印象，而产生第二次、第三次见面的欲望。如果你也正有"美意"，那么这种若即若离的态度会使你像一块磁石一般，将他越吸越紧。

"神秘感"的另一层含义是"新鲜感"。当一个女人在男人的眼里失却了神秘感，也就失却了新鲜感，而从哲学意义上来说，喜新厌旧又是人的本性，无论是男人还是女人都是一样的。喜欢新事物，喜欢新鲜的东西，而对旧事物，习以为常的事情不感兴趣，这是人之常情。问题在于怎样使你总是"新"的，怎样保持你的神秘感。只需三分神秘，就能成全他的万般想象，吸引他的探索欲望。

钓上你的优质男——十二星座女的爱情诡计

如果你是一个星座迷，那你也可以从星座的角度来分析自己追爱优质男的优势与劣势，尽力优化自己的追爱计划。

下面，我们就来看看，12 星座女是如何追求自己的爱情的。

白羊座（3 月 21 日 ~ 4 月 20 日）

白羊女的强势往往让优质男逃之夭夭。她们太过于主动和紧迫盯人，是追爱失败的主因。当白羊女对一个优质男一见钟情时，不要立刻凑上去搭讪，以免吓跑对方，而要善用你在外表上的优势，吸引优质男的目光。

金牛座（4 月 21 日 ~ 5 月 21 日）

金牛女想要追爱成功，就要放弃一贯的守株待兔的原则。要知道，真正的幸福还是要自己努力去争取的。当你看中一个优质男，利用你的甜美微笑和好脾气，给对方较为明显的爱情暗示，或者直接开口向他表白，把爱说出来，爱情也将来临。

双子座（5 月 22 日 ~ 6 月 21 日）

活泼开朗的双子女面对心仪的优质男时，往往能谈笑自如，却又丧失了在男人眼中的含羞感和神秘感。聊得太深入，反而会弄巧成拙，从恋人发展成知心朋友。双方还没有确定恋爱关系之前，双子女还是适当腼腆羞涩为好。

巨蟹座（6 月 22 日 ~ 7 月 22 日）

巨蟹女追爱的最大特点就是为爱向前冲。一旦巨蟹女相中一个优质男，她会竭尽所能地向对方表达自己的爱意，这种示爱往往带着强大的压迫感，令对方产生窒息感、抗拒感。所以最好的方法就是保持一点距离和神秘感，来一点你追我跑的游戏，或是每隔一段时间创造惊喜，才不会让对方感觉你完全在倒贴他，而失去对你的好奇和兴趣。

狮子座（7 月 23 日 ~ 8 月 23 日）

出手太慢往往让狮子女错失优质男。要知道，优质男是人人抢着要的啊！如果还在那里顾忌面子，扭扭捏捏，不愿意主动出击，你就只能看着你心仪的他成为别人的男友了。所以最好还是要动作快，遇到喜欢的对象就先调查好他是否已经有对象。如果还是单身就立刻展开攻势，这样才不会错过了好的机会。

处女座（8 月 24 日 ~ 9 月 23 日）

害羞是女人特有的一种美，但过分害羞就成为处女座女人追爱路上的致命伤。无论在心里思索了多少可行的追爱策略，都总是怯于实际行动。一味地等待时机反而是错失了时机。所以最好的方法就是要主动积极一点，把自己想到对他好的方式实际做出来，那么应该就可以让对方注意到你。只要你拿出服务的精神，应该没有什么人能拒绝得了的。

天秤座（9 月 24 日 ~ 10 月 23 日）

天秤女别再犹豫不决了，当你还在两个男人间摇摆不定时，真正的优质男早就离你而去了，最后只留下无限的懊悔。所以最好的方法就是看清楚自己真正的心意，到底最喜欢的是谁，这样才能创造出最幸福的真感情。

天蝎座（10 月 24 日 ~ 11 月 22 日）

无法信任的性格让天蝎女在追爱的道路上屡屡受挫。如果你不敢表达内心的想法，就会使得对方很难了解你，同时也很难决定是否要和你在一起。有时候太尖锐的问题会刺伤对方，让这段感情无疾而终。

所以最好的方法是相信直觉，当你感觉到这会是适合的对象时，就不要用太多的思考和理性去干扰自己，有时候少猜一点对彼此都比较轻松。

射手座（11 月 23 日 ~ 12 月 21 日）

关于爱情，射手女总是想东想西，顾虑太多。本性自由的她们向往二人世界，却又不愿放弃自由身。勇敢一点，对爱情多一点信心，爱情就多一分甜蜜给你。

摩羯座（12月22日~1月20日）

精于计算是摩羯女的一大长处，但将它用在爱情中却往往弄巧成拙。摩羯女在爱情当中太精于计算，往往忽略了真正的目标。要想享受爱情的甜蜜，不妨试着享受生活中的意外。或许某一天，一个优质男就这么偶然走入你的视线了。

水瓶座（1月21日~2月19日）

水瓶女，别把你的爱意埋藏在心底，你不能只在心里默默唱着“不只是朋友”，而要在实际生活中表示他是你“固定且唯一”的爱情伴侣，大大方方地告诉前来爱情侵略的女人：“对不起，这个男人有主了。”

双鱼座（2月20日~3月20日）

浪漫是双鱼女的天性，浪漫让双鱼女充满了对优质男的诱惑力，但过于执著于浪漫，则让双鱼女把事情看得太简单、太天真了，而又没有足够的行动力，所以一切都只会存在于你的梦想当中，很难变成实际经历的爱情。给头脑中多一点实际，爱情也将来临。

爱到深处松松手，爱情才会更和谐幸福

爱的真谛，是让你爱的人完全做他自己，而不是让他成为你理想的人，否则，你爱的只是你在他身上找到的你的影子。给爱情留一片秘密花园，最终能够欣赏美景的人也只有你。

国王亚瑟被俘，本应被处死，但对方国王见他年轻乐观，十分欣赏，就要求亚瑟回答一个很难的问题，答出来就可以得到自由。这个问题就是：女人真正想要的是什么？

亚瑟开始向身边的每个人征求答案：公主、侍女、牧师、智者……结果没有一个人能给他满意的回答。

有人告诉亚瑟，郊外的城堡里住着一个老女巫，据说她无所不知，但经常提出无理的要求。期限马上就要到了，亚瑟别无选择，只好去找女巫。女巫答应回答他的问题，但要求和亚瑟最高贵的圆桌武士之一、亚瑟最亲近的朋友加温结婚。

亚瑟非常吃惊，他看着女巫，老迈驼背、丑陋不堪、身上散发着难闻的气味……而加温高大英俊、诚实善良，是最勇敢的武士。亚瑟不同意，他认为自己不能为了自由而置朋友的幸福于不顾，否则，他一辈子都不会原谅自己。加温知道这个消息后，对亚瑟说：“为了你和我们的国家，我愿意娶她。”

婚礼被公之于世后，女巫告诉了亚瑟问题的答案：女人真正想要的，是主宰自己的命运。每个人都知道女巫说出了一条伟大的真理，于是亚瑟自由了。

婚礼上，女巫没有丝毫礼貌，用手抓饭、打嗝、说脏话，所有的人都感到恶心，亚瑟也为自己的行为悔恨，加温却一如既往的谦和。

新婚之夜，加温不顾众人劝阻，坚持来到新房，准备面对一切。然而，一个从未谋面的绝世美女却躺在他的床上，她竟然是女巫！女巫对善良的加温说：“在一天的时间里，我一半是丑陋的女巫，一半是倾城的美女。加温，你想我白天或是夜晚是哪一面呢？”

加温镇定地回答道：“既然你说女人真正想要的是主宰自己的命运，那么就由你自己决定吧！”女巫终于热泪盈眶：“我选择白天夜晚都是美丽的女人，因为我爱你！”

爱情是漫漫人生路上永远美丽的风景，可是，在情到深处，有的人总希望两人的爱没有界限，感情能永远完美，于是以爱为由，对爱人提出许多期待、要求，想要控制爱人。其实，每个人都有一个属于自己的心灵世界。当我们在爱一个人，或想要去爱一个人时，千万不要企图去占领他（她）全部的心灵世界。因为每一个人的心灵里边可能都有一处禁不住碰触、最柔软也最脆弱的角落。爱情是需要空间的，蛮横地控制对方的喜怒哀乐，只会禁锢爱情。

加温是一个理智的人，他没有自我主张地让女巫永远是美女，而是给了她选择的权利。正是这种包容感动了女巫，让她因为爱而变成了美丽的女人。爱情是自私的，但我们不能以自己的喜好来主宰爱人的生活，爱人有自己选择的权利。当我们尊重爱人、理解爱人的时候，

得到的往往会更多。

爱情不是一种权力，更不是一种交易。你万万不可用占有的方式和控制的方式去对待它，失去了自由的爱情，终有一天会慢慢老化。爱情就像手中的沙，抓得越紧，漏得越多。不要刻意去抓住它，爱到深处松松手，这样的爱情才是最幸福、最和谐的。

“女追男又何妨”，该出手时就出手

人的一生很短暂，匆匆数十载转眼即过，能在茫茫人海中遇到一个真心喜欢的人是非常不容易的。如果面对自己喜欢的人却羞于表达，苦苦等待月老搭线，等待对方主动出击，那么你迟早会错过这份本来属于你的“爱情”。

俗话说：男追女隔座山，女追男隔层纱。女人如果主动出击“猎取”爱情，有时会像一层纸一样，一捅即破。虽然如今时代变了，但是还有不少女性囿于传统观念和传统思维，总放不下面子去争取自己的“爱”，或者认为女人一旦反过来追男人，就会让自己的身价大跌。

其实，爱情并不在乎谁主动，男追女天经地义，女追男爱争才会赢。爱情是等待不来的，如果该出手时不出手，你就永远收不到“爱情的呼叫”。

湖南卫视的著名主持人汪涵和女朋友杨乐乐在接受采访时，乐乐回忆，汪涵追求她的攻势大体分为三招：花言巧语“哄骗”，大小礼物“贿赂”，不分昼夜“接送”。回想当初，乐乐说：“其实是我追他的，因为他追我肯定追不到，我追他肯定是轻而易举。”这对幸福的“鸳鸯”直到现在都遭人嫉羡，他们的结合虽说是双方共同的努力，但如果不是女方能放下自己的矜持、羞怯和顾忌，主动展开攻势，他们是不会那么快就步入婚姻殿堂的。

所以，一旦自己欣赏的人出现在身边，千万不要犹豫，不要让机会白白错失，要主动出击，以智取胜。

电视剧《我们遥远的青春》里，戴妍就是一个敢爱敢恨，主动追求幸福的人。戴妍是个很漂亮的女孩，一个偶然的机会，她认识了一个叫葛俊的民乐系学生，并在学校的一次会演中对他产生了好感。于是，她便开始了自己的追求爱情之旅。

她开始关注葛俊，关注葛俊的演出。只要有葛俊出场，她一定会每场必看，而且在他们演出结束后，一直跟在乐队的后面，几乎是“穷追不舍”。她的主动几乎逼得对方连拒绝的余地都没有。

人人都看得出她对葛俊的好感，一个女孩满校园地追着一个男孩撵，这是何等疯狂的举动？可她不在乎，认定了自己的爱就要去追求，不管别人怎么看、怎么嘲笑。

为了能天天见到葛俊，并不懂音乐的戴妍硬要加入葛俊的乐队。尽管屡次遭到葛俊的拒绝，她依然不泄气。有一天晚上，她把葛俊堵住，说：“听着，我给你两个选择，一是让我加入你们的乐队，二是要我做你的女朋友，我给你两天的时间选择。”

这哪里是选择？分明就是强迫葛俊答应她所提出的要求中的一个。

显然，戴妍的主动让葛俊完全没有回旋的余地。让一个不懂音乐的女孩加入乐队，对乐队的负面影响可想而知。无奈之下，葛俊选择了做戴妍的男友。

就这样，戴妍靠锲而不舍的主动终于把爱情抓在了手里，最后她又以真性情赢得了葛俊的真爱。

女人追男人一定要耍点小聪明，用点小手段。因为，只有正确的方式才能达到目的，否则结果常常会适得其反。比如，女人尽量表现出自己温柔、善解人意的一面，要出得厅堂，进得厨房，能烧一手好菜，有道是“想抓住你的男人，先抓住他的胃”，女人就要有女人味儿才能激发男性的荷尔蒙。同时，女人也要适当的迎合男人，比如他们的面子、自尊心，尤其是跟人在外面打交道的时候，女人要学会给你的男人争面子，让他知道你对他的关心，知道你对他的重要。女人一定不要在男人面前表现的过于精明强干，“女强人”的角色只能让男人望而生畏。女人要会撒娇，撒娇才是女人的“杀手锏”，女人一撒娇，男人就投降……

不要听别人说几句“强扭的瓜不甜”就放弃了，感情是可以慢慢培养的，但机会不是每次都有的，所以女人在爱情上，千万不要假装矜持，该出手时就出手才能收获幸福。

别把男人拴在腰带上，否则他会离你而去

爱虽然是自私的，但是爱人却绝不是私有财产。婚姻是用温柔、委婉、体贴、关心以及沟通理解来维系的，绝不是用一根绳，把丈夫拴在腰带上就能够保险的。

夫妻两人之间的关系，就像是冰天雪地里的两只刺猬。因为天气太冷，想以身体的靠近来取暖，但一方的刺扎到另一方的身体时，大家都感到疼痛难耐，只好分开。可是天气越来越冷，为了取暖，两只刺猬不只一次地尝试靠近又分开，如此反复多次，终于找出不会刺到对方，又能取暖的恰当距离。用这两只刺猬的故事来比喻家庭中夫妻之间的距离再恰当不过了，太接近了容易伤害到对方，太远了又感受不到对方的关怀，最好是有点距离而又不太远。

可是，有的妻子却害怕丈夫离她而去，想尽一切办法不让丈夫有自己的空间，期望把丈夫的一切都纳入自己的视野。

王静，身材均称，外貌漂亮，性格也温柔可人，是每个人眼中的贤妻良母，她的丈夫王博也堪称仪表堂堂，而且对王静也是一往情深。随着时间的推移，王静心里不知什么时候增添了一个奇怪的想法：为什么王博总是对自己这么好，是不是做了什么对不起我的事情？于是，她便开始注意起来，不让王博离开她的控制范围。王博是一家外资公司的业务人员，业务上的应酬比较多。王静开始怀疑起来，他真的会有那么多应酬吗？她便开始了“查岗”，跟踪过几次之后，看到王博与男男女女出入酒楼、保龄球馆、娱乐场所，她便更加不放心。她想出了一个对策，每当王博说有应酬时，她都不动声色，但是只要王博出门以后，她便会打电话。

今天是自己突然得了急病；明天是宝贝儿子放学没有回家，找遍了亲戚朋友和儿子的同学家也没有找到，儿子失踪了；后天又是自己的钥匙锁在家里，而自己只穿了一套睡衣站在楼梯间……更离奇的还有父母出了车祸、家里遭了窃贼、自己被几个男人非礼……

王博爱妻心切，每次都上当回家，每次都无奈地苦笑，再以后是发火、愤怒、大吵。可是王静铁下心来，坚持自己的做法。王博屡次与客户失约，或半途退场，生意也丢了一单又一单，最终在又失去一笔大生意后，被老板炒了鱿鱼，无可奈何的王博最终选择了跳下高高的铁桥。

悲痛欲绝的王静怎么也想不到，这场悲剧的总导演就是自己。她想把丈夫完完全全地据为己有，却没有料到永远地失去了他。

还有一位年轻聪明的女人，嫁了一位既能干又体贴的如意郎君，她心中的幸福自然是不言而喻。但是那位如意郎君却又极爱郊游，和朋友在一起，他感到是一种鼓舞、一种力量、一种鲜活的空气。可每每兴犹未尽，便记起身后的家，感到家像一只手遥遥伸过来拽他的衣襟。

回到家中，有修养的妻子也并不十分责怪他游玩后的晚归，但那种不悦与忧伤却使丈夫的心中蒙上了一层阴影。疲惫的丈夫靠在沙发上，家还是那样明亮、清爽、舒适宜人，端来喷香可口饭菜的妻子却一脸伤心。在丈夫埋头吃饭时，她流泪说：“你还记得家呀！”于是丈夫忙不迭地照例解释，照例诅咒友人如何蛮横地挽留，末了照例保证不再发生类似事件。

丈夫也曾找机会对妻子说：“林子里树与树之间离得开点便长得粗、长得高。形影不离不应是夫妻的最佳境界，还是有点距离好。”妻子却撅起小嘴说：“听不懂你的歪理！”天长日久之后，妻子也明白了丈夫的喜好，于是鼓励他外出，但又很细心地叮嘱他注意安全。

因此，虽然每一次玩得很晚，但丈夫都会回到家里。

王静的悲剧属少数，但是，把男人拴在腰带上的女人，也许从未想过，原本属于世界的男人成了只属于一个女人的腰带时会变成什么。

是挣脱腰带扬长而去，婚姻破裂，家庭解体，想把门关牢结果却连门都被踢得粉碎；是

男人被制得服服帖帖，变成了石榴裙下的奴隶，被妻子随意地操纵着，变成了妻子意志的工具，成了傻子；抑或是理解，相互信任，给对方一个自由的空间，这些都值得思索。

教你巧施连环计，让背叛的他回心转意

心爱的人不管是精神出轨还是身体背叛，作为直接受害者的你受到的打击肯定是最大的，伤心、心碎、无助、欲罢不能，可能整整一个月、一年，有的人甚至一辈子都挣扎在撕心裂肺、难于言表的痛苦之中。毕竟一段感情的持续和经营是不容易的，一段共同的经历和回忆曾经是让人刻骨铭心的。有些感情在溜走时也许不值得追回，而有些却是值得追回的。

要追回逝去的爱，让心爱的男人回心转意，就要打他现在身边的女人的主意。男人总是觉得野草比家花更香、更有味道。因为采摘野草完全不用有心理负担、心理压力，野草还有很多种姿态，很多让人无法拒绝的“野性的呼唤”。男人一旦扎进草丛堆里，就会看不见任何娇艳的花朵。因为天生充满好奇心的他们，更喜欢探索未知的地带。

想要证明他是否还爱着你，千万不要毫无尊严的死缠烂打，抱着男人的腿不放。爱情没有尊严，但是没有尊严的爱情肯定是脆弱的。

电影《非常完美》中，漫画家苏菲和他的男朋友李杰夫本来是一对即将步入婚姻殿堂的甜蜜情侣，可是就在他们把喜帖都发出去的时候，男友却无情地背叛了她，与和他朝夕相处的女明星王菁菁热恋起来。面对男朋友的背叛，何去何从？固若金汤的爱情真的就那么不堪一击吗？

难以平抚的心碎、心痛，到底应该报复？放弃？还是把他再抢回来？感情哪有那么容易说放就放——用报复将男人抢回来。善良的苏菲要开始她浪漫的“报复计划”，因此计划了一整套连环计：

第一招，宽容理解。

“如果他回来对我说‘亲爱的，我错了！原谅我好吗？’即使是第101次这样对我说，我也会说‘亲爱的，我原谅你！……’”善良的苏菲要用自己的包容和理解来让男人回心转意。女人的柔情似水能化百炼钢为绕指柔。男人不管做错什么事情，只要你施以柔情，就会把男人的心抓住，让他离不开你，让他对你充满感激之情，让他记住你的好。

第二招，往事重温。

将以前共同用过的东西，甜蜜的照片，私密的衣物都放在你们曾经最熟悉的地方，让男人没办法一时忘记你。经常打电话或者发短信问候他，跟他聊天，聊过去一块相处的甜蜜生活片段。让情敌自乱阵脚，没有信心。

第三招，改头换面。

决不能因为失恋就自暴自弃、自甘堕落，要活的比以前更好、更精彩，要抬起自己骄傲的头，做一个美丽迷人的女人，做一个能吸引万千目光的女人。重新改造自己，让自己的容貌焕然一新，让男人看到不是离开他就活不下去了，而他离开你却是最大的失误。

第四招，化敌为友。

跟情敌化敌为友，掌握他们进展的一切情报，了解情敌致命的弱点，及时调整策略，来一招釜底抽薪，让他们现在的关系破碎、崩裂。但是如果不能做到知己知彼的话，千万不要贸然尝试这一招，否则有可能会像戏中那样，自作聪明反被利用，朋友反被“朋友”害，只能将错就错上演一出“苦肉计”。

第五招，借刀杀人。

发现对方的弱点，就要积极进攻，来一招借刀杀人，让情敌的弱点直接暴露在男朋友面前，而且越频繁越好。最好能暴露她不忠的缺点，让情敌主动伤害男朋友的心，借助另外一个第三者破坏他们之间暂时的平稳关系，借助第三者摧毁他们最后一道心理防线。

你已经成功了——男人回心转意了！这个男人又回到你身边了，而且，吃一堑长一智，

男人的心被你牢牢抓在心里了。

做一个骄傲、有自尊的女人。当男人背叛时，千万不要死缠烂打的抱住他的腿不放，把自己折磨成黄脸婆。越是这样越要绽放自己最光鲜的一面，略施小计，让劈腿男乖乖地回到你这瓶"陈年老酿"的身边。

让他知道不是什么都是新的好，女人是酒，越久的才越香醇。如果男人有一天放手，女人千万不要拿酒麻醉自己，要拿你自己这瓶"酒"去灌"醉"男人，让男人舍不得丢下。

别过度地迁就对方，这样才能留住爱情

当恋爱关系确立之后，你将不可避免地发现你和你的男友彼此在见解和嗜好上存在差异。即使两个人非常相爱，并且有着共同的生活理念，有时也难免会忽略对方的需要。当这种情况发生时，感觉到被忽略的那个人必须大声说出来。如果这个人恰好就是你，你必须坚定立场，哪怕和他大吵一架。

如果你的男友是一个"大男人"，你的生活可能会变得非常沮丧。他对任何挑战的第一反应，都是觉得自己受到了威胁，从而采取粗暴的方式，而不是先倾听。这样，你就会感觉他令人生畏，于是经常忍气吞声，以求避免任何看上去像是与男人对抗的情况发生。结果，你可能会使自己陷入一种紧张的关系之中，比你必须做的还要糟糕。

你可能因忙于关心你的男友，而失去一些属于自己的兴趣爱好。女人总是喜欢采取妥协的办法，而男人很少这样做。

通常，为了使事情变得缓和，总是女人作出很大的让步。比如，当男女搬到一起时，总是女人放弃自己的公寓；为了使两个人在一起的时间长些，总是女人放弃自己那些消磨时光的兴趣爱好；女人总是重新安排自己的假期，以迁就男人的时间，而不是采取其他方式。

事实上，为了避免同男友发生对抗，大多数女孩几乎愿意做任何事，甚至包括撒谎。你会仅仅为了避免在某些问题上与你的男友发生争执，很容易保守秘密。当他问你和谁吃的午餐时，你会脱口而出："我的朋友丽丽。"而不是说，你和前男友赵军一起出去吃他的生日午餐。尽管你们俩只是忠诚的朋友，但你不想向这个容易猜疑与激动的新男友解释，为什么你和其他男人在一起。

然而，托词常常会弄巧成拙。因为只要你撒谎，你就有被发现的风险，并且，因为他需要你的忠诚，所以他会感到背叛的可怕。尽管是他把你逼急了，你才撒谎，但这种解释往往是在对牛弹琴。他会觉得自己是正确的，甚至可能会一直惩罚你。

最好尽量避免撒谎和过分妥协，因为这样会给你们的关系带来可怕的负面影响。在某种意义上，这么做意味着放弃一种开放式爱情交流的浪漫。你决定不告诉男友你的真实感受和真实想法，其实就是在说："我不信任你，我'害怕'你。"

你知道，在认识这个男友之前，你脑海中的浪漫是诚实和开诚布公的，你描绘了一个自由谈论彼此需要的男女关系的图景。你要认真地对待你的梦。你要清楚，在这种男女关系中，什么是你真正想要得到的。

不要先假设他试图阻止你选择自己的生活，并因此谴责他；也别假设他一点也不愿意改变自己。许多女人一直过着默默怨恨和自我牺牲的生活，如果她们足够相信男友的话，她们本可以争取自己想要的东西。

你的男友有时看上去很难搞定，但并不表示没有希望。尽管他的大男子主义伪装使他变得非常敏感，但不会完全掩盖他的理性。他生活在现实世界，还知道什么叫公平游戏。

如果男女关系是鲜活的，那么它就必须呼吸。也就是说，即使在你关注他的需要的时候，你也要同样关注自己的需要，直接追求你的需要，而不要总是采用迂回的办法。这样，你一直想得到的承诺，将使你们两个都感到满意。

善于抓住男人的小辫子，掌握爱情主动权

当你怀疑他在对你说谎时，该怎么办？当面兴师问罪是最愚蠢的方法。如果你想了解他的谎言，不妨按兵不动，细心观察，你会发现男人的小辫子其实是很好抓的！

1. 攻其不备。

一个人极为开心快乐的时候，必然会忘形。如果很长一段时间以来你都对他的真诚有所怀疑，先不要点破，按捺住不做任何反应，等到对方极为开心时，突然攻其不备地发难，保证他会马失前蹄，一下子露出马脚。

2. 指天为誓。

这个方法很古老，却也很简单、很有效，大部分中国人相信发誓后会得到报应。当你怀疑对方说谎时，如果以娇嗔、开玩笑的口气说“我不信，那你发誓”，对方却回一句“干吗那么无聊”、“我又没做，你干吗叫我发誓”等，甚至还乱发脾气，那八成是确有其事，不然反应何必那么强烈呢？很多恋人都会怀疑：他对自己忠不忠实？有没有说谎？够不够爱你？有这样的怀疑是合理的。因为重视所以才有怀疑，不在乎又怎会想更懂他、更接近他的内心呢？只是，别让怀疑成为你俩爱情的主调。可别忘记了，真诚是爱情的基础。当信任已经失去时，爱情也已经没有任何价值了。

3. 礼多必诈。

当他突然对你特别好时，就要小心了。他平常总以工作或朋友为重，不曾费心思、花时间对你嘘寒问暖，今天却突然打电话向你表示关心；平常就连生日或纪念日都会忘记的大木头，却突然买了贴心的小礼物送给你；突然陪你做他以前最不喜欢的事；突然陪你看他不喜欢的电影；突然帮你烧饭洗衣……这种“礼多必诈”的“突变”，必定是在掩饰自己内心的罪恶与不安。

4. 一个谎记得住，十个谎必会露出马脚。

说谎会成为一种习惯。有些人就已经养成了这种以谎圆谎的习惯。不过，一个谎容易掩饰，说了十个谎、百个谎、千个谎，连撒谎的人自己都会搞不清楚自己说过些什么。你只要随便“抽查”一件他说过的事，保证他会露出马脚。但是，在谈话时，要有点技巧，别让他产生戒心！

5. 收不到讯号的爱情。

通讯设备频频出状况，爱情之路必定隐藏危机，就得小心彼此的距离是否越拉越远了。假日或深夜的手机总是关机，家里电话总是不接，E-mail 又常常不回，这些“通讯障碍”代表对方一定有所隐瞒，而且事态已到了严重的地步。

6. 心不在焉，喜怒无常。

这世上没有人喜欢说谎，所以，谎言一出，任何人都会害怕在不经意间被识破。因此，许多人说谎后讲起话来会变得吞吞吐吐，更有技巧一点的，可能还会借点小原因跟你发脾气，转移你的注意力。明明做了对不起你的事，却拿小事情对你大发雷霆，让你紧张或愧疚地忘记了他的小状况。如果你还以为他最近的阴晴不定是因为工作压力太大，那小心最后欲哭无泪！

7. 个性改变。

个性的暂时转变也是说谎的征兆之一，比如安静变得健谈、活泼变得沉静、习惯邋遢却刻意打扮，明明不习惯称赞人，却突然对你赞誉有加，等等，都表示他的心里藏着秘密。男人其实不是一种善变的动物，多半是受到刺激才有反应，这时候你可要清楚，这刺激该不会是来自于其他女人吧！

让男人更爱你，你要先爱自己

女人不论什么时候，都要学会一些事情，做一个活得有滋有味的人，给自己制订一个成长的计划，爱惜自己一些，让自己充实一些。只有爱自己的女人，才会让男人更爱你。

第一，重视自己的身体健康。

女人要好好保护自己的身体，多看一些关于饮食方面的书。任何一个女人，千万不要为了这样或那样的理由不照顾自己的身体健康。不管明天多么的美好，如果没有一个健康的身体，也不会感觉到它的美好的。

第二，养成看书的习惯。

书可以让女人优雅而知性，可以让心情平静。在与别人交往的过程中，谈吐与修养是最能征服别人的。没事的时候，到书店逛逛，认真地挑几本可以提升自己的书籍买回家阅读。不管是名著还是理财方面的或是励志方面的，都有值得学习的地方。书可以让人们的生活丰富，也可以让人们的思想改变。选择阅读一本好书，胜过一个优秀的辅导师。没有人会喜欢与一个肤浅的女孩交往。选择了合适的书本，它就能够教会人很多哲理，会让你学会以一种平和的心态去迎接生活里的痛苦或快乐。

第三，交一些有益的朋友。

社会中的人脉非常重要，而你选择加入的朋友圈也会对你的人生有着很大的影响。要多交一些对自己有帮助的朋友，你可以从他们的身上学到东西。对他们要付出你的真诚，不要只是为了利用他们才与他们交往。没有人是傻子，你对别人好与不好，别人也都清楚地知道。用自己的真诚与那些有思想的人交朋友吧！

第四，培养自己的品位。

女人应该有自己独特的品位。品位是一个人去观察事物时的态度。同样的东西，不同的人会有不同的眼光。物品本身的价值与品位的高低是没有关系的，女人要用自己的目光去欣赏一件东西。一个人的品位与她的气质是相辅相成的，品位的高低取决于一个女孩在日常生活里对新事物的发现，品位是自己独特的味道。没事的时候可以多看看时尚杂志，提升一下自己对服饰等的欣赏度。

第五，学会忍耐与宽容。

要学会忍耐与宽容，对那些不友好的人报以善意的微笑。既能够让对方无地自容，也能够给别人留下大度且善解人意的好印象。忍耐并不是懦弱，也不是伤自尊，而是宽容美。声嘶力竭地与别人争论并不能赢得所谓的自尊，反而会让你丢掉自尊。在适当的时候让一步，不仅可以体现出你的涵养，而且还会让你成为受人欢迎的女人。

第六，要有理财动机，学习投资经营。

女人要学会理财，不要以为自己无法成为富翁，花钱就大手大脚的，也不要认为明天有挣不完的钱，而把今天的钱花在不应该花的地方。多看一些关于理财方面的书，要养成理财的好习惯，用钱生钱，它们都是无形的财富。聪明的女人应该知道如何花钱，这其实也是一门艺术。

第七，理智地对待情感上的失意。

不要因为某个男人而痛苦且消极地活着，感情的事情并不是谁能把握得了的，不要为了一个男人而让自己陷入不愉快的心情中。一个不懂得欣赏你的男人，是没有资格让你为他难过悲伤的。与其让自己陷入无望的爱情中，不如潇洒地转身，充实自己，让自己投入到工作学习中。等有一天那个离开你的男人发现你是如此的成功时，一定会后悔他当初离开你！

年轻的女人就是一朵开得最美丽的花，一定要记得只开给自己看，千万不要为了别人让自己的花期接受不必要的摧残。年轻的女人是一杯清茶，其中的清香一定要留给懂得品尝的人，别让那些没有品味的人践踏了你的清纯气息。

爱情小心计，让他离不开你

你已经如愿以偿地占领了他的心，进入了他的爱情领土，但你依旧在揣测你在他心中的地位，依然对你们的关系的稳定性惴惴不安。男人心目中的“女神”或许都是林志玲和李嘉欣，但他们自己也明白，女神是用来膜拜的，而身边的你这个小女人才是他真正值得珍惜的。而要让他懂得珍惜你，首先要让他离不开你，让他变成鱼，你变成水，离开你，他的生活就将窒息。

如何让他离不开你，你需要使出这些计谋，不动声色地占据他的生活重心。

1. 让他感觉轻松。

世界上没有十全十美的人，爱情里也没有十全十美的恋人。甜蜜的爱情不在于找到一个完美的恋人，而在于与一个相当的人去努力建立一种完美的恋爱关系。太关爱他、太讨好他，会把他宠坏；太自我、太高傲，又会令他惧你三分。爱情需要适度的空气和氧分，你永远是他身边不远不近、不离不弃的那个人。如果他打来电话，你会如约前往；如果他送你鲜花，你要夸他潇洒；如果他想独自待着，你则掉头走开，但晚上会打来关切的电话。

2. 做他时刻都需要的空气。

对于爱情，女人有时候会胆怯、犹豫，男人有时候更犹豫、更孩子气，比女人更少有勇气去承担爱的责任。大多数时候，男人都希望做一只在水里游来游去的鱼，尽情享受自由。所以你要慢慢渗透在他的生活里，令他身在其中，舒适而不自觉，既无压抑也无束缚，犹如水里的空气。

早晚有一天，他会发现，如果没有了你，就像空气抽离，他活不下去。

3. 最大化发掘你们的共性。

情投意合是建立在许多共同的兴趣上面的，比如你喜欢看书，他也喜欢；你喜欢跑步，他也喜欢；你喜欢吃水煮鱼，他也喜欢……这么多共同的爱好，你们想不心灵相通都难。进入爱情之后，小女人要继续发掘你们之间的共性，将这份心灵相通的感动长长久久地持续下去。

4. 时不时地给他来点小惊喜。

恋爱才开始 3 个月，却彼此都有一种相处了 3 年的感觉，这并非是走进了老夫老妻的相濡以沫，反而有可能是走入了爱情的枯萎区。日子就此开始平庸下去，你在男人的心中也渐渐由美丽的公主沦落为黄脸婆。如果你的爱情正走向这样的噩梦，你要赶紧刹车，挖空心思地给爱情增添一点小惊喜，化腐朽为神奇，重返爱情的美丽。比如，你可以准备一顿精心的烛光晚餐，偶尔送他一个小礼物，让浪漫、激情随处发生。在他眼中，你永远是第一次见面时的心跳。

5. 小可爱让他更爱你。

石康的小说《一塌糊涂》中的那个女主人公是个小可爱。男主人公原本无心结婚，但她可爱得令人心动。她会在他写作时，像小猫一样在后面偷袭他，还固执地把自己的东西搬进他的家，赖在床边不走……小可爱的点滴，融化了男人的心。在她离去后，他发现没有她的生活，其实是“一塌糊涂”。

6. 讨未来婆婆的欢心。

再成熟的男人在妈妈的面前也会做一个乖小孩。如果你能讨得未来婆婆的欢心，你的爱情之路自然一路绿灯通行。只要未来婆婆对你一脸肯定，在他面前再三夸奖你，你的爱情离婚姻其实已经近在咫尺了。

7. 打造温馨的二人天地。

如果你和他已经走到了一起生活的阶段，你要学着将你的痕迹一点点地融进他的空间里。他的书架上不知不觉间多了不少你的书，他的 CD 架上摆上了你喜欢的艾薇儿，他的毛巾架上有你的粉红小毛巾，他的米奇刷牙杯和你的米妮刷牙杯正好是一对……重叠如此紧密的二人世界，他又如何分得清彼此呢？

8. 做他的生活管家。

每天醒来的清晨，他都在高叫：“我的表在哪里”、“我的球拍呢”……没有你，他永远找不到去年夏天的那件白色 T 恤，找不到前女友送的领带，甚至会把已经打算用来做抹布的旧毛巾重新用来擦脸。是你令他的家看起来不像“窝”，难道这不才是一个人真正应该过的生活？

9. 成为他的衣着顾问。

传说地产大腕潘石屹的老婆张欣，改造潘石屹的第一件事，就是把他过去那些行头全扔了出去。打造一个男人，当然首先从面子开始。而男人信赖一个女人，也从信赖她的品位开始。有一天，当他听到别人的夸赞而有意识地打量自己的全身上下，发现从内裤开始，到袜子，到领带，到围巾，全都是你的杰作，他的心中也会暗自得意。

10. 让他的生活断电。

这个世界的所有单身男子都有一种劣根性，就是心中总在期待完美女人的来临，眼前的爱人永远不值得终身相许。当你做了如此种种举动后，他竟然还熟视无睹，视此为理所当然，那么短暂地离开他，让他的生活断电。那时，他会发现，他原来习惯的一切对他而言是多么的不可或缺。等着他给你打电话吧，说："宝贝，回来吧，我的生活不能没有你！"

在爱情中施一点小心计，让他意识到你已经成为他不可或缺的"空气"，他才会懂得珍惜爱情，珍惜你。

消除陌生感，缩短与她的心理距离

一个聪明的男人，在与陌生女人相处时，必须在缩短距离上下工夫，力求在短时间内彼此多一些了解，从而消除陌生感，在感情上融洽起来。

你有没有过这样的经验，当你在百货公司买衬衫或领带时，女店员总是会说："我替你

第三章

掌控心理，以心悦心

量一下尺寸吧！”其实，她们这样也是为了缩短与你的心理距离。因为对方要替你量尺寸时，她的身体势必会接近你，有时还接近到只有情侣之间才可能有的极近距离，使得被接近者的心中涌起一种兴奋感。

当然，这里并不是说要你对一个陌生女人“动手动脚”。你可以通过言语上的一些技巧，消除与她的陌生感，让她觉得你们好像早就认识了，从而对你有一种“自己人”的感觉。

在与陌生女人交往的过程中，要缩短与她们的心理距离，通常有以下几种方法：

1. 理解对方，投其所好。

在和陌生女人交往之前，尽量对其性格、兴趣和爱好等有一个全面的了解，以便在相处的过程中理解对方。在交谈中，尽快找出对方的兴趣所在，投其所好，把话题集中在对方身上，她自然会视你为知己。

2. 寻找共同点，把握交往度。

在与陌生女人交往时，要坚持求同存异的原则，在交流中多寻求双方在兴趣和爱好方面的共同点。另一方面，还要避免犯交浅言深的毛病。刚开始与她们交谈时，不可要求彼此有深入的沟通，而要逐步深入，否则她们会觉得你这个人非常浅薄。

3. 看准时机，适时切入。

看准情势，不放过应当说话的机会，适时插入交谈，适时地“自我表现”，能让对方充分了解自己。

交谈是双方面的，光了解对方，不让对方了解自己，难以深谈。陌生女人如能从你切入式的谈话中获取教益，双方会更亲近。适时切入，能把你的知识主动有效地献给对方，实际上符合“互补”的原则，奠定了“情投意合”的基础。

4. 借用媒介，缩短距离。

寻找自己与陌生女人之间的媒介物，以此找出共同语言，缩短双方之间的距离。如见一位陌生女人手里拿着一个款式新颖的包，便可问：“这个包真漂亮，是在哪里买的……”总之，对女人的一切显出浓厚的兴趣，通过媒介物引发她们表露自我，交谈便能顺利进行。

5. 谈话留有余地。

在与女人说话的时候，不要总是自己一个人侃侃而谈，要多留一些空缺让对方接口，使对方感到双方的心是相通的，交谈是和谐的，便可以缩短距离。

6. 多用赞美，让女人开心。

对于赞美，女人永远不会嫌多。一般来说，赞美分两种，有直接赞美和间接赞美。直接赞美要诚恳、热情；间接赞美要有分寸，注意赞美一定要自然，恰到好处。一定要分场合，不然你的赞美会适得其反。

7. 保持微笑。

在女人面前，千万别忘记保持微笑，这样可以给女人一种和蔼可亲的印象，使她们觉得你和她交往是热情而诚恳的。不可自以为是、心高气傲，应当诚心诚意与对方交谈、交流。

8. 培养幽默感。

在女人眼里，幽默感是男人的一大优点。因此，在适当的时候讲一个笑话，不但能缓解紧张的情绪，而且会增添愉快的气氛。

9. 注意谈吐与风度。

不可故作惊人，搬弄是非，到处讲别人的隐私。

与陌生女人相处要摆正自己的姿态，调整自己的策略，既不能狂傲放肆，也不能卑微拘谨，这样才能收到彼此共融的效果。

10. 留心倾听。

在女人面前，你必须记住这一点：你对她们好奇，她们也对你好奇，你能增加她们的生活情趣，她们也能增加你的生活情趣。因此，仔细倾听，积极回应，是你必修的一门课。

11. 多称呼她的名字。

女人往往对自己的名字感到格外亲切，当被人以亲切的口吻称呼名字时，会觉得非常温馨，会产生一种特别的效果。而且被称呼的次数越多会越高兴，并且对对方会产生好感。由此可见，亲切地称呼对方的名字，是打开戒备心理之门的有效钥匙。

另外，不同的人，会有不同的需要。要想打动陌生女人，就得不失时机地针对其不同的需要，运用能立即奏效的心理战术。通过对方的眼神、姿势等来推测其当时的心思，再有效地运用，便能很快拉近与她们的心理距离。

热情关切，打动内向的“陌生女”

在生活中，经常会遇到这样的女人，她们平时不爱说话，即使说话，也从来不敷衍别人，而是常常得罪人，容易受窘。

尽管如此，性格内向的女人绝不是反应迟缓、冷淡孤立。其实，她们同样具有强烈的交往需要，渴望与人愉快相处，只是缺乏主动性，期望别人主动亲近自己，在感情上包容、接纳自己。因此，在与性格内向的女人相处时，你需要一种积极主动的态度。如能做到下面几点，她们将视你为一生难得的知己：

1. 尊重对方，理解对方。

一个人的性格的形成是与其出身、经历、环境等有着密切关系的。性格内向的女人都比较敏感，善于观察细小的事物，往往喜欢抓住交往中一些细枝末节胡乱猜疑，以致产生心理隔阂，但又不直接表露。因此，与其交往应学会角色互换，设身处地为其着想，通情达理，尊重对方，切忌简单粗暴。

2. 了解对方，缩短距离。

性格内向的女人不易接近，很多情况下是由于对其性格特征和具体情况缺乏了解和认识。如果我们能以主动的态度去了解对方、熟悉对方，并以实际行动去接近对方，那么这种因性格差异而带来的心理距离就会逐渐缩短。

3. 态度热情，感染对方。

一般说来，性格内向的女人不善交谈，不爱说话。有时尽管她们对某一事情特别关心，也不愿主动开口。因此，与内向的女人相处时，你要表现得热情、关切、亲密，以消除其疑惧心理和回避倾向，从而主动启发、诱导，对其言行多做肯定评价，使其感觉自己有一种被重视感，这一点是至关重要的。

4. 懂得虚心、耐心、会心。

性格内向的女人不善于交谈，喜欢沉默寡言，在开口讲话时也特别注意他人的反应，因而与其交往相处时，应做到虚心、耐心、会心。与其交谈时，应持有虚心聆听的态度。对方讲话时不要随意插话，对方讲的某些观点你不赞成时，要用婉转的语气提出疑问，切忌当场争辩。耐心，是表达感情的一种方式，也是唤醒对方感情的一种方法。会心，是指领会别人的意思，与其交谈相处时作出会心的反应。与对方谈话要凝视对方，切忌东张西望，心不在焉，更不能随便看表，同时要注意表情的呼应，切忌故意做作。

总之，遇到内向的陌生女人时，就得迎合她们的心理。只有这样，才能让她们逐渐认可你、接受你，进而把你当成朋友。

学学星爷的泡妞绝招：要她爱，你先“坏”

常言道：“男人不坏，女人不爱。”要想成为受女人青睐的男人，你就得先了解什么样的男人才吸引女人。当然这里的“坏”千万别理解成是人格品行方面的不端，而是指有悖于好男人的行为标准和思想观念，喜欢逗乐、捣乱、开玩笑，在生活方面比较有情趣、性趣和乐趣。

为什么男人不坏，女人就不爱呢？难道女人天生犯贱，非要爱上一个坏男人来让自己活受罪？当然不是，好男人是好，但是好男人往往像块木头、呆瓜，不喝酒、不吸烟，不懂浪漫，没有幽默和情趣，更不会说甜言蜜语……女人和这样的男人在一起，生活几乎没了一点激情和乐趣。女人口上不说，可是心里早就把这样的男人踢出局了。一个不会迎合女人的男人，怎么能赢得女人的芳心呢？

现代这个社会，“好”男人早就被划到了“笨”男人的行列。所以，一个男人要想吸引女人的目光，就要先学会使“坏”。“坏”男人要坏得够“拽”，坏得够体贴和温柔，坏得让女人心花怒放。不妨借鉴一下周星驰的泡妞绝招：

1. 公车站台

“小姐你踩到我脚了。”

“没有吧，我离你那么远。”

“我是说，如果你把脚不小心放在了我脚上，就是踩到我脚了。”

“神经病。”

“哇，小姐好眼力，我确实有神经病史，一般看见漂亮的女孩就发作。”

“你们男人总是那样，故意说些无聊的话引女孩子注意，好像以为自己很帅。”

“小姐你错了，我从不以为我自己帅，而是我本身就很帅。”

“别那么恶心人好吧，我要吐了。”

“在你吐之前我可以问你个问题吗？”

“有屁快放。”

“你为什么要昧着良心否定我的帅？”

“滚……”

2. 公车上

“怎么又是你？”

“有时候我的确无处不在。”

“你知不知道你很烦人，那么多位置不坐，偏要坐我旁边。”

“小姐，你搞清楚，我只是坐了个空位置，而空位置的旁边，刚好有个你，如此而已。”

“前面也有个空位置你怎么不去？”

“噢，明白了，原来你是想看我屁股，或者要我用屁股看你？”

“快滚……”

3. 下了公车

“你为什么又下车？”

“反正不是因为你！我喜欢闲逛。”

“我告你性骚扰，你哪个单位的？”

“你是说斤？还是焦耳？牛顿？”

“我跟你很熟吗？老说这种无厘头的话，对不起，我不感冒！”

“是呀，我们一点都不熟。我们好比一个枝头的两棵青草莓，酸酸的。”

“看了几次大话西游，学了几句唐僧话，以为你很幽默么？”

“幽默是天生的，要怪，你去怪我妈嘛。对了，还有我爸爸……”

“神经。”

“你看你，明明是……却要硬说成是我妈，莫非你想……”

“给我滚……”

……

“坏”男人看起来一副不正经的样子，像个“花心大萝卜”，但是“坏”男人却坏得执著。“坏男人”眼里没有困难，他们坚毅、勇敢、自信，有点狂妄，但是能屈能伸，能刚能柔。他们有种不达目的誓不罢休的韧性，还有一张死缠烂打的厚脸皮。他们大多光明磊落，还懂得浪漫和风趣，懂得哄女孩子开心。这样的男人是非常有魅力的，同时也是最吸引女人的。虽然她们嘴上常说“你好坏”、“你不正经”，其实早已经芳心暗许，把你列入“好”男人的行列了。

电影《秘岸》中，莫文蔚饰演的酒家女就说过这样一句经典的台词：“男人追女人的时候，最简单的方法就是告诉她你的想法。”后面的潜台词是包括你想和她有鱼水之欢，女孩子听了总归是害羞地高兴，毕竟如果男人不对女人提出如此流氓的要求也是做女人的失败。酒家女还说，“女人都是装的”，女人口上说“讨厌”、“不喜欢”，其实，心里却早已有“巢居”了。

要想女人爱上你，你首先要“坏”。既要解风情，又要懂柔情，还要有男子汉的气概和气度，带点野性，散发着永不言败的雄性激素，这样的男人才能让女人对之“神魂颠倒”。你看金庸笔下《天龙八部》中段正淳为何香艳常伴左右，《鹿鼎记》中韦小宝为何绝色皆成发妻，“坏”使然也！

果断发动猛攻，女人必定向你屈服

聪明的男人必须要懂得，恋爱的诀窍在于“猛攻”。只要把握时机，果断地发动强劲的攻势，女人必定招架不住而向你屈服。

正如某些人所形容的那样：“恋爱就像跷跷板，男人热时女人冷，男人死心，女人就积极，又仿佛是海边与浪嬉戏的少女。”所以，在男人巨浪般的冲击下，女人爱情力学上的平衡就会遭到破坏，致使女人心里动荡不定。

女人对这种攻势是气愤的，甚至她会歇斯底里：“没皮没脸的，真叫人讨厌！”然而，在对方一再强攻之下，她又会想：这家伙还真有点儿毅力，真拿他没办法，也许是真的爱我爱得很深！

如果男人再来上那么几句：“没有了你，我将……”那一定会更加激发起她的“自我崇拜欲”，到了这个时候，你说她怎么能不举手投降呢？

说得明白些，女人之所以经不住男人的猛攻，与其说是由于爱，还不如说是由于她们喜欢被爱。塞万提斯曾借堂吉诃德的口说过这样的话：“露骨地求爱，在女人看来未必不是件愉快的事。并且，不论这个女人多么冷淡，即使嘴上说着讨厌得要死，也会在心底深处留下对爱她的人的疼惜。”

另外，圣·西尔也说过：“不顾一切向女人发动进攻的男人，只有在他没有付诸实施或半途而废的时候，才会被认为是没有价值的男人。”

听了这些话，也许给男人增添了不少的勇气吧！但是，在这里还是要给你一个忠告：如果仅仅作为手段，一意孤行，也是不妥当的。心理学家海伦·德伊琪说：“女人是天生的被虐待者。”然而，这有一个限度。如果你偏信了这种说法，以为女人口头上说讨厌，内心是在高兴，而以虐待狂的方式向女人发动猛攻的话，那势必要栽跟头。因为女人的心理，并不至于达到这种懦弱的地步。

含蓄地表达爱意更能取得对方的认可

胡朋是一个老实人，他爱上了同事小玉，他觉得小玉对自己也有那种意思，只是拿不准。因为这事，他神魂颠倒，茶饭不香。一天，他决心向小玉求爱，管它成不成，至少心里踏实点，免得老是这样探不到底。刚巧，他从办公室出去办事时，在走廊里碰见了小玉。胡朋心里一冲动，说：“小玉，你过来一下，我有话跟你说。”小玉走过来，问：“什么事？”“我爱你！你愿意跟我交朋友吗？”小玉毫无思想准备，大惊失色，啐道：“神经病！”说完，匆匆而去。胡朋受此打击，不要说求爱，连小玉的面都不敢见了。

求爱是一种特殊的爱的信息交流，必须具备起码的前提条件。如果不讲求爱的方法和技巧，直来直去地贸然向人家求爱，结果只会遭到拒绝。

马克思曾经说过：“在我看来，真正的爱情表现在恋人对他的偶像采取含蓄、谦恭甚至羞涩的态度。”含而不露的表白方式，是指用不包含“爱”的语言，表达“爱”的情感。这种方式适合于双方早已认识，并且有了较多的了解，而对方又是有一定文化教养且性格内向的人。由于这种方式发出的信息比较模糊，即使对方拒绝，也不至于难堪。

含蓄地表达爱情，可以使话语具有弹性，不至于遭到拒绝就没法挽回。再者，这也符合恋爱时的羞怯心理。

含蓄地表达爱情的方法多种多样，要根据具体人、具体情况来灵活运用。假如你的恋人是一位文化水平不高的人，你就不能采用写深奥难懂的诗赠给对方的方式。如果这样，非但不能达到表示爱情的目的，还可能会引起不必要的误会。

让她感动，才会甘愿被你握在手中

两个人生活在一起，出现矛盾是很正常的。自己犯下的错，要用心弥补，以自己的爱感动对方；爱人有错误，要学会宽容，只要有一颗宽容的心，所有的矛盾都会迎刃而解。

从前，有一对夫妻非常恩爱，情感十分融洽。一天，丈夫周小牛在外面受了点气跑回家，妻子粉莲上前询问，却被周小牛顶撞了回来。粉莲从小就没有受过气，这一下无端受了丈夫的辱骂，越想越生气，越生气哭得越伤心。小牛连忙赔礼，她也不听，一连几天茶饭不沾，滴水不进，躺在床上生了大病。小牛请来了许多医生都没有治好，眼看病势越来越重，就远道去请名医傅青主。

傅医生听了小牛说的病情后，就在路旁捡了一块石头，递给小牛说：“这是做药引用的，你回去用文火煮软，煮的时候千万不能离人，烧干了再加水，等石头软了再来找我要药。”

周小牛回家就按医生的吩咐煮石头，水烧干了加水，加了水又开始煮。就这样煮了七七四十九次，石头依旧坚硬。粉莲也看不过去了，问：“是不是搞错了？”小牛说：“肯定不会错！”又接着煮了一夜，石头仍然坚硬如故。粉莲过意不去了，坚持要下床照看着火，让他去傅医生那儿问清楚。

傅青主问了煮石头的经过后，哈哈大笑道：“你妻子的病已经好了，你放心回去吧！”

周小牛回去一看，粉莲的病果然好了。原来妻子看到小牛如此诚心牵挂她，气消了，所以病也好了。

人都是有感情的动物，两个人在一起不闹矛盾是不可能的。相爱容易相处难，勺子没有不碰锅沿的。“大吵三六九，小吵天天有”当然不是好现象，但从不闹矛盾的情侣也并非都恩爱。在与爱人发生矛盾的时候，如果是自己错了，一定要主动承认错误，做一些让对方高兴的事，千万不要任性，把矛盾激化。古语云：“精诚所至，金石为开。”只要你通过自己的努力，让爱人看到你对她的爱，矛盾的乌云就会渐渐散去。

周小牛为了弥补自己的过错四处寻医，可以看出他是爱妻子的，只是无心犯了错。为了给妻子治病，他遵从医生的嘱托，拼命地煮石头。其实傅医生让他煮石头，也是为了感动他的妻子，让她不要再计较。在周小牛的坚持下，妻子被感动，二人也重归于好。夫妻间的矛盾，没有绝对的对与错。只要有人先让一步，矛盾自然也就消除了。

爱的最高境界就是相互宽容。人非圣贤，孰能无过？过而能改，善莫大焉！对于爱人犯下的错误，要保持一颗宽容的心。两个人在一起是为了天长地久，不是为了“只争朝夕”。善待对方，就是善待自己。爱情是需要经营的，聪明的人以宽容为基础，以感动为砖石，以付出为泥土，以美满来封顶。彼此多一份理解，少一份责备，爱情才会绽放出迷人的花朵。

听懂女人的话外音，不做她眼中的“木头”

其实，女人并没有我们想象的那么“简单”。有一些不能明说的话，她们会隐含在其他一些话当中。既想让你明白她们心中所想，又不破坏自己的淑女形象。这时候，你如果听不出来，她们可就真的拿你当“木头”了。

比如，你是一个部门领导，有一个女同事走进你的办公室，然后对你说道：“我快要累死了！昨天、前天和大前天晚上，我都加班到十点钟才回家，我真的是累坏了！”你身为领导，听了那个人说的话，一定要找出隐含的信息。也许很可能有其他信息，是你应该知道的。

那个女人想要传达的心思可能是这样的：“我实在需要别人帮忙，我知道公司雇用我做这个工作，是希望我自己一个人做。我担心的是，如果我对你说我需要帮忙，你会认为我没有替你做好工作，所以，我不想直接说出来，我只是告诉你，我现在的工作分量太重了。”

另一个隐含的信息可能是这样的：“上一次你评估我工作成效的时候，提起工作态度的问题来，并且还说希望每个人都更加努力工作，现在我只是想让你知道，我正在照着你的指示去做。”

并且，这个隐含的信息也有可能是：“我有点担心，怕保不住工作，遭到公司辞退，所以我希望你知道，我是个多么恪尽职责的职员。”

还有一个隐含的信息是：“我希望你这位上级主管对我说：‘我知道你工作很努力，我非常欣赏你的工作态度。’”

总之，根据不同的背景，你应该能找出“我实在是快累死了”这句话背后代表的意思。

如果你觉得自己是个“单纯”的男生，没有女人那么多小心思，但又不能不懂她们所说的话，那么不妨试试下面的方法：

1. 听声。

同一句话，用不同的声调表达出来，其含义就不一样，有时甚至完全相反。你可以通过发现女人声调中的异常因素，做出辨析，抓住其中隐含的心思。

比如说“好啊！他行！他真行！”这句话，如果说话者说这句话时，语气上扬，听者便能感觉出这是在赞扬某人。但如果说话者刻意压低语调，刻意拖长“行”，“真行”，那意思就刚好相反了，那就表示说话者对某人的严重不满，而这种不满情绪尽在言语之外。

在很多情况下，同样一个意思，可以用肯定句、否定句、感叹句、假设句、反义句等许许多多的形式表达，可能不同的形式表达了不同的意思，这就需要你结合语境仔细辨析了。

2. 辨义。

女人总是从一定的角度来表达自己的思想。辨义主要是抓住她们说话的角度，发现其中的异常因素，从而看清她们的真正意图。

女人对于不好明说的事情，经常会换个角度含蓄地表达出来，而这个角度的改变其实都没有脱离具体的场合，所以你不要以为对方跑题了。只要你结合场合来分析对方说的话，就很容易悟出对方的意图。

3. 观行。

女人有时候碍于面子，难免会说些违心的话，这个时候表现出来的就是言行不一。你只要注意观察她的具体行为，就能意会其内心的真实想法。

有些女人心里不愉快，或生你气的时候，不会直接表达内心的不满，她们会绷着一张脸，用力地对你说："没什么！"或是用不耐烦的语气表示："算了！算了！不跟你计较！"一边说还一边乒乒乓乓地摔东西。即使是小孩，也看得出她们在生气！

其实，看透女人心思的方法有很多，最关键的就是要善于结合语境。只要你用心去听，留神当时的场合，就不难听出她们隐晦的话语。

不要把对方的付出视为理所当然

在很多人看来，爱是需要绝对的奉献和牺牲的，是一种彻底的情感交流，是双方交融在一起、不分彼此的共同体。其实，这是相当错误的，爱不是一个共同体，而是一个独立的个体。它是对等的，是需要双方共同经营的。虽然彼此间的付出是应该的，但又不是理所当然的。如果把对方的付出视为理所当然，那就会掉进爱情的坟墓，对方便会舍你而去，你们的爱情也就走到了尽头。

20 世纪 70 年代，一对男女相恋了，女的家境殷实，男的却因阶级成分问题被下放到一个小山村去"学习"。为了坚守这段爱情，女的不顾家里的反对，甚至不惜断绝关系，毅然跟随男的到偏僻的小山村吃苦受累。半年中，两人相安无事，接下来的中秋节，乡里给来下乡锻炼的住户每人分一个月饼。当分到他们家时，恰巧男的收工在家，女的还没回来。那个年月，月饼是多么难得一见的宝贝啊，男的在油灯下摸索着分来的两块不大的月饼，想要等女的回来一起吃；时间一分一秒地过去了，男的觉得时间如此难熬、饥饿难忍，心里想，先把自己的那块吃了吧，不等她了。于是三下五除二，一块小月饼顷刻成了他的腹中之物。那是一块多么香的月饼啊，厚厚的什锦馅、薄而脆的黄油皮儿，在灯光下闪着诱人的光辉。谁都无法想象，他的内心甚至没有经过几次斗争，就毫不犹豫地将女人的那块月饼也倾吞而下。谁知这时女人回来了，她听说中秋节分月饼，就兴冲冲地往回赶，想要和男人一起吃月饼过中秋，可推门看到的却是男人如狼似虎地吞咽着那块属于她的月饼。女人背上的锄头落在了地上，随之落下的，还有女人的心……第二日，女人就卷铺盖回城了。家人多么沉痛的劝阻、乡下那么难熬的生活都没有磨灭女人对爱的坚持和守候，而一块小小的月饼却办到了……

女人是感情至上的动物，她认为你对她好，她就会将所有可以给予的东西都付出。但当她觉得这份爱没有回报，甚至感觉不到对方的共鸣时，她也将义无反顾地离去。"付出才有回报，说到不如做到"，还记得这句歌词吗？事实上正是如此。女人看中的是结果，而不是过程。

恋爱中最不可效仿的就是无所谓地接受爱，认为另一半的付出是理所当然的人，是太自我的人。爱情中的恋人有时候会很盲目，容易分不清方向和对错。如果一个以自我为中心的人走进爱情，他很可能依然我行我素，容易变得自我。一个以自我为中心的人，不会爱别人，不会为别人着想，更不会激励对方成长，这样的人在当今社会不在少数。他们在情感上会很苛刻，爱与幸福似乎与他们无缘。因为他们要求整个地球围着他们转，而地球有自己转动的方向。他们不会在爱中发现自我，因为他们不把对方当做对象，而是当做控制的俘虏。他们不会在爱中成长，因为他们不会从对方身上吸收营养，而是向对方施展魔法。

把另一方的付出视为理所当然时，你就会把她当做自己人了，会压制对方各种享受自己生活的权利。而实际上要维持爱情，双方必须是平等的，一方都不可能成为另一方的附属物和牺牲品。既然双方是平等的，我们就要学会尊重，尊重对方的存在和对方的一切独立因素。经营爱情的要素有很多，例如对个人的长进承担责任，感情公开、忠诚，有高度自尊，对人生持积极的态度，等等。而尊重才是爱情真正赖以建立的基础，认为另一半的付出是理所当然的，最根本的原因就是双方彼此的不尊重。

尊重就要相敬如宾，这里没有"牺牲"、"奴隶"、"暴力"的字眼，只有"理解"、"关怀"、"爱慕"。正如美国人纳撒尼尔·布拉登在《浪漫爱情的心理奥秘》里的描述：受到爱侣的尊重，我们就会感受到一种理解和被爱，感受到彼此的心心相印。从而不断地增强我们对爱侣的爱慕之心。尊重让我们心灵坦然、释怀、心胸宽广，尊重让彼此的心挨得更近，更加从容地面对一切挑战，生活也就明了而灿烂。

尊重的基础是相互信任、两情相悦，互相尊重是奠定感情基础的前提。相爱的双方，当然应该尊重对方的观念、习俗和生活方式，尤其要尊重对方的私人空间。尊重对方的私人空间，从表面上看，是相互间的尊重，而实质上，是相互间的信任。无论是恋人还是夫妻，"常相知，不相疑"其实比什么都重要。

"郎才女貌"，发挥两性间永恒的心灵引力

有一种看不见的能量，一直引导着整个宇宙、整个太阳系有规律的运转。正是这种作用，地球才能在46亿年的漫长时间里保持正常的运转，太阳系和整个宇宙的其他星球才能在各自的轨道上"安分守己"的运行。就是这样一种力量引导着整个宇宙的正常运行，也同样引导着我们生活的正常运行，这种力量就是"吸引力"。

也许你不曾感受到或者没有留意，但是在人与人之间的交往中，正是这种"吸引力"才能把两个原本互不相识的人拴到了一块。这种吸引力也许是你的美貌和气质，也许是你的才华或品质，抑或是你简单的一句话、一个举动，甚至一颦一笑之间都会不经意地散发出一种让人无法离开你的力量，这就是吸引力。

在与异性交往中，这种吸引力表现得更为明显。一个男人，一个女人，都是人的一半，要找到自己的另一半，就要靠吸引力。为什么会有"一见钟情"？会有"同床异梦"？就是彼此之间的吸引力的问题。

爱是人类的一种本能，但是爱情可不是一件容易的事情。在恋爱中，一方好比是"水"，一方好比是向水生长的"植物"，一方只有对另一方有足够的吸引力才能把对方吸引过来。

如何才能将属于自己的 Mr Right 吸引过来呢？俗话说"男才女貌"，女性的吸引力建立在容貌上，而男性的吸引力建立在事业上。但这里不能简单地理解为字面意思，女性是否对男性有吸引力，容貌就像火锅里的底料，真正吸引他们的往往是火锅底料烹饪出来的那些食物，也就是女性身上散发的气质和魅力，举止仪态表现出来的性格，说话行动表现出来的学识和修养……而男性对女性的吸引也常常表现在自己的性格、行事作风、说话修养、学识涵养上。

在男女交往中，我们往往习惯"迎合"自己喜欢的人，以为这样可以套住自己心爱人的心，但是铁镣和手铐能拴住人，却永远拴不住那颗并不靠拢的心。被动地把两块本来都是"正"极的磁铁硬放到一起，是永远不会产生"吸引力"的。即使有奇迹出现——可以用绳子把他们拴在一起，他们之间也不会牢不可分……

要吸引自己的异性伴侣，我们应该发挥自己的优势，用璀璨的光芒吸引对方的眼球。比如你是个活泼、热情、奔放的人，就不要刻意表现得忧郁、内向；坚强、勇敢、有毅力是你的优点，你就不要将之藏到黑暗的角落里；善解人意、豁达大度、幽默风趣是你的本性，你

就要在一言一语，一举一动中表现出来……把真实的自己表现出来，往往更容易吸引对方。做作、虚夸，会“画虎不成反类犬”。炫耀、卖弄不仅不能吸引另一方，反而会自讨没趣地“搬石头砸自己的脚”。

所以，在与异性交往中，要释放自己的吸引力，首先就要把优势展示出来。展示优势的同时，也是展示你自信的一面。展示优势在能赢得更广阔的人际关系的同时，会让你的另一半把目光“锁定”在你的身上。

喜欢她就大胆向她表白，不要错失良机

要想在情场上指点江山，找到如意的另一半，享受甜美的爱情，就要大胆表达。只有表达出来，才会让别人知晓你心中的所想。如果心中有爱却“金口难开”，终归会让爱神与你擦肩而过。

李刚是个帅气的小伙子，暗恋着公司里一位漂亮的女孩，却苦于不知如何表达。女孩的一颦一笑令他动心，而女孩的变化无常又让他觉得捉摸不定。一天见不到女孩他便坐立不安、魂不守舍。他很想向女孩倾吐自己的感情，但话到嘴边，又泄了气。为此他深感苦恼，不知如何是好。

弗洛姆在《爱的艺术》一书中指出：“爱，不是一种本能，而是一种能力，可经有效的学习而获得。”这真是一句鼓舞人心的话，让渴望爱情的人充满了憧憬。那么，我们要如何寻求到自己心中的爱人？

吴丽是一位长得美丽且通情达理的姑娘，公司上上下下的人都喜欢她，特别是那几个还未找到女朋友的小伙子，更是有事无事地围着她转。不过，精明强干、风流倜傥的王鹏却总是一副不屑一顾的神情。

过了一段日子，传出消息说吴丽“名花有主”了，男朋友竟是公司里最不起眼的张弛。看着他俩进一双出一对的甜蜜样子，有人不禁叹息道：“唉，一朵鲜花插在牛粪上。”帅哥王鹏最为沮丧。原来，吴丽一到公司上班时王鹏就喜欢上了她，他也看出，当自己的眼睛与吴丽相视时，她的目光亦是亮亮的、柔柔的，闪动着一种妙不可言的东西。然而，当那几个长相一般的小伙子围着吴丽转的时候，王鹏的自尊心却在作怪。因为自己长得帅，身边有不少女孩子“陪”着，就不愿屈尊去“陪”吴丽，但在心里却巴不得吴丽来“陪”自己，他一直固执地认为，这么漂亮的女孩只有我王鹏配得上。直到发现张弛获得了吴丽的爱情后，他才知道自己输得很惨。

确实，在现实生活里，不少人看见漂亮女孩找了个相貌平平的男朋友就会感到惋惜，认为不般配。然而，为什么这个平常的男士能赢得如此美丽的女孩的芳心呢？你别看女孩子含羞带笑，温柔文静，其实在她的心里，早就将身边的男孩一个个地排起了队。一般来说，仪表当然是首选的，但女孩子在青春期架子大，爱摆谱。当然，这也是男孩的恭维给宠坏的。如此一来，那些肯低头，愿捧女孩的小伙子在她心目中的印象分就自然提高了。特别是漂亮的女孩，假如男孩能够以发自内心的关爱对其“侍奉”，即使男孩子相貌差些，说不定也能锁住她的芳心。但是在通常情况下，仪表堂堂的小伙子就做不到这一点。由于自己长得帅，身边不缺女孩，所以自视身价不低，怎么可以屈尊“哄你”？因此，即使漂亮的女孩起初也曾被其外表所打动，但从长远考虑，假如以后一辈子受这样的“美男人”的牵制，倒不如找一个能够呵护自己的男孩过日子。只要自己感觉幸福，别人爱怎么说就怎么说好了。

因此，所有想找漂亮女孩做朋友的小伙子，当你爱上她时，千万别学这位帅哥王鹏，一定要“爱她在心就开口”，不然的话，吃亏的可就是你自己了。

对女孩贴心，可以让恋爱急速升温

女孩大多喜欢男性从细微之处给予关照。聪明的男人要善于把握异性的这一心理趋向，这样才容易击中女孩心中柔软的触角，让恋爱迅速升温。反之，如果缺乏细腻，在恋爱生活中常会忽视一些细小方面的体贴，爱就会在这些小小的地方失去。

一般来说，从以下几个方面表现出你的体贴，最能讨女孩的欢心：

1. 关注她们身上细微的变化。

几乎所有的女性，都对男友表示过不满。其中最常见的是，当她梳着一个新发型，或新买了一件漂亮衣服，兴致勃勃地等待男友赞美的时候，她的男友却好像视而不见。“喂，你到底发现没有，我是不是哪里跟以前不大一样了？”即使她这样问，他也还像是没有察觉到的样子：“哦，是吗？”再不然就是：“你的意思是说，你的发型变了，是吗？”或者是：“哦，好像你的衣服有点变化，对不对？”

像这样的回答，往往会使她大为扫兴，甚至使双方都不愉快。如果女友今天的发型或服饰突然有了变化，作为她的男友，你起码应该主动问一句：“今天你去过美发厅了？”或者是：“你穿的这件衣服是今天刚买的吗？”只要你有意无意地问一声，她就会感到满意，而不会因为你无动于衷而独自生闷气。

2. 玫瑰花千万不能少。

自古以来，玫瑰花是爱情的象征，给自己心爱的人送上一束玫瑰花，会讨得对方的欢心。这是因为：一方面，送花代表着一种赞美，告诉女孩她像花一样漂亮；另一方面，现在送花是种流行，男人送花才会觉得能够表达爱意，而女孩也能通过花来理解对方的心意。因此，想让女朋友开心，不妨送一束玫瑰花给她，向她表达出你的浓浓爱意。

3. 经常送些小礼物。

除了鲜花之外，还要经常送女孩一些贴心的小礼物。一般来说，这些小礼物最好是她们平时需要的。这就要看男人是不是细心，能不能从生活的点滴中看到女友需要什么。礼物会让女孩高兴，真心的话语更会让女孩感动。送礼物的同时不妨附带着一张小纸条，上面写上你关心的话语。此刻，女孩收到的不仅仅是一份礼物，更是一份心意。

4. 每天都要主动和她联系。

任何感情都需要靠生活中的点点滴滴来积累，爱情尤其是这样。如果你将爱情搁置一段时间，爱情就会变质。生活中偶尔对她说一些甜言蜜语是有必要的，让她每天都知道你在爱着她、关心着她，她会觉得每天都生活在幸福之中，感情也会越来越强烈。如果你们不是每天见面，可以发个短信或者打个电话。总之，不能让爱情搁浅。

另外，还要注意一点，如果是和她打电话，一定要让她先挂。因为，如果是你先挂断，她听到挂电话后电话里“嘟嘟”的声音，心里会产生莫名的失落感和距离感。因此，在每次通过电话之后，应该等女孩先挂电话，这样女孩就不会产生失落感，会对你更加恋恋不舍。

5. 多制造一些“二人世界”的机会。

恋爱不是一个人的事情，也不是三个人的事情，而是两个人的事情，两个人单独相处最能增进彼此的感情。当然，你可以采取不同的方法来制造“二人世界”，如陪她逛街、旅行、看电影等。

有很多女人似乎是天生的逛街狂，恨不得一天 24 小时都在街上，而男人最讨厌的就是逛街，因为消耗的体力和精力太大。但是为了讨女朋友开心，当她向你提出一起逛街的要求时，一定要爽快地答应，并表现出一副乐于前往的样子，让她觉得你是个什么都愿意为她做的人。

对于恋爱中的男女来说，去电影院似乎有些老套，但电影院里的气氛确实适合情侣。在电影院她们会产生想恋爱的冲动和热恋的激情。因此，周末的时候一定要带女友多看几场电影。

另外，聪明的男人要记住，和女友交往一段时间后一定要带她出去旅行一次，因为你要在你们的生活中制造一些浪漫的回忆。这样，女孩就会经常想起你们一起经历的种种，然后回味你对她的好。并且，偶尔的旅行也会使人变得轻松很多，你们的爱情也会更加轻松浪漫。

总之，女孩最喜欢贴心的男人。如果你是细心的男人，能够做好这些看似琐碎的事情，就必定会赢得女人的芳心。

爱情保鲜术：只爱一点点更能笼络她的心

一天，一个在外忙了一整天又加班到很晚的女人回到家里，原本希望能跟丈夫撒撒娇，从丈夫那里获得一些安慰和支持。没想到一进家门，就看到丈夫一个人闷坐在沙发上，看见她回来也不打招呼，眼睛盯着电视动也不动。

她心里有点儿愧疚，想丈夫一定生自己的气了——这么晚才回家！但转念又想：他凭什么生我的气？平时，多半是他晚回家，我偶尔才晚回一次。再说，我为什么一定要工作，还不是因为靠他的一份薪水过日子实在太窘迫，趁没有孩子时多赚点钱，让以后的生活好过一些？他凭什么生气？于是，心里一肚子不高兴。既然老公不理她，她也不理他，而且故意弄出很大的声音，表示她的不满。丈夫原本不想理会，后来忍无可忍，站起身来，大踏步走进书房，“咚”的一声就把门甩上了，把音响开得很大。

可想而知，一场口舌大战是免不了了。但丈夫为何如此呢？因为他所在的公司运营状况不好，公司里的许多员工都面临着裁员的危险。当天他在公司里被老板狠狠“叮嘱”了一番，并威胁他如果不好好干就走人。但他觉得自己蒙受了不白之冤，纯粹是一个牺牲品。原本希望从妻子那儿获得一些理解和鼓励，没想到，妻子回家晚了不说，还发脾气。他心想：我怎么这么倒霉，在公司受老板的气，回到家还要受老婆的气。我工作这么辛苦还不是为了她，为了整个家。我这么关心她，她竟然如此不体谅我，她凭什么生气呢？于是，原本心情不佳的他，更不高兴了，这会儿真的发起脾气来了。

其实这位丈夫是很关爱他的妻子的，但错就错在他没有及时说出来或做出来。女人尤其渴望得到男人的关爱，但这种关爱光藏在心里是不够的。那么应该如何做呢？并不是每个人都能掌握得恰如其分。有的是不能做到点子上，有的是方法不对头，也有的人想关爱，但又无从下手。

物质上的关爱，在夫妻间是容易办到的。而且，在当今社会里，物质生活能基本满足一般的要求。所以，相比之下，女人们更渴望精神上的关怀、思想上的帮助和生活上的照顾。当你的妻子在工作中受到意想不到的打击，精神苦闷、郁郁寡欢的时候，需要你的关怀；当你的妻子在向着光明灿烂的科学高峰攀登的途中，日夜奋战、心力交瘁时，需要你的关怀；当你的妻子对前途失去信心，犹豫彷徨在十字街头时，需要你的关怀。总之，妻子的一切都需要你的关怀，但又不能关怀一切。那就需要选择必要的时刻，给妻子以精神上的宽慰、安抚，在思想上给予关心和支持，在生活上给以细心的照顾。比如，妻子为了工作而大忙特忙时，甚至加夜班回来很晚时，你要使她回到家里感到气氛轻松、和谐，有一种来到休息厅或娱乐场的感觉。在她稍加休息以后，带她去看电影、逛公园、散散步，使其在紧张工作之余，能够得到生理上和精神上的休息和愉悦，消除疲劳，恢复精力，陶冶性情，振作精神，以使其得以休整。

类似这样细小的事情，丈夫的一个动作或一句话语，都会给妻子带来很大的安慰和鼓励，更有利于加深夫妻之间的感情。下面的 10 件小事，作为丈夫关爱妻子的内容，可供参考：

1. 当你的妻子外出时，天气预报说要下雨，你是否提醒过她带上雨具？
2. 当你的妻子不慎丢了东西时，你是否帮助她一起回忆、寻找或劝慰她？
3. 当你的妻子为某一件事苦恼时，你是否热情询问、耐心劝导过？
4. 当你的妻子身体不适时，你是否亲切探询和陪伴过？
5. 当你的妻子和你生气时，你是否冷静解释，主动和解？

6. 当你的妻子的好友登门拜访时，你是否热情招待？

7. 当你的妻子想送礼物给同事或到商店购买东西时，你是否主动当参谋？

8. 当你原来同妻子约定下班后一起外出或去市场，后来你有事不能如约，你是否想到过留一张纸条或事先以电话通知她？

9. 当你的妻子过生日时，你是否设计过一种独特的庆祝方式，或送一件有意义的礼物？

10. 当你的妻子流露出觉得生活枯燥的意思时，你是否想过安排有趣的娱乐生活？

女人渴望得到男人的呵护与关爱。当然，在男人给了她们呵护与关爱后，她们也不会忘记回报给男人。

知己知彼，百战不殆。

——《孙子兵法》

◎ 心理学的诡计 ◎